법학총서

# 신행정법론

이 광 윤저

法 文 社

# 책을 펴내며

이 책은 행정법을 연구하는 이론가들과 실무가들을 위한 이론서로 꾸며진 것으로, 대학원에서의 교재로, 학부학생들을 위한 참고서로 사용되기에 적합하도록 필자의 행정법 이론들을 에센스만 추려 테마별로 간추린 것이다.

필자는 1988년 프랑스에서 유학을 마치고 귀국하여 줄곧 성균관대학교에서 행정법을 연구하고 가르치면서, 또 프랑스 대학에서 네 차례 초빙교수로 강의하고 발표해오며, 그리고 한국행정판례연구회, 한국공법학회, 한국토지공법학회, 한국환경법학회 등의 학회활동을 통하여 행정법의 모국인 프랑스의 "행정제도(Régime Administratif)"에 바탕한 행정법이론을 스페인, 스위스, 독일 등에서의 행정법이론과 비교해 가며 소개해 왔으며, 한국 판례들에 대한 평석을 비롯한 입법정책의 문제나 현실문제에 대하여 때로는 논문발표를 통하여 또 때로는 신문기고를 통하여 적극적으로 참여해 왔다. 그런데 필자의 신문기고에 대하여는 어느 정도 반응이 나타났으나 발표된 논문에 대하여는 너무나 반응이 미약하였다. 그것은 우선은 필자의 무능이라고 생각되나 필자의 무능 이외에도 독일적 형이상학과 법실증주의에 익숙해진 한국의 법학도들이 "행정제도(Régime Administratif)"에 대한 이해를 게을리 하고 무시하는 듯하는 무관심을 표출한데도 상당부분 기인하는 것 같다.

오늘날 행정법은 범세계화 하고 있고, 행정법의 범세계화에 있어 유럽연합의 역할은 지대하다. 그런데 이 유럽연합법의 형성에 결정적인 영향을 미치고 있는 것이 바로 프랑스의 "행정제도(Régime Administratif)"에 바탕한 이론일진대 "행정제도(Régime Administratif)"에 대하여 무관심하다고 하는 것은 스스로 우물 안 개구리의 세계로 침잠해 가는 것이나 진배없다. 보라, 통역을 쓸 수 없는 유럽연합법원에서의 재판토의는 프랑스어로만 이루어지고 있고, 가너와 네빌 브라운이 쓴 "프랑스행정법(French Administrative Law)" 서문에서도 "영국이 유럽연합의 회원국이 되었기 때문에 영국 법과대학에서 프랑스행정법은 필수과목이 되었다"고 쓰고 있지 않은가? 이제 우리는 더 이상 공법학의 공용어가 프랑스어라는 점과 공법학은 기본적으로 "행정제도(Régime Administratif)"에 기초하고 있다는 사실을 외면하여서는 아니 되며, “행정제도(Régime Administratif)”에 대한 이해를 바탕으로 하여 행정법이론을 전개해가야 한다고 믿는다. 그리고 무엇보다도 “행정제도(Régime Administratif)”는 독재이론이 아니고 모리스 오류의 말과도 같이 “가장 완벽한 법치국가”를 형성하는 이론적 바탕이다. 이런 점을 이해시키는 데, 본서가 자그만 보탬이 된다면 지난 19년간의 연구 성과가 헛되지 않으리라고 자위해 본다.

끝으로 이 책이 세상의 빛을 볼 수 있도록 어려운 결단을 내려주신 법문사 배효선 사장님과 유지훈 차장님께 정중한 감사의 뜻을 올리며, 이 책의 편집과 교정에 특별한 노력을 기울인 제자 전주열 군과 법문사 김용석 선생을 비롯한 많은 사람들에게도 감사를 표한다.

2007년 1월

저 자

# 차　　례

## 제 1 편　행정법 서론

# 제 2 편 행정의 활동형식

## 제 1 장 행정입법 (37~73)



## 제 2 장 행정행위 (74~89)

## 제 3 편 국가책임법

# 제 5 편 행정조직법

# 제 6 편 공무원법

# 제 7 편 경찰행정법

## 제 1 장 행정경찰개념의 재검토 (369~378)



# 제 8 편 공 물 법

## 제 1 장 공용물의 성립과 시효취득 (381~392)



## 제 2 장 행정사물 이론에 비추어 본 국유재산법제의 문제점 (393~401)

# 제 9 편 경제행정법

## 제 1 장 경제행정법의 발전과 법치행정 (405~418)



## 제 2 장 공공서비스와 直接經濟干涉機關으로서의 영조물법인과 公企業 (419~436)

## 제 3 장 公益事業의 民營化의 法的 問題 (437~446)



# 제10편 토지행정법

## 제 1 장 한국의 토지계획법 규범의 구조와 문제점 (449~463)

## 제 2 장 국토계획법체계의 비교법적 고찰 (464~469)



# 제11편 환경행정법

## 제 1 장 국토계획과 환경 (473~492)



# 제12편 교육행정법

## 제 1 장 프랑스헌법상 교육제도의 기본원리 (495~512)

# 제 1 편

# 행정법 서론

# 제 1 장 우리나라에 있어서의 行政法 시스템의 문제[1)]



우리나라에서는 行政法을 '行政에 관한 國內公法'으로 정의하여 독일식 행정법 체제를 그대로 받아들여 法實證主義的 태도를 취하는 한편 독일의 구관습인 國庫學說까지 그대로 받아들였다. 한편 최근에는 우리의 현행 헌법이 行政法院을 두지 아니하고 判決이 統一司法法院을 채용하고 있기 때문에 우리나라는 司法國家的 裁判制度를 채용하고 있다[2)]고 하면서 행정의 權力性, 優越性도 구체적이고 명백한 개별 법률의 근거가 있음으로써 비로소 인정된다[3)]고 한다. 따라서 행정국가적 공법개념에서부터 탈피할 것을 제안하기도 한다.[4)] 한편 미국법의 일반적 도입에 대한 傳統的 法治國家에 입각한 西獨 公法學界의 批判的 觀點 — 즉 미국법의 밑으로부터의 통합은 강자에 의한 약자의 억압을 가져올 우려가 있고 따라서 공공의 이익실현을 임무로 하는 중립적이고도 강력한 국가기구가 필요하다— 이 소개[5)]된 바도 있다.

---

1) 이광윤, "행정학과 행정법학", 「한국행정학의 회고와 전망」, 한국행정학회, 1996. 10.
2) 천병태, "公法概念의 再檢討", 고시연구, 1987. 10, 110면.
3) 천병태, 상게논문, 110면.
4) 천병태, 상게논문, 110면.
5) 서원우, "行政의 指導原理 —法의 支配原則과 法治主義原則을 中心으로—", 월간고시, 1987. 6.

## 1. 우리 현실에 대한 재검토의 필요

그러나 우리나라에 있어서의 문제는 어떠한 행정법 시스템이 보다 효율적인가 하는 문제를 논하기 전에 과연 우리나라에는 어떠한 行政傳統이 있었으며 현재의 國家概念은 어떠한 것인가 하는 점을 짚고 넘어가지 않으면 안 되리라고 본다. 즉 우리나라에 있어 行政의 特權은 존재하였으며 또 존재하는가, 아니면 존재한다면 자연법적인 것으로 볼 수 있는가 아니면 실정법적으로만 존재한다고 보아야 하는가 하는 우리의 현상진단에서 출발하여야 하는 문제로 생각된다. 왜냐하면 행정체제의 중요 내용 중의 하나인 行政法院의 존재는 행정에 고유한 사무가 있음으로 인한 結果的 制度이기 때문이다. 즉 행정에는 고유한 사무가 있고 행정은 이러한 公務의 實現을 위한 특권이 있기 때문에 司法權과 분리되는 行政法院이 탄생한 것이지 Conseil d'Etat가 성립되었기 때문에 私人들의 일과 구분되는 고유의 public sector가 생겨나고 행정의 특권이 발생한 것은 아니기 때문이다. 따라서 우리나라 憲法이 司法國家的 法院構造를 가지고 있다고 해서 우리의 관념과 관행 속에 존재하는 국가적 사업이 곧바로 民間的 사업과 동일한 것이 되거나 公務員의 의식이나 관행이 달라지는 것은 아니다.

## 2. 전통적 행정개념

우리의 전통적인 유교적 국가관[6]에 의하면 도덕과 교육이 지극히 중시되었고 그 다음으로는 富國强兵 즉 국방문제와 경제문제가 國家의 使命[7]으로 인식되었다. 즉 대부분의 국가가 政敎分離原則을 채택하여 민간부문으로 보고 있는 종교부문도 국가의 사무에 속하였으며 成均館과 四學 등으로 상징되는 교육의 공공서비스(service public)성이 두드러졌음에 대하여는 새삼 다른 설명을 요하지 아니한다고 본다. 그러나 경제문제에 관하여도 공공토목공사는 嶢·殉 이래

6) Jean Escarra, Le Droit chinois, sirey, paris, 1936; Henri Maspero et Etienne Balazs, Histoire et institution de la chine ancienne, P.U.F., 1967; Lee Kwang Youn, Le confucianisme coréen et l'Etat moderne, Thèse pour le doctorat en Droit université de paris XII, 1988; Tsien Tche-Hao, Le Droit chinois, P.U.F., Que sais-je, 1982. 등 참조.

7) Jean Charles Ful, L'art de gouverner selon les confucianistes, la nouvelle édition, 1947, pp.81-82; KAO. J. B., La philosophie sociale et politique du confucianisme, éd. française, paris, 1937.

의 중요정부사업[8]이었으며 더구나 조선은 토지제도에 관하여 科田法을 채택하여 원칙적 國有制를 채택하였을 뿐만 아니라 조선시대의 공장들은 관청에의 공급을 우선적으로 하는 일종의 營造物 機關[9]으로 볼 수 있으며 무역도 원칙적 公貿易制度를 채택하였고 常平倉, 京市署 등의 설치를 통한 시장의 물가 등에 대한 강한 통제를 실시하였는바, 특히 종로의 독점상인들은 특권과 함께 조달의 의무를 부여받았던바 여기에서 우리는 얼마나 강한 干涉主義의 전통을 가지고 있었던가를 알 수 있으며 또한 이러한 정부의 간섭이 使人들 사이의 정의규범인 사법적 계약에 의한 것이 아니라 행정청의 일방적 행위규범인 經國大典의 規程들을 근간으로 하여 이루어졌기 때문에 또한 얼마나 강한 公法的 規律 속에서 이루어졌던가 하는 것을 알 수 있다. 1895년 3월 25일 갑오개혁 법률 제10호로 裁判所構成法이 제정·공포되어 비로소 新裁判所制度가 창설되어 地方裁判所, 漢城 및 開港場裁判所, 巡廻裁判所, 高等裁判所 및 特別法院이 설치되어 행정권과 사법권이 분리[10]되었으나 이들 법원은 민·형사사건만 담당하였을 뿐 행정사건은 一般司法權이 미칠 수 없는 영역이었다.

### 3. 전통의 계승과 근대화

대한민국 임시정부 시절 三均主義를 공식적으로 받아들인 1941년 11월 25일의 建國綱領은 대생산 시설 및 기관, 토지, 수산, 자원과 수리시설, 기타 운수, 금융, 전기통신 등의 공공서비스(service public) 사업을 國有[11]로 하여 공공부문을 광범위하게 규정하는 한편 1944년 4월 12일의 임시헌장 제5장 審判院에서는 제45조가 「大韓民國의 사법권은 中央審判院, 地方審判所 및 其他 特種審判委員會 등 機關에서 執行한다」고 규정하고, 제48조는 「各級 審判機關은 法律에 依하여 民事, 刑事의 審判으로 革命者 懲戒處分에 관한 事項을 掌理함」이라고 규정하고, 제49조에서는 「國事審判, 行政審判, 軍事審判 등 特殊機關의 그 조직 및 權限은 法律로 定함」이라고 규정하고 있다. 즉 司法權은 中央審判院, 地方審判所의 一般司法府와 特別審判機關들에 分掌되어 있고 특별심판기관에는 政治法院, 行政法院, 軍事法院 등이 있다고 해석되는바, 政治法院, 行政法院, 軍

8) Jean Charles Ful, op. cit., pp. 81-82.
9) 한우근, 한국통사, 을유문화사, 1984, 263-264면.
10) 박병호, 韓國法制史攷, 법문사, 1974, 312면 참조.
11) 1941년 11월 25일의 建國綱領 제1장: 2, 제3장: 2, 6. 참조.

事法院은 민·형사사건을 담당하는 一般司法府와는 별도의 법원임을 규정하고 있다고 하겠다.

## 4. 普通裁判所制度의 도입

8·15 해방 이후 신익희씨를 중심으로 한 行政研究會에서 마련한 憲法草案은 제55조에서 「行政廳의 命令 및 處分에 관한 訴訟은 別로 法律로서 정하는 바에 의하여 행정재판소의 管轄에 속함」이라고 하여 행정재판소를 일반재판소와 분리하고 있다. 그러나 유진오 박사가 기초한 1948년 7월 7일의 大韓民國憲法은 제76조에서 「司法權은 法官으로써 組織된 法院이 행한다. 最高法院인 大法院과 下級法院의 組織은 法律로써 정한다」고 하고 제81조에서는 「大統領은 법률이 정하는 바에 의하여 命令, 規則과 處分이 憲法과 法律에 違反되는 與否를 最終的으로 審査할 權限이 있다」고 하고 있다.

이에 대하여 유진오 박사는 제안이유설명에서 말하기를 "……行政訴訟에 대하여 大陸式 特別裁判所制를 취하지 않고 英美式制度를 취해 본 것입니다. 종래의 佛蘭西라든가 이러한 歐羅巴大陸에서는 行政權의 處分에 관해서 그 不法을 주장하는 사람이 있다고 하더라도 普通裁判所에 訴訟을 提起하지 못하고 行政裁判所라는 특별한 기관을 통해서만 할 수 있게 되어 있던 것입니다. 그러나 이렇게 行政權의 處分에 관한 訴訟을 行政權 자신에게 맡기는 것은 國民의 自由와 權利를 保障하는 의미에 있어서 적당치 아니하다고 해서 法律이 정하는 바에 의하여 命令, 規則, 處分 그런 것이 憲法과 法律에 違反되는 경우에는 普通裁判所에다가 訴訟을 제기할 수 있다고 이렇게 한 것입니다"라고 하고 있다.

즉 유진오 박사는 프랑스를 대표로 한 대륙법국가에 있어서의 행정소송제도는 국민의 자유와 권리를 보장하는 데에 미흡하기 때문에 영미식 제도를 취하여 普通裁判所에 의한 소송제도를 채택하였다는 설명인 것 같다.

## 5. 사법국가화(司法國家化)의 문제점

### (1) 행정제도에 대한 인식부족 이견

유진오의 이러한 견해는 별다른 이론(異論) 없이 채택되어 그 후 우리나라의 행정소송제도를 결정적으로 사법국가화(司法國家化) 하고 나아가 행정법의 공법적 성격 자체가 위협받는 데까지 이르렀다.

그러나 우리가 여기서 짚고 넘어갈 점은 우리나라의 행정소송제도가 사법국가 시스템을 따른 것은 우리나라에 있어서의 국가의 계속성, 행정의 자치문제 등과 같은 기초적 문제를 고려함이 없이 단지 다이시 교수가 1885년에 프랑스를 행정법 독재국가라고 비난하면서 보통법 체제를 옹호하였던 이유와 똑같은 이유로 사법국가시스템을 채택하였다는 점이다.

그러나 다이시 교수의 프랑스 행정법에 대한 비판은, Conseil d'Etat의 지속적인 적법성에 대한 통제 및 특히 블랑꼬 판결 이후의 국가책임의 확대를 통한 국민에 대한 보다 폭넓은 공법적 구제 등의 현상을 파악하지 못한 다소 성급한 비판이었다는 것이, 영국에서 다이시를 비판 또는 옹호하는 모두의 지적이고 보면 단지 다이시의 우려와 똑같은 이유 하나만으로 보통법제도를 행정에 적용시켰다는 것은, 커먼로라고 하는 것이 영어를 모국어로 사용하지 않는 나라에는 체계적으로 도입된 적이 없다는 점을 감안할 때 더욱더 석연치 아니한 점이라 아니할 수 없다.

### (2) 우리나라에 있어서의 행정권의 문제

우리의 경우는 유학자 관료에 의한 행정특권의 전통[12]이 있었으며 더구나 일본과는 달리 범죄전쟁에 가담하여 패전한 것이 아니기 때문에 외부로부터 오는 사법국가에의 압력이 없었음에도 과거 우리의 침략국이었던 일본과 유사한 사법기관을 가지게 된 것은 재고해 볼 점이 아닐 수 없다.

더구나 우리나라는 1960년대에 들어 해방 이후 국토의 분단과 6·25사변으로 이어지는 혼란기를 마감하며 본격적인 국가재건에 나섰을 때 행정권이 전면에 나선 이른바 '행정적 국가'를 근 30여 년간 영위하여 왔다. 즉 우리나라는 제3공화국 수립 이후 중앙집권적 권위주의 국가체제와 국가주도적인 명령자본주의체제가 자리를 잡았던바, 군부 출신의 집권세력은 경제관료를 중심으로 한 관료와 경제계급을 권력의 토대로 삼으면서 정당보다는 행정부를 중시하였다. 또한 혁명 주체세력들은 '기왕의 부패를 일소하고 국민들의 자치능력을 강화하여 사회정의를 구현하는 것이 당면의 목표라면 그 방법으로서 민주주의를 정치적으로 당장 달성할 것이 아니라 어디까지나 과도기적인 단계에 있어서는 행정적으로 구현해야 할 것'이라고 하여 행정적 민주주의를 역설하였는바, 이제 행

12) 권위주의적 관존민비.

정관료는 혁명과업수행의 혁명적 특권을 지닌 존재로서 프랑스 혁명직후의 혁명과업의 수행에 주도적 역할을 담당했던 행정조직의 발전을 연상케 할 수는 있다. 그러나 프랑스는 제정법률[13]로서 보수적인 구 법률귀족출신으로 구성된 사법부의 행정사건에 대한 권한을 박탈하고 행정제도를 건설하였음에 반하여, 우리는 계속하여 사법법원 시스템을 유지하였다는 점에서 차이가 있다.

그러나 행정부는 제1차 경제개발 계획부터 주도적 역할을 하였으며 한국 자본주의의 특색인 재벌의 형성 자체가 국가의 개입과 유도, 지원, 조정에 힘입은 것이다. 농수산업 분야에 있어서도 국가는 권위적 행정지도[14] 등으로 보다 깊숙이 개입하였고, 교육법을 근거로 한 사학에 대한 통제, 문화경찰 등 국민생활 전반에 걸쳐 강하게 개입하였는바, 심지어는 장발족 단속, 미니스커트 단속 등의 극단적 풍속경찰에까지 이르렀다.

제4공화국에 들어오게 되면 행정권의 수반인 대통령이 의회, 행정 각부 및 법원의 상위에 위치하는 소위 '영도적 대통령제'의 권력구조를 취함에 따라 사법법원의 행정권에 대한 통제는 더욱더 제한적인 것이 되었다.

한편 법에 대한 관념은 여전히 목적논리적(téléologique)이 되지 못하였기 때문에 경부고속도로 건설의 초기에는 대통령이 사적으로 위임한 군 장교들이 그 임무를 맡았으며 아무런 법적 근거 없이 새끼줄을 쳐가며, 한편으로는 지프에 돈을 싣고 다니며 즉석 보상을 하는 등 비법치적 현실주의의 양상마저 보이게 되었다. 즉 행정권이 필요하다고 판단하면 법치주의는 유보되고 사후적 입법이나 기구 창설을 하는 것도 불사하였다.

이렇게 되면 행정은 집행하는 것이 아니라 모두를 창조하는 것이 된다. 이에 반하여 정부의 강력한 경제간섭에도 불구하고 재벌기업들의 경영에 대한 책임은 민간부문의 것이었으며 경제적으로는 공공부문에 속하는 政府工事와 납품은 사적 계약으로 간주하여 왔다. 이렇게 되면 플라이너가 우려하였던 이른바 '행정의 사법(私法)에로의 도피'를 염려하게 된다.

'행정제도'란 행정의 특권과 동시에 중한 공법적 책임을 의미함에도 불구하고, 우리나라의 행정권은 특권은 가지되 사법적(私法的) 책임밖에는 지지 아니하여 왔고, 행정지도라는 비법적 사실행위로 스스로 도피하기도 하여왔다.

이처럼 그간의 우리나라의 행정권은 문화적 · 사실적 · 회계적 특권을 향유하

---

13) 1790년 8월 16~24일 법률.

14) 예컨대 통일 볍씨 권장 등.

여 왔다. 이는 우리나라의 행정이 특권도 가지지 아니하고 사법적 책임만 지게 되는 보통법 체계나 특권과 동시에 공법적인 보다 중한 책임을 지게 되는 행정법 체계의 어느 유형에도 합당하지 아니하다는 결론이 된다. 즉 특권이 있기 때문에 합법성에 대한 통제의 강화와 공법적 책임의 확대를 통해 행정제도국가로 나아갈 것인지 아니면 행정의 특권 자체를 없애가며 사법의 영역을 확대해 갈 것인지 정리가 필요하다. 아무튼 이상과 같은 지극히 상식적인 검토를 적어도 오토 마이어적인 과학적 이론 체계의 수립의 단계에까지는 올려놓는 데 우선적 노력을 경주하여야 하리라 본다.

더구나 오늘날 우리는 헌법재판소라고 하는 특별법원을 가지고 있으며 의회의 활동에 대한 사법적 통제인 위헌법률심사권과 탄핵심판, 위헌정당해산심판과 같은 정치에 대한 사법적 통제권을 그 권한으로 정해놓고 있다. 오늘날 민주주의는 제1단계로서의 의회민주주의와 제2단계로서의 행정민주주의를 거쳐서 제3단계인 지속적 통제민주주의에 돌입해 있다. 민주주의는 법치국가를 전제로 하는 것으로 민주주의의 제1단계에서는 의회가 제정한 법률이 곧 국민의 주권의사의 표현으로 간주되었기 때문에 법률에 대하여 합헌성 여부를 심사한다고 하는 것은 불가능하였다. 그러나 국민의 주권의사와 대표들의 의사가 어디 동일한 것인가? 의회가 제정한 법률이란 것도 극단적으로는 의회의 다수당의 의사표현에 지나지 않는다. 의회는 헌법을 제정한 국민의 주권의사를 더 이상 독점적으로 대변할 수 없고, 국민의 복리를 위한 기대는 기술관료들로 구성된 행정부에 주어지게 되고, 행정부의 국민 대표성도 긍정되어 가면서 행정권의 비대 현상이 나타났다. 프랑스의 경우는 제5공화국 헌법에 의하여 복지국가 건설을 위한 행정국가를 헌법적으로 뒷받침하는 데까지 발전하였다. 물론 행정국가도 민주국가에서는 법치국가임에 틀림없다. 민주국가에서 행정부의 행위는 법원, 특히 행정법원에 의하여 늘 통제되어 왔기 때문에 행정국가도 법치국가의 한 모습이었다. 이것이 민주주의의 제2단계이다. 그러나 행정국가에 의한 복지국가건설의 이상은 경제위기를 맞아 퇴색되고 행정기술관료들은 경제위기에 대처할 능력을 상실하고 더 이상 효율적이지 못한 동맥경화 현상을 가져왔다. 이제 행정부는 국민들에게 성장과 사회적 보호를 장담할 수 없게 되었다. 오늘날 민주주의는 제3단계에 돌입해 있다. 국민의 주권의사는 의회의 법률에 의하여 독점되지도 않으며 행정부가 의회를 대신하여 국민의 복리를 안정적으로 보장해주는 것도 아니며, 국민의 주권의사는 시민단체를 통하여도 표현되고, 매스컴을 통하여도 표현되고, 학자들의 저서나 논문들을 통해서도 표현되고 있으며, 무엇보다도 시민들 자신이 기고를 통하여, 인터넷을 통하여 직접 그들의 주권의사를 표현하고 있다. 헌법재판소는 이렇게 다양하게 표현되는 국민의 주권의사를 수렴하여 국민을 위하여 국민의 대표가 제정한 법률이 국민이 제정한 헌법에 합치되는지 또 국가기관의 공권력 행사가 헌법이 보장한 국민의 기본권을 침해하는지 여부를 심사한다. 이러한 다원화된 사회에서 국민의 주권의사의 집약인 헌법은 국민의 대표들에게 의회와 행정부를 설정해주고 있는 한편, 다른 한편으로는 국민들에게 직접 그들의 주권의사를 대변할 헌법재판소를 설정해주고 있다. 헌법재판소로 하여금 다른 국가기관들의 기본권 침해여부를 심사시키기 위해 국민들이 직접 제기하는 헌법소원제도는 헌법재판소의 국민대변적 기능을 그대로 보여주고 있으며, 이로써 헌법재판소는 국민주권의 간접기관인 국회나 행정부와는 달리, 국민주권의 직접적인 대변기관이 되었다. 의회의 법률에 대한 합헌성 심사를 한다는 것은 곧 국민대표들의 의사를 국민의 주권의사에 복속시키는 것으로 직접민주주의의 한 수단이다. 따라서 헌법재판소는 정치기관인 의회나 행정부와 헌법상의 병렬기관 관계에 있는 것이 아니고 그들과는 성격을 달리하는 정치기관과 시민사회기관의 융합기관이다. 헌법재판소는 다른 국가기관에 대하여 국민의 권리를 존중하게 만드는 직접적인 시민사회기관으로서의 새로운 헌정기관이기 때문에 국민의 대표기관인 의회의 의사에 반하는 결정을 할 수 있으며 주권자인 국민이 국민투표로써 채택한 헌법이 보장하는 기본권을 다른 국가기관이 침해하는 것을 방지함으로써 국민주권을 표현하는 기관이다. 이와 같이 헌법재판소는 국회나 행정부와는 다른, 그들을 통제하는 기관이므로 새로운 헌법질서는 의회와 국민의 동일화를 헌법재판소와 국민의 동일화로 대치하고 있다. 법률의 지배 시대는 가고 언론과 통신매체와 모든 다른 수단을 통해 표현되는 국민의 주권의사를 법적으로는 헌법규범에 비추어 헌법재판소가 대변한다. 헌법재판소는 국가권력기관의 행위가 사회가치에 부합하는지를 판단하여 비판기능을 하므로 가치보존자의 역할을 하고, 국민의 기본권 보호를 위한 구체적인 문제들을 해결해 주고 있다.

헌법재판소의 위헌심사는 인권의 보편성에 대한 심사인 동시에 다수에 의한 절대주의에 대한 소수를 위한 보장 방법이다. 오늘날 의회가 제정한 법률은 헌법의 한도 내에서만 국민의 주권의사를 표현할 뿐이다. 무엇보다도 오늘날의 시민은 국민의 대표들에 대하여 제도적 강제수단을 보유하지 않는 것이 아니고, 대표자들이 만든 법률의 합헌성을 심사시키는 헌법소원의 권리를 향유한다. 이와 같이 의회의 활동에 대한 사법적 통제권이 일반법원이 아닌 헌법재판소라고 하는 특별법원에 주어져 있다면 당연히 권력분립의 원리상 행정부의 활동에 대한 사법적 통제인 행정재판도 일반법원이 아닌 특별법원에 주어져야 한다는 결론이 된다. 여기서 우리나라와 같이 의회의 다수당과 정부가 동일정당인 나라에서는, 사법적 정의국가(司法的 正義國家)에 있어서의 입법권과 집행권의 두 정치적 권력의 대립을 전제로 했던 사법의 제3의 권력으로서의 성격이 무의미해진다는 점과, 결국 행정재판이란 공익이라고 하는 국가적 목적에 대한 사법적 통제로서 사익의 보호에 우선적 목적이 있는 민·형사 재판과는 근본적 성격을 달리한다는 점 등을 고려해 볼 때 행정재판을 담당하는 특별법원에 대한 재검토의 필요성은 더욱더 시급해진다. 행정재판의 전문성 보완을 위한 지방법원 차원에서의 행정법원의 존재 정도로 해결될 문제가 아니다.

# 제 2 장 행정과 행정법



## Ⅰ 행정의 의의

### 1. 권력분립의 역사적 전개[1)]

역사적으로 볼 때 권력분립이란 전제적 독점권력을 분산시켜 권력기관 사이의 균형을 유지하려는 의도에서 출발한 것이지, 결코 처음부터 권한의 성질이 특질화되었던 것은 아니다. 즉, 근대이전의 권력분립은 세금동의권과 재판권의 일부를 행사하던 원로원과 황제, 삼부회의와 왕권, 의정부와 군왕이라는 2권 분립이 기본이었다. 행정 · 입법 · 사법의 3권 분립은 프랑스 혁명에 와서 제도적으로 정착되는 것이나, 과거 원로원이나 3부회의의 적통은 사법부에 있고, 국왕의 막강해 보였던 입법권을, 군주권력을 타도하고 공화정을 수립한 새로운 주권자인 국민이 그들의 대표기관인 국민회의를 수립하여 입법권을 행사하도록

1) 이광윤, "Chadha 사건의 재조명을 통해 본 미국의 권력분립이론 비판", 미국헌법연구 제14호, 미국헌법연구소, 2003. 6, 129-148면.

하고, 나머지 집행권만 행정부에 남겨주게 되었으나, 이때의 행정이란 행정입법권과 행정재판권을 포함한 형식적 개념이란 것은 주지의 사실이다. 따라서 분화된 기관의 관점에서 권력을 나누는 형식적 기준이 우선적으로 고려되어야 할 것이다. 물론 국가의 권력을 분리만 하여서는 안 되고 상호간에 조화와 협동을 할 수 있는 연결이 필요하기 때문에 기능상의 권력분립 역시 필요하게 된 것이다. 따라서 규범의 정립권을 의회에 맡기고 그 집행을 행정권에 맡기며 그 집행에 대한 판정권을 사법부에 맡긴다고 하는 실질적 의미의 권력분립이 형식적 의미의 권력분립 위에 중첩되었을 뿐, 처음부터 국가권력이 성질상으로 구별되어 존재하였던 것은 아니다.

## 2. 행정의 대상으로서의 '행정'[2)]

행정법의 대상으로서의 행정에 관하여 우리나라 학계의 논의를 보면 형식적 의미의 행정의 개념을 따르는 분(변재옥)도 있고 실질적 의미의 행정의 개념을 따르는 분(김도창, 석종현)도 있으나 다수는 실질적 의미의 행정의 개념을 따르고 있다. 그러나 권력분립이론은 헌법에서 명확히 규정해 주지 않는 한 엄밀한 의미에서 공법상의 원칙이 아니며 전제적 독점권력을 분산시켜 권력기관 사이의 균형을 유지하려는 것이기 때문에 기관의 관점에서 권력을 분립시키는 형식적 기준이 우선적으로 고려되어야 한다. 그러나 국가의 권력은 분리만 하여서는 안 되고 상호간에 조화와 협동을 할 수 있는 연결이 필요하기 때문에 기능상의 권력 분립이 필요하게 된다. 따라서 규범의 정립권을 의회에 맡기고, 그 집행을 행정권에 맡기며 그 집행에 대한 판정권한을 사법부에 맡긴다고 하는 실질적 의미의 권력 분립이 형식적 의미의 권력 분립 위에 중첩되게 되었다. 그러나 이러한 개념만으로는 행정에 관한 민사법과 형사법적 관계를 설명할 수 없으며 행정권한을 특허 받은 공무수탁 사인에 의한 행정도 설명할 수 없고, 행정권에 의한 始原的 행정입법이나 행정권이 행사하는 사법권 등도 설명할 수 없다. 따라서 행정법이 채택하고 있는 행정의 개념은 단계적으로 구체화시켜야 한다. 즉, 첫째, 형식적 기준을 적용하여 입법부와 사법부의 권한 사항을 배제—입법부나 사법부의 집행행위는 입법법과 사법법에서 정할 사항이다. 그러나

---

2) 이광윤, "권력분립과 민·형사법원에 의한 행정행위에 대한 심사", 행정법연구, 행정법이론실무연구회, 1999. 12, 26면, 각주 3.

입법법이나 사법법이 미숙한 경우가 많으므로 편의상 행정법관계에 대위시켜 행정재판의 대상으로 삼을 수는 있다— 하여야 한다. 둘째, 실질적 기준을 적용하여 행정부의 활동 중 통치행위(이에 대하여는 후술함)와 헌법상의 다른 기관들과의 관계를 제외시키지만 공무수탁 사인의 행위를 포함시킨다. 셋째, 법적 기준을 적용시켜 사법(민사법과 형사법)의 적용분야를 제외시킨다. 이상을 종합하면 행정법의 대상으로서의 행정은 통치행위와 헌법기관 사이의 관계를 제외한 행정부의 행위와 행정부의 권한을 특허 받은 공무수탁사인의 행위로 공법적 행위(공권력 행위+공적 관리행위)이다.

## Ⅱ 행정법과 통치행위[3)]

### 1. 통치행위의 개념

법치국가의 원리상 국가의 행위도 사법심사의 대상이 된다. 그런데 국가의 행위 중에서 고도의 정치적 성격을 가진 행위로 사법심사의 대상이 되지 않는 행위가 있으며 이를 흔히 통치행위라고 부르면서 행위자 측에서 면책을 주장해 왔다. 만약 모든 사법심사의 대상에서 제외되는 국가의 행위가 있다면 이는 법치국가의 원리에 모순된다. 따라서 통치행위 부정설이 유력하게 등장하고 있으나 현실적으로 법원이 위법여부에 대하여 판단을 내리지 않고 있는 각 국의 판례가 존재하므로 일괄적으로 모든 국가의 행위는 사법적 판단을 받는다고 말할 수는 없다. 따라서 현실적으로 사법적 판단을 받지 않는 행위들은 1. 무슨 이유로, 2. 어떠한 형태로 사법적 판단을 받지 않고 있는지 규명하여 왔으나 현재까지의 분석들이 만족할 정도에 있지 못하고 혼동을 야기하고 있는데, 혼동의 가장 큰 이유는 프랑스에서 유래한 s"정부행위"(Acte de Gouvernement)의 개념과 미국의 "정치문제"(Political Questions)[4)]의 개념의 차이를 엄격하게 인식하지 못한 채 "통치행위"라고 하는 하나의 단어로써 총칭하여 불러왔기 때문이다. 일

3) 이광윤, "통치행위와 정치문제", 고시연구, 2004. 4, 361호, 49-54면.

4) 이광윤, "Nixon판결을 계기로 한 정치문제에 대한 재조명", 미국헌법연구 제9호, 미국헌법학회, 1998. 7. 10.

반적으로 통치행위를 정의하기를 "국가행위 중에서 고도의 정치성을 갖기 때문에 사법심사의 대상에서 제외되는 행위를 말한다"고[5] 정의하고 있으나, 그러나 이러한 일반적인 정의는 국가의 행위를 형식적 의미의 행정부, 입법부, 사법부의 일체의 법적 행위로 해석하는 한, 소송의 대상과 판결의 대상을 혼동하고 있는 것으로, 통치행위의 하나로 소개하고 있는 미국의 "정치문제"(political questions)의 경우, 이것은 소송의 대상이 문제되는 것이 아니라 판결의 대상이 문제될 뿐이다(이미 위헌심사의 과정을 다 마친 후에 '정치문제' 선언을 한다). 혼란을 피하기 위해서는 사법심사의 대상여부에 대하여만 "통치행위"라고 하는 용어를 사용하고 판결의 대상여부에 관하여는 "정치문제"(political questions)라는 용어를 사용하는 것이 타당하다고 생각한다. 다만 현재 두 가지 문제를 모두 포함하여 "통치행위"라고 하는 단어가 사용되고 있는 현실을 감안하여 국가시험에서는 1. 사법심사의 대상 여부와 2. 판결의 대상 여부로 나누어 설명하는 정도가 적정하다고 본다. 한편 영국의 "대권행위"(Prerogative)도 프랑스의 "정부행위"와 마찬가지로 사법심사의 대상여부에 관한 문제이나 프랑스의 '정부행위'가 행정소송과 민・형사소송만을 면제 받는 행위인 데 비하여 영국의 경우는 헌법재판이 없으므로 헌법재판까지 면제 받는 데 그 특징이 있다.

## 2. 사법심사의 대상여부

### (1) 민・형사소송의 대상여부

선전포고나 강화, 정부해산, 수상임면, 의원징계, 의회소집 자체에 대하여 국가를 상대로 하여 민・형사상의 책임을 묻기가 어렵다. 영국의 국사행위(Acts of State) 또는 대권행위(Prerogative)가 대표적이다. 그러나 이러한 고도의 정치적 행위라 하더라도 헌법이나 법률에 위반된다고 생각되는 경우에는 민・형사상의 책임을 물어가는 추세에 있다. 대법원의 1997. 4. 17. 선고 96도3376 판결은 "대통령의 비상계엄의 선포나 확대 행위는 고도의 정치적・군사적 성격을 지니고 있는 행위라 할 것이므로, 그것이 누구에게도 일견하여 헌법이나 법률에 위반되는 것으로서 명백하게 인정될 수 있는 등 특별한 사정이 있는 경우라면 몰라도, 그러하지 아니한 이상 그 계엄선포의 요건 구비 여부나 선포의 당・부당을 판단할 권한이 사법부에는 없다고 할 것이나, 비상계엄의 선포나

5) 홍정선, 행정법특강, 제2판, 7면; 김철용, 행정법 I, 5정판, 7면 등.

확대가 국헌문란의 목적을 달성하기 위하여 행하여진 경우에는 법원은 그 자체가 범죄행위에 해당하는지의 여부에 관하여 심사할 수 있다"고 하여 대통령의 비상계엄의 선포・확대와 관련하여 형사상의 책임을 물었다.

### (2) 행정소송의 대상여부

국가의 행위는 우월적 지위에서 행한 공권력 행사가 많으므로 대부분의 공권력 행사는 행정처분으로 되어 항고소송의 대상이 되며 국가를 상대로 한 국가배상소송도 현재의 실무는 민사소송으로 처리하고 있으나 곧 행정소송으로서의 당사자소송의 대상이 될 것으로 본다. 그런데 국가의 행위로서 항고소송에 있어서의 처분성을 충족시키는 행위라 하더라도 고도의 정치적 행위라는 이유로 항고소송의 대상에서 제외되는 행위가 있다. 이런 행위를 국가의 제4작용, 또는 "정부행위"(Acte de Gouvernement[6])라고 한다. "정부행위"는 형식적 의미의 행정권을 다시 실질적으로 나누어 정치적인 정부행위와 일반적인 행정행위로 나눈 후 정부행위에 대하여는 항고소송(+민・형사)을 면제시키는 것으로 이때의 사법심사의 면제는 단순히 행정법원(+민・형사법원)의 관할사항이 아니라는 것뿐이다. 한국의 행정소송법상의 행정청은 입법부와 사법부의 행정청을 포함하므로 이것들 역시 고도의 정치적 행위는 국가의 제4작용에 포함된다. 이른바 통치행위는 독자적 행위라고 하는 것이 그 이론적 근거다. 대법원 1978. 5. 23. 선고 78도813 판결이 "대통령의 긴급조치는 헌법적 효력이 있는 고도의 통치행위이므로 사법적 심사의 대상이 되지 않는다"고 판시한 것이 그 예이다. 이 경우 사법적 심사의 대상이 되지 않는다는 것을 민・형사 소송이나 행정소송의 대상이 되지 않는 데 그치지 않고 헌법재판의 대상까지도 되지 않는 것으로 해석하는 학설이나 판례가 있어온 점이 문제이나 그러한 태도들은 오해에 기인한 것으로 후술의 설명에 의하여 보다 명백히 밝혀질 것이다.

종래에는 통치행위는 원칙적으로 행정책임의 대상이 되지 않는 것으로 보았으나, 점차 법률에 대한 책임원리에 입각하여 국가책임을 인정해 가는 경향이다. 프랑스는 제2차 세계대전 중 독일군이 사용한 건물의 건물주가 독일과 연합국가간에 체결된 런던협정으로 보상을 받을 수 없게 되자 국가의 배상을 청

---

6) "정부행위"의 프랑스에서의 일반적인 정의는 행정부의 행위로서 행정소송 및 민・형사소송이 면제되는 행위이다. 따라서 이는 행정법원 및 일반 민・형사법원의 관할을 벗어나는 행정부의 행위를 가리킨다.

구한 '방사에너지회사 사건'[7]에서 국가의 행정책임[8]을 인정한 바 있다. 한국에서도 국가배상에 있어 위법성의 판단은 통치행위가 법적 근거에 의하여 이루어졌는가를 판단하는 것으로서 통지행위와 국가배상의 문제는 결부지어 생각할 이유가 없으므로 통치행위를 인정할지라도 국가배상청구소송은 가능하다는 견해[9]가 있다. 물론 국가배상청구 소송은 현재는 민사소송으로 진행된다.

### (3) 헌법재판의 대상 여부

헌법재판제도가 존재하는 한 헌법재판의 대상에서 벗어나는 국가행위는 존재하지 않는다. 통치행위 독자설에 입각한 국가의 제4작용은 이른바 헌법보조적 작용으로 행정소송이나 민·형사소송의 대상은 되지 않지만 헌법재판의 대상이 된다. 현재 프랑스에서는 의회의 규칙이나 국제조약에 대하여 헌법재판을 하고 있다. 미국에서 얘기하고 있는 정치문제는 이미 미연방대법원에서 위헌심사의 대상이 되어 사건을 심사하고 있는 문제들로서 단지 최종적인 위법판단을 할 것인가 말 것인가의 문제이지 헌법재판의 대상이 아닌 문제가 아니다. 우리 헌법재판소 1996. 2. 29. 선고 93헌마186 결정도 "대통령(大統領)의 긴급재정경제명령(緊急財政經濟命令)은 국가긴급권(國家緊急權)의 일종으로서 고도(高度)의 정치적(政治的) 결단(決斷)에 의하여 발동(發動)되는 행위(行爲)이고 그 결단(決斷)을 존중하여야 할 필요성이 있는 행위(行爲)라는 의미에서 이른바 통치행위(統治行爲)에 속한다고 할 수 있으나, 통치행위(統治行爲)를 포함하여 모든 국가작용(國家作用)은 국민(國民)의 기본권적(基本權的) 가치를 실현하기 위한 수단이라는 한계를 반드시 지켜야 하는 것이고, 헌법재판소(憲法裁判所)는 헌법(憲法)의 수호와 국민(國民)의 기본권(基本權) 보장(保障)을 사명으로 하는 국가기관(國家機關)이므로 비록 고도(高度)의 정치적(政治的) 결단(決斷)에 의하여 행해지는 국가작용(國家作用)이라고 할지라도 그것이 국민(國民)의 기본권(基本權) 침해(侵害)와 직접 관련되는 경우에는 당연히 헌법재판소(憲法裁判所)의 심판대상(審判對象)이 된다"고 하여 "고도의 정치적 국가작용"을 헌법재판의 대상으로 보았는데, 이 결정에서 명시한 '기본권의 침해'사항이 아닌 헌법상의 국가권력구조의 문제, 즉 고도의 정치적인 행위에 대한 권한쟁의 심판이나 탄핵심판도 당연히 헌법재판의

---

**7)** compagnie générale d'énergie radio-électrique, Conseil d'Etat, 1966. 3. 30.

**8)** 이때의 책임은 무과실 대위책임이다.

**9)** 김남진, 행정법 I, 법문사, 2000, 16면.

대상이 된다.

### 3. 판결의 대상 여부

고도의 정치적인 국가행위에 대하여 헌법재판의 대상으로 삼아 심사하였으나 이에 대한 위법 또는 부당하다는 판결을 내리는 것이 권력분립의 이유나 재량행위의 이유나 또는 사법자제의 이유로 부적절하다고 생각될 경우 이에 대한 판단을 내리지 않고 기각결정에 갈음하여 심사의 기초를 거부하는 각하형식을 취하는 경우가 있다. 이른바 미국의 "정치문제"(political questions)가 대표적인 예인데, 여기서 문제가 되는 것은 '정치문제'가 사법심사의 대상이 되지 않는다는 것이 아니라 판결의 대상으로 삼는 것만 거부하는 것이다. 따라서 비슷한 사건들에서 어떤 사건에 대하여는 '정치문제' 선언을 하는 반면 어떤 사건에 대하여는 '정치문제'가 아니라고 하여 본안에 대한 판단을 내리고 있다. 따라서 어떤 헌법적 쟁송사건에 대하여 "정치문제"로 선언한다고 하더라도 이것은 헌법심사의 한 방법일 뿐이다. 결코 헌법재판의 대상자체가 되지 않는 것이 아니다. 우리 헌법재판소도 2000. 6. 1. 선고 97헌바74 결정에서 '사면은 형의 선고의 효력 또는 공소권을 상실시키거나, 형의 집행을 면제시키는 국가원수의 고유한 권한을 의미하며, 사법부의 판단을 변경하는 제도로서 권력분립의 원리에 대한 예외가 된다. 사면제도는 역사적으로 절대군주인 국왕의 은사권(恩赦權)에서 유래하였으며, 대부분의 근대국가에서도 유지되어 왔고, 대통령제 국가에서는 미국을 효시로 대통령에게 사면권이 부여되어 있다. 사면권은 전통적으로 국가원수에게 부여된 고유한 은사권이며, 국가원수가 이를 시혜적으로 행사한다. 현대에 이르러서는 법이념과 다른 이념과의 갈등을 조정하고, 법의 이념인 정의와 합목적성을 조화시키기 위한 제도로도 파악되고 있다'고 하여 사면행위를 국가원수에게 고유한 재량행위로 보고 있다. 한편 이라크전쟁 파견결정 등 위헌확인에 관한 헌법재판소의 2003. 12. 18. 선고 2003헌마255, 256 결정의 별개의견은 '이 사건 파견결정은 그 성격상 국방 및 외교에 관련된 고도의 정치적 결단을 요하는 문제로서, 헌법과 법률이 정한 절차를 지켜 이루어진 것임이 명백한 이 사건에 있어서는, 대통령과 국회의 판단은 존중되어야 하고 우리 재판소가 사법적 기준만으로 이를 심판하는 것은 자제되어야 한다. 오랜 민주주의 전통을 가진 외국에서도 외교 및 국방에 관련된 것으로서 고도의 정치적 결단을 요하는 사안에 대하여는 줄곧 사법심사를 자제하고 있는 것도 바로 이러한 취지에서 나온 것이라 할 것이다. 이에 대하여는 설혹 사법적 심사의 회피로 자의적 결정이 방치될 수도 있다는 우려가 있을 수 있으나 그러한 대통령과 국회의 판단은 궁극적으로는 선거를 통해 국민에 의한 평가와 심판을 받게 될 것이다'고 하여 전쟁파견 결정을 사법부자제설에 입각한 정치문제로 보아 판결의 대상으로 삼고 있지 않다.

### 4. 소 결

통치행위의 개념에 대한 혼란은 기본적으로 프랑스제도와 미국제도의 차이점을 명백히 인식하지 못한 데 있다. 특히 미국의 '정치문제'의 경우는 어느 나라의 헌법재판에 있어서도 발생하는 문제로 이것은 사법심사의 대상의 문제가 아니라 판결의 대상 문제임에도 마치 영국의 '대권행위'와도 같이 모든 사법심사에서 벗어나는 행위인 것으로 오해하여 왔던 것이다. 따라서 '통치행위란 왕조국가에서나 존재하였던 것'이라는 정치적 발언도 나와 통치행위 부정설이 옳은 것이 아닌가 하는 의구심까지 들게 되었으나 각국의 제도적 차이와 본질을 정확히 인식한다면 앞에서 살펴본 바와 같이 아무런 오해 없이 이해되리라 본다.

## III 법치행정의 원리[10)]

### 1. 의 의

근대국가는 사람에 의한 사람의 지배를 법에 의한 사람의 지배로 바꾸어 놓는 한편 사람뿐만이 아니라 국가도 법에 의한 지배를 받도록 하였다는 점에서 과거와는 다른 국가사회를 수립하였는데 이를 가리켜 법치주의라고 하고 법치주의가 행정에 반영된 것을 법치행정의 원리라고 한다. 그러나 법치행정의 내용은 근대국가가 성립된 각국의 사정에 따라 내용을 달리하고 있는데 이를 단순히 영미의 실질적 법치주의와 대륙식의 형식적 법치주의로 분류하는 것은 첫

10) 이광윤, "법치행정의 원리", 고시계, 2005. 9, 583권, 19면.

째, 근대국가 성립의 선두에 섰던 프랑스의 경우를 형식적 법치주의로 치부해 버리고, 둘째, 행정의 관념과 행정법의 의의를 퇴색시킨다는 점에서 매우 큰 오류를 범하는 것이다. 따라서 법치행정의 원리를 설명함에 있어서는 최소한 영미형, 프랑스형, 독일형의 3가지 유형으로는 나누어 관찰할 필요가 있다.

## 2. 법치행정의 유형

### (1) 영미형의 법의 지배(Rule of Law)

법의 지배의 원리는 영국에서 성립되어, 영국 不文憲法의 기본원리가 되었으며, 미국에 계수되어 알버트 다이시(Albert. V. Dicey)에 의하여 체계화되었다. 법의 지배의 원리는 자의적 전제권력이 아닌 정규의 법의 절대적 우위, 모든 사람은 신분에 관계없이 국가라 하더라도 일반인과 마찬가지로 누구나 똑같이 보통법(common law)에 복종하여야 한다는 보통법 앞의 평등(平等)을 말하는 것으로, 判例를 통하여 형성된 인권에 관한 헌법상의 일반원칙의 존중을 내용으로 한다. 미국에서도 헌법의 기본권의 선언과 보장, 법률의 헌법에의 구속, 연방헌법재판소의 違憲法律審査權 등을 통하여 법의 지배의 원리를 확립하고 있다.

그러나 보통법의 지배는 일반국민은 물론이고 국왕·국가라고 할지라도 오직 보통법 앞에 평등하게 놓인다고 함으로써 국가의 행위에 대하여는 개인의 행위와 다른 법적 취급을 한다는 전제에서 출발하는 행정의 관념 또는 "행정법"의 성립과 발달을 더디게 하였다. 하지만 전제권력에 의한 지배를 배제하고 기본권을 보장하는 법에 의한 지배를 천명함으로써 일찍부터 실질적 법치주의의 길을 열었다. 그 후 커먼로 국가들도 공공서비스의 필요성을 자각하면서, 공공서비스의 효율적 제공을 위하여 행정권에게 공익목적상 필요한 범위 내에서 우월적 특권을 인정해야 한다는 생각을 가지게 되는데 1885년에 "Law of the constitution" 제1판에서 프랑스를 행정법 독재국가라고 비난하였던 다이시 교수는 1902년 "Law of the constitution" 제6편에서 1) English misconceptions as to "Droit administratif"(프랑스행정법에 대한 영국인의 오해), 2) The Evolution of "Droit administratif"(행정법체제의 영국에서의 발전)이라고 하는 두 개의 appendice를 삽입함으로써 이미 그의 견해를 수정하였으며 1908년 발행된 "Law of the constitution"의 제7판에서는 제17장으로 위의 두 주제에 관한 글을 본문에 편입하였다.

영국에서는 행정에 특유한 행정법을 부정하던 초기이론을 가리켜 '빨간 불 이론'(red light theory)이라고 부르고 행정법의 존재를 인정해가는 그 후의 이론들[11]을 '파란 불 이론'(green light theory)[12]이라고 부른다. 미국의 프리드만 교수도 복잡한 현대 행정의 문제를 해결하기 위해서는 프랑스와 같은 행정법 체계가 필요하다고 주장한 바 있다.

### (2) 프랑스형의 법치국가(Etat de droit)

프랑스에서 法治國家란 자유를 보호하기 위하여 法에 의하여 국가의 權力을 제한하려는 것으로 Carré de Malberg는 '경찰국가에 대항하는 법치국가는 국민에게 법을 위반한 행정행위의 취소, 변경, 또는 부적용을 법원에 요구할 수 있는 法的 권리를 부여하는 것이다'고 하였다. 따라서 기판력(autorité de chose jugée)이 인정되어야 하고 법치는 실질적인 것이어야 한다. 행정법이 태동될 당시의 프랑스인들은 기존의 법질서는 의사의 자치에 기초하는 평등의 법질서인 데 반하여 공익을 추구하는 법질서는 공익을 실현하는 공권력[13]에 기초하여야 하며, 사익에 우선한다고 생각하였고, 따라서 '행정'을 私法의 구속으로부터 해방시켜 독립적인 새로운 행정법을 건설하었다. 또한 행성재판에 대하여는 사법이 적용되는 보통법원이 아닌 공법이 적용되는 특별법원이 재판을 담당하는 이

---

**11)** 특히 제1차 대전 후의 경제 침체, 또 1931년의 공황의 효과는 커서 1929년 Lord Hewart는 「new despotism」이라는 저서를 통하여 "英國에는 大陸的 意味의 行政法이 없고 行政的 無法(administrative lawlessness)만이 있을 뿐이다"라고 개탄하였다.

1931년 C.K. Allen은 「bureacracy triumphant」에서 말하기를 "행정법은 확실히 영국에도 찾아왔다. 그러나 다시는 떠나가려고 하지 않는다. 행정법이 영국에는 없고 法의 支配만이 과거나 현재나 미래의 영국 사회에 있을 것이라고만 되풀이하지 말고 우리는 이 초청하지 않은 客을 적당한 장소에 두고 또 거기에 머물러 있도록 노력하지 않으면 아니 된다"고 하였다.

Robson은 "오늘의 국가는 사회봉사자로서의 임무를 떠고 있다. 그 임무는 새로운 의미에서 적극적이다. 1세기 전에는 국가가 경찰관, 군인 및 재판관으로서 행위하였을 뿐이다. 지금은 의사, 간호원, 보험업자, 주택건설업자, 위생기술과 화학과 철도, 가스, 전기, 수도의 공급과 도시계획, 운송업, 병원경영, 도로건설로서 행위하고 있다"고 하였다.

이리하여 英國行政法은 경제적 약자를 보호하기 위한 社會法의 성격을 띠게 되었다.

W. Friedman은 오늘날의 국가가 질서유지자, 사회봉사자, 산업경영자, 경제 통제가, 중재자로서 기능하고 있다고 하였는데 즉 국가의 경제 간섭이 그 특징으로 되고 있다.

이리하여 시민법 질서의 수정법으로서의 행정법이 탄생하게 되었는데 행정은 1) 소유권, 2) 계약의 자유, 3) 수익권에 관하여 개입하게 된다.

이리하여 영국에서는 새로운 행정법 이론 등이 생겨나게 되었는데 administration centred(행정중심주의) 이론은 행정법의 역할은 국가 간섭에 대하여 대항하는 것이 아니라 국가의 행위를 쉽게 하는 데 있다고 한다(Jennings).

**12)** Wolfgang Friedmann, The State and the Rule of Law in a Mixed Economy.

**13)** puissance publique.

른바 '행정의 자치'[14]를 정립하였다. 이와 같이 전문화된 행정재판의 존재, 그리고 사법과 구분되는 특수법칙에 행정이 기속되는 것을 가리켜 모리스 오류[15]는 행정제도[16]라고 하였다.

행정제도의 내용은 ① 행정에 대한 사법적 통제, ② 행정법원의 행정기관 내의 설치, ③ 행정판사에 의한 민법전의 전면적 배제와 자치로운 법칙들의 창조로 요약할 수 있다. 따라서 행정제도는 새로운 공법원리로서의 행정법의 존재와 독립된 행정법원의 설치가 핵심적 구성요소이다. 영미법의 전통적 시각으로는 이러한 행정제도는 커먼로의 궤도를 벗어난 것으로 보일 수도 있다. 그러나 프랑스에서는 일반법[17]의 궤도를 벗어난 관계 자체가 행정법의 일반적 원리이기 때문에, 이러한 특수궤도선상에서의 법의 일반원칙[18]을 도출하여 정리한 것이 바로 행정법이라고 이해한 것이다. 이렇게 보면 프랑스에 있어서의 법치국가란 행정제도(Régime administratif)를 바탕으로 한 '행정법에 의한 법치국가'를 의미한다. 모리스 오류는 이것을 가리켜 프랑스의 법치행정이야말로 가장 완성된 형태의 법치행정이라고 불렀다. 또한 프랑스에서는 법률에 의한 행정의 구속이 약해지는 대신 헌법, 법의 일반원칙 특히 명령에 의한 구속의 원칙의 강화와 법률에 의한 지배(principe de la légalité)보다는 모든 법에 의한 지배(principe de la juridicité)가 특징이다. 즉 헌법, 조약, 법률, 법의 일반원칙, 판례, 법원의 결정, 행정계약, 집행결정에 의한 합법성의 통제를 의미하는데, 실정법뿐만 아니라 법의 일반원칙에 의한 통제도 의미한다.

### (3) 독일형의 법률에 의한 행정(Die Gesetzmässigkeit der Verwaltung)

독일에서 법치국가는 Rechtsstaat라고 하나 이것은 프랑스어의 Etat de droit를 직역한 데 불과하고 실제는 법에 의한 행정보다는 법률에 의한 행정의 모습을 나타내었다. 독일에서의 법치국가는 영국이나 프랑스보다는 1세기 정도 늦게 나타나 19세기에 와서야 부르주아 계층들이 자유주의를 구가하였고, 왕권과 부르주아가 타협하여 헌법을 제정하고 이에 의하여 비로소 기본권이 보장되고 입법에 국민의 대표가 참여하게 되었다. 행정권은 여전히 세습군주의 손에

---

**14)** autonomie de l'administration.
**15)** M. Hauriou.
**16)** régime administratif.
**17)** Droit commun.
**18)** principes généraux de Droit.

있었고, 세습군주는 특별권력관계를 인정받는 등 법치국가와는 거리가 멀었지만 부르주아 계층이 가장 큰 관심을 가지고 있던 자유와 재산에 대한 침해에 대하여만은 그들을 대표하는 의회가 제정한 법률의 유보가 있어야만 부르주아들의 재산과 자유를 보장받을 수 있었다. 따라서 그 당시 부르주아들은 법의 지배보다도 법률의 지배에 집착할 수밖에 없었다. 이러한 법률에 대한 집착이 독일을 풍미한 법실증주의와 결합하여 형식적 법치주의로 나아갔는데, 일반 철학에서의 실증주의는 검증할 수 있는 모든 사실을 경험주의적으로 접근하는 데 비하여 독일의 법실증주의는 정치, 경제, 도덕 등의 다른 가치는 배제하고 법만 가지고 경험주의적 접근을 한다는 것이므로, 필연적으로 법형식주의로 나아가지 않을 수 없었고, 정치적, 경제사회적 환경과 가치관의 변화에 따라 급속하게 발전해 가는 근대 행정법의 특징과는 처음부터 모순적인 것이 될 수밖에 없었다. 나찌스의 수권법은 법률의 내용이나 목적 같은 가치는 문제 삼지 않고 형식과 절차에만 집착하는 법실증주의의 바탕하에 통과되었다. 그러나 독일에서도 2차 세계대전 후 기본법이 제정되고 민주주의가 정착됨에 따라 헌법과 법의 일반원칙에 대한 적합성이 강조되고 헌법재판소에 의한 위헌법률심사가 활발해짐에 따라 법률에 의한 지배라고 하는 형식적 법치주의로부터 벗어나 실질적 법치국가(Rechtsstaat)를 이룩하게 되었다.

### 3. 법치행정과 의회주권

인류의 역사는 행정이 법의 지배를 받지 않던 경찰국가로부터 의회주권주의에 바탕을 둔 법률의 지배 시대를 거쳐 1 · 2차 세계대전을 거치며 현대 행정국가의 등장으로 인한 독립명령과 행정규칙의 법규성에 대한 긍정의 시대를 거치고, 1970년 이후에는 지속적 민주주의의 보루인 헌법재판의 일반적 활성화 시대에 돌입하였다. 형식적 법치국가는 법치국가의 유형이 아닌 독일에서 발생한 법치국가를 향한 노정에 있었던 병리현상이었을 뿐이다. 그럼에도 불구하고 우리는 흔히 영미식의 보통법의 지배는 실질적 법치주의이고 대륙의 "행정제도"는 형식적 법치주의라고 매도하여 "행정제도"(Régime administratif) 자체까지도 매도하거나, 오늘날의 민주주의가 이미 두 단계나 건너버린 의회주권주의라고 하는 2백년 전 프랑스혁명 초기에나 유행하였던 이론들을 오늘날에까지도 적용하기를 주장하는 시대착오적인 오류를 범하여 왔다. 오늘날 민주적 법치행정은 의회뿐만 아니라 행정부, 지방자치단체, 헌법재판소라고 하는 대단히 중요한 헌법기관들에 의하여 담보되고 있다. 의회는 법치행정을 위한 하나의 헌법기관일 뿐이다. 법률의 지배로부터 법의 지배로, 법의 지배로부터 "행정법"의 지배로 무리 없이 진행할 이론적 실무적 뒷받침이 요청된다.

## 4. 법치행정의 법원과 내용

법치행정의 법원은 헌법, 법의 일반원리, 법률, 법규명령, 조례, 규칙, 행정계약 등이나 이 중에서 특히 법률과 법규명령 및 조례와의 관계가 문제된다. 과거 독일의 오토 마이어는 '법률의 지배'를 주장하였으므로 법률의 지배의 내용으로 법률의 법규창조력, 법률의 우위, 법률의 유보를 들었다. 그러나 오늘날 행정의 모든 법원은 국민의 권리의무에 관계가 있는 법규성이 있는 것으로, 독립명령, 집행명령, 법규성이 인정되는 행정규칙, 조례 등이 법률의 위임을 받지 않고도 법규성을 발하기 때문에 법률만이 법규창조력이 있다는 것은 받아들일 수가 없다. 법률의 우위는 오늘날 프랑스와 같이 무너진 나라도 있고, 우리나라와 같이 대체로 수용하면서도 헌법 76조의 긴급명령권과 같이 법률의 효력을 가지는 명령을 부분적으로 수용하는 경우도 있다. 그러나 오늘날은 활발한 헌법재판을 통하여 헌법도 직접적으로 국민의 권리의무관계에 효력을 미치고 있고, 또 법률은 헌법 아래에 위치한다는 점에서 그 의의는 약화되었다. 그러나 법률의 유보는 의회의 비중 높은 정치적 대표성으로 인하여 중요사항에 대한 의회유보를 중심으로 받아들여지고 있다.

## 5. 법률의 유보

### (1) 법률의 유보의 의의

법률의 유보란 행정권의 발동에는 조직법적 근거 이외에 법률에 의한 개별적 근거가 필요하다는 것으로 역사적으로는 국민의 권리·자유를 제한하거나 의무를 과하는 활동에는 반드시 작용법적 법률의 근거가 필요하다는 침해유보설로부터 모든 행정에는 법률의 근거가 필요하다는 전부유보설로, 그리고 본질적인 중요한 사항에 대하여는 법률의 근거가 필요하다는 중요사항유보설로 발전해 왔다.

### (2) 중요사항 유보설(본질성설)

1) 독 일 : 독일의 경우에 중요사항 유보설은 '매우 중요한 사항'에 대하여는 모든 사항을 법률로써만 배타적으로 정하여야 하고, '보다 덜 중요한 사항'은 행정부에도 입법권이 위임될 수 있고, '중요하지 않은 사항'은 법률의 근거를 요하지 않는 것이다.[19] 독일 연방헌법재판소는 원자력발전소(칼카르) 결정에서 "원자력발전소의 설치와 같은 국가사회 공동체 내에서 극단의 갈등요소가 존재하는 근본적인 결정은 전적으로 입법자인 의회의 몫이며, 입법자는 침해라는 특징과는 무관하게 기본적인 규범영역에서, 특히 기본권 실현의 영역에서 국가 전체적인 규율의 필요성을 감안하여 모든 본질적인 결정을 스스로 해야 한다"고 판시하였다. 문제는 무엇이 중요한 것인가 하는 점인데 일단 기본권의 실현은 중요한 문제이나 그 나머지 것은 의회가 스스로 결정할 수밖에 없어 의회유보설로 연결되는데 중요성의 정도를 정하기가 애매하다는 난점이 있다.

2) 프랑스 : 프랑스에서는 헌법에 의하여 중요사항에 대한 해결을 보고 있다. 즉, 헌법 제34조 제2항과 제3항에서 의회의 전속적 법률사항을 나열하고 있는데 기본권의 보장과 형벌, 조세, 국적 및 영조물법인의 창설을 주내용으로 하고 있다. 따라서 이것들이 독일에서의 '매우 중요한 사항'들이다. 한편 헌법 제34조 제4항은 법률이 국방의 일반조직, 지방자치의 운영, 교육제도, 소유권과 물권 및 채권 제도, 노동법과 사회보장법의 기본원칙을 정하도록 하고 있는데, 이것들은 기본원칙 이외에는 명령이 정하므로 독일의 '덜 중요한 사항'에 속한다. 한편 헌법 제34조에 나열된 것 이외에는 모두 독립명령으로 정하므로 이것들은 '중요하지 않은 사항'에 속한다.

3) 대한민국 : 우리 헌법은 제2조 제1항의 국적취득의 요건, 제12조 제1항의 죄형법정주의, 제96조의 행정조직법정주의, 제38조의 조세법률주의 등에서 국회전속적 입법사항을 정하고 있으나, 다수 학설은 이것을 본질적 내용을 법률로 정하는 것으로 해석하고 구체적으로 범위를 정하여 위임하는 것은 가능하다고 하고 있고, 헌재 93헌바62, 대판 2000도1007, 헌재 95헌바35, 97헌바81 등의 판례도 요건과 범위를 보다 엄격하게 요구하고는 있지만 위임입법을 허용하고 있다. 따라서 사실상 국회의 전속적 관할 사항으로서의 법률사항인 중요사항이 없다. 즉, 법률이 기본원칙을 정한 후 명령에 위임하는, 독일에서 말하고 있는 '덜 중요한 사항'과 아예 집행명령이나 법규성이 인정되는 행정규칙 등

---

19) 최정일, 행정법(상), 박영사, 2000, 54면.

으로 정할 수 있는 '중요하지 않은 사항'이 있을 뿐이지, 국회에서 세부사항까지도 모두 정해야 하는 의회전속적 법률사항은 사실상 존재하지 않는다. 심지어는 국적법에도 시행령과 시행규칙이 존재한다. 그런데 헌법재판소는 98헌바70결정에서는 "오늘날 법률유보원칙은 단순히 행정작용이 법률에 근거를 두기만 하면 충분한 것이 아니라, 국가공동체와 그 구성원에게 기본적이고도 중요한 의미를 갖는 영역, 특히 국민의 기본권실현과 관련된 영역에 있어서는 국민의 대표자인 입법자가 그 본질적 사항에 대해서 스스로 결정하여야 한다는 요구까지 내포하고 있다(의회유보원칙). 그런데 텔레비전방송수신료는 대다수 국민의 재산권 보장의 측면이나 한국방송공사에게 보장된 방송자유의 측면에서 국민의 기본권실현에 관련된 영역에 속하고, 수신료금액의 결정은 납부의무자의 범위 등과 함께 수신료에 관한 본질적인 중요한 사항이므로 국회가 스스로 행하여야 하는 사항에 속하는 것임에도 불구하고 한국방송공사법 第36조 제1항에서 국회의 결정이나 관여를 배제한 채 한국방송공사로 하여금 수신료금액을 결정해서 문화관광부장관의 승인을 얻도록 한 것은 법률유보원칙에 위반된다"고 하여 중요사항 유보설을 택한 것으로 해석된다. 그런데 이 결정마저도 "국회가 수신료금액을 법률로써 직접 규정하는 것에 어려움이 있다면 적어도 그 상한선만이라도 정하고서 공사에 위임할 수도 있고,"라고 하여 위임입법을 긍정하고 있다. 따라서 대한민국에서는 아직 의회전속적인 중요사항유보설이 정착되지 않았다.

## 6. 공공서비스의 원칙[20)]

### (1) 平等의 原則

平等의 原則은 우선 공공서비스의 사용자에게 적용되는데, 기계적인 평등이 아닌 비례의 원칙을 감안하여 동일한 법적 상태에 있는 자에게만 적용된다. 따라서 公益上의 필요로 인한 가격의 차별도 용인된다. 공공서비스 종사자에 대하여도 공공서비스의 운영이나 고용에 있어 평등원칙이 지켜져야 한다. 한편 平等의 原則의 결과로써 공공서비스의 중립원칙이 지켜져야 한다. 따라서 종교적 신념이나 정치적 견해에 따른 차별이 행해져서는 안 된다.

---

20) 이광윤, "공익사업의 민영화의 법적 문제", 한불정법학회 발표문, 1997. 5. 31.

### (2) 繼續性의 原則

공공서비스理論家들은 국가를 공공서비스의 조직체로 보았을 정도로 계속성은 공공서비스의 근본적 가치를 지니고 있다. 오늘날 공공서비스의 繼續性은 헌법적 가치를 지니고 있으며[21] 이에 따라 채산성을 이유로 공급을 중단한다든가 전면적인 파업을 할 수 없다. 프랑스의 경우 Service-minimum제도[22]를 도입하고 있다. 또한 법정 허용한도를 넘어 심각하게 공공서비스의 계속성을 저해하는 파업에 대하여는 징발(Réquisition)[23]이 가능하다.

### (3) 適應의 原則

적응의 원칙은 대중의 필요성과 공익상의 요구에 따라 공공서비스의 지위와 체제가 바꾸어짐을 뜻하는데, 경제적 · 기술적 발전이나 법체계상의 변화에 따른 공급의 질적 · 양적 개선을 상정할 수 있다. 도로의 가스등이 전기등으로 교체된 것이 그 단적인 예다. 특허기업의 경우 특허의 내용이 변경되거나 폐지될 수 있다.

---

**21)** C.C. 25 juillet 1979, Continuité du service public de la radio-télévision, Rec. 33.

**22)** C.E. Ass., 4 Février 1966, Syn. nat. des fonctionnaires du groupement des contrôles radio-électriques.

**23)** C.E. Sect. 26 octobre 1962, Le Moult.

# 제 3 장 행정상 법률관계



## Ⅰ 공권과 반사적 이익의 구별의 문제점[1)]

F. Fleiner에 의하면 국가가 국민에게 서비스를 제공하는 경우에 입법자들은 ① 시민에게 직접 그의 이익실현을 위한 구체적 청구권을 부여할 수도 있고, ② 법률의 집행을 전적으로 행정청의 수중에 넣고서 개개의 시민에게는 구체적 청구권을 부여하지 않는 방법이 있는데 첫 번째 방법이 공권을 인정하는 것이며 두 번째 방법은 반사적 권리(Reflexrechte)(보다 정확하게는 법의 반사(Rechtsreflexe)가 옳음)라고 한다. 따라서 반사적 이익이란 법규가 개인에게 권리를 부여함이 없이 이익을 가져다주는 효과, 즉 법규적용의 반사적 효과를 말한다. 이와 같은 청구권 없는 법집행작용에 의한 국민에 대한 이익부여는 법치국가가 아닌 경찰국가행정의 전형적인 모습으로 경찰국가행정의 반사적 이익에 대비한 법치국가적 공권의 대비는 아무리 공권의 법치국가적 의의를 강조한다

1) 이광윤, "법률상의 이익과 공권과의 관계", 성균관법학 제11호, 성균관대학교 비교법연구소, 1999, 302-303면.

하더라도 반사적 이익에 대비한다는 그 자체가 부분적 법치국가에 불과하다는 한계를 갖고 있다.

반사적 이익이란 지극히 비민주적인 개념으로 이성을 상실한 경찰국가였던 나치독일시절에는 주관적 공권을 부정하고 객관적 법규범에 의한 반사적 보호만이 강조되기도 하였고(Köttgen, Deutsche Verwaltung, 1937), 구 소비에트 국가조직법에 있어서도 주관적 공권에 대비한 '객관적 합법성'이 강조되었다. 따라서 主觀的 公權論을 긍정한다고 하여도 반사적 이익의 존재를 인정하는 것 자체가 경찰국가적 유산이기 때문에 진정한 법치국가는 반사적 이익 없는 공권만에 의한 이익부여만 존재할 때 가능하다. 따라서 이렇게 하는 것이 현실적으로 불가능하다면 법집행의 결과로 행정객체에게 발생하는 이익을 권리 개념을 매개로 하여 주관적 공권과 반사적 이익으로 구분하는 논리를 극복할 수밖에 없다.

오늘날 국가의 주권은 국민에게 있다. 국민의 대표인 입법자는 입법자의 권리로서가 아닌 권한의 행사로서 국민의 주권의사를 반영하여 입법을 할 뿐이며 법률을 집행히는 공무원도 권리의 주체로서가 아니라 권한의 행사로서 법률의 내용을 집행할 뿐이다. 그런데 국민의 대표자에 불과한 입법자가 그의 주관적 의사로써 국민에게 구체적 청구권을 부여할 수도 있고 부여하지 않을 수도 있다고 하는 것은 입법자가 국민의 주권을 자의적으로 왜곡하는 것으로, 국민주권 원칙에 어긋난다. 입법자는 국민의 주권의사를 반영하여 객관적 법규범을 정립할 뿐, 자신의 주관적 의사를 개입시켜서는 안 된다. 뿐만 아니라 권리와 반사적 이익을 구별하게 되면, 반사적 이익이 있음에 불과하다고 보는 경우에는 그 이익이 객관적 법규범의 준수에 의하여 보호될 수 있는데도 불구하고, 행정청이 법률을 위반한다 하더라도 국민은 이에 대하여 합법성에 대한 소송을 제기할 수 없게 되어 행정청이 사법적 제재로부터 벗어나게 되는 모순에 빠지게 된다.

따라서 법률에 관련하여서, 국민에게는 객관적인 법률에 의하여 보호되는 이익이 있을 뿐, 입법자의 주관적 의사에 기초한 권리를 법률에 의하여 보호되는 이익 내부에 설정하고 나머지 이익과 구별하여서는 안 된다.

# Ⅱ 행정법 관계의 당사자[2)]

## 1. 행정처분을 발할 수 있는 행정의 주체의 범위

대법원은 "행정소송의 대상이 되는 행정처분이라 함은 행정청 또는 그 소속기관이나 법령에 의하여 행정권한의 위임 또는 위탁을 받은 공공단체가 국민의 권리의무에 관계되는 사항에 관하여 직접효력을 미치는 공권력의 발동으로서 하는 공법상의 행위를 말한다"고 정의하고 있어 행정행위의 주체를 행정청, 그 소속기관, 및 법령에 의하여 행정권한의 위임 또는 위탁을 받은 공공단체에 한정하고 있다. 이러한 정의는 기본적으로 행정행위의 기관적 기준에 기초하고 있는 것으로, 행정행위에 대한 기관적 기준은 오늘날 통용되지 않는다. 1942년 7월 31일의 꽁세이데따의 Monpeurt판결은 비시정부가 조합주의에 바탕하여 조직한 유리산업 조직위원회에 대하여 "비록 입법자가 영조물법인으로 창설하지는 않았지만 공공서비스의 수행에 참여하며, 권한의 범위 내에서 내리는 결정은 법규명령에 의한 것이든, 개별처분에 의한 것이든, 행정행위를 구성한다"라고 판결하여 행정행위에 관한 기관적 기준을 버리고, 기능적 기준을 채택하였다. 행정행위에 관한 기능적 기준은 1943년 4월 2일 꽁세이데따의 Bouguen판결을 거쳐 현재까지 채택되고 있다. 심지어는 사인 또는 사법인도 1. 공익목적, 2. 공권력의 특권을 사용하고, 3. 행정청의 감독을 받을 것을 조건으로 하여 행정행위를 할 수 있는데, 교육법에 의하여 학위를 수여하는 사립대학의 경우가 대표적인 예이다. 한국에서는 이를 흔히 공무수탁사인(Belihene Unternehmer)이라고 부른다. 따라서 행정처분의 주체를 공공단체에 한정할 필요가 없다.

국가의 사경제적 기업은 행정관청이 아니다. 행정적 업무에 종사하는 영조물법인만 행정관청에 해당한다. 공기업기관이라고 하는 단어는 오해의 산물이다. 영조물법인은 조직적 개념이며, 작용적 개념은 공공서비스로서 이에는 행정적 서비스와 상공업적 서비스가 있으며, 공기업은 공공서비스 개념과는 무관하

---

2) 이광윤, "공법인의 원고적격", 최송화교수화갑기념논문집, 「현대공법학의 과제」, 박영사, 2002, 9면.

다. 공기업에는 공법상의 영조물법인이거나 상법상의 주식회사의 형태가 있다. 주식회사의 자본비율이 100%가 국가자본인 국영기업과 국가자본비율이 1%~99% 사이의 공사혼합자본의 기업이 있으며, 국가자본이 50% 미만인 경우에는 국가가 경영상의 지배권을 가지고 있을 때에 한하여 공기업이라고 한다. 공기업의 법적 관계는 이용자와의 관계에 있어서는 원칙적으로 사법관계이며, 영조물법인 형태의 공기업은 감독청과 공법관계를 구성하나, 상법상의 주식회사인 경우에는 사법상의 관계이다. 다만 공기업임원과 감독청과의 관계는 공법관계이다.

### 2. 행정의 객체

행정의 객체는 보통 사인이 된다. 국가는 어떠한 경우에도 행정의 객체가 되지 아니하나 국가를 제외한 공법인은 경우에 따라 일방적인 공권력 행사의 객체가 될 수 있다. 상공업적 영조물법인은 일반적으로 행정의 객체의 지위에 서고, 행정적 영조물법인과 지방자치단체는 예외적으로 공권력 행사의 객체로 된다.

## Ⅲ 국공립학교의 재학관계에 대한 재검토[3)]

### 1. 기존의 관점의 문제점

그동안 국공립대학의 재학관계에 대하여는 이를 修正說에 입각한 特別權力關係로 보는 입장과 特別權力關係를 부인하는 입장에서 一般法關係로 보는 입장이 對比되어 왔다. 特別權力關係의 修正說의 입장에서는 최소한, 基本權의 制限에는 法律留保原則이 적용되어야 한다고 한다.[4)] Ule교수는 開放的 勤務關係로서의 經營關係로 보고 있다.[5)] 이를 일반 행정법관계와는 다른 特性, 즉 비교적 넓은 裁量性이 있는 것이므로 이를 特別行政法關係(또는 特別法 關係)로 보는

3) 이광윤, "학생의 재학관계", 고시연구, 1993년 6월호.

4) 金南辰・李鳴九 共著, 行政法演習, 고시연구사, 1990, '特別權力關係와 基本權의 制限' 참조.

5) Ule, S.184 / 洪井善, 行政法論(上), 博英社, 1993, 187면 재인용.

입장[6]도 있다.

그러나 裁量性의 문제와 法治主義의 排除는 다른 문제이기 때문에, 또 학생의 在學關係를 一般法關係로 보면서 판단의 여지가 있다고 보더라도 마찬가지 문제가 되기 때문에 이러한 입장에서의 '特別行政法'이란 法治主義의 원칙이 배제되는 별개 카테고리의 행정영역을 뜻하는 특별권력관계가 아닌 일반법관계에 대한 형용사적('특별한'이라는) 의미밖에 없어서, 사실상 특별권력관계에 대한 否定說과 별 차이가 없다고 하겠다. 否定說 중 個別的 實質的 否定說에서는 國公立大學의 在學關係를 私立學校 在學關係와 마찬가지로 私法關係로 보는 듯하다.[7]

그러나 우리나라에서는 行政上의 法律關係를 公法關係와 私法關係로 구분하고 있고 教育行政은 대부분 공법적 활동형식을 취하고 있기 때문에 公私法關係의 구별을 否認하며 私法關係로 볼 수는 없다고 하겠다. 또한 教育行政은 福利行政의 중요부분으로 社會開發行政으로서 給付行政에 속하고, 規制行政분야가 아니다. 따라서 國公立學校의 운영은 國家 및 地方自治團體가 教育法 또는 다른 法이나 法律이 정하는 바에 의하여 학교를 설치 경영하는(教育法 第6條) 管理行政으로, 원칙적으로 公法法規가 적용되는 公的 管理關係(또는 單純高權 行政關係)일 뿐이다.

과거의 특별권력관계에 의하면 국공립학교 재학관계를 營造物 利用關係로서의 특별권력관계로 파악하였으나 營造物이란 "公的 目的에 提供된 人的 物的 시설의 총합체"로 단순한 조직적 개념에 불과한 것이기 때문에 營造物을 이용할 때 발생하는 利用關係의 法的 性質은 마땅히 作用的(fonctionnel) 視點에서 파악하지 않으면 안 된다. 즉 營造物 利用關係는 해당 營造物의 성격, 권력성의 정도, 行政의 목적, 利用者들에 따라 달라지는 것이지 일률적인 동일한 법적 카테고리로서의 營造物 利用關係란 존재하지 않는다. 같은 國公立學校라 하더라도 의무교육에 속하는 國公立초등학교 在學關係와 國公立大學의 在學關係는 다르고 사관학교나 경찰대학과 세무대학 그리고 여타의 國公立大學들의 在學關係에 있어서 권력성의 정도는 교육의 목적, 이용자들의 성격 등에 따라 달라질 수밖에 없다. 따라서 營造物利用關係라고 하여 바로 국민의 일반적 복종의무가 발생한다고 하는 것은 오늘날의 法治意識에 비추어 더 이상 받아들일 수 없으며 特別命令이 慣習法的으로 인정된다고 하는 것도 자유로운 사유에 의하여 진

6) 洪井善, 상게서, 188면; 이경운, 고시계 1990년 6월호, 113면.

7) 徐元宇, 現代行政法論(上), 博英社, 1978, 167면.

리를 탐색하는 이론이 아닌, 선입견에 의해 법적 근거가 없는 복종 의무를 정당한 것으로 미리 결론지어 놓고, 이 결론에 따른 이론 구성을 한 것으로 볼 수밖에 없기 때문에 동의할 수 없다. 이 문제에 관하여는 '學則의 性格'에서 좀 더 검토하기로 한다.

## 2. 학칙의 성격

과거의 특별권력관계 이론에 의하면 國公立學校의 學則은 營造物利用規則으로 特別命令(sonderverordnung)이라고도 하여 行政廳이 법률의 授權 없이 발하는 法規性이 없는 一般抽象的 法律로 파악하여 왔다. 그러나 학생의 권리 · 의무에 관한 법률은 실질적 의미의 법규로 볼 수 있기 때문에[8] 이를 내부 관계에서의 行政規則이라고 본다면 規範具體化 行政規則(Normkonkretisierende Verwaltungs-vorschriften)으로 보아야 할 것이다. 따라서 學則과 學則에 의거한 처분은 전면적 사법심사의 대상이 되어야 한다. 그런데 문제는 學則이 과연 行政規則인가하는 점이다. 국가의 行政權을 지역적(territorialement)으로 分權받은(décentralisé) 地方自治團體는 地方議會가 정하는 條例와 地方自治團體長이 정하는 규칙이라고 하는 自治立法權을 부여받고 있다. 그렇다면 국가의 行政權을 事務的으로(par service) 分權받은(décentralisé) 營造物法人 역시 부여받은 사무에 관한 自治立法權을 부여받는다고 새기지 않을 이유가 없다. 실제로 地方自治法 제112조 제1항은 「地方自治團體의 敎育 · 科學 및 體育에 관한 事務를 分黨하기 위하여 별도의 機關을 둔다」고 하여 地方自治團體의 自治權을 또 다시 敎育 · 科學 및 體育이라고 하는 事務的(par service) 分權(décentralisation)을 행하고 있다.[9] 이에 따라 事務的 分權을 받은 敎育 · 學藝에 관한 自治團體는 普通地方自治團體가 아닌 營造物法人[10]이 되며 地方敎育自治에 관한 法律 제35조는 이러한

8) 同旨: 金南辰, 行政法 II, 法文社, 1991, 308면.

9) 同旨: 洪井善, 地方自治法論, 法英社, 1991, 209면.

10) 敎育法 제15조 규정에 의한 敎育 · 學藝에 관한 地方自治團體의 事務라 함은 교육의 自主性 · 專門性과 地方敎育의 特殊性을 살리는 地方自治團體의 敎育 · 科學 · 技術 體育 기타 學藝에 관한 중요사항을 말한다. 이러한 自治事務는 1991년 3월 8일 제정된 地方敎育 自治에 관한 法律에 의하면 審議議決機關인 市道敎育委員會와 집행기관인 市道敎育監에게 분장되어 있다. 地方自治團體의 종류로는 特別市, 광역시 및 市와 市 · 郡 및 區가 있으며 地方自治團體의 기관으로는 집행기관인 地方自治團體의 長이 있고 의결 · 감독 및 조사기관으로 地方議會가 있다. 일반적으로 敎育委員會라 함은 地方自治團體의 집행기관을 이원화시켜 敎育 · 學藝에 관한 事務는 敎育委員會로 하여금 집행하게 하고 있으므로 憲法裁判所法 제62조 제2항에서 말하고 있는 敎育委員會는 집행기관으로서의 市道敎育委員會를 뜻하는 것으로 우리나라의 現行法上 존재하는 명칭은 아니다. 現

敎育自治團體의 長인 敎育監에게 敎育規則制定權을 부여하고 있다. 따라서 학칙은 內部關係를 규율하는 行政規則이 아닌 自治立法으로 보아야 할 것이다.[11] 給付行政에 속하는 敎育을 받기 위하여 학교에 다니거나, 공공도서관을 이용하거나, 학술진흥재단의 지원을 받는 등의 관계들이 법적 관계가 아닌 '一般的 服從 義務가 발생하는' 營造物 利用關係로서의 特別權力關係라고 하는 것은 더 이상 수용할 수 없으며 이러한 特別權力關係 이론에 기초한 行政規則으로서의 學則은 再考되어야 할 것이다. Epaminondas Spiliotopoulos교수에 의하면 과거 독일에서 이와 같이 法規 命令의 범위를 협소하게 정했던 이유는 국민의 재산과 자유에 대한 侵害行政만이 法律의 留保를 필요로 한다고 했던 法律의 侵害留保論의 결과일 뿐이다.[12] 한편 공공서비스 특허자(concessionnaire du service public) 또는 公務受託企業者(Belihene Unternehmer)인 우리나라에서의 私立學校 역시 공공서비스 利用關係를 규정하는 自治立法(法規命令權)으로서의 學則을 정한다고 해석하도록 하여야 할 것이다.[13]

---

行法 규정을 살펴보면 特別市, 광역시, 道에서 敎育·學藝에 관한 事務를 담당하는 기관으로는 집행기관인 敎育監(地方敎育自治에 관한 法律 제25조)과 심의·의결기관인 敎育委員會(同法 제3조)로 나누어져 있는 바 地方自治團體의 집행기관의 이원화로서의 敎育·學藝에 관한 사무의 담당기관으로서 地方敎育自治에 관한 法律 제3조에 의한 敎育委員會는 우선 行政委員會의 성격을 가진다. 즉 地方自治法 제35조 제1호 내지 제4호에 해당하는 地方議會의 필요적 의결사항에 있어서 敎育·學藝에 대한 地方自治團體(市·道의 경우)의 집행기관의 사무는 敎育監과 行政委員會로서의 市道委員會가 담당한다(敎育法 제13조 제1항 1-3호). 다른 한편 地方敎育自治에 관한 法律 제13조 제1항 4-9호는 同條 제2항에 의하여 敎育委員會는 地方議會의 역할을 담당한다. 따라서 제13조 제1항 4-9호의 해당사항에 관하여는 地方議會의 이원화를 통한, 즉 敎育·學藝에 대한 地方議會 기능을 수행한다. 따라서 現行法上의 敎育委員會는 첫째, 敎育·學藝에 대한 市道의 집행기관의 行政委員會로서의 성격, 둘째, 敎育·學藝에 대한 市道議會의 성격이라고 하는 이중적 성격을 중첩해서 가지고 있으며 憲法裁判所法 제62조 제2항에서 말하고 있는 '敎育委員會' 즉 市·道의 敎育·學藝를 담당하는 地方自治團體는 앞서의 첫째 경우나 둘째 경우를 막론하고 敎育·學藝에 관한 地方自治團體의 長인 敎育監에 의해 대표될 수밖에 없다. 敎育法 제38조 제2항(1991년 3월 8일 삭제) 「敎育長은 敎育·學藝에 관하여 당해 地方自治團體를 대표하고…」는 이러한 취지로 해석할 수 있다. 따라서 立法論的으로는 憲法裁判所法 제62조 제2항의 '敎育委員會'를 '敎育自治團體' 정도로 용어를 변경할 필요성이 있으며 이러한 '敎育自治團體'는 地方自治團體의 집행기관의 이원화라고도 볼 수 있으나 地域的 分權(la décentralisation territoriale) 후에 성립된 地方自治團體(collectivités locales)에 있어서 敎育·學藝에 관한 事務的 分權(la décentralisation par service)을 행한 결과로도 볼 수 있기 때문에 이러한 '敎育自治團體'는 普通地方自治團體가 아닌 營造物法人(établissement public)으로서의 성격을 가진다고 하겠다.

**11)** 學則을 自治立法으로 보기 위하여는 우선 법률에 規則制定權을 명시하여 위임하는 방식이 있겠으나 궁극적으로는 委任命令論에 대한 집착으로부터 탈피하여 獨立命令의 광범위한 수용으로 나아가는 것이 오히려 근거없는 法規命令에 대한 시비와 行政規則에로의 도피현상을 막을 수 있을 것으로 본다.

**12)** Epaminondas Spiliotopoulos, Droit administratif héllinique, L.G.D.J., 1991, p. 65, p. 80.

**13)** Georges Vedel et Pierre Delvolve, Droit administratif T.I, P.U.F., 1992, pp. 363-364 참조.

新 行 政 法 論

신 행 정 법 론

# 제 2 편

# 행정의 활동형식

제 1 장 행정입법
제 2 장 행정행위
제 3 장 행정참여
제 4 장 행정계약
제 5 장 기타 행정의 행위형식

# 제 1 장 행정입법



## Ⅰ 행정행위의 개념에 대한 재검토1)

### 1. 재검토의 필요성

근간에 이르러 우리나라에서는 行政處分의 개념을 두고 학계의 논쟁이 격렬하며, '法務士法 第4條'의 위헌 여부를 둘러싼 대법원과 헌법재판소간의 논쟁에 있어서도 법원행정처의 헌법재판연구관은 "行政立法에 의하여 權利가 직접 침해되면 당해 行政立法에 대하여 處分性을 인정할 수 있으므로 行政訴訟의 對象이 된다"는 논리를 전개하면서, 유일한 판례인 대법원 1954. 8. 19. 선고 4286 행상37 판결을 근거로 제시하면서 대법원 1987. 3. 24. 선고 86누656 판결은 "一般的 抽象的인 法令 그 자체로서 국민의 具體的인 權利 義務에 직접적인 변동을 초래하는 것이 아닌 것은 行政訴訟의 대상이 될 수 없다"라고 하여 "반대

1) 이광윤, "명령과 행정행위에 관한 비교법적 고찰", 남하서원우교수 화갑기념논문집, 「현대행정과 공법이론」, 법문사, 1991.

해석상 앞서의 판례를 뒷받침하고 있다"고 주장한 바 있다.

그러나 여기에는 "과연 同法인 法務士法을 行政立法으로 간주하는 것이 타당한 일인가?" 또 "우리나라 行政審判法 및 行政訴訟法에서 규정하고 있는 행정청이 國會事務總會, 法院行政處長, 憲法委員會 및 中央選擧管理委員會를 포함하는 것은 권력분립의 원리 및 행정소송의 의의와 관련하여 어떻게 이해해야 할 것인가?" 하는 행정의 개념 자체에 대한 의문으로부터 시작하여 抗告訴訟의 본질에 대한 문제, 행정행위의 개념에 대한 문제 등 수많은 의문들이 꼬리를 물고 일어난다. 따라서 본장에서는 이러한 직접적인 논쟁에 뛰어드는 것보다는 행정제도(Régime administratif) 국가의 원형인 프랑스에서의 행정 및 행정행위에 대한 개념은 어떠하였으며 또 어떻게 전개되었는가, 프랑스 행정제도를 전수한 유럽각국에서의 행정행위의 개념은 어떠하며 특히 행정의 개념에 따른 명령의 성격은 각국에 있어서 어떠하였으며 앞으로의 추세와 전망은 어떠할 것인가 하는 기초적인 문제들을 검토함으로써 학계의 논쟁에 참고자료를 제공하는데 목적을 두기로 한다.

## 2. 프랑스法上의 行政行爲

프랑스에 있어서 行政行爲(l'acte administratif)라 함은 廣義로는 법률효과를 발생시키기 위한 모든 의사표시로서의 법률행위(l'acte juridique)를 가리키며 이에는 일방적 행정행위(l'acte administratif unilatéral)와 쌍방적 행정행위(l'acte administratif contractuel) 즉 契約이 포함된다.[2] 협의에 있어서는 일방적 행정행위만을 가리키며 일반적으로 행정행위라고 하면 일방적 행정행위만을 가리킨다.[3] 그러나 일방적 행정행위가 무엇이냐고 하는 것은 간단한 문제가 아니다. 따라서 행정행위 개념의 변천 및 준거를 중심으로 행정행위의 범위를 규정짓기로 한다.

### (1) 行政行爲 概念의 變遷

**1) 古典時代 :** 프랑스 行政法에 있어서 古典時代(l'age classique)라 함은 1870년 무렵부터 1915년 무렵까지 즉 보불전쟁의 시기로부터 제1차 세계대

2) Pierre Delvolvé, l'acte administratif, Sirey, 1983, p. 9.

3) Ibid.

전의 시대를 가리키는 것으로 고전시대 이전—1789년 프랑스 대혁명으로부터 1870년 무렵—까지는 행정행위 이론에 관하여 독자적 고찰을 하지 아니하고 공권력(puissance publique)이론을 중심으로 권위행위(actes d'autorité)와 관리행위(actes de gestion)를 구별하여 권위행위는 행정법원이 관할로 하고 관리행위는 사법법원의 관할로 하게 된 연유로 행정법원에 제소할 수 있는 권위행위가 곧 행정행위라는 생각을 가지고 있었을 뿐이었다.

그러나 1870년 무렵부터는 行政作用(fonction administrative)의 사상을 중심으로 행정의 구체적 정의를 내리고자 하는 과학적 연구의 욕구가 팽배하게 되어 行政行爲에 대한 이론 고찰을 시작하게 되었다. 이 시대의 대표적 학자로는 Carré de Malberg, Duguit 그리고 Hauriou의 세 사람을 들 수 있다.

우선 Strasbourg 학파의 대표인 Carré de Malberg의 사상을 살펴보면 그는 법률이 국민의 일반의사(volonté générale)의 표현이라고 보았는데 그의 실증적 국가주의사상은 대단히 형식(formelle)을 존중하는 입장이므로 법이라 함은 헌법에 규정된 형식과 절차에 따라 권한을 부여받은 기관에 의하여 형성되는 규범이라고 간주하였는바, 그의 이러한 사상은 그의 저서 「一般國家理論」(contribution à la théorie générale de l'Etat)에 잘 나타나있다. Carré de Malberg는 1789년의 인권선언에서 규정한 "일반의사의 표현으로서의 법률"조항을 면밀히 검토하여 입법부만이 국민의 대표기관이라고 보았고 입법행위의 우선성을 강조하였다. 따라서 1876년 헌법에도 나타나듯이 행정행위라 함은 법률에 의하여 제한받는 영역의 것으로 법률보다 하위에 위치한다고 보았다. 따라서 행정은 공법에 관한 법률을 집행하는 것이며 헌법이 행정작용을 규정한다고 보았기 때문에 행정법은 구체적 헌법이 되는 셈이다. Carré de Malberg는 이러한 형식설(formaliste)의 입장이기 때문에 국가의 기능은 기능을 행사하는 기관에 따라 구분할 수밖에 없다고 하여, 행정행위는 행정기관이 발하는 국가의 행위로 이해하여[4] 명령도 행정행위의 하나로 보았다. 즉, ① 命令은 法律과 같은 最上의 法規 效力이 없고, ② 命令은 法律과 같은 자유로운 創意性이 없으며, ③ 命令은 法律과는 달리 司法的 統制를 받아야 하기 때문에 명령은 행정행위의 일종이라고 하였다.[5]

한편 사회학적 실증주의의 입장을 대변하고 있는 공공서비스학파(l'école de

---

4) A. de Laubadére, Traité de droit administratif, 10e éd., Thémis, 1988, p. 472.

5) Carré de Malberg, Contribution à la théorie générale de l'Etat, T.I, 1920, p. 574 et s.

service public)의 거두인 Duguit는 국가의 작용에 관하여 성질설(matériellist)에 입각하여 입법작용을 일반적인 행위 또는 법규행위로 보면서 행정작용은 개별행위, 구체적 법규행위로 보아 법률의 목적은 항상 일반적이라고 본 Rousseau적 사고의 연장선상에서, 행정청의 행정입법(le règlement)을 입법작용으로 보았으며 개별적 법률을 행정작용으로 보았다. 즉, Duguit가 본 행정행위는 개별적 법률행위로서 의사행위(acte de volonté)라고 하는 私法적인 시각에서 본 것이었다. 이와 같이 성질설에 입각하게 되면 명령(le règlement)은 일반적이고 추상적인 결정이므로 법률의 범주에 들게 되어 입법행위로 간주된다.

그리하여 Duguit는 "일반적인 명령은 성질에 있어서 언제나 법률이다",[6] 또 "행정명령은 그 자체에 입법적 성격의 규정을 지니고 있다",[7] 또 더 나아가 "일반적인 모든 결정은 법률이다. 국가원수의 명령은 진실한 의미에 있어서의 법률이다. 의회도 개별행위를 함으로써 법률이 아닌 행위를 하는 것과 마찬가지로 국가원수도 일반적 명령에 의해 입법을 한다. 따라서 대통령의 명령은 사법심사의 대상에서 벗어난다"고 하였다.[8]

대부분의 프랑스학자들(M. Esmein, Berthélemy, Jèze)은 명령이 성질 자체에 있어 이미 법률과는 다르다고 하는 바 Duguit도 추후에는 "대통령의 명령도 월권소송에 있어서의 취소소송의 대상이 된다"[9]고 하여 그의 견해를 수정하게 된다.[10]

공권력학파(l'ècole de puissance publique)의 거두인 Hauriou는 실존주의적 입장에 기초하여 법률은 하나의 틀에 불과하며 법률은 법률적 인격에 부합되는 주도적이고 창조적인 권력의 공간을 남겨둔다고 하였는데, 그는 생의 철학의 입장에서 어떤 의지의 힘을 보고 있었기 때문에 정치권력이라는 것은 국민의 동의에 기초하지만 또한 그곳에는 신성한 근원이 있다고 생각하였으며 권력을 지배적 측면(입법부)과 권한적 측면(행정부)으로 구분하여 권한적 측면인 행정부

---

6) "Une ordonnance par voie générale est toujours une loi au sens materiel.", L'Etat, T.II, p. 296.

7) "Le règlement administratif contient une disposition ayant en soi le caractère législatif." Ibid., p. 377.

8) "Toute décision statuant par voie générale est une loi. Les réglements du chef de l'Etat sont des lois proprement dites. De même que le parlement, en faisant un acte individuel, fait un acte qui n'est pas une loi, de même le chef de l'Etat, en portant une règlement par voie générale, fait une loi" L'Etat, T.I, p. 508.

9) L'Etat, T.II, p. 330 et s.

10) Traité, T.II, pp. 461, 464, 468, 473.

가 우선한다고 하여 당시의 의회중심주의에 대항하였다. 그가 본 행정작용은 단순한 법률의 집행이 아니라 국가권력의 운영이었으며 행정권은 집행적 결정(décision exécutoire)을 하는 권력으로 보았다. 즉 권리의 창설과 직권에 의한 집행적 결정을 가능하게 하는 권한이 행정권이었다. 따라서 공공서비스(service public) 못지않게 공공질서(ordre public)도 중요하였다.

Hauriou에게 있어서 행정법이란 행정의 특권(la prérogative de l'administration)에 기초하고 있는데 이 행정의 특권 중에서 가장 중요한 것이 바로 집행적 결정이다. 즉 Hauriou에게 있어서 행정행위란 법률효과를 발생시키기 위하여 합법적인 대표에 의하여 행정청의 이름으로 내려지는 집행적 결정이다.[11] 이 집행적 결정에 관하여 Hauriou 자신의 표현을 보면, 집행적 결정이란, "집행의 형태 즉 직권에 의한 집행을 초래하는 형태로 행정청에 의하여 국민에게 발하여지는 법률효과를 발생시키기 위한 모든 의사의 선언"[12]이라고 하면서 그가 말하는 "집행의 형태라 함은 행정의 수단에 의하여 즉 직권에 의해 즉각적으로 집행을 할 수 있는 결정[13]을 말한다. 또한 그는 명령은 자유에 대한 보장으로서의 의회에 의한 입법권의 획득에 의한 법률, 즉 국민의사(volonté nationale)의 표현으로서의 법률과는 달리 정부의사(volonté gouvernementale)를 표현할 뿐이므로 명령도 집행적 결정으로 보았다.[14]

그는 또 말하기를 "명령권이 입법자에 위임되었다고 보는 견해가 있으나 명령권(행정입법권)이란 근본적으로 집행적 결정에 의해 일반적 법규를 정립할 수 있는 권력이다"라고 말하고 있다.[15] 즉 그는 과거 절대군주제에 있어서는 일반적 법규의 제정이 이러한 정부에 의한 명령권에 의하여 독점되었으나, 혁명에 의하여 자유에 대한 보장으로서 의회가 국민의 주권의사의 표현으로서의 법률

---

**11)** "L'acte d'administration est une décision exécutoire prise au nom d'une personne administrative par un représentent légal en vue de produire un effetde droit." M. Hauriou, précis de droit administratif, 1ère éd., 1892, p. 160.

**12)** "C'est toute declaration de volonté en vue de produire un effet de droit vis-à-vis des administrés émise par une autorité administrative dans une forme exécutoire, c'est-à-dire dans une forme qui entraine l'exécution d'office." M. Hauriou, op. cit., 11e éd., p. 356.

**13)** "Etre dans une forme exécutoire, c'est-à-dire être une décision dont l'exécution peut être immédiatement pour suivre par la voie administrative autrementdit, par la procéduire d'office.", Ibid., p. 358.

**14)** M. Hauriou, précis de droit constitutionnel, 10e éd., Sirey, 1929, p. 442.

**15)** "C'est, au fond, le pouvoir d'établir une règle générale par une décision exécutoire.", Ibid., p. 443.

제정권을 획득하게 되었으나 명령권(행정입법권)이 헌법에 의하여 일단 행정부에 위임이 되면 의회는 일반적 법규의 제정권을 위임할 수밖에 없다. 일반적 법규의 제정권은 과거 imperium(황제의 대권)에 속하던 것이 이제는 국민에 의한 헌법적 위임에 해당하는 것으로 삼권분립을 고려할 때 공권력이 공권력에게 권한을 위임한다는 것은 수긍하기 어려우므로 명령권은 헌법에 의한 행정부 고유권한으로서 집행적 결정이며,16) 따라서 행정행위로서 월권소송의 대상으로서 꽁세이데따에 의해 취소될 수 있는 것으로 보았다.17) 이렇게 해서 나온 판례가 1907년 12월 6일 꽁세이데따의 chemin de fer de l'Est 사건이다.

이러한 고전시대의 이론들은 1920년 무렵부터 1950년 무렵까지의 기간에 보다 구체화되면서 Berthélemy, Jèze, Bonnard 등에 의하여 계승되게 되는데 프랑스에 있어서 행정행위 개념을 중심으로 한 행정법 이론은 1950년대 이후 Eisenmann, Vedel, Rivero, Laubadère교수들에 의해 새로운 발전을 보게 된다.

2) 행정행위 개념의 최근 이론 : 앞에서 살펴본 바와 같이 제2차 세계대전 무렵까지의 행정행위 개념은 대체로 조직적 개념(conception organique)에서 이해되었다. 즉 행정행위란 공법상의 법인의 개념에 기초한 행정청의 행위라는 생각이 지배적이었던바 영조물 개념의 미확정18)으로 인해 이러한 조직적 개념에 있어서의 개념 구성을 방황하게 만들어 행정행위의 개념이 조직적 개념에서 이완되게 되었다. 이러한 행정행위 개념의 조직적 개념으로부터의 이완은 Monpeurt 판례(1942. 7. 31.)와 Bouguen 판례(1943. 4. 2.)부터 시작되었는바 Monpeurt 판례의 요점은 "행정행위라고 하는 것은 공법인의 행위이나 또한 공무원의 수행에 참가하는 자연인 또는 법인의 행위"라는 것으로 조직적 개념에 의한 공법인의 행위뿐만 아니라 "공무원의 수행에 참가하는(la participation au fonctionnement du service public) 행위"라고 하여 작용적 개념을 첨가하고 있다. Bouguen판례에서도 꽁세이데따는 행정행위를 공공서비스 집행에 참가(la participation à l'exécution d'un service public)하는 것이라고 하여 작용적 개념(une conception fonctionnelle)을 채택하고 있다.

이상에서 살펴 본 프랑스에 있어서의 행정행위 개념은 조직적 개념(conception organique)과 성질적 개념(conception matérielle)이 대립하여 조직적 개념

16) M. Hauriou, Ibid., p. 443.

17) Ibid., p. 446.

18) 영조물의 개념에 관하여는 이광윤, "불법상에 있어서 공공서비스수행기관들의 개념과 유사개념", 고시연구, 1990, 5월호 참조.

이 승리하고 다시 조직적 개념이 이완되고 작용적 개념(conception fonctionnelle)이 자리잡게 된다. 따라서 2차대전 이후 지금까지의 행정행위 개념은 작용적 개념을 중심으로 하여 조직적 개념과 성질적 개념을 수렴하고 있는 개념이라고 할 수 있다.

이제 좀 더 자세히 이 문제를 고찰해 보기 위하여 조직적, 성질적, 작용적 개념에 있어서의 행정행위이론을 각각 검토하기로 한다.

### (2)행정행위의 개념 분석

1) 조직적 준거(critère organique) : 행정행위는 조직적 기준에 의하면 행정기관에 의한 행위로 된다. 여기서 행정기관이란 무엇이냐 하는 문제를 놓고 같은 국가기관 중에서 행정기관과 입법기관 및 사법기관과의 구별 및 행정기관과 사인과의 구별 기준을 마련할 필요가 있다.

가. 행정기관의 행위와 입법기관의 행위의 구별 현재 프랑스에서의 입법기관은 헌법 제24조에 규정되어 있는 국민의회(Assemblée nationale)와 상원(Sénat)으로 구성되어 있다. 이러한 입법기관의 모든 행위는 입법행위로 간주되어 헌법위원회의 관할사힝으로 되어 행정소송의 대상에서 제외되게 되는데 중요한 점은 의회행정부서의 행위도 의회공무원에 대한 개별적 명령에 대한 소송(T.A.paris 1985, n. 5, Association des administrateurs de l'Assemblée nationale et syndicat des fonctionnaires)을 제외하고는 모두 입법행위로 보아 행정소송의 대상에서 제외시키고 있다. 이러한 조직적 기준에 따라 꽁세이데따는 행정부의 법규명령을 행정행위로 보아 행정소송의 대상으로 하고 있다.[19]

나. 행정기관의 행위와 사법기관의 행위의 구별 조직적 의미에 있어서의 행정행위의 개념은 행정기관의 행위와 사법기관의 행위의 구별에 관하여는 대체로 채택되지 않고 있다. 즉 사법의 조직에 관한 것에 관해서는 사법부의 일이라도 행정행위로 간주하고 있어 사법사무, 즉 사법적 성질의 행위만 일반 사법법원의 관할로 하고 있어 이 문제에 관한 한 성질설을 채택하고 있다고 할 수 있는데 사법의 조직에 관한 것으로서 행정행위로 간주되고 있는 것은,

- 사법조직에 관한 것(T.C. 1952. 11. 27. Préfet de la Guyane)

---

19) C.E. 6 décembre 1907, chemin de fer de l'Est les règlements autonomes; C.E. 26 juin 1959, Syndicat général des ingénieurs-conseils.
- 헌법 38조에 의한 ordonnances; C.E. 3 novembre 1961, Damiani, 행정입법에 관하여는 김동희, "프랑스의 행정입법제도에 관한 소고", 서울대학교 법학 제23권 4호, 1982 참조.

- 법관의 경력과 징계에 관한 것(C.E. 1975. 1. 31. Exertier et Volff)이다.

다. 행정기관의 행위와 私機關의 행위의 구별 행정기관과 私機關의 구별은 영조물법인(l'établissement public)과 공용조물(l'établissement d'utilité publique)의 구별[20]에 따르나 행정기관의 사적 경영(gestion privée)이 사법행위인 것은 물론이나 사기관도 행정행위를 하는 경우가 있어 조직적 준거는 제1차적 역할밖에는 못한다. 사기관이 행정행위를 하기 위한 조건은 다음과 같다.

- 공익목적
- 공권력의 특권을 사용(l'emploi de prérogatives de puissance publique)
- 행정청의 감독을 받을것

2) 성질적 준거 (critére matériel)

가. 현재의 채택상황 특히 Duguit 학파에 의해 발전된 성질적 준거는 법률행위를 일반행위(actes à portée générale)와 개별행위(acte à portée individuelle)로 나눈다. 따라서 행정행위는 구체적 개별행위로 되고 입법행위는 추상적 일반행위로 된다. 오늘날 프랑스에서는 이 설을 취하지 않고 성질로 보아 입법행위인 법규명령을 행정행위로 보고 있으나 행정행위 안에서의 법규명령과 개별적 행정행위의 구별에 관해서는 성질적 준거가 대체로 채택되고 있다.

나. 법규적 행정행위와 개별적 행정행위의 구별 법규적 행정행위(actes réglementaires)는 동일한 법적 상태에 있는 모든 사람에게 구별 없이 적용되는 일반적 규율인데 반해 개별적 행정행위(actes individuelles)는 특정의 사람에게만 적용된다. 법규적 행정행위는 일반적이기 때문에 불특정한 사람에게 적용되는 경우라도 일반적 규범이 아닌 것은 법규적 행정행위가 아니다.[21] 따라서 법규적 행정행위의 특성은 동일한 법적 상황에 대한 모든 사람에게 차별 없이 적용된다는 일반성에 있다. 역으로 개별적 행정행위는 동일한 법적 상황에 대한 사람에 대하여 차별적으로 한 사람 또는 몇몇 사람들에게만 행해진다는 점에 특징이 있다. 법규적 행정행위와 개별적 행정행위는 같은 형식을 취할 수 있지만 법규적 행정행위는 공포되어야 효력이 발생하는 데 반하여 개별적 행정행위는 통지됨으로써 효력을 발생한다. 또 법규적 행정행위는 '기득권'을 발생시키지 않는 데 반하여 개별적 행정행위는 수익적 행위일 경우에는 '기득권'을 발생

---

**20)** 이광윤, "공공서비스와 직접경제간섭기관으로서의 영조물과 공기업", 공법연구 제18집, 1990 참조.

**21)** 따라서 독일의 Allgemeine Verfügung의 내용도 프랑스법상에 있어서는 일반적, 구체적(특정)처분이므로 명령에 준한다. supra., IV. 2, 프랑스 참조.

시킨다.

3) 기능적 준거(critére fonctionnelle) : 기능적 준거에 의한 행정행위의 정의는 행정법 행위로 행정법원의 관할 사항인 행위가 된다. 이러한 기능적 개념에 의할 것 같으면 일반 私法법원의 관할사항으로 私法에 관계되는 행정청의 사적 경영(gestion privée de l'administration)으로부터 분리할 수 없는 모든 일방적 행위는 행정행위에서 제외된다.[22] 또한 기능적 준거에 의할 것 같으면 공공서비스를 수행하는 사법상의 기관들의 행위에 관하여 이들 기관들의 행위가 공권력의 특권을 사용하며 공공서비스의 수행에 관계될 경우에는 이들 기관들의 일방적 결정은 행정행위로 된다. 이러한 기능적 준거는 Monpeurt판결과 Bouguen판결에서 시작되어 1961년 이후 행정적 영조물법인에 본격적으로 채택되었으며[23] 1968년부터는 상공업적 영조물법인에도 확대되었다.[24]

### (3) 행정행위의 정의

이상에서의 행정행위의 개념과 준거에 관한 이론을 종합하면 행정행위란 행정기관이 발하는 집행적 성격의 행정법상의 행위로 행정법원의 관할 사항에 해당하는 행위를 말한다고 볼 수 있다. 현재 프랑스에서 여러 학자들이 내리고 있는 정의들도 모두 이에 포함되고 있다.[25]

## 3. 명령의 행정행위성

1903년 4월 22일의 파훼원의 Fouque판례와 Batbie, Aucoc, Ducrocq, Lafferrière, Moreau 등 초기학자들은 명령을 입법권의 위임이라고 보았으나 Esmein, Berthelemy 등이 이를 부정하고 명령을 집행권의 고유 권한으로 본

---

22) C.E. 13 février 1961, chaussé 판례와 C.E. 21 avril 1961, dame Agnesi 판례.

23) C.E. janvier 1961, Magnier/ T.C. 7 juillet 1980, Peschaud/ C.E. 16 mars 1984, Broadie.

24) T.C. 15 janvier 1968, époux Barbier.

25) Delvolvé: 行政行爲는 法律關係에 관하여 제3자의 同意 없이 權利 또는 義務에 변동을 초래하는 行政廳에 의하여 일방적으로 취해지는 법률행위이다.

Pierre Delvolvé, op. cit., Sirey, 1983, p. 11.

Bénoit: 行政行爲는 權限있는 行政廳의 일방적 의사의 法律行爲로서 越權訴訟의 대상이 되는 것이다.

F. P. Bénoit, Le droit administratif francais, paris, Dalloz, 1968, p. 522.

Vedel: 行政行爲는 行政廳에게 부여된 義務 또는 權利에 의하여 法的 狀態(ordonnancement juridique): 독일에서 Rechts ordnung를 수정할 목적으로 行政廳이 일방적으로 발하는 法律行爲다.

G. Vedel, P. Delvolvé, Droit administratif, PUF., 1988, 10e éd., p. 247 etc.

이후 명령은 집행적 결정(décision exécutoire)[26]으로 파악되고 있다.

### (1) Carré de Malberg의 설명

1875년 2월 25일의 헌법률(la loi constitutionnelle) 제3조는 행정을 가리켜 법률의 집행을 감시하고 수행하는 것[27]이라고 규정하고 있는데 1852년 헌법 제6조와 1870년 헌법 제14조는 국가원수는 법률의 집행을 위하여 필요한 명령을 발함을 규정하고 있었다.[28] 따라서 행정부가 가지고 있던 행정권이란 결국 법률의 집행을 의미하는 것이며 이때의 법률은 국민주권의 표현이고[29] 행정부가 가지고 있던 명령권도 국민주권의 표현인 법률의 집행에 불과하였다.

즉 프랑스에 있어서 1789년 대혁명 이후의 헌법적 전통은 행정을 "법률의 지배하에서 법률을 집행하는 행정청에 의해 행사되는 활동"[30]으로 정의하여 왔다. 따라서 명령도 행정청의 활동으로 국가의 상위 규범인 법률을 집행하는 법률의 하위 규범으로써 이 규범이 일반적 추상적이냐? 아니면 개별적 구체적이냐? 하는 것은 법률의 집행이라고 하는 행정의 대명제 앞에 중대한 차이를 노출시키는 것이 아니다.[31] 일반적 추상적 규범과 개별적 구체적 처분의 구별에 관해서는 행정행위는 개별적 의지라고 한 Rousseau의 이론이[32] 독일의 G. Meyer, Seligmann들에 의하여 계승되고 주장된 바 프랑스에서도 Esmein, Duguit, Jèze에 의해 주장된 바 있으나[33] 이미 독일의 Laband,[34] Jellinek,[35] Anschütz에 의해 또 프랑스의 M. Hauriou, Cohen[36] 등에 의해 입법행위와 행정행위는 상호 무관하게 일반적 또는 개별적 범위를 가질 수 있다는 것이 주

---

26) 집행적 결정(Décision exécutoire): 법률효과를 발생시킬 목적으로 행정청이 집행의 형태, 즉 직권 집행을 야기하는 형태로 행하는 모든 의사표시.

27) Art3: "Le président de la Republique promulgue les lois; il en surveille et enassure l'exécution."

28) "fait les règlements et décrêts nécessaires pour l'exécution des lois."

29) "la loi, l'expression de la souveraineté nationale."

30) "l'activité exercée par l'autorité administrative sous l'empire et en exécution des lois" R. Carré de Malberg, Contribution è la théorie générale à l'Etat, T.I., Sirey, 1920, p. 482.

31) Ibid., p. 486.

32) "Une volonté particulière, un acte de magistrative, un décrêt" J.J. Rousseau, Contrat social T.II L.II.

33) Carré de Malberg, op. cit., p. 470.

34) Laband, Droit public de l'empire allemand, éd. français, T.II, p. 518 et s.

35) Jellinek, Gesetz und Verordnung, p. 240 et s., L'Etat moderne, éd. fr. T.II. p. 318, Carré de Malberg, op. cit. 재인용.

36) Le loi et le règlement, p. 152 et s. Ibid. 재인용.

장된 바 있다.[37]

따라서 독일에서 명령을 입법행위로 본 것은 프러시아제국 헌법 제62조가 "입법권은 국왕과 양원에 의해 합동으로 행사된다. 국왕과 양원의 의사합치는 모든 법률에 있어 필수불가결이다"고 규정했던 —국왕이 입법권을 가지고 있고 국왕이 가지는 입법권에 의한 것이 바로 명령이라 본— 헌법적 근거 때문이지 일반적 행위와 개별적 행위의 구별에 관한 이론적 이유가 아니라고 볼 수 있다. 독일과는 달리 프랑스헌법은 입법권에 관하여서는 규정하지 아니하고 행정권에 관해 '법률의 집행'이라고 규정하고 있기 때문에 명령은 법률의 집행행위로 되는 것이다. 따라서 Berthélemy도 말하기를 "라인 저쪽에서는 사실일지 몰라도(명령이 입법행위인 것이) 프랑스에서는 그렇게 될 수가 없다"고 하였다.[38]

### (2) M. Hauriou의 설명

M. Hauriou는 법률은 본래 확정적인 것이기 때문에 본래 영원한 것이나 명령은 본래 임시적인 것이기 때문에 본래 취소할 수 있는 것이다[39]고 하면서 명령권의 기원은 명령과 집행을 할 수 있는 imperium(공권력)이라고[40] 하였다. 따라서 명령은 법률의 위임이 아니라 행정권의 고유권한으로서 입법권의 성립 이전에 생겨났던 것이기 때문에 성문 헌법 국가에서의 권력분립에 의한 입법권은 명령권을 위임하는 것이 아니라[41]고 하였다.

### (3) G. Vedel의 설명

위에서 설명한 Carré de Malberg, M. Hauriou 등의 이론은 프랑스에서 정설로 굳어져 명령은 행정행위의 하나로 취급되어 왔다. 그러다가 1958년의 드골 헌법은 행정국가를 헌법적으로 뒷받침하여 종래의 '법률의 집행'으로서의 명령 이외에 법률과는 독립된 '행정부의 규범력'으로서의 새로운 명령을 헌법 제37조에 신설하여 명령권은 일반법상의 법규범이 되고 입법권은 예외적 규범권으로 전락하게 되었다.[42] 즉 이제 명령권은 입법권에서 파생한 권력이 아님

---

37) Ibid., p. 472.

38) Ibid., p. 479 재인용.

39) M. Hauriou, Précis de Droit administratif et de Droit public, Recuil Sirey, 1921, paris, p. 56.

40) Ibid., p. 61.

41) Ibid., p. 61.

42) G. Vedel, Pierre Delvolvé, Droit administratif, P.U.F., 1988, p. 84.

은 물론 일반적이고 독자적인 법규범이며 의회의 입법권은 넓은 의미의 정부가 행하는 규범력의 일부를 부여받은 데 지나지 않는 예외적 규범력에 불과하게 되어 헌법에 근거한 행정국가가 탄생하게 된 것이다. 즉 프랑스 헌법은 제34조에 의회의 법률로써 규정하여야 할 사항을 제외한 나머지 모든 사항은 명령권에 속한다고 제37조에서 규정함에 따라 의회는 한정된 규범권 즉 입법권의 일부를 행사하는 데 불과하게 되고 행정부는 법률로부터 독립적인 명령권을 일반적으로 가지게 되었다. 이러한 독자적 명령은 일반의사(volonté générale), 즉 주권의 의지를 표현하는 것이기 때문에 논리상으로 보면 월권소송의 대상에서 벗어나야만 되나 실제로는 Conseil d'Etat가 독자적 명령에 대하여 월권소송의 대상이 된다고 쉽게 결론을 내렸다. 왜냐하면 법의 일반원리가 법률보다 상위의 효력을 인정받지 못하였을 때에는 법률의 범위에 속하지 않는 독립적 명령에 대한 통제는 비효과적인 것이 되나 1959년 6월 26일의 Syndicat des ingénieurs-conseils판결 이래 법의 일반원리는 법률보다 상위의 효력을 가진다고 인정되기 때문에 또 상원 자체가 이러한 독립적 명령에 대한 효과적 통제의 방법을 희망했기 때문에 이러한 새로운 종류의 명령도 과거에 있어서의 행정행위의 하나였던 집행적 명령과 마찬가지로 월권소송의 대상이 되었다.[43]

즉 모든 명령은 행정행위의 하나로서 결코 기판력(autorité de chose jugée)이나 입법력(autorité de chose legiférée)을 가질 수 없고 다만 결정력(autorité de chose decidée)를 갖는 데 불과하다. 이렇게 보면 개별적 행위냐 아니면 일반적 행위냐의 차이가 중요한 것이 아니고 행정부의 행위냐 아니면 입법부의 행위냐 하는 것이 더 중요하다. 고로 행정부의 행위에 대하여는 Conseil d'Etat가, 입법부의 행위에 대하여는 Conseil constitutionnel이 사법적 통제를 행하게 되는바 즉 행정부의 행위에 대하여는 행정성격의 일반적 추정(Une présomption générale d'administrativité)을 하게 되는데 "이러한 사실은 행정부가 단순한 법률의 집행을 하는 이상의 기능을 가지고 있다는 것을 나타내 준다"[44]고 하고 있다.

---

**43)** G. Vedel, Ibid., p. 87.

**44)** Ibid., p. 37(préface).

## 4. 유럽대륙에 있어서의 항고소송의 대상

### (1) 프 랑 스

프랑스에 있어서의 항고소송의 대상은 '일방적 법률행위'(actes juridique unilatéraux)이다. 이 일방적 법률행위는 명령과 행정행위, 법규적 행정규칙(circulaire réglementaire) 및 법규적 directive(준칙)를 포함한다.

일방적 법률행위에서 제외되는 행위는 ① 공무수탁인 경우를 제외한 사인의 행위, ② 외국기관의 행위, ③ 사법기관의 행위, ④ 입법기관의 행위, ⑤ 통치행위, ⑥ 잡종재산의 관리에 관한 행위, ⑦ 공공서비스기관(특히 상공업적 영조물기관)의 사적 관리대상인 행위이다.[45] 그러나 통치행위(acte de gouvernement)와 일방적 법률행위, 즉 행정행위(acte administratif)의 구별이 애매모호하기 때문에 실제에 있어서는 행정행위의 많은 부분이 월권 소송의 대상에서 빠져나가고 있으며 또한 판례나 법률이 명백히 민사소송의 대상으로 규정한 사항도 월권소송의 대상에서 빠져나가고 있다.

### (2) 이탈리아

이탈리아에서는 행정행위 즉 행정청 또는 행정위원회의 행위만이 항고소송의 대상이 되기 때문에 입법기관의 행위나 사법기관의 행위는 항고소송의 대상에서 제외된다. 통치행위에 대하여는 항고소송을 제기할 수 없으나 직접적으로 이익을 침해하는 명령도 항고소송의 대상이 된다.[46]

### (3) 벨 기 에

벨기에는 프랑스와 거의 유사하게 입법기관이나 사법기관의 행위는 제외하고 행정기관의 행정행위로서 통치행위는 대상이 되지 아니하나 명령은 항고소송의 대상이 된다.[47]

---

**45)** Ibid., p. 748 et 749.

**46)** Jean Marie Auby, Michel Fromont, Les recours contre les actes administratifs dans les pays de la communauté économique européenne, Dalloz, 1971, p. 313.

**47)** Ibid., p. 163.

### (4) 스 페 인

1894년에 제정된 舊 행정소송법하에서는 일반적 성격의 행정처분(una disposición administrativa de carácter general)에 대한 직접적인 소송이 불가능하였다. 그러나 1956년의 행정소송법 제39조 제1항은 「국가의 행정청과 지방자치단체 및 영조물기관(corporaciones e instituciones públicas)이 발하는 일반적 성격의 처분(disposiciónes)이 직접적으로 행정소송의 대상이 된다」고 규정하여 명령도 행정처분으로 보고 있다.

이에 관하여 Fernando Garrido Falla 교수는 “행정행위의 개념에 구체적(concerto)인 행위뿐만 아니라 일반적(general)인 행위를 포함시키는 데에는 아무런 불편(ningun inconveniente)이 없다”고 하면서 “중요한 것은 행정법체제(regimen juridico administrativo)에 귀속되는 행위의 집합(el conjunto de actos sometidos al regimen juridicoadministrativo)을 발견하는 것인데 이렇게 보면 일반적인 것이든 구체적 개별적인(los concretos o especiales)것이든 법률과 상위규범에 종속되고 이러한 종속에 대한 효과적인 사법적 통제의 가능성이라고 하는 행정법체제의 근본원칙에 종속되기 때문에 확실히 행정행위는 일반적인 것도 포함한다”고 하면서 “행정행위에 대한 성질설(definición matérial)은 편견에 불과하다”고 한다.[48)]

### (5) 독　　일

독일 행정소송법 제42조는 행정행위에 한하여 취소소송(Anfechtungs klage)의 대상으로 삼고 있다. 독일연방 행정절차법 제35조는 행정행위를 「공법의 영역에서 개별적인 사항의 규율을 위해 행정청이 발하는 외부적으로 직접적으로 법효과를 갖는 모든 처분(Verfügung), 결정(Entscheidung), 또는 그 밖의 고권적 조치(Hoheitliche Maßnahme)를 말한다」고 정의하여 명령(Verordnung)을 행정행위에서 제외시키고 있다.

## 5. 명령과 행정행위의 중간자로서의 일반처분(Allgemeine Verfügung)

### (1) 독일, 스위스, 스페인

독일 행정절차법 제35조 2문은 「일반적 기준에 의하여 정하여지거나 정하여

48) Fernando Garrido Falla, Tratado de drecho administrativo, V.I, 1982, p. 446.

질 수 있는 인적 범위에 미치거나 또는 물건의 공법적 성질이나 공중에 의한 물건의 이용에 관계되는 것」을 가리켜 일반처분(Allgemeine Verfügung)이라고 하여 처분(Verfügung)에 포함시키고 있는바, 일반처분은 Volkman의 분석에 따르면 고권적 조치(Hoheitliche Maßnahme)의 일반적 구체적 이념의 결합으로서 일반적, 추상적인 명령이나 개별적, 구체적인 개별적 행정행위와는 다른 이론의 결합이다.[49] 이러한 일반처분을 독일에서는 상기의 입법조항을 통하여 처분(Verfügung) 즉 우리나라에서 보통 사용하는 좁은 의미의 행정행위로 간주하고 있다.

스위스에서도 행정행위(l'acte administratif)를 정의하여 "국가기관 또는 국가로부터 독립된 기관이 행정법에 기초하여 법효과를 가지는 일방적 의사표시로서의 개별행위 또는 일반적이고 구체적인 행위(dans un acte général et concret)"라고 하여[50] 일반적이고 구체적인 행위를 우리나라에서 보통 사용하는 좁은 의미에서의 행정행위로 간주하고 있다.

스페인에서도 비규범적, 구체적, 일반적 행정행위(el acto administrativo general decontenido no normativo)라고 하여 제3의 유형으로 분류[51]하고 있으나 판례는 개별적 행정행위(los actos singulares)로 취급하고 있다.

### (2) 프 랑 스

1923년 6월 16일의 管轄爭議裁判所 Septfonds 판례에서 Matter는 명령은 개별적 행정행위에 비해 ① 법률의 적용이라는 점, ② 항구적이라는 점, ③ 일반적이라는 점에서 다르다고 하여 명령과 개별적 행정행위를 구별하였는바, 이러한 Matter의 구별기준이 오늘날까지도 대체로 채택되고 있다.[52] 그러나 2차

---

**49)** 김남진, "명령, 행정행위, 일반처분 —그의 구별기준을 중심으로", 행정법의 기본문제, 법문사, 1989, pp. 120-124; 홍정선, 행정법원리 —독일의 이론과 실제, 박영사, 1990, p. 162 참조.

**50)** André Grisel, Traité de Droit administratif, éd. Ides et calendes, Neuchâtel 1984, V.I, p. 401.

**51)** Fernando Garrido Falla 교수는 이러한 非規範的 具體的 一般的 行政行爲에 관한 문헌으로 Sandulli, Sugli atti amministratitivi generali a contenuto non normativo, en "Scritti guridici in memoria di V.E. orlando" II, padova, 1957, p. 447 이하 Santianello, Gli, atti amministrativi generali a contenuto non normativo, Milano, 1963 을 소개하고 있고 ① 일반·추상, ② 일반·구체, ③ 개별·추상 ④ 개별·구체의 이중기준의 분류에 관한 문헌으로 L. Martin-Retortillo의 "Rev. ad. pub." 잡지 1963년 40호, p. 248을 들고 있다.

Fernando Garrido Falla, Tratado de Derecho administrativo, V.I, Madrid, 1982, p. 464.

**52)** M. Rigaud는 1965년 11월 19일의 국참사원 Delattre Floury 판결에서 명령의 성격으로 ① 一般性, ② 恒久性, ③ 原初性, ④ 規範性의 4가지를 듦.

대전 이후 영조물기관에 대한 後見行爲(l'acte de tutelle)와 토지수용에 있어서의 公共必要의 指定(la déclarationd'utilité publique)을 둘러싸고 명령과 행정행위의 구별이 곤란하게 되어 후견행위에 관하여는 판례의 일치를 보지 못하고 있으나 (꽁세이데따 1971년 1월 8일 URSSAF, des AlpesMaritimes 판례와 꽁세이데따 1977년 3월 18일의 La Rochelle 상공회의소 판례의 상호모순) 公共必要의 指定에 관하여는 꽁세이데따 1968년 5월 10일의 Boves市 판결 이래 명령적 행위도 개별적 행위도 아닌 제3의 행위로 보고 있다. 즉 이러한 행위는 비개인적이고 일반적이나 구체적이고 새로운 규범을 설정하는 것이 아니지만, 대외적으로 公表만 되면 효력을 발휘하게 되고 旣得權(droits acquis)을 발생시키지 아니하여 항상 철회가 가능하다.

Devolvé 교수는 이러한 행위를 가리켜 特殊行爲(I'acte particulier)라고[53] 하며 R. Chapus 교수는 特種行爲(acte d'espèce)라고[54] 부르고 있다. 그러나 독일, 스위스, 스페인과는 달리 프랑스에서는 이러한 행위를 좁은 의미의 행정행위보다는 명령에 접근시키는 경향이 있다.[55]

## 6. 결 론

이상에서 살펴본 바에 의하면 우선 프랑스에서의 행정행위 개념은 가장 넓게는 일방적 행정행위(l'acte administratif unilatéral)와 쌍방적 행정행위(l'acte administratif contractuel) 즉 행정계약을 포함하며 보통 행정행위라고 하면 일방적 행정행위만을 의미하는바, 일방적 행정행위는 다시 법규적 행위(l'acte réglementaire) 즉 명령과 개별적 행정행위(l'acte individuel) 즉 독일과 우리나라에서 사용하는 가장 좁은 의미에 있어서의 행정행위로 나누어진다. 동일한 행정제도(Régime administratif)국가 안에서의 프랑스법계와 게르만법계의 차이점의 핵심은 명령을 집행행위로 보아 항고소송의 대상으로 삼느냐 아니면 명령을 입법행위로 보아 항고소송의 대상에서 제외시켜 구체적 처분이 있을 때까지 기다려야 하느냐는 문제로 압축된다.

우선 명령을 집행행위로 보게 되면 명령에 대한 사법적 통제가 매우 효율적

---

53) Pierre Devolvé, l'acete administratif, Sirey, 1983, p. 124.

54) R. Chapus, Droit administratif général, éd., Montchrestien, 1985, T.I, p. 363 참조.

55) Ibid., pp. 364-365 참조.

인 것이 되어 Lassar가 우려하였던 反法治國家的 모습[56]에서 탈피할 수 있다는 실질적 장점이 있게 되어 취소소송의 客觀訴訟化를 통한 豫防訴訟的 權益救濟의 실효성 확보에 이바지하게 된다. 스페인에서의 일반적 성격의 행정처분에 대한 直接訴訟許容의 태도변화는 '효과적인 사법적 통제의 가능성' 확보를 위한 단적인 예로 볼 수 있고 이탈리아에서 직접적으로 이권을 침해하는 명령에 대한 항고소송의 인정이나 명령의 집행성이 부정된 독일, 스위스에서 一般處分(Verfügung)을 처분에 포함시켜 취소소송의 대상에 포함시키는 것 등이 모두 이러한 효과적 사법통제의 가능성 확보에 의의가 있다고 할 수 있겠다.

그러나 한편 명령을 집행행위로 본다는 것은 드골헌법에 의한 프랑스 제5공화국이라는 '憲法的 行政國家'가 탄생한 오늘날에 있어서는 프랑스 제3공화정에 있어서와 같은 '國民主權의 表現'인 법률의 집행에 불과한 —행정권이 행하는 집행행위로서의 행정부가 행사하는— 활동과는 본질적으로 다른 문제를 야기한다. 오늘날 프랑스에서는 명령권(pouvoir-réglementaire)의 근원을 imperium(공권력 또는 大權)에 두고 있는바, 현재의 프랑스에 있어서와 같이 명령권이 보통법상의 입법권이 되고 의회의 법률제정권이 예외적 입법권에 불과하게 된다면 (비록 명령은 집권당의 의사를 대변할 뿐이나 의회의 법률은 국가의 모든 정치적 의사의 대변이라고 하는 정치적 의미는 다르지만), 의회라고 하는 것이 예외적 제도로서 역사 속에 돌출한 셈이 된다. 즉 의회라고 하는 간접민주정치기구의 역할을 점차 축소시키고 매스컴의 발달, 컴퓨터 단말기의 보급[57] 등의 과학기술의 발전에 힘입어 행정부와 국민간의 직접민주정치라고 하는 인류의 이상을 실현해 간다고 하는 혁명적 명제에 부딪치게 된다.

Kaiser의 입법권에 대한 헌법적 인정에서 비롯된 명령의 입법작용성이 독일에서는 議會優越主義로, 역으로 법률의 하위에 위치하는 행정권의 규범이었던 명령의 집행작용성이 프랑스에서는 行政府優越主義로 또 imperium의 현대적 부활로까지 나아간다고 하는 것은 참으로 역사의 아이러니라 하지 아니할 수 없다. 여기서 우리는 해석법학의 한계를 절실히 느끼지 않을 수 없다. 즉 결국은 헌법의 구체적 해석보다는 유구한 중앙집권의 역사와 발달된 행정제도의 전통 및 현대국가의 필요성이 오늘날의 프랑스를 행정국가화하는 데 이바지한

---

**56)** Lassar, J.O.R., p. 14, p. 38, p. 163; Fritz Fliner, op. cit., p. 52 재인용.

**57)** 컴퓨터 단말기가 각 가정에 보급되게 되면 국민은 투표에 의하여서만 主權意思를 표현함이 아니라, 정치인, 행정책임자 등이 매스컴에 출연할 때마다 즉각적으로 정확한 국민의 의사를 표현하게 된다.

것이 아닌가 하는 생각을 떨쳐버릴 수가 없다.

## II 법규명령과 행정규칙의 구별[58)]

### 1. 문 제 점

법규명령과 행정규칙의 구분에 대하여 여러 가지 학설이 있으나 법규명령은 행정작용법관계 즉 외부관계를 규율할 목적으로 발하여진 행정입법으로 국민의 권리·의무관계를 규율한다. 그 형식에 있어서는 헌법에 규정된 대통령령은 시행령, 총리령과 부령은 시행규칙의 형식을 취하고 있고, 위의 법규명령의 분권명령인 지방자치단체의 조례와 지방자치단체장의 규칙(보통 고시의 형식)이 있다. 또 이들의 위임 또는 직권에 의한 고시와 훈령의 형식을 취하기도 한다. 행정규칙은 행정조직법 관계, 즉 내부법관계를 규율할 목적으로 제정된 행정입법으로 원칙적으로 국민들의 권리·의무관계를 규율하지 않는다. 그 형식은 고시, 훈령, 예규, 통첩, 지시, 일일 명령, 지침 등의 형식을 취한다. 그런데 헌법에 형식이 명시되어 있는 시행규칙의 경우도 법원에서 법규성이 부인되기도 하고, 법규명령의 일반적 형식 이외의 기타 형식의 규정들, 특히 고시나 훈령의 경우는 법규명령의 형식으로도 사용되고 행정규칙의 형식으로도 사용되어 혼란을 야기하고 있고, 그 밖의 예규나 지침 형식의 행정입법들도 그 효력이 내부적으로만 한정되지 않고 외부적 효력을 발하는 경우가 있다. 이럴 경우에 이들을 실질적 기준에 따라 법규성을 인정할 것인지가 문제된다.

### 2. 법치주의와의 관계

19세기 후반부터 독일공법학에서는 법치주의를 법률의 지배와 동일시 하여 왔고, 이는 이론상의 전통이 되었다. 19세기 독일 공법학을 주류로 받아들인 우리나라에서도 법률의 지배를 당연한 것으로 받아들여 왔고 따라서 행정입법에

58) 이광윤, "행정처분기준의 종류와 문제점", 석종현교수 화갑기념논문집, 「현대공법이론의 제문제」, 삼영사, 2003, 1210면 이하.

있어서 법률의 구체적 위임이 없이 행정입법이 국민의 권리 · 의무 관계를 규율하는 경우 이러한 행정입법의 효력을 어떻게 보느냐 하는 것이 문제되었다. 일반적인 표현에 의하면 법률의 구체적인 위임이 없이도 제정될 수 있는 법규적 행정규칙의 실질을 인정[59]하고 그 통제에 있어 법규명령에 준한 취급을 할 경우에는 법치주의의 내용인 법률의 법규창조력과 법률유보와의 관계를 어떻게 이해할 것인가의 문제가 야기된다고 한다. 학자들은 법치주의를 엄격하게 해석하여 행정권이 정립하는 법규명령은 원칙적으로 법률의 구체적, 개별적 위임이 있는 경우에만 가능한 것으로 이해하여, 법률의 위임이 없거나 포괄적으로 위임한 경우에는 위헌으로 보고 있다.[60] 즉, 국민의 자유와 권리에 대한 규율을 하기 위해서는 의회가 제정한 법률에 의해서만 가능하고, 행정작용은 법률에 근거해서만 발동할 수 있다는 것이다. 그러나, 입법작용은 의회만이 하고, 행정부는 의회가 제정한 법률에 근거가 있어야만 행정작용을 할 수 있다는 것을 권력분립의 원칙에 기초한 법치주의의 필수 · 불가결한 결론으로 이해하는 것은 부당하다.

역사적으로 권력분립이란 전제적 독점권력을 분산시켜 권력기관 사이의 균형을 유지하려는 의도에서 출발한 것이지 결코 처음부터 권한의 성질이 특질화되어 입법, 행정, 사법이 3권으로 나누어졌던 것은 아니다. 즉, 근대 이전의 권력분립은 세금동의권과 재판권의 일부를 행사하던 원로원과 황제, 삼부회의와 왕권, 의정부와 군왕이라는 2권 분립이 기본이었다. 행정 · 입법 · 사법의 3권 분립은 프랑스 혁명에 와서 제도적으로 정착되는 것으로서, 과거 원로원이나 3부회의의 전통은 사법부에 있고, 국왕의 막강해 보였던 입법권을, 군주권력을 타도하고 공화정을 수립한 새로운 주권자인 국민이 그들의 대표기관인 국민회의를 수립하여 행사하도록 하고, 나머지 집행권만 행정부에 남겨주게 되었으나, 이때의 행정이란 행정입법권과 행정재판권을 포함한 형식적 개념이란 것은 주

---

**59)** 우리 헌법 제75조는 "대통령은 법률에 구체적으로 범위를 정하여 위임받은 사항과 법률을 집행하기 위하여 필요한 사항에 관하여 대통령령을 발할 수 있다"고 하고 있고, 제95조는 "국무총리 또는 행정각부의 장은 소관사무에 관하여 법률이나 대통령령의 위임 또는 직권으로 총리령 또는 부령을 발할 수 있다"고 되어 있기 때문에 헌법조문상으로는 법률을 집행하기 위한 대통령령이나 직권에 의한 총리령과 부령의 발령이 위헌의 문제로 비약될 여지가 없다. 이론상 다르다고 하는 위임명령과 집행명령의 차이도 실제로는 구분할 수 없는 법규의 광협에 대한 인식의 차이에 불과하다.

**60)** 김동희, 행정법 I , 박영사, 1997, 34면 이하에서는 종래에는 법률의 유보범위를 매우 제한적으로 파악하고 있었으나, 오늘날에는 그 범위를 확대하여 파악하는 것이 학설 · 판례의 입장이라고 한다.

지의 사실이다. 또한, 구체적 범위 내의 입법권의 위임을 허용하는 것이 법치주의의 논리적인 귀결이 아니라는 것은 영국이나 미국 행정법상의 위임입법과 이에 대한 사법적 통제를 통한 행정국가화의 경향61)을 통해서도 확인할 수 있다. 심지어는 행정부에 광범위한 원칙적 독립명령권62)을 부여하고 있는 프랑스63)

---

**61)** 미국헌법상 전통적인 삼권분립의 이론에 의하면 행정부는 의회의 제정법을 집행하는 데 필요한 만큼의 재량을 행사할 수 있을 뿐인바, 이러한 관계를 "전달벨트모델(the transmission belt model)"이라고 한다. 그러나 이 "전달벨트모델"은 ① 의회가 아무리 상세한 제정법규정을 규정하고 있더라도 행정위원회가 그것을 집행하기 위하여 의회가 정한 정치적 균형에 영향을 주는 판단을 하게 되는 것이 필연적이란 점 및 ② 의회가 기본정책을 결정함에 있어서 행정위원회의 전문성에 의존하는 것을 정당화시키지 못한다는 점에 비추어 볼 때, 불완전한 모델로 보는 것이 타당하다. 그리고 오늘날의 복잡한 정책결정의 문제와 입법부의 제도적 한계는 행정국가의 제도적 탄생을 불가피하게 만들고 있으며 행정위원회에 대한 폭넓은 입법권의 위임이 국가정책의 수립과 수행을 보다 합리적으로 안전하게 하며 실질적 결과를 얻을 수 있도록 한다. 이광윤, "Chevron 판결의 파장과 행정국가", 미국헌법연구 제6호, 미국헌법연구소, 1995. 7.

**62)** 1958년 제5공화국 프랑스헌법 제34조는 다음과 같다.

제1문 법률은 국회에서 의결된다.

제2문 법률은 다음의 사항을 규정한다.

- 시민의 권리 및 공적 자유의 기본적 보장, 국방을 위하여 시민에게 부과된 신체상 및 재산상의 의무
- 국적, 신분, 능력, 부부재산제, 상속 및 증여
- 범죄의 결정과 형벌, 형사소송절차, 일반사면, 새로운 재판기관의 창설 및 사법관의 신분
- 모든 성질의 조세의 기준, 세율, 징수의 태양 및 통화발행제도

제3문 법률은 또한 다음의 사항도 규정한다.

- 국회 및 지방의회의 선거제도
- 각종의 공공단체의 창설
- 국가의 공무원 및 군인에게 인정되는 기본권의 보장
- 기업의 국유화 및 공기업에서 사기업에로의 기업소유권의 이전

제4문 법률은 다음 사항의 기본원칙을 정한다.

- 국방의 일반조직
- 지방공공단체의 자유로운 행정, 그 권한 및 재원
- 교육
- 소유권, 물권과 민사상 및 상사상의 채무에 관한 제도
- 노동법, 노동조합법 및 사회보장법

제5문 예산법률은 조직법이 정하는 요건과 그 유보하에 국가의 세입과 세출을 정한다.

제6문 시정방침에 대한 법률은 국가의 경제적 및 사회적 활동의 목표를 정한다.

제7문 본조의 규정은 조직법에 의하여 구체화되고 보완될 수 있다.

**63)** 프랑스 혁명 이후의 정치사는 의회와 행정부간의 반복되는 권력이동으로 점철되어 있다. 한편으로는 의회에 대해서 덜 의존적이면서 힘 있고 중앙집권적인 관료주의에 기초한 독재정권 또는 Bonapartist의 전통이 있는가 하면, 다른 한편으로는 강한 관료주의가 지배하는 와중에도 선거에 의해서 선출된 의원이 그들의 의지를 행정부에 하달하는 의회중심적인 전통이 있는 것이다. 의회중심주의의 전통은 제3, 제4공화국에서 그 극치에 이르렀으나, 강하고 효율적인 정부를 이룩하는 데에는 실패하였다. 1958년의 제5공화국 헌법은 행정부와 의회간의 엄격한 분립(수상은 하원의 의원이 될 수 없었음)을 채용하였지만 미국식의 대통령제를 따르지는 아니하였다. 제5공화국 헌법은 여전히 의회주의의 본질을 간직하고 있다. 즉, 수상은 의회에 대해서 책임을 지고, 의회만이 법률(loi)을 제정할 수 있다. 제5공화국은 제3, 4공화국과는 본질적으로 차이가 있으며, 그의 실제에 있어서는 Bonapartist의 전통과 의회주의 전통의 중간쯤에 위치한다고 볼 것이다. 제5공화국 헌법은 행정부에게 명령을 발할 수 있게 함으로써 광범한 권한을 부여하였다. 제3, 제4공화국 헌

제5공화국이 법치국가로서 이미 30년 이상 기능하여 오고 있는 것을 보면 행정부의 법정립권을 인정하는 것이 법률유보와 충돌하므로 법치주의 위반이라는 입장은 오늘날 행정현실을 외면한 주장이고 법이론적으로도 그 근거를 잃고 있다.64)

따라서 권력분립을 논할 때에는 분화된 기관의 관점에서 권력을 나누는 형식적 기준이 우선적으로 고려되어야 할 것이다. 물론 국가의 권력을 분리만 하여서는 안 되고 상호간에 조화와 협동을 할 수 있는 연결이 필요하기 때문에 기능상의 권력분립 역시 필요하게 된 것이다. 따라서 규범의 정립권을 의회에 맡기고 그 집행을 행정권에 맡기며 그 집행에 대한 판정권을 사법부에 맡긴다고 하는 실질적 의미의 권력분립이 형식적 의미의 권력분립 위에 중첩되었을 뿐, 처음부터 국가권력이 성질상으로 구별되어 존재하였던 것은 아니다.

이러한 관점에서 권력분립을 이해한다면 형식적인 행정부의 행정작용에는 실질적인 입법작용, 사법작용 및 행정작용이 포함되고, 형식적인 의회의 입법작용에는 실질적인 행정작용, 사법작용 및 입법작용이 포함되며, 형식적인 사법부의 사법작용에는 실질적인 행정작용, 입법작용 및 사법작용이 포함되는 것으로 이해할 수 있게 되는 것이다. 일응 형식적 기준에 의한 국가작용과 실질을 기준으로 하는 국가작용을 분리하되 함께 고려하여 그 작용의 모습을 살펴보는 것은 행정부의 행정입법작용, 행정재판작용을 이해함에 있어서는 물론이고 헌법 제64조에 의한 의회의 국회자율권의 행사로서의 국회의원의 자격심사, 징계 등 행정, 사법작용 및 헌법 제108조에 의한 법원의 규칙제정 등 입법작용 등을

---

법도 일정한 경우에는 의회의 위임 없이도 행정부가 스스로 법규명령(regulation by decree: décrets réglementaires)을 발할 수 있다는 것이 헌법상의 원칙으로 인정되고 있었다. LABONN 사건(C.E. 8 August 1919)에서 대통령이 제정한 도로교통규제에 관한 명령의 유효성이 문제된 바, 제정법(statutes; lois)에서 위임을 허용하는 내용을 두고 있지 않았기 때문에 그의 적법성이 문제되었으나 Conseil d'Etat는 대통령은 국가의 수장으로서 공공질서의 이익을 위하여, 비록 의회의 위임이 없다고 하더라도, 필요한 명령을 발할 수 있다고 하였다. 1875년 헌법은 위와 같은 주장의 근거로서 "공화국의 대통령은 제정법의 집행을 감독하고, 수행한다"는 규정을 두고 있었고 1958년 이전에는 의회는 어떤 사항에 대하여도 입법에 의해서 규율할 수 있다는 헌법이론이 확립되어 있었다. 따라서 법규명령으로 규율할 사항은 남겨져 있지 아니하였다. 그러나 이러한 이론은 1958년 헌법에 의해서 완전히 무너져 내렸다. 헌법 제34조에 의하면 '모든 법률(statutes; lois)은 의회에 의하여 제정된다'라고 하고는 있으나 의회가 입법할 수 있는 사항을 오히려 한정적으로 제한하고 있다. 제37조에서는 제34조에 규정되지 아니한 사항은 행정부의 배타적인 법규명령권에 포함된다고 규정하고 있다. 더 나아가 제38조에 의하면 의회의 전속적 권한에 속하는 사항이라도 일정한 기간 동안 법률명령(ordonnance)으로 규율할 수 있도록 하고 있는 것이다. L. Neville Brown Obe & John S, French Administrative Law, 1993. Clarendon Press, pp. 8-10.

**64)** 이광윤, "Chevron 판결의 파장과 행정국가", 미국헌법연구 제6호, 미국헌법연구소, 1995. 7, 215면 이하.

이해하는 데에도 설득력 있는 근거를 제시할 수 있게 되는 것이다.

그렇다면 비록 의회가 제정한 법률의 위임 없이 소위 행정규칙의 형식으로 제정된 행정규칙이라고 보통 불리고 있는 행정입법도 법규적 사항을 담고 있는 경우에는 그 실질적인 기능에 따라서 법규명령으로 취급하는 것이 권력분립의 원칙과 충돌하는 것이 아닌 것은 물론이고 오히려 적극적으로 법규명령성을 인정할 필요가 있다. 즉 행정부의 법정립권한이라는 관점에서 행정현실을 적극적으로 설명하고 그에 대한 적절한 통제를 통한 법치주의의 확립에 노력하여야 할 것이다. 오늘날의 행정현실이 이러함에도 불구하고 한국 헌법 제75조·제95조를 근거로 하여 엄격한 위임입법의 원칙을 고수하려는 견해[65]가 있다. 그러나 한국 헌법 제75조와 제95조는 위 각주에서 밝힌 바와 같이 문리상으로는 독립명령을 금지하고 있지 아니하며, 이를 행정부의 법규명령의 제정에는 의회의 구체적 범위에 대한 위임이 있는 경우에만 법규명령을 발할 수 있다고 해석하는 것은 19세기 독일공법학의 유습일 뿐이다. 이러한 해석은 오늘날 적극국가화 경향이 만연되어 있는 행정현실에 있어서 행정의 할동을 오히려 위축시키는 결과를 야기하고 있으며, 오히려 행정규칙에로의 도피를 부추겨 국민의 권리구제에도 폐해를 가져올 수 있다. 법규명령의 제정권을 의회에 의한 구체적인 위임이 있는 경우에만 허용하는 것은 행정입법에 의한 행정작용에 대하여 위축을 가져왔으며, 이론상·실제상으로 많은 문제를 야기하여 왔다.

## 3. 강행적 훈령의 법규성 – 행정서비스 현장과 법적 구속력의 문제

프랑스법은 공법관계와 사법관계를 구분하고, 공법관계는 행정소송의 대상이 되나, 사법관계는 민사소송의 대상이 된다. 따라서 공공서비스 역시 원칙적으로 공법의 적용을 받고 행정소송의 대상이 되는 행정적 서비스와 원칙적으로는 사법의 적용을 받고 민사소송의 대상이 되는 상공업적 서비스로 명확히 나누어진다. 이때 행정적 서비스에서의 시민은 강화된 이용자 즉, 주권자이면서 이용자이지 상공업적 서비스의 대상인 고객이 아니다. 상공업적 서비스를 제공하는 공기업의 경우에는 주로 상법상의 상행위를 하므로 사법상의 계약을 체결

65) 고영훈, "규제행정입법의 한계", 자유기업센터, 1998, 17면 이하에서는 행정입법은 국회입법의 원칙에 대한 예외적인 것이며 원칙과 예외가 뒤바뀌어서는 안 된다고 전제한 후, 행정입법의 중요성과 함께 부작용도 더욱 강조되어야 한다고 하면서 위임입법의 원칙을 엄격하게 고수할 것을 주장하고 있다.

하기 때문에 그들의 고객을 만족시키기 위한 약속인 고객서비스 헌장을 제정하게 되면 이에 따른 계약상의 책임을 져야만 한다. 또한 공기업의 경우에는 상업 활동을 과대광고나 허위 광고를 하게 되면 형사처벌을 받는다.

그러나 행정서비스의 경우에는 문제가 다르다. 행정서비스의 경우에 행정청은 행정의 주체로서 일방적으로 공권력을 행사하거나, 공법상의 계약을 체결하게 된다. 공권력을 일방적으로 행사하는 경우는 말할 것도 없고 공법상의 계약을 체결한다고 하여도 공법상의 계약으로서의 행정계약은 법률과 명령에 따라 체결되므로 법규의 내용이 문제가 된다. 그런데 공공서비스 헌장은 강행규정이 아닌 임의규정으로서의 훈령(circulaire)에 의해 공표되므로 법적인 구속력을 갖기는 힘들다.[66] 따라서 행정서비스 헌장의 법적 성질은 희망의 표시라고 하는 사실행위에 불과하다. 물론 행정부 내부에서는 헌장의 실천 정도에 따른 평가를 하게 되면 내부적으로는 구속적 효과가 있다. 그러나 내부적 효과가 있다고 하여 외부적으로 재판의 근거규범이 될 수는 없다.

영국에서는 헌장의 제정형식이나 법적 구속력에 있어 모두 법적 효력을 배제하고 정치적 약속으로만 이해하고 있으나, 우리의 경우, 이미 대통령훈령이라는 법형식을 취하고 있다. 헌장의 법적 구속력에 있어서는 "행정서비스 헌장"의 구속력이 "고객서비스 헌장"의 구속력보다 강할 것이라는 일반인들의 막연한 선입견과는 달리 고객서비스 헌장은 상업적 약속이기 때문에 민사적, 형사적, 행정적[67] 구속을 받지만 행정서비스 헌장은 훈령에 대한 외부적 효력을 인정한다 하더라도 그 법형식이 강행적 내용을 담고 있지 아니할 경우에는 법적 구속력을 인정하기 어렵기 때문에 행정의 신뢰성에 대한 상실을 야기할 수 있다. 물론 평가를 통한 내부적 통제는 이루어지고 있지만 이용자에 대한 약속의 불이행이라는 관점에서 이 문제는 적법성에 의한 통제의 문제보다는 행정책임에 대한 통제를 확대하여 해결하는 것이 보다 바람직한 것으로 생각된다. 앞으로 행정책임을 확대할 수 있는 이론과 판례의 발전을 기대해본다.

---

**66)** 꽁세이데따의 2002년 12월 18일의 Mme Duvignères판결에 의하면 강행적 훈령(circulaire)은 월권소송의 대상인 행정행위가 된다.

**67)** 예: 공정거래위원회에 의한 행정적 제재.

# Ⅲ 행정처분의 기준과 관련한 문제점[68]

## 1. 행정처분의 기준으로서의 법령보충규칙

### (1) 법령보충규칙의 의의

법령보충규칙이란 상위법령의 규정과 결합하여 법령의 내용을 보충하는 행정규칙을 말한다.[69] 법규성이 있는 행정처분기준의 대표적인 예는 법령보충규칙이다. 행정처분기준이 법령의 해석에 관한 것일 때는 법규성이 없으므로 문제가 되지 않으나 행정처분기준이 그 일부 또는 전부가 법규성을 띠고 있어 시행령이나 시행규칙 또는 지방자치단체장의 규칙인 고시로 정해졌어야 할 사항인 경우에는 법규명령으로 취급하여야 한다. 예를 들면 「물가안정에관한법률」 제2조에 근거한 정부의 긴요물품 등의 최고가격고시는 실질적으로 법령의 내용을 보충하는 성질을 가지므로 고시의 형식을 취하고 있다 하더라도 그 취급은 법규명령으로 해야 하는 것이다. 행정입법의 성질을 그 규정의 형식에서 찾고자 하는 이른바 형식설의 입장을 법령보충규칙에도 관철한다면, 법규적 행정규칙은 행정규칙이라고 보게 될 것이다. 법규적 행정규칙을 단순히 행정규칙에 불과하다고 본다면, 그에 위반한 행정처분에 대한 적절한 입법적, 사법적 통제를 할 수 없게 되므로 부당한 결과를 초래하고, 똑같은 기능을 하는 같은 내용의 규정이 어떤 행정입법의 형식으로 규정되었는가에 따라 그 취급을 달리하여야 한다는 점에서 불합리하다. 아래에서는 법령보충규칙의 인정근거와 이에 대한 판례의 입장을 살펴본 후 같은 맥락에서 이른바 규범구체화 행정규칙에 관한 논의를 살펴보도록 한다.

### (2) 법규명령인 법령보충규칙의 인정근거

M. Hauriou는 법률은 본래 확정적인 것이기 때문에 본래 영원한 것이나

---

68) 이광윤, “행정처분기준의 종류와 문제점”, 석종현교수 화갑기념논문집, 「현대공법이론의 제문제」, 삼영사, 2003, 1215면 이하.

69) 이광윤, 일반행정법, 법문사, 2006, 126면; 박윤흔, 행정법강의(상), 박영사, 2001, 253면.

명령은 본래 임시적인 것이기 때문에 본래 취소할 수 있는 것이다[70]고 하면서 명령권의 기원은 명령과 집행을 할 수 있는 imperium(공권력)이라고[71] 하였다. 따라서 명령은 법률의 위임에 의한 권한이 아니라 행정권의 고유권한으로서 입법권의 성립이전에 생겨났던 것이기 때문에 성문 헌법 국가에서의 권력분립에 의한 입법권은 명령권을 위임하는 것이 아니라[72]고 하면서 “명령권은 근본적으로 집행적 결정에 의해 일반적 법규를 정립할 수 있는 권력”이라고 하였다.

한국 헌법 제66조 제4항의 행정권은 위임명령권뿐만 아니라 긴급처분・명령권과 집행명령권을 포함하므로 분명히 행정입법권을 포함하는 것으로, 형식적 의미로 해석하여야 한다. 따라서, 헌법 제40조의 입법권 또한 형식적 관점에서 의회에 의한 행위로 해석하여야지, 이를 실질적 의미로 해석하여 모든 유형의 입법권을 의회가 행사하는 것으로 해석한다면 대통령의 긴급・처분・명령권 및 행정부의 집행명령권, 지방자치단체의 조례제정권(지방의회는 국회의 분권기관이 아닌 행정부의 분권기관이다) 및 지방자치단체장의 규칙제정권, 그리고 소위 ‘법규성을 인정받는 행정규칙’ 제정권에 대한 설명을 불가능하게 만든다. 이들을 모두 국회입법독점에 대한 예외직 조치로 강변하는 것은 지나친 논리구조의 결핍을 노출시키는 것이다. 즉, 행정권은 법률의 위임을 받지 아니한 녹자적 집행명령권이 있으며 독자적 집행명령권이 행정규칙의 형식을 취할 때(사실은 집행명령권이 대통령령이나 부령의 형식을 취하는 경우는 별로 없다) 이것이 법규적 행정규칙 즉, 법령보충규칙이 된다. 물론 위임명령의 구체적 위임에 따른 행정규칙은 법규성이 있는 법규적 행정규칙이다.

다만, 이 경우에 그 제정절차 등을 보다 엄격하게 하고 제정된 경우에는 이를 공표하도록 의무화하는 것이 필요하다고 사료된다. 한편, 행정규제기본법 第4條 제2항은 規制는 法律에 직접 規定하되, 規制의 세부적인 내용은 法律 또는 上位法令이 구체적으로 범위를 정하여 위임한 바에 따라 大統領令・總理令・部令 또는 條例・規則으로 정할 수 있으며, 다만, 「法令이 專門的・技術的 사항이나 경미한 사항으로서 業務의 성질상 위임이 불가피한 사항에 관하여 구체적으로 범위를 정하여 위임한 경우에는 告示 등으로 정할 수 있다」라고 하여 다양한 형식의 법규명령을 인정하고 있다.[73] 또한 국회법 제98조의2 제1항은 중

70) M. Hauriou, Précis de Droit administratif et de Droit public, Recuil Sirey, 1921, paris, p. 56.

71) Ibid., p. 61.

72) Ibid., p. 61.

앙행정기관의 장은 법률에서 위임한 사항이나 법률을 집행하기 위하여 필요한 사항을 규정한 대통령령·총리령·부령·훈령·예규·고시 등이 제정·개정 또는 폐지된 때에는 7일 이내에 이를 국회에 제출하도록 하여 사후제출제를 채택하고 있으며, 법제업무운영규정 제25조 제2항도 훈령·예규 등을 당해 반기 종료 후 10일 이내에 법제처장에게 송부하여야 한다고 하여 법규적 행정규칙이 민주적 정당성을 확보하도록 하고 있다. 다만 이러한 규칙 등은 법규명령과 같이 관보에 게재하여 공표하는 것이 필요하다.[74]

### (3) 법령보충규칙에 대한 판례의 입장

판례는, "상급행정기관이 하급행정기관에 대하여 업무처리지침이나 법령의 해석적용에 관한 기준을 정하여서 발하는 이른바 행정규칙은 일반적으로 행정조직내부에서만 효력을 가질 뿐 대외적인 구속력을 갖는 것은 아니지만, 법령의 규정이 특정행정기관에게 그 법령내용의 구체적 사항을 정할 수 있는 권한을 부여하면서 그 권한 행사의 절차나 방법을 특정하고 있지 아니한 관계로 수임행정기관이 행정규칙의 형식으로 그 법령의 내용이 될 사항을 구체적으로 정하고 있다면 그와 같은 행정규칙, 규정은 행정규칙이 갖는 일반적 효력으로서가 아니라 행정기관에 법령의 구체적 내용을 보충할 권한을 부여한 법령규정의 효력에 의하여 그 내용을 보충하는 기능을 갖게 된다 할 것이므로 이와 같은 행정규칙, 규정은 당해 법령의 위임한계를 벗어나지 아니하는 한 그것들과 결합하여 대외적인 구속력이 있는 법규명령으로서의 효력을 갖게 된다[75]"라고 하여, ① 법령에서 행정청에게 법집행의 권한을 위임하였을 것과 ② 위임의 범위를 벗어나지 아니하였을 것을 조건으로 비록 당해 형식이 행정규칙이라 하더라도 법규명령으로 보는 입장을 취하고 있다. 다만, 법령의 위임이 없는 경우에는 법규명령으로 볼 수 없다는 입장을 취하는 듯하다. 그러나, 위에서 살펴본 바와 같이 행정부의 법정립권한을 긍정한다면, 법령의 위임이 없는 경우에도 행정부의 집행명령권을 인정하는 것이 타당하다.

---

**73)** 정준현, "예외적 승인과 고시의 법규성", 「신행정판례연구」, 삼영사, 2001, 51면.

**74)** 행정규제기본법 第6條 (規制의 登錄 및 公表) ① 中央行政機關의 長은 소관 規制의 명칭·내용·근거·處理機關 등을 第23條의 規定에 의한 規制改革委員會(이하 "委員會"라 한다)에 登錄하여야 한다.

② 委員會는 第1項의 規定에 의하여 登錄된 規制事務目錄을 작성하여 公表하여야 한다.

**75)** 대판 1987. 9. 29, 86누484; 1995. 5. 23, 94도2502; 1998. 6. 9, 97누19915; 1999. 1. 26, 97누13474; 1999. 7. 23, 97누6261 등.

### (4) 규범구체화 행정규칙과의 관계

1) 규범구체화 행정규칙의 의의 : 규범구체화 행정규칙이라 함은 고도의 기술성이 요구되는 행정영역에 있어서 입법기관이 종국적 규율을 포기하고 규범을 구체화하는 기능을 행정권에 할당한 경우에 그 범위 내에서 당해 규범을 구체화한 행정규칙을 말한다.[76] 규범구체화 행정규칙에 관한 논의는 1985. 12. 19. 독일연방행정법원이 Wyhl판결에서 "독일연방내무부장관의 「방사선피폭에 관한 일반적 산정기준」이 법규범구체화 행정규칙으로서 법률이 규정한 한계안에서 법원에 대하여 구속력이 있다. 그러므로, 「일반적 산정기준」은 단지 '자의가 없는 조사'에 근거하였는지에 관하여만 심사되어야 한다"고 판시함으로써 제한적인 법적 외부적 효력을 인정한 이후 독일행정법학계에 많은 논란을 제공한 것에서 비롯된다.[77]

2) 인정여부 : 우리나라에서는 국세청훈령 제980호 「재산제세조사사무처리규정」 제72조 제3항에 관한 일관된 대법원판례를 중심으로 전개되었는데, 일부학설은 판례가 규범구체화행정규칙을 인정하여 그의 대외적 구속력을 명시적으로 인정한 것[78]이라고 하고, 대상판결과 같은 경우의 고시 등에 대하여 이른바 '규범구체화 행정규칙'이라고 하여 예외적으로 외부적 효력을 인정하고 있다.[79] 또한, 이른바 규범구체화행정규칙을 인정하는 것에 대하여는 부정하면서 다만 그 외부적 효력을 가지는 근거에 대하여는 빌케의 주장을 원용하여, "부지의 전문영역의 미로에 지나치게 깊이 개입하지 아니하려는 법원의 개혁적 결단의 소산"으로 보는 것이 타당하다는 견해[80]도 있다.

이에 대하여 다수설은 ① 독일에서도 규범구체화행정규칙을 기술법, 환경법 분야에 국한해 보는 것이 일반적이라는 점, ② 설령 세법에 대하여 법규범구체

---

76) 이광윤, 전게서, 127면.

77) 최정일, "법규범구체화행정규칙의 법적 성질 및 효력", 행정판례연구 Ⅱ, 1996, 101면.

78) 김남진, 행정법의 기본문제, 법문사, 1994, 190-193면.

79) 대판 1999. 7. 23, 97누6261에서 "구 공업배치및공장설립에관한법률 제8조에 따라 공장입지의 기준을 구체적으로 정하여 '오염물질 배출공장이 인근주민 또는 농경지에 현저한 위해를 가할 우려가 있을 때' 그 입지를 제한할 수 있다고 고시한 것은 법규명령으로서의 효력을 가진다고 보아야 할 것이다"라고 한 것에 대하여, 우리 대법원이 소위 '규범구체화 행정규칙'의 법규성을 인정하는 방향으로 나아가고 있다고 평가하고, 또한 규칙의 법규성에 관하여 '상위법령이나 조례에서의 위임이 있는 규칙은 법규성이 인정될 수 있고, 위임이 없이 발하여진 규칙은 법규성이 부인되지만, 위임이 없는 경우에도 그 규칙의 내용이 규범구체화행정규칙에 해당되어 상위법령이나 조례의 의미를 보다 구체화하는 내용으로 인정되는 경우에는 그 법규성을 일률적으로 부인할 필요는 없다'는 견해도 있다. 강현호, "고시의 법규성", 「신행정판례연구」, 삼영사, 32면 이하.

80) 김동희, 행정법 Ⅰ, 박영사, 1999, 147면.

화행정규칙을 인정한다고 하더라도 위 규정은 전문지식, 민주적·정치적 정당상의 절차적 전제조건이 미흡하여 법규범구체화의 수권이 있다고 보기 어려운 점을 고려할 때 위 판례가 규범구체화행정규칙을 인정한 것이라고 보는 데에는 반대하고 있다.

3) 검 토: 규범구체화행정규칙에 대한 논의는 기술법 또는 환경법 등 새로운 영역에서의 입법활동이 활발해질 것이 예상되므로 전문기술적인 영역의 규율에 대비해 행정입법의 규율형식을 정비할 필요가 있다는 점에서 깊은 의미를 가지며, 이러한 형식의 행정규칙의 인부에 관한 논의는 행정부의 법정립권의 인정론의 전제에서 보면 오히려 당연한 현실에 대한 논의로 보인다. 왜냐하면, 행정현실에 대한 고도의 과학적, 기술적, 경제적 접근의 필요성은 너무나도 자명하고 이에 대한 의회의 접근은 불가능한 것이고, 행정부의 자율적인 법정립권을 인정함으로써 의회는 본래의 자신의 기능에 전념할 수 있게 되기 때문이다. 규범구체화 행정규칙 역시 전술한 바처럼 법령보충규칙의 일종이지만 법령의 수권에 의해서가 아니라 법령의 해석에 의해 규범을 구체화한 것이므로 법규성이 인정되는 행정규칙으로 보아야 할 것이다.

### (5) 결 론

헌법 제75조와 제95조에 의하면, 대통령은 법률을 집행하기 위하여 필요한 사항을 대통령령으로 정할 수 있고, 국무총리 또는 행정각부의 장은 소속사무에 관하여 직권으로 명령을 발할 수 있는바, 이른바 집행명령 규정을 적극적으로 해석할 필요가 있다. 우리나라의 대다수의 학자들은 집행명령은 헌법을 근거로 법률을 집행하기 위하여 필요한 사항을 규율하는 법규명령인 시행세칙이라고 정의하면서 법률의 위임 없이 제정할 수 있지만 새로운 입법사항을 대상으로 하는 것은 아니라고 한다.[81] 그렇지만 행정현실에 있어서 법률의 집행을 위하여 필요한 사항을 규정한다는 것이 법률이 구체적으로 제시하지 아니한 기준을 규정하는 것과 어떻게 다른지는 명확하지 아니하다. 그리고 헌법 제75조에 따라서 행정입법을 제정하는 데에 있어서 어떤 것이 법률의 구체적 위임에 의한 위임명령인지 아니면 집행명령인지를 구분하고 있지도 아니하다. 실제에 있어서 위임명령도 법률을 시행하기 위한 것이라는 점에서 넓게는 집행명령의

---

81) 허영, 한국헌법론, 박영사, 1999, 932면; 김철수, 헌법학개론, 박영사, 1999, 1130면; 유지태, 행정법신론, 신영사, 2002, 203면; 김동희, 행정법 Ⅰ, 박영사, 1997, 129면 등.

일종이라고 해석할 수도 있는 것이다.

결론적으로 헌법 제75조의 위임입법의 원칙을 엄격하게 고수하는 해석에 따르는 한, 법규보충규칙의 존재는 그 실질적인 필요성과 법치주의에의 합치에도 불구하고 그 근거를 마련하기 어려울 것이다. 위에서 살펴본 문제점들은 법이론적, 실제적으로 적절하게 설명하고 규율하기 위해서는 구체적인 법률의 위임이 없는 경우에도 행정부가 일정한 사항에 대하여 법규적인 성격을 가지는 행정입법권을 행사할 수 있도록 해야 한다.

## 2. 재량준칙[82)]

### (1) 의의 및 연혁

裁量準則(directive)이란 행정청의 장이 그 소속공무원에게 재량권을 합리적이고 용이하게 행사할 수 있도록 하기 위해 발하는 행정청의 내부기준이다. 행정청은 준칙에 의하여 그 소속 공무원의 개별처분을 최적의 상태에서 행사되도록 하며 재량행위[83)]인 개별처분 간의 모순과 차별을 피할 수 있다. 즉, 재량준칙이란 행정청이 개별적 처분을 할 수 있는 재량권을 향유하고 있거나 미약한 조건적 제약밖에 존재하지 않는 경우에 사전에 정한 권한 행사의 기준이라고 할 수 있다.[84)]

재량준칙이 법령의 집행에 있어서 행정청에게 재량권이 부여되었을 때 구체적 타당성을 확보하면서도 지나친 재량권의 남용을 어느 정도 수렴하기 위한 목적의 행정처분기준인 데 반하여, 법령보충규칙 즉, 법규적 행정규칙은 법령의 내용이 기속적인 경우에 그 세부적인 사항을 정한 행정처분기준이라는 점에서 개념상 구분되는 것이다.

이러한 裁量準則은 첫째, 행정기관의 자의적인 재량권 행사를 방지하고, 둘째, 재량권 행사가 통일성 있게 행해지는 것을 보장하며,[85)] 셋째, 국민에 대하여 행정권 행사에 예측가능성을 보장하며, 넷째, 재량권 행사에 있어서 공무원의 행정사무처리의 어려움을 輕減시켜 주는 등의 긍정적 역할을 한다.[86)] 문제

---

**82)** 이광윤, "준칙과 사법심사", 법률신문, 1997. 5. 5. 참조.

**83)** 제1장 Ⅱ. 참조.

**84)** 이광윤, 전게논문; 김동희, 행정법 I, 박영사, 2000, 145면; 박균성, 행정법총론, 박영사, 2001, 167면; 김동희, "프랑스 행정법상의 재량준칙에 관한 고찰", 「법학」, 1986, 27권 213호, 56면.

**85)** 대판 1998. 3. 27, 96누19772.

는 법률에서 행정기관에게 부여한 재량권이 재량준칙에 의하여 제한을 받게 되는 결과가 발생한다는 점이다. 다시 말해 법률에서 行政廳에게 재량권을 부여한 취지는 구체적인 사정을 고려하여 개별적 타당성이 있는 행정을 할 수 있도록 하기 위함인데, 裁量準則으로 인하여 개별적인 경우에 구체적인 타당성을 지니는 裁量處分을 하지 못하게 되고 단순하게 재량준칙에 따르는 처분을 하게 된다는 것이다.87) 이러한 상충되는 면들을 지닌 裁量準則을 法的으로 어떻게 評價하여야 할 것인가에 대해서 많은 論議가 전개되고 있다.88)

일반적으로 행정입법은 법규명령과 행정규칙으로 구분되며, 행정규칙에는 다양한 종류가 있고, 그 중에 재량준칙이 있다고 소개하고 있다.89) 재량준칙이 행정규칙의 일환으로 다루어짐으로 인하여 재량준칙은 일응 행정규칙의 일종이라는 오해를 가져오기 쉬우므로 재량준칙의 체계적 지위를 규명하는 것이 필요하다. 재량준칙의 법적 성질에 대해서는 다음과 같은 견해들이 주장된다.

### (2) 재량준칙의 법적 성질

**1) 형식설 :** 形式說이란 裁量準則을 그 규율 사항에 관계없이 규정한 法形式에 따라서 판단하여야 한다는 견해이다.90) 裁量準則이 헌법상 인정되고 있는 법규명령의 형식인 대통령령이나 부령으로 규정되어 있으면, 法規命令에 해당되고 따라서 대외적인 효력을 가지며, 그렇지 아니하고 지침, 훈령, 예규 등 行政規則의 형식으로 제정된 경우에는 행정규칙에 해당되며 대내적인 효력

86) 김철용, 행정법 I, 2001, 135면; 박균성, 행정법총론, 2001, 167면 이하; 석종현, 일반행정법(상), 삼영사, 2000, 187면; 尹榮宣, "행정소송과 裁量準則", 공법연구 제28집 제1호, 1999, 58면; 김용섭, "법규명령 형식의 제재적 처분기준", 판례월보 340호, 1999. 1, 28면; Maurer, Allg. VerwR., 1995, § 24 Rn. 10.

87) Hain/Schlette/Schmitz, Ermessen und Ermessensreduktion, AÖR 122(1997), S. 37; Maurer, Allg. VerwR., 1995, § 7 Rn. 8 f.; 박균성, 전게서, 168면; 黃道洙, "법규명령과 행정규칙의 본질적 구분(상)", 판례월보 355호, 2000. 4, 45면 이하.

88) 김동희, "프랑스 행정법상의 재량준칙에 관한 고찰", 「법학」, 1986, 27권 213호, 56면: 프랑스 행정법에 있어서도 그 중심적 과제는 재량준칙의 법적 성질과 효력 등의 연구에 있다.

89) 박윤흔, 전게서, 270면; 김철용, 전게서, 135면; 김동희, 행정법 I, 박영사, 2002, 145면; 석종현, 전게서, 187면; 홍정선, 행정법원론(상), 박영사, 2002, 247면; 박균성, 행정법론(상), 박영사, 2002, 179면, 194면 이하.

90) 박윤흔, 전게서, 251면; 석종현, 전게서, 181면; 박균성, 행정법총론, 박영사, 2001, 170면; 홍정선, 행정법원론(상), 박영사, 2001, 226면; 조연홍, 한국행정법원론(상), 형설출판사, 2000, 336면.

참고, 석종현, 전게서, 181면: 법규명령의 형식을 취하는 행정규칙은 법규명령이라고 보는 전제하에서 법률의 수권 없이는 법규명령이 제정될 수 없는 것이므로, 법률의 수권 없이 제정된 법규명령은 설령 그 내용이 행정규칙적이라 하더라도 헌법 제75조의 위임입법의 요건을 갖추지 못한 것으로서 위헌무효가 되는 것으로 본다.

만 지닌다고 한다. 이러한 주장의 논거로는 오늘날 법규개념은 형식적 개념으로 사용되며, 법규형식은 매우 중요하고 엄숙한 行爲形式이므로 법규형식이 존중되어야 하며, 법규사항과 비법규사항이 本質的으로 구별되는 것은 아니라는 것들을 들고 있다.[91]

2) 실질설 : 實質說이란 裁量準則의 법적 성질을 판단함에 있어서 그 형식 여하를 불문하고 그 實質的인 內容·影響 등에 의해서 판단하여야 한다는 견해이다.[92] 裁量準則의 내용이 국민의 권리나 의무를 규정하는 것이면 법규명령이고 단지 행정사무처리기준과 같이 행정조직 내부에서만 효력을 가지는 경우에는 행정규칙이라고 한다. 형식이 법규명령임에도 실질적 규제사항이 법규사항이 아닌 경우에는 실질내용에 따라서 行政規則으로 본다.[93]

이러한 실질설의 입장은 다음과 같이 보다 세분하여 고찰할 수 있다.

가. 행정규칙설 裁量準則은 그 내용상 실질적으로 행정규칙의 일종으로서, 대내적으로 행정내부에서만 효력을 발하고 외부적인 구속력이 없다는 견해이다. 裁量準則을 법규로 보거나 행정규칙으로 보거나 행정부의 일선공무원이 처분을 함에 있어서 이에 구속을 받는 점에 있어서는 아무런 차이가 없으므로 행정규칙으로 보더라도 裁量準則을 둔 目的을 달성하는 데는 지장이 없으며, 반면에 제재적 행정처분의 대상인 법규위반의 형태는 매우 다양하고 동일한 처분이라도 당사자에 미치는 영향은 다른바, 裁量準則은 입법기술상의 이유로 아무리 자세히 제정한다고 하더라도 모든 사안에 타당한 處分基準을 만들 수는 없으며, 例外的인 경우가 발생할 수 있으므로, 예외적인 경우에 대한 구제책을 위해서 裁量準則을 법규명령으로 보아 필요시마다 전원합의체 판결로 그 무효를 선언하는 것보다는 행정규칙으로 보아 法院이 이에 구속을 받지 않는다고 해석함이 국민에게 유리하다는 점 등에 근거를 두고 있다.

나. 준법규설 준법규설에 의하면 裁量準則은 원칙적으로는 대내적인 효력을 가짐에 불과하지만 平等原則을 매개로 하여 간접적으로 對外的인 효력을 갖게 된다.[94] 裁量準則은 그 자체가 직접 대외적 구속력을 갖는 것은 아니

---

**91)** 박윤흔, 전게서, 251면; 박균성, 전게서, 170면.

**92)** 김철용, 행정법 I, 2006, 174면 이하.

**93)** 유지태, 행정법신론, 신영사, 2000, 218면; 이광윤, 전게논문: 법규명령이나 행정규칙의 형식으로 정해진 처분권 행사의 기준이라 하더라도 재량권이 부여되어 있으면 준칙이고, 특정한 형식 없이 막연히 준칙, 요강, 지침 등의 이름으로 정해진 기준이라 하더라도 처분권 행사에 대한 재량권이 부여되어 있지 않으면 준칙이 아니다.

**94)** Maurer, Allg. VerwR., 1995, § 24 Rn. 21 ff.; 박윤흔, 전게서, 264면; 박균성, 전게서,

지만 재량준칙에 따라서 동일한 내용의 행정처분이 반복적으로 행하여져서 行政慣行이 성립된 경우에 정당한 사유가 없는 한 裁量準則이 정하는 내용과 다른 처분을 하는 것은 平等原則에 반하여 위법하게 되므로, 이런 경우에 裁量準則은 平等原則을 매개로 하여 법규로 轉換되게 된다.[95]

이 학설에 의하면 裁量準則이 최초로 제정되어 行政慣行이 아직 형성되지 않은 경우에는 어떻게 볼 것인가가 문제로 제기될 수 있는바, 이 경우에는 裁量準則이 制定된 이상 그에 따른 行政處分이 행해질 것이 예견될 수 있으므로 정당한 이유가 없이 裁量準則을 위반하는 것은 平等原則에 반하므로 違法하게 될 수 있으며, 다만 이 경우에 평등원칙을 매개로 하여 拘束力을 갖는 것이므로 합리적인 理由가 있는 경우에는 裁量準則을 적용하지 않아도 그러한 行政處分이 위법하게 되지는 않는다. 合理的인 理由의 판단기준에 대해서는 裁量準則의 적용을 배제할 수 있을 만한 상당한 이유가 있는가의 여부가 되어야만 할 것이다. 어느 정도의 근거가 이를 정당화시킬 수 있을 것인가 하는 것은 구체적・개별적 상황을 고려하여야 할 것이라고 한다.[96]

3) 법규명령설 : 행정권도 민주적 정통성을 지니고 있는 자주적인 國家機關이며, 국가기능 중에서 입법이나 사법은 때때로 휴지 또는 정지 상태에 있더라도 국가의 운영에 커다란 지장을 초래하지 아니함에 대비하여, 行政은 잠시도 중단할 수 없는 영속적인 기능을 갖고 있으며, 입법권과 사법권의 범위는 비교적 명확한 데 반하여 行政은 다양하고 광범한 기능을 수행함으로 인해서 따라서 부득이하게 국가의 補充的 機能을 담당할 수밖에 없다는 점 등에서 고유의 독자적인 법규제정권을 가진다는 전제하에서[97] 裁量準則은 행정권이 독자적인 立法權에 근거하여 제정된 법규명령이고, 재량준칙의 대외적 효력을 뒷받침하기 위해서는 헌법상의 평등의 원칙을 매개로 할 필요도 없다[98]는 견해이다. 그러나, 이러한 견해에 대해서는 權力分立의 원칙과 法律留保의 원칙상 허용될 수 없다는 비판이 있다.[99]

---

182면.

홍정선, 전게서, 239면: 행정규칙이 법규의 일종으로 오해될 수 있으므로 준법규설이라는 용어의 사용은 바람직하지 않다고 한다.

95) 헌재 1990. 9. 3, 90헌마13; 홍정선, 행정법원론(상), 박영사, 2002, 255면: 홍정선 교수는 준법규라는 용어사용에 대해서 준법규라는 용어가 행정규칙이 법규의 일종으로 오해될 수 있으므로 이의를 제기한다.

96) Maurer, Allg. VerwR., 1995, § 24 Rn. 22; 박균성, 전게서, 179면.

97) 참고, Maurer, Allg. VerwR., 1995, § 24 Rn. 25; 박윤흔, 전게서, 263면.

98) Ossenbühl, Fritz, Die Quellen des VerwR, in AllgVerwR, in Erichsen S.

4) 준강행적 임의규정설 : 행정입법을 외부법과 내부법으로 나눌 때, 외부법인 형식적인 법규명령은 행정작용법관계에 있어서의 법으로 직접적으로 행정객체를 구속하고 재판의 근거 규범이 될 수도 있으나 이것은 형식적인 법규명령이 강행규정일 때에 해당하는 것이고 만약 형식적인 법규명령이 임의규정으로 구성되어 있다면 행정객체를 구속하지 않으며 재판의 직접적인 근거규정으로도 작용되지 않는다. 행정작용법 관계가 아닌 행정조직내부를 규율하는 형식적 행정규칙의 경우에도 강행규정은 행정조직 내부에서는 구속력을 발하나 임의규정이라면 내부에서조차 구속력을 발하지 않는다. 行政廳이 개별적 처분을 할 수 있는 裁量權을 향유하고 있거나 미약한 조건적 제약밖에 존재하지 않는 경우에 사전에 정한 권한행사의 기준을 '準則'(directive)[100]이라고 하는데 벨기에 法과 이탈리아 法에서 유래한 '準則'이라는 行政의 활동 양식은 일관성 있는 行政作用을 유도함으로써 행정객체간의 자의적 차별을 방지하려는 데 목적이 있다. 즉, 準則은 行政廳에 대하여 명령하는 것이 아니고 유도하는 것일 뿐이기 때문에 行政廳은 항상 처분에 대한 裁量權을 보유하고 있다. 따라서 공익상의 이유가 있으면 準則을 적용하지 않을 수 있다.

### (3) 準則을 적용한 處分의 裁量行爲性

準則을 적용한 處分도 裁量行爲이기 때문에 裁量權의 逸脫·濫用에 해당하지 않는 한 부당할 수는 있으나 위법할 수는 없다. 따라서 처분의 위법성을 심사하기 위해서는 처분이 裁量權 行使의 逸脫·濫用에 해당하는지, 즉 ① 처분의 전제가 되는 사실의 오인이 있는지, ② 목적위반 내지는 동기위반이 있는지, ③ 平等原則에 위반되는지, ④ 比例原則에 위반되는지 또 ⑤ 공정한 절차에 의하여 면허가 거부되었는지 등의 명백한 판단의 오류(erreur manifeste d'appréciation)가 있는지의 여부를 살펴야 한다(contrôle minimum). 그런데 大法院은 1997. 1. 21. 선고 95누12941 개인택시운송사업면허제외처분취소 판결에서 "설정된 기준이 客觀的으로 타당하지 않다고 보여지지 않는 한 이에 기하여 운전경력을 산정한 것을 違法하다고 할 수 없다"고 하고 있기 때문에 사안에서의 면허제외처분은 準則을 기계적으로 적용한 데 지나지 않는 것으로 處分의 위법성여부는 개인택

---

99) 박윤흔, 전게서, 259면.

100) 독일에서는 재량권행사의 기준이라는 점에 주목하여 특별히 재량(Ermessen)이라는 말을 넣어 재량준칙(Ermessenrichtlinie)이라고 부르고 있다.

시운송사업면허 지침의 내용의 合理性여부에 달려 있는 것으로 보고 있는 것 같다. 이렇게 되면 合理的 準則에 근거한 처분은 사실상 기속행위로 본다는 논리가 되기 때문에 "…자동차 사업면허는 …行政廳의 裁量에 속하는 것"이라고 본 스스로의 논리에 모순된다. 뿐만 아니라 處分의 적합여부는 準則에 대한 적합여부에 따라 판단할 것이 아니라고 본 大法院판결(대판 1993. 6. 29, 93누5635; 1994. 3. 8. 93누21958; 1990. 10. 12, 90누3546)들과도 모순된다. 行政廳은 재량이 부여된 처분을 할 경우에 準則을 설정하였다고 하더라도(설령 準則의 내용이 합리적이라 하더라도) 準則은 명령이 아니기 때문에 準則을 맹목적으로 적용하여서는 안 되고 개개의 사건을 조사한 후 개개의 사건이 準則이 설정한 기준에 비추어 특수성이 있는지의 여부를 살펴 공익상의 정당성(상대방의 신뢰보호, 평등의 원칙, 비례의 원칙 등)이 인정되면 準則을 적용하지 말아야 한다. 사안에서 원고는 노동조합의 부조합장으로서 조합장의 직무를 대행하였다면 노동조합장에 한하여 운전경력을 인정하고 있는 위 면허지침에 불구하고 운전경력을 인정하는 것이 공익상 정당화되지 않겠는가라는 의문이 든다.

#### (4) 準則의 行政規則과의 相異性

우리나라의 다수학설은 準則을 行政規則의 하나로 취급하고 있다. 그러나 行政組織의 내부에서는 강제적 법적 효력을 가지는 法規範, 즉 행정명령인 行政規則과는 달리, 準則은 유도하는 것일 뿐으로 명령과 권고의 중간적 성질을 가질 뿐이다. 또 行政規則이 法律補充的 또는 法律代位的 機能을 지니게 될 때는 실질적으로는 法規命令으로 취급되는 것이 일반적이다(헌재 1992. 6. 26, 91헌마25; 헌재 1990. 9. 3. 90헌마13; 대판 1994. 3. 8, 92누1728; 대판 1990. 7. 27, 90누3768 등 참조. 단 憲法上의 근거에 대하여는 별론으로 하고 다음 기회에 검토하기로 한다). 따라서 行政規則의 법규성이 인정되는 경우에는 직접적으로 대외적 효력을 발휘한다. 그러나 準則은 행정객체에 대하여 직접적인 효력을 발휘하지 않는다. 무엇보다도 준칙은 강행규범이 아니다. 따라서 항상 적용이 배제될 수 있다. 또한 準則은 법규성이 인정되지 않는 단순한 內部的 效力만을 갖는 (해석적)행정규칙과도 다음과 같은 점에서 다르다. ① 行政廳은 행정객체에 대하여 準則을 이유로 대항할 수 있다. ② 행정객체도 準則을 이유로 行政廳에 대하여 대항할 수 있다. ③ 구체적 사건성을 전제로 하여 準則의 合法性에 대하여 심사할 수 있다(꽁세이데따 1970 Crédit foncier de France판결 및 1973 Société Géa판결 참조).

### (5) 準則의 判別 基準

準則은 재량권 행사의 기준이라고 하는 행정의 활동 내용을 가리키는 것이기 때문에 行政廳이 정한 기준이 準則인지의 여부는 명칭에 구애되지 않는다. 따라서 그 명칭이 시행규칙으로 되어 있건, 고시나 사무처리규정으로 되어 있건, 그 내용이 재량권행사의 기준을 설정하고 있으면 그의 일부 또는 전부가 準則이며, 명칭이 요강, 지침, 준칙 등의 準則에 해당하는 용어들로 이름이 붙여졌다 하더라도 명칭에 맞게 準則인 경우도 있지만 강행적 法規命令에 해당하는 것도 있고, 강행적 行政規則에 해당하는 것도 있다. 즉 法規命令이나 行政規則의 형식으로 정해진 처분권 행사의 기준이라 하더라도 裁量權이 부여되어 있으면 準則이고, 특정한 형식 없이 막연히 준칙, 요강, 지침 등의 이름으로 정해진 기준이라 하더라도 처분권 행사에 대한 재량권이 부여되어 있지 않으면 準則이 아니다.

### (6) 準則에 대한 合法性 審査

準則은 행정객체의 법적 지위를 직접적으로 수정하지 않으므로 어떠한 경우든 처분성을 인정받을 수 없다. 그러나 準則을 적용한 구체적 처분이 있고 이 처분을 상대로 하여 항고소송이 제기되면 문제가 달라진다. 이 경우 구체적 처분이 裁量行爲라 하더라도 재량행위에 대하여도 최소한의 통제(contrôle minimum)는 행하여야 하기 때문에, 구체적 처분이 準則을 적용한 것이라면 準則이 법률이나 법규명령의 목적이나 동기에 위반함은 없는지, 平等原則이나 比例原則에 위반함은 없는지, 공정한 절차적 권리는 보장하고 있는지의 여부를 살펴보아야 한다. 그 결과 명백한 위반이나 중대한 절차상의 흠이 있으면 이는 위법한 準則으로서, 위법한 準則을 적용한 처분도 裁量權을 남용하거나 중대한 절차를 흠결한 위법한 처분이 된다. 대법원 1997. 1. 21. 선고 95누12941 판결에서 자동차운수사업의 질서를 확립하기 위하여 개인택시운송사업면허의 기준으로 일정한 운전경력을 요건으로 하고 있는 법 취지에 비추어 노동조합 업무만을 전담한 노조 전임간부 중 노동조합장에 한하여 재임기간 동안 운전경력으로 인정하고 기타 노조간부는 제외하고 있는 위 지침은 平等 原則에 반한다고 볼 수 있으며 나아가 노동조합장에 대하여 운전실무에 정상적으로 종사하지 않은 기간을 운전경력으로 인정하고 있는 것은 法의 동기나 목적에 위반한 것이 아닌가란 의구심이 든다. 일단 準則의 합리성에 관한 판단을 한 재판부의 태도는 합리적이다.

### (7) 準則의 裁判規範性

準則이 裁判規範이 되기 위해서는 對外的 效力을 가져야 한다. 그런데 準則은 行政客體의 지위를 직접적으로 수정하지는 않으므로 직접적인 대외적 효력은 없다. 그러나 準則을 적용한 구체적 처분은 대외적 효력을 가지므로 이 경우에는 구체적 처분을 매개로 하여 대외적으로 간접적 효력을 가진다. 따라서 準則을 적용한 처분의 위법성 여부를 판단함에 있어서 준칙은 裁判의 근거규범이 된다고 보아야 한다. 1997. 1. 21. 선고 95누12941 판결에서 大法院이 합리적인 내용의 準則을 적용한 면허제외처분을 적법하다고 하면서 개인택시운송사업면허지침을 행정청 내부의 사무처리준칙에 불과하다고 보아 대외적 효력을 부인하고 있는 듯 판시한 것은 논리적 타당성을 결여하고 있다.

### (8) 準則의 公表與否

準則은 경우에 따라 간접적 효력을 가지므로 이를 公表하는 것이 行政의 투명성의 견지에서나 국민의 신뢰보호 차원에서 바람직하다. 사안에서 大法院은 "대외적으로 국민을 기속하는 법규 명령의 경우와는 달리 외부에 告知되어야만 효력이 발생하는 것이 아니"라고 하고 있으나 공표되지 아니한 裁判의 근거규범은 법치주의에 대한 중대한 위협이기도 하다. 프랑스에서는 1978년 7월 17일 제정된 法律에 의하여 準則을 공표하고 있다.

### (9) 결 론

準則은 下級行政廳에 대하여 그 재량권의 행사에 대하여 타당성이 있는 Guideline(Richtlinie)을 제시하여 특별한 사유가 없는 한 이를 준수하도록 誘導하는 것이라고 볼 것이다.[101] 裁量準則을 발할 때 어떤 법형식을 취하는가 하는 것은 행정청의 政策的인 판단에 달려 있으므로, 이러한 형식에 큰 意味를 부여하는 것은 혼란을 가져오게 된다. 즉, 법률에서 재량준칙은 형식적 의미의 법규명령이나 행정규칙과는 관점이 다른 실질적 개념으로, 강행규범이 아닌 강행적 임의규범이다. 따라서 형식에 구애되지 말고 유도보다는 강하고 명령보다는 약한 재량권행사의 기준이면 모두가 재량준칙이다. 말하자면 강행적 임의규

101) 이광윤, 전게논문.

범으로서의 형식적 법규명령과 강행적 임의규범으로서의 형식적 행정규칙이 재량준칙이다.

그동안의 이론상의 혼란은 형식적 법규명령과 행정규칙을 모두를 강행규범으로 오인한 데서 비롯되었다. 裁量準則은 대외적으로 직접적 구속력이 없다는 점에서 실질적 의미의 강행적 법규명령과 구별되며, 대내적으로 구속력이 없다는 점에서 실질적 의미의 강행적 행정규칙과도 구별된다. 재량준칙은 行政廳에 대하여 誘導하는 기능을 지니므로 행정청은 여전히 재량권을 보유하며, 정당한 이유가 있으면 행정청은 준칙을 적용하지 않을 수도 있다.102) 또한 재량준칙은 행정청이 행정객체에 대하여 준칙을 이유로 대항할 수 있고, 행정객체도 준칙을 이유로 행정청에 대하여 대항할 수 있으며 그리고 구체적 사건성을 전제로 하여 준칙의 합법성에 대하여 심사할 수 있다는 점 등을 고려할 때, 단순한 내부적 효력만을 갖는 행정규칙과도 구별된다.103)

재량준칙은 재량권 행사의 기준이라고 하는 행정의 활동내용을 정하는 것이므로, 법규명령이나 행정규칙의 형식적 범주로부터 해방시켜서 실질적으로 파악하여야 한다. 재량준칙은 그 유도적 효력으로 인하여 국민에게도 실제적인 영향을 미치므로 행정처분의 기준이 되는 裁量準則은 일반에게 공표되어야 할 것이다.104)

---

102) 김동희, "프랑스 행정법상의 재량준칙에 관한 고찰", 「법학」, 1986, 27권 213호, 66면.

103) 이광윤, 전게논문.

104) 행정절차법 제20조 제1항: 행정청은 필요한 처분기준을 당해 처분의 성질에 비추어 될 수 있는 한 구체적으로 정하여 공표하여야 한다. 처분기준을 변경하는 경우에도 또한 같다. 미국행정절차법은 국민을 안내하기 위하여 법규명령뿐만 아니라 절차규칙 · 일반정책성명 · 해석규칙 등도 관보에 게재하도록 하고 있으며, 만일 이들 사항들이 공개되지 아니한 경우에는 관계 국민은 불리한 영향을 받지 아니한다고 규정하고 있으며, 프랑스에서도 1978년 7월 17일에 제정된 법률 제78-753호 제9조에서 준칙, 훈령, 통첩 및 해석 · 절차문서를 정기적으로 발행 · 공표하도록 규정하고 있다.

# 제 2 장 행정행위



## Ⅰ 명령적 행위와 형성적 행위의 구별의 문제점[1)]

행정행위를 내용의 관점에서 명령적 행위와 형성적 행위로 나누는 것은 일본에서는 경찰국가였던 명치헌법시대에 세워진 것으로(美濃部達吉) 사람의 자연적 자유에 대한 규율을 명령적 행위로 보고, 공기업의 특허라고 하여 국가가 자연적 독점권을 가지고 있던 가스, 전기, 철도 등의 공공서비스의 특허를 국민에게 새로운 권리·능력을 부여하는 형성적 행위로 보았었다. 독일에서도 제2차 세계대전 전인 1928년에 간행된 F. Fleiner의 '독일행정법' 제8판에서는 철도의 특허를 권리를 부여하는 행위로, 경찰허가를 개인에 대한 허가행위로 설명하고 있으며 '산업경찰허가'라는 표현도 나타나고 있다. 그러나 제2차 세계대전 후인 1966년에 간행된 Ernst Forsthoff의 '독일행정법' 제9판에서는 허가를 형성적 행위로 분류하고 있음을 볼 때 현대 민주국가에서 경찰작용으로 볼 수 없는 분

---

1) 이광윤, "법률상의 이익과 공권과의 관계", 성균관법학 제1호, 성균관대학교 비교법연구소, 1999.

야에 있어서의 허가를 경찰허가로 보는 것은 시대착오적인 비민주적 법률관이라고 아니할 수 없다. 영업허가나 한의사의 면허도 국민의 법적 영역을 확장시키는 행위로, 형성적 행위이다. 오늘날 독일에서는 허가가 형성적 행위로 정착되어 있고(예: Maurer) 일본에서도 형성행위로 보는 것이 타당하다는 주장이 있음을 참고할 필요가 있다.

# Ⅱ 행정행위의 공정력과 선결문제[2)]

## 1. 문제의 제기

行政行爲의 槪念에 대하여 국내에서는 "행정청이 법 아래에서 행하는 구체적 사실에 관한 법집행행위로서의 권력적 단독행위인 공법행위[3)]"로 정의함이 일반적이다. 私人간에 있어서는 어느 일방이 어떠한 권리를 가진다고 할 때 그 권리에 대하여 이의를 제기하는 다른 일방에 대하여 前者가 자신의 권리를 확인시키기 위해서는 법원의 판결을 구하여야 한다. 그러나 행정행위에 있어서는 일방인 행정청 자신이 행정객체의 동의 없이도 행정객체에게 의무를 부과할 수 있고, 행정행위에 의하여 발생한 법적 효과에 대하여 이의를 제기하려면 행위자가 아닌 행정객체가 법원의 판결을 구하여야 한다. 행정청의 이러한 일방적인 법적 질서에 대한 변경권을 가리켜 예선적 특권(privilège du préalable)이라고 한다.[4)]

한편 공정력에 관한 설명을 보면 김철용 교수는 "행정행위가 法定要件을 갖추지 못하여 위법하다 하더라도, 무효가 아닌 한 권한 있는 기관에 의하여 취소될 때까지는 누구든지(상대방, 처분청 기타 행정기관, 법원 등) 그 행정행위의 구속력을 부정하지 못하는 효력[5)]"으로 설명하고 있고, 김동희 교수는 "공정력이라 함은 행정행위의 성립에 하자가 있는 경우에도 그것이 중대·명백하여 무효

2) 이광윤, "행정행위의 공정력과 선결문제", 고시연구, 2000년 10월호.

3) 김남진, 행정법 I, 법문사, 206면; 김철용, 행정법 I, 박영사, 1999, 184-185면; 김동희, 행정법 I, 박영사, 1999, 217면.

4) A. de Laubadère, Traité de Droit administratif T1, L.G.D.J., 1996, pp. 712-713.

5) 김철용, 전게서, 250-251면.

로 인정되는 경우를 제외하고는, 권한 있는 기관에 의하여 취소되기까지 유효한 것으로 통용되는 힘[6]"이라고 하면서 "권한 있는 기관이 취소하기 전까지는 그 상대방은 물론이고 다른 국가기관(다른 행정청, 법원)이나 제3자를 구속하는 힘을 가진다[7]"고 설명한다. 김도창 교수는 공정력이라는 단어 대신에 예선적 효력이라는 단어를 사용하고 있다.[8] 이에 대하여 김남진 교수는 "공정력이란 행정행위가 무효가 아닌 한, 상대방 또는 이해관계인은 행정행위가 권한 있는 기관에 의해 취소되기까지는 그의 효력을 부인할 수 없는 것[9]"이라고 하여 공정력의 효력을 "행정행위의 상대방 또는 이해관계인에 대한 구속력", 즉 그 대상을 행정객체에 국한시키면서 "행정행위의 취소권을 가지고 있는 기관(처분청·감독청·재결청 및 취소소송의 수소법원 등)이외의 다른 국가적 기관에 대한 구속력인 구성요건적 효력과 구별되어야 할 것이다[10]"고 하면서 "행정행위의 구성요건적 효력과 관련하여 문제가 되는 것은 민사 및 형사사건에 있어서의 선결문제[11]"라고 한다. 그러나 공정력과 구성요건적 효력을 구분하지 않는 입장에서도 공정력을 선결문제와 관련시켜 논의하고 있다.[12]

그런데 문제는 공정력과 구성요건적 효력을 구분하든지 하지 않든지 간에 도대체 행정의 주체와 객체 사이에 발생하는 법적 질서의 변동 또는 영향을 미치는 행정행위의 효력이 행정의 주체도 아니요 객체도 아닌 제3자로서의 독립된 판단·선언기관인 법원에 대하여 어떠한 구속력을 발할 수 있는가이다. 법원의 재판행위는 행정행위에 의하여 창설되는 법적 질서 위에 군림하는 것이 아닌가. 그런데도 법원이 행정행위의 효력을 이유로 하여 판단을 할 수도 있고 못할 수도 있고 또는 안 할 수도 있는 것인가 하는 의문이 들어 선결문제를 중심으로 하여 행정행위의 성질과 효력을 재검토 해보고자 한다.

## 2. 선결문제와 행정행위의 성격

先決問題란 "어떤 소송사건에 있어서 本案판결을 하기에 앞서서 먼저 결정

6) 김동희, 전게서, 282면.
7) 김동희, 상게서, 220면.
8) 김도창, 일반행정법론(상), 청운사, 1993, 440-441면.
9) 김남진, 전게서, 301면.
10) 김남진, 상게서, 301면.
11) 김남진, 상게서, 306면.
12) 김동희, 상게서, 286-288면; 김철용, 전게서, 253-254면; 김도창, 전게서, 441-443면 등.

될 필요가 있는 것으로서 본안판결 사항과는 법적 성질을 달리하는 문제를 의미한다[13]"고 한다. 행정법에 있어서 선결문제가 문제되는 것은 형사소송이나 민사소송에 있어서 먼저 결정될 필요가 있는 위의 문제가 행정법원의 관할 또는 행정사건에 해당하는 문제일 때 형사법원이나 민사법원이 이 문제에 관하여 먼저 판결을 할 것(préalable)인지 아니면 행정법원에 이 문제를 먼저 移送할 것(préjudicielle)인지의 문제가 발생한다. 따라서 엄격히 말하면 이때 발생하는 문제는 스스로 '먼저 판결' 즉 先決할 것인지 아니면 先移送할 것인지의 문제이다. 그러므로 이 문제는 先決(préalable)과 先移送(préjudicielle)의 兩者를 포함하는 문제로 本案에 대한 부수적 문제(questions accessoires)이다.

한편 행정행위에 公定力이 있다고 하는 것은 공정력이 지속되는 동안에는 적법성이 추정된다는 것을 의미한다. 공정력에 대하여 적법성 또는 유효성이 추정된다는 표현에 대하여 "공정력의 본체는 다만 행정행위의 상대방 등이 취소쟁송의 방법을 통해서 흠이 있다고 여기는 행정행위의 효력을 부인하게 만들어 놓은 행정쟁송 등 제도의 반사적 효과에 지나지 않는다"[14]고 강하게 반발하는 입장도 있으나 행정징의 일방적 결정임에도 불구하고 법적 질서를 수정하며 취소되기 전까지는 유효한 상태로 존속한다는 것은 유효한 상태로 존속되는 동안에는 적법성이 추정받는다고 할 수밖에 없다. 공정력을 절차적으로 해석하든 취소쟁송제도의 반사적 효과로 해석하든 이러한 해석방법들은 행정의 특권을 되도록이면 부정해보려는 의도에서 비롯된 것으로 보이나 법적 질서에 대한 일방적 수정권은 분명히 私人간에는 볼 수 없는 특권임이 분명하며 취소되기 전까지는 유효하기 때문에 적법성이 추정된다고 하여도 아무런 논리상의 결함을 발견할 수 없다.

그러나 행정행위의 공정력은 決定力(autorité de chose décidée)에 불과할 뿐 결코 판결에 따른 旣判力(autorité de chose jugée)을 발생시키지 않는다. 행정행위는 ① 취소・철회할 수 있으며, ② 불가쟁력이 발생하는 기한의 도래도 절차적 사항이지 본안사항이 아니며, ③ 강제집행도 제한적 조건에 따른다는 점에서 판결과는 다르다. 즉 행정행위는 재판행위가 아니므로 旣判力이 없다. 그러나 私法上의 법률행위보다는 우월한 권위를 가지는 결정력으로서의 공정력은 가지고 있는 것이다. Otto Mayer는 행정행위를 행정청 스스로가 정하는 판결

13) 신보성, "행정행위의 위법성과 선결문제", 고시연구 1987. 10, 67면.

14) 김남진, 전게서, 300-301면.

과 같은 것으로 보았으나[15] 이는 행정행위를 꽁세이데따에 제소하는 행정소송의 대상인 행위로 보았던 프랑스와는 달리 당시 프러시아가 행정소송에 대하여 열기주의를 채택하였기 때문에 행정행위의 법적 안정성을 확보할 필요성에 따른 것으로 짐작된다. 이는 당시 독립된 행정법원이 존재하지 아니하였던 오스트로 항가리 제국의 Berntzik, Tezner, Merkl 등의 학자들이 기판력(Rechtskraft)이론에 몹시 집착하였던 사실로 미루어 봐도 쉽게 짐작할 수 있는 일이다. 오늘날 행정행위의 공정력을 직접적으로 판결의 기판력과 같은 것으로 해석하는 입장은 없다. 그러나 취소되기 전까지의 유효성 내지는 적법성은 인정하고 있다. 판례도 "행정처분이 아무리 위법하다고 하더라도 그 하자가 중대하고 명백하여 당연무효라고 보아야 할 사유가 있는 경우를 제외하고는 아무도 그 하자를 이유로 무단히 그 효과를 부정하지 못하는 것으로, 이러한 행정행위의 공정력은 판결의 기판력과 같은 효력은 아니지만 그 공정력의 객관적 범위에 속하는 행정행위의 하자가 취소사유에 불과한 때에는 그 처분이 취소되지 않는 한 처분의 효력을 부정하여 그로 인한 이득을 법률상 원인 없는 이득이라고 말할 수 없는 것이다"[16]라고 판시하여 행정행위의 공정력은 판결의 기판력과는 다르나 무효를 제외한 하자에도 불구하고 취소되기까지는 적법성을 추정받는다는 것을 긍정하고 있다.

### 3. 공정력의 효력 범위

행정행위는 법원의 사전적 개입 없이도, 적극적 또는 소극적인 행정의 객체에 대하여 행정객체의 동의 없이 권리·의무를 부과하는 행정청에 의한 일방적인 법적 질서에 대한 수정·영향을 미치는 행위이므로 적극적 또는 소극적인 행정의 객체, 즉 행정행위의 상대방과 이해관계인에게 대하여 취소되기 전까지는 임시적으로 유효성 내지는 적법성을 추정받는 행정의 특권으로서의 구속력을 발생시킨다. 이러한 행정의 특권으로서의 행정객체에 대한 구속력이 공정력이다. 처분청에 대한 구속력은 일종의 자기구속이므로 원칙적으로 판결에 의하지 아니하고도 스스로 취소 또는 철회할 수 있다.

이에 반하여 행정의 객체는 쟁송수단에 의하지 않고는 임시적 유효성을 제

15) Otto Mayer, Le Droit administratif allemand T1 1903, p. 125.
16) 대판 1994. 11. 11, 94다28000.

거할 수 없다. 처분청 이외의 다른 행정기관은 동일한 행정주체 내부 또는 행정권 내부의 구성분자로서 행정의 일관성을 유지하기 위한 협력관계로서의 정책적 구속력을 받는다. 그러나 이것은 행정의 특권과는 무관하다. 구성요건적 효력이라는 개념을 도입할 때 다른 행정기관에 대한 이러한 구속력에 한정시켜 사용하는 것은 무방하다고 본다. 그러나 행정행위는 판결이 아니기 때문에 기판력이 발생되지 않으며 따라서 법원을 구속할 수 없다.

민사법원이나 형사법원에서 행정행위의 유효성에 대하여 심사를 할 수 있느냐 하는 문제는 행정행위의 구속력과 관련된 문제가 아니라 법원간의 관할의 문제일 뿐이다. 이 점에서 선결문제를 행정행위의 공정력과 관련시켜 논의해온 입장이나 행정행위의 구속력의 하나로서 구성요건적 효력과 관련시켜 설명해온 입장 모두가 행정행위의 구속력의 문제와 심사 법원의 관할의 문제를 혼동한 오류가 있다.

### 4. 부수적 문제(questions accessoires)의 해결

–先決問題(questions préalables)와 先移送問題(questions préjudicielles)–

민사법원이나 형사법원에서 본안에 대한 부수적 문제로서 행정행위의 유효성에 대한 심사문제가 제기될 때 본안심사를 담당한 민사법원이나 형사법원에서 본안판단에 앞서 스스로 행정행위의 유효성에 대하여 심사하면 선결문제를 해결하는 것이며, 본안 심리에 앞서 행정법원에 이송하여 행정법원의 판단을 먼저 구하게 되면 이것은 先移送問題이다.

#### (1) 행정소송의 경우

행정소송으로서의 當事者訴訟, 예컨대 공법상의 신분 또는 지위의 확인에 관한 소송이나 공법상의 금전청구소송의 경우에 본안에 앞서 판단하여야 할 부수적 문제가 행정행위의 유효성에 관한 문제일 때, 이때는 先移送問題는 결코 발생하지 않으며 항상 선결문제로 될 뿐이다.

#### (2) 민사소송의 경우

1) 국가배상청구소송의 경우 :  종래의 선결문제 부정설에서는 행정행위가 당연무효가 아닌 한 민사소송에 있어서 수소법원은 그 위법여부를 심리 · 판

단할 수 없다[17]고 한다. 그 이유는 행정행위는 공정력이 있기 때문에 권한있는 기관에 의하여 취소될 때까지는 일응 적법 · 유효한 것으로 통용된다는 점을 주요 논거로 들고 있다. 그러나 위에서 검토한 바와 같이 행정행위의 공정력은 행정행위를 판결과 같은 것으로 보지 않는 한 법원에는 미치지 않는다. 따라서 민사법원이 선이송문제로 행정법원에 이송할 수도 있고 선결문제로서 스스로 심사할 수도 있으나, 선이송문제로 보기에는 행정행위의 유효성에 대한 심사와 국가배상청구소송의 관련성이 모두 우월적인 국가의 행위를 대상으로 한다는 점, 공익을 실현하는 작용 중에 발생하였다는 점에서 매우 밀접하여 부적절하다. 따라서 선결문제로 볼 수밖에 없으나 문제는 국가배상청구소송을 민사소송으로 처리하고 있는 현재까지의 관행을 더 이상 좌시할 수 있는가 하는 점이다. 기본적으로 재판관들의 "행정제도(Régime administratif)"에 대한 이해도에 달려있는 문제이기는 하나 최소한 행정법원의 관할사항과 민사법원의 관할사항을 분명히 결정해 줄 프랑스의 관할쟁의재판소와 같은 제도적 장치가 필요하다.

2) **부당이득반환청구사건의 경우** : 부당이득반환청구사건의 경우에는 행정행위의 무효여부가 전제로 된다. 이에 대하여 기존의 학설들은 행정행위의 공정력[18] 또는 구성요건적 효력[19]이 행정행위가 당연무효가 아닌 한 취소소송의 수소법원이 아닌 법원을 구속한다고 보고 민사법원은 이에 대하여 판정할 수 없다고 보고 있다. 판례도 "국세 등의 부과 및 징수처분 등과 같은 행정처분이 당연무효임을 전제로 하여 민사소송을 제기한 때에는 그 행정처분의 당연무효인지의 여부가 선결문제이므로, 법원은 이를 심사하여 그 행정처분의 하자가 중대하고 명백하여 당연무효라고 인정될 경우에는 이를 전제로 하여 판단할 수 있으나 그 하자가 단순한 취소사유로 그칠 때에는 법원은 그 효력을 부인할 수 없다 할 것이다[20]"고 하고 있다. 그러나 취소소송에 대한 배타적 관할권은 행정법원에 있고 무효등확인소송도 이를 준용하므로 민사법원은 행정행위의 당연무효 여부에 관하여는 선결문제로 심사할 수 없고 선이송문제로 행정법원에 이송하여 행정법원의 판단을 먼저 구하여야 한다. 행정행위의 무효여부를 행정법원에 이송하지도 않은 채 행정행위의 공정력이나 구성요건적 효력을 이유로 하여 하자 있는 행정행위의 효력을 인정하여서는 안 된다.

---

17) 이상규, 신행정법론(상) 1997, 법문사, 408면.
18) 김동희, 전게서, 287면.
19) 김남진, 전게서, 308면.
20) 대판 1973. 7. 10, 70다1439.

### (3) 형사소송의 경우

형사사건의 경우에 있어서도 공정력을 법원까지도 구속하는 효력, 정확히 말하면 행정행위를 일종의 판결과 같은 것으로 보게 되면 선결문제로 될 수 없고 전부 선이송하여야 된다. 그러나 행정행위의 공정력은 결정력(autorité de chose décidée)에 불과하므로 형사소송에 있어서도 선결할 것인지 아니면 선이송할 것인지의 문제가 발생한다. 한편 "형사법원은 구체적 사실과 관련되는 행정법상의 제이론과의 의미관련을 구체적·개별적으로 음미·검토한 뒤 범죄성립의 전제가 되는 행정처분의 법적 효력을 독자적 입장에서 평가할 수 있는 것으로 이해하여야 할 것이다[21)]"라는 입장이 있다. 즉, 위법한 행정행위에 의거하여 범법행위를 행한 경우에 범죄가 성립하는가의 문제는 개개 처벌규정의 구성요건해석의 문제로 이해하고 있는데 이러한 입장에서는 모두 선결문제로 심사하여야 한다. 프랑스의 1992년 7월 22일 법률 제92-683호에 의한 새 형법전 제111-5조는 이러한 입장을 취하여 형사법원은 행정행위의 유효성 심사에 있어 전부 선결할 것을 규정하고 있다. 이 문제에 대한 우리 판례의 입장은 아직 정리되지 않고 있다. 다만 대법원 1989. 3. 28. 선고 89도149 판결을 보면 "물품을 수입하고자 하는 자가 일단 세관장에게 수입신고를 하여 그 면허를 받고 물품을 통관한 경우에는, 세관장의 수입면허가 중대하고도 명백한 하자가 있는 행정행위이어서 당연무효가 아닌 한 관세법 제181조 소정의 무면허수입죄가 성립될 수 없다"고 하고 있는데 이와 같이 행정행위의 효력이 형사법원까지도 구속하는 것으로 판단하는 데에는 문제가 있다.

## 5. 결 론

행정행위는 판결이 아니다. 따라서 행정행위는 기판력(Rechtskraft; autorité de chose jugée)을 발생시킬 수 없고 임시적 유효성 내지는 적법성이 추정되는 결정력(autorité de chose décidée)만 가질 뿐이며, 이 결정력은 판결을 담당하는 법원에는 미치지 않는다. 그러므로 부수적 문제의 심사는 행정법원과 민사법원 또는 형사법원 사이의 관할의 문제일 뿐이다. 민사법원이나 형사법원에서 행정행위의 유효성 심사에 관하여 선결(préalable)할 것인지 선이송(préjudicielle)할 것인지 하는 문제는 민사소송과 형사소송의 성격과 그 나라의 "행정제도"(Régime

21) 서원우, "행정처분의 공정력과 형사재판의 관계", 월간고시, 1979. 10, 129면.

administratif)상의 특징에 달려 있는 문제로서 보다 구체적으로는 입법정책에 달려 있는 문제이다.

## Ⅲ 행정행위의 흠의 치유와 취소의 한계[22]

### 1. 문제의 제기

성립된 행정행위는 흠이 있더라도 그것이 중대 명백한 경우가 아닌 한 권한 있는 기관이 그것을 취소할 때까지는 유효한 행정행위로서 통용된다. 그러나 흠있는 행정행위가 적법한 효력을 발생할 수 있기 위하여는 행정행위의 흠이 치유되거나 흠 그 자체에도 불구하고 적법한 행정행위로 간주하게 되는 '正規化'(régularisation)가 필요하다. 이렇게 그 흠이 치유되거나 '正規化'된 행정행위는 취소의 대상에서 제외되게 된다. 그러나 단순한 오기라든가 명백한 오류는 흠으로 간주되지 않기 때문에[23] 치유되거나 '正規化'될 필요 없이 행정청의 직권으로 이를 訂正할 수 있으며 상대방도 특별한 形式-절차에 의함이 없이 그의 訂正을 요구할 수 있다. 한편 흠 있는 행정행위의 흠 없는 다른 행정행위로의 전환은 이미 취소할 행정행위의 실체가 없어졌기 때문에 본고의 고찰 대상에서 제외하기로 한다. 아래에서는 행정행위의 흠의 정도에 따른 取消 可能性의 문제를 검토해 나가기로 한다.

### 2. 取消의 原因이 되지 않는 흠

-附隨的(accessoire) 또는 非本質的(non substantiel) 形式의 흠-

行政行爲에 있어 그 형식을 결여하더라도 행위의 확실성에 본질적인 영향이 없고 단지 행위의 내용을 일층 명백히 하는 것에 불과한 형식은 경우에 따라 행위의 효력에 영향이 없을 수 있다.[24] 이러한 행위의 효력에 영향을 미치지

---

22) 이광윤, "행정행위의 흠의 치유와 취소의 한계", 고시계 1995년 5월호.

23) 김도창, 일반행정법론(상), 청운사, 1993, 450면.

24) 김도창, 전게서, 480면.

않는 형식을 가리켜 附隨的(accessoire) 형식 또는 非本質的(non substantiel) 형식이라고 부른다.

본질적(Substailiiel)형식과 부수적 형식의 구별은 프랑스의 꽁세이데따의 판례들[25]을 통하여 나타났는데 부수적 형식의 흠은 법률이 명문으로 필요하다고 규정하고 있는 경우를 빼고는 효력에 영향이 없고 국민의 권리를 조금도 침해하지 않는다.[26] 따라서 취소의 대상이 되는 형식상의 흠은 본질적 형식의 흠만이 이에 해당한다. 본질적 형식이란 첫째, 국민의 권리를 보장한다는 것을 목적으로 하는 모든 형식과 둘째, 행정행위의 방향을 바꿀 수 있는 모든 형식을 가리킨다.[27] 따라서 본질적 형식이란 국민의 권리를 보장한다는 것을 목적으로 하지 않는 형식이거나 행정행위의 방향을 수정할 수 없는 형식을 가리킨다. 이러한 부수적 형식의 흠은 그 흠에도 불구하고 취소의 대상이 되지 않는다. 그러나 행정책임의 대상은 된다.[28] 한편 Laferriére는 형식의 흠과 절차의 흠을 혼동하였으나[29] 형식의 흠과 절차의 흠은 엄격히 구분된다.[30] 형식의 흠이 행위의 외형에 관한 문제(instrumentum)인 데 반하여 절차의 흠은 행정행위의 성립절차 자체를 좌우하는 것으로 내용에 관한 문제(negotium)이다. 따라서 절차적 요건은 형식의 요건과는 달리 보통 본질적 요건으로 간주된다.[31] 절차의 흠은 보통 취소의 대상이 된다.[32] 예를 들면 징계대상인 공무원에 대한 관련서류의 통지를 받을 권리는 권리를 보장할 목적의 절차로서 본질적 요건이 되며 토지수용에 있어서의 협의 절차는 협의에 의하여 토지수용권을 행사하지 아니할 수 있는, 즉 행정행위의 방향을 바꿀 수도 있는 요건으로 간주된다.

---

**25)** C.E. 3 juillet 1896 Syndicat de l'association de Vidanges d'Ailes 판결, C.E. 28 juillet 1905 Boitel de Dieuval 판결.

**26)** J.M. Auby et R. Drago, Traité de contentiex administratif T2, LGDJ, 1984, p. 301.

**27)** G. Vedel/P. Delvolvé, Droit administratif T.2, Puf, 1992, p. 311.

**28)** L. C. Prieto, E. R. Alcubilla, Temas de Derecho constitutionaly Derecho administ-rativo, Marcial Pons, 1988, p. 842.

**29)** Laferriére, Traité de la juridiction administrative et des recours contentieux T.2, 1888.

**30)** René Chapus, Droit administratif général T1, Montch, 1990, p. 709.

**31)** J. M. Auby et R. Drago op. cit., p. 301.

**32)** Ibid., p. 300; 절차에 관해서도 본질적인 절차와 부수적인 절차로 구분하는 견해로는 김동희, "형식상 절차의 하자와 행정행위의 효력", 고시계 1987년 2월, 75면 참조.

## 3. 취소의 원인인 흠

### (1) 흠이 치유되는 경우

흠의 치유의 개념에 관하여 치유의 개념을 넓게 보아 행정행위가 성립당시에 흠 즉 요건불비가 있기는 하지만, 사후에 그 요건이 보완되었다든가 또는 그 흠이 취소될 가치가 없어졌을 경우에 그 흠에도 불구하고 행위의 효력을 다툴 수 없게 유지하는 것을 말한다는 입장[33)]과 치유의 개념을 좁게 잡아 "흠 있는 행정행위가 그 흠의 사후추완(Nachholung)을 통하여 흠 없는 행정행위로 되는 것을 의미한다"는 입장[34)]이 대표적으로 대립되고 있다. 흠의 치유를 좁게 잡는 입장에서는 넓게 잡는 입장에서 치유사유로 들고 있는 ① 요건의 사후보완(예컨대, 필요한 신청서의 사후제출 또는 보완, 무권대리행위의 추완, 불특정 목적물의 사후특정, 타기관 또는 상대편의 필요적 협력이 결여된 경우의 추인, 허가요건·등록요건의 사후충족, 요식행위의 형식보완), ② 장기간 방치(흠 있는 행정행위의 내용실현), ③ 사실상 공무원·표현대리, ④ 취소할 수 없는 공공복리상의 필요(흠 있는 토지수용으로 인한 댐건설)가 생겼을 때 등에 대하여 흠 있는 행정행위는 장기간 방치한 경우는 失權의 法理에 의하여 '취소권이 제한되는 경우'로 또한 취소할 수 없는 공공복리상의 필요의 경우 등은 공익상의 이유로써 흠 있는 행정행위의 '취소권이 제한받는 경우'로서 설명하면 된다.[35)] 생각컨대 흠 있는 행정행위가 요건의 사후추완을 통하여 흠 없는 행정행위로 치유되는 것은 행정행위의 적법성 확보를 위한 위법한 행정행위의 억제원칙(El principio de restriction de la invalidez)[36)]에 따른 것으로 사회보호나 법적인 안정성을 이유로 하는 나머지 경우들과의 법리상의 차이가 있으므로 본고에서는 좁은 의미에 있어서의 치유개념을 택하기로 한다.

프랑스에서는 원칙적으로 행정청이 생략된 형식을 사후추완에 의하여 치유하는 것은 위법한 소극적 정규화(régularisation)에 해당한다.[37)] 그러나 단순한 외형의 생략에 해당하는 흠은 치유될 수 있다(Baudad판결 C.F. 13fév. 1903;

---

33) 김도창, 전게서, 484면.
34) 김남진, 전게서, 320면.
35) 김남진, "행정행위의 흠의 치유", 고시연구 1993년 6월호, 158-159면.
36) Ramon Parada, Derecho administrativo I, Marcial Pons, 1993, p. 204.
37) A. de Laubadère, Traité de Droit administratif T1, LGDJ, 1992, p. 475.

Bignien판결 C.E. 25 mars 1949). 스페인 행정절차법 제53조는 「① 행정청은 흠을 교정하는 취소할 수 있는 행위를 인정할 수 있다」고 하여 흠의 치유를 인정하고 있고 독일연방행정절차법 제45조 제1항이 인정하는 흠의 치유는 ① 행정명령의 발동에 필요한 신청을 추후에 제출한 경우, ② 필요로 하는 사유가 추후에 제시된 경우, ③ 필요로 되는 관계인이 요청한 때 추완한 경우, ④ 행정행위의 발동을 위하여 참여하여야 할 위원회의 결의를 사후에 행한 경우, ⑤ 필요로 하는 다른 관청의 참여가 추완된 경우이다. 우리나라 대법원은 1983. 7. 26. 선고 82누420 판결에서 "과세 처분시 납세 고지서에 과세표준, 세율, 세액의 산출근거 등이 누락된 경우에는 늦어도 과세처분에 대한 불복에부터 결정 및 불복 신청에 편의를 줄 수 있는 상당한 기간 내에 보정행위를 하여야 그 하자가 치유된다"고 하고 있다. 이는 외형적인 형식상의 흠에 대한 사후추완에 의한 하자의 치유 가능성을 긍정한 판례도 볼 수 있겠다. 행정행위의 흠이 치유되면 취소의 대상에서 벗어나게 된다.

#### (2) '正規化'되는 경우

① 불가쟁력이 발생한 경우: 쟁송절차상의 제소기간을 경과하여 그 이상 행정행위의 효력을 다툴 수 없게 되면 행정행위의 흠에도 불구하고 쟁송절차에 의해서는 취소할 수 없게 된다. 따라서 불가쟁력이 발생하면 행정청은 상대방에 대하여 해당 행정행위가 정규화된 것으로 주장할 수 있다.

② 행정청 자신만의 이익을 위한 형식을 생략한 행위는 쟁송취소의 대상이 되지 않는다(C.E. Bovloisi판결 24 oct. 1919).

③ 사실적 상황의 고려: 형식을 고려하기가 심히 어려운 긴급한 경우의 행정행위는 그 흠에도 불구하고 취소되지 않는다(C.E. Samuel 판결 22 nov. 1918).

④ 처분의 상대방이 절차를 방해한 경우(예를 들면 주소를 알려주지 않음으로써 통지를 할 수 없도록 한 경우)에는 그 흠에도 불구하고 취소되지 않는다.

⑤ 상대방의 동의가 있는 경우에도 취소되지 아니하는 경우도 있다(C.E. Gullernin판결 11 fév. 1927).

⑥ 절차를 속행할 기관이 없어진 경우: 예를 들어 청문을 거쳐야 할 위원회가 없어진 경우, 청문절차를 결여한 행위는 취소되지 아니한다.

⑦ 기속행위의 경우: 기속행위의 경우에 있어서는 형식상의 흠이 있건 없건 행

정청이 동일한 처분을 할 기속을 받고 있기 때문에 형식상의 흠을 이유로 취소되지 아니한다(C.E. Cabanac판결 8 jan. 1959).

절차상의 흠이나 권력남용의 흠, 그리고 무권한의 흠에 있어서도 행정행위가 행하여진 대로 행해지도록 의무지어졌던 경우에는 취소되지 않는다. 흠의 치유의 개념을 넓게 잡고 있는 입장에서 들고 있는 사실상 공무원이나 표현대리의 경우가 이에 해당한다고 볼 수 있다.

⑧ 행정청이 복합적인 목적으로 한 번의 행정행위를 한 경우에는 그 잘못된 목적이 행정행위의 중요한 요소를 구성하지 않는 한, 추구한 목적 중의 하나만 적법하여도 그 행정행위는 취소되지 아니 한다(C.E. Bréart de Boisanger판결 13 juillet 1962).

이상의 행위에 있어서의 흠은 요건의 사후추완에 의하여 치유되지 아니한 채 정규화되어 취소의 대상에서 제외된다. 그 밖에도 쟁송취소의 경우 기술상의 이유로 조사할 수 없는 사항에 대하여는 위법한 행정행위라 하더라도 취소할 수 없다.

### (3) 취소권의 제한

오늘날 행정행위의 적법성을 확보하기 위한 취소권은 법적 안정성의 원리에 의하여 제한된다. 즉 취소함으로써 얻은 공익상의 필요와 상대편 또는 제3자의 신뢰보호, 법률생활안정, 기득권존중 등의 요청을 비교형량하여 결정하게 된다. 취소권이 제한되는 경우에 있어서의 취소의 대상이 되는 행정행위의 흠은 치유되거나 정규화되지 않고 위법한 상태로 취소권만 제한된다. 이러한 한계는 조리상의 한계에 해당하나 쟁송취소의 경우에 있어서는 실정법상의 명문규정이 있어야 가능하다.

1) 쟁송취소의 경우 : 事情判決(행정심판법 제33조 1항, 행정소송법 제28조 1항)에 의하여 취소권이 제한된다. 사정판결이라 함은 행정행위가 위법하여 취소하여야 함에도 불구하고 그 행정행위를 취소·변경하는 것이 현저히 공공복리에 적합하지 아니하다고 인정하는 때에 그 흠 있는 행정행위를 취소·변경하지 아니하고 원고의 청구를 기각하는 판결을 말한다. 사정판결에 있어서의 위법한 행정행위의 흠은 취소의 대상이 되는 흠이나 기성사실의 존중의 결과, 취소되지 아니한다. 사정재결의 경우에 있어서도 동일하다.

2) 직권취소의 경우

① 취소함으로써 국민의 기득권을 침해하게 되는 경우에는 취소가 제한된다.

② 불가변력을 발생한 행정행위는 취소대상에서 제외된다.

③ 행정청에게 취소권이 인정되어 있는 경우에도 상당한 기간 내에 취소권을 행사하지 않으면 실권의 법리에 의하여 취소권이 제한된다는 견해가 있다.

④ 포괄적 구분설정행위(귀화허가, 공무원임명 등)는 취소권이 제한된다.[38]

⑤ 인가나 발명행위와 같이 사법형식적 행정행위는 취소권이 제한된다.

## 4. 무효의 원인인 흠

무효인 행정행위라 함은 외관상으로는 행정행위로서 존재하고 있음에도 불구하고 그 흠이 중대하고 명백함으로 말미암아 권한 있는 기관의 취소를 요하지 아니하고 처음부터 당연히 그 법률적 효과를 전혀 발생하지 아니하는 행위를 말한다.[39] 효력이 처음부터 전혀 발생하지 아니하는 행위라고 하면 이론상 누구도 구속을 받지 않고 이를 무시할 수 있으며, 다른 행정청이나 행정법원뿐만 아니라 민사법원이나 형사법원은 물론 私人도 언제든지 그 무효를 주장할 수 있다고 볼 수 있다. 제3자까지도 주장할 수 있는 이러한 절대적 무효 사항에 대하여는 이론상 소송이 필요 없는 것이다. 그러나 이러한 사실 자체를 법원에서 선언할 수는 있으며 이러한 선언은 선결문제로서 민사법원이나 형사법원 또 행정법원(당사자소송)의 어느 법원에서나 할 수 있다. 무효인 행정행위는 처음부터 법률적 효과가 전혀 발생하지 아니하기 때문에 기득권도 인정되지 않으며 따라서 법원에 의한 무효선언에 대하여는 어떠한 조리상의 제한도 가해지지 않는다. 그러나 무효인 행정행위도 행정행위로서의 외관은 갖추고 있기 때문에 무효인 행정행위인지 취소할 수 있는 행정행위인지 한계가 명확치 않아 유효한 행정행위로 오해될 여지도 있다.[40] 행정행위가 무효냐 취소냐 하는 것은 최종적으로는 행정법원의 확정판결이 있어야만 말할 수 있는 것으로 현행

---

38) 김도창, 전게서, 496면.

39) 김도창, 상게서, 451면.

40) 무효와 취소의 구별은 중대·명백설이 통설로 Ramon Parada는 무효의 원인으로 다음과 같은 사항을 들고 있다(Ramon Parada, op. cit., pp. 190-199).

① 헌법소원의 대상이 되는 기본권의 본질적인 내용을 침해하는 행위, ② 분명히 권한 없는 기관의 행위, ③ 불가능한 내용의 행위, ④ 범죄를 구성하는 행위, ⑤ 절차를 완전히 결여한 행위, ⑥ 중대한 형식의 흠이 있는 행위, ⑦ 합의기관의 기본규정을 위반한 행위, ⑧ 명백히 법률규정에 반하는 행위, ⑨ 상위규범에 반하는 행정규정.

실정법상으로는 무효등 확인소송을 제기하는 방법과 행정행위가 처음부터 무효라고 하는 주장을 취소소송의 형식으로 제기하는 방법이 있다. 이렇게 항고소송의 대상이 되는 무효인 행정행위는 이른바 준무효(quasi inexistant)[41]에 해당하는 것으로 무효등 확인소송의 경우는 제소기간의 제한을 받지 아니한다. 취소소송에 있어서의 무효선언은 행정행위의 흠의 정도가 더욱 중대한 것을 의미한다. 무효의 주장을 취소소송의 형식으로 제기하는 한 제소기간의 제한을 받기 때문에 불가쟁력이 발생된 경우에는 행정행위의 흠이 정규화되어 취소의 대상에서 제외된다. 그러나 무효의 선언이 있는 한 기득권의 발생을 인정받지 못하기 때문에 조리상의 한계에 의한 취소권의 제한을 받지 않는다.

### 5. 결　론

행정행위가 외부적으로 표시되면 행정행위에 흠이 있더라도 그 흠이 중대·명백하여 절대무효(inexistence absolue)로 되지 않는 한 권한 있는 기관이 그것을 취소할 때까지는 일단 유효한 행정행위로 통용된다.[42] 유효하게 성립된 흠 있는 행정행위는 취소하는 것이 법치행정의 원칙에 합치되며 흠 있는 행정행위를 권한 있는 기관이 취소하여야 한다는 것은 권한 있는 기관의 의무이기도 하다. 그러나 행정행위는 집행적 성격을 가지고 있기 때문에 철회하거나 취소시키지 못할 경우에는 완전한 효력을 발생시켜 집행하여야 한다.

단 기득권의 보호(이의 근거로서 신뢰보호 및 법률생활안정)를 위한 조리상의 제한이 있다.[43] 흠 있는 행정행위가 그 흠에도 불구하고 정규화되어 적법한 행정행위로 간주(엄격히 말하면 적법한 행위는 아님)하게 되는 경우와는 달리 행정행위의 흠의 치유의 경우는 그 흠이 사후에 추완되어 적법한 행위로 된다는 점에서 정규화되는 경우와는 그 성격을 달리한다. 따라서 행정행위의 흠의 치유의 개념을 넓게 잡아 정규화되는 경우까지를 흠의 치유로 보는 것은 법리상의 차이를 간과하고 있다고 볼 수 있다. 그러나 흠 있는 행정행위의 흠의 치유의 개념을 요건의 사후추완에 국한시켜 볼 때에도 형식과 절차상의 흠에 한정시킬

41) G. Vedel. P. Delvolvé. op. cit., p. 269.

42) 행정행위는 사법상의 법률행위와 달리 흠에 구애받지 않는 법적 유효성(fehlerunabhangige Rechtswirksamkeit)을 인정받고 있는데, 행정행위의 유효성은 그것의 적법성을 전제로 하지 않는다(홍준형, 행정법총론, 한울아카데미, 1994, 259면, 260면 참조).

43) 이에 덧붙여 행정행위의 무용한 반복을 피하기 위함을 행정행위의 흠의 치유를 인정하여야 하는 이유의 하나로 들고 있는 것은 反法治國家主義的인 표현으로 동의할 수 없다.

필요가 있고 그것도 단순한 외형적 흠에 국한시키는 것이 타당하다고 본다. 왜냐하면 위법한 행정행위를 사후에 적법한 행위로 변경시킨다고 하는 것은 법치행정의 원칙상 위법한 행위이기 때문이다. 또 불가피하게 취소되지 아니한 흠 있는 행정행위를 집행하여야 하는 경우에는 이러한 경우들을 이론적 카테고리에 의해 인정할 것이 아니라 그 합리성이 인정되는 것만 경험론적으로 신중히 제한적으로 인정하는 것이 법치국가를 실현하는 보다 좋은 방법으로 생각된다.

# 제 3 장 행정참여



## Ⅰ 시민운동과 행정참여[1)]

### 1. 머 리 말

시민이란 고대 도시국가(cité)의 자유로운 도시민(citoyen)에서 유래한 것으로 키케로는 시민에 의하여 구성된 공동체를 시민사회로 파악하였다고 한다. 아리스토텔레스는 그의 저서 '정치학'에서 시민을 '지배와 피지배의 공민적 삶을 공유하는 모든 자'로 파악하였는데, 프랑스 혁명기 때의 시민은 대체로 중간계급(classe intermédiaire)으로서의 bourgeois(세분하면 grande(상), moyenne(중), petite(하) bourgeoisie)[2)]를 의미하였다. 오늘날 민주주의 체제는 대의민주제에 의하여 운영되고 있으므로 시민의 의사가 정치의사 형성과정에 충분히 반영되지 못하고 있는 약점이 있다. 더구나 행정은 대표성마저 의회에 비해 떨어지기 때문에

1) 이광윤, 시민운동과 행정참여, 공법연구 제26집 제1호, 1998, 41면 이하.
2) 노명식, "시민계급과 시민사회", 한울 아카데미, 1993, 14면.

주권자인 시민들의 의사를 보다 충분히 반영하여 정책 형성과 결정 과정에 전달하기 위하여 시민참여가 필요하다.[3] 시민참여가 이루어지지 아니하면 시민의 존재는 한낱 객체에 머물게 된다. 1980년대 중반까지 한국의 이익집단은 권위주의 정부하의 국가조합주의 내지는 néo-corporatisme(새마을운동 등)으로 인하여 제대로 발전되지 못하였다. 박정희 전 대통령에 의하면 행정국가란 행정부가 주도하는 국가를 말하며 우리나라는 행정국가가 되어야 한다는 것이다.[4] 그 후 1987년 6월 항쟁 이후 노동조직이 비약적인 발전을 하여 1994년 12월에는 단위 조합 수 7,025개 조합원 수 1,659,000명에 이르게 되었다. 노동조합과는 별도로 산업화와 경제규모의 팽창에 따라 특정이익을 대표하는 사적 이익단체가 아닌 불특정 다수의 공공이익을 추구하는 공익 단체가 조직되고 발전되었다. 공익단체의 발전은 시민참여의 확대와 시민의식의 변화를 가져왔고, 경제정의, 소비자보호, 환경보호를 위한 단체의 발전이 대표적이다. 이하에서는 일찍이 시민혁명에 성공하여 국민주권국가를 수립하고 근대 시민사회를 구성한 프랑스의 예 — 프랑스는 공화국을 일찍 수립하여 국민주권이 전형적으로 실시되었으며 식민지에서의 노예해방이나 유태인에 대한 주권인정 등에서 보는 바와 같이 계급화된 이익집단의 성격을 띠었던 미국의 시민사회와도 달리 프랑스의 시민사회는 노동자, 농민을 비롯한 민중을 일찍 포섭하여 공익대표성이 커서 시민사회의 모델이 되므로 — 를 살펴 가면서 한국에서의 시민운동, 특히 시민단체와 행정참여의 문제를 살펴보기로 한다.

## 2. 주권자로서의 시민과 행정

프랑스에서는 구제도(ancien régime)하에서도 이미 절대적 왕권이 상당히 제약되고 있었다. 귀족, 성직자, 의회(parlements)가 견제 작용을 하였고, 시·읍·면의 자유와 조합주의의 전통으로 특히 18세기 중에는 국민의 의사표현이 확대되었다. 프랑스 대혁명에 의하여 특권은 사라졌지만 중앙집권적인 단일화 정책에 의하여 선거직 공무원의 선출은 차라리 시민들의 주권행사배제가 다소 완화된 정도로밖에 보이지 않을 정도였다. 그 와중에서도 파리 꼬뮌은 시민운동의

---

3) Tocqueville은 '미국의 민주주의'에서 국가의 전제적인 권력을 막기 위해서는 국가의 통제를 받지 않는 자율적인 시민단체가 발달해야 하며 시민단체를 구성하는 기술의 발전이 민주주의의 요체라고 함.

4) 박정희, "우리민족의 나아갈 길", 한림 출판사, 1970.

중요성을 보여준 극적인 사건이었다. 집정관(Consulat)시대에는 권위적이고 중앙집권적인 행정이 자리 잡았는데 지방에 대한 정부의 지사(préfet) 파견이 상징적인 예이다. 그러나 19세기부터는 조금씩 지방위원회(우리나라에서는 지방의회로 잘못 소개하는 경우가 있음)들이 생겨나 자문을 구하기 시작하였고, 1848년에는 시·읍·면 장을 보통선거로 선출하였다. 그 후 1946년 10월 27일 헌법은 노동조건의 결정과 기업경영에 대한 근로자의 참가를 규정하였고 이 경향은 확대되어 사회전반에 걸쳐 협의와 사회적 관계개선이 진전되었고 행정도 예외가 아니었다. 즉 시민은 행정에 영향력을 행사하고 참여하기를 원하였다. 사실 행정은 너무 많은 정보와 자치권, 그리고 권력을 독점하였다. 이제는 주권자인 시민이 보다 많은 정보를 알고 싶어 하고 결정에 참여하기를 원하며 나아가 직접 행정의 일부분을 떠맡기까지를 원하게 되었다.

한국에서는 권위주의 정부의 계속으로 시민운동은 주로 정치민주화를 위한 투쟁과 열악한 근로조건의 개선을 위한 노동운동에 집중되었으나 1987년 6월 항쟁 이후 사회운동이 분화됨에 따라 노동 및 민족운동 이외에 환경, 여성, 소비자 및 문화운동이 활발히 전개되게 되었다. 그에 따라 새로운 현실에 대응하는 실천적 대안을 요구하게 되었으며 그동안 정부주도로 이루어졌던 경제개발의 한계에 부딪쳐 민간 주도 경제와 민영화, 그리고 행정개혁을 부르짖게 되었으며, 행정에 참가하고자 하는 시민들의 열망은 지방자치를 실시하고 행정절차법을 제정하도록 하는 데까지 이르렀다.

### 3. 행정참여의 방식

#### (1) 행정관계의 개선

어떤 시민도 무시당하는 것을 받아들일 사람은 없다. 행정청과 시민 사이의 관계개선은 행정관계의 직렬배열과 익명에 대한 투쟁의 형태로 진행되었다. 시민은 단순한 행정의 복종자만이 아니라 자신들이 이용자, 납세자, 계약자 등의 다양한 지위를 가지고 있음을 발견하였다. 대중관계의 발전은 먼저 민간부문에서 대기업들이 상표의 이미지와 선전을 위해 시설을 현대화하고 안내를 조직하고 접촉을 시도하였는데 국가도 이러한 서비스 방식을 본받아 시민과의 관계개선에 나서게 되었다, 특히, 이용자로서의 시민에 대하여 그들의 반응, 욕구, 의견에 주목하고 홍보를 하며, 설명을 하고, 서비스나 통신과정에서 기다리는 것을 줄이고 담당공무원들의 실명을 밝히며 사무실의 근무시간을 조정하게 되었다. 이러한 노력은 특히, 프랑스 전기회사(E.D.F.), 철도회사(S.N.C.F.)와 같은 대규모 국영기업에서 두드러졌다. 그러자 체신청, 병원들이 절차를 간소히 하고 업무를 설명하고 여러 가지 홍보, 예방, 증진 사업을 벌였다. 이러한 움직임들은 사회적 간격을 좁히고 모욕적이던 격리창구를 없애고 서류를 간소히 하고 서비스를 인간적으로 개선하고 자동적으로 응답을 들을 수 있도록 하는 등 시민의 지위가 향상되었으며, 이제 행정은 이른바 '최대의 서비스'로 불리게 되었다.

### (2) 정보의 제공

정보를 제공받는다는 것은 상대방으로서의 지위를 인정받는다는 것을 의미하며 불평등으로부터의 탈출을 뜻한다. 정보의 제공은 시민들에게 권리와 가능성을 알려줌과 동시에 행정의 동기를 알려준다. 행정기관은 개별적 또는 일반적인 거대한 정보를 가지고 있다. 행정정보가 비밀에 싸여 있다면 시민들은 행정업무와의 관계에서 열등감을 느끼게 될 것이다. 전통적으로 행정은 직업상의 비밀유지 의무를 무기로 삼아 정보를 독점해 왔다. 프랑스에서는 시민과의 관계개선을 위한 다양한 조치를 포함하고 있는 1978년 7월 17일 법률이 비실명 행정문서에 대한 자유접근을 규정하고 있다. 이제 행정 문서는 정보공개를 신청하는 사람들에게 공개되어 있다. 특히 모든 시민은 자신에게 불리한 결정을 담고 있는 문서의 내용을 알 권리가 있다. 이렇게 함으로써 시민은 행정관계에서 보다 대등한 위치를 확보할 수 있다. 뿐만 아니라 오늘날 행정담당자들은 매스컴에 등장할 때마다 여론의 평가를 받고 있으며 그것도 각 가정에 보급된 단말기를 통하여 보다 정확하고 보다 광범위한 시민이 평가에 참여하고 있다. 단말기를 통한 수시평가는 멀지 않은 장래에 주민대표제에 바탕을 둔 지방 위원회(지방의회?)의 기능을 축소시키고 주민이 직접 행정의사 결정에 참여하는 인류의 이상이었던 직접민주주의의 실현을 가능케 하리라 보인다.

한국에서는 1996년 12월 31일 '공공기관의 정보공개에 관한 법률'이 제정되어 시민의 정보공개 청구권을 보장하고 있다.

### (3) 시민의 양성

시민이 행정에 참여하기 위하여 '시민'으로서 양성되는 것이 필요하다. 학교와 언론의 역할이 중요한 행정이나, 시민 정치에 대한 교육뿐만 아니라 출판,

방문, 전시회 같은 것도 법률과 명령, 공공서비스, 조직, 임무, 수단과 동기에 대하여 더 잘 알게 해 준다. 프랑스에서는 1959년과 1960년 7월 31일 법률 이래로 간부들이 새로운 책임에 대하여 준비될 수 있도록 조합 결성을 도와주는 메커니즘을 설치하였으며 많은 수의 봉급자들이 대학이나 훈련원에서 교육받았다. 또한 조합의 대표자들에게 시설이 제공되고 자유가 부여되었으며 새로운 정보제공의 노력이 방송매체의 발달로 보다 손쉬워졌다.

한국에서는 오랫동안 정부가 노동운동에 대하여 국가조합주의적 통제하에 주로 억압정책을 실시하였으나, 1987년 중반기부터는 노동통제를 완화하여 노조의 설립이나 활동에 있어 자율성을 최대한 존중하고 노사분규에 있어서도 중립적인 자세를 견지하려고 노력하고, 사용자들에게 새로운 시대에 부응하는 노사관계를 정립하도록 권고하는 전향적 자세를 취하였다. 또 1987년 이후 한국사회에서 자리 잡기 시작한 공익단체인 경제정의실천시민연합, 한국환경운동연합, 정의로운 사회를 위한 시민운동협의회 등은 계몽적 성격의 시민운동을 전개하고 회원과 시민을 상대로 교육함으로써 시민양성에 나서고 있다.

### (4) 자 문

오늘날 확대되고 있는 자문행정도 행정참여의 중요한 방법 중의 하나이다. 개별적인 의견조사와는 달리 단체에 대한 자문은 단체의 요구에 부응한다. 단체에 대한 자문은 동기가 부여된 공동 의견을 더 잘 도출해 낼 수 있고, 표현의 자유와 모임의 유용성에 대한 틀을 제공해 줄 수 있다. 자문은 행정청을 계몽시키는 역할을 하지만 대부분의 자문에 대하여 국가는 최종결정에 대한 자유를 누린다. 그러나 임의적인 자문은 특히 검토단계에 있어서도 책임자들에게 정보를 더 잘 제공할 수 있으며, 때로는 결정에 참여하거나 집행에 참여할 수 있다. 기업인, 조합대표, 교수, 이용자들이 참여하는[5] 프랑스의 '경제사회 계획'이 좋은 예이며 대표성과 다양성을 가지고 있는 '경제사회 이사회'도 자문의 또 다른 유효한 예이다. 법률제정 전에 하는 자문은 의회에서 더 잘 받아들여질 수 있다. 1968년 Grenelle 합의에 의한 조합들에 대한 자문은 의회에 기업에서의 조합의 권리에 관한 법률안을 제출하기 전에 이루어졌는데 이것이 그 좋은

5) 계획국가위원회(Commission nationale de planification)에는 계획청(Commissaire au Plan) 이외에 국토개발 담당장관, 지역(Région)의장들, 기업인 대표 8명, 봉급자 대표 9명, 농민대표 4명, 상공인 대표 5명, 자유직업대표 1명, 공기업 대표 8명, 시민단체 대표 7명, 협동·공제조합대표 4명, 전문가 8명, 경제사회 평의회 대표 2명이 참여한다.

예이다. 자문이 결정권을 가지거나 결정에 상당한 영향을 미치는 경우도 있다. 수송고등이사회, 사냥고등이사회, 토목 고등이사회들이 이에 해당한다.

한국에서도 경제정의실천시민연합 같은 공익단체에 대하여 정부는 우선적으로 그들의 의견을 수렴하고 있으며 1993년 한약분쟁이나 1994년 철도기관사와 지하철노조의 파업에 있어서는 중재역할을 맡기도 하였다.

### (5) 협의와 계약

협의(concertation)란 행정청과 이해당사자인 국민 사이에 공통의 행정기준을 마련하기 위하여 의견을 교환하고 협상하는 방법을 말한다. 즉 엄격한 법적 카테고리에 묶이는 것보다 합법적으로 협의함으로써 다소 비공식적인 행정형식으로 작용할 수 있다. 협의의 형식은 우선 경제 행정분야에 도입되었는데 Bloch-lainé에 의하면,[6] "협의란 국가의 대표와 기업의 대표가 조직화된 회합을 통하여 정보를 교환하고 전망을 하고 정부의 의도한 바의 결정과 견해를 취하기도 하는 제도"이다. 따라서 최소한의 체계와 기간을 필요로 한다. 이 점에서 행정지도보다는 좀 더 조식화된 개념이다(예: 무역진흥확대회의).

이러한 협의(concertation)체제는 이익대표(représentation des intérêts)라고 하는 전통적 방법을 뛰어 넘어 있다. 즉 이익대표란 위원회 또는 운영기관 내부에 행정청의 대표와 직업대표 또는 사회적 이익대표가 함께 하는 기술을 말하는 것으로 협의경제(économie concertée)는 단순한 이익대표의 목표를 뛰어넘는 야심을 품고 있다. 우선 협의경제는 직업인이 그들의 소리를 내도록 허용하는 데 만족하는 것이 아니리 좀 더 영속적이고 근본적으로 공동의 노력을 통한 목표와 수단의 공동마련에 목적이 있다. 뿐만 아니라 협의경제는 국가와 민간부문에게 모두 유익한 상호간의 정보와 전망을 교환하는 데 목적이 있다. M. Jeanneney는 "협의경제는 각각의 당사자가 상대방으로 하여금 알게 하려는 것을 자각하고 있는 경제…… 그것을 투명경제(économie transparente)로 부를 수 있을 것이다"라고 하였다.

협의경제에 있어서의 협의작용은 목표의 개념과 수단의 마련에 국한하여서는 안 되며 협의경제정책의 실현 속에 추구되어야 한다. 따라서 협의경제는 계약경제에 의하여 강화될 수 있다. 협의의 추구는 경제분야에만 국한되지 않고 오늘날은 보다 유연하고 협상적인 행정을 위하여 일반적으로 사용된다. 그러나

6) "A la recherche d'une économie concertée", 1959.

경제분야에 있어서의 협의경제의 장점은 상대방의 호의적 태도를 획득하고 민간부문에 유익한 정보를 제공하며 손쉽게 대화의 상대방을 찾을 수 있다는 데 있다. 협의경제는 경제계획의 수혜에 있어서도 매우 중요하다. 자본주의국가에 있어서의 경제계획은 관료적이고 집단적인 지도경제가 아닌 협의경제에 의하여 수행되어야 한다.

계약경제(économie contractuelle)는 협의경제와 동일한 정신에 기초하지만 그 이상 진전한다. 계약경제는 명령의 제정과 일방적인 조치라고 하는 전통적 행정형식을 보다 협상적인 행정, 이해당사자와 수단에 있어 보다 받아들여지는 행정으로, 단순한 공동작업이나 의견의 교환이 아닌 진정한 합의로 대체하는 것을 말한다. 계약은 최초에는 민간경제인들 사이에 행해졌는데 특히 상품의 원활한 유통을 위해 생산업자단체들과 판매기관들 사이에 행해졌다. 이러한 형태의 계약경제는 프랑스의 '농산물 계약제도'에 관한 1964년 7월 6일의 법률에 의하여 합법화되었다. 이 법률은 계획의 범위 내에서 특정상품의 생산업자 대표기관과 판매업자 대표기관 사이에 장기적인 직업행정을 규정하고 있다. 이 협정의 범위 안에서 매년 목록과 가격을 결정하는 '산지협정'(convention de campagne)을 맺는다. 여기서 국가는 사인들 간의 관계에 개입하게 되는데, 즉 이러한 행정들은 계약당사자들의 요구에 의하여 정부의 승인과 의무적 연장의 대상이 된다.

그러나 계약경제에 있어서 공권력이 개입하는 것은 이러한 형식의 개입만 하는 것이 아니고 민간경제인으로 하여금 정부가 원하는 바의 태도를 획득할 목적으로 행정청과 민간경제인 사이에 계약을 체결하는데 이러한 계약에 있어서는 일반적으로 재정적 특혜가 민간경제인에게 주어진다. 따라서 경제간섭의 방법으로는 일방적 행정행위뿐만 아니라 계약이 중요한 위치를 차지하게 된다. 특히, 특허의 경우에는 공법상의 계약의 형식을 취하는 것이 상대방으로 하여금 행정의 사명을 보다 더 잘 이해하도록 하며 유연성을 가지고 협상할 수 있다는 점에서 바람직하다.

이러한 협의와 계약형식에 의한 행정은 경제행정뿐만 아니라 모든 행정, 특히 환경행정분야에서도 유용하다.

### (6) 시민단체[7]에 의한 행정

행정의 주체는 국가, 지방자치단체 또는 공법인에 의하여 수행되어 왔으나 양차세계대전 중간에 행정(공역무)의 수행은 공법인에 의하여만 수행되는 것이 아니라는 판례가 나타나기 시작하였다. 즉, 1935년 12월 20일의 Etab.Vézia판결에서 꽁세이데따는 지금까지 공법인에게만 인정되어 있던 행정의 특권이 사법인에게도 인정된다고 하였다. 1938년 5월 11일의 Caisse primaire "Aide protection" 판결에서는 사법인인 사회보장기금이 공공서비스특허계약(concession du service public)을 체결하지 않았다 할지라도 공공서비스를 합법적으로 수행할 수 있다고 판결하였다. 이어서 1942년 7월 31일의 Monpeurt판결에서는 공업생산활동조직규제위원회에 대하여 영조물법인이 아니지만 공공서비스기관이라고 판결하였으며 1943년 4월 2일의 Bouguen판결에서는 영조물법인이 아닌 의사협회에 대하여 공공서비스기관이라고 판결하였다. 따라서 사법인인 공업생산조직규제위원회와 의사협회가 행정특권을 직접행사하게 되었다. 또한 국가는 공공서비스의 임무를 수행하는 사실상의 단체 또는 사법상의 협회를 영조물법인으로 개편하여 행정조직에 편입시키기도 하는데 군사사회경영연구소(Institut de Gestion Sociale des Armées)가 그 예이다. 사법상의 기관으로 행정에 참여할 수 있는 시민단체의 형태는 1. 사단법인(Associations), 2. 직업조합(Syndicats), 3. 공제조합(Organisme mutualistes), 4. 회사(Sociétés)가 가능하다. 프랑스의 판례는 공익을 수행하는 직업인 단체(Ordres professionnels)의 성격에 관하여 비록 공익을 실현하고 행정의 특권을 향유한다 할지라도 사법인으로 보고 있으나 (Monpeurt판결 등) 한국에서는 의사회, 약사회, 변호사회 등이 공법인으로 되어 있어 행정조직의 성격을 가진다.

## 4. 경제적 이익과 참여

경제적 이익에는 특별한 대표성이 필요한 것인지 경제적 이익을 대표하기 위하여 매개체가 필요한 것인지 하는 문제가 늘 논쟁의 대상이 되어 왔다. 프랑스 혁명 초기 이론에 의하면 공익은 국민의 대표로 구성된 의회에서 제정하는 법률에 의하여 표현되므로 시민은 경제적, 사회적 상태로부터 독립된 추상적인 존재일 수밖에 없기 때문에 시민이 단체를 구성하여 경제적 이익을 특별히 대변하여야 한다는 것은 받아들여질 수 없었다. 그러나 시민은 또한 생산자

---

**7)** 프랑스의 단체(association)에 관한 문헌으로는 A.J.D.A. 1980 3월호 특집, Jacques Chevaller, "L'association entre public et privé" R.D.P. 1981 p. 887 이하.

요, 소비자요, 근로자이기 때문에 특별한 경제적 이익의 부정은 사회 현실에 맞지 않는 것이었다. 더구나 단체라고 하는 매개체는 시민의 개인적 자유를 침해하고 국가에 대한 잠재적 경쟁자가 될 수 있기 때문에 공익 이외에 특별한 이익을 가지는 단체에 의한 대변은 받아들여질 수 없으므로 1791년의 Le Chapelier법률은 모든 단체의 결성을 금지하고, 국가가 단체와 관련을 맺는 것을 금지하였다. 그러나 Montesquieu는 이미 "법의 정신"에서 매개체는 국가의 절대주의에 대한 보호막이 된다고 하였고 Tocqueville도 "미국의 민주주의"에서 다수의 주권에 대하여 시민의 개인적 자유를 보장하기 위하여 단체와 분권화가 필요함을 역설하였다. 이러한 이론적 논쟁이 제도상에 반영되어 1884년에는 조합(syndicats)에 관한 법률, 1901년에는 결사(associations)에 관한 법률이 제정되었다. 오늘날은 제도화된 경제적 이익의 대표에 관하여 컨센서스가 이루어져 있다.

### (1) 헌법상의 대표기관

1958년 헌법에 의한 경제 · 사회 평의회(Conseil économique et social)는 230명의 대표로 구성되어 있는데 그 구성은 다음과 같다.

- 봉급자 대표 69명
- 기업인 대표 72명
- 비농업 사기업 대표 27명
- 匠人 대표 10명
- 공기업 대표 10명
- 농민 대표 25명
- 자유직업 대표 3명
- 농업 공제조합, 협동조합, 신용금고 대표 10명
- 비농업 협동조합 대표 5명
- 비농업 공제조합 대표 4명
- 사회활동 대표 17명(가족, 주택, 저금 등의 단체)
- 해외영토 대표 8명
- 외국거주 거주민 대표 2명
- 경제, 사회, 과학, 또는 문화계 인사 40명

경제 · 사회평의회의 기능은 다양한 직업군들 사이의 협력과 정부의 경제 · 사회정책의 수립에 다양한 사회계층의 참여를 보장하는 데 있다. 경제 · 사회평

의회는 자문기구로, 재정에 관한 법률을 제외한 경제적 사회적 성격의 계획법률안과 경제사회계획안에 대한 자문은 의무적이며 나머지 법률안에 대한 자문은 임의적이다.

### (2) 행정 대표기관

행정청에 대한 경제적 대표기관으로는 조합과 직업회의소를 들 수 있다.

1) 조합(syndicat) : 조합은 사법상의 기관으로 대부분 1884년 법률의 적용을 받으나 기업주 단체나 간부공무원 단체와 같이 보다 유연성을 부여하는 1901년의 결사에 관한 법률의 적용을 받는 것도 있다. 조합의 결성과 가입은 자유이기 때문에 복수조합주의에 부응한다. 1946년 헌법 전문은 "모든 인간은 조합운동에 의하여 자신의 권리와 이익을 방어할 수 있고 자신이 선택한 조합에 가입할 수 있다"고 규정하여 조합에 대한 자유를 보장하고 있다. 조합은 우선 조합원 개개인의 이익을 방어하고 다음으로 직업 전체의 이익을 방어한다. 어떤 조합들은 경제부문의 총체를 방어할 목적으로 직업간 조합(봉급자조합, 기업주조합 등)을 구성하기도 한다. 조합은 단체협약을 통하여 경제적 결정에 참여한다. 근로자와 사용자 사이에 맺어지는 어떤 협약은 직업 전체에 적용되어 토의에 참가하지 아니한 사람들까지 구속하기도 한다. 조합의 행정결정에의 참여는 경제민주주의의 대표적인 예이다.

2) 직업회의소(chambres professionnelles) : 직업회의소는 공법상의 영조물 법인이다. 이들은 국가의 재정적 감독을 받는다. 직업회의소는 공익의 임무를 띠고 박람회를 조직하고 직업학교를 운영하며 공역무를 운영하기도 한다(수송, 부두시설 등). 가장 오래된 직업회의소는 상공회의소로 집행부는 모든 회원의 선거로 구성된다. 경작자, 지주, 고용인의 농업 종사자 전부와 농업단체들(협동조합, 공제조합 등)에 의한 선거로 위원을 선출하는 농업회의소는 농업 대표기관으로 농업학교, 영농기술의 보급 등의 농업 행정을 담당한다.

대표기관 사이에 경쟁이 있게 되면 어느 기관이 대표성을 가질 것인가의 문제에 관하여 공법상의 기관인 직업회의소와 사법상의 기관인 조합이 경쟁하면 사법상의 기관인 조합에 우선권이 있다.[8] 사법상의 기관인 조합들 사이에 경쟁이 있게 되면 1936년 6월 24일 법률에 따라 능력, 독립성, 경험, 연륜 등을 고려하여 보다 대표성이 많은 기관에게 대표성이 주어지는데 대표기관의 지정은

---

8) C.E. Ass. 1962. 1. 19. Confédération nationale artisanale.

행정청이 하고 월권소송의 대상이 된다.

우리나라 소비자 기본법 제23조는 소비자 보호 및 국민소비생활의 향상에 관한 기본적인 정책을 심의하기 위하여 재정경제부에 소비자정책심의위원회를 두도록 하고 있으며 제24조에서 소비자대표 및 경제대표 중에서 위원을 위촉하도록 하고 있어 경제적 이익대표를 행정심의위원회에 참여시키고 있다.

## 5. 맺 는 말

행정은 오랫동안 시민들 위에서 군림하고 명령해 왔다. 주권자인 시민은 이에 대항하여 잠식당하고 있던 주권을 회복하기 위하여 투쟁해 온 결과, 행정담당자의 많은 부분을 선출직으로 바꾸고, 행정의 투명성을 확보하며, 행정과정에 있어서의 방어권을 인정받고, 행정을 봉사자의 자세로 바꾸어 가는 데 성공해 가고 있다. 이러한 현상은 매우 만족스러운 방향의 진전이기는 하지만 오늘날 봉사자로서의 행정의 역할은 점점 더 확대되고 다양화되며 복잡해지고 있다. 행정관료의 선출과 시민들의 행정에 대한 참여는 시민들의 행정에 있어서의 주권탈환에 매우 효과적이긴 하지만 오늘날의 행정은 대화의 상대방, 능력을 갖춘 협력자로서의 상대방이 필요하다. 한편으로는 확대되고, 고도화되어야 할 행정의 역할과 다른 한편, 재정상과 효율상의 필요성에 의해 축소되어야 할 정부조직의 운명은 주권자 개개인으로서가 아닌 유능한 조직으로서의 상대방과 협력자가 필요하다. 따라서 시민단체는 행정의 파트너로서, 때로는 행정서비스를 담당하여 행정부의 짐을 덜어 주기도 하며, 때로는 상담역으로, 때로는 감시자로서 기능함으로써 공공서비스를 분담하여야 한다. 끊임 없이 다가오는 환경위기, 경제위기, 사회위기 속에서 사회적 유대(solidarité sociale)를 일깨워 시민을 단결시키고 동포애를 고양하며 현명한 위기극복의 대안을 제시하는 역할을 시민단체가 담당하여야 한다. 이러한 시민단체의 사명에 비추어 주의할 점은 첫째, 시민단체의 행정참여가 새로운 국가조합주의에 흘러 결국은 시민들을 거대한 행정조직 앞에 질식시키지 않도록 주의하여야 한다는 점이다. 시민단체는 행정조직에 대한 대안이어야지 새로운 행정조직의 한 형태가 되어서는 안 된다. 시민단체를 결성한다는 것은 국가를 매개로 하지 않고 개인들이 주위환경에 대하여 직접 활동할 능력을 획득하겠다는 의지의 표현으로 국가는 더 이상 정보와 권력의 독점적 온상이 아니며 개인들 스스로가 단체를 통하여 그들의 문제를 해결해 보겠다는 의사의 표현이다. 그 점에서 각종 직업단체나 공익단체가 공법인으로 조직되거나 정부의 지원에 의지하여 관변단체화 하는 것은 경계해야 할 것이다. 둘째, 공익을 표방하는 공익 시민단체의 지도자들은 정치적 중립성을 유지하고 국민 전체에 대한 봉사자로서의 윤리가 요구되는 공무원에 대응되는 역할을 수행하여야 하므로 선거직 공무원직에 진출하거나 정당인이 되는 데 신중을 기할 필요가 있다. 공익시민단체 대표들의 지나친 정치참여는 시민단체를 준 정치단체화 하여 행정에 대한 대안으로서의 시민단체 자체를 손상시킬 우려가 있다. 시민단체 대표 역시 고도의 윤리성이 요구되는 것이다.

# 제 4 장 행정계약[1)]



## Ⅰ 행정계약의 의의

행정이라는 것을 엄격한 법의 집행작용으로만 생각한다면 행정계약은 생각하기 어렵다. 즉 法律의 法規創造力을 헌법적으로 대변하고 있던 오스트리아[2)]에서는 행정계약이 소극적인 평가를 받아왔다. 공법의 특성으로서 '국민의 행정에 대한 일방적 복종의무'를 주장하였던 오토 마이어에게는 행정청과 국민간의 同意라고 하는 것은 국민의 同意에 의하여 국민이 公法關係의 일방적 행위, 즉, 국가주권의 표시인 행정청의 의사에 복종한다는 것을 의미하였기 때문에 국가와 국민 사이의 계약을 복종에로의 행정행위(Verwaltungsakt auf Unterwerfung)로 보았으며, 국가기관 사이의 계약은 조정계약(Koordinationsrechtlicher Vertrag)으로 보았다. 따라서 국가와 국민 사이에는 계약이 불가능하였다. 학설과 판례는 이러한 견해를 추종해 오다가 점차 상대방의 동의를 요하는 행정행위라

1) 이광윤, 행정계약론, 김동희 편, 행정작용법, 중범김동희교수 정년기념논문집 간행위원회, 박영사, 2005, 783-800면.

2) 오스트리아헌법 제18조 제1항 「모든 국가행정은 법률에 의거해서만 행해질 수 있다」.

는 관념으로 대치하여 왔다. 따라서 공공서비스特許, 公物占用(使用)特許를 프랑스에서는 일반적으로 행정계약으로 보고 있으나 독일에서는 雙方的 行政行爲로 본다. 그러나 Willibalt Apelt와 같이 행정계약을 긍정[3]하는 학자들이 늘어났고, 1945년 이후에 와서는 행정활동에는 명백한 군주의 주권이 깃들여 있다는 오토 마이어의 생각이 더 이상 수용될 수 없게 되어 행정청과 국민간에 진정한 계약이 있을 수 없다고 하는 것은 法治國家와 民主國家의 憲法原則에 반하는 것으로 보게 되었다. 이에 따라 연방행정절차법 第54條에서는 법률에 반대규정이 없는 한 행정청은 행정행위를 발하는 대신에 행정계약을 체결할 수 있다고 규정하고 있다.

프랑스에서도 19세기까지는 행정청이 체결하는 계약을 공권력 행위로 간주하지 않았고, '意思의 合致'가 있는 순간부터 그것은 공권력의 범위를 벗어나 사인들이 체결하는 계약과 같은 것으로 보아 私法이 적용되었다. 꽁세이데따의 1912년 7월 31일 Granits porphyrôides des Vosges판결은 포장도로 공급계약에 관하여 "私人들 사이의 계약의 규정과 조건에 따라 공급품을 납품할 유일한 목적의 계약"이라고 하였다. 그러나 19세기 동안 국가는 혁명원칙인 經濟自治의 原則의 범위 내에서 점차 경제분야에 대한 개입을 확대해 나갔는데 경제의 급속한 진전이 國家의 介入을 촉진하였다. 기술적인 측면에서는 독점을 요하는 기업의 출현이 증가되었으며 특히 기술을 요하는 철도, 전기, 주택 사업 등이 번창하였다.

이러한 사업들은 이른바 공공서비스(service public)로서 공공서비스란 국가가 하여야 할 사업의 총체 또는 그 기구의 의미로 사용되는데, 1873년 2월 8일 權限爭議裁判所의 Blanco판결은 "行政은 사인 간에 적용되는 민법전의 원칙에 지배되지 않고, 서비스의 필요성과 국가의 권리를 사인의 권리와 타협시킬 필요성에 따라 달라지는 특별한 법칙이 있다"고 하였다. 19세기의 자유주의 기간 동안 경제활동의 전형적인 法形式은 契約이었기 때문에 공공서비스는 당연히 계약의 형식으로 特許되었고 다른 한편으로는 調達行政이 발달되어 이것 역시 공법상의 계약의 형식을 취하게 되었다. 계약은 최초에는 민간 경제인들 사이에 행해졌는데 특히 상품의 원활한 유통을 위한 생산업자 단체들과 판매 기관들 사이에 행해졌다.

이러한 형태의 계약경제는 농산물계약제도에 관한 법률에 의하여 합법화되

---

3) Willibalt Apelt, Der verwaltungsrechtliche Vertrag, 1920.

었다. 이 법률은 계획의 목표범위 내에서 특정 상품의 생산업자 대표기관과 판매업자의 대표기관 사이에 장기적인 직업협정을 규정하고 있다. 이 협정을 위하여 계획의 목표 범위 안에서 매번 목록과 가격을 결정하는 '産地協定'(convention de campagne)을 맺었다. 여기서 국가는 국민들 간의 관계에 간여하게 되는데, 즉 이러한 행정들은 계약 당사자들이 요구하면 정부의 승인과 의무적 연장의 대상이 된다. 그러나 계약경제에 있어서 공권력이 개입하는 것은 이러한 형식의 개입뿐만 아니라 민간경제인으로부터 정부가 원하는 바의 태도를 획득할 목적으로 행정청과 민간경제인 사이에 계약을 체결하기도 한다. 이러한 계약에 있어서는 일반적으로 재정적 특혜가 민간경제인에게 주어진다. 따라서 경제간섭의 방법으로는 일방적 행정행위뿐만 아니라 계약이 중요한 위치를 차지하게 된다.

19세기에 번창된 공공서비스에 대한 개입의 방법은 국가의 직접운영(Les régies)과 공공서비스 特許(concession de service public)의 두 가지 방법이다. 공공서비스 特許란 行政廳이 私人 또는 例外的으로 營造物法人에게 그들의 경영적 책임하에 공공서비스를 운영하도록 하는 계약으로서 특허계약의 상대방은 공공서비스 이용의 대가로 이용자들로부터 사용료를 받는다. 공공서비스 特許契約은 公法上의 契約이며 行政判事의 權限事項이다. 이러한 법적 기술은 경제현실과 자유원칙에 잘 부합한다. 즉 한편으로는 공공단체가 경제인으로 활동하는 것을 배제하여 사적 창의를 유지하는 한편, 공공단체는 특허기업에 대하여 감독권을 행사하여 공공서비스의 공익성을 확보할 수 있다. 이러한 공공서비스 특허가 19세기 동안 매우 활발해졌는데 수도, 가스, 전기 분야에 애용되었고 철도와 파리의 지하철도 이러한 형태로 시작되었다.

한동안 경제간섭은 자유 자체를 위협하는 경제위기를 치유하기 위해 자유주의를 양보하여 현실적 필요성에 적응하는 형태로 행해졌다. 때문에 경제간섭에 의한 經濟警察, 즉 經濟規制로 보였다. 이때의 警察이란 自由經濟에 대한 權限을 의미한다. 그러나 이제 국가의 경제간섭은 動機에 있어 근본적인 변화를 가져 왔다. 즉 상황에 대한 반응이 아니라 경제는 적극적인 설계를 필요로 하였고, 경제의 설계화는 경제정책을 표현하는 경제에 대한 적극적 활동을 요구하는 것이다. 이러한 경제경찰적 간섭으로부터 경제작용적 간섭으로의 전환은 경제개입의 방법에 있어 심대한 변화를 가져왔다. 즉 經濟警察的 介入의 방법은 전통적인 행정의 활동방식이었던 命令의 制定, 下命, 禁止, 補助金 등 一方的

行政의 活動領域이었다. 이러한 전통적인 행정의 활동형식으로는 보다 민주화되고, 기술적으로 진보되며, 다양해진 사회에 적응하기가 어려워졌다. 이제 국가는 증대된 권리의식으로 무장된 국민들과의 공통의 행동기준을 마련하기 위해 의견을 교환하고 협상하는 것이 필요해졌기 때문에 엄격한 법적 카테고리에 묶이는 것보다 합법적인 범위 내에서 협의할 필요성이 생겨났기 때문에 非權力的인 行政形式을 선호하게 되었다.

이러한 '協議經濟'를 위해 여러 가지 비정형적인 활동형식(예컨대 行政指導, 情報交換 등)이 도입되었으며 협상의 결과로서 계약의 필요성은 더욱 절실해졌다. 이러한 비권력적 활동형식들이 경제행정의 전유물만은 아니고 사회행정분야에도 널리 사용된다. 따라서 전후의 행정은 誘導行政, 協議行政, 契約行政의 3가지로 특징된다. 계약행정은 협의행정과 동일한 정신에 기초하지만 그 이상 진전한다. 계약행정은 명령의 제정과 일반적인 조치라고 하는 전통적 행정형식을 보다 협상적인 행정, 보다 이해당사자와 수단이 받아들이기 쉬운 행정으로 단순한 공동작업이나 의견의 교환이 아닌 진정한 합의로 대체하는 것을 말한다. 行政契約은 ① 행정을 개별적·구체적 사정에 따라 탄력적으로 부드럽게 처리할 수 있게 한다. ② 사실관계, 법률관계가 명확하지 않을 때에 해결을 용이하게 하여준다. ③ 법의 欠缺을 메워준다. ④ 법률 지식이 없는 자에게도 교섭을 통하여 문제를 이해시킬 수 있다는 장점 이외에도 권리와 의무관계를 변경시키는 법률관계의 기본형식이 계약이므로 공익을 위한 행위이며 불평등한 관계라면, 즉 행정의 특권을 인정하는 행위라면 행정계약이야말로 행정법상의 법률관계의 원형이라 볼 수 있다.

즉 行政의 特權行使가 급박했고 평등에 관한 기술이 결여되었을 때는 (일방적)행정행위만이 행정청의 주요 활동형식이 되었겠지만 행정청의 특권행사에 유연성을 줄 수 있는 여유와 행정의 복잡화에 적응하기 위해서는 점차 행정계약의 중요성이 강조되지 않을 수 없다. 즉 행정계약은 현대행정의 기술적 요청과 행정의 민주화라는 정치적 요청으로 인해 더욱 필요하다. 즉 과거는 권위주의 시대, 물리적 힘의 시대(군대, 경제)였으나, 앞으로는 기술의 시대, 유연성의 시대(민주주의도 남에게 대한 쟁취에서 타인의 존중에게로 이어져야 함)로서, 상대의 존중이 현대 행정계약의 기본정신이다.

# Ⅱ 행정계약의 개념

## 1. 용어상의 문제

행정계약에 관하여 김도창 교수는 "행정계약은 행정주체와 국민 사이 또는 행정주체 상호간에서, 직접 또는 간접으로 행정목적을 수행하기 위하여 이루어지는 합의를 말한다. 이러한 의미의 행정계약은 그 범위에 있어서, 행정주체가 당사자로 되어 있는 공법상계약과 사법상계약이 포함되고…"[4]라고 하여 행정주체가 맺는 공법상 계약과 사법상 계약을 포함하는 개념으로 사용하고 있다. 김동희 교수,[5] 천병태 교수[6]도 동일한 용어사용을 하고 있으면서 행정주체가 체결하는 계약에 대하여는 공법상의 계약과 사법상의 계약을 엄격히 구분하지 말고 행정계약이라고 하는 公私法의 구별을 넘어선 통합적인 관점에서 파악하려고 한다.[7] 이에 대하여 대부분의 다른 국내 학자들[8]은 공법관계와 사법관계의 구별을 전제로 하여 행정주체의 '공법상 계약'에 대하여 기술하고 있다. 생각컨대 일반적으로 한국에서의 행정법을 '행정에 관한 국내공법'으로 정의하고 있고 행정상 법률관계를 공법관계와 사법관계로 나누고 있으므로 행정계약이라는 용어는 행정주체의 공법상계약에 한정시키고 행정주체의 공법상 계약과 사법상 계약을 총칭하는 용어로는 '행정상 계약'이라는 용어를 사용하는 것이 논리적으로 옳다고 본다.

---

4) 김도창, 일반 행정법론(상), 제4전정판, 청운사, 1992, 511면.

5) 김동희, 행정법 I, 제7판, 박영사, 2001, 204면.

6) 천병태, 행정법총론, 삼영사, 2000, 397면.

7) 김도창, 전게서, 511면; 김동희, 전게서, 205면; 특히 천병태, 전게서, 397-402면.

8) 김남진, 행정법 I, 제9판, 법문사, 2005, 333면; 김철용, 행정법 I, 제9판, 박영사, 2006, 303면; 박윤흔, 최신행정법강의(상), 박영사 2001, 557면 등을 비롯하여 홍정선 교수, 박균성 교수, 김성수 교수, 유지태 교수 등도 비슷한 입장이다. 특히 박균성 교수는 "공법상 계약과 행정주체의 사법상 계약을 포괄하는 개념으로 행정계약이라는 개념을 사용하는 경우가 있는데 사견으로는 공법상 계약과 행정계약은 동의어로 보고 행정상 계약이라는 개념으로 행정주체의 공법상 계약과 사법상 계약을 포괄하여 지칭하는 것이 타당하다"고 한다(박균성, 행정법총론, 제2판, 박영사, 2003, 323면).

## 2. 행정행위와 행정계약

행정청은 行政客體의 同意 없이도 권리와 의무를 창설할 수 있는 일방적인 결정을 할 권한을 가지고 있다. 예를 들어 公務員을 行政行爲에 의해 任命한다고 할 때도 相對方의 同意가 필요하다. 그러나 그 동의는 행정청의 일방적 의사의 효력조건일 뿐으로 임명이라고 하는 법률행위는 그 동의와는 별도로 존재한다. 계약과 행정행위는 행정작용의 분야에 따라 병행적으로 사용되기도 하고 배타적으로 사용되기도 한다.

### (1) 행정행위와 행정상계약의 분야

행정행위와 행정상 계약은 흔히 각기 달성할 수 있는 결과를 고려할 때 대체할 수 있는 경우가 많다. 예를 들어 행정청이 動産이 필요하다고 할 때, 행정청은 이 動産을 구입할 수도 있지만 徵發할 수도 있다. 또 공무원을 행정행위에 의하여 임명할 수도 있지만 계약을 체결하여 고용할 수도 있다. 公物使用許可나 補助金의 支給에 있어서도 행정행위에 의하기도 하고 계약에 의하기도 한다. 그러나 행정청이 언제나 행정행위와 행정상 계약 가운데 어느 한 수단을 선택할 수 있는 것은 아니다. 대부분의 경우는 오히려 어떠한 수단을 취할 것인지의 여부가 행정작용법 규정에 정해져 있다. 즉, 動産의 취득을 위해서는 일반적으로 계약의 방법에 의하여야 하고, 徵發은 예외적으로만 규정되어 있을 뿐이다. 보조금의 지급에 있어서는 행정행위의 방법이 일반적이고 계약의 방법이 예외적으로 규정되어 있다.

따라서 행정행위와 행정상 계약의 개입분야는 기본적으로는 명문규정에 따라 정해진다. 그러나 명문의 규정이 없는 경우에 행정작용의 행위형식이 행정행위인지 행정상계약, 특히 행정계약인지를 판별하는 기준은 첫째 형식적 기준을 적용하여 양당사자가 서명한 서류가 존재하는지 아니면 행정청의 규정에 근거하고 있는지의 여부에 따라 판별하여야 하며, 둘째 당사자의 법적 안정성을 강화하여 배상하에서만 수정이 가능한 기득권을 인정하고 있느냐의 여부에 따라야 한다[9]는 견해가 유력하다.

행정객체가 법률행위의 내용의 조성에 영향을 미치느냐 아니면 단지 거절함

---

9) Blaise Knapp, Précis de Droit Administratif, Helbing & Lichtenhahn 1991, p. 316.

으로써 법률행위의 형성만 방해할 수 있느냐의 여부, 즉 협상의 존재 여부가 행정행위와 행정계약을 구분하는 중요한 한 요소라는 견해[10]가 있으나 논리적으로는 협상이 존재하면 행정계약의 형식을 취하는 것이 보다 합리적인 해결방법이나 현실적으로는 재량행위의 경우(특히 독일법계의 경우, 예를 들어 特許)에도 많은 토의와 협상이 존재하므로 협상이 존재한다는 이유만으로 행정계약으로 보는 것에는 무리가 따른다.

#### (2) 행정행위와 행정계약의 혼합

행정행위와 행정계약의 장점을 결합하기 위하여 하나의 행정작용에 두 가지 형식이 혼합되기도 한다. 예를 들어 건축허가에 앞서 사전에 협정을 체결하는 경우 이러한 협정에 의하여 허가의 상대방에게 대하여 의무를 명확히 하고 강화하는 한편 상대방을 특수한 상황에 보다 잘 적응시킬 수 있다. 프랑스의 1982년 3월 2일의 분권화 법률은 지방자치단체와 재정지원을 받는 기업체 사이에 협정을 체결하도록 하고 있는데 재정지원의 공여는 행정행위이지만 지원의 조건은 협정에 명시되어 있다. 만약 협정이 체결되지 않으면 지원이 위법이며 협정이 존중되지 않으면 지원은 중단된다.[11] 또 다른 예로 1989년에 수정된 1986년 9월 30일 법률은 라디오와 텔레비전 방송에 대한 허가에 앞서 방송위원회에 의하여 대표되는 국가와 방송국 사이에 협정을 체결하도록 하고 있는데 이 협정이 법률이 정한 방송업무에 적용될 규칙과 방송위원회의 제재권을 보다 상세히 규정하고 있다. 프랑스 헌법재판소는 이러한 제도가 평등원칙에 부합한다고 판결하였다.[12]

### 3. 행정계약과 행정사법계약

행정청이 체결하는 계약 중 행정계약이 아닌 것은 모두 행정사법계약이다. 즉, 행정사법계약은 소극적(negative) 개념이다. 따라서 행정계약의 준거를 파악하는 것이 중요하다. 행정계약의 준거는 행정에 관한 공법관계와 사법관계의 구별기준에 따르는데 공법관계와 사법관계의 구별기준점에 관한 이론상의 기준

10) Hartmut Maurer, Allgemeines Verwaltungsrecht, Verlag C.H. Beck, 1994, S. 339.
11) Laurent Richer, Droit des Contrat Administratifs, L.G.D.J. 1999, p. 57.
12) C.C. 17 janvier 1989, Rec. C.C. p. 23.

들을 완벽하게 적용하기에는 각국의 실정법제도나 행정현실이 정비되어 있지 아니하므로[13] 프랑스와 독일 및 스위스에서의 행정계약의 준거를 중심으로 살펴보기로 한다.

### (1) 프 랑 스

프랑스에서의 행정계약의 준거는 우선 명문규정에 따르며, 명문규정이 없는 경우에는 판례에 따른다.

1) **입법규정** : 법률이 규정하고 있는 행정계약의 기준은 ㄱ) 정부공사계약(공화력 8년 쁠뤼비오즈 28일 법률), ㄴ) 공물의 사용에 관한 계약(1938년 6월 17일 법률), ㄷ) 국가의 건물매각계약(공화력 8년 쁠뤼비오즈 28일 법률), ㄹ) 사회보장기금과 의사조합 사이의 계약(1975년 7월 20일 법률 제4조 및 제7조)이 있다. 그 밖에도 프랑스 전기회사와 공급업자 사이의 계약과 같이 법률에 의하여 사전에 법적 성격이 정해진 경우가 있다.

2) **판례기준** : 판례가 채택하고 있는 기준은 당사자, 목적, 일탈조항(clauses exorbitantes)의 세 가지이다. 당사자 중의 적어도 어느 일방이 公法上의 法人이거나 공법상의 법인을 대신하는 私人이 아닌 것은 행정계약이 아니다. 또한 행정계약이 되기 위하여는 목적이 공공서비스의 수행을 위한 것이거

---

13) 우리나라에서는 행정작용법관계를 독일의 예에 따라 權力關係, 管理關係, 國庫關係로 나눔이 보통이다. 여기서 권력관계라 함은 행정주체가 공권력의 주체로서 우월적인 지위에서 국민에 대하여 일방적으로 명령·강제하는 관계를 말하며, 관리관계란 행정주체가 비권력적인 관리자의 지위에서 공공복리를 위하여 공기업을 경영하거나 공적 재산을 관리하는 법률관계로 원칙적으로는 민사소송의 대상이 되는 사법관계이나 실정법상 명문의 규정이 있거나 그 법률관계의 해석상 사법관계와 구별되는 공공성이 실증되는 한도 내에서 공법관계로 된다고 하고, 국고관계란 행정주체가 국고의 주체로서 국민을 대하는 경우에는 사법관계로 본다는 것이다. 권력관계가 공법관계라는 점에 대하여는 의심의 여지가 없으므로 재론할 여지가 없다. 그러나 행정작용법 관계는 행정소송의 대상이 되는 행정법관계와 민·형사 소송의 대상이 되는 사법관계로 명확히 나누어질 수밖에 없는 것이기 때문에 관리관계를 원칙적으로는 사법관계이나 공법적 특수성이 인정되는 한도 내에서 공법관계로 된다고 하는 것은 논리성의 결핍으로밖에 보이지 않는다. 행정법관계는 사법관계를 전제로 해서는 안 되며 오히려 사법관계에 대한 부정논리로부터 출발하여야 할 것이다. 관리관계는 M. Hauriou의 분류와 같이 공적 관리관계와 사적 관리관계로 명확히 나누어야 할 것이다. 또 국고관계가 사법관계라는 것은 행정법이 탄생하기 이전에 관습법으로서의 민법만이 존재하던 시절에 국가의 행위라 하더라도 최소한 국고관계에 있어서만은 국가도 법적인 책임을 지라고 하는 원시적 법치국가 시절에는 타당하였다고 보이나 공법으로서의 행정법이 탄생한 이상, 국고관계라고 사법관계로 볼 것이 아니라 공익을 목적으로 하는 불평등한 법관계인가 아닌가의 여부에 따라 공법관계와 사법관계는 구분되어야 한다. 아직도 18세기 이전의 독일 유습에 사로잡혀 국가의 물품구매계약이나 정부공사 도급계약을 계속해서 사법관계로 보는 것은 비논리적일 뿐 아니라 보통법(common law) 국가인 영·미에서도 정부계약(Government Contract)에 대하여는 특수한 취급을 하고 있는 것에 비추어 볼 때, 비현실적인 것이다.

나 보통법에 대한 일탈조항을 구비하고 있어야 한다.[14] Commune de Sauve 판결 및 같은 날 UGAP 판결(TC 5 juill. 1999)에서는 "행정계약은 공공서비스에 관계되거나 일정한 내용을 담고 있다"고 하였다.

당사자에 관한 판례를 살펴보면 우선 공법인 사이의 계약은 원칙적으로 행정계약이다.[15] 공법인 사이의 계약은 공적 관리작용이 대부분이기 때문이다. 사인 사이의 계약은 원칙적으로 행정계약이 아니다. 한 당사자인 사인이 공공서비스를 수행한다거나 계약이 보통법에 대한 일탈조항을 포함한다 하더라도[16] 또 조달시장법전을 적용하거나 정부공사를 수행하기 위한 것이라 하더라도 행정계약이 아니다.[17] 그러나 판례는 사인이 행정청의 명시적 또는 묵시적인 위임을 받아 행정청을 위하여 행정청을 대신하여 체결한 계약은 행정계약으로 보고 있다.[18]

보통법에 대한 일탈조항에 관한 판례를 살펴보면 행정청이 체결하는 계약이라 하더라도 "사인들 사이의 계약과 마찬가지의 규율과 조건에서" 체결하는 계약[19]은 행정계약이 아니다. 이 말은 그 후의 판례에서 선언된 '逸脫條項'을 포함하지 않는다는 것을 의미하는 것으로 일탈조항이 있는 계약을 체결함으로써 당사자는 사법적용을 회피하려는 의사를 표현하는 것이라고 해석된다.[20] 판례에 의하면 '逸脫條項'이란 당사자에게 민법과 상법에 의하여 자유로이 동의하는 성격과는 이질적인 권리를 부여하거나 의무를 부과하는 것이다.[21] 집행절차에 의하여 채권을 확보하는[22] 등의 사법관계에서는 불가능하거나 생각할 수 없는 예외조항을 두거나[23] 공법인에게 감독권을 인정하거나 계약의 중지와 해제를 결정할 권한을 주는 등의 계약 상대방에 대한 우월적 지위를 부여하거나,[24] 계

---

14) T.C. 7 juillet 1980 Sté d'exploiation touristique de la Haute-Maurienne; 21 mars 1983 UAP; 20 janvier 1986 Boennec.

15) T.C. 21 mars 1983 UAP; C.E. 11 mars 1990 Bureau d'aide soc. de Blennod les Pont-à-Mousson.

16) C.E. 20 déc. 1961 Sté de l'autoroute Esterel-Côte d'Azur; TC 19 janv. 1972 SNCF c/Entr. Solon et Barrault; 9 févr. 1994 Sté Autoroutes Paris-Rhin-Rhône.

17) C.E. sept. 24 mai 1974 Sté Paul Millet; T.C. 20 janv. 1986 Sté Laurent Bouillet.

18) C.E. 30 mai 1975 Sté d''équip. de la rég. montpelliéraine; 1 mars 1989 d'équip. Sté d'équip. du dpt de la Gironde; T.C. 7 juill. Cne d'Agde.

19) C.E. 31 juill. 1912 Société des granits porphyoides des Vosges.

20) C.E. 10 mai 1963 Sté la Prospérité Fermière.

21) C.E. sept. 15 fév. 1935 Stein.

22) T.C. 27 juill. 1950 Peulaboeuf.

23) Cass. 1ère civ. 18 nov. 1992 Cne de Pantin.

24) C.E. ass. 26 févr. 1965 Sté du vélodrome du Parc des princes.

약이 규정하지 아니하는 부분에 대하여는 행정청의 조건명세서(cahier des charges)에 의하는[25](이 경우에는 일탈조항이 없어도) 등의 경우에는 행정계약으로 본다.

그러나 행정계약의 개념과 구분하여야 할 개념으로 준계약(quasi-contrats)[26]이 있는데 준계약은 정부가 경제개발계획의 준칙(directive)의 수행환경을 조성하기 위해 이에 합당하다고 판단되는 협의대상인 민간업자들의 투자계획에 의하여 예상되는 국가의 재정적, 물질적, 조세면에서의 협력백서의 제시하는 것을 가리키는 것으로 계약이란 용어가 사용되고 있음에도 불구하고 이것은 쌍방적 법률행위가 아닌 일방적 법률행위이다. 그러나 이러한 일방적 법률행위 형식의 도입 역시 행정행위의 확정적이고 의무적인 법적 구속력을 완화시켜 준다.

계약의 목적인 공공서비스의 수행에 관하여는 계약이 계약의 상대방에게 공공서비스의 운영을 담당시켜야 한다. Epoux Bertin 판결(C.E. 20 avril 1956)에서는 소련 출신 피난민 주거사무소가 계약에 의하여 Bertin부인에게 주거와 양식을 제공할 임무를 부여하였다. 공공서비스의 수행에 관련된 중요한 판례로는 이밖에 Min. de l'agriculture c/Consorts Grimouard 판결(C.E. 20 avr. 1956), Dame veuve Mazerand 판결(TC 25 nov. 1963), Sté "La maison des isolants de France" 판결(C.E. 26 juin 1974), S. Kermann 판결(TC 18 mars 1991) 등이 있다.

### (2) 독 일

독일에서는 계약을 사법상의 계약과 헌법상의 계약과 공법상의 계약으로 나누고 있는데 공법상의 계약이 프랑스법상의 행정계약에 대응한다. 헌법상의 계약의 예로는 1924년 11월 15일의 바이에른 주와 복음교회 사이에 체결된 계약을 비롯한 각 란트와 프로테스탄트 교회 사이의 계약이 다수 존재한다. 공법상의 계약은 형식적 기준을 채택하지 않고 실질적 기준을 채택하여 계약의 목적이 공법에 의하여 규정되고 운영되는 계약을 공법상의 계약으로 본다. 따라서 공적인 임무를 수행한다고 하여 공법상의 계약이 되는 것은 아니기 때문에 공적인 임무를 사법에 의하여 수행할 가능성이 넓게 열려 있다. 공법상의 계약이 되기 위해서는 계약의 목적만 고려할 뿐 당사자의 성격은 문제삼지 않는다.[27]

---

**25)** C.E. sect. 17 nov. 1967 Roudier de la Brille.

**26)** René Chapus, Droit administratif général T.1, Montchréstien, 1999, p. 1171.

따라서 공법인 사이에도 사법상의 계약을 체결할 수 있다. 역으로 사인 간에 있어서도 공법상의 계약을 체결할 수 있다(이 계약은 행정절차법에 규정된 계약은 아니다). 급부의 제공의 경우에 행정청은 공법적용과 사법적용을 선택할 권한을 가진다. 따라서 출발시에 있어서의 행정청의 의사가 행정계약을 결정짓는 결정적인 역할을 한다.[28] 공법상의 계약에 관한 분쟁은 행정법원의 관할에 속한다. 그러나 공법상의 계약에 관한 일반원칙이 성립되어 있지 않기 때문에 계약의 취소나 효력 요건 등에 관하여 민법상의 계약에 관한 일반원칙들을 적용한다. 따라서 의사의 합치라고 하는 계약의 개념이 중시되기 때문에 사법상의 계약에 있어서와 같이 당사자의 평등성이 존중된다. 따라서 행정의 공익 대변성에 따른 특권은 약화되어 행정제도적 성격이 탈색되어 있다.

#### (3) 스 위 스

행정법상의 계약인지 사법상의 계약인지의 여부는 우선 법률규정에 의하여 정해진다. 법률규정이 없는 경우에는 공법관계와 사법관계를 구별하는 일반적인 기준에 따라 정해지나 최근의 판례들(ATF 99 Ib 120 Crameri; 102 II 57 Pierroz; 103 II 318 Commune de Villarrs-sur-Glâne; 103 Ia 34 Copropriété Schwanensee)은 계약의 목적에 비중을 두는 편이다. 그러나 당사자 사이의 불평등성도 고려(Banque commerciale Arabe S.A.판결 ATF 100 II 210/1; 상기의 Pierroz 판결)되고 있다.[29]

## Ⅲ 행정계약의 주요 분야

### 1. 프 랑 스

프랑스에서는 행정계약의 범위가 매우 넓다. 그 중요한 분야는 다음과 같다.

---

27) Christian Autexier, Introduction au Droit public allemand, PUF 1997, p. 258.
28) H. Maurer, Allgemeines Verwaltungsrecht, C.H. Beck, 1992 München 14-II-2-9.
29) Blaise Knapp, op. cit., p. 314.

### (1) 공공시장(marché public)계약

공공시장계약이란 공공서비스(service publc)의 필요에 따라 체결되는 공공시장 법전(Code des marchés publics)에 의한 계약을 말한다. 정부공사계약, 조달계약, 수송계약, 연구용역계약, 프로젝트의 실현을 위한 조사계약, 하이 테크놀로지의 시범이나 운영을 위한 산업계약 등이 있다. 시장의 성격과 가격에 따라 공고와 경쟁원리가 엄격해진다. 시장은 신문에 공고되어야 하고 900,000 프랑 이상의 시장은 공공시장공보에 게재되어야 하고 1,380,000프랑 이상의 조달시장과 6,900,000프랑 이상의 공공공사시장은 유럽공동체 관보에 게재되어야 한다. 300,000프랑 이상의 시장은 가장 낮은 가격을 제시한 자가 자동적으로 낙찰자가 되는 공개입찰(adjudication) 또는 행정청이 기술적, 경제적인 제 여건을 감안하여 상대방을 결정하는 제한계약(appel d'offres)에 부쳐야 하며 수의계약(marchés négociés)은 ① 긴급한 경우, ② 연구용역, ③ 안전과 보안상의 이유, ④ 공개입찰이나 제한계약의 절차를 적용할 수 없는 경우에만 허용된다.

### (2) 공공서비스 위임(délégation)계약

공공서비스를 위임하는 계약으로는 ㄱ) 공공서비스 위탁(affermage)계약과 ㄴ) 공공서비스 특허(concession)계약이 있다. 공공서비스 위탁계약은 주로 지방자치단체에서 사용되는데 계약의 당사자들 사이에 권리와 의무가 분배되는 점에서 공공서비스 특허계약과 구분된다. 공공서비스 특허계약(concession de service public)은 행정청이 사인 또는 예외적으로 영조물 법인에게 그들의 경영적 책임하에 공공서비스를 운영하도록 하는 계약으로서 특허계약의 상대방은 공공서비스 이용의 대가로 이용자들로부터 사용료를 받는다. 공공서비스 특허계약은 공법상의 계약이며 행정판사의 권한사항이다.

### (3) 공공채권계약(emprunt public)

이는 사인이 국공채를 매입하는 계약을 말한다.

### (4) 민자유치계약(offre de concours)

이는 사인이 공공공사에 재정적, 물질적으로 협력하는 계약을 말한다.

### (5) 공물(domaine public)점용계약

공물의 점용은 행정행위에 의하여 허가될 수도 있지만 계약에 의하여 점용될 수도 있다. 공원 내에 있는 식당 같은 것은 보통 계약에 의하여 점용된다. 계약과 일방적 허가의 중요한 차이점은 허가철회에 대하여는 보상하지 않는 반면 계약의 일방적 철회에 대하여는 보상한다[30]는 것이다.

## 2. 독 일

행정계약의 분야는 Fiskus이론의 영향으로 비교적 좁다. 일반적으로 독일의 공법상 계약은 대등계약과 종속계약으로 나누어지며 대등계약은 공공단체간의 계약, 행정기관간의 계약과 사인간의 계약이 있고, 종속계약에는 조세・사용료・부담금에 대한 계약, 토지수용계약, 공기업특허(공공서비스 특허)계약 등이 있는데, 이 종속계약이 국가와 국민사이의 계약이므로 매우 중요한 의의를 지닌다. 연방행정절차법에서는 화해계약과 교환계약을 구분하고 있다. 화해계약은 사실관계・법상태에 관한 불명확성을 제거하기 위하여 체결하는 계약으로 조세나 사회보장급부 등의 분야에서 이루어지며, 교환계약은 상대방의 반대급부에 대하여 행정기관이 일정한 급부를 약정하는 계약으로 기업유치협정, 수용계약, 각종의 인・허가에 관련된 계약이 포함된다.[31]

## 3. 스 위 스

스위스에서의 행정계약의 적용범위는 개발계획의 수행을 위하여 지방자치단체와 토지소유자 사이의 계약, 주택건설에 대한 지원계약, 토지수용계약, 의사의 공공의료기관에 대한 봉사계약, 전략 산업체에 대한 수도의 염가공급과 같은 특혜계약, 비축기관과 창고업자 사이의 물자비축계약, 식용육류의 머리 부분 판매계약, 지방자치단체간의 수원지정화계약, 매장계약, 열차청소계약 등이 있다.

---

30) Laurent Richer, Droit des contrats administratifs, L.G.D.J. 1999, p. 82.
31) 박윤흔, "공법상계약", 고시행정, 1989년 5월호 참조.

# IV 행정의 특권

행정청은 계약의 상대방에 대하여 사법상의 계약에서는 찾아 볼 수 없는 특권을 향유하는데 이러한 특권은 행정제도(Régime administratif)가 발달한 프랑스에서는 물론이며 행정제도에 따른 공법과 사법의 구별이 없는 미국에서조차 정부계약(Government Contract)의 경우에는 정부의 특권이 따른다. 행정의 특권에 관하여 가장 전형적인 프랑스와 common law 국가에 있어서의 행정의 특권이란 점에서 매우 흥미를 자아내는 미국의 예를 중심으로 살펴보기로 한다.

## 1. 체결상의 특권

프랑스의 경우, 공공시장계약(contrat de marché public; 조달계약)과 공공서비스특허계약(contrat de concession de service public; 공기업특허계약)의 조항은 행정청에 의하여 일방적으로 결정된다. 행정계약의 상대방은 가격의 결정에 있어서만 이니셔티브를 취할 수 있다. 즉 가격 이외의 문제에 있어서는 행정청이 제시한 조건을 수락하거나 거부할 수 있을 뿐이다. 이러한 행정 계약의 조건은 행정청이 정하는 조건명세서(cahier des charges)에 기재되어 있다. 이 조건명세서는 모든 정령(décret)이나 부령(arrêté)에 의해 승인의 대상이 되는 경우가 많다. 따라서 '행정계약'(contrat administratif)은 대등한 당사자 사이의 계약이 아니라 공적 임무(service public)를 수행하기 위한 '불평등 계약'이다.

미국에서도 부종계약(contracts of adhesion)에 의해 공공서비스를 담당하는 기업자들에게 특별한 의무가 부과된다. 미국의 한 중요한 계약관계논문[32]에 의하면 "모든 원하는 정당한 고객에게 봉사할 의무를 가지는 일반운송업자는 그 공공자격으로 업무를 수행할 때에는 결코 계약에 의하여 자신의 과실책임으로부터 면책될 수 없다는 점에서 법은 잘 정돈된 것 같다"고 하며 그와 유사한 원칙이 전화, 부두, 관개 또는 화재보험 등의 사업자들에게도 적용되어 왔다

32) Kessler, Contracts of Adhesion, 볼프강 프리드만 저 / 박수혁 역, 현대국가의 법원리, 법문사, 1986, 48면에서 재인용.

고[33] 한다.

## 2. 이행상의 특권

### (1) 프 랑 스

1) 행정청은 계약의 이행을 지휘하고 감독할 권리를 가진다. 공공토목공사의 경우, 교량과 도로의 토목기사는 공사장에 자유롭게 출입할 수 있고, 업무명령을 내린다.

2) 일방적으로 계약의 내용을 수정할 수 있다. 이러한 일방적인 계약의 내용에 대한 변경은 사법상의 기본원칙과 정면으로 배치된다. 민법상의 '불가변성'(immmutabilité) 원칙에 반하는 행정계약의 이러한 특성에 대한 논란에 대하여 꽁세이데따는 1983년 2월 2일의 Union des transports publics urbains판결에서 명시적으로 일방적인 변경 특권을 선언하고 있다. 행정작용은 공익을 우선하여야 하는데, 공익은 시간에 따라 변하기 때문에 계약의 불가변성이 공익을 해쳐서는 안 되기 때문이다. 따라서 행정청은 계약 상대방의 의무를 증대시키거나 수정하거나 또는 감경할 수 있다. 이러한 행정청의 공익을 위한 특권은 일찍이 새로운 기술환경에 적응하기 위하여 가스가로등(전기가로등이 나오기 전에 사용된) 특허업자에게 적용되었고,[34] 도시의 팽창으로 인하여 전차를 운영하는 특허업자에게 계약에서 예정되지 아니한 노선의 연장을 명하였다.[35] 그러나 이러한 특권은 새로운 상황에 적응하는 데 필요한 엄격한 한도 내에서 행사되어야 한다. 즉 비례의 원칙이 엄격히 지켜져야 한다. 또한 수정내용이 과도할 때는 계약의 상대방이 계약의 해지를 판사에게 청구할 수 있다. 또, 계약의 상대방에게 공여한 재정적 특혜는 삭감할 수 없으며 새로운 의무의 조건으로 계약의 상대방은 재정적인 반대급부를 청구할 권리를 갖는다.

3) 행정계약의 상대방이 직접 계약을 이행할 것을 요구할 권리를 가진다. 즉 행정계약의 상대방은 직접 계약을 이행하여야 한다. 따라서 계약회사에 새로운 자본이 유입되면 계약을 해지할 수 있다.[36] 또한 공공시장의 매매는 금지

---

33) 볼프강 프리드만, 같은 책 48면.

34) C.E. Gaz de Déville-lès-Rouen, 10 janv. 1902.

35) C.E. 21 mars 1910, Cie générale française des tramways.

36) CAA Lyon, 9 avr. 1991, Sté "Les téléphériques du massif du Mont-Blanc" et Commune de St-Gervais.

되며 하도급은 엄격히 통제된다.

4) 공익을 이유로 한 일방적인 계약해지권을 가진다. 공익을 이유로 한 일방적인 계약해지권은 행정계약법의 일반원칙이다.[37] 이 권한은 예정될 필요가 없으며 반대규정이 있어도 유효하다. 또 이유를 부기할 필요도 없다.[38] 행정계약의 상대방에게는 어떠한 비난도 가하는 것이 아니며 행정청은 손해를 전보하여야 한다.

### (2) 미 국

1) 거의 모든 정부계약의 조항은 '편의종결'(Termination for Convenience)조항을 둔다. 이 조항에 의하여 정부는 '정부의 최상이익'(the Government's best interest)이라고 판단할 때 어느 때라도, 이유없이 계약을 종결시킬 수 있다.[39] 이러한 정부의 특권은 정부의 구매상의 필요 — 그렇게 함으로써 납세자들의 부담을 줄이고 — 상황과 기술의 변화에 적응하기 위한 것이다. 예를 들어 특정 병기의 지속적인 생산은 갑작스런 전쟁의 종결로 더 이상 불필요하게 된다. 의회도 냉전의 종결로 인하여 값비싼 새로운 전투기의 생산을 위한 예산에 동의하지 않을 것이다. 그러나 정부는 악의로나 재량권을 남용하여 계약을 종결하여서는 안 된다.

2) '변경'(Changes)조항에 의하여 정부는 계약의 범위 내에서 일방적으로 계약의 수행도중에 계약을 변경할 수 있다. 예를 들어 공급가격이 결정된 계약에서 정부는 일방적으로 무늬나 디자인을 변경할 수 있고, 선적방법이나 포장방법 또는 납품장소를 변경할 수 있다.[40]

### (3) 독 일

연방행정절차법 제60조 제2문은 제49조 제5항을 유추적용하여 공동체의 이익에 심각한 손해의 발생우려가 있거나 손해를 만회하기 위한 경우를 대비해 특별해지를 규정하고 있다. 다만 이 경우에는 손해를 전보하여 주어야 한다.

---

37) Jean-Claude Ricci, Droit administratif, Hachette, 2000, p. 79.

38) C.E. 2 fév. 1987, Sté TV6 et autres.

39) FAR 52.249-2.

40) FAR 52.243-1.

### 3. 제재상의 특권

프랑스의 경우, 첫째 행정청이 과실을 범하더라도 계약의 상대방은 계약의 이행을 중단할 수 없고, 법원에 손해배상을 청구하거나 중과실의 경우에는 계약의 해지를 청구할 수 있을 뿐이다. 둘째 계약의 상대방에게 과실이 있을 때는 사법관계와 비교하여 보다 광범위한 제재수단을 보유한다.

① 손해의 배상뿐만 아니라 공익상 요구되는 효과적인 집행까지를 요구한다.
② 계약상 제재규정이 없더라도 행정청은 적절한 제재를 가할 수 있다.[41)]
③ 제재는 판사의 개입이전에 예선적, 일방적으로 결정되는데 이것은 행정특권의 전형적인 예를 구성한다.
④ 계약의 상대방은 정당하지 아니한 제재에 대하여 제소할 수 있고 손해배상을 청구할 수 있다.

그리고 제재의 방법으로는 금전적 제재와 대집행, 그리고 보상 없는 계약 종결이 있다.

미국의 경우 계약의 상대방에게 과실이 있을 때에는 계약을 일방적으로 종결시킬 수 있으며 정부는 종결된 계약에 의거하여 재화나 용역을 재공급받을 수 있으며 추가비용은 종결된 계약의 상대방에게 부담시킨다.[42)] 그러나 계약의 상대방은 불가항력이나 무과실의 경우에는 면책된다.

## V 당사자의 권리

### 1. 계약 밖의 권리

프랑스에서, 행정청과의 계약의 상대방은 계약 이외의 권리를 향유한다. 우선 계약의 이행을 수월하게 하기 위하여 공공서비스 특허업체(공무수탁사인)는

---

**41)** "계약의 어느 조항도 제재를 규정하고 있지 아니한다 하더라도 램프의 밝기가 불충분하며 기기가 잘못 유지되고 있고, 규정시간에 램프가 켜져 있지 않다면 시 · 읍 · 면은 공공가로등의 특허업자에게 제재를 결정할 수 있다." C.E. 31 mai 1907, Deplanque.

**42)** FAR 52. 249. 8(b).

일정한 공권력의 특권을 향유하여, 이용자로부터 사용료를 받으며, 사업에 대한 독점권을 누리고, 공공공사를 시행하는 자는 공사를 위하여 일시적으로 사소유지를 사용할 수 있다. 이러한 특권은 공익상의 요구에 따라 계약의 상대방이 행정청과 결합됨을 의미한다. 다른 한편으로는 계약대금에 관한 것은 행정청의 일방적인 수정대상에서 제외된다.

## 2. 왕자행위이론(La théorie du fait du prince)[43]

계약의 상대방에게 계약의 당사자인 행정청이 특권을 사용한 결과로 변수가 생겼을 때, 계약의 이행조건이 달라져 계약의 상대방에게 추가부담을 줄 경우 행정청은 손실액 전부를 변상하여야 한다는 이론으로 사법상의 계약에 있어서는 일방적으로 계약을 수정할 수도 없고 계약내용 중에 규정된 배상만 하는 데 비하여 행정계약에서는 일방적 수정이라고 하는 특권을 부여하는 대가로 손실액의 전부를 배상한다고 하는 보다 큰 행정책임의 이론이다. 계약에 기초한 일방적인 행위가 아닌 경찰권의 행사 같은 것도 왕자행위이론을 준용한다. 그러나 계약의 당사자가 아닌 다른 공법인에 의한 행위에 대하여는 왕자행위이론을 적용하지 않는다. 계약의 당사자인 행성칭의 일반적인 행위에 의하여 계약의 상대방에게 추가부담이 생겼을 경우에는 계약의 핵심적인 요소에 직접적인 영향을 미쳤을 때만 배상한다.

## 3. 예측불능이론(La théorie de l'imprévision)

세계 제1차 대전이 발발하자 석탄가격이 상승하여 가스특허업체가 계약에 명시된 가격으로는 파산을 면할 수 없게 되었다. 이러한 경제적 변수에 대하여 꽁세이데따는 계약의 이행이 물리적으로는 가능하지만 계약의 당사자들의 의사와는 무관한 불가항력적인 경제적인 파탄이 발생한 경우에 대비하여 예측불능이론을 만들어 내었다.[44] 사법상에 있어서는 그러한 상황이 발생한다 하더라도 계약의 의무에 아무런 영향을 미치지 않는다. 그러나 행정판사는 이를 심사하여 계약의 상대방의 파산을 공공적 필요를 계속적으로 충족시켜야 할 행정의

43) Badaoui, Le fait du prince dans les contrats administratifs, thèse, Paris, 1954.

44) C.E. 24 mars 1916, Cie du gaz de Bordeaux.

의무와 타협이 가능한 것으로 보아 이러한 계속성을 확보하기 위하여 경제적 변수를 계약의 양당사자 사이에 분배하여 특허업자에게 계약의 이행을 계속할 수 있도록 손해액의 일부를 전보해주도록 하는 이론이다.

# Ⅵ 결 론

행정의 활동형식의 법적 성격은 궁극적으로 *行政行爲*(법규명령을 포함한 개념으로), *行政契約*, *私法上 契約*의 세가지로 귀결된다. 행정에 특유한 법관계로서 사법과 구분되는 '행정법'(Droit Administratif)이 필요한 것인가에 관하여는 1885년 프랑스를 행정법독재국가라고 비난하며 '普通法의 支配'를 부르짖었던 Dicey교수 자신이 1902년에는 자신의 견해를 수정하였고, Robson, Jennings 등의 활약에 힘입어 보통법의 모국인 영국에서도 이른바 'Red light theories(행정법 부정론)'를 청산하고, 'Green light theories(행정법 긍정론)'를 정착시켰으므로, 더 이상의 논쟁의 필요성은 없다고 하겠다. 미국의 'Government Contract'는 보통법(Common Law)의 행정법(Droit administratif)화 현상을 보여주는 대표적인 예라 하겠다. 행정에 특유한 공법으로서의 행정법이 필요하다고 할 때, 행정에 적용되는 법은 행정법이 최초로 구성된 프랑스에서도 19세기 초반까지는 권력행위(Acte d'autorité)와 관리행위(Acte de gestion)로 나누어 권력행위에는 행정법이 적용되고 관리행위에는 사법이 적용된다고 보아왔다. 즉, 19세기 초반까지는 행정의 활동형식은 공법인 행정행위와 사법인 사법상의 계약으로 이분되어 있었다. 그러나 19세기 동안의 진전은 관리행위를 공법이 적용되는 공적 관리행위와 사법이 적용되는 사적 관리행위로 나누게 되었고, 이 공적 관리행위에 적용되는 활동형식이 바로 공법으로서의 행정계약이다.

따라서 행정계약은 행정에 특유한 공법으로서의 행정법관계로서, 사익에 대하여 공익을 우선해야 할 입법정책상 부여되는 행정의 특권이 부여되는 관계이며 이러한 특권이 부여되는 대가로 응당 사법관계에서는 볼 수 없는 보다 폭넓은 책임이 행정청에 부가된다. 우리는 그 전형적인 예를 프랑스의 '왕자행위이론'이나 '예측불능이론'에서 볼 수 있다. 따라서 행정계약에는 공법에 특유한 계약으로서의 일반원칙이 성립되어야 하는 것이지 사법상의 계약원칙을 적용하여서는 안 된다.

그런 점에서 우리나라의 「국가를당사자로하는계약에관한법률」은 제5조가 "계약은 상호 대등한 입장에서 당사자의 합의에 따라 체결되어야 하며, 당사자는 계약의 내용을 신의성실의 원칙에 따라 이를 이행하여야 한다"고 규정하여 계약의 원칙으로 사법상의 계약의 원칙을 적용하고 있는 것은 문제이다. 이러한 사법상의 계약의 원칙으로는 행정의 공익성을 효과적으로 확보할 수 없고, 책임도 사법상의 책임밖에 물을 수 없어 이른바 '行政의 私法에로의 逃避'를 유발하여 국민에게도 유리할 것이 없으므로 공법상의 행정계약 원칙을 수용한 시급한 입법이 요청된다. 이 경우 참고할 입법예로서 개념에 있어서는 프랑스와 독일이론을 참고할 필요가 있겠지만 독일의 행정계약 이론은 개념은 확고히 구성되어 있으나 아직 일반이론이 성립되어 있지 아니한 상태에 있으므로, 일반이론의 참고에는 적절치 않다. 일반이론에 있어서는 프랑스와 미국의 이론, 특히 프랑스의 행정계약이론은 행정제도 국가의 행정계약이론으로 이미 상당한 정도로 구성되어 있으므로 입법에 많은 참고거리를 제공할 수 있을 것으로 본다.

# 제 5 장 기타 행정의 행위형식[1) ]
# -행정지도-



## Ⅰ 序　論

### 1. 개　념

행정지도란 행정기관이 그 소관사무의 범위 안에서 일정한 행정목적을 실현하기 위하여 특정인에게 일정한 행위를 하거나 하지 아니하도록 지도 · 권고 · 조언 등을 하는 행정작용을 말한다(행정절차법 제2조).

### 2. 성　질

행정지도의 요소로서는 ① 비권력적 행위, ② 사실행위, ③ 행정목적의 실현을 드는 것이 일반적이다.

1) 이광윤, 행정법이론, 법문사, 2006, 246면 이하.

### 3. 행정지도의 장 · 단점

행정지도는 ① 급속하게 변하는 행정현상에 신축적이고 탄력적으로 대응할 수 있고, ② 상대방의 임의적 동의를 전제로 하는 까닭에 마찰이나 저항을 방지할 수 있으며, ③ 고도화된 과학기술사회에서 국민들에게 신속하고 적절한 지식과 정보를 제공할 수 있다는 장점이 있다.

그러나 ① 행정지도는 반드시 법적 근거를 요하지 않으므로 책임소재가 불명확할 우려가 있고, ② 심리적 압박으로 인해 사실상의 강제가 될 수 있으며, ③ 처분성과 배상책임 등을 인정하기가 곤란하여 행정쟁송 또는 국가배상을 통한 구제를 받기가 어려울 수 있으며, ④ 불필요한 행정지도(예컨대 당연히 허가해 주어야 할 건축허가도 주민의 동의를 얻도록 하는 등)를 함으로써 오히려 공익과 법치주의를 후퇴시킬 우려가 있는 문제점이 있다.

### 4. 행정지도의 한계

행정지도의 한계로는 ① 조직규범상의 권한의 범위 내에서 행해져야 하며, ② 실정법 및 법의 일반원칙(비례의 원칙, 평등의 원칙, 신뢰보호의 원칙 등)에 위반되어서는 안 되며, ③ 그 목적달성에 필요한 최소한도에 그쳐야 하며, ④ 행정지도의 상대방의 의사에 반하여 부당하게 강요되어서는 아니 되며, ⑤ 행정지도의 상대방이 행정지도에 따르지 아니하였다는 것을 이유로 불이익한 조치를 하여서는 아니 된다.

### 5. 행정지도에 대한 구제방법

행정지도에 대한 구제방법으로는 ① 행정쟁송에 의한 구제, ② 국가배상에 의한 구제, ③ 당사자소송에 의한 구제, ④ 형사적 구제, ⑤ 민사적 구제, ⑥ 헌법소원에 의한 구제를 생각해볼 수 있다.

# Ⅱ 구제방법에 대한 구체적 검토

## 1. 행정쟁송에 의한 구제

위법한 행정지도에 의하여 권익을 침해받은 국민이 행정쟁송을 제기하기 위해서는 행정지도의 처분성이 인정되어야 한다.

“행정지도는 국민의 임의적 협력에 의하여 행정목적을 달성하려는 비권력적·비구속적 사실행위인 까닭에 행정쟁송법상의 처분에 해당하지 않는다”라고 하여 처분성을 부인하는 것이 일반적 견해와 판례 태도[2]였으나, 계속성·강제성을 띠는 규제적·조정적 행정지도는 권력적 사실행위로서 권력행위의 부분은 처분에 해당한다.

사안[3]에서 정부당국이 부실화의 우려가 없는 A회사를 정리하기로 하고 A회사의 대주주인 B의 주식을 정부당국이 일방적으로 지정한 은행에게 매도하도록 방침을 정하고 그 실행을 금융기관을 관장하는 재무부 이재국장에게 지시하여 재무부 이재국장이 B에 대한 출국금지의 해제여부를 주식매매에 관한 정부방침의 순응 여하에 연계시켜 조치할 것으로 말하고, 조사할 정당한 사정이 없는데도 은행감독원으로 하여금 A회사의 경영상태외에 조사대상이 될 수도 없는 설립자금의 출처까지 검사하게 하는 한편, 국제그룹의 해체와 같은 정부의 막강한 위력을 거론하면서 B가 정부방침에 불응하는 경우 A회사와 B에 대한 사회적, 경제적 활동에 심대한 제약이 가하여질 것을 암시하는 방법으로 1년여에 걸쳐 B의 주식매매를 강요하고, 매매가격결정에까지 관여한 행위는 위법한 정부의 방침을 재무부 이재국장이 조사대상이 아닌 설립자금의 출처조사 등 위법한 방법으로 집행하여 B의 주식매매를 강요하고 매매가격결정에 관여하였으므로, 공권력의 위법한 집행행위에 해당하여 처분성이 인정되고 따라서 항고쟁송의 대상이 된다.

---

2) 대판 1980. 10. 27, 80누395.

3) 헌법재판소 1993. 7. 29, 89헌마31 全員裁判部【公權力行使로인한財産權侵害에대한憲法訴願】소위, 국제그룹해체사건.

## 2. 국가배상에 의한 구제

행정지도에 대한 국가배상의 가능성에 대하여 국가배상법 제2조 제1항의 "직무"에는 권력적 작용뿐만 아니라 비권력적 작용도 포함하는 것으로 해석하여 어려움이 없으나 행정지도의 위법성과 공무원의 고의·과실 및 행정지도와 손해 간의 상당인과관계의 입증을 필요로 하는데, 행정지도는 상대방의 동의를 구하므로 "동의는 불법행위의 성립을 조각한다"는 법원칙에 의하여 인과관계가 인정되기 어려운 점이 있다고 설명하는 것이 일반적이다.

사안에서는 "강박과 강요"라고 하는 위법한 공권력의 행사 및 사실상의 강제력이 사용되었으므로 상당인과관계를 입증하는 데 어려움이 없다. 그러나 고의·과실을 요건으로 하는 현행법은 문제가 있다. 통일 볍씨를 권장하여 손해가 발생하였음에도 통일 볍씨를 권장한 공무원의 고의·과실을 입증하기 어렵기 때문에 국가배상이 어렵고, 또 행정지도는 비권력적인 것이므로 공권력행사에 해당하지 아니하므로 손실보상도 어렵다. 따라서 국가배상법을 개정하여 무과실 책임을 도입하여야 한다. 한편, 국가배상청구소송을 민사소송으로 취급하는 관행도 시정되어야 한다.

## 3. 당사자소송에 의한 구제

행정지도에 따르도록 회유하기 위하여 반대급부를 약속하였다면 이 반대급부가 현실적인 것인지 살펴 볼 필요가 있고, 현실적인 것이라면 행정계약의 법리 또는 확약의 법리가 적용된다.

## 4. 형사적 구제방법

사안에서 재무부 이재국장이 B에게 국제그룹의 해체와 같은 정부의 막강한 위력을 거론하면서 B가 정부방침에 불응하는 경우 A회사와 B에 대한 사회적, 경제적 활동에 심대한 제약이 가하여질 것을 암시하는 등의 행동은 "협박"에 해당할 수 있으며, 협박에 해당하면 형사처벌의 대상이 된다. 또 행정지도에 따르도록 회유하기 위하여 사위로 반대급부를 약속한 경우에도 사기죄가 성립될 수 있다.

## 5. 민사적 구제방법

형사처벌의 대상이 된 공무원의 행위는 행정청으로서의 품위를 유지할 수 없는 "폭력행위"(voie de fait)에 해당하는 경우가 많고, 이러한 폭력행위는 공무원의 정상적인 직무행위가 아니므로 행정소송으로 다툴 행정책임의 대상이 아니고, 공무원 개인이 형사책임 및 민사책임을 져야 한다는 프랑스 행정법상의 "폭력행위"의 법리를 참고할 필요가 있다.

## 6. 헌법소원에 의한 구제

권력적 사실행위, 검사의 불기소 처분, 법규명령, 행정계획, 행정권의 불행사 등의 행위가 국민의 기본권을 침해하는 경우에는 헌법소원의 대상이 되는 공권력행사에 해당한다고 보는 것이 일반적 견해이다. 헌법재판소는 1993년 7월 29일 89헌마31 公權力行使로인한財産權侵害에대한憲法訴願 사건에서 "재무부장관이 제일은행장에 대하여 한 국제그룹의 해체준비착수지시(解體準備着手指示)와 언론발표(言論發表) 지시(指示)는 상급관청의 하급관청에 대한 지시가 아님은 물론 동 은행에 대한 임의적(任意的) 협력(協力)을 기대하여 행하는 비권력적(非權力的) 권고(勸告)·조언(助言) 등의 단순한 행정지도(行政指導)로서의 한계(限界)를 넘어선 것이고, 이와 같은 공권력(公權力)의 개입(介入)은 주거래 은행으로 하여금 공권력(公權力)에 순응(順應)하여 제3자 인수식(引受式)의 국제그룹 해체라는 결과를 사실상(事實上) 실현시키는 행위(行爲)라고 할 것으로, 이와 같은 유형의 행위는 형식적으로는 사법인(私法人)인 주거래은행의 행위였다는 점에서 행정행위(行政行爲)는 될 수 없더라도 그 실질이 공권력(公權力)의 힘으로 재벌기업(財閥企業)의 해체(解體)라는 사태변동을 일으키는 경우인 점에서 일종의 권력적(權力的) 사실행위(事實行爲)로서 헌법소원(憲法訴願)의 대상이 되는 공권력(公權力)의 행사(行使)에 해당한다"고 하였다.

# Ⅲ 餘 論

흔히 행정지도는 “상대편의 임의적 협력을 기대하여 행하는 비권력적 사실행위”로 정의하여 왔으나, 사안에서 살펴본 바와 같이 외관상 행정지도의 모습을 하고 있다고 하여도 비권력적 사실행위가 아닌 것이 상당수 있을 수 있다. 행정행위가 비권력적 사실행위라고 하는 것은 일본 사람들이 자유주의의 구실 아래 사실은 공권력과 기업의 밀착 아래 법적인 시비를 피하며, 일본 경제의 개방에 대한 보호막, 즉 비관세 장벽을 형성하기 위하여 “행정지도는 일본문화에 고유한 것이다”고 모호하게 선전해 온 것에 지나지 않는다. 일본은 제2차 세계대전에서 패한 이후 “민주화”라고 하는 새로운 상황에 적응하여야 하였기 때문에 국가와 기업의 내면적 결속의 외형상의 민주적 표현방식이 행정지도라는 형식으로 표현되어, 법적인 표적을 피하면서 입법과 명령의 흠결을 메워주는 역할을 해어왔다. 소위 “행정지도”라는 향수에 둘러싸인 독약이 미국에 대한 자동차 수출의 쿼터 조정을 통한 일본국익의 보호에 얼마나 오랫동안 약효를 지속하였는지는 주지의 사실이다.

이러한 행정지도가 권위주의 정부가 지속되었던 한국에 도입되어서는 강권화 내지는 폭력화되었다. 그런데도 한결같이 한동안 “행정지도는 비권력적 사실행위”라고 일본행정법교과서와 동일하게 되풀이 해왔다. 이것은 식민지 유산의 청산이 아니라 신식민지 문화의 유입이었다. 이제는 “행정지도는 비권력적 사실행위”라고 정의하지 말고, “행정지도”라고도 부르지 말고, 그냥 행정청의 정보제공, 권유, 알선 등의 비정형적 활동이라고만 부르고 구체적인 법적 성격은 케이스마다 검토하여 정하기로 하자. 그리고 이러한 경험을 교훈삼아 요즈음은 미국의 상황을 곧 우리의 상황으로 착각하고 미국식으로만 똑같이 따라가려고 하는 것은 아닌지 생각해 볼 일이다.

# 제 3 편

# 국가책임법

# 제 1 장 국가책임제도 일반[1)]



## Ⅰ 문제의 제기

행정작용으로 말미암아 국민이 재산상의 손해를 입은 경우 그 손해를 구제해 주는 행정상의 손실전보에 관하여 우리나라에서는 전통적으로 과거 독일의 이론 및 제도에 영향을 받아 손해를 야기한 원인행위에 따라 위법한 행정작용으로 인한 손해배상과 적법한 행정작용으로 인한 손실보상의 양자로 나누어 왔으나, 근래에 와서 양제도의 대립을 융화시켜 단일의 국가보상제도로 통일하려는 경향[2)]이 우세해졌으며 이러한 국가보상제도의 일원화 이론의 이론적 근거로 프랑스에서 유래한 위험책임(responsabilité pour risque)의 존재를 들고 있는 것[3)]이 일반적이었다.

그러나 우리나라 손실보상제도의 중요부분인 수용보상의 경우, 프랑스에서

1) 이광윤, "손해배상 · 손실보상과 적법성-국가배상법제의 재구성-", 고시계 1992년 5월호.

2) 한창규, "국가보상법연구", 성균관대학교 대학원 박사학위 청구논문, 1975, 172-174면; 김도창, 일반행정법(상) 제3전정판, 청운사, 1989, 553면.

3) 김도창, 상게서, 553면; 김남진, 행정법 I, 제3판, 법문사, 1990, 429면 등.

는 무과실책임의 이론적 근거의 하나로 채택되고 있는 프랑스 인권선언 제13조의 "공적 부담 앞에 평등의 원칙"이 수용보상의 근거이론으로 채택되지 아니하고 프랑스 인권선언 제17조의 "소유권의 신성불가침과 사전적 정당보상 원칙"이 적용되어 민사절차에 따르고 있으므로 공법상의 행정책임(responsabilité administrative)이론의 하나인 위험책임이론의 존재를 행정상의 손해배상과 손실보상을 일원화시키는 중요한 요소로 간주하고 있는 경향에 대하여는 신중한 재검토가 요청된다[4]고 주장한 바 있다.

그러나 손해배상과 손실보상의 구별 및 일원화이론의 타당성 여부를 살펴보기 위해서는 단순한 위험책임이론의 문제만이 아닌 우리나라에서의 국가보상제도와 우리나라 제도에 많은 영향을 준 외국 특히 독일, 프랑스 제도의 개념, 역사・제도에 대한 비교법적 분석을 통한 법이론적 접근이 필요하다고 본다. 본장에서는 ① 국가책임의 개념, ② 위법성의 문제, ③ 손해전보 일원론의 이론적 근거에 한정하여 문제를 검토하고 국가보상법제의 일원화를 긍정하는 입장에서 이 법제의 재편성을 전망해 보기로 한다.

## II 국가책임의 개념

책임(Verantwortlichkeit, responsabilité)이라 함은 광의로는 법률적 불이익 또는 제재를 받는 것을 말하는 것으로, 법률적 불이익 또는 제재는 타인에게 끼친 손해를 배상할 의무인 민사책임(responsabilité civile)과 사회의 질서를 문란하게 한 데 대한 사회적 제재를 받을 형사책임으로 나누어진다. 국가책임이란 국가가 국민에게 끼친 손해를 배상할 의무인 민사책임(responsabilité civile)을 말하는 것으로 민사책임은 ① 계약상의 책임, ② 사무관리책임, ③ 부당이득책임으로 나누어지는바 협의에 있어서 국가책임이란 타인에게 손해를 주는 위법한 행위(unerlaubte Handlung, acteillicite)인 불법행위(delictum)에 대한 국가의 민사책임을 말한다.

독일의 경우 행정의 사법적 활동에 대하여 국가는 민법상의 불법행위책임을 져 왔으나 공법상의 활동에 대하여는 지지 않고 공무원이 개인적으로 민법상의

4) 이광윤, "한국과 프랑스의 행정상 손해배상제도", 고시계 1992년 4월호.

불법행위책임을 졌을 뿐이었다.[5)]

1900년의 민법 제839조도 공무원의 사적 책임만을 규정하고 있었으나 1909년 프로이센에서의 공무원배상책임법, 1910년의 제국배상책임법 등에 의하여 공무원은 민법 제839조의 책임을 면제받고 국가가 그 책임을 대위하게 되었다. 즉, 국가는 민법 제839조에 의한 공무원의 사적 책임을 대위할 뿐으로 공법상의 활동에 대한 궁극적인 국가책임을 지는 것은 아니었다.[6)] 다시 말해 국가가 공법적 활동에 대하여 지는 책임의 근거는 공무원의 위법한 과실 있는 행위이었지 국가의 직무상의 과실(la faute de service)은 아니었다.[7)]

그러나 프랑스에서의 국가의 공법상의 행정활동에 대한 책임인 행정책임(la reponsabilité administrative)이란 민법 제138조의 적용을 받지 않고 행정제도(régime administratif)에 특유한, 즉 민법전으로부터 자유로운 행정책임의 원리에 따른 공법상의 책임을 의미하는 것으로[8)] 행정청이 지는 사법상의 책임과는 다르다.[9)] 행정책임에 관한 소송은 행정법원의 배타적 관할사항이 된다.

따라서 공법상의 행정책임을 민사책임(responsabilité civile)으로 부르는 것은 용어상 적당치 아니하며 "재산적 책임(laresponsabilité patrimoniale)"이라고 부르는 것이 보다 정확한 표현이라고 하겠다.[10)] 이상의 예에서 볼 때 우리나라 국가배상법의 성질을 공법으로 본다면 국가배상법 제2조에 의한 국가책임의 본질은 공법상의 자기책임이며, 공무원의 사적 책임으로 분리될 수 있는 공무원의 고의 또는 중대한 과실이 있는 행위에 대하여는 사법상의 대위책임을 지는 것이라고 볼 수 있다.[11)]

## Ⅲ 위법성의 문제

프랑스에 있어서 행정책임을 야기하는 위법한 행위(actes illicites)가 계약에

5) 유지태, "한국과 독일의 행정상 손해배상제도", 고시계 1992년 4월호, 51면.
6) M. Fromont, A. Rieg, Introduction au Droit allemand T. II, éd., Cujas, 1984, p. 186.
7) Ibid., p. 187.
8) G. Vedel/P. Delvolvé, Droit administratif, T.I., P.U.F., 1990, p. 534.
9) 이광윤, 전게논문, 69면.
10) G. Vedel/P. Delvolvé, op. cit., p. 533.
11) 이광윤, 전게논문, 70-71면 참조.

의한 것이 아닐 때 이러한 행위를 고의의 여부에 따라, 고의가 있을 때에는 불법행위(délit)라고 부르며, 고의가 없을 때에는 준불법행위(quasi-délit)라고 부른다. 이러한 불법행위를 구성하는 행위들은 제1차적으로는 입증과실(une faute prouvée)이 있는 경우, 제2차적으로는 추정과실(une faute de présomption)이 있는 경우, 제3차적으로는 법률적 불법행위(délit legal) 즉 무과실 법률적 책임(responsabilité légal sans faute prouvée ou présumée)이 있는 경우이다.

그러나 행정책임을 야기하는 위법한 행위(actes illicites)는 월권소송(le recours pour excés de pouvoir)의 대상이 되는 비적법행위(actes illégales)와는 다르다. 즉 월권소송에 있어서의 비적법성(illégalité)이론과 손해배상의 대상으로서의 과실책임(la responsabilité pour faute)이론은 상호 독립적이다.[12] 비적법성을 구성하는 엄격한 의미의 객관적인 하자에 공무원의 경솔이나 부주의는 포함되지 아니한다. 즉 서투른 운전이나 산만한 간호원의 태도가 비적법성을 구성하지는 아니한다. 그러나 배상책임의 대상인 과실(faute)은 구성한다. 일반적으로 비적법성(illégalité)은 과실(fautive)을 구성하여 행정청의 책임을 야기하지만, 비적법성(illégalité)에 의한 과실이 손해를 배상할 정도의 중한 과실(faute lourde)이 되지 못할 때, 즉 단순과실(faute simple)에 불과할 때는 행정책임의 대상이 되는 위법한 행위(actes illicites)에는 해당하지 아니한다. 뿐만 아니라 非適法(l'illégalité)이 항상 과실(fautive)로 되는 것도 아니다.

유럽공동체사법재판소가 국가협약 제34조에 저촉된다고 판시한 수출허가에 대하여 꽁세이데따는 공익을 이유로 하여 국가가 과실(faute)에 기초한 손해배상책임이 없다고 판결한 바 있다.[13] 또한 과실을 구성하는 비적법성이라 할지라도 비적법성 자체가 손해를 야기하여야만 행정책임을 발생시키게 된다.[14] 즉 비적법성(l'illégalité)을 구성하는 하자(vice)는 객관적(objectif)인 데 반하여 불법행위(délit)를 구성하는 과실(faute)은 주관적 요소(subjectivité)를 배제할 수 없다.[15]

프랑스의 행정책임에 있어서의 위법성(illicité)과 월권소송에 있어서의 비적법성(illégalité) 개념의 상호독립성으로 유추하여 볼 때 우선 위법한 행정작용으로 인한 행정상 손해배상과 적법한 행정작용으로 인한 행정상 손실보상의 분류

---

12) G. Vedel/P, Delvolvé, op. cit., p. 584.
13) C.E. 23 mars 1984, Ministre du commerce extérieur, C. Alivar, Rec., p. 128.
14) C.E. 92 octobre 1986, Bonneau, Rec., p. 248.
15) Rene Chapus, Droit administratif général T.I., Monchréstien, 1990, p. 878.

는 부적절하다고 아니할 수 없다. 왜냐하면 행정상 손해배상에서의 위법한 행정작용이라 함은 책임(responsabilité)에 관한 법상의 불법행위 여부를 문제삼는데 비하여 행정상 손실보상에 있어서의 "공공의 필요에 의한 적법한 행정상의 공권력행사"에 있어서는 적법성(légalité)에 관한 법상의 적법성을 문제삼고 있어서[16] 위법·적법의 개념상의 전제가 다르기 때문이다. 따라서 손해배상과 손실보상에 있어서의 위법개념은 분리하여 손해배상에 있어서의 위법은 라틴어로 illicitus(도덕적 법률적으로 허용되지 않는)로 표현하고 항고소송에 있어서의 위법은 라틴어의 illegalis(법률에 반하는)로 표현하기를 제안하고 싶다. 한편 서원우 교수님은 illegalis에 대하여 "행정규범위반", illicitus에 대하여는 "침해의 불법성"이라고 하는 주목할 만한 표현을 하신 바 있다.[17]

## Ⅳ 손해전보일원론의 이론적 근거

행정규범에 대한 적법행위에 기인한 손실보상과 민법상의 불법행위에 기인한 손해배상을 단일한 법사상하에 구성하려는 노력은 Otto Mayer에 의하여 이미 시작된 바 있다.[18] Otto Mayer에 의하면 민법상의 불법행위책임(la responsabilité pour fait illicite)과 적법행위보상(indemmité pour des actes tout à fait légitimes)의 공통된 기본대원칙은 이미 Sarwey 등에 의하여 주장된 바 있는 형평의 원칙(equité, la naturalis aequitas, Billigkeit, Gerechtigkeit)임을 천명하고 있다.[19]

즉 Otto Mayer는 "침해의 불법성"인 illicitus를 당시, 독일에서의 민법상의 불법행위(des faits illicites reposé sur les règles du droit)에 국한시켜 좁게 해석하여 민법상의 불법행위에는 해당하지 아니하나 형평의 원칙에는 반하는 불공정한 행위(un fait contraire à l'equité, injuste)[20]에 대한 금전적 변상을 행정상

---

16) 서원우, "국가배상책임상의 위법개념", 월간고시 1991년 5월호 참조.

17) 서원우, "현대행정과 위법성 개념", 고시계 1985년 1월호.

18) "Il convient maintenant de réunir tous ces faits dans une idée unique…… dans un grand principe général qui réglera les effets économiques de l'activité de la puissance publique exercés sur le sujet" Otto Mayer, Le Droit administratif allemand T. VI, V. Giard & E. Briere, Paris, 1906, p. 221.

19) Ibid., p. 222.

손실보상(indemnité pour dommages causés par l'administration)이라고 불렀다. 그러나 국가의 책임이 프랑스의 행정책임이론에서 보듯이 입증과실, 추정과실, 무과실(법률상 불법행위)을 포함하는 공법상의 폭넓은 "침해의 불법성"을 의미한다면 이러한 의미에 있어서의 위법성인 illicitus에는 행정상 손해보상도 당연히 포함된다고 보지 아니할 수 없다. 프랑스의 행정책임이론 중 무과실책임의 하나로 들고 있는 월권소송의 대상이 될 수 없는 적법한(légal, régulier) 행정청의 작위 또는 부작위에 의한 손해는 바로 형평의 원칙을 위반함에 따라 파생되는 즉 프랑스 인권선언 제13조의 "공적 부담 앞의 평등의 원칙"을 침해한 불법행위이기 때문에 국가의 책임이 발생한다.

legalis한 행위에 대한 행정책임의 예로서 남부 튀니지에 있는 토지소유주가 그의 땅에 머물고 있던 유랑민들을 추방할 법원의 판결을 얻었으나 대량의 경찰병력을 출동시키는 것은 치안상 부적절하다고 판단하여 법원의 추방결정의 집행을 거절한 경찰의 과실 없는 행위에 대해 국가는 토지소유주에 대하여 무과실책임이 있다고 판결한 1923년 11월 30일의 꽁세이데따에 의한 Couitéas판결이 있다. 또한 수용(expropriation)대상인 토지에 대하여 공익을 이유로 수용을 포기한 경우에 수용대상인 토지소유자에 대한 무과실책임을 인정한 1970년 12월 23일의 꽁세이데따에 의한 E.D.F. c/Farsat 판결 등의 예가 있다.

이러한 무과실책임의 "공적 부담 앞의 평등의 원칙"은 손실보상의 법리인 형평의 원칙과 동일한 naturalis aequitas의 법리이다. 그러나 프랑스의 경우, 수용보상의 경우는 이러한 naturalis aequitas의 법리에 의하지 아니하고 프랑스 인권선언 제17조의 "소유권의 신성불가침성과 사전적 정당보상원칙"에 따르고 있다. 이는 시가에 의한 사전적 완전보상을 할 경우 토지소유자에게 재산상의 손실이 발생하지 않기 때문이다. 수용보상청구권이 Otto Mayer가 주장한 바와 같이 주관적 공권[21]으로서 공법상의 채권[22]이 되기 위해서는 국가에 의한 불공정한(injuste)[23] 공권력행사가 있어야 하나 프랑스 인권선언 제17조는 정당한(juste) 사전적 보상을 규정하고 있기 때문에 행정책임의 대상이 되지 아니한다.

스페인에서도 수용(la expropriacion)은 공익을 이유로 사전 지불에 의하여 개

20) Ibid., p. 224.
21) Otto Mayer, op. cit., T. IV, 1906, p. 239.
22) Ibid., p. 240.
23) Ibid., p. 224.

인의 소유권을 행정청 또는 다른 개인에게 강제이전(la transferencia coactiva de la propieded de un particular a una Administración pública o a otro particular por razón de interés pûblica y previo pagode su valor economico)시키는 것으로[24] 보아 행정의 재산적 책임(la responsabilidad partrimonial de la administración)에서 제외시키고 있다. 이탈리아행정법, 독일행정법, 프랑스행정법의 이론적 영향을 다같이 받고 있는 스페인에서의 행정의 재산적 책임의 분류는 행정규범에 대한 위반여부(legalis; 위법)에 따라 위법책임(responsabilidad ilegal)과 적법책임(responsabildad legal)으로 나누어 위법책임에는 ① 입증과실에 의한 책임, ② 추정과실에 의한 책임을 들고 있고 적법책임에는 ① 부당이득, ② 공적 부담앞의 평등에 위반한 책임, ③ 사회적 위험책임, ④ 특별희생책임 이론들에 의한 책임을 들고 있다. 그러나 다수의 학자들은 모든 행정청의 책임을 공무적 운영상의 손실에 의한 책임(responsabilidad por los daños causados en el funcionamiento de los servicios púbicos)으로 단일화할 수 없는지 반문하면서[25] 다음과 같이 제안하고 있다.[26]

㉠ 객관적인 해석이 필요하다. 왜냐하면 위법하게(antijuridicamente) 야기된 손해를 다루는 것이 아니라 위법한 손해(un perjuicio antijuridico) 그 자체를 다루기 때문이다.

㉡ 행정작용의 위법성여부는 따지지 말자.

㉢ 과실(culpa)이론에서 탈피하자.

㉣ 헌법 및 실정법에 따르자.

즉 손해의 발생 자체를 위법하게(anti juridicamente) 보고 있음을 알 수 있는데 손해를 발생시키는 것 자체가 앞서 제안한 바 있는 illicitus에 해당하여 행정의 책임을 유발시키는 것으로 해석할 수 있겠다. 한편 legalis 위법여부에 의한 손해배상과 손실보상의 구분의 시발지였던 독일의 배상 및 보상이론을 공법상의 행정책임이론에 대입하여 보면 기본법 제14조 제3항에 의한 "공공과 관계자 이익의 정당한 형량"하의 보상조항 때문에 논란의 여지가 있는 수용보상의 경우를 일단 별도로 두고 볼 때 수용유사침해(Enteignungsleicher Eingriff), 수용적 침해(Enteignender Eingriff), 희생보상(Aufopferung) 모두가 앞서의 illicitus개

---

24) Luis Ma. Cazorla Prieto, Enrique Arnaldo Alcubilla, Temas de Derecho Constitucinal y Derecho administrativo, Marcial pons, Madrid, 1988, p. 931.

25) Ibid., p. 952.

26) Ibid., p. 953.

념에 해당하는, "침해의 불법성"에 해당한다는 것에는 의문의 여지가 없으므로 이론적 관점에서의 국가보상법의 일원화는 쉽게 해결될 수 있는 문제라고 보겠다.

## V 우리의 실정법과 이론에 대한 검토

우리나라 국가배상법 제2조는 「공무원이 그 직무를 집행함에 당하여 고의 또는 과실로 법령에 위반하여」라고 하여 객관적 행정규범에 위반하는 illegalis에 해당하는 불법행위만을 공무원의 직무상의 불법행위책임의 대상으로 하고 있다. 따라서 아무리 과실을 객관화하여 해석하더라도 추정과실의 정도를 넘어 법률적 불법행위로서의 illicitus에 해당하는 국가작용의 흠[27] 정도로까지 확대해석할 수는 없다고 본다. 그러나 국가배상법 제5조의 공물의 설치 또는 관리상의 하자는 추정과실의 수준을 넘어 법률적 불법행위인 illicitus에 해당하는 국가작용의 흠, 즉 공공서비스(services publics) 운영상의 배상책임까지를 포함한다고 보아 무과실책임의 전형적인 예에 해당한다고 보겠다.[28] 수용보상에 있어서는 현행 헌법 제23조 제3항이 '정당한 보상'을 규정하고 있는바, 이 정당한 보상을 문맥상으로는 프랑스 인권선언 제17조의 'Une juste indemnité(정당한 보상)'와 달리 해석할 아무런 이유가 없다고 본다. 해석론적으로 독일기본법상의 상당보상설에 따르려고 하는 입장이 있으나 완전보상주의를 원칙으로 특별한 예외가 있을 수 있다고 해석하여 이론적으로는 완전보상주의로 해석하는 것이 자연스럽다고 하겠다. 이렇게 볼 때 우리나라에서의 수용보상도 naturalis aequitas에 위반한 이유로 국가가 책임을 지는 것이 아니라 헌법 제23조의 재산권의 보장 및 정당한 보상의 원칙에 따라 보상을 행하는 것이기 때문에 민사소송의 형태로 소송을 진행시킬 수 있다고 본다. 독일에서도 Otto Mayer는 수용보상청구권을 공권으로 보았지만[29] Fleiner는 수용행위(l'expropriation)를 사법적 효과를 발생시키는 공법행위로 보아[30] 보통법상의 판사에 의한 보상액의

27) 金東熙, "國家賠償法에 있어서의 過失槪念에 관한 一考", 考試硏究 1988년 4월호, 960면.

28) 그러나 이용자와 제3자에 따른 차이점에 대하여는 고시계 1992년 4월호, 74면 참조.

29) Otto mayer, op. cit., p. 239.

30) Fritz Fleiner, Les principes généraux du Droit administratif allemand, Librairie Delagrave, paris, 1933, p. 191.

결정이 가능하다고[31] 하였다. 오늘날 독일에서도 보상금액에 관한 분쟁은 기본법 제14조 제3항에 「보상금액에 관한 분쟁에서 출소는 통상재판소에서 이루어진다」고 규정하고 있다.

끝으로 수용보상을 주요 내용으로 하고 있는 우리나라의 손해보상제도를 프랑스의 행정책임제도에 포함되는 개념으로 파악할 수는 없다고 본다. 왜냐하면 우선 프랑스에서의 수용보상이 프랑스의 행정책임제도에 포함되고 있지 아니할 뿐만 아니라 우리나라의 수용보상의 이론적 근거를 헌법 제23조에 의한 '재산권의 보장'이론이 아닌 naturalis aequitas의 법리에 의한 무과실책임으로 보기는 지극히 곤란하기 때문이다. 따라서 앞으로 우리에게 대두되는 독일에 있어서의 수용유사침해, 수용적 침해, 희생보상에 해당하는 손해에 대하여는 국가배상법의 개정을 통하여 (공법상의)국가책임의 영역으로 받아들이는 것이 바람직하다고 하겠으며 수용보상의 경우는 민사법원의 관할로 정하는 방법이 바람직하다고 본다.

31) Ibid., p. 194.

# 제 2 장 행정상 손해배상[1)]



## Ⅰ 국가배상법 제5조와 관련한 문제점

### 1. 국가배상법 제5조에 대한 이론적 고찰

#### (1) 민법 제758조에 대한 특칙 여부

국가배상법 제5조의 공공의 영조물의 설치 또는 관리의 하자로 인한 국가 또는 지방자치단체의 배상책임은 종래 국가배상법이 제정되기 이전 민법 제758조에 규정된 공작물 등의 점유자 및 소유자의 책임에 의하여 인정되던 공공의 영조물의 설치·관리의 하자에 대한 배상책임을 법제화한 데 지나지 않는 것으로, 다만 점유자의 면책규정을 두지 않았고 그 대상을 공작물에 한정하지 않은 점에 차이가 있을 뿐이라는 견해[2)]가 있다. 국가배상법 제5조는 일본의 국가배상법 제2조를 거의 그대로 옮겨 놓은 것으로 일본에서도 일본의 국가배상법 제

1) 이광윤, "국가배상법 제5조 제1항의 공공의 영조물의 설치·관리상의 하자의 의미 및 판단기준-도로통행자의 경우", 행정판례연구 제5권, 한국행정판례연구회, 2000, 357면 이하.

2) 천병태, 행정구제법 제2판, 삼영사, 2000, 300면.

2조를 민법에 대한 특칙으로 보는 견해[3]가 유력하다. 그러나 일본에서의 견해는 "민법의 적용으로 처리 가능했던 것에 대하여 배상책임을 국가가 부담한다는 것을 확인적으로 새롭게 한 조문을 설정하여 명백히 한다는 데에 주안점이 있는 것"[4]이기 때문에 "손해배상청구권의 성립요건이라는 점에서는 어느 쪽을 적용하는가에 따라 그렇게 큰 차이가 생기는 것은 아니다"[5]고 하여 민법상의 법원리와의 차이점을 분명히 하지 않고 있다. 뿐만 아니라 일본에서는 "국가배상청구권은 공법과 사법의 구별을 전제로 하는 견해에 있어서도 사권이라고 하고 있으므로 당해 소송은 민사소송에 의한다"[6]고 한다.

그러나 공적 관리행위를 공행정행위로서 공법관계로 보는 입장에서는 국가배상법 제5조를 민법의 특칙이 아닌 독립규정으로 보아야 한다. 대법원 99다7008 판결은 국가의 철도운행사업은 사경제적 작용으로 민법의 규정에 따르나 "공공의 영조물인 철도시설물의 설치 또는 관리의 하자로 인한 불법행위를 원인으로 하여 국가에 대하여 손해배상청구를 하는 경우에는 국가배상법이 적용되므로 배상전치절차를 거쳐야 한다"고 하고 있는데 이는 사경제적 작용과 공적 관리작용의 법적 성격을 달리하여 보고 있는 것으로 소송실무면에 있어서도 실체법적 성격에 상응하여 공법상의 당사자 소송에 의하여야 할 것이다.

## 2. 무과실 책임의 여부

과실이란 일정한 사실을 인식할 수 있었음에도 불구하고 부주의로 인식하지 못한 것을 가리키는 것으로 과실책임주의라 함은 고의(일정한 사실을 알고 있으면서도 감히 하는 것) 또는 과실에 의하여 타인에게 손해를 준 경우에만 가해자가 손해배상을 지는 입법주의를 말하며, 무과실책임주의는 가해자에게 과실이 없더라도 그 가해자의 행위에 의하여 손해가 발생하였다는 일정한 관계가 있으면 그것만으로 손해배상책임이 생긴다고 하는 원칙이다.[7] 국가배상법 제5조는 단순히 「공공의 영조물의 설치 또는 관리에 하자가 있기 때문에」라고 하여 고의나 과실에 의하여 발생한 손해는 물론이고 고의나 과실이 없는 손해에 대하여

3) 鹽野 宏, 일본행정법, 서원우 · 오세탁 공역, 법문사, 1996, 496면.
4) 서원우 · 오세탁, 상게서, 523면.
5) 서원우 · 오세탁, 상게서, 520면.
6) 서원우 · 오세탁, 상게서, 520면.
7) 권용우, 불법행위론, 고시원, 1974, 10면.

도 설치 또는 관리에 하자가 있으면 책임을 져야 하므로 무과실 책임주의를 규정하고 있다. 따라서 국가배상법 제5조의 하자란 과실과 무과실을 모두 포함하는 개념이다.

### 3. '하자'의 의미

국가배상법 제5조의 하자란 과실과 무과실을 모두 포함하는 개념이므로 '하자'가 정확히 무엇이냐 하는 것은 과실의 입증정도에 달려 있는 문제이다. 과실을 입증정도에 따라 분류해보면 다음과 같다.

#### (1) **입증과실**(faute prouvée)

과실책임의 전형적인 예로 손해배상을 청구하는 피해자가 국가의 과실을 명백히 입증한 경우로 이 경우 입증된 과실이 '하자'에 해당함은 달리 설명을 요하지 않는다.

#### (2) **추정과실**(faute présumée)

피해자 쪽에서 국가의 행위로 손해가 발생한 것을 입증하면 이에 대하여 국가는 과실이 없음을 입증하여야 하고 과실에 대한 입증책임이 피해자로부터 국가로 전환되어 국가가 과실이 없음을 입증하지 못하게 되면 주관적 요소인 과실이 객관화하여 국가의 과실이 추정(présomption)된다. '하자'는 이러한 추정된 과실을 포함한다.

#### (3) **무과실**(sans faute)

과실이 입증되거나 추정되지 않는 경우에도 '하자'는 성립될 수 있다. 피해자는 비정상적인 손해의 발생을 입증하고 그 손해와 국가의 행위 사이의 인과관계를 증명하기만 하면 국가의 과실이 추정되지 않고도 국가의 배상책임이 인정될 수 있는데 이것은 국가에 과실은 없으나 국가의 행위에 의하여 손해가 발생하였다고 하는 사실이 바로 '국가 운영상의 흠'에 해당되기 때문에 국가가 배상책임을 지는 것으로서, 과실은 없으나 국가의 운영에 있어 특정인을 특별한 위험상태에 노출시키거나 공적 부담 앞의 평등을 보장하지 못하게 되는 경우를 말한다. '하자'란 바로 이 무과실로서의 '국가 운영상의 흠'을 포함한다. 따라서 과실을 객관화하는 이론에서 과실을 '국가운영상의 흠' 정도로 보자는 주장[8]은 추정과실과 무과실을 혼동시킬 우려가 있으므로 주의하여야 한다.

한편, 무과실 책임이 결과책임과 다른 것은 무과실 책임의 경우는 피해자의 과실이 있거나 불가항력인 경우에는 면책된다는 것이다. 따라서 "하자의 존재를 요한다는 점에서 결과책임이 아니라고"[9] 하여 결과책임과 무과실책임을 동일시하는 것에도 주의를 하여야 할 필요가 있다.

## 4. 통상 갖추어야 할 안전성의 결여 또는 정상적 유지의 흠결(défaut d'entretien normal)이론

한국과 일본에서 영조물의 하자를 해석하는 이론의 하나로 사용되고 있는 객관설에 입각한 '통상 갖추어야 할 안전성의 결여' 이론은 문언이나 내용에 비추어 볼 때 프랑스법의 '정상적 유지의 흠결'(défaut d'entretien normal)이론을 도입한 것으로 보인다. 그러나 프랑스에서는 제3자에게 발생한 손해에 대하여는 무과실 책임[10]을 지지만 도로의 이용자에게 발생한 손해에 대하여는 '정상적 유지의 흠결'(défaut d'entretien normal)이론을 도입하여 추정과실(faute présumée)로서의 과실책임 이론으로 보는 것이 일반적인 데 비하여, 한국과 일본의 객관설은 무과실책임으로 보고 있어 이를 비교해 보기 위하여 우선 프랑스법상의 '정상적 유지의 흠결' 이론에 대한 검토가 필요하다.

### (1) '정상적 유지의 흠결' (défaut d'entretien normal)이론

'정상적 유지의 흠결(défaut)'이란 公共 工事物의 이용자에게 발생한 손해에 대한 책임의 원인이 되는 행정의 추정과실(faute présumée)을 말한다.[11] 국가는 公共 工事物을 정상적으로 설치 또는 유지하였다는 것을 증명함으로써 면책된다.[12] 정상적 유지의 흠결 개념은 公共 工事物의 이용자에 대한 위험 또는 불편의 원천을 구성하는 公共 工事物이 내포하는 결함(défectuosités)을 말하는데,

---

8) 김도창, 일반 행정법론(상), 제4전정판, 청운사, 1993, 628면.

9) 김철용, 행정법 I, 박영사, 2000, 350면.

10) 이광윤, "한국과 프랑스의 행정상 손해배상제도", 고시계 1992년 4월호, 65-76면, 참조.

11) Agathe Van Lang; Geneviève Godouin; Véronique Inserguet-Brisset, Dictionnaire de Droit administratif, Armand Colin, 1997, p. 105.

12) Ibid.

그렇다고 公共 工事物의 모든 결함(défectuosités)이 공공 공사물의 이용자에 대한 책임의 대상이 되는 '정상적 유지의 흠결(défaut)'을 구성하는 것은 아니다.[13] 판례에 의하면 어떤 경우에는 결함(défectuosités)의 객관적 성격에 의하여 흠결(défaut)을 판단하고, 어떤 경우에는 公共 工事物의 사용자인 희생자나 설치·관리자인 행정의 주관적 상태에 따라 흠결(défaut)을 판단하며,[14] 물론 두 가지 요소를 다 고려하기도 한다.

1) 결함(défectuosités)의 객관적 성격에 따라 흠결(défaut)이 되지 않는 경우

가. 표지판, 방호책, 표시등 등의 적절한 신호의 결함[15]

나. 위험 또는 불편이 명백하거나 예견될 수 있어 기다리거나 대비하는 것이 정상적인 경우[16]

다. 버스 정류장 근처에 있는 고무호스나[17] 5cm 미만의 굴착 구멍이나 부조와 같은 사소한 결함[18]

2) 공공 공사물의 관리 책임자나 이용자의 주관적 상태에 비추어 정상적 유지의 흠결로 보지 않는 경우

가. 공공 공사물의 관리자가 알 수 없는 결함[19]

나. 이용자가 알고 있는 결함[20]

다. 公共 工事物의 이용목적에 위반한 이용자에게 발생한 손해

### (2) 과실책임인가? 무과실책임인가?

공공 공사물의 이용자에게 발생한 손해에 대하여 일반적으로는 '정상적 유지의 흠결'이 없음을 행정이 입증책임을 지는 추정과실(faute présumée)책임으로서의 과실책임으로 보고[21] 있으나 무과실책임과의 관련성에 대하여 살펴볼

---

13) Répertoire de la responsabilité administrative, Sirey, p. 161.

14) Ibid., p. 162.

15) C.E. 8 nov. 1961 Aubert; 25 mai 1962 Min. Travaux publics; transports et tourisme c/ Soc. Arthur Rank.

16) 멀리서 봐도 좁은 길이거나 눈이 내리는 것과 같이 쉽게 식별할 수 있는 경우(C.E. 17 janv. 1964 époux Boyer; 26 avr. 1968 Office public d'habitations à loyer modéré de Boulogne-sur-Mer).

17) C.E. 27 janv. delle Zemmour.

18) C.E. 6 mai 1957 époux Revil; 12 nov. 1971 dame veuve Baron.

19) 내부가 썩은 나뭇가지가 떨어진 경우(C.E. 1 mars 1967 delle Ruban c/ Soc. de l'autoroute de l'Estérel-Côte d'Azur)나 갑자기 떨어진 돌을 치울 겨를이 없었던 경우(C.E. 12 juin 1970 Min: Equipement et logement c/ Chevallier).

20) 정기적으로 통행하는 자에게 공사 안내판이 불충분하게 표시된 경우(C.E. 1 fév. 1974 époux Montbel et Mutuelle générale française accidents).

필요가 있다.

우선, 입증책임이 행정에 전가된다고는 하지만 판사들은 증거에 집착하지 않고 서류심사를 통하여 자신들의 확신에 따라 손해를 전보하여야 하겠다고 생각하면 행정이 '정상적 유지'의 증거를 대지 못하였다고 결론짓고, 그 반대 경우에는 '정상적 유지의 흠결'이 없다고[22]하여 '과실'의 개념이 그렇게 만족할 만한 것이 못된다. 예를 들면 정기적으로 점검을 하였는데도 갑자기 교량이 붕괴되면 정기적으로 정상적인 점검을 해 오고 있었는데도 불구하고 법원은 행정이 '정상적 유지'의 증거를 대지 못하였다고 결론짓게 된다. 둘째로 책임을 지기 위해서는 일정한 수준 이상의 손해가 발생하여야 하는데 일정한 수준 이하의 손해에 대하여는 이용자 스스로가 주의를 기울여야 할 위험 부담을 지고(예: 고적 방문시에 노후한 건물에 대하여 방문자가 기울여야 할 필요한 주의), 일정 수준 이상의 손해에 대하여는 행정이 위험부담을 지므로 이것은 '과실'의 논리가 아니라 '위험'이라고 하는 무과실책임의 논리가 아닌가 하는 점이다. 셋째로 불가항력(force majeure)과 이용자의 과실인 경우에는 책임이 면제되는데 일반적으로 과실책임의 면책사유는 제3자의 행위와 천재지변(cas fortuit)인 데 비하여 면책사유로서의 불가항력과 이용자의 과실은 무과실 책임의 면책사유이다.

이러한 점에서 보면 '과실책임'이론으로서의 '정상적 유지의 흠결'이론과 '무과실책임'이론으로서의 '위험책임'이론이 상대화하고 있는 것은 사실이나 公共工事物의 이용자에 대하여 명백히 '위험책임'을 인정하고 있는 판례도 있으므로 '정상적 유지의 흠결' 이론을 성급히 무과실책임 이론으로 몰고 가기보다는 '추정과실'로 보는 일반적인 견해가 타당하다. 즉, 꽁세이데따 6 juillet 1973 ministre de l'Equipement c/ Dalleau판결은 처음으로 公共 工事物의 이용자에게 '위험한 물건' 이론을 적용하고 있는데 레이니옹 섬에 위치한 생드니 드라 레이니옹 시를 섬의 주 항구에 연결하는 1번 국도는 바위로 된 절벽을 따라 길이 나 있어 매우 위험하며 매년 피해자가 발생하고 있었다. 꽁세이데따는 위의 사건에서 1번 국도가 표지도 잘되어 있고 모든 주의가 기울여지고 있어 특별히 감시되고 있다는 이유로 도로의 "유지는 정상적"이라고 평가하면서 도로 구간 자체가 "비정상적으로 위험한 공작물"이라고 하여 행정의 무과실 책임을 인정하였다. 이와 같이 판례는 '정상적 유지' 개념을 '위험' 개념과는 구분하여 과실

---

**21)** Michel Rougevin-Baville, La responsabilité administrative, Hachette, 1992, p. 120.

**22)** Ibid.

책임을 인정하는 도구 개념으로 사용하고 있다.

### (3) 한국과 일본 학설(객관설, 주관설 등)들과의 비교

영조물의 '설치 · 관리의 하자'의 의미와 관련하여;

① 객관설은 위험책임이론에 입각하여[23] 객관적으로 보아 물적 상태에 통상 갖추어야 할 안전성의 결함이 있는지의 여부에 주목하는 것으로 객관적 · 물적 결함설이라고[24]도 한다.

② 주관설은 영조물의 설치 · 관리자가 안전확보의무 내지 사고방지의무에 위반한 관리자의 주관적 귀책사유가 있어야 한다는 견해이다. 이러한 의무위반설에 서면서도 관리자의 안전확보의무를 고도화 · 객관화된 의무로 파악하여 과실책임으로 보는 견해[25]도 있다.

③ 절충설은 '하자'의 의미에 객관적인 물적 결함이 있는 경우는 물론, 공물관리자의 안전관리의무의 위반이 있는 경우를 추가시키고 있어 '하자'의 범위를 객관설보다 확대시킨다고[26] 한다.

④ 위법 · 무과실 책임설은 '하자'를 교통안전의무 위반으로 보면서, 교통안전의무는 공무원의 주관적인 과실과는 아무 관계가 없는 행정주체의 법적 의무로 파악하여, 이 경우의 국가책임을 위법 · 무과실 책임으로 본다.[27]

이상에서 보건대, 프랑스에서는 국가의 운영, 즉 공공서비스의 운영에 있어서 발생한 손해로서, 책임의 대상이 되는 것은 과실의 입증정도에 따라 입증과실책임, 추정과실책임, 무과실책임으로 나눌 수 있고, 이러한 책임의 대상이 되는 손해가 발생하였다고 하는 사실은 바로 국가운영상의 흠으로, 제3자에게 발생한 손해에 대하여는 무과실 책임을 지나, 도로의 이용자에 대한 국가의 설치 · 관리상의 책임은 추정과실(faute présumée)책임을 원칙으로 하며, 불가항력의 경우와 이용자의 과실과 함께, 이 추정과실 책임이 면책되는 사유의 하나가 행정청이 '정상적 유지의 흠결'(défaut d'entretien normal)이 없었음을 증명하는 것이다. 따라서 '흠결'(défaut)이란 곧 추정된 '과실'(faute)을 뜻한다. 한편 '흠

---

23) 原田尙彦, 行政法要論, 學陽書房, 1991, 257面.

24) 박윤흔, 행정법강의(상), 박영사, 2000, 704면.

25) 김동희, 행정법 I, 박영사, 2000, 489면.

26) 천병태, 전게서, 305쪽; 박윤흔, 전게서, 705면.

27) 정하중, "국가배상법 제5조의 영조물의 설치 · 관리에 있어서의 하자의 의미와 배상책임의 성격", 행정판례연구 제3권, 한국행정판례연구회, 1996, 215면; 同旨: 김남진, 행정법 I, 법문사, 2000, 592면.

결'(défaut)의 존재여부는 때로는 객관적 요소가 고려하기도 하고, 주관적 요소가 고려되기도 하며, 두 가지 요소가 함께 고려될 수도 있다.

한국과 일본의 다수설은 '하자'를 무과실 책임으로 보고 있으면서도, 동시에 '통상적인 물적 안전성의 결여'라고 하는 객관적인 추정과실과 혼동하여 '통상적인 물적 안전성의 결여'를 무과실인 위험책임으로 해석하는 오류를 범하고 있다. 국가배상법 제5조의 '하자'가 무과실 책임이라는 것은 과실을 필요 요건으로 하지 않고 무과실 책임까지를 질 수 있다는 것이기 때문에 어떤 사안에서 국가가 과실책임을 질 것인지 아니면 무과실 책임을 질 것인지의 책임여부를 판단하는 아무런 준거가 되지 않는다. 그럼에도 불구하고 객관설은 '하자'가 곧 '통상적인 물적 안전성의 결여'만을 의미하는 것으로 해석하는 오류를 범하고 있으며, 주관설 또한 '하자'가 과실책임만을 의미하는 것으로 해석하는 오류를 범하고 있다. 객관설이건 주관설이건 이 두 학설은 모두가 도로의 이용자에 대한 과실책임을 인정하는 기준이며, 절충설 역시, 과실 책임의 범위를 벗어 날 수 없다.

한편, 위법·무과실책임설은 객관적 법규범에 대한 위반의 문제와 책임의 대상이 되는 불법행위의 문제는 독립된 별개의 문제임을 간과하고 있으며, '하자'를 무과실 책임으로 해석한다면 특정 사안에서 국가가 구체적으로 어떤 책임을 질 것인지에 대한 아무런 해답이 될 수 없고, '하자'를 무과실 책임만 지는 것으로 해석하면 국가는 피해자의 과실이 있거나 불가항력인 경우를 제외하고는 무조건적인 책임을 져야 한다는 말이 되므로 비현실적이다. 모든 객관적 법규범을 위반한 행위는 과실에 해당한다. 그러나 객관적 법규범을 위반한 과실행위라고 하여 모두 책임의 대상이 되는 것은 아니고 배상할 만한 손해가 발생하여야 하고 배상할 만한 이유가 있어야만 책임의 대상이 된다. 예를 들면 형식상의 흠 때문에 취소된 징계처분은 책임의 대상이 되지 않으며 동기에 비추어 정당화될 수 있는(먼저 공소인들이 폭력사태에 이르게 된 점, 실력행사의 정도, 결과 등을 감안) 직무범위를 일탈한 경찰권의 행사도 책임의 대상이 되지 않는다.[28] 한편, 공무원의 서투른 운전이나 주의력이 부족한 간호원의 태도 등은 객관적 법규범을 위반한 행위는 아니지만—법령위반을 요건으로 하지 않는다면—책임의 대상이 되는 과실있는 행위이다. 또한 무과실 책임의 대상이 되는 행

28) 東京高判 1978. 10. 17. 判例時報 916号, 35面; 서원우, 「위법성의 상대화론과 법률에 의한 행정의 원리」, 고시계 1985년 3월호.

위는 모두가 객관적 법규범에 적법한 행위다.

다수설은 국가배상법 제5조 제1항의 「도로, 하천 기타 공공의 영조물의 설치 또는 관리에 하자가 있기 때문에」 지는 배상책임을 무과실 책임으로 보고 있으므로 "설치 또는 관리상의 하자"를 객관적 법규범에 위반한 위법한 행위로 보고 있지 않다. 사실 행정책임을 야기하는 위법한 행위(actes illicites)라 함은 '침해의 불법성'을 뜻하는 것으로 '행정규범위반'[29]을 뜻하는 항고 소송의 대상이 되는 비적법 행위(actes illégales)와는 상호 독립적인 개념이다. 국가배상법 제5조에서 말하는 '하자'는 ① 입증과실, ② 추정과실, ③ 무과실(객관적 법규범에 적법한 불법행위; délit légal)을 포함하는 '불법행위'임을 뜻하는 것으로 과실만을 말하는 것이 아니다.[30] 따라서 국가배상법 제5조에 의한 책임의 대상이 되는 행위는 객관적 법규범에 위반한 과실있는 행위뿐만 아니라 객관적 법규범을 위반하지 아니한 과실있는 행위 및 객관적 법규범을 위반하지 아니한 적법한 무과실인 행위를 포함한다. 또한 객관적 법규범을 위반한 과실인 행위라 할지라도 손해를 배상해야 할 정도의 과실에 이르지 못하는 경미한 과실에 불과할 때는 행정책임의 대상이 되는 불법행위를 구성하지 아니한다.

이렇게 보면 공권력 행사의 위법성 개념과 책임의 대상이 되는 행정작용의 위법성 개념은 상호 독립적이다. 그러므로 국가가 책임을 진다고 하는 것은 이미 불법행위를 뜻하므로 구태여 '위법'이라는 단어를 사용할 필요가 없으며, 무과실 책임 중에서도 '위험책임은 법적으로 허용된 행위에 대한 책임'[31]이라는 것의 의미도 위험책임은 불법행위를 구성하지 않는다는 뜻인지 아니면 객관적 법규범을 위반하지 않았다는 뜻인지 이해하기 어렵다. 만약 위험책임이 객관적 법규범을 위반하지 않았다는 의미라면, '위법·무과실 책임설'에서 주장하는 책임의 대상이 되는 행위도 적법한 행위이기 때문에 결국 이 설에서 주장하는 '교통안전의 법적 의무 위반'이란 '국가운영상의 흠'이외에 다른 것이 아니다. 따라서 그냥 단순히 "국가배상법 제5조의 '하자'에 대한 책임은 무과실 책임이다"고 말하는 것과 아무런 차이를 발견할 수 없다.

---

29) 서원우, "현대행정과 위법성 개념", 고시계 1985년 1월호.

30) 이광윤, "손해배상·손실보상과 적법성", 고시계 1992년 5월호 참조.

31) 정하중, 전게논문, 212면.

# Ⅱ 판례에 대한 검토

판례[32]는 국가배상책임의 유무를 판단함에 있어 영조물의 '통상 갖추어야 할 안전성'의 흠결 여부를 그 기준으로 삼고 있는데 이와 같은 '안전성의 구비 여부'를 판단함에 있어서는 물적 결함인 "신호등이 점등되지 아니하였다는 상태"라고 하는 객관적 요소뿐만 아니라 설치·관리자가 "신호기의 적색신호가 단선으로 소등되었다는 것을 바로 알 수 있었음에도 이를 알지 못한 잘못이 있다거나 그 소등으로 인하여 사고가 발생하리라는 것을 예측하고 이를 회피하지 못한 잘못이 있는지"의 여부라고 하는 주관적 요소를 또한 그 기준으로 삼고 있다. 이것은 때로는 객관적 요소에 의하거나, 주관적 요소에 의하거나, 또는 객관적 요소와 주관적 요소를 아울러 고려하여 '정상적 유지의 흠결'(défaut d'entretien normal)여부를 판단하고 있는 프랑스의 판례태도와 정확히 일치하고 있어, '통상 갖추어야 할 안전성의 흠결'이란 곧 '정상적 유지의 흠결'(défaut d'entretien normal)과 같은 내용임을 알 수 있다. 뿐만 아니라 "운전자의 도로교통법 제22조 제4항 내지 제7항 소정의 교차로 통행방법의 준수의무"를 지적함으로써, '정상적 유지의 흠결'(défaut d'entretien normal)이론의 면책사유인 "피해자의 과실" 여부와 "피고가 이 사건 교통신호기의 고장 사실을 바로 알 수 있었다고 볼 수도 없는 이상"이라고 하여 또 다른 면책사유인 "불가항력"에 주목하고 있다. 또한 법원은 신호등의 점등상태를 행정청이 제시한 증거를 통하여

32) 대판 2000. 2. 25, 99다54004 [1] 국가배상법 제5조 제1항 소정의 영조물의 설치 또는 관리의 하자라 함은 영조물이 그 용도에 따라 통상 갖추어야 할 안전성을 갖추지 못한 상태에 있음을 말하는 것으로서, 영조물이 완전무결한 상태에 있지 아니하고 그 기능상 어떠한 결함이 있다는 것만으로 영조물의 설치 또는 관리에 하자가 있다고 할 수 없는 것이고, 위와 같은 안전성의 구비 여부를 판단함에 있어서는 당해 영조물의 용도, 그 설치장소의 현황 및 이용 상황 등 제반 사정을 종합적으로 고려하여 설치 관리자가 그 영조물의 위험성에 비례하여 사회통념상 일반적으로 요구되는 정도의 방호조치의무를 다하였는지 여부를 그 기준으로 삼아야 할 것이며, 객관적으로 보아 시간적·장소적으로 영조물의 기능상 결함으로 인한 손해발생의 예견가능성과 회피가능성이 없는 경우 즉 그 영조물의 결함이 영조물의 설치관리자의 관리행위가 미칠 수 없는 상황 아래에 있는 경우에는 영조물의 설치관리상의 하자를 인정할 수 없다.

[2] 교차로의 진행방향 신호기의 정지신호가 단선으로 소등되어 있는 상태에서 그대로 진행하다가 다른 방향의 진행신호에 따라 교차로에 진입한 차량과 충돌한 경우, 신호기의 적색신호가 소등된 기능상 결함이 있었다는 사정만으로 신호기의 설치 또는 관리상의 하자를 인정할 수 없다고 한 사례.

살펴보고 피고의 예측가능성과 발견가능성에 대하여 판단하고, "피고가 위 신호등이 점등되지 아니하고 있다는 신고를 받고도 ……방치하는 것과 같은 특별한 사정을 인정할 증거가 없다"고 하여 일단 입증책임을 행정청에게 지우면서, 행정청이 제시한 증거를 통하여 행정청의 과실여부에 대하여 판단하고 있다. 이 사건에서는 증거가 명백하므로 과실을 추정하고 있지 않다. 따라서 이러한 법원의 태도 역시 도로의 이용자에 대한 "추정과실"책임을 묻고 있는 '정상적 유지의 흠결'이론과 일치한다.

그러나 법원은 국가배상법 제5조 제1항 소정의 영조물의 설치 또는 관리의 '하자'를 "영조물이 그 용도에 따라 통상 갖추어야 할 안전성을 갖추지 못한 상태에 있음"이라고 하여 '추정과실'로 해석하는 오류를 범하고 있는데, 위에서 살펴본 바에 따라 국가배상법 제5조의 '하자'는 입증과실(faute prouvé), '통상 갖추어야 할 안전성의 흠결(défaut)'인 추정과실(faute présumée), '완전무결한 상태의 결함'(défectuocités; 물적 결함에 국한됨), 그리고 무과실 책임의 대상까지를 모두 포함하는 '국가운영상의 흠'으로 해석하는 것이 타당하며, 다만 결과책임만을 배제하는 것으로 이해하여야 할 것이다. 따라서 판결문 제2점 서두의 "국가배상법 제5조 제1항 소정의 영조물의 설치 또는 관리의 하자라 함은 영조물이 그 용도에 따라 통상 갖추어야 할 안전성을 갖추지 못한 상태에 있음을 말하는 것으로서"를, "국가배상법 제5조 제1항 소정의 영조물의 설치 또는 관리의 하자라 함은 영조물의 설치 및 관리에 불완전한 점이 있거나 영조물 자체가 통상 갖추어야 할 안전성을 갖추지 못한 상태에 있는 것을 말하는 것으로서"로 변경하거나 또는 "국가운영상의 흠을 말하는 것으로서"로 변경하여 제3자 등에 대하여 무과실 책임을 인정할 수 있는 가능성을 열어두는 한편, 이 사건과 같은 도로의 이용자에 대한 배상책임에 관하여는 '통상 갖추어야 할 안전성' 즉, 추정과실(faute présumée)책임여부에 대하여 판단하여야 할 것이다.

따라서 이후 부분 "영조물의 설치 또는 관리에 하자가 있다고 할 수"를 "통상 갖추어야 할 안전성을 갖추지 못한 상태에 있다고 할 수"로 변경하여야 하고, "하자"라고 하는 표현이 최종적인 책임을 지는 의미로 사용될 경우, 즉 "영조물의 설치관리상의 하자를 인정할 수 없다"의 부분은 "책임이 있다고 할 수 없다"로 변경하여야 할 것이며, 그 이후 부분들 역시 "하자"가 "국가운영상의 흠"의 의미로 사용되었는지 아니면 최종적인 책임유무를 인정하는 의미로 사용되었는지 또는 "정상적 유지의 흠결"의 의미로 사용되었는지의 여부에 따라

"국가운영상의 흠" 또는 "책임이 있다" 또는 "통상 갖추어야 할 안전성을 갖추지 못한 상태에 있다"로 변경할 것이 요청된다.

# 제 3 장 행정상 손실보상



## Ⅰ 손실보상제도의 문제점과 개선방안[1)]

### 1. 문제제기

손실보상제도는 현실상의 여러 갈등과 더불어 실정법상으로, 또 이론적으로 많은 문제점이 거론되었으나 우리나라에서는 수십 년간 그 골격이 바뀌지 않고 있다. 그동안 손실보상에 대한 수많은 논문들이 발표되었음에도 오늘 또다시 이 문제를 거론하려는 것은 부분적인 문제점이나 개선방안의 문제를 벗어나 좀 더 근본적인 문제 제기와 더불어 전면적인 개혁을 시도하는 것이 논란 많은 손실보상제도의 문제점을 해결하는 보다 효과적인 방법으로 생각되어 전면적인 제도개혁을 주창해 보려는 데 목적이 있다.

---

1) 이광윤, "손실보상제도의 문제점과 개선방안", 토지공법연구 제7호, 한국토지공법학회, 1999. 3.

## 2. 본 론

### (1) 개념상의 문제

행정상 손실보상의 개념에 관하여 행정상 손실보상이란, "공공필요에 의한 적법한 공권력행사에 의하여 개인의 재산에 가하여진 특별한 손해에 대하여, 전체적인 공평부담의 견지에서 행하는 조절적인 재산적 보상을 말한다"라고 설명함[2]이 일반적이다. 그러나 이러한 손실보상의 개념에는 몇 가지 의문점이 있다.

1) 원인행위의 적법성 여부에 따른 손해배상과 손실보상의 구분의 불합리성 :

우리나라에서 그간에 분류해온 방식에 따르면 위법한 행정작용의 결과로 발생한 손해에 대한 재산상의 구제를 손해배상이라고 하고 적법한 공권력 행사에 의한 손해에 대한 재산적 보상을 손실보상이라고 한다. 여기서 위법하다 함은 객관적 법규범에 대한 위반여부를 말하는바 우리나라 국가배상법 제2조 1항을 보면 "고의 또는 과실로 법령에 위반하여"라고 되어 있기 때문에 손해배상은 객관적 법규범에 위반한 위법한 행위에 대한 재산상의 구제를 뜻한다고 볼 수도 있으나 이것은 우리나라 국가배상의 실정법상 요건일 뿐, 객관적 법규범에 대한 위반의 문제와 책임의 대상이 되는 불법행위의 문제는 독립된 별개의 문제이다.

공권력 행사의 위법성 개념(즉 비적법성)과 책임의 대상이 되는 행정작용의 위법성 개념은 상호독립적이다. 그럼에도 불구하고 국가배상법 제2조에서 규정하고 있는 것처럼 객관적 법규범에 대한 위법을 책임의 요건으로 한다면 침해가 불법한 데도 불구하고 행정이 책임을 지지 않는 분야를 방치하는 무책임한 국가의 모습을 연출하게 된다. 따라서 행정상 손해배상이 객관적 법규범에 위법한 행정작용에 대한 재산적 손해전보라 함은 현대 보호국가의 논리상으로도 타당하지 않다.

이에 비하여 그간의 설명에 따르면 손실보상은 '적법한 공권력 행사'로 인한 개인에게 가하여진 특별한 희생에 대한 재산적 보상이라고 한다. 이는 객관적 법규범을 위반한 침해는 제거되어야 하나 공권력 행사에 의한 적법한 침해는

---

2) 김동희, 행정법 I, 박영사, 1998, 482면; 김철용, 행정법 I, 박영사, 2006, 487면; 석종현, 일반행정법(상) 삼영사 1997, 665면 등.

원칙적으로 이를 수인하여야 할 것으로 다만 개인이 부담하여야 할 범위 및 정도를 넘는 특별한 희생에 대하여는 사회 전체의 공평부담으로 하여 조절적 보상이 이루어져야 한다는 것이다. 이와 같은 조절적 보상 원칙은 은혜설에 기원을 둔 경찰국가적 사고 방식과 사회국가 논리가 결합한 것으로 '소유권의 신성불가침'을 선언한 프랑스 인권선언의 정신(공공의 필요에 의한 수용은 사전적인 완전보상하에서만 가능하다)에 전면적으로 배치되는 자본주의사회의 기초를 흔드는 위험한 사상의 대변이며 적법한 공권력 행사에 대하여는 원칙적으로 책임이 없다는 국가무책임 사상의 흔적이 역력한 이론으로 '손해 있는 곳에 보상 있다'고 하는 현대보호국가의 역할과도 맞지 않는다.

**2) 재산권의 수용 · 사용 또는 제한에 대한 보상을 '손실보상'이라는 단일한 보상 법리로 설명하는 것의 불합리성 :** 우리나라에서 손실보상에 대한 실정법적 근거로 일반적으로 인정되고 있는 현행 헌법 제23조 제3항은 「공공필요에 의한 재산권의 수용 · 사용 또는 제한」이라고 하여 보상의 대상이 되는 공권력 행사를 수용 · 사용 또는 제한으로 열거하고 있다. 여기서 수용은 재산권의 박탈을, 사용은 재산권의 박탈에 이르지 아니하는 일시사용을, 제한은 소유자 기타 사인에 의한 사용 · 수익을 제한함[3]을 의미하는 것으로 풀이된다. 따라서 수용은 소유권이 이전되는 것이나 사용은 소유권에는 변동이 없고 이용권의 문제이며, 제한 역시 소유권에는 변동이 없고 재산권의 행사에 대한 조건의 문제일 뿐이다.

사적 소유권이 '수용'이라고 하는 공권력 작용에 의하여 공소유로 이전될 경우, 이것은 강제매수에 해당하기 때문에 수용보상은 대금지불의 의미를 가진다. 이에 비하여 사용보상은 사용료의 문제이며, 제한보상은 국가의 재산적 책임의 문제라는 점에서 그 적용법리가 다르다. 즉 수용은 프랑스 인권선언 제17조에서 선언된 바와 같이 자본주의 사회에서 소유권은 신성 불가침한 것이기 때문에 공공의 필요에 의한 사적 소유권의 박탈은 반드시 사전적인 완전보상(완전한 대금지불)하에서만 가능하다고 하는 것이 자본주의 사회의 기본원칙을 선언하고 있는 프랑스 인권선언 제17조의 정신이다. 따라서 수용에 대한 보상은 수용의 전제 조건이다. 그러나 공용제한의 문제는 프랑스 인권선언 제13조의 '공적 부담 앞의 평등의 원칙'에 따른 국가책임의 문제이기 때문에 제한에 대한 보상은 조건이 아닌 침해의 결과일 뿐이다.

---

3) 석종현, 전게서, 667면.

따라서 제한에 대한 보상을 할 것인지 하지 않을 것인지 또 어느 정도의 보상을 할 것인지 어떻게 할 것인지 등의 문제가 발생한다. 따라서 공공의 필요에 의한 수용, 사용, 제한을 손실보상이라는 하나의 법리로 설명하는 것은 매우 불합리하다고 볼 수 있다.

3) 모든 손실보상을 '특별한 희생'에 대한 조절적 보상으로 보는 것의 오류 :

헌법 제23조 제1항은 「모든 국민의 재산권은 보장된다. 그 내용과 한계는 법률로 정한다」고 하여 재산권 보장의 정도를 법률로 정하게 하고 있다. 또 헌법 제23조 제3항은 「공공필요에 의한 재산권의 수용・사용 또는 제한 및 그에 대한 보상은 법률로써 하되, 정당한 보상을 지급하여야 한다」고 규정하여 보상 여부를 법률에 의하여 결정하도록 하고 있으며 보상할 경우에는 정당한 보상을 하도록 되어 있다. 여기서 '정당한 보상'이란 원칙적으로 피수용 재산의 객관적 재산가치를 완전하게 보상하는 '완전보상'을 뜻한다.[4] 한편 구 토지수용법 제45조 제1항은 「토지를 수용 또는 사용함으로 인하여 토지소유자 또는 관계인이 입은 손실은 起業者가 이를 보상하여야 한다」고 규정하여 토지의 수용 또는 사용에 대한 보상원칙을 정하고 있으며 제46조에서는 손실액의 산정을 협의의 경우에는 협의성립 당시의 가격을 기준으로 하고 재결의 경우에는 재결당시의 가격을 기준으로 하게 함으로써 완전보상을 뒷받침하고 있다. 또 제61조에서는 사전적 보상원칙을 정하고 있다. 이러한 내용은 수용에 관하여는 소유권을 신성불가침한 선험적 권리로 보지 않고 법률유보적 권리로 본다는 점만을 제외하고는 프랑스 인권선언 제17조에서 「소유권은 신성 불가침한 권리로 박탈될 수 없으며 적법하게 인정된 공공적 필요에 의하여 요구될 때에는 사전적 정당보상의 조건하에서만 가능하다」고 규정하고 있는 내용을 그대로 법률에 의하여 실현하고 있다.

사전적 완전보상주의는 자본주의 국가에서 사적 소유권을 절대적으로 보호하는 데 초점이 있기 때문에 재산적 가치의 보전이라는 점에서 개인에게 특별한 희생을 강요하는 데 대한 사회전체의 공평부담의 견지에서 하는 조절적인 보상이 아니다. 대표적인 자본주의 국가인 미국에서도 재산적 가치의 보전을 위하여 수정헌법 제5조가 「누구든지 …… 법률이 정하는 정규의 절차에 의하지 아니하고는 생명・자유 또는 재산을 박탈당하지 아니하며 또 정당한 보상 없이 그 사적 재산을 공공이용의 목적으로 수용 당하지 아니한다」고 하여 사전적 완

4) 헌재 1990. 6. 25, 89헌마107 참고.

전보상주의를 선언하고 있다. 우리나라에서도 공공의 필요에 의한 토지의 수용과 사용에 대한 보상은 협의 또는 강제매수 또는 강제사용에 따른 대금지불일 뿐, 특별한 희생에 대한 공적 부담 앞의 평등의 원칙을 적용한 조절적인 보상이 아니다. 이 점에서 「공용수용은 독일국의 법률에 다른 정함이 없는 한 적절한 보상을 지급하여 행하여진다」고 하여 상당보상원칙을 정하고 있는 바이마르공화국 헌법 제153조 제2항의 규정이나 「보상은 공익과 관계자의 이익을 공정하게 형량하여 결정되어야 한다」는 본 기본법 제14조 제3항의 규정과는 다르다.

### (2) 해석상의 문제

**1) 보상의 대상과 보상의 제외 :** 재산권의 행사는 공공복리에 적합하도록 하여야 한다(헌법 제23조 제2항). 재산권 중에서도 특히 토지는 이를 소유하고자 하는 사람의 수나 되도록 많은 땅을 소유하고 사용하고자 하는 인간의 욕망은 무한한 데 비하여 공급될 수 있는 양은 한정되어 있다. 따라서 이를 욕망대로 소유, 사용하려고 하면 다른 사람의 몫이 그만큼 희생될 수밖에 없는 사회적 속성을 가지고 있기 때문에 공공복리를 위한 사적 소유권에 대한 수용·사용·제한이 불가피하며 사회적 동물인 인간은 이를 수인하여야 한다. 따라서 공익상의 필요에 의한 재산권의 침해는 '사회적 기속'의 논리로 정당화된다.

그러나 보상의 대상과 무보상의 대상을 사회적 기속의 논리로만 설명하는 것에는 문제가 있다. 왜냐하면 보상을 요하건 요하지 않건 모든 재산권은 사회적 기속을 받고 있는 것이지 '헌법상 손실보상을 필요로 하는' 침해에 대립되는 개념으로서의 사회적 기속 논리는 우리 헌법 어디에도 근거가 없다. 우리나라의 경우 재산권의 행사는 사회적 기속에 따라 공공복리에 적합하도록 법률로써 제한할 수 있으며(헌법 제23조 제2항 및 제37조 제2항), 이에 대한 보상 여부는 ① 재산권의 보장 원칙(헌법 제23조 제1항), ② 권리의 본질적인 내용에 대한 침해 금지 원칙(헌법 제37조 제2항), ③ 평등의 원칙(헌법 제11조 제1항)에 따라 법률로 정한다(헌법 제23조 제3항). 따라서 보상규정 없는 공익을 이유로 한 재산권에 대한 침해를 야기하는 법률은 자동적으로 위헌이 되는 것이 아니고 상기의 세 가지 원칙을 위반한 법률만이 위헌으로 된다. 이렇게 보면 수용과 사용에 대하여는 토지 수용법, 도로법 등에 보상 규정이 있으나 제한의 경우에는 없는 경우가 많으므로 보상의 필요성 여부를 결정하기 위하여 온갖 이론적 근거들이 제시되고 있다. 그러나 어느 이론에 의하거나 결국은 평등의 원칙과 공익 사이의 균형점을 맞추는 문제로 귀결된다.

그런데 문제의 관건은 재정적 이유가 공익에 포함되는가 하는 점이다. 왜냐하면 행정의 편에서 보면 모든 행정작용에 대하여 돈을 지불하여야 한다면 국가는 마비되고 말 것이기 때문에 특별히 중대하지 않은 침해에 대하여는 보상하지 않겠다는 것이고, 행정 객체의 편에서는 약간의 손해라도 보상받고자 하는 것이기 때문에 보상과 무보상의 문제는 여러 손실보상에 대한 근거 이론들이 말하고 있는 당위의 문제라기보다는 재정적 사정이라는 존재의 문제이다. 예를 들어, 환경제한에 있어서의 기본 문제는 필요한 개발 및 환경보호와 재산권의 보호를 어떻게 조화시키느냐 하는 문제이다.

전통적인 프랑스의 '행정책임의 원칙' 중의 하나인 '무과실 책임(responsabilité sans faute)원칙'에만 따른다면 건전한 국토의 운영과 관리를 방해할 수밖에 없다. 따라서 재산권에 관한 너무 광범위한 보상을 피하기 위하여 채택하고 있는 원칙을 '都市計劃地役(servitude d'urbanisme)에 대한 무보상 원칙'이라고 한다. 都市計劃地役은 공익상의 목적으로 사유재산에 부과되는 의무를 뜻하는 行政地役(servitude administrative)의 하나로, 프랑스 도시계획법전 제L160-5조는 「도로, 위생 및 미관 또는 다른 목적, 특히 토지의 이용, 건축물의 고도, 각 토지에 대한 용적률, 특정지역과 도로연변에 대한 건축금지, 다양한 개발구역 사이에 있어서의 건물 배분에 관한 이 법전을 적용한 地役(servitude)에 대하여는 어떠한 보상도 하지 않는다」고 하여 無補償 原則을 선언하고 있다.

다시 말해 모든 도시계획 법규 특히 토지점유계획에 의한 재산권의 제한에 의하여 야기될 수 있는 손해에 대하여는 그 손해가 어떠한 것이건 원칙적으로 보상받을 모든 권리가 배제된다. 판례에 따르면 지역(地役)은 공익상의 이유로 동일 지구에 위치한 모든 토지소유자에게 적용되며 동일한 구속을 받는 것이 원칙이다. 이 원칙을 설명하기 위해 일상용어로는 '都市計劃地役의 無料'(gratuité des servitudes d'urbanisme)라는 표현을 사용하기도 한다.

도시계획제한에 대한 무보상 원칙은 국토의 균형 있는 개발의 필요성이라고 하는 공익과 소유권의 사회적 기능의 증대에 정당성을 부여하기도 하지만 무엇보다도 재정적 고려가 그 첫째 이유이다. 즉 전통적인 행정책임의 법칙에 따른 피해 소유자에 대한 너무 광범위한 보상이 국토의 조직과 관리를 위한 국가의 활동을 방해하지 않게 하려는 데 우선적인 목적이 있다. 만약 재정적 이유가 공익에 포함된다면[5] 모든 손실 보상의 이론적 근거는 ① 재정적 이유가 비례의 원칙에 부합되는지에 대한 기준과 ② 재정적 이유에 의한 무보상이 평등의 원칙에 반하지 않는지 하는 문제를 해결하는 데 있어서 평등의 원칙에 반하는 기준을 잡기 위한 보충적 기능에 그친다.

2) 완전보상주의와 상당보상주의 : 우리 헌법 제23조 제3항은 공공필요에 의한 재산권의 수용·사용 또는 제한에 대하여 완전보상주의를 채택하고 있다. 이러한 완전보상주의는 재산권의 강제매수에 해당하는 '수용'의 경우에는 개인의 재산적 가치를 보장해 준다는 자본주의 국가의 논리상 당연한 것이나 '제한'의 경우까지를 일률적으로 완전보상의 대상으로 삼고 있는 것은 문제가 있다. '제한'에 대한 보상은 공평 부담의 견지에서 행하는 조절적인 보상이기 때문에 평등과 공익의 균형점을 유지하며 완전보상을 할 수도 있고, 상당보상을 할 수도 있고 또는 무보상을 할 수도 있다. 실제 우리나라 실정법을 보더라도 보상하지 않는 경우(보상규정이 없는 경우), 협의에 의하여 결정하는 경우(수도법 제29조 제2항, 도로법 제79조 제2항, 하천법 제74조 제3항), 완전보상의 경우(원자력법 제96조 제4항), 보상의 정도를 규정하고 있지 않은 경우(산림법 제63조, 구 철도법 제76조 제3항) 등 제 각각으로 나타나 있기 때문에 제한에 관한 한 헌법상의 '완전보상주의'는 사문화되어 있는 것이나 다름없다. 독일에서 경제위기를 맞아 금전적 가치가 불안정한 채권 등에로 보상의 대상을 확대하면서 '수용'(Enteignung)개념을 사용·제한에까지 확대할 수 있었던 사정은 협의의 수용에 대한 보상을 사유재산에 대한 절대적 보호라고 하는 자본주의적 시각에서만 보지 않고 기득권과 희생보상을 결합하여 이해하면서 상당보상으로 족한 것으로 보았던 경찰국가적 시각의 유습이 남아 있었기 때문이다. 게다가 상당보상주의를 원칙으로 하여 무보상까지 가능하게 하였던 사회국가적 바이마르 헌법[6]하에서는 협의의 수용과 제한이 모두 그 보상정도가 동일하였기 때문에 보다 쉽게 수용의 개념을 확대할 수 있었던 것으로 판단된다(비록 논리적으로는 문제가 있지만). 따라서 현행 우리나라 헌법이 「재산권을 수용·사용 또는 제한」

---

**5)** 재정적 이유가 공익으로 긍정된 예를 살펴보면 1973년 1월 26일 Société Le roi et Lardereau사건에서 꽁세이데따는 Rungis국영시장에서 Villette시의 도살장의 재정적자를 줄이기 위한 것을 공익을 위한 것이라고 하여 재량권의 남용의 법리를 배제한 바 있으며, 1971년 7월 20일의 Ville de Sochaux사건에서도 꽁세이데따는 국가의 재정적 이익을 공익이라고 긍정하였는바 이 사건에서 Peugeot자동차 공장을 우회하는 도로를 내는 대신 공장을 관통하는 도로를 건설하기 위하여 토지수용을 행한 것에 대하여 이는 공익이 아니라 재정적 이익이라는 비판에도 불구하고 공익성을 긍정한 바 있다.

**6)** 바이마르 공화국 헌법 제153조 제2항.

이라고 하여 이른바 확대된 '수용' 개념을 사용함으로써 상당보상과 무보상을 포함할 수밖에 없는 제한을 공용침해의 범위에 포함시키고 또 이에 대한 완전보상주의를 택하는 것은 입법적 실수로밖에 볼 수 없다. 이렇게 되면 헌법상 공용제한에 대하여는 완전보상과 무보상 두 가지만 존재하게 되고 상당보상은 실종되어 보상에 대한 양극단주의를 취하는 결과가 되어 공익과 평등 사이의 균형점을 유연하게 맞출 수 없게 된다.

3) **손실보상청구권의 성질 :** 수용에 대한 보상청구권에 대하여 완전보상원칙을 채택하고 있다면 원인행위와는 관계없이 이는 사적 재산권을 절대적으로 보호하려는 취지에서 보상하는 것으로 불평등한 법관계가 아니기 때문에 공권력 행사로서의 수용 행위와는 달리 사법관계로 볼 수 있다. 따라서 수용에 대한 보상청구권은 私權으로, 이에 관한 소송은 민사소송으로 다루는 것이 논리적으로 맞다.

수용에 대하여 상당보상원칙을 취하고 있다면 이것은 재산권의 보장과 공평부담의 원칙이 결합된 것이므로 불평등한 법 관계로 이에 대한 보상청구권은 공권으로 보아야 하며 당사자 소송의 대상이 되어야 한다. 사용의 경우도 이에 준하여 파악할 수 있으나 제한의 경우에는 공평부담의 견지에서 하는 조절적 보상이므로 손해를 완전보상하는 경우에도 이것은 공권력이 보호국가의 논리에서 우월적 지위에서 행하는 조절적 보상이므로 불평등한 법 관계이다. 따라서 이에 대한 보상 청구권은 공권으로 당사자소송의 대상이 되어야 한다. 상당보상주의를 취하고 있는 경우에는 더 말할 것도 없다.

4) **보상규정 없는 수용 · 사용 · 제한에 대한 보상방법 :** 보상여부는 법률로 정하므로 보상규정 없는 수용법률은 '재산권의 보장 원칙'(헌법 제23조 제1항), 권리의 본질적인 내용의 침해금지 원칙(헌법 제37조 제2항)에 위반되는 무효의 법률이다. 그러나 새로운 법률이 보상을 규정하지 않는 한 현행 규정에 의해서는 보상받을 수 없다.[7] 사용의 경우도 이에 준하여 해석할 수 있다. 그러나 보상규정 없는 제한에 관한 법률은 무보상이 중대하고 명백히 평등원칙에 위반될 때에만 위헌이 된다. 위헌인 경우에도 새로운 법률이 보상을 규정하지 않는 한 보상받을 수 없다. 이 점이 현행 헌법규정의 중요한 흠결사항의 하나이다.

---

7) 대판 1998. 4. 10, 96다52359 참고.

### (3) 개선방안

**1) 수용과 사용 및 제한에 대한 보상규정은 각각 분리되어야 한다.**

수용(사용의 경우도 준용할 수 있음)에 대한 보상은 재산권의 보장(헌법 제23조 제1항)을 위한 것이나 제한에 대한 보상은 공평 부담의 원칙(헌법 제11조)에서 행하는 조절적 보상이므로 분리하여 규정하여야 한다.

**2) 수용(사용도 이에 준할 수 있음)에 대하여는 완전보상원칙을 택하고 제한에 대하여는 보상정도에 대한 문호를 개방하여야 한다.**

수용은 사소유권에 대한 절대적 보호라고 하는 자본주의 국가의 논리상 완전보상주의를 채택하여야 하나, 제한은 공평부담의 견지에서 하는 조절적 보상이므로 공익과 평등을 형량하여 경우에 따라 무보상, 상당보상, 또는 완전보상을 행한다.

**3) 제한은 수용법으로부터 분리하여 행정책임법으로 흡수하여야 한다.**

행정책임이란 행정의 (공법으로서의)행정법적 작용의 결과로 행정객체에게 불법(위법)하게 야기된 손해에 대하여 국가가 지는 재산적 책임[8]을 말한다. 그러나 수용에 대한 보상은 앞에서 살펴본 바와 같이 소유권의 이전에 따른 대금지급의 문제이기 때문에 사전적 완전보상을 전제로 하는 한 공법적 관계가 아니다. 따라서 행정책임의 대상에서 제외된다. 그러나 '제한'은 객관적 법규범에 적법한 행정작용에 의하여 불법(위법)하게 야기된 손해에 대하여 국가가 지는 제재로서의 재산적 손해 전보 의무이므로 행정책임에 속한다. 이러한 적법한 행정작용에 의한 행정책임으로는 ① 부당이득책임, ② 사회적 위험책임, ③ 공적부담 앞의 평등의 원칙에 위반한 책임, ④ 특별희생책임을 들 수 있다. 이들은 모두 무과실 책임으로 객관적 법규범을 위반한 입증과실에 의한 책임, 추정과실에 의한 책임과 함께 불법행위 책임을 구성한다. 따라서 수용과 사용의 경우는 별도로 하고, 제한은 공무원의 직무상 무과실 책임을 인정하는 새로운 국가책임법에서 흡수하여야 한다.

## 3. 결 론

이상의 검토를 바탕으로 하여 헌법 제23조 제3항[9]은 다음과 같이 개정하는

---

8) 이광윤, 전게논문, 97면.

9) 「공공필요에 의한 재산권의 수용·사용 또는 제한 및 그에 대한 보상은 법률로써 하되, 정

것이 타당하다.

「공공필요에 의한 재산권의 수용은 법률로써 하되 반드시 사전적인 정당한 보상을 하여야 한다」.

헌법 제29조 제1항[10]을 다음과 같이 개정하는 것이 타당하다.

「공무원의 직무상 불법행위로 인하여 손해를 받은 국민은 법률이 정하는 바에 따라 국가 또는 공공단체에 배상을 청구할 수 있다. 이 경우 공무원 자신의 책임은 면제되지 아니한다」.

국가배상법 제2조 제1항의 본문[11]은 다음과 같이 개정하는 것이 타당하다.

「국가 또는 공공단체는 공무원이 공행정 업무를 집행함에 당하여 타인에게 손해를 가한 때에는 그 손해를 전보하여야 한다」.

이상의 골격에 의하여 손실보상론과 기존의 실정법적 근거는 분리·해체되어야 하며 새로운 국가책임법의 제정(또는 개정)이 필요하다.

## II 이른바 '분리이론'의 문제점[12]

### 1. 分離理論 適用의 問題點

헌재 1999. 10. 21, 97헌바26 사건에서 헌법재판소는 재산권의 침해여부를 판단함에 있어 우선 재산권의 행사에는 사회적 구속성이 있고, 특히 토지재산권에 대하여는 한층 더 강한 규제의 필요성과 그에 관한 입법부의 광범위한 형성권을 인정하였으나, 비례의 원칙에 위반된다는 이유로 헌법불합치결정을 하였다. 비례의 원칙의 위반여부를 판단함에 있어서는 재산권의 내용과 한계를 정하는 법규정에 대한 위헌심사의 기준으로 "도시계획사업의 시행시까지 토지

---

당한 보상을 지급하여야 한다」.

10) 「공무원의 직무상 불법행위로 손해를 받은 국민은 법률이 정하는 바에 의하여 국가 또는 공공단체에 정당한 배상을 청구할 수 있다. 이 경우 공무원 자신의 책임은 면제되지 아니한다」.

11) 「국가 또는 지방자치단체는 공무원이 그 직무를 집행함에 당하여 고의 또는 과실로 법령에 위반하여 타인에게 손해를 가하거나, 자동차손해배상보장법의 규정에 의하여 손해배상의 책임이 있는 때에는 이 법에 의하여 그 손해를 배상하여야 한다」.

12) 이광윤, "도시계획법 제4조에 대한 위헌소원", 「신행정판례연구」, 삼영사, 2001, 166면 III. 평석의 2. 분리이론적용의 문제점 이하.

사용을 제한하는 이 사건 법률조항은 입법자가 토지재산권에 관한 권리와 의무를 일반·추상적으로 확정하는 재산권의 내용과 한계에 관한 규정이자 재산권의 사회적 제약을 구체화하는 규정이다(헌법 제23조 제1항 및 제2항)"고 함으로써 공용침해 보상에 관한 헌법 제23조 제3항의 적용을 배제함으로써 이른바 독일의 분리이론을 적용하고 있다. 그러나 도시계획 제한에 있어 이른바 「분리이론」의 적용이 타당한 것인가에 관하여는 수긍하기 어려운 점이 많으므로 분리이론에 대한 검토 및 적용의 타당성 여부를 살펴보기로 한다.

### (1) 분리이론의 개념

분리이론이란 재산권의 제한이 사회적 제약인가 아니면 보상을 요하는 공용침해인가를 구분하기 위하여 독일에서 형성된 이론으로 "사회적 제약과 공용침해는 별개의 제도가 아니라 재산권 침해의 정도의 차이로서 '재산권 제한의 정도'에 의하여 사회적 제약과 공용침해가 구분된다"[13]고 하는 기존의 경계이론과 달리 재산권의 내용규정과 공용침해를 헌법적으로 서로 다른 독립된 제도로 보고, 재산권 제한의 효과가 아니라 입법의 형식과 목적에 따라서 구분하려고 하는 이론이다. 이에 따르면 "「수용」이란 「수용법률로써 직접」 특정한 또는 특정할 수 있는 인적 범위의 구체적인 재산권을 박탈하거나 아니면 「수용법률에 근거하여」 행정처분으로써 개인의 재산권을 박탈하는 것에 국한된다"[14]고 한다. 분리이론에 따르면 공용침해와 한계규정으로서의 내용규정은 서로 상이한 헌법상의 전제조건들이 적용되기 때문에 재산권의 내용 및 한계규정과 공용침해는 질적으로 다르고 서로 확실히 구별되어야 한다[15]고 한다.

한편 독일 연방헌법재판소는 재산권의 내용규정을 "입법자가 장래에 있어서 추상적이고 일반적인 형식으로 재산권의 내용, 즉 재산권의 권리와 의무를 형성하고 확정하는 것"으로 정의하고, 이에 대하여 수용은 "국가가 구체적인 공적 과제를 이행하기 위하여 이미 형성된 구체적인 재산권적 지위를 의도적으로 전면적 또는 부분적으로 박탈하려고 하는 것"으로 정의함으로써 연방최고법원에 의하여 확대된 수용의 개념을 다시 원래의 고전적인 협의의 개념으로 축소

---

13) 한수웅, "재산권의 내용을 새로이 형성하는 법규정의 헌법적 문제", 한국법학원, 저스티스 제32권 제2호, 1999. 6, 30면.

14) 한수웅, 상게논문, 33면.

15) 최갑선, "헌법 제23조 1항 2문에 의거한 재산권의 내용 및 한계규정", 「공법학의 현대적 지평」, 계희열박사 화갑기념논문집, 1995, 281면.

하였다[16]고 한다. 또 독일연방최고법원과 연방행정법원도 연방헌법재판소의 분리이론을 수용하여 자연보호법이나 문화재보호법상의 사용제한을 최근 1990년대부터 전적으로 재산권의 내용규정으로 판단하였고, 재산권의 사용제한이 과거의 수용이론에 따라 「수용」으로 판단될 정도의 강도를 가진다면 그러한 「수용적 효과」는 헌법 제14조의 수용이 아니라 보상을 통하여 합헌성이 다시 회복될 수 있는 내용규정이라고 판시하였다[17]고 한다.

이상을 종합하여 보면, 분리이론에 따를 때 재산권의 내용 및 한계규정과 공용침해 규정은 질적으로 다른 것이며 이때의 공용침해는 협의의 수용개념에 국한되며, 따라서 재산권침해의 유형은 ① 보상이 필요 없는 내용 및 한계규정, ② 보상의 의무가 있는 내용 및 한계규정, ③ 보상을 요하는 협의의 수용규정, 이렇게 3가지로 구분된다.

### (2) 우리 헌법상 분리이론의 타당성 여부

결론부터 말하면, 분리이론은 광범위한 입법형성권과 광의의 수용개념(공용침해)을 채택하고 있는 우리 헌법상 수용할 수 없다. 그 이유는 다음과 같다.

첫째, 재산권침해의 원인행위의 적법성여부에 따라 손해전보제도를 구분하는 것의 부당성을 들 수 있다.

전통적인 독일 이론에 따르면 재산권에 대한 침해는 그 적법성 여부에 따라 위법한 침해와 적법한 침해로 나눌 수 있는데, 전자는 국가배상의 문제이고 후자는 사회적 기속과 공용침해의 문제이다. 합법적인 재산권의 규제로서 사회적 기속과 공용침해는 상호 반대개념이며, 재산권의 사회적 기속의 범위는 공용침해와의 구별에서 설정된다. 재산권의 사회적 기속이란 재산권의 주체가 그 재산에 대하여 무보상으로 일반적이고 적절한 그리고 기대가능한 제한을 받게 됨을 의미한다. 이러한 의미의 사회적 기속은 보상을 요하지 아니하는 사회적 제약이라는 점에서 그리고 통상적이고 계속적인 사회적 제약이라는 점에서 특별한 희생을 수반하는 補償附 公用侵害와 구별된다.[18] 박상희의 박사학위 청구논문에 의하면 "우리나라의 경우는 보상을 요하는 침해의 유형을 헌법상 특정하고 있으므로 공용침해의 개념은 당연히 헌법 제23조 3항의 '공공필요에 의한

---

16) 한수웅, 전게논문, 33면.

17) 한수웅, 상게논문, 35면.

18) 김형성, "재산권", 헌법재판연구 제6권, 「기본권의 개념과 범위」, 1995, 442면.

수용 · 사용 · 제한의 형태에 의한 보상부 침해'로 정의될 수 있으며, 이는 광의의 Enteignung개념을 채택하고 있는 독일 연방최고법원의 입장과 동일하다"[19] 고 한다. 독일에서 이와 같이 재산권의 침해를 원인행위에 따라 위법한 침해와 적법한 침해로 나누고, 적법한 침해를 다시 보상을 요하지 않는 침해와 보상을 요하는 침해로 나누고, 보상을 요하는 침해를 '공용침해'라고 하여 여기에 재산권의 수용과 사용, 그리고 제한을 함께 포함시켰던 것은 처음부터 문제를 잉태하고 있었던 것이다.

우선 재산권의 침해에 대한 보상이 주어지는 경우에 이를 원인행위의 적법성 여부에 따라 손해배상과 공용침해에 대한 보상(손실보상)으로 나누는 것은 공권력행사의 위법성 개념과 책임의 대상이 되는 행정작용의 위법성 개념은 상호 독립적이기 때문에 불합리한 것이다.[20]

뿐만 아니라 공용침해에 대한 보상(손실보상)이 '적법한 공권력 행사'로 인한 개인에게 가하여진 특별한 희생에 대한 재산적 보상이라고 하는 것은, 이는 객관적 법규범을 위반한 침해는 제거되어야 하나 공권력 행사에 의한 적법한 침해는 원칙적으로 이를 수인하여야 할 것으로 다만 개인이 부담하여야 할 범위 및 정도를 넘는 특별한 희생에 대하여는 사회전체의 공평부담으로 하여 조절적 보상이 이루어져야 한다는 것이다. 그런데 이러한 조절적 보상 원칙은 은혜설에 기원을 둔 경찰국가적 사고방식과 사회국가 논리가 결합한 것으로 '소유권의 신성불가침'을 선언한 프랑스 인권선언의 정신(공공의 필요에 의한 수용은 사전적인 완전보상하에서만 가능하다)에 전면적으로 배치되는, 자본주의사회의 기초를 흔드는 위험한 사상의 대변이며 적법한 공권력 행사에 대하여는 원칙적으로 책임이 없다는 국가무책임 사상의 흔적이 역력한 이론으로 '손해 있는 곳에 보상 있다'고 하는 현대보호국가의 역할과도 맞지 않는다.

둘째, 공공필요에 의한 수용 · 사용 · 제한을 손실보상이라는 하나의 법리로 설명할 때 발생하는 불합리성을 들 수 있다.

우리나라에서 손실보상에 대한 실정법적 근거로 일반적으로 인정되고 있는 현행 헌법 제23조 제3항은 「공공필요에 의한 재산권의 수용 · 사용 또는 제한」이라고 하여 보상의 대상이 되는 공권력 행사를 수용 · 사용 또는 제한으로 열거하고 있다. 여기서 수용은 재산권의 박탈을, 사용은 재산권의 박탈에 이르지

---

19) 박상희, "공용침해의 요건에 관한 연구", 고려대학교 대학원 박사학위 청구논문, 1993, 26면.
20) 이광윤, "손해배상 · 손실보상과 적법성", 고시계 1992년 5월호 참조.

아니하는 일시사용을, 제한은 소유자 기타 사인에 의한 사용·수익을 제한함[21]을 의미하는 것으로 풀이된다. 따라서 수용은 소유권이 이전되는 것이나 사용은 소유권에는 변동이 없고 이용권의 문제이며, 제한 역시 소유권에는 변동이 없고 재산권의 행사에 대한 조건의 문제일 뿐이다. 사적 소유권이 '수용'이라고 하는 공권력 작용에 의하여 공소유로 이전될 경우, 이것은 강제매수에 해당하기 때문에 수용보상은 대금지불의 의미를 가진다. 이에 비하여 사용보상은 사용료의 문제이며, 제한보상은 국가의 재산적 책임의 문제라는 점에서 그 적용법리가 다르다. 즉 수용에 대한 보상은 자본주의 사회에서 소유권은 신성 불가침한 것이기 때문에 공공의 필요에 의한 사적 소유권의 박탈은 반드시 사전적인 완전보상(완전한 대금지불)하에서만 가능하다고 하는 것이 자본주의 사회의 기본원칙임을 선언하고 있는 프랑스 인권선언 제17조의 정신에 의해 당연히 보장되는 것이다. 따라서 수용에 대한 보상은 수용의 전제조건이다. 그러나 공용제한의 문제는 프랑스 인권선언 제13조의 '공적 부담 앞의 평등의 원칙'에 따른 국가책임의 문제이기 때문에 제한에 대한 보상은 조건이 아닌 침해의 결과일 뿐이다.

따라서 제한에 대한 보상을 할 것인지 하지 않을 것인지 또 어느 정도의 보상을 할 것인지 어떻게 할 것인지 등의 문제가 발생할 수 있게 된다. 이렇듯 공공의 필요에 의한 수용·사용·제한을 손실보상이라는 하나의 법리로 설명하는 것은 매우 불합리하다고 볼 수 있다. 따라서 독일에서 자갈채취판결 이후 수용의 개념을 협의의 수용개념으로 축소시킨 것은 당연한 귀결이라고 하겠다.

셋째, 우리나라 헌법 제23조 제3항이 이른바 결부조항이 아님을 들 수 있다.

공용침해라 함은 보상을 요하는 광의의 수용개념을 말하는 것으로 우리나라 헌법 제23조 제3항은 「공공필요에 의한 재산권의 수용·사용 또는 제한」이라고 하여 광의의 수용개념을 채택하고 있으나 「그에 대한 보상은 법률로써 하되」라고 하여 보상요부를 입법형성권에 맡기고 있어 반드시 '보상부 침해'가 요구되는 것이 아니므로 독일의 공용침해 개념은 우리 헌법상 채택되지 않고 있다. 즉, 우리 헌법에는 공공필요에 의한 재산권 침해에 대해 반드시 보상해야만 한다는 이른바 결부조항(또는 不可分條項; Juktimklausel)이 없다. 명백한 문언상의 차이에도 불구하고 우리 헌법 제23조 제3항을 결부조항으로 해석하는 것은 학문적 사대주의의 표현일 가능성이 높다고 본다. 더구나 「재산권의 수용·사용

21) 석종현, 전게서, 667면.

또는 제한」 규정마저도 독일에서의 협의의 수용으로 해석하는 견해[22]에 대하여는 협의의 수용이 뜻하는 「私所有權의 公所有權에로의 移轉」의 의미를 이해하고 있는지 의심스럽다. 그럼에도 불구하고 헌법재판소의 다수의견이 독일의 분리이론을 채택하여 도시계획제한에 대한 위헌판단의 준거로 헌법 제23조 제3항을 배제한 것은 이해할 수 없다. 우리나라에 있어서의 도시계획제한에 대하여는 헌법 제23조 제1항 제2문의 재산권의 내용 및 한계규정뿐만 아니라 제23조 제3항도 동시에 적용되어야 하며 제23조 제3항은 보상의 요부를 입법형성권에 맡기고 있으므로 헌법 제23조에 관한 한 위헌의 문제가 등장할 여지가 없다.

22) 한수웅, 전게논문, 36면.

제 4 편

# 행정쟁송법

# 제 1 장 행정쟁송제도 일반



## Ⅰ 항고쟁송제도에 관한 비교법적 고찰[1)]

### 1. 문제의 제기

#### (1) 행정쟁송의 유형

行政爭訟이란 "行政法上 法律關係에 있어서 이해관계자와의 爭訟의 提起에 의한 다툼을 審理·判定하는 절차를 말하며 광의로는 행정상의 분쟁에 대한 有權的 判決節次를 총칭하는 것으로 그 審判機關(行政機關 또는 法院)이나 審判節次(정식절차 또는 약식절차)를 구별하지 아니하고, 행정기관(일반행정청 또는 행정청 부속 특별행정재판소)이 행정상의 분쟁을 判定하는 절차를 말한다"고 일반적으로 설명된다.

한편 行政審判의 개념에 관하여 대부분의 교과서들은 광의에 있어서는 行政機關이 행하는 일체의 行政爭訟節次(抗告審判, 當事者審判, 特別審判)를 의미한다

1) 이광윤, "행정기관에 의한 항고쟁송의 비교법적 고찰", 고시행정, 1991. 11.

고 하며 請願, 陳情, 職權再審査와 구분하고 있으며, 협의에 있어서는 行政審判法上의 行政審判을 지칭함이 보통이다. 한편 이상규 교수는 "넓은 의미에 있어서의 行政審判이란 行政廳이 일정한 公權的 決定을 함에 있어서 거치는 準司法的 節次(quasi-juridicial process)를 총칭한다"고 하면서 이러한 의미에서의 行政審判은 "行政機關이 判定廳이 되는 行政爭訟 + 行政節次"를 말한다고 하고 있어 行政節次를 제외하고 보면 동일한 내용을 지칭하는 동시에 行政審判을 準司法的 節次로 보고 있다. 또한 한편 우리나라 헌법 제107조 제3항은 "裁判의 前審節次"로서 "司法節次"가 준용되어야 한다고 하고 있어 우리나라의 行政審判을 準司法的 節次(quasi-judicial process)로 규정하고 있다.

그러나 모든 나라 특히 대륙법계 국가들의 비슷한 이름의 유형, 가령 異議申請이나 行政審査 또는 行政審判으로 번역되는 제도들이 모두 準司法的 성격을 지니는 것은 아니며(예: 특히 프랑스의 recour administratif가 그러하다), 陳情, 特別請求(ricorso straordinario) 등도 行政爭訟임이 분명하다. 따라서 이들 行政爭訟의 종류들을 성격에 따라 再分類함이 필요하다. 즉 行政爭訟을 각각의 성격에 따라 司法的(Rechtsmittel, juridictionnel) 爭訟과 準司法的(quasi-Rechtsmittel, quasi-juridictionnel) 爭訟과 行政的(非司法的: Rechtsbehelfe, non-juridictionnel) 爭訟으로 분류하여 설명하고자 한다.

여기서 司法的 爭訟이라 함은 當事者適格이 있는 자가 정해진 절차에 따라 審判의 의무가 있는 기관에 제기하는 爭訟을 가리키며 準司法的이라 함은 이러한 爭訟이 약식으로 행해지는 爭訟을 말하며, 行政的(非司法的) 爭訟이란 이러한 조건이 충족되지 아니하거나 일부만이 충족되는 爭訟을 가리킨다.

### (2) 객관적 쟁송과 주관적 쟁송의 구별 의의의 감소

法規의 위반이나 非個別的이고 一般的인 상태에 속하는 權利의 침해가 있는 경우의 爭訟은 客觀的 爭訟이며 主觀的이고 個別的인 상태의 권리를 침해한 경우의 爭訟은 주관적 爭訟인바,[2] 모든 權利를 主觀的으로 해석하는 한, 모든 爭訟은 주관적이라고 할 수 있다. 따라서 이러한 해석 방법에 있어서는 主觀的 爭訟과 客觀的 爭訟과의 구분의 실익이 없다. 주관적 爭訟과 객관적 쟁송을 구별하는 실익은 旣判力의 범위(客觀的 爭訟은 절대적, 主觀的 爭訟은 相對的)와 當事者適格에 있는바 主觀的 爭訟의 當事者適格은 주관적 법적 상태의 향유자에 국

2) A. de Laubadére, Traité de Droit administatif, T.I., 10e éd., p. 370.

한된다. 그러나 오늘날은 세계 도처에서 抗告爭訟에 관한 당사자 적격이 확대되고 있기 때문에 더 이상 객관적 爭訟과 主觀的 爭訟을 엄격히 구분하여 이를 抗告爭訟에 適用할 이유는 없어져 간다고 보겠다. 당사자 적격의 확대현상은 대륙법계 국가들에 있어서도 일반화되어 있는 추세임을 본 비교를 통하여 더욱 분명히 나타내고자 한다.

## 2. 준사법적(quasi-judicial) 심사

### (1) 독 일

1) 행정심판(Widerspruch) : 취소소송(Anfechtungsklage) 또는 의무이행소송(Verpflichtungsklage)의 前審으로서의 행정심판은 원칙적으로 집행정지의 효과를 가진다.

행정청의 침묵에 대하여는 심판을 청구할 수 없으며 원고적격은 사법심사에서와 마찬가지로 행정행위에 의해 행정청에 대하여 가지고 있던 주관적 공권이 침해된 자만이 행정심판(Widerspruch)을 제기할 수 있다. 단순한 이익의 침해는 심판청구의 대상이 되지 않는다. 형식에 있어서도 해당 행정청 또는 상급관청에 서면으로 제출되어야 하며 기간은 일반적으로 행정행위의 고지로부터 1개월 이내에 하여야 하고 이해당사자에게 통지되지 아니한 경우에는 1개월 연장되며 고지가 행해지지 아니하면 기간의 제한이 없다.[3)]

2) 행정행위의 재심사(Wideraufgreifen des Verwaltungs Verfahrens) :

행정절차법 제51조에 규정되어 있는 재심사의 대상이 되는 행위는 행정행위의 쟁송(행정심판 및 행정소송)기간이 도과하여 불가쟁력이 발생한 행정행위이다.

당사자적격은 행정행위로 인하여 직접 자기의 권리 이익을 침해받은 행정행위의 직접 상대방 및 이해관계 있는 제3자이다.[4)]

### (2) 스 위 스

1) 행정심판(le recour administratif) : 청구대상행위(la décision attaquée) 또는 확정행위(la décision finale) 또는 원인행위(la décision incidente)에 따라 30

---

3) Michel Fromort/Alfred Rieg, Introduction au Droit Allemand T.II, éd. cujas, 1984, p. 171.

4) 자세한 것은 김남진, "행정행위의 재심사", 「행정법의 기본문제」, 법문사, 1989, 221-228면; 신보성, "불가쟁적 행정행위의 재심사", 고시연구 1986년 3월호 참조.

일 또는 10일 이내에 청구하여야 하며 법률 또는 관할청에 따라 연장된다. 1968년도 법률 연방행정절차법 제48조는 「행정결정에 의하여 손해를 입고(touché)[5] 결정이 취소되거나 수정될 보호가치 있는 이익(un intérêt digne de protection)이 있는 자는 누구나 행정심판을 청구할 수 있다」고 규정하고 있다. 보호가치 있는 이익(un intérêt digne de protection)이란 법적 이익(un intérêt de droit) 또는 사실상의 이익(un intérêt de fait)을 말한다.[6] 따라서 위반된 규범이 보호할 목적으로 부여한 이익이 있어야만 할 필요는 없다. 다만 이익이 손상(intérêt leses)되었다고 인정만 하면 된다. 이 규정은 1968년 이전의 전통[7]과의 결별을 희망하였던 입법자들의 의도에 부합한다.

이러한 태도는 절차의 문제와 본안의 문제를 분리시키는 이점이 있다. 따라서 심사를 담당한 관할청은 당사자적격과 실질적 권리를 동시에 판별하지 아니하여도 됨으로써 심사기관의 부담을 덜어준다. 이익이라 함은 금전적 또는 정신적 이익이며 단체의 이익이 아닌 개별적 이익이어야 한다. 또 직접적인 이익만이 보호가치 있는 이익이다. 심사의 청구는 집행정지의 효과를 가져 온다. 심사청구는 이유를 부기하고 서명한 각서에 의한다.

2) 행정행위의 재심사(la demande de révision) : 불가쟁력이 발생한 결정에 대하여 법률이 정한 엄격한 조건에 따라서만 가능하다.

### (3) 이탈리아

1) 이의신청(opposizione) : 이의신청은 해당 처분청에 대하여 행해지며 법률에 명시적 규정이 있는 경우는 사법적 심사가 된다. 이의신청을 접수한 처분청은 반드시 재결하여야 하며 이는 행정최고재판소와 국가원수에 대한 특별청원의 전심단계가 된다. 법률에 정해지지 아니한 경우는 관할행정청이 반드시 심판해야 할 의무가 없기 때문에 행정적 심사가 된다.

이의신청을 하려는 자는 권리 또는 법적 이익의 침해가 있어야 한다.[8] 여기서 권리(un diritto)란 주관적 권리(diritto soggettivo)를 말하며 법적 이익(un in-

5) 행정심판에 대해서는 touché(손해를 입은)이란 표현을 쓰는 데 반하여 행정소송에는 행정절차법 제103조는 atteint(침해를 받은)이라는 보다 강한 표현을 쓰고 있다.

6) Andre Grisel, Traité de Droit administratif VII, éd. Ides et Calen- des, Neuchatel, 1984, p. 899.

7) 독일, 이탈리아, 그리고 1968년 이전의 스위스에서의 주관적 공권의 침해.

8) Franco ferrante, principi di diritto e diritto publico, principato edi-tore, 1972, p. 246.

teresse legittimo)[9]이란 규범력(forza di norme)에 의하여 보호되는 이익으로 즉, 주관적 권리와 법적 상태(ordenamiento juridico) 사이의 관계는 주관적 권리가 침해당하면 곧 법규(una norma juridica)의 위반이 되는 관계에 있다. 그러나 법규에는 그 법규에 대한 위반이 주관적 권리를 침해하지 아니하는 것이 있다. 따라서 행정법을 구성하는 규범은 ① 직접 개인적 법익을 보장하는 것과 ② 직접 개인적 법익을 보장하지는 아니하지만 공공적 필요성(una utilidadpublica)을 보장하는 것이 있다. 이 후자는 행정작용을 지배하는 내용과 절차인 조직에 관련되어 행정청에게 의무를 부과하지만 개별적으로 특정된 주관적 권리와는 관련이 없다. 그러나 이러한 규범이 행정작용에 의하여 존중될 때 모든 시민은 이익을 누릴 것이 명백하다.

이러한 이익은 주관적 권리의 침해는 아니지만 행정작용이 적법하게 행하여지면 입지 않을 손해를 행정청이 위법하게 작용한 결과로 즉각적으로 입게 되는 경우에 보호되는 이익을 말한다.[10] 즉 반사적 이익으로 분류해오던 것 중에서 행정작용이 적법하게 행해지면 즉각적으로 보장받는 이익으로 볼 수 있다.

2) 直近上訴(ricorso gerarchico) : 최종적이 아닌 행정행위에 의하여 권리나 이익을 침해당한 자가 행정행위를 발한 행정청의 감독청에 제기하는 것으로 감독청은 이유를 부기한 문서로 응답하여야 한다. 몇몇 법률은 상급관칭의 지위에 있지 아니하는 기관에 대한 직근상소를 인정하고 있는바 이러한 경우를 부진정 직근상소(ricorsogerarchico impropre)라고 한다. 직근상소는 자연인, 공법인, 사법인 모두에 의해 제기될 수 있으며 청구자는 행정행위의 수정 또는 취소에 의해 직접적이고 실질적이며 현존하는 이익을 가지고 있어야 한다. 기간은 원칙적으로 30일이며 청구는 집행부정지 효과를 가진다.

### (4) 벨 기 에

조직적 신청(Les recours organisés): 조직적 신청이라 함은 법률의 규정에 의한 행정소송의 전치심판으로서의 행정심판을 가리키는 것으로 기간의 제한을 받으며 신청이 청구된 행정청은 심판의 의무를 갖는다. 조직적 신청에서 가장 중요한 것은 지방자치단체의 행위에 대한 감독행위이며 기타 위험한 영조물에

9) Enzo Capaccioli, Manuale di diritto administrativo I, padova, 1983, p. 252 참조.

10) Fernando Garrido Falla, Tradato de Derecho administrativo V.I, centro de estudios constitucionales, 1982, pp. 412-416 참조.

대한 규제, 건축허가, 지방공무원의 징계분야에 있어서는 법률이 규정한 예가 있는 경우에 한하여 제기할 수 있다.[11] 결정의 내용은 법률이 취소만을 규정하고 있는 경우를 제외하고는 취소뿐만 아니라 수정 또는 직권에 의한 새로운 행정행위를 발할 수도 있다.[12]

재결청의 행위는 행정행위이며 취소의 결정은 소급효를 갖는다. 당사자적격은 각각의 개별 법률규정에 의하나 벨기에에서의 이익개념은 프랑스에서의 이익개념[13]과 같이 법적 이익이든 사실적 이익이든 불문하며 집단적 이익과 기능적 이익을 포함한다.

#### (5) 프 랑 스

프랑스에서는 행정심사(recours administratifs)와 사법적 심사(recours juridictionnels)는 상호독립적이기 때문에 자유선택이 가능하고 행정적 심사는 사법적 심사에 대한 병행소송(recours parallèle)을 구성하지 않기 때문에[14] 행정청에 의한 소송의 전치심판으로서의 준사법적 심사(quasi-Rechtsmittel)는 특별한 예외를 구성하여 법률이 정한 경우에 한하여 가능하다. 중요한 분야는 직접세에 관한 세무소송의 경우와 문서열람에 관한 위원회의 거절이 있으며 지방의회의 의결에 대하여 도지사를 상대로 하였던 지방자치단체에 대한 감독행위에 관한 소송의 경우는 1982년 3월의 법률에 의하여 폐지되었다.

### 3. 행정적 심사

#### (1) 프 랑 스

행정심사(les recours administratifs): 프랑스에서 행정심사라 함은 일반적으로 사법심사와는 구분되는 행정적 권한으로서 심판하는 행정청 또는 행정기관에 의한 심판을 말한다. 행정심사는 행정청과 국민간의 분쟁뿐만 아니라 행정기관간의 분쟁도 포함한다. 행정행위를 발한 행정청에 대하여 청구되는 것은 호의심사(le recours gracieux)라고 하고 행정행위를 발한 행정청의 상급관청에 청구

---

11) Maurice-Andre Flamme, Droit administratif T.I, Bruylant, 1989, p. 437.

12) C.E. 15 dec. 1951, R.J.D.A.

13) 이광윤, "프랑스 행정법상 공권과 소의 이익", 고시계 1991년 8월호 참조.

14) J. M. Auby et R. Drago, Traité de contentieux administratifs T.I, L.G.D.J., 1984, p. 67.

되는 것을 직근상소(le recours hierarchique)라고 한다. 직근상소는 상급관청의 감독을 행하기 위한 것이다.15)

프랑스의 행정심사는 전통적으로 프랑스법에서 시민에게 부여되었던 행정청에 대한 청원의 자유(liberte de petition)의 유산이기 때문에 명문의 규정 없이 자유로이 행해진다.16) 따라서 합법성의 문제이건, 합목적성의 문제이건 심지어 행정청의 호의에 대하여도 제기될 수 있으며 형식이나 기한에 아무런 제한이 없기 때문에 구두로도 가능하다. 그러나 한편 청구를 받은 기관은 응답할 의무를 지지 아니한다. 청구에 대한 결정은 행정행위의 성격을 가지기 때문에 기판력(l'autorite de la chose jugee)을 발생시키지 않는다.

당사자적격에 있어서도 아무런 이익의 조건을 요구하지 않기 때문에17) 사법행위와 통치행위를 제외한 행정청의 행위에 대하여는 법적 행위이든 사실적 행위이든 단순한 형평의 문제이든 불문하고 제기할 수 있다.

### (2) 벨 기 에

**비조직적 신청(les recours non organises) 또는 호의심사(le recours gracieux)**: 법률의 규정이 없는 경우에도 아무런 기간이나 특별한 조건의 제한 없이 사법행위를 제외한 행정청의 행위에 대하여 신청을 제기할 수 있으며 일반적으로는 상급관청에 제기하는 것과 지방자치단체에 대한 감독행위에 대하여 제기하는 것을 포함하여 모두 호의심사(des recours gracieux)라고 부른다. 신청을 받은 행정청은 응답할 의무를 지지 아니하고 행정행위를 취소할 수 있다. 따라서 심사는 임의적이다.18)

### (3) 이탈리아

**대통령에 대한 특별청구(ricorso straordinorio al presidente della Republica)**: 특별청구(ricorso straordinario)란 확정적인 행정행위에 의하여 손해를 입은 시민이 권리 또는 법적 이익의 방어를 위하여 행정행위의 부분적 또는 전부의 취소를 구하는 청구19)이다. 이 청구의 기원은 사르데냐 군주제에 있어서의 전통으로,

---

15) Jean Rivero, Droit administratif, 13éd, Dalloz, 1990, p. 262.

16) J.M. Auby/M. Fromont, Les recours contre les actes administratifs dans les pays de la C.E.E., 1971, p. 216.

17) Ibid., p. 217.

18) M. A. Flamme, op. cit., pp. 439-442 참조.

국왕은 모든 사법행위 또는 행정행위의 취소를 결정할 수 있었다.

대통령의 결정은 사법행위가 아닌 행정행위로 간주되며 합법성에 대한 동기, 즉 무권한, 월권, 법률위반의 경우에만 청구가 인정된다.[20] 결정은 취소에 한정되며 청구의 제기는 집행부정지 효과를 갖는다. 또한 직접적이고 즉각적이고 현존의 이익이 있는 자만이 청구를 제기할 수 있으며 수입인지를 첨부한 문서이어야 하며 기간은 처분을 안 날로부터 180일이고, 민사소송과는 병행할 수 있으나 행정소송(꽁세이데따에서의)과는 병행할 수 없다.

### (4) 스 위 스

1) 재검토의 청구(la demande de réexamen) : 재검토의 청구는 행정기관에게 행정행위의 취소나 수정을 얻을 목적으로 청구하는 것으로 기간이나 형식에 대한 제한이 없으며 사법기능을 담당하는 법원이나 위원회는 이를 담당할 수 없다. 당사자적격은 ① 행정절차법 제66조에 정해진 행정행위의 재심사(revision)의 이유에 해당할 때, ② 헌법 제4조에 따라 처분 이후 상황이 바뀌었거나 청구가 처분 전에 청구인이 알지 못했던 사실이나 증거수단에 기초할 때, ③ 세무쟁송에 있어 절차상의 기본적 규정위반 또는 새로운 증거수단이나 사실이 서류상 누락되었을 때, ④ 처분의 성격상의 이유(현재는 포기되고 있음)에 한한다.[21] 행정청은 재검토의 청구에 관하여 응답할 의무를 진다.

2) 민중청원(la dénonciation) : 민중청원이란 당사자의 자격이 없는 사람이 공익(l'intérêt public)을 위하여 감독청에게 처분을 청구하는 것으로 행정절차법 제71조에 규정[22]되어 있다. 따라서 청구인은 권리나 보호가치 있는 이익의 향유자일 필요가 없다. 행정청은 민중청원에 대하여 응답할 의무를 지지 않는다.

3) 청원(la pétition) : 우리나라 청원법상의 청원과 대체로 유사하다.

---

19) Lanzi et Potenza, Manuale di diritto administrativo, 1967, p. 635.

20) Franco Ferrante, op. cit., p. 247.

21) Andre Grisel, op. cit., p. 949.

22) 스위스 행정절차법 제71조: 「Chacun peut dénoncer en tout temps à l'autorité de surveillance les faits qui appellent dans l'intérêt public une intervention contre une autorité. Le dénonciateur n'a aucun des droits reconnus à la partie」.

## 4. 결　　론

이상에서 살펴보건대 대륙법계 여러 나라들의 국민의 권리구제를 위한 행정쟁송 혹은 소송의 방법으로 혹은 준사법적 방법으로 혹은 행정적 방법의 다양한 형태로 전개됨을 알 수 있다. 독일형과 프랑스형이 양극단에 있고 기타 나라들은 대개 그 중간에 위치해 있으나 독일형과 프랑스형의 차이도 상이점보다는 유사성이 더욱 많음을 알 수 있다. 독일형과 프랑스형의 차이점은 독일이 준사법적 방법을 대대적으로 사용하는 반면 프랑스는 준사법적 방법의 사용을 억제하고 있다는 것이다. 이는 과거 독일에서 행정소송에 대한 열기주의를 채택하였기 때문에 구태여 준사법적 방법을 사용하여 국민의 소권을 제한하게 되는 결과를 초래할 이유가 없었기 때문으로 보인다. 한편 준사법적 심사에 있어 프랑스형에 있어서는 당사자소송을 매우 널리 인정하고 있는데, 이는 한편 법규명령에 대하여도 취소소송을 인정하고 있는바, 일반적 결정에 대하여도 쟁송을 제기하기 위해서는 이익 개념의 확대가 필요하였으리라 여겨진다. 법규명령에 대한 취소쟁송은 이웃나라에도 확대되고 있는 현상으로 과거 독일과 같이 법규명령에 대한 취소소송을 인정하지 아니하던 스페인도 1957년 행정소송법을 개정하면서 명령에 대한 취소소송을 인정하고 있나. 따라서 19세기 프랑스에 있어서는 권리침해(un droit violé)가 있어야 소익이 인정되었으나 1901년부터 판례를 통하여 계속해서 이익의 범위가 넓어짐으로써 현재는 판사가 인정하는 intérêt froissé(침해된 이익)이면 충분하게 되었다. 당사자적격의 확대는 또한 프랑스행정법의 객관주의적 태도의 결과이기도 하다.[23]

한편 "하라다" 교수의 소의 이익에 관한 4단계 학설 즉, ① 권리향수회복설, ② 법률상 보호되고 있는 이익설, ③ 보호가치가 있는 이익설, ④ 처분의 적법성 보장설은 실제로 이탈리아, 스위스 등에서 입법되고 이론적으로 받아들여진 것으로, 비교법적 측면에서도 매우 흥미롭다. 먼저 ①說과 ②說에 관하여 공권을 법적 이익과 다른 것으로 보면 ②說의 단계에 있는 자에서까지 당사자적격이 인정되는바, 공권을 법적 이익과 같은 것으로 보게 되더라도 결국 공권이 ②說의 단계에까지 확대되어 결국 동일한 범위의 사람들에게 당사자적격이 인정된다. 다음으로 ③說과 ④說에 관하여 보호가치 있는 이익의 획정은 결국 판

---

23) 이광윤, 전게논문 참조.

사가 결정하게 되므로 적법성보장설에서 채택하고 있는 intérêt froissé(침해된 이익; 판사가 결정)와의 차이는 범위에 관한 이론적 차이는 없으며 판사의 획정에 따라 실존적으로 정해질 뿐으로 근본적 차이는 항고소송을 주관적 쟁송으로 보느냐 아니면 객관적 쟁송으로 보느냐의 시각적 차이밖에 없게 된다. 즉 주관적 쟁송으로 보면 보호의 범위가 '공권 + 사실상의 이익'이 되나, 이를 공권개념을 매개하지 않고 '침해된 이익'이라 하더라도 그 범위는 마찬가지로 판사가 획정하는 것이기 때문에 결국 소익의 문제는 법적 이익(입법자가 의도한 이익)만의 보호인가 아니면 사실상의 이익까지를 보호해 주는가라는 문제로 압축된다고 하겠다. 즉 공권은 아무리 확대되어도 사실상의 이익이 공권이 될 수는 없다.

다시 말하면 법치행정이란 입법자가 의도한 법과 법관에 의한 행정의 구속을 의미하는바, 소의 이익을 입법자가 의도한 공권(또는 Duguit에 의하면 입법자가 의도한 법적 상태에 의하여 보호되는 이익)에 국한시키느냐 아니면 법관이 인정하는 사실상의 이익에까지 확대시키느냐 하는 문제로서, 사실상의 이익은 법관이 인정하게 되면 결국 객관적 법적 상태의 이익으로 된다.[24] 따라서 이 모든 것이 법률의 지배로부터 법과 법관에 의한 지배로의 법치주의의 확대현상, 소익의 확대현상, 공익을 목표로 하는 행정법관계에 있어서의 항고쟁송의 객관화 경향에로의 족정을 나타내주고 있다고 보겠다.

끝으로 청원의 성격에 관하여 청원은 모든 국가기관을 상대로 한 행정법상의 쟁송이 아닌 헌법적 쟁송으로 비사법적 심사(non-juridictionnel)로 볼 수 있겠으나 행정기관에 제기되는 것에 관해서는 행정적 심사와 중복되는 것으로 볼 수 있겠다.

24) Ibid., Georges Scelle의 이론 참조.

# 제 2 장 항고소송



## Ⅰ 항고소송의 원고적격[1)]

### 1. 법률상의 이익에 대한 해석

김남진 교수는 법률상이익의 의미내용에 관하여 필자가 말한 '법규준수의 이익'을 적법성 보장설을 취한 것으로 해석하고 적법성 보장설은 우리의 현행 법상으로는 수용될 수 없는 것이라고 비판한다. 김남진 교수는 그의 교과서에서 "권리라는 것이 본래 '법적으로 보호되는 이익'을 의미하는 것으로서, 그러한 의미에서 법의 보호 밖에 놓이는 이익인 반사적 이익과 구별되는 것이므로, '법률상 보호이익', '법에 의해 보호되는 이익' 등은 권리의 다른 표현에 지나지 않는다[2)]"고 한다. 그러나 權利란 主觀的 權利를 말하며 法的 利益(un interesse legittimo) 또는 법에 의하여 보호되는 이익이란 規範力(forza di norme)에 의하

1) 이광윤, "법률상의 이익과 공권과의 관계", 성균관법학 제11호, 성균관대학교 비교법연구소, 1999, 303면 이하.

2) 김남진, 행정법 I, 법문사, 1997, 106면.

여 보호되는 利益을 말한다. 즉, 主觀的 權利와 法的 狀態(ordenamiento juridico) 사이의 관계는 主觀的 權利가 침해당하면 곧 法規(una norma juridica)의 위반이 되는 관계에 있다.

그러나 법규(처분의 직접적 근거가 되는 법규를 말함)에는 그 법규에 대한 위반이 주관적 권리를 침해하지 아니하는 것이 있다. 따라서 행정법을 구성하는 규범은 ① 직접 개인적 법익을 보장하는 것과 ② 직접 개인적 법익을 보장하지는 아니하지만 공공적 필요성(una utilidad publica)을 보장하는 것이 있다. 이 후자는 행정작용을 지배하는 내용과 절차인 조직에 관련되어 행정청에게 의무를 부과하지만 개별적으로 특정된 주관적 권리와는 관련이 없다. 그러나 이러한 규범이 행정작용에 의하여 존중될 때 모든 시민은 이익을 누릴 것이 명백하다. 법에 의해 보호되는 이익이란 이와 같이 행정청이 위법하게 작용한 결과로 피해를 입게 되는 경우에 즉각적으로 보호되는 이익을 가리킨다. 즉 반사적 이익으로 분류해 오던 것 중에서 행정작용이 적법하게 행해지면 즉각적으로 보장받는 이익(법규준수의 이익)으로 볼 수 있다. 그러나 권리개념을 확장시켜 이것까지를 권리로 부를 수는 없다. 왜냐하면 공권이 성립되기 위해서는 법규의 강행법규성과 사익보호성이 있어야 하기 때문에 관계법규가 적어도 공익보호와 동시에 개인의 이익 보호의 취지도 있는 것으로 해석할 수 있어야 하기 때문이다(이러한 해석도 인위적인 것이긴 하지만). 즉 단순한 법규준수의 이익을 권리로 부를 수는 없다. 따라서 확장된 권리개념은 법적 보호이익의 일부분, 즉 법규준수의 이익 중에서 적어도 법규가 개인의 이익보호의 취지도 있는 것으로 해석될 수 있는 것까지에 한정된다.

이와 같이 항고소송의 원고적격을 권리를 침해당한 자에게만 국한시키는 것은 국민의 이익보호에 너무나 미흡하므로 원고적격의 범위를 고전적인 주관적 권리를 침해당한 자뿐만 아니라 법적으로 보호되는 이익이 침해당한 자에게까지 확대할지라도 이것 또한 행정에 대하여 국민의 이익을 보호하기에는 너무나 범위가 협소할 뿐 아니라 이러한 확대는 기본적으로 정책적 선택의 문제이지 논리적 귀결은 아니다. 또 확장된 권리 개념을 사용한다 하더라도 기본적으로는 私法關係에서 유추해온 주관적 권리 개념을 바탕으로 하고 있으므로 의사자치의 원칙과는 달리, 공익을 위한 행정의 특권 개념에 기초하고 있는 행정에 대한 통제에는 부적합하므로 행정에 대한 통제 형태는 私法上의 정당화 논리인 권리침해를 요건으로 하고 있는 민사소송과는 달라질 수밖에 없다. 따라서 “보호가치 있는 이익"설이 나오게 되었다.

보호가치 있는 이익은 법적인 효과뿐만 아니라 사실상의 효과에도 개입한다. 즉 보호가치 있는 이익이란 반사적 이익을 포함하거나 아니면 오히려 반사적 이익과 권리의 구별 자체를 부인한다. 따라서 보호가치 있는 이익설에 이르게 되면 주관적 권리 개념이 더 이상 필요하지 않으므로 항고소송을 주관적 소송으로 볼 아무런 근거가 없으며 따라서 보호가치 있는 이익설과 적법성 보장설은 출발점이 각각 주관적 소송과 객관적 소송으로 달랐을 뿐 실제적인 차이는 없다. 우리 행정소송법 제12조는 취소소송의 원고적격을 법률상의 이익이 있는 자에게 한정하고 있는바, 문리(文理)적으로 볼 때 법률상의 이익을 사실상의 이익을 포함하고 있는 보호가치 있는 이익으로 해석할 수는 없다. 따라서 법률상의 이익을 권리는 아니지만 법에 의하여 보호받는 이익, 즉 법규준수의 이익으로 보자는 것이다.

따라서 필자가 입법론적으로는 몰라도 적어도 우리 실정법에 대한 해석으로 적법성보장설을 취하고 있다는 것은 단지 오해일 뿐이다.

## 2. 법률상의 이익과 공권과의 관계

항고소송의 원고적격에 관하여 동일하게 주관적 소송관을 취하였던 독일과 일본의 경우에도 협소한 원고적격의 범위를 확대하는 방법에는 다소 차이가 있다. 즉, 독일은 원고적격을 "권리침해"에 한정하면서 권리의 개념을 확장시켜 법규가 부분적으로나마 사익을 보호하고 있는 취지로 해석될 수 있으면 권리로 보는, 즉 부분적 권리를 권리에 포함시키고 있는데 비하여 일본은 "법률상의 이익"이라고 하여 해석을 통한 융통성을 부여하는 방법을 취하여 즉, "법률상의 이익"은 ① 권리, ② 법률에 의하여 보호받는 이익, ③ 보호가치 있는 이익, ④ 적법성보장설로 해석된다고 하나 일반적으로 "법률에 의하여 보호받는 이익" 또는 "보호가치 있는 이익"으로 해석된다. 이 중에서 법률에 의하여 보호받는 이익은 또 다시 ① 당해 처분의 근거로 되는 실체 법규에 의하여 보호되는 이익, ② 당해 처분의 절차요건 법규에 의하여 보호되는 이익을 포함, ③ 당해 처분의 근거가 되는 법률뿐만 아니라 관계 법규의 목적·취지에 의하여 보호되는 이익을 포함, ④ 헌법상의 기본권 규정 또는 법의 일반원리에 의하여 보호되는 이익을 포함하는 견해로 나누어지는데 이 중 ③說은 처분의 직접적 근거 조항에 의하여 보호되는 이익이 아니므로 보호가치 있는 이익으로 해석할 수도 있고, ④說은 기본권 조항이나 법의 일반원리에 의하여 보호되지 않는 보호가치 있는 이익이란 존재하지 않으므로 명백히 보호가치 있는 이익에 해당한다. 따라서 ④說의 입장에서는 '법률상의 이익'을 '보호가치 있는 이익'으로 해석하는 것과 마찬가지다.

우리나라에서도 대체로 일본의 예를 따르고 있는데 評釋에서 필자는 "법률상의 이익"을 일단 ②說까지를 수용하는 입장에서 評釋하였으나 이는 문리적 해석에 충실하려는 입장에서의 해석이었을 뿐이다. 입법론적으로는 원고적격을 애매모호한 "법률상의 이익"이란 표현보다는 "보호가치 있는 이익"으로 개정하는 것이 바람직하며 이 "보호가치 있는 이익"을 원고적격의 요건으로 삼는다면 항고소송은 더 이상 개별적이고 주관적인 권리를 방어하는 주관적 소송으로 볼 근거가 없으므로 항고소송을 객관적인 법규나 객관적인 상태의 이익을 방어하는 객관적 소송으로 보는 적법성보장설과 차이가 없게 된다.

그러나 주의할 점은 행정행위의 합법성 여부를 다투는 소송의 성격을 객관적 소송으로 보고 있는 프랑스와 같은 경우에도 원고적격은 소송을 제기하기에 가장 적합한 자에게 주어지는 것이 아니라 직접적이고 확실한 손해가 발생하였다고 인정되는 자에게만 주어진다는 것이다. 실제 소익의 범위에 있어서도 "보호가치 있는 이익"을 원고적격의 요건으로 정하고 있는 스위스의 취소소송의 원고적격 범위[3]는 권리여부를 불문하므로 "충분한 이익의 침해"(직접적이고 확실한 침해)를 요건으로 하고 있는 객관적 소송관에 의한 프랑스의 월권소송의 원고적격범위보다 개념적으로 좁다고 할 수 없으며[4] 원고적격의 광협은 '보호가치 있는 이익' 또는 '충분한 이익'을 판정하는 재판부의 인식여하에 달려 있다.[5]

흥미 있는 점은 '권리침해'를 취소소송의 원고적격의 요건으로 고수하고 있는 독일에서도 기본권 규정으로부터 직접 권리가 부여되어 원고적격이 있다고 인정한 판례가 점점 증가하고 있다는 점[6]인데 기본권규정으로부터 직접 권리

---

3) 《quiconque est atteint par la décision attaquée et a un intérêt dígne de protection à ce qu'elle soit annulée ou modifiée》 스위스 법원조직법 제103 lit. 조.

4) "취소소송의 적법성유지기능 – 취소소송의 객관적 파악이 논리적으로 당연히 원고적격을 확대하는 것은 아니다." 鹽野 宏, 일본행정법론, 서원우 · 오세탁 공역, 법문사, 1994, 372면.

5) 보호가치 있는 이익을 취소소송의 원고적격으로 규정하고 있는 스위스에서도 직접적인 (propre, personnel) 이익만 구제된다.

6) H. Maurer, Manuel Droit Administratif Allemand; Traduit par Michel Fromont, L.G.D.J, 1994, pp. 163-166.

가 도출되었다고 할 때의 '권리'는 범위에 있어 '보호가치 있는 이익'과 다르지 않다.

이런 점들을 고려해 볼 때 행정행위의 적법성 여부를 다투는 소송에 있어서의 원고적격의 획정에 더 이상 "주관적 권리를 매개"로 하는 것은 무의미하다. 이제야말로 오랫동안 행정행위의 적법성 여부를 다투는 취소소송 등에 대하여 "주관적 권리"라고 하는 족쇄를 채워온 주관적 소송에의 집착으로부터 벗어나 새로운 입법을 통한 해결을 모색할 때라고 본다.

# Ⅱ 집행부정지의 원칙과 집행정지제도7) -유럽연합법이 주는 시사점-

## 1. 문제제기

유럽연합법을 관찰해 보면 유럽연합 자체에 대한 이해의 필요성 이외에도 그것이 우리나라의 국내법에 주는 시사점이 많다는 점에서 매우 흥미롭고 때로는 교훈적이기도 하다. 특히 유럽연합법은 우리가 많은 영향을 받은 바 있는 프랑스법과 독일법을 중심으로 한 유럽 각 회원국법의 비교법적 연구를 바탕으로 형성되고 있기 때문에 우리로서는 더욱 관심이 증대되지 않을 수 없다. 그 중에서 개인의 임시적 권리구제에 관하여 유럽사법원에 의한 1990년 6월 9일의 Factortame판결과 1991년 2월 21일의 Zuckerfabrik판결은 이 문제에 관한 공동체법의 일반원칙을 선언한 것으로 특별한 주목을 요한다.

## 2. 집행부정지 원칙과 행정특권

유럽공동체 조약 제185조는 「유럽사법원에의 제소는 정지효과를 가지지 아니한다」고 규정하여 유럽연합 행위에 대한 집행부정지 원칙을 채택하고 있다. 여기서 유럽연합행위라 함은 유럽연합의 모든 행위를 말하는 것이 아니라, EC

---

7) 이광윤, "유럽연합소송에 있어서의 집행부정지 제도", 토지공법연구 제4집, 한국토지공법학회, 1997. 2.

명령과 ECSC일반적 결정, EC준칙과 ECSC권고, EC결정과 ECSC 개별적 결정 중에서 집행적 성격의 행위를 말한다. 이러한 행위들은 프랑스 법에서 말하는 집행적 성격의 행정행위(acte administratif)에 해당하는 것으로 유럽연합행위의 '집행부정지 원칙'은 프랑스법의 영향을 받은 것으로 보이는데 프랑스 법이론에 따를 경우, 이 규정은 유럽연합의 일방적 결정은 결정력(l'autorité de chose décidée), 예선적 특권(privilège du préalable)을 가지며 적법성의 추정(présomption de la légalité)을 받는다는 것을 의미하는 것으로[8] 실제, 공동체 명령(règlement)에 대한 적법성의 추정이 1989년 2월 13일 유럽사법원의 Granaria판결에 의하여 확인되었다. 현재 우리나라의 다수 학설은[9] 집행부정지 원칙이 행정행위의 공정력과는 관련이 없고 행정의 효율성을 중시하느냐 아니면 국민의 권리보호를 중시하느냐 하는 입법정책상의 문제로 보고 있다. 그러나 행정청의 일방적 결정은 집행정지 원칙을 채택하든, 집행부정지 원칙을 채택하든, 자력집행력이 인정되어 있고, 집행이 부정지되는 경우도 있는 등, 독일을 비롯한 모든 행정제도 국가에서 집행력 자체는 인정되고 있기 때문에[10] 집행정지 원칙을 택하느냐 아니면 집행부정지 원칙을 택하느냐 하는 것은 행정행위의 집행력을 강하게 인정하느냐 그렇지 않으면 다소 약하게 인정하느냐 하는 행정행위의 집행력의 정도를 의미하고 있는 것이다. 행정행위의 공정력을 오늘날 '행정청 스스로가 정하는 법원의 판결'과 같은 것으로 보는 견해는 없기 때문에 공정력을 '행정행위의 성립에 하자가 있는 경우에도 그것이 중대·명백하여 무효로 인정되는 경우를 제외하고는 권한 있는 기관에 의하여 취소되기까지 유효한 것으로 통용되는 힘'으로 보는 한 '공정력'이란 행정행위의 집행력을 포함한 임시적 유효성을 뜻하는 결정력을 의미하는 것으로 새기지 않을 수 없다. 따라서 우리나라에서 집행부정지 원칙을 채택하고 있다는 것은 우리나라에서는 행정행위의 공정력을 강도 높게 인정하고 있다는 것을 의미한다. 즉 집행부정지 원칙의 채택여부는 각국이 인정하는 결정력(또는 공정력)의 강도에 직결되어 있다. 마찬가지로 유럽연합에 있어서도 유럽연합행위의 결정력은 강력히 인정되어 있다.

---

8) Jean-Marc Février, La jurisprudence communautaire et le contentieux administratif du sursis à exécution, AJDA, 1995, p. 868.

9) 김도창, 전게서, 793면; 김남진, 행정법 I, 법문사, 1996, 732면 등.

10) Hartmut Maurer, Allgemeines Verwaltungsrecht 9. Auflage 1994, pp. 191-192, b) Bestandskraft에 대한 설명 참조.

독일의 경우는 기본법 제19조 제4항 "공권력에 의하여 자신의 권리가 침해된 자는 누구나 소송을 제기할 수 있다"는 규정에 대한 해석의 직접적인 결과로 '집행정지원칙'이 수립되었다고 하여,[11] 집행정지원칙을 헌법상의 명제로 간주한다.[12] 즉, 소송을 제기하는 자가 주관적 공권의 향유자라면, 그가 판사 앞에서 모든 수단을 동원하여 동등한 공격 방어를 하는 것이 형평에 합당한 것이 되기 때문에 심리 도중의 상황악화를 원칙적으로 봉쇄하는 것이 타당한 것으로 해석될 수 있다. 따라서 집행정지원칙은 주관적 소송의 당연한 논리적 귀결로도 해석될 수도 있으나, 취소소송의 원고적격을 원칙적으로 주관적 권리 내지는 이에서 좀더 확장된 법적 이익(interes legitimo)이 침해된 자에게 한정시키고 있는 이탈리아, 일본, 우리나라 등이 '집행부정지 원칙'을 채택하고 있는 것으로 보아 집행정지원칙의 채택을 주관적 소송원칙의 당연한 논리적 귀결[13]로 보는 것은 독일에서의 해석에 국한된다고 보이며 각국에서의 집행에 관한 원칙의 선택은 결국 각국에서의 행정행위의 임시적 유효성(공정력)의 정도를 어느 수준에서 인정하느냐 하는 문제로 이해할 수 있다.

'행정제도(Régime administratif)' 국가에 있어서의 행정법이란 민법이나 상법과 같은 평등관계의 사법체계로는 턱없이 불충분할 수밖에 없는 법치국가의 원리와 행정의 효율성을 동시에 만족시킬 목적에서[14] 사법(私法)의 궤도를 일탈하는 특별한 법으로서의 독립된 법이기[15][16] 때문에 공익을 내변하는 행정의 효율성과 국민의 권리보호의 균형점은 행정의 특권을 부정하지 않는 범위 내에서 주어질 수밖에 없다. 모리스 오류는 공공서비스 계속의 필요성이 행정의 특권을 정당화시킨다고 하였다.[17] '행정제도'의 원형국가인 프랑스의 경우 월권소송에 있어서의 집행부정지 원칙은 행정행위의 집행적 성격과 예선적 특권의 당연한 귀결이며[18] 민사소송에 있어서와 같이(프랑스 민사소송법 제539조) 집행정

11) Bertrand Peter, Spécificités au regard du Droit Français des procédures d'urgence en Droit Allemand, R.D.P. p. 188.

12) Karl-Peter Sommermann, La justicia administrativa alemana, Ⅳ. La tutela cautelar(Der vorläufige Rechtsschutz), 1. La tutela cautelar como mandato constitucional, 'La justicia administrativa en el derecho comprado' by Javvier Barnés V'asquez Madrid 1993 p. 98.

13) Olivier Dugrip, L'urgence contentieuse, P.U.F. 1991, p. 232.

14) 이광윤, "행정학과 행정법", 「한국행정학의 회고와 전망」, 1996년 10월 17-18일 타워호텔, 한국행정학회.

15) 이광윤, 상게논문 참조.

16) 이광윤, "행정법의 자치와 법치주의", 성균관법학 제3호, 성균관대학교 비교법연구소, 1990, 33면 이하.

17) Maurice Hauriou, Précis de Droit administratif, Sirey 1933, p. 362.

지원칙을 택하여 "소송이 제기될 때마다 자동적으로 행정행위의 집행적 성격을 좌절시켜 행정활동을 마비시키는 것은 프랑스 행정법의 전통으로서는 받아들일 수 없다"[19]고 한다. 행정행위는 재판행위가 아니므로 취소·철회할 수 있으며 기판력(l'autorité de la chose jugée; rechtskraft)이 없다. 그러나 "집행적 결정"(décision exécutoire)[20]으로서 사법(私法)상의 법률행위보다는 우월한 효력인 결정력(l'autorité de chose décidée)을 가지기 때문에 법원의 사전허가 없이 국민을 구속한다. 따라서 행정청은 자기의 권리를 실현하기 위하여 판사의 사전허가를 받지 아니하여도 되는 예선적 특권(privilège du préalable)을 누리게 되는데 예선적 특권은 적법성 추정(présomption de la légalité)을 포함한다.[21] 프랑스의 전통적인 이론은 국민이 국가의 명령에 복종하기 전에 명령의 합법성을 문제삼을 수 있는지 아니면 명령의 합법성을 문제삼기 전에 우선 복종하여야 하는지의 문제에 대하여 "행정청의 결정은 다툴 수 없는 것으로 추정되기 때문에 판사의 개입 없이 예선적으로 집행되며 국민은 우선 행정결정에 복종하지만 사후적으로는 판사의 간섭이 가능하며 행정처분은 임시적으로, 예선적으로만 집행되기 때문에 수정될 수 있는 것"으로 보고 있다.[22]

그러나 집행부정지원칙만의 고수는 소송이 제기된 행정처분이 명백히 위법함에도 불구하고 법원에 의하여 취소될 때까지 계속해서 효력을 발생하게 되는 모순을 야기하게 되고 또 법원에서의 절차가 완만히 진행될 경우[23] 더욱 그 불편[24]이 가중되므로 이러한 불편을 덜기 위하여 고찰된 제도가 예외적인 '집행정지'(유예)제도이다. 유럽공동체조약 제185조 후단은 「그러나 유럽사법원은 필요한 상황이라고 판단될 때는 소송이 제기된 행위에 대한 집행의 정지를 명할 수 있다」고 규정하여 프랑스에서 채택하고 있는 것과 동일한 집행부정지원칙 및 예외적인 집행정지(유예)제도를 채택하고 있다.

이상에서 살펴보건대 행정소송상의 집행부정지원칙은 프랑스와 같은 강력한

---

18) M.R.-Baville/R.D. de Saint Marc/D. Labetoulle, "Leçons de Droit administratif" Hachette 1989, p. 105.

19) Ibid., p. 106.

20) 모리스 오류(Maurice Hauriou)의 '집행적 결정'(décision exécutoire)이론에 관하여, 이광윤, "명령과 행정행위에 관한 비교법적 고찰", 남하서원우교수 화갑기념논문집, 1991, 342-344면.

21) J. Rivero/J. Waline, Droit administratif, 1994, p. 90.

22) M. Tourdias, Le sursis à exécution des décisions administratives, L.G.D.J., 1957, pp. 7-8.

23) Auby/Drago, Traité de contentieux administratif T1, L.G.D.J., 1975, pp. 666-667.

24) M. Tourdias, op. cit., p. 15.

'행정제도'국가에서는 행정서비스의 계속성을 확보하여야 하는 공익상의 명제에 근거한 행정의 특권에 속하는 행정행위의 결정력의 당연한 귀결로서 인정되고 있고 신속한 국민의 권리구제라고 하는 제2차적인 목적 달성을 위하여 예외적인 '집행정지명령'제도를 도입하고 있다. 유럽연합은 전형적인 집행부정지제도 및 예외적인 집행유예제도를 채택하고 있으므로 유럽연합의 법적 행위는 행정의 특권을 강하게 인정하는 (행정제도)국가의 행정행위와 동일한 집행력[25]을 향유하고 있다.

### 3. 집행정지제도: 유럽연합법의 일반원칙

#### (1) 효율성(effectiveness)의 원칙

유럽연합의 행위는 회원국에 대하여 직접적이고 우월적 효력을 지니기 때문에 공동체의 행위는 당사자와 회원국 법원에 대하여 결정력을 향유하며 적법성이 추정된다. 한편 유럽공동체 조약 제5조는 「회원국은 이 조약 또는 공동체 기관의 행위의 결과로부터 발생하는 의무의 이행을 확보하기 위하여 일반적 또는 개별적인 모든 조치를 취한다. 회원국은 공동체가 임무를 달성하기 쉽도록 한다. 회원국은 이 조약의 목적 달성을 어렵게 할 수 있는 모든 행위를 삼간다」고 규정하고 있다. 유럽연합법의 실효성을 확보하기 위한 이러한 회원국들의 의무를 수반하는 유럽연합법의 적용원칙을 '효율성의 원칙'이라고 하는데 연합법이 국내법 차원에서 적용될 때, 연합은 군대와 경찰과 같은 물리력을 보유하지 않기 때문에 '공동체적 유대감'에 바탕한 법원을 비롯한 회원국들의 국가 및 지방자치단체들의 협력이 필수적이다.

유럽연합법에 의한 소송은 회원국 법원에 의한 소송과 유럽연합 법원에 의한 소송으로 나누어지는데 유럽연합 법원은 조약에 의하여 권한이 부여된 사항만 심리하므로 회원국 법원들이 유럽연합법의 적용에 관한 보통법원이 된다. 이렇게 유럽법에 관한 소송을 담당할 법원이 다양하게 되면 연합법의 단일성을 확보하기 위하여 연합법원과 국내법원들을 연결할 도구가 필요하게 되는데 공동체 조약 제177조에 의한 '선결소송'이 그러한 연결고리 기능을 담당하고 있다. '효율성의 원칙'은 바로 이 선결소송에 의하여 확인되고 있다. 유럽사법원은

25) 이 점에 있어 원칙적인 집행정지 제도를 채택하고 있는 독일이 과연 '행정제도' 국가에 속한다고 볼 수 있을지 재검토해 볼 필요성이 있다.

① 유럽석탄・철강공동체 조약에 의한 공동체 기관들의 결정에 대한 효력, ② 유럽공동체 조약 제177조에 의한 조약에 대한 해석과 파생법적 행위(명령, 결정, 준칙)에 대한 유효성의 인정과 해석, ③ 유럽위원회가 창설한 기관의 지위에 대한 해석에 대하여 선결문제로서 판결할 수 있다. 이 선결소송은 ① 회원국 법과 공동체 법이 모순되는 경우에 사인들을 위한 의무불이행 소송에 대한 보충기능, ② 취소소송에 대한 보충기능, ③ 유럽법의 단일성확보 기능을 하고 있는데 국내법원의 종심법원은 이송이 의무적이고 나머지 법원들은 임의적이다. 파생법적 행위의 유효성에 대한 판단은 확인소송으로 상대적 효력을 지니나 해석에 관한 판결은 대세적 효력(erga omnes)을 지닌다.

### (2) Factortame판결

긴급조치로서의 집행정지제도에 관하여 '효율성의 원칙'을 확인한 중요한 판례로는 유럽사법원에 의한 1990년 6월 19일의 Factortame판결이 있다.

1) 사건개요 : 1980년부터 영국 연안에서 조업을 하기 위하여 스페인 어선단들은 영국에서 등록하거나 또는 영국배를 구입하기도 하였다. 이러한 행위를 어업 쿼터에 대한 해적행위로 간주한 영국 정부는 1988년에 새로운 입법을 통하여 영국의 시민 또는 기업의 통제를 받는 선박만이 영국에서 등록될 수 있도록 하였으며 이미 등록된 선박들은 1989년 4월 1일 전까지 새로운 법률에 따라 다시 등록하도록 하였다. 이에 대하여 95개 스페인 어선의 업주들은 영국 지방법원(Divisioal Court)에 한편으로는 1988년의 법률이 로마조약에 의한 국적차별금지 원칙과 설립의 자유 원칙에 위반된다는 이유로, 다른 한편으로는 새로운 입법에도 불구하고 계속해서 이전 등록으로 조업할 수 있도록 임시 조치를 취해 줄 것을 청구하는 소송을 제기하였다. 1989년 3월 10일 지방법원은 로마 조약 규정의 해석을 위하여 유럽사법원에 선결문제로 이송하는 한편 국무성(Secretary of State)으로 하여금 1988년 법률의 적용에 대한 집행정지를 명하여 본안판결 때까지 이전의 등록이 유효하도록 판결하였다. 이 판결은 항소법원(Court of Appeal)에 의하여 가구제 부분에 관하여 파기되었고 이러한 항소법원의 판결 자체가 상원(Chambre of Lords)에 상소되었다. 1989년 5월 18일 영국 상원은 선결문제에 대한 유럽사법원의 판결은 2년 정도 내에는 내려지기 어렵고, 이 기간 동안 청구인은 영국법에는 유럽사법원의 판결 이전에 손해의 치유를 위한 소송이 인정되지 않으므로 어떠한 활동도 할 수 없다고 확인하였다.

그러나 영국법이 영국법원들에게 법률의 적용에 대한 임시적 집행정지를 명하는 것을 허용하지 않는다든가 국왕에 대하여 임시명령을 발할 권한이 없다고 하는 것은 단순한 의견(avis)에 불과하다. 영국 상원은 유럽사법원에 ① 공동체법이 필요한 경우에는 국내법에 반하여 임시조치를 취할 것을 허용하는지, ② 그러한 조치는 어떠한 조건에서 취해질 수 있는지에 대한 해석을 청구하였다. 이에 대하여 1990년 6월 19일 판결은 제2점에 대하여는 답변을 회피하고 있으나, 제1점에 관하여는 공동체법에 의한 효과적인 권리보호의 필요성이 요구할 때에는 회원국 법원이 국내법 규정에 반하여 필요한 임시조치를 취할 권한이 있음을 명백히 하고 있다.

2) **판결내용 :** 유럽사법원은 1978년 Simmenthal[26]판결에서 "공동체법의 직접적 적용원칙은 공동체법이 효력을 발생하여 그 효력이 지속되고 있는 기간 동안 모든 회원국에게 동일하게 완전한 효력을 발하여야 하며, 공동체법의 우월적 효력 원칙에 따라 조약 규정과 직접적 적용 효과가 있는 공동체 행위는 국내법과의 관계에 있어 효과를 발함과 동시에 이에 반하는 모든 국내법 규정을 적용할 수 없는 것으로 한다"고 한 것을 재확인하였다. 유럽사법원의 판례에 따르면 공동체법 규정의 직접적 효과에 따른 법적인 보호의무는 국내법원이 담당한다. 공동체법을 적용하기를 거부함에 의하여 공동체법의 효율성을 감소시키는 효과를 가져 오는 모든 국내법 규정과 입법, 행정, 사법적 관행과 비록 일시적이라 할지라도 공공체규범의 완전한 효율성을 방해할 수 있는 국내법 규정을 배제하는 데 필요한 모든 조치를 취할 권한은 공동체법의 성격 자체에 내재하는 요구에 비추어 볼 때 양립될 수 없다. 국내법 규정이 공동체법에 의하여 진행되는 소송에 있어서 공동체법에 기초하여 주장하는 권리의 존재에 개입하는 사법적 결정의 완전한 효율성을 보장하기 위하여 임시조치를 취하는 것을 방해할 수 있다면 공동체법의 효율성이 감소될 것이다. 이러한 상황에서는 국내법 규정과 모순되지 않는다 할지라도 임시조치를 허용할 수 있고 국내법 규정의 적용을 배제할 수 있다. 국내법원이 유럽사법원에 의한 선결문제에 대한 판결이 있을 때까지 임시조치를 명할 수 없다면 선결문제소송의 유용성이 감소될 것이다. 따라서 공동체법에 관한 소송을 담당한 국내법원이 임시조치를

---

**26)** 106/77, Rec. CJCE, p. 629; 1970년에 이탈리아는 공중위생법을 제정하여 세관에서의 위생검사시에 검사 수수료를 납부토록 하였다. 이에 대하여 쇠고기 수입업자인 Simmenthal이 검사 수수료는 관세에 해당하므로 1970년의 이탈리아 공중위생법은 상품의 자유유통을 규정하고 있는 공동체 조약과 1968년 6월 28일 명령에 저촉된다는 이유로 소송을 제기하였다.

명하는 것에 대한 유일한 장애가 국내법 규정이라고 판단하면 국내법 규정의 적용을 배제하여야 한다.

3) **판결에 대한 검토 :** 판례에서 보건데 긴급절차로서의 임시조치를 명하는 것은 법원의 내재적 권한으로 간주되고 있다. 프랑스 헌법재판소도 1987년 1월 23일 판결에서 집행정지명령을 방어권의 기본적 보장으로 간주하고 있다.[27] 유럽연합 회원국 중 개별적인 행위에 대한 '집행정지'제도를 인정하지 않는 나라는 덴마크와 국왕의 행위에 한한 영국이 있을 뿐이다.[28] 명령에 대한 집행정지는 벨기에, 스페인, 프랑스, 그리스 및 네덜란드에서 허용된다. 법률에 대한 집행정지는 이탈리아, 아일랜드 및 독일에서 허용되고, 행정청에 대한 이행명령은 독일, 벨기에, 그리스, 아일랜드, 이탈리아 및 네덜란드에서 허용된다. 따라서 행정청에 대한 임시조치는 조건은 다양하다고 할지라도 범유럽적으로 채택되고 있는 제도로 볼 수 있다. 따라서 '집행정지'를 인정한다는 공동체법의 일반원칙이 각 회원국들의 비교법적 검토를 통하여 공동체법으로 성립되고 이러한 공동체법이 회원국 법에 대하여 우월적 효력을 지닌다는 것을 Factortame판결에서 다시 한 번 확인하고 있다.

즉 Factortame판결의 의의는 다음과 같이 요약될 수 있다.

1. 공동체규범이 부여한 권리의 보호에 장애가 되는 국내법 규정은 어떠한 것이 되었건 모두 배제되어야 한다.
2. 나아가서 국내법이 그러한 권한의 부여를 금지하는 경우에 있어서까지 국내법 규정은 배제되어야 한다.

따라서 공동체법의 국내법에 대한 우월성에 의하여 국내법률도 최소한 공동체법에 대하여는 다른 행위들과 마찬가지로 유효성을 검증받는다. 집행정지의 효과는 대세적(erga omnes)효력이 있으므로 법률에 대한 집행정지효과의 범위는 매우 광범위하다. 그러므로 Factortame판결은 유럽연합을 법적으로 통합시키는 데 매우 강력한 촉진제 역할을 하고 있다.

---

**27)** Jean Claude Bonichot, "Les pouvoirs d'injonction du juge national pour la protection des droits conférés par l'ordre juridique communautaire", R.F.D.A., 1990, p. 917.

**28)** Ibid.

## 4. 유럽연합 행위에 대한 적법성의 추정의 완화와 국내법원에 의한 유효성에 대한 심사

假救濟로서의 집행정지 판결은 본안소송인 행위의 유효성 심사의 대상으로 되어 있는 행위의 결정력(l'autorité de chose décidée)과 결정력의 귀결인 적법성의 추정(la présomption de légalité)을 박탈하는 효과를 가져 온다. 로마조약 제185조는 조약을 제외한 공동체 행위에 대하여 집행정지 신청을 허용하고 있으나, 이러한 권한은 집행정지 소송의 파생적 성격의 결과, 유럽사법원에의 소송이 자유로운 특권적 청구인(회원국, 집행위원회, 유럽위원회)만이 자유롭게 행사할 수 있었다. 국내법원의 입장에서는 유럽사법원에 유효성 심사를 위한 선결소송을 이송하는 이외에는 공동체 행위에 대한 적법성의 추정은 거부할 수 없는 명제였다. 그러나 1987년 10월 22일의 Foto-Frost판결에서는 "유효성의 심사를 위한 선결소송도 취소소송과 마찬가지로 공동체행위의 적법성 심사의 한 방법"이라고 함으로써 공동체행위에 대한 적법성의 추정을 약화시켰다. 국내법원은 집행의 국내적 조치에 대한 정지를 명함으로써 소송진행 중인 공동체 행위로부터 적법성의 추정을 주요 효과내용으로 하는 결정력을 임시적으로 제거하게 된다. 즉, 국내법원은 국내적용에 대한 집행정지를 통하여 필연적으로 공동체 규정에 부여되어 있는 적법성의 추정을 맹렬히 공격하게 된다. 유럽사법원은 1991년 2월 21일 Zuckerfabrik판결에 의하여 공동체 명령을 국내에 적용하는 조치에 대한 집행정지 명령이 가능함을 확인하였는데 사건 개요 및 판결의 내용은 다음과 같다.

### (1) 사건개요

Itzehoe세관은 설탕 제조업체인 Zuckerfabrik Suderdithmarschen회사에 대하여 1986/1987 회계연도의 상품화 운동에 대한 특별세로 198,294,266마르크를 부과하였다. 이 특별세는 공동체조약 제43조에 기초한 87년 명령 제1914호에 의하여 입법된 것으로 1986년 7월 1일에 시작하여 1987년 6월 30일에 끝난 운동기간 동안 설탕 부문에서 공동체가 입은 손실의 전부를 보전할 목적으로 도입되었다. 손실은 공동체에 대한 무역수지 흑자국인 제3국에 공동체 설탕제품을 출하하기 위하여 운동기간 동안 공동체가 재정지원을 하여 특별히 증가된

수출에 대한 비용상환에 의하여 야기되었다. 이에 대하여 Zuckerfabrik Suderdithmarschen회사는 Itzehoe세관의 결정에 대하여 Hamburg 재정법원에 집행정지신청을 하는 한편 이 결정에 대한 취소소송을 제기하였다. 이 두 소송에서 Zuckerfabrik회사는 세관의 결정이 근거하고 있는 1987년 명령 제1914호가 효력이 없음을 주장하였다. Hamburg 재정법원은 Itzehoe 세관의 결정에 대한 집행정지신청을 받아들이는 한편 유럽사법원에 다음과 같은 선결 문제를 이송하였다.

첫째, ① 유럽공동체 조약 제189조 제2항은 회원국에 있어서의 공동체 명령의 일반적 효력범위는 국내법원이 본안 판결 때까지 공동체명령에 기초한 행정행위의 효력을 임시적으로 정지시킬 권한을 배제하지 않는 것으로 해석하여야 하는가? ② 만약 그렇다고 한다면 국내법원이 임시적 구제를 해줄 수 있는 조건은 무엇인가? 여기에 적용될 공동체법상의 조건은 존재하는가? 존재한다면 그 내용은 무엇인가? 아니면 임시적 구제는 국내법에 따라 정해져야 할 것인가? 둘째, 1986/1987 상품화 운동을 위한 설탕 부문에 있어서의 특별 환수세를 도입하고 있는 1987년 명령 제1914호는 유효한 것인가? 특히 그 명령은 부담부 명령에 대한 불소급 원칙을 위반한 효력없는 명령이 아닌가? 하는 것이었다.

### (2) 판결내용

이에 대하여 유럽사법원은 공동체 조약 제189조의 해석은 공동체 명령에 근거한 국내 행정행위에 대한 국내법원의 집행정지명령권을 배제하지 않는 것으로 해석하여야 한다고 하면서 집행정지는 공동체의 이익을 정당히 고려하여, 긴급하고 중대하고 회복하기 어려운 손해의 발생우려가 있을 때, 또 국내법원이 공동체행위의 유효성에 관하여 심각한 의문을 가질 때에 한하여 허용될 수 있다고 판결하였다.

위의 판결에서 보건대 국내법원은 공동체법의 국내적용에 대한 집행정지를 허용함으로써 공동체행위의 결정력을 박탈하게 되는데 문제는 결정력에 부가되어 있는 공동체행위의 합법성의 추정자체가 의심받는 결과가 된다. 즉 차후로 국내법원은 공동체행위를 뒤집을 수는 없지만 적어도 유효성에 대한 심각한 의심을 표명할 수 있다. 뿐만 아니라 공동체행위의 유효성에 대하여 국내법원은 묵시적으로 공동체행위를 적용하든지 또는 명시적으로 선결문제이송을 거부함으로써 공동체행위의 유효성을 선언할 수도 있고 유효성에 대한 심각한 의문을 제기함으로써 선결문제로 이송할 수도 있는데, 이 경우 국내법원에게 금지되어 있는 것은 공동체행위의 유효성에 대한 심사가 아니라 유효하지 않다고 선언하는 것이다. 만약 국내법원이 공동체행위의 유효성에 대하여 심각한 의심을 품지 않으면 공동체행위의 유효성을 선언하게 되고 의심을 품게 되면 유효성에 대한 심사를 이송하게 되는데, 이 경우 국내법원 자신은 공동체행위가 명백히 유효한 것은 아니라고 이미 판단하고 있는 것이므로 정신작용상으로는 공동체행위의 유효성에 대한 심사를 늘 행하고 있으면서 유효성의 명시적 또는 묵시적 선언을 하거나 선결문제이송의 형태로 유효성에 대한 부정적 선언을 표현하고 있는 셈이다. 유효성의 심사에 대한 이러한 절차는 로마 조약 제173조에 의한 개인들의 취소소송에의 출소권 제한[29]을 완화하는 효과를 가져 온다. 그리고 국내법원은 권한이 없는 것으로 간주되었던 공동체규범의 유효성에 대한 심사권을 확보하게 된다. Zuckerfabrik판결은 개인의 보호가 공동체법의 우월성에 선행하는 판례라는 점에서 공동체법의 절대적 우월성을 선언하고 있는 Factortame판결에 대한 수정역할을 하고 있다.

### 5. 집행정지의 요건에 관한 원칙

유럽사법원은 Zuckerfabrik판결에서 집행정지의 요건에 관한 공동체의 일반원칙을 수립하였다. 그 요건들은 다음과 같다.

#### (1) 공동체 행위의 유효성에 관하여 중대한 의심(doutes sérieux)이 있을 것

집행정지의 요건으로서 '유효성에 관한 중대한 의심'은 프랑스법에서 집행정지의 요건으로 들고 있는 '중대한 이유'(caractère sérieux des moyens invoqués)

---

29) 취소소송의 청구인 적격은 다음의 두 가지 범주로 나눌 수 있다.
1) 특권적 청구인: 회원국, 집행위원회에 대한 유럽위원회, 유럽위원회에 대한 집행위원회.
- 이들은 소의 이익에 상관없이 소를 제기할 수 있다.
2) 비특권적 청구인
ㄱ) 관계된 개별적 결정 또는 권력남용에 해당하는 명령에 대하여 제기하는 유럽석탄철강공동체의 석탄철강기업.
ㄴ) 개별적 결정 또는 직접적이고 개별적인 효력을 미치는 명령에 대하여 제기하는 유럽경제 공동체의 모든 자연인 또는 법인.
ㄷ) 유럽의회: 사인은 합법성에 대한 객관적 보장자로 간주되지 않기 때문에 원칙적으로 명령이나 준칙에 대하여 소를 제기할 수 없다. 그러나 개별적, 직접적 관련성만 있으면 진정한 명령에 대하여도 원고적격이 인정된다(Allied Corporation V. Commission 1984 ECR).

에 해당한다. 중대한 이유는 합법성에 대한 심사를 한다면 처분에 대한 취소판결을 하여야 할 상태에 있음을 의미한다.[30] 집행정지는 한편으로는 문제된 결정이 취소될 것이라고 판단되는 중대한 이유가 있을 때에만 허용되어야만 하고 다른 한편으로는 본안에 대하여 예단하지 말아야 하는 딜레마에 빠지게 된다. 그러나 중대한 이유라고 하는 것은 결국 취소될 성질의 것으로 판단되어 당장 집행정지가 필요하다고 판단하여야 하기 때문에 '중대한 이유'는 '근거 있는 이유'(moyen fondé)로 대치되는 경향에 있다고 한다.[31]

### (2) 긴급하고 회복하기 어려운 중대한 손해의 발생 우려가 있을 때

이 조건은 프랑스법상의 조건과 동일하다. 순전히 금전적인 손실은 회복될 수 없는 것으로 간주되지 않는다. 긴급하다고 하는 것은 유럽사법원이 공동체 행위의 유효성에 대하여 본안판결을 내리기 전에 손해가 구체화될 수 있는 것이어야 한다. 프랑스법에 따르면, 문제된 행위가 공익을 해할 때에는 사익이 침해되는 경우보다 손실의 중대성은 덜 중요하다. 손실이 사익만을 침해하고 있는 경우에는 손실이 회복될 수 없을 때에만 집행정지가 허용될 수 있다. 그러나 법원은 각 사건을 조사하여 공동체 행위가 유효하지 않다고 선언되는 경우에 집행 정지의 대상인 행위에 의하여 야기될 손해가 회복할 수 없는 것인지를 세밀히 검토하여야 한다.

### (3) 공동체의 이익을 고려하여야 한다

국내법원이 집행정지신청에 대한 심사를 할 때, 공동체행위의 유효성에 대한 중대한 의심이 있고, 긴급하고 회복하기 어려운 중대한 손해의 발생 우려가 있을 때라고 하는 상기의 조건들이 충족되었다 할지라도 공익상의 이유로 집행정지 신청을 거부할 수 있다. 이때 회원국의 공익상의 이유와 공동체의 공익상의 이유가 일치하지 않는 경우가 생겨날 수 있고 회원국의 공익상의 이유와 공동체의 공익상의 이유가 충돌될 때에는 공동체의 공익상의 이유만이 공동체법의 '우월성의 원칙'에 따라 배타적으로 고려되어야 한다. 따라서 회원국 법원이 향유하는 집행정지신청 심사에 대한 재량은 제약받게 된다. 즉, 유럽사법원의

30) Olivier Dugrip, op. cit., p. 283.

31) 5 déc. 1980, G.D.F. et Ministre de l'industrie c. époux Marion. Charles Debbasch/Jean-Claude Ricci, Contentieux administratif, Dalloz, 1994, p. 376.

Zuckerfabrik판결에 의하면 국내법원은 공동체행위의 합법성에 관한 심각한 의문이 있을 때는 집행정지를 명할 수 있다. 그러나 국내법원의 그러한 재량에도 불구하고 국내법원은 공동체의 이익을 고려하여야 하기 때문에 집행정지에 관한 공동체법의 효율성을 선언한 Factortame판결과 Zuckerfabrik판결이 결합되게 되면 집행정지에 관한 국내법원의 특권이 축소되는 결과를 가져온다.

한마디로 말하여 국내 공익상의 이유만으로는 집행정지신청을 거절할 수는 없으나 공동체의 이익만을 고려하여 공동체규범에 근거한 국내행위의 집행정지신청을 거부할 수 있다. 또한 '공익' 개념은 집행정지신청에 대한 제약요인으로 알려져 왔으나 공동체의 공익이 요구할 때에는 더 이상 그러하지 아니하다. 따라서 국내법원은 공동체 법이 즉각적으로 집행되지 않을 경우, 공동체 법의 효율성의 원칙이 침해받지 않을 것인지를 조사하여야 한다. 그 밖에 정지가 공동체의 재정적 위험을 야기할 우려가 있을 때에는 신청인에게 공탁금이나 기탁과 같은 충분한 보장 방법을 부과할 수 있다.

## 6. 결 론

Factortame판결은 국내법이 집행정지를 금지하고 있는 경우라 하더라도 공동체법에 관한 한 개인의 임시적 권리 구제를 위하여 국내법원은 집행정지를 명하여야 한다는 것이지만 '집행정지'라고 하는 임시적 권리구제 제도의 내용에 초점이 있는 것이 아니고 공동체법의 우월성에 바탕한 공동체법의 '효율성의 원칙'을 극명하게 재확인한 판례이다. 이에 비하여 Zuckerfabrik판결은 공동체법에 근거한 국내행위에 대한 집행정지 명령의 권한을 국내법원에 부여함으로써 사실은 국내법원이 공동체규범의 유효성 여부를 판단하게 되는 — 공동체법의 우월성에 바탕한 공동체행위의 유효성 심사에 관한 유럽사법원의 배타적 관할 원칙과는 모순되는 — 판결로 청구인의 회복할 수 없는 중대한 손해의 발생을 방지하기 위해서는 공동체법의 우월성의 문제나 공동체법의 위법심사권의 배타적 관할권의 문제를 넘어 임시적 권리구제를 하여야 한다는 것을 선언한 것으로 Zuckerfabrik 판결에 의하여 국내법원의 공동체법 재판에 있어서의 역할이 증대되었고, 긴급절차로서의 임시적 권리구제의 부여는 공동체법상의 법의 일반원리로 자리잡게 되었다.

이러한 법의 일반원리가 탄생하는 과정은 우선 공동체회원국들 간의 비교법적 검토가 선행되고 비교법적 검토를 바탕으로 공동체법의 일반 원칙이 탄생하였다. 그러나 공동체법의 일반원칙이 일단 탄생하게 되면 이 원칙은 모든 회원국에 단일하게 적용되어 역으로 회원국체계들을 단일화시키는 역할을 하게 된다. Factortame판결에 의하여 영국에도 국왕의 행위에 대한 '집행정지' 제도가 도입되었고, 원칙적인 '집행정지원칙'을 취하고 있는 독일의 경우, 공동체규범을 적용하는 국내행위에 대하여는 원칙적인 '집행부정지원칙'을 취하게 되는 결과를 가져왔다. 이렇게 하여 유럽연합각국의 법들이 단일화되어 가는 도중에 한편으로는 유럽공동체법이 형성되면서 행정법 분야에 있어 유럽일반법(ius commune europaeum)을 뜻하는 모든 유럽연합국에 공통되는 '유럽행정법'의 출현을 이야기하기에[32] 이르렀고 공동체법의 일반원칙에 관한 成文化의 문제까지[33] 논의되기에 이르렀다. 대륙법계에 속하는 우리나라의 경우, 일반법으로서의 '유럽행정법'의 탄생은 무관한 일일 수 없으며 우리에게 미칠 파장을 예의주시하여야 한다고 본다.

32) 유르겐 슈바르쯔, 이광윤 옮김, "유럽연합 행정법들의 공통점과 상이점", 성균관법학 제7호, 성균관대학교 비교법연구소, 1996.

33) Ibid.

# 제 3 장 기관소송



## Ⅰ 기관소송에 있어서의 쟁점[1)]

### 1. 문제제기

행정소송법 제3조 제4호는 기관소송을 국가 또는 공공단체의 기관 상호간에 있어서의 권한의 존부 또는 그 행사에 관한 다툼이 있을 때에 이에 대하여 제기하는 소송으로 정의하고, 제45조에서는「기관소송은 법률이 정한 경우에 법률에 정한 자에 한하여 제기할 수」있도록 하고 있다. 본장에서는 가장 많이 문제되고 있는 기관의 범위, 기관소송의 성격 및 권한쟁의심판과의 관계의 문제에만 국한시켜 기관소송에 관한 쟁점을 살펴보기로 한다.

1) 이광윤, "전체 기관소송에 있어서의 쟁점", 고시계 1994년 8월.

## 2. 기관의 범위

행정소송법 제3조 제4호에 따르면 기관소송은 국가 또는 공공단체의 기관상호간의 분쟁에 대한 소송이다. 기관이라 함은 법인 기타 단체의 의사를 결정하거나 또는 그 실행에 참여하는 지위에 있어, 그 행위가 법인의 행위로 되는 자를 가리킨다.

따라서 이를 문리해석하면 동일한 공법상의 법인의 내부기관간의 분쟁에 한정시켜 국가와 지방자치단체간의 분쟁이나 지방자치단체 상호간의 분쟁, 국가와 지방자치단체 이외의 공공단체 즉, 사무자치단체(공공조합, 공영조물법인, 공재단) 간의 분쟁, 사무자치단체 상호간의 분쟁, 지방자치단체와 사무자치단체간의 분쟁 등은 기관소송의 범위에서 제외시켜 분쟁의 성격에 따라 항고소송 또는 당사자소송으로만 볼 여지도 있다.[2)]

그러나 국가는 일찍부터 단일법인격의 주체로서 소송상의 당사자능력을 인정받아온 데 비하여 공공단체의 당사자능력은 매우 제한적으로만 허용되어 왔으며 국가와 공공단체와의 관계를 내부법관계로서의 행정조직법 관계가 아닌 외부법 관계로서의 행정작용법 관계로 일반화하는 추세는 대륙법계국가들에 있어서는 최근의 현상일 뿐이다.

### (1) 지방자치단체의 당사자능력

지방자치단체는 국가와는 달리 국가의 행정기구(institutions administratives)로서 조직은 헌법, 법률 또는 명령, 즉 국가에 의하여만 결정된다.[3)]

Carré de Malberg는 지방자치단체도 권리의 주체이기는 하나 국가의 권리가 국가 자신만의 의지와 권력에 의해 행사되는 데 비하여 지방자치단체의 권리는 국가의 법률이 허용하는 범위 내에서 법률에 의하여만 행사될 수 있을 뿐이라고 하였다.[4)]

---

2) 기관소송을 동일한 공법상의 법인내부기관간의 분쟁에 한정시켜 보는 입장: 김남진, 행정법 I, 제4판, 법문사, 1992, 791면; 홍정선, "기관소송", 고시계, 1991년 8월, 103면 이하; 이기우, "기관소송", 고시계 1992년 11월 52면 이하; 신봉기, "기관소송과 권한쟁의」, 고시연구 1991년 9월, 129면 이하.

3) René Chapus, Dt. ad. général, T.I, 5e éd., Montchrestien, 1990, p. 182.

4) Carré de Malbourg, Constitution à la théorie générale de l'Etat, T.I, Recueil Sirey, 1920, p. 186.

사실, 중앙집권국가에 있어서의 지방자치단체(지방단체라는 표현이 적당하지만 습관상 자치단체라고 부르기로 한다)는 국가의 행정기관일 뿐이며 독립된 법인격 주체로 볼 수 없다. 따라서 중앙집권국가의 국가와 지방자치단체 간 및 지방자치단체 상호 간에 있어서는 일체의 행정소송이 허용되지 않는다.[5)]

### (2) 분권화에 따른 지방자치단체의 당사자능력

지방자치단체에게 행정권(pouvoir exécutif)이 분권되어 권리, 의무 관계의 주체로서의 독립된 법인격이 주어진다 하더라도 당사자능력은 일반적으로 제한되어 왔다. 즉 지방자치단체의 위법한 결정을 취소하기 위해서는 법원의 판결을 필요로 하였던 영국법의 전통과는 달리 대륙법계국가에서는 일반적으로 후견적 감독(tutelle)[6)]이라고 하는 행정적 통제방법을 채택하여 왔다. M. Hauriou는 「후견적 감독이 존재한다고 하는 것은 국가이외의 행정청은 무능력자임을 뜻한다」고 한다.[7)]

후견적 감독이 있을 경우, 지방자치단체에게는 원칙적으로 자신의 존재와 영역에 대한 침해에 대하여 자신의 자치(autonomie)와 존재 및 사법상의 권리를 방어하기 위하여만 당사자능력이 부여됨이 보통이다.[8)]

그 밖의 영역에 있어서는 기본권의 향유자인 국민과는 달리 고유의 이익을 향유할 수 없고 권한행사만 하는 것으로 간주되어 당사자능력을 인정받지 못한다. 흔히 이를 가리켜 "공법은 기관소송(conflits juridictionnels intraorganiques)을 모른다"라는 법언(法諺)으로 표현한다.[9)] 지방자치단체의 당사자능력의 제한은 국익의 통일성을 유지하기 위한 후견적 감독의 산물로서[10)] 각국은 점차 이 후견적 감독을 폐지하여 지방자치단체에 대한 사법적(司法的) 감독방법을 채택하여 전면적인 당사자능력을 인정하는 추세에 있다.[11)] 그러나 지방자치단체가

---

**5)** Ramon Parada, Derecho administrativo I, Quinta edición, Marcial Pons, Madrid, 1993, p. 686.

**6)** 후견적 감독(tuelle); 사전승인권, 취소, 정지, 변경권 및 대행권을 포함한다.

**7)** M. Hauriou, Précis de Droit administratif et de Droit public, 12 éd., Recueil Sirey, 1933, p. 54.

**8)** A. Grisel, Traité de Droit administratif T.I, Editions Ideas et calendes, Neuchâtel, 1984, p. 200.

**9)** Pierre Moor, Droit administratif, V.II, Editions Staenpfli & Cie SA, Berne 1991, p. 422.

**10)** E.G. de Enterria y T.-R. Fernandez, Curso de Derecho administrativo T.I sexta edición Civitas, Madrid, 1993, p. 413.

**11)** 프랑스는 1982년 3월 2일 법률이후, 스페인은 1978년 헌법이후.

아닌 사무자치단체에 대한 후견적 감독은 여전히 존재한다.[12)]

당사자능력에 대한 이상의 과정을 검토해 볼 때 기관의 의미를 동일한 공법상의 법인내부기관에만 국한시켜 중앙집권국가의 단순한 지역적 분산(分散)(de-concentralization)에 불과한 지방자치단체와 분권화(分權化)(decentralization)되었다 하더라도 후견적 감독이 존재하는 지방자치단체나 사무자치단체를 기관의 범위에서 제외시켜 전면적인 외부법 관계로 간주하는 것은 성급한 결론으로 보인다. 우리나라 지방자치법 제157조에서는 지방자치단체의 사무에 관한 장의 명령이나 처분에 대한 국가의 취소·정지권을 명시하고 있다. 후견적 감독을 도입하고 있는 동법 제140조는 지방자치단체 상호간의 분쟁에 대한 주관쟁의(主管爭議)를 규정하고 있다. 주관쟁의의 당사자가 되는 지방자치단체의 지위는 행정기관일 뿐 완전한 당사자능력을 인정받는 독립된 법인격 주체로 볼 수 없다.

더구나 현행 행정소송법은 1988년 4월 6일 법률 제4004호에 의하여 지방자치가 실시되기 이전인 1984년 12월 15일에 만들어진 것으로 1984년 12월 당시 우리나라는 지방분권화가 전혀 이루어지지 않은 중앙집권국가이었기 때문에 행정소송법 제3조 제4호의 기관이라고 할 때 지방자치단체는 당연히 국가기관에 포함되는 것으로 해석할 수밖에 없다.

또한 지방자치단체에게 자신의 자치를 수호하기 위한 방어적 소송당사자능력을 법률의 개별적 규정에 의하여 허용하는 것은 지방자치단체의 대표가 주민의 투표에 의하여 선출되는 지역주민의 대표라는 점이 고려된 것으로 해석하는 것이 보통이다.[13)] 요약하건대 현 시점에서 기관소송은 국가와 지방자치단체간, 지방자치단체 상호간, 국가와 사무자치단체간, 사무자치단체 상호간, 지방자치단체와 사무자치단체간의 소송을 포함한다고 해석할 수밖에 없다.

### 3. 기관소송의 성격

기관소송은 권한의 존부 또는 그 행사에 관한 소송이다. 따라서 원고 개인의 주관적인 법률상의 쟁송이 아닌 객관적 소송으로 분류하는 것이 일반적이다.[14)] 그러나 기관소송을 독일의 헌법상의 쟁송인 기관쟁의(organstreit)의 예에

---

12) A. de Laubadére, J.C. Lonezia, Y. Gaudemet, Traité de Droit administratif, T.I, 12 éd., L.G.D.J. 1992, p. 109.

13) 東條武治, 客觀訴訟, 現代行政法大系, 第5券, 行政爭訟 II, 有斐閣, 1983, 133面.

14) 東條武治, 상게논문; 윤세창, 행정법(상), 박영사, 1981, 436면, 홍준형; 행정구제법, 한울아

따라 기관 자신의 주관적인 권익을 실현하기 위한 주관적 쟁송으로 파악하는 견해도 있다.[15]

이상에서는 객관적 소송론과 주관적 소송론의 근거를 살펴보기로 한다.

### (1) 객관적 소송론

G. Jellinek는 「행정기관은 고유의 권리를 행사하는 것이 아니라 권한을 행사할 뿐」이라고 하였으며[16] Fritz Fleiner는 「독일의 행정소송법률은 시민의 주관적 권리의 보호에 주목적이 있으나 객관적 법질서의 보호에도 점차 비중을 두어야 한다」고 하면서 공익을 위한 객관적 소송으로서 민사소송 및 시민의 주관적 권리에 기초하지 않는 법규범의 보호(Schutz von Rechtsnormen)에 대한 행정소송의 확대를 주장하였다.[17] 그러면서, 하단의 주에서는 1883년 8월 1일의 프러시아의 권한에 관한 Friedrichs 법률 제15조와 제17조를 들고 있다.

요로쥬 오다 교수는 「민중소송은 공익을 위한 소송으로 법규적용의 적합성을 유지하기 위한 객관적 소송」이라고 하면서 「행정기관의 대표자와 의결기관에 의하여 제기될 수 있는 권한배분에 있어서의 행정에 관한 소송도 기관 자신의 권리보호를 목적으로 하는 것이 아니라 법규의 유지를 위한 객관적 소송」이라고 하였다.[18]

권한이라 함은 헌법·법률 또는 법규명령에 의하여 부여된 법률상 유효한 행위를 할 수 있는 범위를 말하는바, 이러한 권한은 헌법·법률·명령이라고 하는 객관적인 법규범으로부터 직접 발생하여 법규범과 마찬가지로 일반성과 항구성을 지니기 때문에 객관인 법적 상태를 의미한다. 따라서 L. Duguit는 「권한의 문제는 결코 주관적 권리의 형태로 볼 수 없음」을 단언하면서,[19] 「권한은 권리의 획득 문제가 아니라 법에 의하여 창설된 획득능력이 존재함을 의미할 뿐」임[20]을 역설하였다.

E. Forsthoff도 「권한의 배분은 행정기관의 주관적 공권을 부여하는 것이

---

카데미, 1993, 387면 등 참조.

15) 이기우, 앞의 논문, 58면.

16) G. Jellinek, Allgemeine Staatslehre 3$^{e}$ éd., 1929, p. 560 이하.

17) Fritz Fleiner, Institution des Deutschen Verwaltungsrechts zweite, Vermehr te Auflage Verlag von J.C. Mohr, 1912, pp. 230-231.

18) Yorodzu Oda, Principes de Droit administratif du Japon, Recueil Sirey, 1928, pp. 545-546.

19) L. Duguit, Traité de Droit constitutionnel T.I, E.de Boccard, 1927, p. 528.

20) L. Duguit, op. cit., T.I, E. de Boccard, 1927, p. 356.

결코 아니라」고 하면서 「권한의 침해는 관계행정기관의 권리침해가 아니며 권한쟁의는 주관적 권리에 관한 소송이 아니라」고 하였다.[21] 그의 이러한 주장은 기본적으로 기관은 법인격체가 아니며 당사자능력을 향유할 수 없다는 점에 기초하고 있다.[22]

P. Moor는 「법률적 쟁송은 직접적 이익(intérêt personnel)의 보호를 목적으로 하는 것이기 때문에 오로지 공익의 실현을 목적으로 하는 행정기관의 소송에는 적용될 수 없으며 공권력이 원고인 행정기관과 피고인 행정기관 사이에 양분된다고 하는 것 자체가 모순이며 이러한 원칙에 대한 예외는 오로지 개별법률에 의하여만 가능하다」고 한다.[23]

### (2) 주관적 소송론

Gierke는 행정기관에게 기관인격(Organ personlichkeit)을 부여하기를 제안하였으나 완전한 당사자능력을 인정하는 것을 거부하였다.[24] 독일연방기본법 제93조 제1항 제1호는 연방기관 또는 기본법 또는 최고연방기관의 규칙에 의하여 고유의 권리가 부여된 기관의 '권리와 의무'의 범위에 관한 분쟁에 있어서의 기본법의 해석을 연방헌법재판소의 관할로 정하고 있어 기관을 권리와 의무의 주체로 인정하고 있다.

그러나 이 조항은 기관을 권리와 의무의 주체로 보고는 있지만 재판의 대상이 되는 것은 구체적 사건이라고 하는 이익(intérêt)에 관한 쟁송이 아니라 헌법의 해석이라고 하는 권한(compétence)에 관한 쟁송으로 이에 관한 소송은 추상적인 객관적 쟁송의 성격을 탈피할 수 없게 된다. 이에 대하여 후리제한교수는 연방헌법재판소법의 제정을 통하여 이의 시정을 꾀해야 한다고 주장하여 권한쟁송의 대상을 구체적이고 실제적인 이익에 관한 쟁송으로서 주관적인 법률상의 쟁송으로 몰고 가려고 하였다.[25] 이러한 주장이 채택되어 연방헌법재판소법 제64조 제1항은 「헌법상의 권리관계에 놓여 있어야 하고, 이러한 권리관계에서 나오는 일정한 결과에 대한 관계 당사자간의 분쟁이 존재하고 있어야 한다」고

---

21) E. Forsthoff, Traité de Droit administratif Allemand, Emile Brylant, Bruxelles, 1969, p. 652.

22) Ibid., p. 648 및 p. 653 참조.

23) P. Moor, op. cit., v. III. p. 63.

24) Gierke, Genossenschafts theorie, 1887, p. 173, E. Forstboff 앞의 책 p. 646에서 재인용.

25) 김운용, "국가기관 상호간의 권한쟁의심판, 헌법재판연구 제3권, 권한쟁의심판제도에 관한 연구", 1991. 12, 헌법재판소, 158면 이하 참조.

규정하게 되어 권한쟁의심판을 대립되는 당사자사이의 법률상의 쟁송으로 보게 되었다. 이렇게 되면 독일의 권한쟁의심판은 권한의 다툼(conflit de compétence)인 동시에 이익의 다툼(conflit d'intérêt)으로 객관적인 권한에 관한 헌법적 해석과 주관적인 법률상의 권리·의무에 관한 판단을 모두 포함하게 된다.

### (3) 평 가

행정기관에 대하여 법률의 규정에 의한 기관인격의 부여나 당사자능력의 부여를 부인할 이유는 없는 것으로 본다. 문제는 국가와 행정기관간 및 행정기관 상호간에 발생할 수 있는 분쟁의 성격이 어떠한 것이냐 하는 점에 있다. 우선 국가를 제외한 공법인의 법인격은 국가에 의하여 부여되는 것이며 행정기관의 당사자능력 역시 국가에 의하여 부여된다. 따라서 권한의 다툼은 국가가 국가의 운영을 위하여 객관적인 법규범에 의하여 할당하는 것이기 때문에 객관적 법규범에 대한 위반 여부를 따지는 객관적 쟁송이 될 수밖에 없다고 본다.

그러나 국가와 행정기관간 또는 행정기관상호간의 다툼은 구체적인 사건에 관한 이익의 다툼으로 출현하기도 한다. 이러한 이익의 다툼을 소송화한다면 일반적으로 개별적 처분의 법규위반 여부를 다투는 항고소송과 대립하는 당사자 사이의 법률관계에 관한 소송인 당사자소송으로 나누어 볼 수 있겠다.

그러나 각국의 실정법은 우선 이런 류형들의 소송에 대한 허용여부에 있어 태도를 달리 하고 있으며 소송을 허용하고 있는 경우라 하더라도 세 가지 소송을 모두 인정하고 있는 경우는 드물다. 프랑스에서는 항고소송을 객관적 소송으로 보며, 일반적 처분(명령)과 개별적 처분을 모두 항고소송의 대상으로 삼고 있는데 프랑스의 항고소송에 해당하는 월권소송(Le recours pour excés de pouvoir)은 권한의 다툼을 포함하는 이익의 다툼인 항고소송이다. 다른 한편 당사자소송에 해당하는 완전심리소송(le recours de plein contentieux)이 공법인들에게 열려 있다. 물론 공법인은 민사소송에 있어서의 당사자도 된다. 독일의 헌법적 쟁송인 기관쟁의심판(organstreit)은 권한의 다툼과 이익의 다툼을 모두 포함하는 것이다.

프랑스의 이익의 다툼으로서의 월권소송이 객관적 쟁송인데 비추어 독일의 이익의 다툼은 주관적 쟁송이다. 독일에서의 공권력 행사에 관한 이익의 침해(기관쟁의의 경우에는 "기본법에 위임한 권리와 의무를 침해하였거나 직접적으로 위태롭게 하는 경우")를 주관적으로 해석하는 것은 행정소송을 시민의 주관적 권리를 보호하기 위해 생겨난 제도로 보고 분쟁이 있으면 우선 권리침해가 있었다는 것을 전제로 하여 이러한 권리의 침해는 법률 즉 법규의 잘못된 적용으로 인하여 발생되었다고 하는 즉 제2차적 권한소송의 성격을 지니는 것으로 보았던[26) 독일의 행정소송제도의 영향을 받은 것으로 보인다.

독일에서는 기관쟁의(organstreit)이외에 비헌법적 분쟁에 관하여 행정재판소법 제47조에 의한 추상적 규범통제소송을 제기할 수 있는데 이 추상적 규범통제소송은 명령이나 하위법규의 유효성에 관한 소송으로 권한의 다툼에 해당한다. 비헌법적 분쟁에 관한 이익의 다툼으로는 행정재판소법 제42조에 의한 취소소송, 의무화소송 및 제43조에 의한 확인소송이 있다.

흥미있는 외국제도의 하나는 벨기에의 경우이다. 국가와 언어공동체 및 지역간에 있어서의 이익의 다툼은 조정위원회에 의한 행정적 조정의 대상이 되고 조정이 되지 않으면 대표위원회의 심판대상이 되는 한편, 권한의 다툼은 ① 권한쟁의재판소(le cour d'arbitrage)에 의한 법률명령에 대한 취소, ② 하급재판소(les cours et tribunaux)에 의한 명령의 적용거부, ③ 행정최고재판소(le conseil d'Etat)에 의한 명령의 취소 등의 대상이 되는데 권한쟁의재판소는 헌법재판소로서 입법적 처분(dispositions législatives)에 관해서만 재판하고 집행적 결정(décisions exécutives)에 관해서는 재판하지 않는다.[27) 하급지방자치단체의 경우에 있어서는 대체로 프랑스의 제도와 유사하다.

우리나라의 경우 기관소송은 권한의 존부 또는 그 행사에 관한 다툼이다. 그러나 우리나라에서는 당사자적격이 제한되어 지방자치법 제157조에 의한 감독청의 명령이나 취소 또는 정지 처분에 대한 지방자치단체장의 소송, 동법 제159조에 의한 지방의회의 의결에 대한 지방자치단체장의 국가기관의 지위에서 제기하는 소송 및 지방교육 자치에 관한 법률 제31조에 의한 교육감의 지방교육자치단체의 기관의 지위에서 지방의회 또는 교육위원회의 의결에 대하여 제기하는 소송과 국가기관의 지위에서 지방의회 또는 교육위원회의 의결에 대하여 제기하는 소송 그리고 동법 제47조에 의한 교육인적자원부장관의 교육감의 명

---

26) 이광윤, 「지방자치단체 상호간의 권한쟁의심판」, 헌법재판연구, 제3권, 전게서 281면 이하 참조.

27) 권한쟁의재판소에 대한 참고자료:
1. Serge Moureaux, Jean-Paul Lagasse, La cour d'arbitrage, Maison Ferdinard Larcier, Bruxelles, 1984.
2. Francis Delperee, La cour d'arbitrage, Bruylant, Bruxelles, 1988.
3. Jean Garot, La jurisprudence de la cour d'arbitrage, Bruylant, Bruxelles 1990 등.

령 또는 처분에 대한 취소 정지처분에 대한 교육감의 소송으로 한정되어 있다.

이러한 소송들을 그 대상이 되는 처분들의 성격에 따라 분류해 보면 지방자치법 제157조의 경우에 있어서의 지방자치단체장의 규칙에 대한 감독청의 명령이나 취소 또는 정지처분(명령에 대한 취소소송을 절대 불가능한 것으로 보는 입장에서는 이론이 있을 수 있겠다. 그러나 오늘날은 명령에 대한 취소소송을 인정해 가는 추세에 있으며 과거 명령에 대한 취소소송을 인정하지 아니하던 스페인도 1956년 행정소송법의 개정으로 인정하고 있다.[28] 우리나라에서는 규칙제정에 있어 감독청의 승인을 받아야 하는 경우를 제외하고는 후견적 감독권이 명시되어 있지 아니하므로 처분의 개념을 확대 해석할 수밖에 없다고 본다)에 대한 지방자치단체장의 소송이나 동법 제159조에 의한 소송 중 지방의회의 조례에 대한 소송 그리고 지방교육자치에 관한 법률 제31조에 의한 소송 중 조례에 관한 소송과 동법 제47조에 의한 교육감의 교육규칙에 관한 소송은 입법적 처분(dispositions législatives)에 관한 소송으로 객관적 쟁송으로서의 권한의 다툼에 해당한다.

### 4. 기관소송과 권한쟁의 심판과의 관계

단락을 바꾸어서 설명하기로 한다.

## II 기관소송과 권한쟁의 심판과의 관계[29]

기관소송과 권한쟁의 심판의 관계에 대하여 우리나라에서는 1988년 헌법재

28) Fernando Garrido Falla교수는 "행정행위에 대한 성질설은 편견에 불과하다"고 한다. 이광윤, "명령과 행정행위에 관한 비교법적 고찰", 「현대행정과 공법이론, 남하서원우교수 화갑기념논문집」, 1991, 352면 참조. 그 밖의 기관소송은 집행적 처분(dispositions exécutives)에 대한 소송으로 권한의 다툼과 동시에 이익의 다툼을 포함한다. 여기서 문제는 개별법에 의하여 당사자능력을 인정받는 이익의 다툼이 법률적 쟁송인 것은 틀림이 없으나 이러한 이익의 다툼이 주관적 권리구제를 위한 것인가 아니면 기관의 이익이란 공익을 위한 것이기 때문에 국가의 단일성 유지를 위한 객관적 법규범에 대한 적법성을 목적으로 하는 것인가 하는 데 있다. 생각건대 법률적 소송을 모조리 주관적 쟁송으로 몰고 가는 것은 공권력의 침해에 대하여 주관적 공권이란 법이론상의 무기를 가지고 대항하였던 19세기 독일 공법학의 유습이 아직도 작용하고 있는 것이 아닌가 한다. 기관이 기관인격을 인정받고 당사자능력을 인정받는다 하더라도 기본적 인권이 인정되는 시민과는 성격이 다르기 때문에 모든 이익의 다툼을 주관적 쟁송으로 보아야 하는가에 대하여는 찬성하기 어렵다.

29) 이광윤, "기관소송과 권한쟁의 심판과의 관계", 「한국공법이론의 새로운 전개」, 목촌김도창

판소법이 제정될 때 헌법재판소법 제2조에 헌법재판소의 관장사항으로 "국가기관과 지방자치단체간 및 지방자치단체 상호간의 권한쟁의에 관한 심판"을 삽입하고, 제61조 제1항에 권한쟁의 심판의 청구이유로 "국가기관과 지방자치단체간 및 지방자치단체 상호간의 권한의 존부 또는 범위"에 관한 다툼을 삽입함으로써 행정소송법 제3조 제4호의 "국가 또는 공공단체의 기관 상호간에 있어서의 권한의 존부 또는 그 행사에 관한 다툼"과의 충돌 문제가 야기되었고, 일단 충돌을 회피하기 위한 응급조치로서 1988년 행정소송법 제3조 제4호에 "다만 헌법재판소법 제2조의 규정에 의하여 헌법재판소의 관장사항으로 되는 소송은 제외한다"는 단서규정을 삽입하였으나, 충분한 이론적인 검토 없이 갑자기 이루어진 법률개정이었으므로 이의 해석을 둘러싼 논란이 끊이지 아니하였으며, 행정소송법 제3조 제4호의 규정이 일본의 규정을 그대로 도입하였음에도 불구하고 일본에서의 해석과는 달리 독일에서의 "기관쟁의"(Organstreit)와 동일한 개념으로 해석하는 학자들[30]의 활발한 학술활동으로 기관소송을 어떻게 해석하여야 하는가에 대한 해답은 더 한층 복잡하게 되었다. 따라서 여기에서는 우선되도록 기관소송과 권한쟁의 심판의 개념상의 문제에 한정시켜 분석함으로써 기관소송과 권한쟁의 심판의 관계에 대한 더 깊은 연구를 위한 입구를 밝히고자 한다.

## 1. 쟁송의 분류

### (1) 헌법재판과 행정소송

헌법재판은 기본적으로 정치적 행위의 장(장)인 의회와, 의회와 행정부 및 사법부의 관계 그리고 정치적 행위를 담당하는 지방의 정치체와의 관계에 대하여 헌법의 수호를 위하여 재판하는 것인데 비하여, 행정소송은 기본적으로 행정부의 행위를 대상으로 하여 행정부의 정치적 행위를 제외한 나머지 행정작용의 법적용과 책임에 대하여 재판하는 것이다. 여기서 기관소송이라 함은 행정소송의 한 유형으로서의 행정부의 기관 상호간의 소송을 의미하며 이것은 행정작용을 대상으로 한다. 여기에 반해 권한쟁의심판은 헌법재판의 한 유형으로서 이것은 정치작용을 하는 의회 및 헌법기관들 상호간의 재판을 의미한다.

---

박사 팔순기념논문집, 2005.

30) 김남진, 홍정선, 이기우, 신봉기 등의 독일행정법학에 능통한 학자들.

### (2) 권한분쟁과 이익분쟁

권한(compétence, Kompetenz)이라 함은 헌법・법률 또는 법규명령에 의하여 부여된 법률상 유효한 행위를 할 수 있는 범위를 말하는바, 이러한 권한은 헌법, 법률, 명령이라고 하는 '객관적인 법'(Droit objectif)으로부터 직접 발생하여 법(Droit objectif)과 마찬가지로 일반성과 항구성을 가지기 때문에 객관적 법적 상태(situations juridiques objectives)를 의미한다.

따라서 주관적 법적 상태(situations juridiques subjectives)인 권리(droit subjectif)와는 다르다. 권한은 권리의 획득 문제가 아니라 법에 의하여 창설된 획득능력이 존재(il existe seulement une capacité d'acquisition établie par le Droit)함을 의미할 뿐이다.[31] 이에 반하여 이익은 권리를 포함하며 구체적이며 직접적이다.

### (3) 내부소송과 외부소송

행정소송은 행정의 객체가 행정주체의 행정작용을 대상으로 하여 제기하는 행정주체 측에서 보아 외부관계에 대한 소송이 기본이다. 행정의 주체 내부 관계는 처음에는 소송의 대상으로 보지 않다가 점진적으로 소송의 적용범위를 내부관계에도 도입해 가고 있는 추세에 있다.

## 2. 기관소송의 개념

### (1) 비교법적 고찰

1) 일 본: 기관소송이란 "국가 또는 공공단체의 기관상호간에 있어서 권한의 존부 또는 그 행사에 관한 분쟁"(행정사건소송법 제6조)으로 정의되고 있는데 이러한 분쟁은 원칙적으로 상급기관의 재정이나 특별한 기관에 의한 조정의 대상이지 소송에 의한 해결 대상이 아니고 최종적으로는 공통의 상급기관인 내각이 재정하는 것으로서(內 제7조) 따라서 법률적 쟁송에는 해당하지 않으나 예외적으로 그들 기관 상호의 분쟁을 법원의 통제에 따르게 할 필요가 있다는 것을 상정하여 기관소송의 유형이 마련된 것이라고 한다.[32] 한편 기관소송의 범주에 관하여 "기관소송의 범주는 당해조직이 헌법상 재판적 보호를 받을 지

31) Léon Duguit, op. cit., T. I , 1927, p. 356.
32) 시오노 저, 서원우・오세탁 공역, 일본행정법론, 법문사, 1996, 475면.

위에 있지 않다는 점에서 유래하는 것이기 때문에, 그 기관이란 것은 당연히 행정조직법상의 형식적인 행정기관으로 이해해서는 안 된다"[33]고 한다.

따라서 일본에서의 기관소송이란 행정기관 사이의 분쟁을 뜻하는 것으로 그 기관이 동일한 법인격 내부의 기관이건 법인격을 가진 것이건 법인격 여부는 불문한다. 소송의 성격에 있어서도 과세권 귀속에 관한 지방자치단체장 사이의 소송(지방세법 제8조)이나 시정촌의 경계에 관한 소송(지방자치법 제9조)과 같이 주관적 소송에 속하는 것도 포함하고 있어[34] 기관소송이란 한마디로 과거에는 소송의 대상이 아니었던 내부관계의 소송을 가리킨다고 할 수 있다. 이때 내부관계란 국가와 공법인 또는 공법인 상호간의 관계를 포함한다. 일본의 경우에 기관소송으로서 대표적으로 들고 있는 것은 지방자치법에서 규정하는 기관위임사무에 관한 직무집행명령소송과 지방자치단체의 의회의 의결 및 선거에 관한 의회와 단체장간의 소송이다.

2) 독 일 : 독일의 실정법상 기관소송이라는 행정소송의 형태는 존재하지 않는다. 그러나 자치공동체법(Kommunalerecht)의 학설과 판례에 의한 논리상 "하나의 특정 지방자치단체의 기관 사이 또는 그 기관의 내부에서 다투어지는 의결의 적법성에 대한 소송으로 이해"[35]된다. 지방자치단체에 대한 감독청의 처분을 다투는 소송은 기관내부의 법적 문제를 다투는 것이 아니므로 외부관계로 보아 항고소송으로 본다.[36] 따라서 독일에서의 내부관계란 동일한 법인격 내부의 관계에 국한되고 국가와 공법인 또는 공법인 상호간의 관계는 배제된다. "독일 행정법원은 국가 또는 공법인의 내부영역의 분쟁에 관하여 실정법상의 규정이 없음에도 불구하고 지방자치단체, 대학법인, 공공조합 등의 기관 상호간의 소송을 독일 행정법원법 제40조 제1항의 비헌법적 공법상의 분쟁을 근거로 하여 기관소송으로 인정하여 왔다"[37]고 한다.

3) 스페인 : 스페인에서 행정기관간의 소송(El contencioso-interadministr-ativo)이란 적법한 것으로 간주되고 있는 한 지방자치단체의 행위나 규정에 대하여 계층이 다른 지방자치단체가 실질적 또는 권한상의 법적 질서의 침해를 이유로 하여 법원에 제기하는 소송이다.[38] 스페인의 지방자치구조는 국가, 자

33) 서원우 · 오세탁 역, 상게서, 474면.
34) 서원우 · 오세탁 역, 상게서, 481면.
35) 홍정선, 지방자치법학, 법영사, 2000, 495면.
36) 홍정선, 상게서, 496면.
37) 홍기태, "권한쟁의심판", 「헌법재판제도의 이해」, 재판자료 제92집, 법원도서관, 2001.

치공동체, 군(provincia), 시·읍·면(municipio)의 3층 구조로 구성되어 있고, 자치공동체는 준주로서 헌법상의 지위를 가지므로 행정기관간의 소송은 국가의 행정기관과 군 및 시·읍·면의 행정기관 사이와 자치공동체의 행정기관과 군 및 시·읍·면의 행정기관 사이의 소송이 중심이 된다. 따라서 스페인에서는 국가와 자치공동체의 관계는 외부관계로 보고, 그 이하의 단위는 내부관계로 보고 있어 외부관계와 내부관계를 구분하는 기준으로 법인격의 부여 여부는 문제삼지 않는다.

한편 국가의 자치공동체에 대한 감독행위에 대한 소송방법에 대하여는 헌법상 명시된 바가 없으므로 헌법 제161조에 따라 헌법재판소에 권한쟁의심판을 제기하여야 하는 것인지 아니면 감독행위를 행정행위로 보아 행정재판소에 행정소송을 제기하여야 하는 것인지 분명치 않다. 행정기관간의 소송에 의한 합법성의 통제의 대상이 되는 경우로는 지방제도기초법(Ley de Bases de Régimen Local)에 따라 다음의 세 가지가 있다.

① 지방제도기초법 제65조에 따라 지방자치단체(entidad local)의 결정이나 의결이 법적 질서(ordenamiento juridico)를 침해한다고 판단하는 경우에 국가나 자치공동체는 그 권한의 범위 내에서 명시적으로 이 조항을 이유로 하여 행정법원에 결정이나 의결에 대한 취소소송을 제기하는 방법

② 지방제도기초법 제66조에 따라 국가나 자치공동체의 권한을 침해하는 지방자치단체의 결정이나 의결이 국가나 자치공동체의 권한의 행사를 방해하거나 초월하는 경우에는 국가 행정청이나 상응하는 자치공동체의 행정청이 사전적 최고(催告) 없이 바로 행정소송을 제기하는 방법

② 지방제도기초법 제67조에 따라 지방자치단체가 스페인의 일반이익을 심각하게 훼손하는 결정이나 의결을 채택하는 경우에는 지방에 파견된 국가의 대표가 지방자치단체기관의 장에게 최고를 하고, 필요한 경우에는 최고의 결과를 기다릴 필요 없이 집행을 정지시키고 적절한 조치를 취한 후 정지로부터 10일 이내에 행정소송을 제기하는 방법

따라서 군과 시·읍·면의 행위에 대한 사법적 감독은 행정법원이 배타적으로 행사하며 헌법재판소의 관할은 배제된다.

4) 한 국: 한국의 행정소송법 제3조 제4호는 기관소송을 "국가 또는

---

**38)** I~nigo sanz rubiales, "El contencioso interadministrativo", Marcial Pons, Madrid 1993, p. 21.

공공단체의 기관 상호간에 있어서의 권한의 존부 또는 그 행사에 관한 다툼이 있을 때에 이에 대하여 제기하는 소송"이라고 정의하여 일본과 동일하게 규정하고 있다. 그러나 이의 해석에 있어서는 일본의 규정을 그대로 가져왔음에도 불구하고 독일 쪽 문헌에 익숙한 다수의 학자들은 기관소송을 동일한 법인격 내부의 기관간의 다툼에 한정하여 해석하는 태도를 보이고 있다. 교과서상 대표적으로 언급되고 있는 기관소송은 지방의회 또는 교육위원회의 의결무효소송과 주무장관, 상급지방자치단체장 등의 감독처분에 대한 이의소송인데, 감독처분에 대한 이의소송에 대하여는 상당수의 학자들이 이것은 엄밀한 의미에 있어서의 동일한 법인격 주체 내부의 소송이 아니므로 기관소송이 아니라는 주장을 하고 있다. 이에 대하여 대법원의 홍기태 재판연구관은 "기관소송을 정의한 행정소송법 제3조 제4호의 '국가 또는 공공단체의 기관 상호간'의 의미를 국가기관 상호간과 공공단체기관의 상호간만을 의미한다고 보지 않고 국가기관과 공공단체기관의 상호간도 포함된다고 보는 데에는 해석상의 무리가 없다고 생각되고"[39]라고 하여 반대견해[40]를 표명하고 있다.

(2) 검 토

위에서 비교법적으로 간략히 살펴본 바에 의하면 기관소송은

① 행정작용법관계가 아닌 내부관계, 즉 행정조직법관계의 소송으로 행정조직법관계는 원칙적으로 소송관계가 성립되지 않으나 예외적으로 인정된다는 점이다. 행정조직법관계는 전통적으로 내부법 관계로 보아 왔기 때문에 지방자치단체들이 비록 법인격을 획득하였다고 하더라도 특별한 법률의 근거하에서만 소송의 당사자가 되므로 기관소송에 있어서 문제가 되는 것은 법인격이 아니라 법률의 근거에 의한 당사자로서의 출소권 인정이 문제된다.

② 기관소송은 주로 지방자치법 관계에서 문제되어 온 것으로 감독관계에 대한 소송이 그 핵심이다. 지방자치단체장이 지방의회의 의결의 적법성 여부를 문제삼는다 하더라도 이때 지방자치단체장은 대부분의 경우 국가의 대표로서, 즉 국가기관으로서 국법의 수호를 위하여 소송을 제기하는 것이므로, 동일한 법인격 내부인지의 여부는 형식논리적인 접근에 불과하며 아직까지는 구별의 실익이 미미하다. 더구나 지방자치법관계에서 더욱 중요한 것은 감독관계이므

---

39) 홍기태, 전게논문.

40) 본인을 비롯한 한견우, 백윤기, 최승원 등.

로 동일한 법인격 외부관계가 훨씬 더 중요하다.

③ 기관소송이란 한마디로 행정의 내부관계소송을 지칭하여 온 말이므로 그 성격 역시 객관적 소송에 국한될 수 없고 외부소송과 마찬가지로 개관적인 적법성에 관한 소송과 주관적인 권리에 관한 소송으로 대별될 수 있으나 현재까지 규정된 기관소송이 적법성에 관한 소송이 중심이 되었을 뿐이다. 또한 권한의 존부에 관한 순수한 권한(compétence)에 관한 분쟁(conflit d'attribution)뿐만 아니라 권한의 행사에 관한 분쟁, 즉—이익(intérêt)에 관한 분쟁을 포함하는 권한 분쟁—을 포함한다. 따라서 기관소송을 소송의 형태로서 폐지하고 기존의 외부소송인 항고소송과 당사자소송을 활용할 수도 있겠고, 그보다는 아예 기관소송자체를 적법소송과 권리소송으로 나누어 보는 것이 바람직하다고 보겠다. 기관소송제도를 도입하지 않고, 행정작용법관계에서의 적법성에 관한 소송(우리의 항고소송)과 당사자간의 법률관계 획정에 관한 소송(우리의 당사자 소송)을 활용하는 대표적인 예로 프랑스를 들 수 있는데, 프랑스 행정소송에 있어서의 원고적격은 자연인, 사법인의 대표자 및 공법인에 국한되나 법인격이 없는 행정기관도 긴급한 경우에는 출소할 수 있고, 리옹, 마르세유, 파리의 구의회(위원회 conseil가 정확함)는 법인격이 없음에도 불구하고 법률이 부여한 그들의 권한행사를 침해하는 행정행위(처분)에 대하여 월권소송(항고소송)을 제기할 수 있으며,[41] 정부의 장관도 국가의 단일성 때문에 이론적으로는 다른 장관을 상대로 소송을 제기할 자격이 없으나 특별 규정이 있는 경우에는 출소자격이 있다. 지방에 파견된 정부의 대표도 명문의 규정이 있는 경우에는 소송상 국가의 대표가 된다. 따라서 프랑스의 경우에는 공법인 상호간뿐만 아니라 공법인의 내부기관간의 다툼도 월권소송으로 해결한다.

그러므로 국가의 공법인간의 소송과 공법인 내부의 기관간의 소송을 모두 기관소송으로 할 것인지, 아니면 모두 항고소송이나 당사자소송을 활용할 것인지 또는 공법인간의 소송은 항고소송이나 당사자소송으로 하고 공법인 내부 기관간의 다툼만을 기관소송으로 할 것인지는 각국의 입법정책에 달린 문제이다. 다만 우리나라 행정소송법 제3조 제4호의 기관소송은 우리와 마찬가지로 단일국가인 일본의 규정과 이론을 따온 것이므로 일본과 마찬가지로 법인격 여부를 불문하고 국가의 공법인과 그 기관이 원고가 되는 소송으로 해석하여야 한다는 것이다.

---

**41)** Charles Debbasch/Jean-Claude Ricci, Contentieux administratif, Dalloz, 2001, p. 354.

## 3. 권한쟁의 심판

### (1) 권한쟁의의 유형

비교법적으로 보아 공권력기관의 권한 보호는 헌법재판소의 중요한 기능들 중의 하나로 권한에 대한 통제는 ① 중앙과 지역 간의 권한배분에 대한 통제와 ② 국가기관간의 권한배분에 대한 통제로 대별된다.

1) 중앙과 지역간의 권한배분에 대한 통제 : 헌법재판소가 일찍 창설되었던 국가들은 독일이나 오스트리아, 체코슬로바키아 같은 연방국가거나 지역적 정치권한(형식적 의미의 입법권)이 부여되었던 이탈리아, 스페인, 포르투갈, 불가리아, 헝가리 등이었고, 벨기에는 1980년에 국가와 자치공동체 및 지역사이의 권한쟁의만을 위하여 중재재판소(la Cour d'arbitrage)를 창설하였다. 이에서 알 수 있듯이 지방에 형식적 의미의 입법권을 행사하는 정치체(정치체)가 존재하는 국가에서는 중앙과 지방정치체간 또는 지방정치체 상호간에 필연적으로 권한쟁의가 발생하고 이 권한쟁의를 해결할 임무가 헌법재판소에 부여되었다. 헌법재판소에 의한 권한쟁의 심판은 이들 국가들의 헌법상 인정된 정치적인 지역자치권의 인정을 위해 정치적으로 매우 중요하였다. 즉, 헌법재판소는 권한쟁의심판을 통해 중앙과 지역 간의 정치적 균형을 유지하였다.

반면에 프랑스와 같은 단일국가는 헌법상 중앙과 지방간의 권한쟁의가 발생하지 않는다. 프랑스의 지방자치단체는 정치적 분권기관이 아닌 행정적 분권기관에 불과하므로 국가와 지방자치단체 간의 분쟁은 행정소송의 대상이 된다. 물론 프랑스 헌법재판소는 지방자치단체가 부여받은 권한을 자유롭게 행사하는지의 여부를 통제하지만 또한 비록 일시적이나마 지방자치단체가 국가의 형식적 입법권을 침범하지 못하도록 통제하고 있다. 프랑스 헌법재판소는 1985년 1월 18일 C.C. 84-185 D.C. 결정에서 "지방자치단체의 자유행정의 원리가 헌법적 가치를 지닌다 하더라도 기본권의 행사에 관한 조직법 적용의 기본적인 조건이 지방자치단체의 결정에 달려 있다는 것을 의미하지 않는다"고 판시한 바 있다. 따라서 기본권 행사에 관한 법률은 의회의 전속적 권한 사항이며 지방자치단체의 개입은 배제된다.

자유행정의 원칙은 자유정부를 의미하지 않는다. 지방자치단체는 주권체가 아니다. 지방자치단체는 형식적 입법권이 없기 때문에 스스로 행정조직, 권한범위, 재원, 선거법을 선택할 수 없고, 물론 헌법제정권력도 없다. 그러한 책임은 국가의 특권과 지방의 자유행정 사이의 균형을 실현하는 헌법재판소의 감시하에 있는 국회만이 담당한다.[42]

2) 국가기관간의 권한배분에 대한 통제 : 국가라고 하는 법인격 내부의 기관상호간에 인정되는 것으로, 예외적으로 월권소송에서 출소권을 인정받는 프랑스의 장관간의 다툼과 같은 행정법적 쟁송이 아닌 헌법적 쟁송으로, 국가형태에 상관없이 일반적으로 인정되고 있다.

### (2) 비교법적 고찰

1) 독 일 : 독일에서의 권한쟁의심판은 군주와 원로원 또는 국민대표회의 사이에 발생한 헌법적 분쟁을 법원이 해결하도록 한 데서 유래한[43] 헌법쟁송이다.

독일 헌법재판소가 관장하는 광의의 권한쟁의에는 연방헌법기관 상호간의 "기관쟁송(Organstreit)"(기본법 제93조 제1항 제1호, 연방헌법재판소법 제13조 제5호), 연방과 주간의 헌법적 쟁송(기본법 제93조 제1항 제3호, 연방헌법재판소법 제13조 제7호)과 연방과 주간의 비헌법적 쟁송, 주 상호간의 공법상 쟁송 및 주 내부에서 발생하는 헌법적 쟁송(기본법 제93조 제1항 제4호, 연방헌법재판소법 제13조 제8호)이 포함된다.[44] 그러나 독일에서 "기관쟁송"은 동일한 법인격 주체 내부간의 헌법적 쟁송만을 의미하고, 연방과 주 사이나 주 상호간의 쟁송은 연방헌법재판소의 관할 사항이기는 하지만 기관쟁송은 아니다.[45]

독일에서는 "권리주체성의 문제도 법인에 대해서가 아니라 조직, 즉 행위능력 있는 부분적 통일체로서의 조직에 관련된다고"[46] 한다. 또한 "기관들은 규범적으로 근거지어진 자신의 권한범위 내에서 자신의 부분적 영역에 대해 책임있는 결정주체이며, 이로써 그들에게 부여된 현행 조직규정에 따른 지위를 전체질서보장을 위해 그리고 국가적 통일체 보장을 위해 분쟁에서 실체적으로 그리고 경우에 따라서 절차적으로 방어할 수 있다"[47]고 한다. 따라서 법인격 내

---

42) Dominique Rousseau, "Droit du contentieux constitutionnel", Monchréstien, 1995, pp. 209-210.

43) 정종섭, 헌법소송법, 박영사, 2002, 404면.

44) 홍기태, 전게논문, 620-621면.

45) 박승호, "권한쟁의심판", 공법연구 제26집 제1호, 1998. 5, 363면.

46) 박승호, 상게논문, 355면.

47) D. Lorenz, aaO., 228f., 박승호, 상게논문, 355면 재인용.

부의 기관도 쟁의에서의 당사자가 된다.

2) **스페인 :** 스페인 헌법 제161조 c는 국가와 자치공동체간과 자치공동체 상호간의 권한쟁의심판을 헌법재판소의 관할로 정하고 있다. 이 규정은 적극적 쟁의와 소극적 쟁의로 구분하고 있는 헌법재판소법 제60조 이하 조항들에 의하여 보충되고 있다.

적극적 쟁의의 원고가 될 수 있는 기관은 두 가지 타입이 있는데 첫 번째 타입은 법률의 효력을 가지든 가지지 않든 자치공동체의 결정이 헌법, 자치조례 또는 조직법에 정해진 국가와 자치공동체 사이의 권한배분을 침해한다고 판단할 때 정부가 권한쟁의심판을 제기하는 경우이며 두 번째 타입은 법질서상의 위계가 어떠하건 국가 또는 자치공동체의 법규정이 헌법, 자치조례, 법률에 의하여 정해진 권한배분을 침해하여 자치공동체의 특권을 침해한다고 판단할 때, 자치공동체의 상급집행기관이 제기하는 경우이다. 적극적 권한쟁의심판의 제기는 원고가 헌법재판소에 명시적으로 적용의 정지를 요구하거나 정부가 헌법 제161-2조에 의한 특권을 행사하지 않는 한 권한쟁의심판의 대상이 된 규정의 적용이 중지되지 않는다. 그리고 권한쟁의가 법률 또는 법률의 효력을 갖는 행위에 의하여 야기될 경우에는 형식적 기준을 채택하여 권한쟁의심판의 형태가 아니라 위헌법률심사의 형태로 진행된다.

소극적 권한쟁의에 있어서는 우선 국가가 국가의 권한 사항이 아니고 자치공동체의 권한사항이라고 하는 이유로 개인이 요청한 국가의 행정권의 발동을 거절한 경우에 자치공동체 역시 국가 또는 또 다른 자치공동체의 권한 사항이라는 이유로 행정권의 발동을 거절하고 또 다른 자치공동체 역시 마찬가지로 거절할 때 개인이 헌법재판소에 심판을 제기하는 경우가 있고, 정부가 자치공동체에 대하여 자치조례나 조직법에 의하여 자치공동체의 권한사항이라고 평가하는 임무의 수행을 자치공동체에게 독촉하였으나 자치공동체가 명시적으로 자신의 권한사항이 아니라고 하거나 정부가 독촉에서 정한 기간 동안 응답을 하지 않음으로써 묵시적으로 권한사항이 아님을 선언할 때 정부가 헌법재판소에 제기하는 경우가 있다.

3) **한 국 :** 우리 헌법 제11조 제1항 제4호는 헌법재판소의 관장사항으로 "국가기관 상호간, 국가기관과 지방자치단체간 및 지방자치단체 상호간의 권한쟁의에 관한 심판"을 규정하고 있고, 헌법재판소법 제61조 제1항은 권한쟁의심판을 이들 기관간의 "권한의 존부 또는 범위에 관하여 다툼이 있을 때" 이

들 기관이 헌법재판소에 청구하는 심판으로 정의하고 있다. 헌법재판소의 권한쟁의심판의 대상으로 국가기관과 지방자치단체간 및 지방자치단체 상호간의 권한에 관한 다툼을 포함시킨 데 대하여는 찬반양론이 있다.

4) **프랑스** : 프랑스의 국가기관간의 권한쟁의는 권력분립원칙과 법원의 독립 원칙이 기본을 이루고 있다.

권력분립원칙에 있어 헌법재판소는 특히 의회가 행정부의 전속 관할인 명령권의 범위를 침범하지 않도록 감시하고 있는데,[48] 프랑스의 경우에는 입법권이 의회의 전속 관할이 아니고 헌법에 명시된 중요 사항만 법률의 규율 사항이며 나머지는 모두 독립 명령으로서의 행정부의 명령 규율 사항이므로 의회와 행정부의 권한 범위를 명확히 하는 것이 중요하다. 권력분립원칙에 있어서의 또 하나 특기할 점은 시청각고등위원회와 같은 독립행정기관의 제재권(制裁勸)이 사법권을 침해하는 것이 아닌가 하는 점인데 헌법재판소는 1989년 1월 17일 결정(C.C. 88-248 D.C.)에서 "독립기관에게 제재권을 부여하는 것은 그 임무를 수행하는 데 필요한 범위 내에서는 권력분립원칙에 반하지 않는다"고 판시하였다.

한편 법원의 독립은 법관의 "불가동성"(inamobilité; 정직 · 승급 · 강급 · 이동되지 않고 파면되지 않는다)원칙에 의하여 보충되며, 권력분립원칙의 핵심 중의 하나다.

### (3) 검 토

1) 국가라고 하는 법인격 내부관계에 있어서 복수의 기관간에 권한에 관한 분쟁이 발생하는 경우에 공통의 상급기관이 이를 재정(裁定)하는 것이 일반적이었으나, 이들 복수의 기관이 헌법상 공통의 상위기관이 없는 권력 분립 기관인 경우에는 이를 해결할 수 없게 되고 이의 해결은 헌법재판소가 담당할 수밖에 없게 되어 이들 권력분립 기관들은 권한쟁의의 당사자가 된다.

2) 권한쟁의의 해결을 재판의 형태로 진행하는 한 쟁의의 당사자는 헌정의 공정한 수행을 위하여 필요하다면 헌법기관 내부의 기관에게도 헌법쟁송으로서의 당사자 적격을 인정할 수 있는 문제이다.

3) 헌법기관간에 분쟁이 발생하는 경우 이 분쟁은 반드시 권한쟁의에 국한하는 것은 아니고 이익에 관한 쟁의일 수도 있다(예: 사법부와 행정부간의 예산에 관한 다툼). 이 경우는 재판의 주목적에 따라 주관적 쟁송이 될 수도 있고 객관

48) 1978년 7월 27일 C.C. 78-95 D.C.결정 참고.

적 쟁송이 될 수도 있다.

4) 연방국가나 지역 국가인 경우에는 연방(또는 중앙정부)과 주(지역) 또는 주(지역) 사이의 분쟁이 연방(또는 중앙정부)헌법재판소가 담당할 헌법쟁송이 되므로 이 또한 헌법쟁송으로서의 권한쟁의 사항이 된다. 그러나 단일국가의 경우에는 국가와 지방자치단체간 또는 지방자치단체 상호간의 관계가 적어도 이론상으로는 헌법쟁송이 되지 않는다.

5) 권한쟁의라는 용어는 일반적으로 헌법기관간의 권한에 관한 다툼의 의미로 사용되었으며 독일에서는 좀 더 범위를 축소하여 법인격 내부의 분쟁으로 축소하였으나 객관분쟁으로서의 엄격한 의미에서의 권한쟁의로 보지 않고 연방헌법재판소법 제64조 제1항의 "피청구인의 처분이나 부작위로 말미암아 기본법에 의하여 부여받은 청구인 또는 그가 속해 있는 기관의 권리와 의무가 침해되었거나 침해당할 직접적인 위험이 있음을 청구인이 주장하는 경우에 한하여 그 쟁의 심판청구는 허용된다"는 규정을 근거로 하여 주관적 쟁송으로 이끌어 가고 있다.[49]

## 4. 결 론

1. 공법상의 국가기구에 관한 소송은 헌법재판의 대상이 되는 정치적 기관인 의회에 관한 소송과 헌법상의 국가권력기구간의 소송과 행정부의 정치적 행위인 소위 "통치행위"에 관한 소송과 행정소송의 대상이 되는 통치행위를 제외한 행정부의 기구에 관한 소송으로 나누어 볼 수 있다. 연방국가나 지역국가에서의 주 또는 準州(지역)는 이들 국가들의 헌법상의 국가기구이나 주나 지역을 제외한 지방자치단체는 국가의 법률만이 창설할 수 있는 행정법상의 기구이다. 단일국가에서의 지방자치단체는 물론 스스로의 조직과 권한을 정할 수 없는 행정법상의 기구이다.

2. 헌법상의 국가 기구에 관한 소송은 당사자 적격을 헌법상의 권력 기구인 입법부 등의 내부기관에까지 확대할 수 있다. 독일에서는 동일한 법인격 주체 내부의 소송에 대하여만 "기관쟁의"(Organstreit)라고 하여 연방과 주 및 주간의 쟁의를 "기관쟁의"에서 제외하고 있다.

---

49) 백윤기, "권한쟁의심판과 기관소송", 재판자료 제76집, 「헌법문제와 재판」, 법원도서관, 1997, 362-363면.

3. 국가기구간의 소송은 그들의 객관적인 "권한"(compétence)범위에 관한 소송이 제기될 수도 있으나 그들 기구들 사이의 이익(intérêt)에 관한 소송으로서의 합헌성에 관한 소송과 법률관계에 대한 획정에 대한 소송이 제기될 수도 있으므로 권한쟁의가 아닌 주관적 쟁송도 가능하다.

4. 독일에서는 "기관쟁의" 자체를 주관적 쟁송으로 몰고 가고 있다.

5. 행정소송으로서의 행정기구에 대한 소송은 법인격을 획득한 국가와 지방자치단체 또는 영조물법인 등의 공법인간의 소송과 이들 지방자치단체 및 그 밖의 공법인 상호간의 소송이 있을 수 있으며 법인격이 없는 행정부 및 공공단체 내부의 기관 상호간의 소송이 있을 수 있다.

6. 이러한 소송들은 과거에는 소송의 대상이 되지 않다가 점차 당사자 적격의 부여를 통하여 소송을 확대해 가는 추세에 있는 것으로, 우선은 법인격 주체 상호간의 소송이 문제되었고, 점차 법인격 내부의 기관 상호간의 경우에도 관심을 보여 주고 있다.

7. 이들 소송들의 성격 역시 객관적 소송과 주관적 소송 모두가 가능하나 "권한"의 범위에 관한 소송은 객관적 소송이다.

8. 이러한 행정조직법 내부의 소송은 이보다 먼저 발달하였던 행정작용법관계의 적법성에 관한 소송이나 법률관계의 획정에 과한 소송의 형태를 차용할 수도 있고(예: 프랑스) 따로 소송을 창설하는 방법(예: 일본)도 있을 수 있다.

9. 한국의 기관 소송은 미발달 상태에 있는, 특정한 법률의 규정에 의해 권한의 존부 및 범위에 대하여만 다투는 일본의 기관소송제도를 도입한 것으로 기관소송의 정의 자체를 동일한 법인격 내부의 기관 상호간의 소송에 범위를 한정하고 있는 독일의 용어 사용을 따를 아무런 근거가 없으며 한국이나 일본에서 말하고 있는 기관소송의 상당부분은 독일에서는 취소소송의 형태로 진행되고 있다.

10. 독일에서 기관소송을 주관적 소송으로 몰고 가고 있는 것은 독일 행정법학의 "권리" 개념을 매개로 한 주관주의적 법학 사조의 영향을 받은 것으로 보이며 현대 행정의 객관적 법질서와 공익 수호를 위하여 오히려 경계하여야 할 부분으로 생각된다.

우리가 학문을 함에 있어서 오늘날 대부분의 학문은 서양에 뿌리를 두고 있는 것으로 특히 법학의 경우는 서양의 것을 극히 일부분을 제외하고는 일본 사람들이 그대로 번역하여 사용한 것이 시초가 되었기 때문에 한국법은 한국의 법현실을 다룬다는 엄연한 명제에도 불구하고 한국법학에 있어서 서양법학의 참조는 필수적이다. 그럼에도 불구하고 한국의 역사나 전통, 그리고 무엇보다도 한국의 현실은 한국법학의 연구에 최우선적 조건이어야 한다.

그러나 불행히도 서양법학을 수입한 지 1세기가 지난 지금까지도 한국의 전통이나 현실을 무시하는 정도로까지 서양법, 특히 독일법의 내용 그대로를 한국에서 주장하고 있는 경우가 많아 한국법의 정체성을 해치고 국가를 혼란으로 몰아넣고 있다. 이러한 혼란 분야의 대표적인 예가 바로 지방자치법 분야인데, 지방자치법에는 일반법이 존재하지 않으며, 각국이 처한 전통과 현실, 그리고 필요성에 따라 이론이 성립될 수 있을 뿐이다. 지방자치법 분야에서 그간 다수의 학자들은 자치입법권을 비롯한 기초자치단체의 권한을 확대하기를 주장해오면서 반대학자들의 주장은 소개조차 제대로 해오지 아니하였으나, 최근에 지상에 보도된 국민여론조사 결과는 기초자치단체의 권한축소를 지지하고 있다. 국가를 대혼란에 몰아넣는 무분별한 주장들은 드디어 최근 모 정치학자가 일간신문 특집기사에서 국가해체를 뜻하는 연방제를 주장하는 데까지 이르렀다. 그러나 한편으로는 반대입장에 서있는 학자들도 있으며, 또 최근에 대법원은 재판자료 제92집 「헌법재판제도의 이해」를 펴내고 요약편도 함께 출간하였는데, 지방자치와 직결된 국가기관과 지방자치단체의 기관간과 상이한 지방자치단체 기관간의 권한에 관한 기관소송과 권한쟁의심판의 문제에 관하여 "기관소송을 동일한 법인격 내부의 기관 상호간에 국한시키고 있는" 그동안 수험생들이 일반적으로 다수의견으로 알고 있던 개념과는 달리, 대법원의 홍기태 재판연구관은 "기관소송을 정의한 행정소송법 제3조 제4호의 국가 또는 공공단체의 기관 상호간의 의미를 국가기관 상호간과 공공단체기관의 상호간만을 의미한다고 보지 않고 국가기관과 공공단체기관의 상호간도 포함된다고 보는 데에는 해석상의 무리가 없다고 생각되고"[50]라고 하여 반대견해[51]를 표명하고 있다.

하기야 애초에 기관소송이란 제도는 국가의 지방자치단체에 대한 감독관계에 소송절차를 적용하기 위하여 탄생한 것이므로 대법원의 이러한 태도는 당연한 것이기는 하지만 퍽 고무적인 것으로, 「헌법재판제도의 이해」 요약편의 내용 중 일부를 소개하는 것으로 결론에 대신하고자 한다.

"헌법재판제도 및 법원과 헌법재판소 사이의 권한분장에 관한 우리나라의

---

50) 홍기태, 전게논문.

51) 본인을 비롯한 한견우, 백윤기, 최승원 등.

헌법 및 헌법재판소법의 규정은 그 나름의 역사성과 합리성을 가지고 형성되었음에도 불구하고 이를 해석하고 운영하는 과정에서 우리와는 매우 다른 내용의 헌법재판제도를 가진 독일의 영향을 지나치게 받아 실정법해석의 한계를 넘어섬으로써 법원과 헌법재판소 사이에 견해차이가 발생되고 심화되지는 않았는지 돌이켜 볼 필요가 있음.

앞으로 헌법재판실무를 운영해 나감에 있어서는, 독일의 헌법재판제도가 우리에게 잘 알려져 있다는 이유만으로 독일의 헌법재판제도를 헌법재판의 전범(典範)으로 삼을 것이 아니라 오히려 독일은 우리나라의 헌법규정과 다른 내용의 헌법재판제도를 가지고 있다는 점을 깊이 유의하고, 우리나라가 현행과 같은 헌법재판제도를 가지게 된 역사적 배경, 헌법과 법률이 실제로 운영되는 현실 등을 깊이 천착하여 법사학적 · 법사회학적 · 법문화적인 깊은 통찰을 하여야 할 필요가 있음.

- 독일의 이론을 수용함에 있어서는 그 한계를 철저히 검토해야 할 것이고, 우리나라의 헌법상의 권한분장과 상대적으로 더 유사한 내용의 헌법재판제도를 가진 오스트리아의 제도와 그 실무운용도 적극적으로 비교 · 검토할 필요가 있으며, 더 나아가서는 나름대로의 합리성과 역사성을 가진 우리 헌법의 규정에 충실한, 우리 나름의 독자적인 이론과 실무를 형성하고 정립해 나갈 필요가 있음. ………(22~23면)

기관소송을 정의한 행정소송법 제3조 제4호의 “국가 또는 공공단체의 기관 상호간”에 국가기관과 지방자치단체기관의 상호간도 포함된다고 해석하더라고 무리가 없고, 권한쟁의가 헌법상의 입법부, 사법부, 행정부와 선거관리위원회 및 지방자치단체 사이의 권한분쟁을 심판하기 위한 것이라면 이에 대응하여 나머지 국가기관 또는 지방자치단체의 기관에 관련된 권한분쟁은 모두 기관소송의 대상으로 보는 것이 체계적이며, 우리나라에서 지방자치단체나 그 기관을 둘러싸고 발생하는 권한분쟁은 대부분 법률상의 분쟁에 해당하여 행정소송의 대상이 되어야 할 문제임.

- 국가기관과 지방자치단체의 기관간의 분쟁의 예로서, 국회와 지방의회 사이에 입법권을 둘러싸고 분쟁이 생길 경우를 상정하여 보더라도, 우리나라에서는 지방의회의 입법권이 법령의 범위 내로 제한되어 있으므로 권한의 다툼이 있다고 하더라도 자치입법이 법률에 반하는지 아닌지의 문제가 생길 뿐, 헌법적 차원의 권한분쟁이 생길 여지가 없음. ………(193면)

현행법은 권한쟁의심판에 관한 규정을 두면서 헌법재판소의 역할이나 사법권의 체계 및 구조 등에 관하여 심사숙고를 하지 않은 채, 헌법적 문제와 법률적 문제를 구별하지 않고 이를 모두 권한쟁의심판의 영역에 포함시킴으로써 사법권의 이원화로 인한 문제점이 표면화될 여지가 있게 되었음.

헌법재판제도의 성질과 목적에 비추어 보면, 법률분쟁까지 그 대상으로 하고 있는 우리나라의 권한쟁의심판은 헌법재판제도의 본래의 취지에 맞지 않는 것임.

- 최후적·보충적 재판기관으로서 그 역할을 수행하여야 할 헌법재판소가 헌법적 분쟁뿐만 아니라 법률적 분쟁도 담당하게 될 경우 떠안게 될 재판업무의 부담과 또 하나의 법원으로 인식됨으로써 생길 사법체계의 왜곡이라는 문제도 깊이 생각하여야 함.

입법론으로서, 공법상의 법률관계에 관한 분쟁은 기관소송 등 행정소송으로, 헌법관계에 관한 분쟁은 권한쟁의심판으로 정리하는 것이 필요할 것이고, 해석론으로서도 법률분쟁에 관한 것은 기관소송이나 일반소송을 가능한 한 확대하여 인정하고 그 절차를 통하여 분쟁을 해결하도록 하는 것이 바람직함.

'국가기관과 지방자치단체 간' 및 '지방자치단체 상호간'의 권한분쟁이 과연 헌법적 차원의 권한분쟁으로서의 성격을 가지는지 의문이 제기되지만, 헌법의 명문 규정상 이를 권한쟁의심판의 대상으로 볼 수밖에 없음.

그러나 우리나라에서 국가기관과 지방자치단체 간, 지방자치단체 상호간의 권한분쟁까지도 권한쟁의심판의 대상으로 한 것은 연방제에 있어서 국가기관과 주 간, 또는 각 주 상호간의 권한분쟁을 권한쟁의에 포함시킨 것을 잘못 받아들인 것임. 연방제국가에서의 주는 우리나라의 지방자치단체와는 달리 헌법상의 권한을 부여받는 것이며 일정 범위에서 중앙국가와 대등한 입법권을 가지고 있으므로 어떠한 권한이 중앙국가에 속하는지 아니면 주에 속하는지가 항상 헌법적 차원의 문제로 제기될 수 있음. 그러나 우리나라의 지방자치단체나 그 기관의 권한은 기본적으로 법률에 의하여 정하여지고, 자치입법권도 법령에 기하여 그 범위 내에서 부여되는 하위의 입법권이므로, 지방자치단체의 권한의 존부 및 범위에 관한 다툼은 성격상 행정상의 쟁송이 분명함.

헌법 제117조 제1항은 지방자치단체는 법령의 범위 안에서 자치입법권을 행사할 수 있다고 규정하고 있고, 이는 헌법재판소의 위헌심사의 대상이 되는 것이 아니라 헌법 제107조 제2항에 따라 행정재판의 대상이 되는데도 불구하고

자치입법에 있어서의 입법작용이 헌법재판으로서의 권한쟁의 심판의 대상이 된다는 것은 모순임. 더구나 우리나라의 지방자치단체의 종류는 헌법 제17조 제2항에 따라 법률로 정하게 되어 있으므로 헌법상의 기관이라고 보기도 어려움.

- 권한쟁의심판제도의 본질적 목적은 헌법적 권한 및 의무의 범위와 내용에 관하여 다툼이 있는 경우에 권력 상호간의 견제와 균형을 유지시킴으로써 헌법의 규범적 효력을 보호하는 데 있고, 기관소송은 행정감독 내지 행정조직의 민주화로 인한 기관독립성을 목적으로 하는 점에서 양자는 구분되어야 하며, 이와 같은 관점에서 볼 때 법률적 분쟁에 불과한 국가기관과 지방자치단체 간, 지방자치단체 상호간의 권한분쟁은 원칙적으로 행정소송에 속하여야 할 것임. ………(203~205면)

# 제 4 장 토지수용에 대한 소송과 보상금증감소송



## Ⅰ 보상금증감청구소송의 법적 성질

### 1. 서 론

현행 토지보상법 제85조 제2항은 제1항 규정에 따라 제기하고자 하는 행정소송이 보상금 증감에 관한 소송인 경우 당해 소송을 제기하는 자가 토지소유자 또는 관계인 경우에는 사업시행자를, 사업시행자인 때에는 토지소유자 또는 관계인을 각각 피고로 한다고 규정하여 구 토지수용법상 보상금증감소송의 당사자로 되어 있던 재결청을 소송당사자에서 제외하였다.

보상금증감소송의 성질을 살피기 위해서는 먼저 토지보상법상 인정되는 손실보상청구권의 법적 성질을 어떻게 볼 것인가를 규명해야 할 것이다. 즉 손실보상청구권이 공권인지 사권인지를 논의한 바탕 위에서 현행 토지보상법의 문제점과 그 개선방안을 강구해 보고자 한다.

## 2. 손실보상청구권의 법적 성질[1)]

### (1) 의 의

행정상 손실보상이란 공공의 필요에 따른 적법한 공권력의 행사로 말미암아 사인에게 가하여지는 특별한 희생에 대하여 사유재산권의 보장과 전체적인 평등부담의 견지에서 행정주체가 행하는 조절적인 재산적 보장을 말하며, 공공의 필요에 의해 처음부터 국민의 사유재산권에 대한 부득이한 침해가 법률상 수반된다는 점에서 공행정작용 과정상 위법행위로 인한 행정상 손해배상과 구별된다는 것이 종래 지적되어 왔다.

이에 따르면 행정상 손실보상은 공권력 행사로 인한 것이므로 그 보상은 공법적 성질을 가지며, 따라서 사법상 계약과 구별된다. 또한 행정상 손실보상은 특정 개인이 입은 재산상 특별한 희생을 국민전체의 공적 부담으로 조절해주는 보상이므로, 국민모두가 부담하는 조세와 같은 일반적 부담이나 재산권자체에 내재하는 사회적 제한에 대해서는 손실보상의 문제가 발생하지 않는다. 이상이 행정상 손실보상에 관한 우리 학계의 일반적 설명이다.

그런데 손실보상에 대한 일반적 설명에는 다음과 같은 몇 가지 모순점이 있다. 전통적으로 손해배상과 손실보상을 엄격히 구분하여야 한다는 견해의 논거를 살펴보면 (1) 침해행위의 적법과 위법을 엄격히 구분하여야 법치국가의 원리에 부합하는 것이며, (2) 국가의 무과실 책임은 국가배상법으로 수용하고 손실보상제도는 국가의 적법행위에 국한시켜야 한다는 것이다.

그러나 첫째, 국가배상법에서 말하는 위법성이라 함은 객관적 법규범에 대한 위반을 말하는 것이 아니라 책임의 대상이 될 정도의 손해가 발생하였다고 하는 '국가 운영상의 흠'을 말할 뿐 개념상 서로 다르므로 침해행위의 적법·위법성 여부에 따라 손해배상과 손실보상을 구분하는 것은 타당하지 않다. 둘째, 수용의 개념 범위에 있어서 수용이 고전적인 소유권의 이전을 뜻한다고 볼 때 (1) 보상의 정도에 있어 상당보상주의를 뜻한다면 공익을 위한 불평등한 법관계이기 때문에 그 한도 내에서 손실보상의 개념이 유지될 수 있을 것이다. (2) 그러나 완전보상주의를 택하여 강제매수에 따른 대금지급에 있어 어떠한 재산적 가치의 손해도 없거나 지극히 경미한 손해밖에 없는 정도라면 대금지급의

1) 이하는 이광윤, 일반행정법, 법문사, 2006, 358면 이하 참조.

문제는 私法上의 問題에 불과하기 때문에 행정법학에서 다룰 행정구제의 대상이 아니다.

### (2) 근 거

**1) 이론적 근거 :** 손실보상의 이론적 근거에 관하여 종래 기득권설, 은혜설 등이 논의되었으나 오늘날에는 특별희생설이 통설적 견해로 자리잡고 있다. 특별희생설이란 공익을 위하여 개인에게 부과된 특별한 희생은 이를 국민전체의 부담으로 하여 보상하는 것이 정의와 공평에 합치된다는 견해이다.

특별희생설은 공평부담설과 그 맥을 같이하는바, 전자는 재산권의 침해에, 후자는 보상의 부담에 중점을 둔 표현이다. 특별희생설은 1794년 프로이센 일반란트법 제74조와 제75조의 사상이 바이마르 헌법과 현행 독일기본법에 계승되었다고 하며, 공평부담설은 1789년 프랑스 인권선언 제13조의 내용으로서 정당하고도 사전적인 보상 아래에서만 재산권이 박탈될 수 있다는 표현이라고 한다.

**2) 프랑스에서의 수용개념과 우리나라에서의 손실보상제도 :** 1789년 프랑스 인권선언 제13조에 의한 '공적 부담 앞의 평등의 원칙'이 우리나라에서는 위에서 살펴본 바와 같이 흔히 손실보상의 근거이론으로 인용되었으나, 프랑스에서는 손실보상에 해당하는 수용에 대한 보상은 보통법상의 금액확정 이외의 의미가 없고, '공적 부담 앞의 평등원칙'은 무과실에 의한 행정책임 중에서 '공적 부담 앞의 평등에 대한 파기책임'의 기본이론으로 채택되고 있기 때문에, 우리나라 국가배상법 제5조에 의한 공물의 설치관리상의 손해 가운데 사고에 의한 경우를 제외한 손해에 대한 배상의 근거에 보다 가깝다고 할 것이다.

프랑스에서의 사전적 완전보상을 기본으로 하는 '수용'에 있어서의 금전보상은 프랑스 혁명의 부르주아적 성격으로 인한 사적 소유권의 절대적 보호에 초점이 있고, 이러한 사적 소유권이 공권력작용에 의하여 이전되는 경우 공권력 행사 자체에 대하여는 합법성에 대한 통제와 행정책임에 의한 통제를 행하였으나, 보상행위 자체는 보다 공평한 금액 확정이 되도록 하기 위하여 보통법상의 일반 사법판사로 하여금 민사재판의 형태를 취하게 하고 있다.

즉 프랑스에서의 수용보상은 특별한 희생을 강요한 데 대한 전체적인 공평부담의 견지에서 하는 조절적 보상이 아니라, 일종의 강제매수에 따른 대금지불로 볼 수 있으며 공법상의 무과실책임과는 관련이 없는 것이다.

결국 프랑스에서의 수용보상은 1789년 프랑스 인권선언 제13조의 '공적 부담 앞의 평등의 원칙'에 따른 절차에 의한 것이 아니라, 제17조의 '소유권의 신성불가침과 사전적 정당보상원칙'에 따른 절차에 의한 것이다. 따라서 프랑스에서 유래한 위험책임이론의 존재가 행정상의 손해배상과 손실보상을 일원화시키는 중요한 요소로 간주되고 있는 경향에 대하여는 신중한 재검토가 요청된다고 하겠다.

3) 독일의 손실보상제도 : 독일에서는 전통적으로 손실보상은 '공권력 행사'라는 원인행위가 권력작용이므로 그 보상도 공법상의 원리인데 비하여, 국가배상은 공무원의 사적 책임을 국가가 대위하여 보상해 준 것을 본질로 하는 사법상의 제도로 간주되어 왔다. 즉 손실보상제도는 중세 이후 관습적으로 발전되어 온 희생보상제도에 근거를 둔 것으로, 자연적 재산권질서에 기초하여 획득된 신성불가침한 기득권이 국가의 필요에 의해 침해될 때 이러한 침해는 특별한 희생으로 공평부담의 원리에 의하여 보상되어야 한다는 것이다.

여기서 손실보상제도가 공법적 성질을 가진다고 하는 이유는 (1) 원인행위가 '공권력 행사'라고 하는 공법적 행위라는 점, (2) 특별한 희생에 대한 공평부담의 견지에서 행하는 조절적 보상이므로 보상의 정도에 있어 완전보상일 필요는 없고 상당한 보상이면 족하기 때문에, 이는 불평등한 법관계로서 공법적 성질을 가지는 것으로 해석된다.

### (3) 공법과 사법의 구별기준

공법과 사법의 구별의의에 대하여 오늘날 현행법의 해석으로는 종래의 공·사법 구분론이 반드시 유익한 것은 아니라는 견해가[2] 있으나 첫째 행정권과 국민의 관계는 사인 상호간의 관계와 달리 공익실현이라는 행정목적 달성을 위하여 법기술상 특수성이 요구된다는 점, 둘째 행정소송은 관할법원, 제소기간, 소의 제기절차 등에서 민사소송과 다르므로 당해 사건이 행정소송 사건인지 또는 민사소송사건인지를 결정해야 한다는 점에서, 셋째 공법관계는 사법관계에서 인정되지 않는 공정력·불가쟁력·불가변력·강제력 등의 효과가 인정된다는 점에서 공법과 사법을 구별할 필요성이 있다.

다만, 공법과 사법의 구별기준에 대하여는 종래에 (1) 이익설, (2) 복종설, (3) 주체설, (4) 개별결정설 등이 주장되고 있는데, 법이 실현하고자 하는 이익이 공익인지 사익인지, 법률관계의 일면 당사자가 국가 기타 행정단체인지, 공

---

2) 서원우, 전환기의 행정법이론, 박영사, 1997, 172면 이하.

권력 주체나 그 기관에게만 배타적 권리를 부여하거나 의무를 지우고 있는지를 종합적으로 고려하면서 당해 행정법규가 규율하는 입법목적과 취지 등에 따라 개별적 · 구체적으로 판단함이 타당하다고 본다.

이에 대해 우리 대법원의 입장은 분명하지 않으나 최근의 주류적 판결은 개별결정설의 입장에 서 있는 것으로 보인다.[3)]

한편, 우리 헌법재판소는 공공용지의취득및손실보상에관한특례법 제9조 제1항 위헌제청 신청사건에서 별개의견으로 공사법관계의 구별기준에 대하여 판시한 것이 있는데 이를 참고로 소개하고자 한다.

'어느 법률관계가 공법적인 것인지 여부의 중요한 기준은 당해 법률관계의 형성이나 효과 혹은 소멸에 있어서 당자자의 일방인 행정주체에게 우월적인 지위를 인정하느냐의 여부에 있다 할 것이다. 그런데 토지수용법에서는 이들 손실보상의 원칙이 기본적으로 재결이라는 공권력 작용을 통하여 당사자에게 강제되는데 반하여, 이 법에 의한 협의취득은 근본적으로 상대방의 동의가 없이는 성립할 수 없으며 사업시행자에게 상대방의 동의를 강제할 수 있는 아무런 수단도 주어져 있지 아니하다. 뿐만 아니라 뒤에서 보는 바와 같이 토지수용법상의 재결에 대하여 여러 가지 공법상 특수한 효과를 인정하고 있는 것과는 달리 이 법에 따른 협의취득에 대하여는 그 효과의 어느 점에서도 사업시행자에게 사법상 매매와는 다른 어떠한 우월적 지위를 인정하고 있지도 아니하다. 따라서 이 법이 인정하고 있는 손실보상의 기준 등이 비록 토지수용법의 그것과 유사하다고 하더라도, 이는 사업시행자가 상대방에게 먼저 제시하여야 할 조건인 토지 등의 대가를 합리적이고도 적정하게 산정할 수 있는 통일적인 절차와 기준을 미리 마련해 둠으로써, 사업시행자로 하여금 공공사업을 실현하는 과정에서 있을 수 있는 낭비적 · 마찰적인 요소를 미리 제거하고 상대방과의 협의를 원만히 이끌어 내어 양 당사자의 이익을 조절한다는 취지에서 둔 규정들로서, 토지수용법에서의 손실보상에 관한 제 규정이 협의의 경우를 제외하고는 기속적 기준이 되는 것과는 달리 이 법에서의 그것은 협의취득의 반대급부에 대한 통일적 준거기준을 제시하고 있는 것에 불과하다는 점에서 양자가 본질적으로 다르다고 보지 않을 수 없으므로 위 규정들의 존재가 이 법에 의한 법률관계의 성격을 공법적인 것으로 만든다고 볼 수는 없다'고 판시하고 있다.[4)]

---

3) 김철용, 행정법 I , 박영사, 2002, 13면.
4) 헌재 1994. 2. 24, 92헌가15 내지 17, 20 내지 24.

### (4) 손실보상청구권의 법적 성질에 대한 사견

손실보상청구권의 법적 성질을 위에서 검토한 공·사법관계의 구별기준에 관한 학설에 따라 검토해 보면 첫째 토지보상법의 전체적인 취지는 공익의 실현을 목적으로 하고 있음이 분명하지만 토지수용과 그에 대한 보상문제(혹은 보상재결)는 전적으로 보상당자자(사업시행자와 토지소유자나 관계인)간의 재산상 문제에 지나지 않고 공익에는 별반 영향이 없는 점,[5] 둘째 사업시행자와 토지소유자 또는 관계인간의 관계는 상하명령관계 내지 복종관계가 아니라 대등관계인 점,[6] 셋째 사업시행자를 협의의 수용재결이 아닌 보상재결과 관련해서는 적어도 행정주체로 보기는 어렵다는 점, 넷째 토지보상법은 손실보상과 관련해서 사업시행자에게만 권리나 의무를 부여하는 것이 아니라 사업시행자에게는 토지재산권의 취득과 손실보상의무를 지우고 있고 한편 토지소유자나 관계인에게는 토지재산권 이전의무와 손실보상청구권을 부여하는 등 양 당사자에게 공평하게 권리·의무를 규정하고 있는 것을 보면 우리 토지보상법상 보상재결관계는 私法關係로 봄이 타당하다고 본다.

이론적으로 보아도 공·사법 관계의 구별을 원인행위가 공권력 행사라고 하여 손실보상청구권까지도 공법적 성질을 가지는 것으로 단정하기보다는 손실보상청구권 그 자체의 성질이 공법관계의 특질을 지니는지를 살펴서 판난해야 하며, 손실보상세도는 '공적 부담 앞의 평등원칙'에 따른 조절적 보상으로서 상당보상이 아니라 사유재산권을 사전적으로 완전 보상하려는 제도라는 것을 보아도 토지수용과 그에 대한 손실보상청구권은 사권으로 봐야 함이 역사적·논리적·비교법적 해석에 부합한다고 본다.

### (5) 협의의 수용재결과 보상재결의 관계

결론적으로 토지수용에 대한 '협의의 수용재결'에 대한 다툼은 현행과 같이 항고소송으로 다투게 하고 보상재결에 대한 보상금증감소송은 민사소송으로 다

---

5) 윤형한, "토지수용으로 인한 손실보상관계소송의 몇 가지 문제", 박윤흔교수 화갑기념논문집, 472면.

6) 대법원은 구 공공용지의취득및손실보상에관한특례법에 의한 손실보상의 협의는 공공기관이 사경제주체로서 행하는 사법상 계약의 실질을 가지는 것으로서, 당사자간의 협의로 같은 법 소정의 손실보상 요건을 완화하는 약정을 할 수 있고, 그와 같은 당사자간의 합의로 같은 법 소정의 손실보상의 기준에 의하지 아니한 매매대금을 정할 수 있다고 판시한 바 있는데(대판 2000. 9. 8, 99다26924) 이는 비록 구 공특법상 협의의 성질에 대한 판결이지만 구 토지수용법 현행 토지보상법 아래에서도 사업시행자와 토지소유자 등은 대등한 관계에서 협의할 수 있으므로 위 양 당사자의 관계는 수평적이고 대등한 관계로 보아도 무리가 없다고 보인다.

투게 하는 것이 입법론상 타당하다고 본다. 따라서 보상금증감소송에 관하여 규정하고 있는 현행 토지보상법 제85조 제2항은 삭제함이 타당할 것이다.

이와 같은 필자의 입장에서는 토지수용에 대한 협의의 수용재결은 행정소송으로, 손실보상관계 소송(보상재결에 대한 다툼)은 민사소송의 관할이 되므로 양자는 원인관계의 공통성에도 불구하고 쟁송법적으로 이원화될 수밖에 없을 것이다.

따라서 수용재결에 대한 소송과 보상재결에 대한 소송은 각각 분리하여 제기하여야 하며, 또한 수용재결의 위법을 이유로 보상재결의 위법을 주장할 수 없고 반대로 보상재결의 위법을 이유로 수용재결의 위법을 주장할 수도 없다고 할 것이다.

이와 같이 쟁송방법이 다르게 되는 것은 토지수용위원회의 재결은 수용 또는 사용할 토지의 구역 및 사용방법, 수용 또는 사용의 시기와 기간 등의 공익적 사항과 손실보상이라는 사익적 사항으로 구분될 수밖에 없다는 수용재결의 구조적 특수성에 기인한 것이라고 할 수 있다.[7)]

아래에서는 손실보상청구권을 사권으로 보고 그에 대한 다툼을 민사소송으로 보아야 한다는 필자의 입장에 서서 보상금 소송에 관한 종래의 논의들을 살펴보기로 한다.

# Ⅱ 보상금증감청구소송에 관한 제 문제

## 1. 소송의 성질

### (1) 종래의 논의

구 토지수용법 제75조의 2 제2항은 '제1항 규정에 의하여 제기하고자 하는 행정소송이 보상금 증감에 관한 소송인 때에는, 당해 소송을 제기하는 자가 토지소유자 또는 관계인인 경우에는 재결청 이외에 기업자를, 기업자인 경우에는

7) 박윤흔, "형식적 당사자소송", 감정평가 1997년 5, 6월호, 16면.
박윤흔 교수는 보증금증감소송이 형식적 당사자 소송임을 전제로 하여 위와 같이 수용재결과 보상재결의 성격을 달리 보고 있는데, 협의의 수용재결은 항고소송으로, 보상재결은 민사소송으로 다투어야 한다고 보는 필자의 입장을 취한다면 그 차이는 더욱더 분명하게 부각될 것이다.

재결청 외에 토지소유자 또는 관계인을 각각 피고로 한다'고 규정하고 있었는데, 이를 둘러싸고 보상금 증감소송의 법적 성질에 관하여 다툼이 있었다.

### (2) 견해의 대립

**形式的 當事者訴訟으로 보는 견해:** 이 소송은 행정처분인 이의재결의 당부를 다투는 소송이므로 그 실질은 항고소송인데, 법률의 규정에 의하여 법률관계의 당사자인 기업자나 토지소유자 등을 피고로 하도록 하고 있으므로 형식적 당사자 소송이라는 것이다.

**法律이 정한 特殊한 訴訟이라는 견해:** 구 토지수용법 제75조의 2 제2항은 재결청도 공동피고로 하는 것이므로 형식적 당사자소송이라고 보아서는 이를 적절하게 설명하기 곤란한 점이 있으므로 법률이 정한 특수한 형태의 소송으로 보아야 한다는 견해이다.

대법원은 이에 대하여 '토지수용법 제75조의 2 제2항 규정은 그 제1항에 의하여 이의재결에 대하여 불복하는 행정소송을 제기하는 경우, 이것이 보상금의 증감에 관한 소송인 때에는 이의재결에서 정한 보상금이 증액 변경될 것을 전제로 하여 기업자를 상대로 보상금의 지급을 구하는 공법상 당사자소송을 규정한 것으로 볼 것이다'[8]고 판시한 바 있다.

### (3) 사 견

현행 토지보상법은 구 토지수용법상 보상금 증감소송의 당자자로 되어 있던 재결청을 소송당사자에서 제외하여 사업시행자와 피보상자간의 당사자주의에 충실하도록 명문화하였다. 협의의 수용재결의 위법을 이유로 하여 보상재결을 다툴 수 없고, 또한 보상재결의 위법을 이유로 하여 수용재결의 위법을 다툴 수 없다는 광의의 수용재결의 이원적 특성을 고려하고 손실보상청구권을 공권으로 본다면 보상금 증감소송은 실질적 당사사소송으로 봄이 타당하다고 본다.

그러나 필자와 같이 손실보상청구권을 사권으로 보는 견해에 의하면 보상금 증감소송은 일반 민사소송이 될 것이다.

---

8) 대판 1991. 11. 26, 91누285.

# 제 5 장 한국 행정소송제도의 프랑스·스페인 행정소송과의 비교 고찰[1)]



## Ⅰ 문제의 제기

우리나라는 헌법 제101조에 의하여 대법원을 최고법원으로 하여 그 아래 각급법원이 조직되어 있고, 특별법원으로는 헌법 제110조에 의한 군사법원이 있고, 각급법원에 속하는 전문법원으로 가정법원과 행정법원이 있다. 행정법원은 현재 서울행정법원만 존재하는데 보통재판소제도를 보완하기 위한 전문법원의 운영은 영국의 예에서 볼 수 있는 바와 같이 영미식의 일원적 법원 시스템의 특징이다. 그러나 기능상으로는 행정재판을 민·형사 재판으로부터 분리하여 프랑스를 대표로 하는 '행정제도'(Régime administratif) 국가에서의 행정소송과 유사하게 운영하고 있다. 즉, 형식에 있어서는 영미식을, 실질에 있어서는 '행정제도'를 따르고 있다. 이러한 영미식과 '행정제도'의 혼합에는 불편함이 따르는데, 행정행위의 적법성에 관한 소송에 대하여는 행정법원이 관할권을 행사

1) 이광윤, '한국, 프랑스, 스페인의 행정소송 제도 운영에 관한 연구', 공법학연구 제7권 제1호, 571면 이하.

하고 계약에 관한 소송이나 손해배상청구 소송에 관하여는 민사법원이 관할권을 행사하는 것이 일반적[2]이기 때문에 기능상의 행정소송과 민사소송의 구분이 모호하여지는 문제가 그것이다. 스페인의 경우도 그 대표적인 예에 속한다. 본고에서는 '행정제도'의 모형인 프랑스의 경우를 살펴본 다음, 스페인의 예에 비추어본 한국 행정소송제도의 운영상 문제점에 대하여 고찰하고자 한다.

## Ⅱ 프랑스의 행정법원과 행정소송

### 1. 독립행정법원의 모색

프랑스 행정소송제도의 특징은 이원제를 바탕으로 한다는 점이다. 즉, 司法院은 私法을 적용하며, 행정법원은 기본적으로 호민관 제도에 기원을 둔 公法을 적용한다. 公法과 私法 적용에 있어 단일한 구별 기준을 찾으려는 노력은 수포로 돌아가고 복수의 기준들이 적용되는데 그 중, 특히 공권력과 공공서비스가 중요한 구별 기준이 된다. 행정법원의 자치는 1790년 8월 16-24일 법률로부터 시작되었으나 매우 완만히 진행되어, 처음에는 행정심판의 형태(justice retenue)를 취하다가 사실상의 독립된 법원이 되었다가 1872년 5월 24일 법률에 의하여 비로소 완전한 법상의 독립법원(justice déléguée en droit)이 되었다. 1790년 법률은 사법기능은 행정기능과 엄격히 분리되고, (보통법원)판사들은 어떠한 경우에도 행정에 간섭할 수 없고, 간섭하게 되면 독직죄로 처벌하도록 규정하고 있었기 때문에 행정재판은 행정의 일부로 간주되고 행정에 더욱 친밀한 것이 되는 동시에 행정사건에 보다 전문적이 될 수 있었다. 행정최고법원인 꽁세이데따는 소송기능 이외에도 매우 중요한 자문기능을 한다. 1953년 개혁에 의하여 행정지방재판소가 행정소송의 보통법원이 되었으며 부수적으로는 자문기능도 한다. 프랑스 모델은 ① 행정소송전문법원의 존재, ② 사법부 소속이 아닌 행정부 소속의 법원, ③ 재판 기능뿐만 아니라 자문 기능도 한다는 특징이 있다.

---

2) Jeanne Lemasurier, "Le contentieux administratif en droit comparé", Economica, p. 5.

## 2. 이원제 법원 시스템

프랑스에서는 私法에 대하여 독립적인 "행정법"(droit administratif)이 존재하는 것과 마찬가지로 보통법원판사(juge ordinaire)와 행정법원판사(juge administratif)의 구별이 존재한다. 행정적인 문제는 모두 행정법원판사에게 제기되며, 관할쟁의가 발생하면 보통법원판사와 행정법원판사가 동수로 참여하는 관할쟁의재판소가 판정한다. 꽁세이데따의 과중한 업무를 덜기 위하여 1987년 12월 31일 법률에 의하여 행정항소법원이 창설되었으며 꽁세이데따는 상고심(법률심)을 맡게 되었다. 따라서 행정재판은 이제 3심제로 되었는데 1심은 행정지방재판소(tribunaux administratif), 2심은 행정항소법원(cours administratives d'appel), 3심은 꽁세이데따(Conseil d'État)가 담당한다.

## 3. 행정소송의 운영

프랑스에서 행정소송의 유형은 일반적으로 판사의 개입권한의 성격과 정도에 따라 완전심리소송, 취소소송, 해석소송, 처벌소송 및 무효선언소송으로 구분되나, 뒤의 세 가지 소송은 부수적인 것으로 완전심리소송과 취소소송이 중요한 의미를 가진다.

완전심리소송은 기본적으로 계약이나 준불법행위(quasi délictuelle)에 대한 손해배상을 청구하는 소송이다.[3] 이 소송은 특별소송으로서의 선거소송, 세무소송, 임명에 관한 소송 등을 포함한다. 전통적으로 판사의 권한은 이 소송에서 가장 증대되었는데, 판사는 행정결정을 단순히 취소하는 것뿐만 아니라 수정하고, 대체하기도 하며 법률관계뿐만 아니라 사실관계에 대하여도 사인간의 쟁송을 담당하는 보통판사와 마찬가지 조건에서 개입한다. 이러한 완전심리소송과 보통법원에 의한 민사소송의 유사성 때문에 독일, 이탈리아, 벨기에, 스페인 등의 혼합형 국가에서는 완전심리소송의 많은 부분이 민사소송에 맡겨져 왔다. 이 소송에서 원고는 주관적 권리의 침해를 주장한다.

취소소송은 특별법원, 징계법원, 회계법원, 행정항소법원의 판결에 대하여 꽁세이데따에 제기하는 상고소송(recours en cassation)과 월권소송(recours pour

---

3) Ibid., p. 22.

excès de pouvoir)으로 나누어진다.

월권소송은 법규위반을 이유로 하여 행정결정에 대한 취소를 구하는 소송으로 정의된다. 이 소송은 행정법원판사가 모든 법칙을 만든 가장 전통적인 프랑스 행정소송으로서 논고담당관(commissaires du Gouvernement)들의 결론을 통해 행정법 이론들을 구성해 왔다. 이 소송은 주관적 권리의 침해를 요건으로 하지 않고 단지 행위의 적법성 여부만 따짐으로써 객관적 소송의 성격을 띤다. 공격 대상인 행위는 행정행위(acte admini-stratif)로 일방적 공권력 행사로서의 일반적 행위와 개별적 행위를 모두 포함한다. 원고 적격에 있어서는 월권소송은 로마법상의 민중소송은 아니므로 행위를 취소할 직접적인 이익의 침해가 있어야 한다. 그러나 "침해된 이익"(intérêt froissé)이면 족하며 물질적이고 개인적인 이익뿐만 아니라 정신적이고 집단적인 이익도 포함한다.

1995년 2월 8일 법률(이 법률은 또한 판결의 집행력을 확보하기 위하여 간접강제제도를 강화하였다)이 이러한 개혁을 보충하였고, 최근에는 긴급절차에 관한 중요한 개혁들(1988년 9월 2일의 가지급에 관한 명령, 계약 전 가처분에 관한 1992년과 1993년 법률, 긴급절차에 관한 2000년 6월 30일 법률 등)이 이루어졌다.

한편 판례와 개별입법들에 의하여 운영되던 행정소송절차에 대한 통일성과 명료성을 확보하기 위한 법전화가 진행되어 꽁세이데따 내부에 소송부가 설치되었던 공화력 8년(1800년) 이후, 2세기만인 2000년 5월 7일 드디어 프랑스 행정소송법전이 관보에 게재되어, 경쟁관계에 있는 민사소송법전을 추격하게 되었다. 프랑스 행정소송법전은 그동안의 다양한 개별 입법들과 1973년에 부분적으로 성립되었던 행정재판소법전, 그 후의 1989년의 "행정재판소 및 행정항소법원 법전", 그리고 행정법원에서의 긴급절차에 관한 2000년 6월 30일 법률(이 법률도 행정소송법전에 삽입하였음)을 비롯한 최근의 개혁입법들을 한데 모아 통일적으로 정리한 것으로 2001년 1월 1일부터 발효되었다.

이 중 판결의 집행력과 관련된 부분은 다음과 같다.

[법률부분]

L911-4조

판결이나 명령의 미집행의 경우에 이해당사자는 결정을 한 행정재판소나 행정항소법원에 집행을 이행할 것을 청구할 수 있다.

그러나 항소심 판결의 미집행의 경우에는 집행청구가 항소법원에 제기된다.

집행이 청구된 판결이나 명령이 집행의 수단을 정하지 아니하면 사건을 담당한 법원이 수단을 정한다. 법원은 집행의 기간을 정하고 간접강제를 명할 수 있다.

행정재판소나 행정항소법원은 집행청구를 꽁세이데따에 이송할 수 있다.

L911-5조

행정법원의 판결의 미집행의 경우에, 꽁세이데따는 직권으로 공법상의 법인이나 공공서비스의 운영을 담당하는 사법상의 기관을 상대로 판결의 집행을 확보하기 위하여 간접강제를 명할 수 있다.

L911-6조

간접강제는 임시적 또는 종국적이다. 법원이 종국적 성격을 명시하지 않는 한 간접강제는 임시적인 것으로 간주된다. 간접강제금은 손해와 이자에 대하여 독립적이다.

L911-7조

전체 또는 부분적인 미집행 또는 지연집행의 경우에 법원은 법원이 선고한 간접강제금의 청산을 진행한다.

판결의 미집행이 천재지변 또는 불가항력으로 비롯된 것을 제외하고 법원은 청산시에 종국적 간접강제금의 비율을 수정할 수 없다.

법원은, 미집행이 확인된 경우라 하더라도, 임시적 간접강제를 수정하거나 폐지할 수 있다.

L911-8조

법원은 간접강제금의 일부가 청구인에게 귀속되지 않도록 결정할 수 있다.

이 부분은 국가예산에 할당된다.

[명령부분]

R541-1조

긴급절차 재판관은 본안에 대한 청구가 없어도 채무의 존재가 심히 의심스럽지 않는 경우에는 담당한 사건의 채권자에게 가지급을 명할 수 있다. 재판관은 직권으로라도 보증금에 대한 가지급을 명할 수 있다.

R541-2조

긴급절차 재판관에게 제기된 청구의 통지는 답변의 기간을 정하여 궁극적인 피고에게 즉각 행해진다.

R541-3조

행정재판소장 또는 그의 위임자가 내린 명령에 대하여는 통지된 날부터 15일

이내에 행정항소법원에 항소할 수 있다.

R541-4조

채권자가 보통법상의 조건에 따라 본안에 대한 청구를 하지 아니한 경우에는 가지급 명령을 받은 자가 1심이나 항소심에서 가지급 결정을 통지받은 지 2개월 이내에 부채금액의 확정을 구하는 본안 청구소송을 제기할 수 있다.

R541-5조

행정항소법원이 담당한 소송에 있어서 법원장이나 법원장이 지명한 법관은 R541-1조에 규정된 권한을 보유한다.

법원장이나 법원장이 지명한 법관이 내린 명령에 대하여는 통지된 지 15일 이내에 상고할 수 있다.

R541-6조

가지급을 명하는 긴급절차 재판관의 명령에 대한 집행정지는 이 명령의 집행이 회복하기 어려운 결과를 야기할 위험이 있고, 심리도중에 그에 반하여 진술된 수단이 중대하며, 명령의 취소와 청구의 거부를 정당화할 성격의 것인 경우에는 항소심 재판관 또는 상고심 재판관에 의하여 명해질 수 있다.

## Ⅲ 스페인의 행정법원과 행정소송

### 1. 사법부의 독립과 행정소송의 예속

프랑코 총통 사후의 1978년 헌법은 '사법권은 공행정의 한 부분이다'라는 생각에 종지부를 찍었다. 이전의 권위주의적 정부에서는 행정부가 흔히 사법부를 간섭하였으나, 오늘날은 사법부가 완전히 독립되어 있다. 사법부는 공권력을 합법적으로 행사하도록 하고 기본권을 보장하는 등 헌법에서 부여받은 기능을 수행하고 있다. 헌법 이외의 민주적인 사법제도를 마련하기 위하여 몇가지 중요한 입법이 있었는데, 가장 중요한 입법은 1985년 7월의 사법조직법(Ley Organica del Poder Judicial)이다. 이 법률은 1870년 이래의 구법을 폐지하고 사법에 자유민주적 원칙을 도입하여 제도적 개혁을 이룩하였다. 현행 정치제도의 분권화 경향에도 불구하고 스페인의 사법제도는 매우 중앙집권적이고 계층적이다. 대법원이 스페인의 사법구조에 있어 정점을 차지하고 있다. 1812년에 창설된 대법원은 전국에 걸친 최고 항소법원이다. 마드리드에 있는 대법원은 민사, 형사, 행정, 사회, 군사의 5개부로 구성되어 있다. 행정법원이 프랑스와 같이 특별법원으로 독립되어 있지 않은 점이 우리나라와 유사하다. 대법원은 국가의 최고 사법원으로(헌법재판소의 관할을 제외하고) 대법원장은 사법위원회의 추천으로 국왕이 임명한다. 사법위원회는 법관들의 활동을 규율하는 기관으로 대법원장이 위원장이 되고, 의회가 추천하여 국왕이 지명하는 5년 임기인 20명의 위원으로 구성된다. 스페인 헌법재판소는 사법원에 소속되지 않은 특별법원이다. 제2차 세계대전 이후의 독일과 이탈리아 헌법재판소를 모델로 하여 창설된 헌법재판소는 헌법적 분쟁을 해결한다.

◉ 스페인의 법원조직을 개관하면 다음과 같다.

1. 사 법 부

가. 사법부 총평의회

○ 사법부의 최고총괄기관으로서, 대법원장(의장)과 대법원장이 제청, 국왕이 임명하는 임기 5년의 위원 20명(각급 법원판사 및 법관 12명, 능력이 인정되고 15년 이상 법조계에서 종사한 변호사 및 법학자 중에서 상·하의원이 각 재적의원 3/5 이상 찬성으로 제청한 각 4명)으로 구성

○ 대법원장의 제청, 법관의 임명, 승진, 교육 등을 관장

나. 사법기구

○ 대법원

- 대법원장은 사법부 총평의회의 제청에 따라 국왕이 임명
- 5개의 재판부(민사부, 형사부, 행정소속 1·2부, 노동쟁송부)로 구성되며, 각 재판부는 재판장과 10~12명의 판사로 구성

○ 국가고등법원

- 1977년 대법원 및 지역고등법원 보조를 위해 설치
- 전국에 1개만 설치
- 형사부와 행정부로 구성(형사부는 화폐범, 테러범, 밀수범, 마약범 등 그 영향이 전국에 미치는 범죄를 일괄담당)

○ 지역고등법원

-주요 15개주의 수도에 1개씩 설치

(Madrid, Albacete, Barcelona, Burgos, Caceres, Coruna, Pamplona,

Granada, Oviedo, Palma de Mallorca, Las Palmas, Sevilla, Valencia, Valladolid, Zaragoza)

○ 州고등법원

- 전국 50개주 가운데 주요 15개주에는 지역고등법원, 나머지 35개주에는 주고등법원 설치
- 1986년까지는 주로 형사사건만 취급하였으나, 이후 민사 및 행정소송도 다루고 있음.

○ 지방법원

- 민사 및 형사부로 구성(마드리드의 경우 17개소 재판소 및 14개 즉결재판소가 있음)

○ 지방법원 支院

- 인구 3만 명 이상의 도시에 설치(마드리드의 경우 33개, 바르셀로나의 경우 24개 재판소가 있음)
- 민사 및 형사사건 취급

2. 헌법재판소

○ 국왕이 임명하는 임기 9년의 12명의 재판관으로 구성(양원에서 각 4명씩 선출, 내각과 사법부 총평의회에서 각 2명씩 선출, 국왕에게 임명제청)

○ 헌법재판소장은 동 12명의 헌법재판관이 비밀투표로 선출, 과반수 이상을 득표한 재판관을 국왕에게 임명제청

○ 권한

- 위헌법률심사권
- 헌법소원
- 국가와 자치단체간, 자치단체 상호간의 관할권에 관한 쟁송

## 2. 스페인의 국가송무단의 역할

국가송무라 함은 「국가의 독립기관, 헌법기관 기타 공공기관, 국영기업, 국가가 자본참여한 기업, 1997년 11월 27일의 국가와 공공기관에 대한 법률 부조법에서 말하는 자치공동체, 지방자치단체의 자문, 대리, 변론을 구성하여 법률부조기능을 하는 행정기관의 총체」를 말한다. 스페인에서는 행정소송은 사법부가 담당하고 있으나, 법률자문은 법무부 내에 설치된 국가송무단이 담당하고

있으며, 국가송무단은 공익소송에 대한 지휘, 자문, 대리 역할도 담당한다. 국가송무의 조직은 국가송무단 — 국가송무국에 의하여 구성된다.

국가의 공익을 방어하기 위한 국가의 송무제도는 현행 행정소송법에서는 제24조에서 사법부조직법(Ley Organica del Poder Judicial; 1985년 7월 1일 법률)과 국가와 공공기관 사법부조법(Ley de Asistencia Juridica al Estado e Instituciones Publicas; 1997년 11월 27일 법률) 및 자치공동체의 유사규범에 정해진 바에 따르기로 하고 있다.

### (1) 국가변호사(abogados del Estado)제도의 유래

스페인의 국가변호사제도는 소송부 설치에 관한 1849년 12월 28일의 칙령에 의하여 재무부 내에 소송국(Direccci'on general de los contenciosos)을 설치함으로써 시작되었는데, 이 당시 재무부의 태만으로 인한 패소사건이 증가함에 따라 국고가 낭비되므로 효과적으로 국가의 이익을 방어하기 위하여 재무부 내에 소송국의 설치를 서두르게 되었다.[4]

### (2) 국가와 공공기관 사법부조법의 내용

1) 의 의 국가소송에 있어서 국가, 그 자치기관, 헌법기관을 대표하고 방어하기 위하여 국가송무국에 국가변호사를 둔다. 국가변호사는 국가와 자치공동체의 협약에 따라 자치공동체를 대표하고 방어할 수 있다. 특별한 별도의 규정이 있는 경우를 제외하고 국가 변호사는 공기업을 대표하고 방어한다.

국가송무국(La direcccio'n del Servicio del Estado)은 국가, 자치기관 부속 공공단체 행정의 최고 자문 본부이다. 또한 국가, 자치기관, 공기업, 헌법기관의 소송사건에 있어서의 당사자가 되는 최고 지휘 본부이다. 국가변호사는 어디에 근무하든지 국가송무국에 소속된다.

2) **국가송무단(Abogacia General del Estado) — 국가송무국(Direcci'on del Sevicio Juridico del Estado)이란 무엇인가?** 1997년 11월 27일의 법률 제52호에 의하여 국가와 다른 공공기관의 소송에서 자문하고 대리하며 변론하는 사법부조는 국가송무국에 소속된 국가변호사의 권한으로 그 집단을 국가송무단이라고 부른다.

---

4) Sebastia'n Marti'n-Retortillo Baquer "La defensa en Derecho del Estado" CIVITAS 1986, pp. 35-36.

법무부의 기본조직법인 2000년 8월 4일의 칙령 1474호 제3조에 따라 국가송무단-국가송무국은 부서기국(Subsecretaria) 수준의 기관으로 국가와 공공단체에 대한 1997년 11월 27일의 법률 제52호에 규정된 국가와 다른 공공기관의 법률구조업무의 총괄기관으로 상기의 칙령과 하위규범에 의하여 보충된다.

스페인의 법무부는 크게 서기국과 부서기국으로 구분되는데, 서기국 직속으로 국가송무단이 위치하고 있다. 국가송무단은 부서기국 급이므로 법무부에는 서기국 직속의 부서기국인 국가송무단과 장관직속의 부서기국의 2개부서기국급의 단위가 존재한다. 부서기국은 기술과와 입법정책 및 국제협력과로 구성된다. 국가송무단 이외의 서기국이 담당하는 업무는 등기 및 공증, 법무행정섭외, 사법행정현대화, 종교사무가 있는데, 이 사무들을 담당하기 위하여 각각의 4개과가 서기국 직속으로 설치되어 있다. 국가송무단은 자문팀, 소송팀, 연구팀, 유럽공동체와 국제 사법부조팀, 사무팀 이외에 헌법재판소 송무팀, 고등법원 송무팀, 국가청문법원 송무팀, 정부부처 및 공공단체 송무팀, 유럽인권재판소 송무팀, 회계법원 송무팀으로 나누어지고 그밖에 국가송무단 직속으로 부패방지특별팀이 구성되어있다.

1997년 11월 27일의 법률 제52호 제3조에 따라 국가송무단-국가송무국은 부서기국의 지위에도 불구하고, 한편으로는 국가행정, 독립기관 및 소속기관들의 최고 자문기관이며, 다른 한편으로는 국가기관, 자치기관, 공기업, 헌법기관들의 소송사건의 최고 감독기관이다.

특히 2000년 8월 4일의 칙령 1474호 제3조에 따라 다음과 같은 기능을 한다.

① 1997년 11월 27일의 법률 제1조가 규정한 특별체제에 저촉됨이 없이 국가와 독립기관 및 규정이나 협약에 의해 국가가 자본참여를 한 회사와 재단 중의 하나인 다른 공공기관에 대한 법률자문.

② 정부나 정부위원이 정부의 승인을 받아야 되는 어느 하위규정의 초안 또는 초안 안에 대하여 합법성을 문의하는 경우에 대한 자문.

③ 헌법재판소에 제소될 수 있는 자치공동체의 규정이나 의결에 대하여 정부나 정부위원이 문의하는 경우에 법적 검토와 통지.

④ 공익에 해롭다고 선언될 국가행정청, 독립기관, 다른 공공기관의 행위에 대한, 이들의 감독 기관들을 상대로 차후에 행정소송이 제기될 경우에 법률자문을 하기 위한, 심리의 통지.

⑤ 어떠한 법원이나 법원에 상응하는 기관에서 이루어지는 국가나 그의 독립기

관 또는 규정이나 협약에 의하여 현행법이 규정하는 공공단체, 국영기업, 국가가 참여하는 법인과 헌법기관에 대한 소송에서의 대리와 변론. 국가와 공공기관, 국영기업, 상기의 법인과 그 밖의 기관의 법정 분쟁이나 권한쟁의에서의 대리와 변론. 필요하다고 판단되는 경우에 민사법원과 노동법원에서의 상기 청구와 문제가 된 경우에 국가가 지불하여야 할 비용에 관한 서류의 통지.

⑥ 국가송무국의 사법부조의 일반적인 범위의 설정.

⑦ 국가송무국의 자문대상인 규정의 예비초안과 초안에 대한 법률적 보고, 국가송무국에 위임되거나 보고되는 예비초안 규범의 기초, 성격상 합당하다고 생각되는 보고, 의견, 검토, 국무상이나 국무차관 위원회의 준비를 위해 요구될 경우에 상급기관이나 감독기관에 대한 사법부조, 조사활동과 교육기관의 활동에 대한 진작, 국가행정연구원과 다른 공무원 교육기관들과 협력하여 하는 국가송무국 공무원들에 대한 교육과 연수.

⑧ 유럽공동체에 관한 사법부조, 외무부의 제안에 따라 법무부가 사건별로 담당관으로 임명하는 국가송무단원에 의하여 수행되는 유럽공동체 법원에서의 스페인 왕국을 위한 대리와 변론의 법률감독.

⑨ 국가, 자치기관, 공공단체, 법률이나 협약에 의한 국영기업, 국가참여법인, 헌법기관에 대한 해외에서의 사법 또는 유사사법 절차에 관련한 대리와 변론.

⑩ 해외에서의 국가송무의 감독과 조정.

⑪ 유럽인권법원과 기타 유럽협약에 의한 기본권 보호기관에서의 검토, 보고 의견에 따른 대리와 변론, 국제기구에서의 인권에 관한 대리와 변론. 단, 국제인권 기구에 있어서의 스페인 왕국의 대리자격은 외무부와 법부부가 공동으로 칙령에 따라 임명한다.

⑫ 기타 국제기구에서의 스페인 왕국의 사법부조.

## 3. 스페인의 행정소송의 운영

스페인의 행정소송의 특징은 행정소송의 범위가 넓다는 점인데, 1845년 4월 2일과 7월 6일 법률에 기원한 1956년의 구 행정소송법은 민주화된 1978년 헌법의 정신을 반영하지 못하고, 민주화되고 다원화되고 분권화된 사회에서의 증대된 권리를 제대로 반영하지 못하기 때문에 1998년에 전면적인 행정소송법의 개편이 이루어졌다. 1998년 7월 13일의 행정소송법의 내용을 중심으로 하여 살펴본다.

### (1) 신행정소송법의 의의

스페인 행정소송법은 1845년 4월 2일 법률 및 7월 6일 법률에 의하여 처음으로 제정되어 그동안 많은 변천을 거듭하다가 1956년 12월 27일 법률에 의하여 행정청의 권한남용에 대하여 시민들의 권리와 정당한 이익을 보장하며 행정활동의 적법성에 대한 통제를 하는 오늘날의 골격을 갖추게 되었다.

그러나 그동안 스페인 행정법 이론의 눈부신 발전에 힘입어 선구적인 판례들이 입법의 불비를 메워 왔으므로 그동안의 성과를 입법적으로 뒷받침 할 필요가 있었다. 또 그동안 행정조직에도 많은 변화가 있었기 때문에 1956년의 법률로는 새로운 해결책을 제시하는 데 미흡하게 되었다. 그러나 무엇보다도 민주화에 따른 1978년 헌법의 영향을 반영하여야 할 필요성이 있었다. 1978년 헌법에 의하여 스페인은 전면적인 법치국가가 되었으므로 모든 사람은 권리와 정당한 이익(interes legitimo)의 침해를 이유로 하여 행정을 법과 법률의 지배를 받도록 하고 법원으로 하여금 명령권을 통제하며 행정활동의 적법성을 확보하도록 하였다. 1978년 헌법 제103조 제1항은 "행정은 객관적으로 공익에 이바지하며 법률과 법의 완전한 지배하에 효율, 계층, 분권, 분산, 조정의 원칙에 따라 움직인다"고 규정하고 있으며, 또 헌법 제106조 제1항은 "법원은 명령권과 행정작용이 정당한 목적에 따르도록 통제하고 적법성을 심사한다"고 규정하고 있다. 다른 한편으로는 그동안 지방분권이 강화되는 등 스페인 사회에 많은 변화가 일어나 이에 맞는 통제가 이루어질 필요가 있어 여러 가지 법적 수단이 강구되었는데, 행정청의 부작위에 대하여도 통제하게 되었으며 효율성을 확보하기 위하여 예방적 조치도 도입하였다.

### (2) 행정소송의 관할 확대

이전 법률 시스템을 필요한 범위 이상으로 변경하지 않는다는 방침에 따라 행정소송의 범위와 한계를 정하였다. 전통과 헌법 제106조 제1항에 따라 명령권과 행정법에 속하는 행정작용에 대한 적법성에 대한 심사를 관할사항으로 하고 있으나 그밖에 새로운 중요한 사항들도 포함하고 있다. 우선 이 법률에서 정하고 있는 행정의 개념을 정하여야 하며, 또 행정에 속하지 않는 기관의 행위나 규정 중에서 내용이나 효과로 보아 실질적 의미의 행정의 성격을 지니고 있어 행정소송의 대상이 되어야 할 대상을 정하여야 한다. 입법자의 임무가 아닌 이론적 논쟁보다는 실제적 관점에서 행정기관의 행위나 규정에 유사한 행위들을 대상으로 하고 있다.

둘째, 오늘날 행정소송의 관할 영역을 법률의 하위에 있는 규정과 협의에 있어서의 행정행위와 행정계약에 한정하는 것은 그 범위가 너무 협소하다. 행정법원의 관할은 실제로 행정의 특권을 사용하여 이해당사자와 공익을 위하여 정당화되어야 한다. 따라서 명령, 행정행위, 행정계약뿐만 아니라 급부행위 — 다양한 형태의 계약행위 — 사실행위, 부작위들도 법치행정의 원리에 복속되어야 한다. 따라서 행정계약뿐만 아니라 분리할 수 있는 준비행위나 입찰행위 등도 행정소송의 관할사항이 된다.

정부의 정치적 행위, 즉 통치행위가 행정소송의 대상이 되지 않고 헌법의 통제만 받는다는 것은 오늘날의 법치국가에서는 받아들일 수 없다. 통치행위라 하더라도, 재량에 대한 통제, 기본권 통제, 국가배상을 통하여 통제하는 것이 항상 가능하다.

### (3) 행정소송의 대상

행정소송 재판소와 법원은 행정법의 적용대상인 행정청의 작용 및 법률의 하위에 있는 일반적 처분, 그리고 위임의 한계를 일탈하는 입법명령에 관련하여 제기되는 청구를 처리한다(행정소송법 제1조 제1항).

이 법에서 행정청(Administracion publica)이라 함은 다음 각 호의 1을 말한다.

1. 국가중앙 행정청
2. 자치공동체 행정청(Comunidades Autonomas)
3. 지방행정을 담당하는 단체
4. 국가, 자치공동체 또는 지방자치단체의 소속 또는 연결된 공법상의 단체

(행정소송법 제1조 제2항)

또한 다음 각 호에 관련하여 제기되는 청구를 처리한다.

1. 하원, 상원, 헌법재판소, 회계원, 옴부즈만(Defensor del Pueblo), 그리고 자치공동체의 회계원과 옴부즈만 및 이와 유사한 자치공동체의 입법회의와 권한 있는 기관에 의하여 채택된 공법이 적용되는 사람, 행정청, 및 재산운영에 관한 행위(actos)와 처분(disposiciones)

2. 사법부 조직법의 용어에 의한 사법부회의의 행위와 처분과 재판소와 법원의 집행기관의 행정활동(actividad administrativa)
3. 선거제도조직법에 규정된 용어상의 선거행정작용(actuacio'n)
(행정소송법 제1조 제3항)

행정소송법원은 다음에 관련하여 유발되는 문제를 담당한다.

① 기본권과 행위의 성격이 어떠하건 정부의 행위 또는 자치공동체위원회의 행위와 관련하여 발생한 모든 배상 조정 및 결정에 대한 사법적 보호
② 행정계약과 행정청의 도급계약 규정의 적용을 받는 준비 및 조달 행위
③ 공무수행으로 인정된 공법상 조합(Corporaciones)의 행위와 처분
④ 공공서비스 특허의 감독 및 재정에 관한 행정 행위와 공공서비스 특허인(공무수탁사인)의 행정행위
⑤ 행위의 성격이 무엇이든 행정책임
⑥ 그밖에 법률이 정하는 사항

그러나 명문의 규정으로 민사 또는 형사 및 사회법원의 관할로 정하는 사항과 군사재판, 그리고 법원과 행정청, 또 동일한 행정청의 내부기관간의 분쟁은 행정소송의 대상이 아니다.

행정소송의 대상이 되는 행위는 다음과 같다(제25조, 제26조).
① 일반적 성격의 처분
② 부작위
③ 일반적 성격의 처분을 적용한 행위

이상에서 살펴본 바에 의하면 스페인의 행정소송의 대상은 무척 넓은데, 이것은 현재 진행 중인 한국의 행정소송법 개정안에서 다루어지고 있는 범위보다도 더 넓다. 프랑스의 경우에는 행정행위 자체를 일반적 행위와 개별적 행위로 분류한다는 점에서 원칙적으로 개별적인 행정청의 행위만을 행정소송의 대상으로 삼고 있는 독일법계보다 행정소송의 대상이 훨씬 넓지만 행정행위는 권력분립상의 행정부의 행위에 국한된다. 그러나 스페인의 경우에는 입법부의 행위와 사법부의 행위를 포함한다는 점에서 더 한층 넓어진다.

### (4) 행정소송의 당사자

행정소송의 당사자가 될 수 있는 자는 다음과 같다(제19조):

1. 권리 또는 정당한 이익을 제시하는 자연인 또는 법인
2. 권리와 집단적 이익을 방어하는 조합, 단체
3. 권리 또는 정단한 이익을 제시하는 국가 행정청
4. 자치공동체의 행정청
5. 지방자치단체
6. 재무성
7. 공법상의 기관
8. 법률에 명문으로 정해진 경우에 민중소송을 제기하는 모든 시민

### (5) 소송기관

헌법 제117조에 의하여 사법권은 법률로 정하는 법관과 재판소에 부여되는데, 1985년 7월 1일의 조직법 제6호는 사법권에 대하여 "단일법원"원칙을 채택하고 사법부 안에 민사, 형사, 행정, 사회의 4개부를 설치하였다. 1998년 7월 13일의 행정소송법원법 제29호 제6조부터 제12조에 의하면 행정소송부는 다음의 5개 법정으로 나누어진다.

① 행정소송법정(Juzgados de la Contencioso-Administrativo)

- 지방자치단체의 행위에 대한 소송
- 자치공동체 행정의 행위에 대한 소송
- 영조물법인에 대한 소송

② 행정소송중앙법정(Juzgados Centrales de la Contencioso-Administrativo)

- 행정 각부, 국무상, 국가중앙부서의 행위
- 전국적인 효력이 있는 영조물법인의 행위

③ 고등법원 행정소송부

- 지방자치단체, 자치공동체. 국가의 행위에 대한 소송 중 다른 법원의 관할에 속하지 않는 것
- 지방자치단체와 자치공동체의 명령
- 자치공동체의 행정기관간의 협정

④ 국가청문 행정소송부

- 장관과 국무상의 행위와 명령
- 고등재판소의 관할에 속하지 않는 행정기관간의 협정

⑤ 최고재판소 행정소송부

- 국무회의와 위원회의 행위와 명령
- 사법부위원회의 행위와 명령
- 하원, 상원, 헌법재판소, 회계원, 및 호민관의 행위와 명령

고등법원 행정소송부, 국가청문행정소송부, 최고재판소 행정소송부는 몇 개의 국으로 나누어진다. 소송은 행정과 국민 사이에서만 이루어지는 것이 아니고 행정기관 상호간에도 이루어진다. 근래에는 소송이 증가하여 소송의 진행이 느려짐에 따라 소송법정들을 창설함으로써 고등법원 이상의 소송부담을 경감시켰다.

### (6) 긴급절차

소송의 제기는 집행을 정지시키지 않으며 유일한 긴급구제절차는 집행의 정지이다. 집행정지의 요건은 "회복하기 어려운 손해가 발생할 우려가 있을 때"이다.

## Ⅳ 한국의 행정법원과 행정소송

### 1. 혼합형으로서의 행정재판

우리나라는 제헌헌법 이래 대법원을 최고법원으로 하는 보통재판소제도를 채택하여 오다가 1987년 헌법에 의하여 사법부가 아닌 권력분립상 독립되어 있는 특별법원인 헌법재판소를 창설하였으나 행정재판권은 여전히 대법원을 최고법원으로 하는 사법부에 소속되어 있다. 군사법원도 헌법조문에 의하면 특별법원으로 명명되어 있으나 군사법원은 대법원이 상고심을 맡고 있기 때문에 헌법상 권력분립 기관은 아니고 사법부에 소속되어 있으면서 사법부 내부에서의 사법권이 분립되어 있는 준 특별법원(또는 준 사법법원)으로 볼 수 있다. 이에 비하여 서울행정법원은 가정법원과 함께 하급법원으로서의 단순한 전문법원에 불과하다. 우리나라에서 행정소송에 대하여 보통재판소 제도를 채택한 데 대한 이유로써 행정제도(Régime administratif) 국가의 특별법원으로서의 행정재판소

제도는 국민의 자유와 권리구제에 미흡하다[5]는 것이 유진오 박사의 제헌헌법 제안이유 설명 이래의 주장[6]이다. 그러나 이러한 주장은 과거 독일이나 일본에서의 범죄적 전쟁을 뒷받침하였던 "형식적 법치주의"의 폐단에 의한 오해일 뿐이며, "특별법원인 행정재판소 = 국민의 자유와 권리 보장 미흡"이 사실이 아님은 특별 행정재판소의 대표인 프랑스의 꽁세이데따가 보여준 역사가 이를 증명하고 있다. 그러나 우리나라가 보통재판소제도를 채택하였음에도 불구하고, 내용적으로는 *公法*으로서의 행정법과 *私法*을 독립된 법체계로 분리하고 행정소송에 대하여는 *私法*을 배제하며 *公法*인 "행정법"(administrative law가 아닌 Droit administratif)을 적용하여 왔다. 그러나 내용상 완벽한 "행정법"의 운영에는 미흡하며 주로 행정청의 행위에 대한 적법성에 대한 소송을 중심으로 하는 전형적인 이른바 "혼합형"의 특징을 보여주고 있다.

## 2. 전문성의 미흡

전문법원으로서 서울행정법원이 1998. 3. 2. 개원하여 행정사건에 대한 진취적인 판결들이 나왔으나 행정법원에 근무하는 법관들은 행정문제에 대한 전문가이기보다는 민·형사 사건을 경험한 일종의 행정에 대한 비전문가들인데 행정법원에 근무하는 판사들의 종합된 의견은 오히려 민·형사 사건에 대한 경험이 바람직하다[7]는 것이다. 이것은 법관들의 의식이 매우 소송 중심으로만 경도되어 정책으로서의 행정과 유리되어 있음을 반증하며, 민·형사법의 정신과 행정법의 정신은 행정법은 공익자체를 정의의 기준으로 삼는다는 점에서 매우 상이함을 간과하고 있는 것으로 보인다. 또 심지어는 보통재판소제도의 전문성을 제고하기 위하여 보통재판소제도를 도입한 국가들에서 보충적으로 도입하고 있는 전문법원의 존재를 대륙법계의 특색으로[8] 오해하는 경우도 있다. 행정제도 국가의 특색은 특별재판소로서의 행정법원이지 전문법원이 아니며, 행정현실에 대한 경험과 이해가 필요하다. 이러한 제도적, 의식적 한계 내에서는 행정에 대

---

5) 강완구, "행정사건의 추이와 전망", 행정법원의 좌표와 진로, 서울행정법원, 1999, 25면.

6) "종래의 불란서라든가 이러한 구라파 대륙에서는… 행정재판소라는 특별한 기관을 통해서만… 소송을 행정권 자신에게 맡기는 것은 국민의 자유와 권리를 보장하는 의미에 있어서 적당치 아니하다…."

7) 권은민, "행정소송사건에 대한 전망과 행정법원의 과제", 행정법원의 좌표와 진로, 서울행정법원, 1999, 109면.

8) 송재헌 서울행정법원장의 1998. 3. 2. 개원식 식사 및 취임사, 권은민, 상게논문 92면, 재인용.

한 법률자문을 할 수는 없고, 법률자문은 결국 행정부에 맡겨지게 되나 행정부 역시 인력적, 제도적 한계를 가지고 있음은 주지의 사실이다.

한편 법무부는 국가송무수행만을 전담하는 법무공단의 설립을 위한 가칭 '정부법무공단의 설립·운영에 관한 법률'을 제정하여 업무를 개시할 수 있도록 추진할 계획이다.

정부법무공단의 설립과 관련, 법무부는 "법률가 부족으로 국가소송에 대한 충실한 대응을 하지 못하고, 정부의 정책 및 행정행위를 함에 있어 사전의 충분한 법률적 검토가 부족해 행정의 합법성이 확보되지 않고 있다"며 "변호사 중심의 정부법무공단을 설립해 국가의 소송대응 및 사전 법률검토를 충실히 함으로써 국가의 이익과 재산을 보호하고, 나아가 국민의 권익을 보장하기 위한 것"이라고 취지를 설명했다.

법무부에 따르면 정부법무공단은 민간 로펌과 경쟁해 정부 등으로부터 소송을 수임하는 체제로 운영되고 초기설립비용은 국가예산으로 지출되나, 설립 이후에는 정부의 예산지원 없이 정부 등으로부터 지급받는 소송수임료 및 법률자문료 등 자체수입으로 운영하게 된다.

법무공단은 ▲정부 등에 대한 법률자문 ▲입법 및 계약 지원 등 제반 법률서비스 제공 ▲소송 및 헌법재판 수행 ▲정부사업과 관련한 법률종합컨설팅 등의 업무를 담당하게 된다.

그러나 이 법률안은 일반 변호사들과의 경쟁을 의식한 대한변협의 반대에 부딪쳐 있으며 변호사들이 다수 포진한 법사위의 통과도 큰 어려움이 예상되고 있다.

### 3. 행정소송의 운영

행정소송의 종류는 항고소송, 당사자소송, 기관소송, 민중소송의 4종류로 크게 대별되며, 항고소송은 다시 취소소송, 무효등확인소송, 부작위위법확인소송으로 나누어지는데, 현행 행정소송법은 항고소송, 그 중에서도 취소소송 중심으로 구성되어 있다. 그런데 공권력의 행사, 불행사 또는 거부 및 이에 준하는 행위들의 적법성 여부를 다투는 취소소송을 객관적 소송으로 운영하지 않고, 원고적격에 있어 "법률상의 이익"을 "권리" 개념에 유사하게 해석하면서 주관적 소송으로 이해하고 있음이 일반적이다. 또한 취소소송의 대상이 되는 행위인

"처분"의 개념도 매우 모호하여 앞서 말한 "공권력의 행사" 앞에 "구체적 사실에 관한 법집행으로서의"라는 수식어를 붙여 이를 "개별적 결정"인 것으로 해석하는 것이 일반적 경향이다. 그러나 이러한 개념들과 해석논리에는 ① 논리적 타당성이 결여된 점, ② 결과로서 소송의 대상과 권리구제의 폭이 줄어드는 문제점이 있다. 특히 "구체적인 법집행"은 "개별적 법집행"과는 별개의 개념이기 때문에 근거 없는 해석을 해오고 있다고 볼 수 있다.

다른 한편으로는 당사자 소송의 대상이 축소, 운영되고 있는 것은 혼합형 국가의 특색을 반영하면서 당사자소송과 민사소송의 구별이 문제된다. 당사자 소송이 공법상의 법률관계에 대한 획정에 대한 소송이라면 공법관계에 대하여는 당사자소송을 제기하여야 하나 "공익을 목표로 하는 불평등한 법관계"인 공법관계인 국가배상청구나 조달계약, 정부공사 계약 등에 관한 소송을 민사소송으로 처리하고 있는 실정이다.

## V 최근 개혁 움직임에 대한 검토

우리나라의 행정소송제도는 전문성의 부족과 함께 소송대상과 원고적격의 협소 및 당사자 소송의 부실화 그리고 가구제제도의 미흡 등이 단점으로 지적되어 왔다. 이에 따라 대법원은 이러한 단점들을 보완하는 새로운 행정소송법 개정안을 마련하였으나 현재 진행정지 상태에 있다.

대법원이 마련한 개정안의 주요 골자만 살펴보면, 첫째, 소송대상의 확대에 관하여 다수안은 "행정행위"를 '행정청이 행하는 법적·사실적 행위로서의 공권력의 행사 또는 그 거부와 그 밖에 이에 준하는 행정작용 및 행정심판에 대한 재결'로 정의하고 있다. 법규명령이 의회의 입법권에서 파생된 위임명령만 존재하는 것이 아니고 독립명령도 존재하고, 집행명령도 존재하며, 법규성이 인정되고 있는 대통령령, 총리령, 부령 이외의 행정입법 형식들이 존재하며, 법원이나 헌법재판소, 선거관리위원회와 같은 헌법상의 기관들의 법규명령 및 방송위원회, 국가인권위원회 등의 독립행정청의 법규명령, 또 지방자치단체의 조례나 규칙은 원칙적으로 법률의 위임을 받지 아니한다는 점에서 법규명령을 법률에서 파생된 입법행위로 볼 것이 아니라 행정행위로 보는 것이 보다 사실적이고 현실적이다. 19세기 독일에 이론상으로만 존재하였던 의회주권독점론에서 벗어나 행정행위를 개별적 행정행위만이 아닌 법규명령이라고 하는 일반적 행정행위를 포함하는 개념으로 사용하여 행정에 대한 적법성에 대한 통제를 보다 적극적으로 할 수 있게 된다는 점에서 환영할 일이다. 소수안에서 법규명령에 대하여 폐지소송이라는 별도의 항고소송유형을 도입하자고 주장하는 것은 법규명령에 대한 항고소송의 필요성을 인정하면서도 아직도 파생입법으로 보아왔던 19세기 독일 공법학 이론의 영향을 받고 있는 것으로 판단된다.

둘째, 항고소송의 원고적격을 확대한다는 취지에는 동감하나 "법적으로 정당한 이익"이라고 표현하여 사실상의 이익이 배제됨을 명확히 한다는 데는 동의할 수 없다. 항고소송의 원고적격을 법원이 인정하게 되면, 이때 항고소송을 통하여 보호되는 이익은 법적으로 인정되는 이익이 되기 때문에 사전에 이익을 법적인 이익과 사실상의 이익으로 나눌 필요가 없다. 만약 원고의 이익을 사전에 법적인 이익과 사실상의 이익으로 구분한다면 사실상의 이익과 대치되는 개념으로서의 법적인 이익은 권리가 될 수밖에 없어, 항고소송은 주관적 성격으로부터 벗어날 수 없게 된다. 행정행위의 위법성 제거에 의하여 회복되는 이익은 주관적 권리인 법규범이 적극적으로 보호하는 이익뿐만 아니라 권리가 아니더라도 행정의 적법성만 보장되면 회복되는 소극적 이익이 많으므로 스위스 법원법 제103조에서는 권리이든 사실상의 이익이든 구분하지 않고 "보호가치 있는 이익"으로 규정하기에 이른 것이다. 보호가치 있는 이익이란 법원이 판단하여 보호할 만하다고 생각하는 침해된 이익이므로 프랑스의 '충분한 이익'과 다르지 않다. 항고소송의 원고적격을 확대하려면 '권리'뿐만 아니라 사실상의 이익의 침해에 대하여도 원고적격을 인정하지 않을 수 없고, 그 결과는 보호가치 있는 이익이 되나, 그것 보다는 권리 개념을 출발점으로부터 완전히 극복하여 '정당한 이익'이나 '충분한 이익'이라고 하는 편이 항고소송의 객관적 성격에 부합한다고 본다. 스페인의 경우에 "권리" 또는 "정당한 이익"이라고 하여 매우 포괄적으로 규정하고 있음은 좋은 참고가 될 것이다. 정당한 이익이나 충분한 이익의 범위는 결국 법원이 판례를 통하여 확립할 수밖에 없다.

셋째, 개정법률안 제3조는 당사자소송의 활성화를 위하여 구체적인 소송형태를 행정상 손실보상, 행정행위 등의 위법으로 인한 손해배상 · 부당이득반환을 예시하고 있다. 당사자소송은 행정의 객체가 행정의 주체를 상대로 하여 공법상의 권리나 채권을 주장하는 소송으로 당사자소송의 대상은 공익을 목적으로 하는 불평등한 법률관계를 대상으로 하여야 한다. 그런데 손실보상은 상당보상주의를 전제로 한다면 불평등한 법관계로 볼 수 있으나, 완전보상주의를 전제로 한다면 원인행위야 어떠하건 보상의 법률관계는 시장가격이 얼마냐 하는 것을 정하는 것으로 불평등한 법관계로 볼 수 없다. 독일에서는 전통적으로 손실보상은 '공권력의 행사'라는 원인행위가 권력작용이므로 그 보상도 공법상의 권리[9]인 데 비하여 국가배상은 연혁적으로 공무원의 사적 책임을 국가가 대위하여 배상해 준 것으로 본질적으로 사법상의 제도로 간주되어 왔다. 즉, 독일의 경우, 손실보상제도는 중세 이후 관습적으로 발전되어 온 희생보상제도에 근거를 둔 것으로, 자연적 재산권질서에 기초하여 획득된 신성 불가침한 기득권이 국가의 긴급한 필요에 의해 침해될 때, 이러한 침해는 특별한 희생으로 공평부담의 원리에 의하여 보상되어야 한다는 것[10]이다. 여기서 손실보상제도가 공법적 성질을 가진다고 하는 이유는 ① 원인행위가 '공권력의 행사'라고 하는 공법적 행위라는 점, ② 특별한 희생에 대한 공평부담의 견지에서 행하는 조절적인 보상이므로 보상의 정도에 있어 완전보상일 필요는 없고, 상당한 보상이면 족하기 때문에(실제로 프러시아 일반 주법과 바이마르 헌법 모두 상당보상주의를 취하였음), 이는 불평등한 법관계로 공법적 성질을 가지는 것으로 해석된다. 그러나 원인행위가 공권력의 행사라고 하여 손실보상청구권까지도 공법적 성질을 가지는 것으로는 볼 수 없고, 손실보상청구권 그 자체의 성질이 공법관계의 특질을 지니는지를 살펴보아야 하며,[11] 손실보상제도는 재산권을 보장하려는 제도로서, 사전적 완전보상제도를 택한다면 재산적 가치가 완전히 보장되기 때문에 기득권이 특별히 희생되었다고 볼 수 있을지 의문이다. 이렇게 보면 완전보상을 전제로 하는 손실보상은 공평부담의 견지에서 행하는 조절적인 보상이 아니라 재산권을 보장하기 위한 강제매수에 따른 대금지급의 성격을 가지게 되어 보상청구권은 사법적 성격을 지닌다고 볼 수 있다. 그러므로 이에 관한 소송은 민사소송으로 다루는 것이 논리적으로 맞다. 그러나 제한의 경우에는 공평부담의 견지에서 하는 조절적 보상이므로 손해를 완전보상하는 경우에도 이것은 공권력이 보호국가의 논리에서 우월적 지위에서 행하는 조절적 보상이므로 불평등한 법관계이며, 이에 대한 보상 청구권은 공권으로 당사자소송의

9) 김남진, 행정법 Ⅰ, 8판, 법문사, 2004, 546면; 김동희, 행정법 Ⅰ, 제6판, 박영사, 2000, 500면 등.

10) 정하중, "수용유사적 그리고 수용적 침해제도", 고시연구 94년 3월호, 90면 참조.

11) 김철용, 행정법 I, 제8판, 박영사, 2005, 480면 참조.

대상이 되어야 한다. 제한에 대하여 상당보상주의를 취하고 있는 경우에는 더 말할 것도 없다. 따라서 제3조의 "행정상 손실보상"은 '공용제한에 대한 보상'으로 용어를 수정하여야 한다. 입법론적으로는 국가배상법 제2조를 개정하여 무과실 책임을 제2조에 수용함으로써 제한에 대한 보상은 손해배상으로 흡수하여야 한다. 또 제3조는 "행정행위등의 위법으로 인한 손해배상"이라고 표현하고 있는데, 손해배상의 원인행위는 사실행위, 비권력적 관리행위 등 행정작용의 결과이면 족하므로 "행정행위"를 명시할 필요가 없다. 실제로, 특히 국가배상법 제5조에 의한 손해배상의 원인은 대부분 행정행위가 아니다. 또한 당사자소송의 예시로 행정계약에 관한 소송을 추가하여야 한다. 그동안 우리나라에서는 독일의 근대 법학이 성립되어 공법과 사법이 분화되기 전의 국고이론(Fiskus)의 영향을 받아 공공구매계약과 공공공사계약을 사법상의 계약으로 간주하여 왔으나 이론적 · 실무적으로 모순되고 국제조류에도 맞지 않다. 공법과 사법을 구분하지 않는 영국에서조차 "공공시장(public market)"의 범위를 '정부 및 공법상의 기관'이라고 하는 유럽연합의 규정을 채택하고 있는데, 이 경우, 영국에서는 공법상의(프랑스법 상의) 기관에 상응하는 기관이 된다. 이러한 공공구매계약이 프랑스법상의 행정계약(공법적 계약)의 성격을 띠는 것은 당연하며, 미국의 'Government Contract'도 보통법(Common Law)의 행정법(Droit administratif)화 현상을 보여주는 내표적인 예라 하겠다. 행정계약은 행정에 특유한 공법으로서의 행정법관계로서, 사익에 대하여 공익을 우선시켜야 할 입법정책상 부여되는 행정의 특권(계약체결조항을 행정청이 일방적으로 정하며 행정청이 계약의 이행을 지휘하고 감독하며 일방적으로 계약의 내용을 수정할 수 있으며 공익을 이유로 한 일방적인 계약해지권을 가진다)이 부여되는 관계이며 이러한 특권이 부여되는 대가로 응당 사법관계에서는 볼 수 없는 보다 폭넓은 책임이 행정청에 부가된다. 따라서 행정계약에는 공법에 특유한 계약으로서의 일반원칙이 성립되어야 하는 것이지 사법상의 계약원칙을 적용하여서는 안 된다. 행정계약에 관한 소송이 행정소송이 되어야 할 또 다른 실질적인 이유는 계약체결 전에 계약에 관한 일방적인 결정들을 취소하거나 계약체결을 중단시킬 필요성이 있는데 이때의 소송은 행정소송으로서의 취소소송 및 집행정지 소송이 될 것이므로 행정계약에 관한 당사자소송과 취소소송을 병합 심리하는 것이 타당하며, 또 계약의 내용에도 계약으로부터 분리가능한 일방적 결정들이 많이 내포되어 있으므로, 분리가능한 일방적 결정들은 취소소송의 대상이 되므로, 이 역시 행정소송으로서

병합 심리하는 것이 타당하다. 당사자소송의 범위에 관하여도 스페인의 예는 좋은 참고가 될 것이다.

넷째, 가구제 제도에 관하여는 가명령제도를 도입하고 있는 것이 일반적인 경향이고 이에 대한 이의는 별로 없는 것 같다.

한편 법무부가 추진하고 있는 정부법무공단의 추진은 몇 가지 단점이 있다. ① 자문기관의 역할을 제대로 하기 위해서는 송무담당 인력 못지 않게 연구 인력이 필요한데 연구 인력에 대한 대책이 필요하다. ② 현실적으로 민간과 경쟁하는 로펌을 설립하면 대한변협을 비롯한 기존 변호사들의 반발이 커서 일을 추진하기 어려우므로 공법인이 아닌 정부기구로 함이 바람직하다. 즉, 호주형의 로펌보다는 스페인형의 "국가송무단"의 창설이 바람직하며, 전문성제고를 위해서는 물론 꽁세이데따 형의 특별법원으로서의 행정최고법원의 창설이 더욱 바람직하다. ③ 국가송무의 효율성 제고를 위해서는 송무지휘의 강화보다는 공무원들의 행정법 교육이 더욱 근본적인 해결책이다. 이를 위해서는 공무원의 법교육 강화를 위한 선발 방법 및 선발 후의 교육에 대한 근본적인 혁신이 필요하다.

# 제 5 편

# 행정조직법

# 제 1 장 국가행정조직법



## Ⅰ 행정권한의 위임 및 위탁

### 1. 행정권한의 위임 및 위탁의 의의

#### (1) 문제제기

행정권한의 위임에 관한 학문적 개념정의는 아직 만족스럽게 정립되지 않아서 일반적으로 특허, 허가, 위임, 위탁, 대리, 대행에 대한 구별에 학자들마다 많은 차이를 가지고 있다. 공법의 역사가 짧은 것에서 기인하는 면도 있지만 사회의 복잡 다양한 변화가 급속하게 일어나는 것에도 원인이 있다고 할 수 있다. 하지만 사회가 복잡다양할수록 법적 개념은 더욱 명확할 필요가 있는 것이다.

현행 정부조직법이나 행정권한의위임및위탁에관한규정에 의하더라도 개념의 혼동을 불러오기 충분하다. 그러므로 위임·위탁의 의의를 찾기에 앞서 먼저 행정권한의 주체와 행정권한의 행사에 관하여 고찰하고 위임·위탁의 개념을 찾아야 할 것이다.

### (2) 행정청의 개념 및 현행법상의 행정청

1) 행정청의 개념 : "국가를 위하여 행정에 관한 일정한 관장사무에 관하여 스스로 국가의 의사를 결정하고 이를 외부에 대하여 표시하는 권한을 갖는 행정기관"을 가리켜 "행정관청"이라고 하고, 지방의 그것을 "행정청"이라고 하며 이 양자를 합하여 "행정청"이라고 한다.

2) 현행법상의 행정청 : 현행법상의 행정청의 조직과 체계를 살펴보면 다음과 같다. 국가의 중앙행정기관의 설치와 직무범위는 법률로 정하며(정부조직법 제2조 제1항), 정부조직법과 다른 법률에 특별한 규정이 있는 경우를 제외하고는 부·처 및 청으로 한다(동법 제2조 제2항). 대통령은 정부의 수반으로서 법령에 의하여 모든 중앙행정기관의 장을 지휘·감독한다(동법 제11조). 국무총리는 대통령의 명을 받아 각 중앙행정기관의 장을 지휘·감독한다(동법 제19조). 한편, 행정기관에는 그 소관사무의 일부를 독립하여 수행할 필요가 있는 때에는 법률이 정하는 바에 의하여 행정위원회 등 합의제 행정기관을 둘 수 있다(동법 제5조).

이상을 요약하면 국가의 중앙행정기관은 대통령 아래 국무총리가 있고 그 밑에 부·처 및 청이 있고, 이와는 별도로 병렬하여 합의제 행정기관이 있다. 이들이 정부조직법에 의한 국가의 중앙행정청을 구성한다. 대통령은 국무총리와 중앙행정기관의 장의 명령이나 처분이 위법 또는 부당하다고 인정할 때에는 이를 중지 또는 취소할 수 있으며(동법 제11조 제2항), 국무총리는 중앙행정기관의 장의 명령이나 처분이 위법 또는 부당하다고 인정할 때에는 대통령의 승인을 얻어 이를 중지 또는 취소할 수 있다(동법 제19조 제2항). 따라서 국무총리는 대통령의 계층적 감독을 받고, 국가의 부·처 및 청과 합의제 행정기관은 대통령 및 국무총리의 계층적 감독을 받는데 "청"은 부·처의 外局으로 부·처의 계층적 감독을 받는다.

### (3) 행정권한의 위임·위탁의 의의

행정권한의 위임·위탁의 의의에 대하여 행정권한한의위임및위탁에관한규정에 의하면 다음과 같다.

1. "위임"이라 함은 각종 법률에 규정된 행정기관의 장의 권한 중 일부를 그 보조기관 또는 하급행정기관의 장이나 지방자치단체의 장에게 맡겨 그의 권

한과 책임하에 행사하도록 하는 것을 말한다.

2. "위탁"이라 함은 각종 법률에 규정된 행정기관의 장의 권한 중 일부를 다른 행정기관의 장에게 맡겨 그의 권한과 책임하에 행사하도록 하는 것을 말한다.

3. "민간위탁"이라 함은 각종 법률에 규정된 행정기관의 사무 중 일부를 지방자치단체가 아닌 법인·단체 또는 그 기관이나 개인에게 맡겨 그의 명의와 책임하에 행사하도록 하는 것을 말한다.

기존에 논하였던 것을 보면, 행정관청이 그 권한의 일부를 그 지휘·감독하에 있는 보조기관 또는 하급행정관청에 위양하거나(예: 교통부장관이 육운국장에게 위임하는 것 등) 본래는 지휘·감독하에 있지는 않았으나, 그 위양에 의하여 당해 기관을 지휘·감독하에 두면서 권한을 위양하는 경우(국가기관이 지방자치단체의 기관에게 위임하는 것 등)를 위임이라고 하고, 행정관청이 그 권한의 일부를 그 지휘·감독하에 있지 아니한 대등한 행정기관 또는 하급행정기관에 위양하는 경우를 위탁이라고 하고 있다.[1)]

즉, 행정권한의위임및위탁에관한규정에 의하든, 기존의 학설에 의하든 위임은 하급행정관청이나 지방자치단체에게 이양하는 것이고 위탁은 그러한 내부적 하급행정기관이 아닌 대등행정청이나 지방자치단체에게 행정권한을 주는 것이라고 한다. 하지만 위탁을 단순히 대등한 행정기관이나 하급행정관청에 국한하여 보아서는 안 되고 공법인이나 사인도 포함하여야 할 것이다. 다시 말하면 법제상으로나 기존 논의에서는 지휘·감독관계에 있는 자 사이의 이전과 대등관계에 있는 자 사이의 이전을 구분하여, 전자를 좁은 의미의 위임이라고 하고, 후자의 경우를 위탁이라고 하는데, 여기에 수탁대상기관으로서 대등행정청이나 지방자치단체로 한정하는 것은 공법인이나 사인이 수탁기관 될 수 없다는 의미로 해석될 여지가 남아있는 것이 문제이다. 또한 여기서 구별하여야 할 것은 분권과 위탁의 구별이다. 행정권한의 이양에 있어서 분권으로 행하는 경우도 있고 위임·위탁으로 행하는 경우도 있다. 그런데 기존의 논의에서는 분권이나 위임·위탁을 정확하게 구별하여 사용하지 않고 전체를 광의의 위임이라는 범주에 포함시켜 사용하며 개념적 혼란을 가져오고 있는 것 같다.

분권으로 행하는 경우에는 중앙행정관청의 감독이 후견적으로 이루어지고 위탁의 경우에는 계층적 감독이 이루어진다고 봐야 한다. 그러므로 행정권한의

1) 박윤흔, "행정관청이 권한의 위임", 사법행정 제15권 10호, 한국사법행정학회, 1974.

위탁이라 함은 법률, 명령, 행정계약, 개별행위에 의하여 행정기관이 장의 권한 중 일부를 다른 행정기관의 장이나 지방자치단체, 공법인, 사인에게 맡겨 그의 권한과 책임하에 행사하도록 하면서 후견적 감독을 받도록 하는 것이다. 위임이라 함은 각종 법률에 규정된 행정기관의 장의 권한 중 일부를 그 보조기관 또는 하급행정기관의 장이나 지방자치단체의 장에게 맡겨 그의 권한과 책임하에 행사하면서 계층적 감독을 받도록 하는 것이라고 봐야 할 것이다.

## 2. 행정권한의 위임 및 위탁의 유형과 법적 효과

### (1) 행정권한의 위임 및 위탁의 유형

1) 대등행정기관에 대한 위탁 : 정부조직법 제6조에 의하면 대등관청 또는 지휘 · 감독하에 있지 아니한 하급행정기관에 위임하는 것을 위탁이라고 하는데, 현대 행정에 있어서는 이러한 위탁이 점점 많이 늘어나는 추세이다. 과거에는 권한위임은 상하행정기관 사이에서만 통상적으로 행하여졌으나, 행정기능의 양적 · 질적 발달에 따라 대등관청 또는 계통을 달리하는 행정관청에 대해서도 상호간의 긴밀한 협력수단의 하나로 행해지고 있다. 즉, 당해 기관소속의 하급행정기관이 없는 중앙행정기관의 행정사무 중 민원사무 등을 그 이해관계인과 가장 가깝게 있는 일선기관에 넘기기 위하여서는 다른 대등행정기관의 도움을 받을 수밖에 없기 때문이다.

2) 지방자치단체 혹은 공법인에 위임 · 위탁 : 정부조직법에 의하면, 국가의 행정 일부를 지방자치단체 또는 그 기관에 위임할 수 있다. 국가행정사무의 권한위임이 지방자치단체 그 자체에 대하여 이루어지는 경우를 단체위임이라고 하고, 지방자치단체의 기관에 대하여 이루어지는 경우를 기관위임이라고 한다. 지방자치법은 지방자치단체의 관할구역 내에 시행하는 국가행정사무를 법령에 다른 규정이 없으면 당해 지방자치단체의 장에게 위임하여 행하도록 하고 있어, 현행법에 의하면 지방자치단체에게 위임되는 대부분은 기관위임이며, 지방자치단체의 기관에서 처리하는 사무의 상당부분은 기관위임사무이다. 행정권한의 위임 · 위탁의 효과에서 자세히 보겠지만 지방자치단체의 기관은 기관위임사무를 처리하는 범위 안에서는 국가기관의 지위에 서게 되어 상급국가기관의 지휘 · 감독을 받게 되며, 지방의회는 기관위임사무의 집행에 대하여는 관여할 수 없다. 현재 국가사무와 지방자치단체의 고유사무가 섞여서 고유사무가 국가사무로

되어서 다시 기관위임되어서 처리되는 경우도 많다. 지방자치가 제대로 정착되려면 국가사무와 지방자치단체의 고유사무가 제자리를 찾아야 할 것이다.

3) 민간(사인)에 대한 위임 · 위탁 : 정부조직법 제6조와 행정권한의위임위탁에관한규정에서 행정기관은 법령이 정하는 바에 의하여 조사 · 검사 · 검정 · 관리업무 등 국민의 권리 · 의무와 직접 관계되지 아니하는 사무를 지방자치단체가 아닌 법인 · 단체 또는 그 기관이나 개인 등 사인에게 위탁할 수 있다고 하면서 이를 민간위탁이라고 규정하고 있다.

이러한 민간위탁은 행정조직이 방대해지는 것을 막으면서도 행정사무의 처리의 능률성을 높이고, 비용을 절감하며, 민간의 독창성 · 경제력 · 특수한 전문성 등 민간부분의 우수성을 활용하고자 현대행정에서 점점 그 범위가 확대되고 있다.

### (2) 행정권한의 위임 및 위탁의 효과

1) 지휘 · 감독의 문제 : 판례에 의하면 위임기관은 위임한 권한을 스스로 행사할 수 없다고 한다.[2)]

또 행정권한의위임및위탁에관한규정 제6조와 제13조에서도 위임기관은 수임기관의 수임사무의 처리에 대하여 지휘 · 감독하고 그 처리가 위법 또는 부당하다고 인정될 때에는 취소하거나 중지할 수 있는 권한을 주고 있다. 그런데 행정권한을 하급행정기관이나 보조 기관에 위임하는 경우에 위임청은 본래 이들을 지휘 · 감독할 수 있는 지위에 있는 것이므로, 지휘 · 감독권을 갖는 것이 당연하지만, 위탁의 경우에는 문제가 될 수 있다. 즉 행정권한이 위탁이 되는 경우에는 대등한 행정청, 지자체, 공법인, 사인 모두가 수탁자가 될 수 있으므로 이들에게 일률적으로 위임에서와 같은 지휘 · 감독을 받도록 하는 것이 타당한가 하는 것이 문제된다. 이와 관련하여 행정심판법 제2조에서는 위임 · 위탁을 받은 자도 행정청의 범위에 포함됨을 명시하고 있으나 이는 어디까지나 행정심판에서 양자의 관계를 규정한 것일 뿐이고 상호간의 업무상 지휘 · 감독관계에 대한 근거는 될 수 없는 것이다.

그러므로 행정권한의 이전에 관한 위임 · 위탁의 지휘 · 감독의 문제는 분권

---

**2)** 대판 1996. 11. 8, 96다21331; 도로의 유지 · 관리에 관한 상위 지방자치단체의 행정권한이 행정권한 위임조례에 의하여 하위 지방자치단체장에게 위임되었다면 그것은 기관위임이지 단순한 내부위임이 아니고 권한을 위임받은 하위 지방자치단체장은 도로의 관리청이 되며 위임 관청은 사무처리의 권한을 잃는다.

과 위임 그리고 위탁으로 나누어서 살펴보아야 할 것이다. 분권의 경우에는 최소한도의 법규감독을 할 수 있을 뿐이고, 당해 행정사무는 완전히 분권 받은 자의 고유사무가 되어 자치권이 보장되지만, 권한의 위임·위탁의 경우에는 위임·위탁자의 직무감독이 가능하다고 보아야 할 것이다.

물론 일부의 견해에 의하면 행정권한의 이전에 있어서 상·하급행정기관간의 권한위임인 경우에는 상급청이 수임기관으로서 권한의 행사를 지휘·감독할 수 있고, 상·하급기관의 관계가 아닌 경우에는 특별한 정함이 없는 한 지휘·감독 할 수 없다고 보는 견해[3]가 있다. 권한의 위임을 상·하급 행정기관 간에 한정하지 않고 광의의 행정기관상호간 협력관계의 법적 수단의 일종으로 파악하고 있는 입장에서는 위임과 감독은 별개의 문제이므로 감독권이 존재하는 것이 아니라는 소극적인 주장을 하는 견해도 있다. 그런데 행정권한의위임및위탁에관한규정 제6조와 제13조는 위와 같은 두 경우를 구분하지 않고 모든 위임기관에 대하여 그 위임사무의 처리에 관한 지휘·감독권과 위법·부당한 처리의 취소·정지권을 인정하고 있다.[4]

행정권한 이전의 형식을 분권과 위임·위탁으로 나눌 때에는 감독의 형식도 나누어서 보아야 하는데, 상·하급행정관청간의 관계이냐를 떠나서 분권인 경우에는 후견적 감독으로서 최소한의 감독을 하여야 하고, 위탁인 경우에는 계층적 감독으로 상급기관의 지휘·감독을 받아야 된다고 보아야 할 것이다. 행정권한의 이전에 있어서 분권인 경우에는 그것이 상·하급관청간인가 하는 문제가 중요한 것이 아니라 분권이라는 것이 중요하다. 분권인 경우에 사인이라서 최소한의 감독만 받으면 되는 것이고 지방자치단체라고 하여 더 강한 지휘나 감독을 받을 문제는 아닌 것이다. 그리고 위탁의 경우에는 대등행정청이라도 위탁의 성질상 계층적 감독을 받을 수밖에 없는 것이지 대등행정청으로서 감독권을 벗어나는 것이 아니다. 위탁된 행정권한에 있어서는 사실상 대등행정청이 아니라 단순히 수탁기관으로 보아야 할 뿐이다. 그러므로 분권이던 위탁이던 상·하급행정관청의 관계이냐가 중요한 것이 아니라 분권이냐 위탁이냐가 중요한 것이다. 그러므로 분권이냐 위탁이냐의 구별에 의하여 지자체, 공법인, 사인, 대등행정청은 동일한 형태의 지휘·감독을 받는다고 봐야 한다.

---

3) 박윤흔, 행정법강의(하), 47면; 석종현, 행정법강의 2, 97면.

4) 그런데 이러한 입장들은 행정권한의 이전에서 위임와 위탁 그리고 분권적 개념을 구별하지 않고 모두 위임이라고 명하는 것 같다.

물론 개별 법령에 규정되어 있으면 거기에 따르면 되는 것이다.

2) 수임기관의 지위와 권한행사 : 권한을 위임받은 기관은 자기의 명의·책임·권한으로 사무를 수행하며,[5] 행정쟁송법상으로는 수임청이 청구인 또는 피고가 된다. 위임사무의 처리에 관해 위임기관의 사전승인이나 협의를 요구하지 못한다.[6] 만약 수임기관이 보조기관이면 위임받은 사항에 관해 보조기관은 행정청의 지위에 서게 된다.[7](정조법 제6조 2항) 그러므로 행정권한의 위임이 이루어지면, 위임관청은 사무를 처리할 권한을 잃게 되고,[8] 수임기관은 위임된 사무와 관련된 이의신청을 수리하고 결정할 권한을 갖게 된다.[9]

### 3. 행정권한의 위임 및 위탁에 따른 현행법상의 문제점

-정부조직법 제6조 제3항 및 행정권한의위임및위탁에관한규정 제2조 3호의 문제-

행정권한의위임및위탁에관한규정 제2조 3호는 「"민간위탁"이라 함은 각종법률에 규정된 행정기관의 사무 중 일부를 지방자치단체가 아닌 법인·단체 또는 그 기관이나 개인에게 맡겨 그의 명의와 책임하에 행사하도록 하는 것을 말한다」고 규정하고 있는데, 이 규정은 공법인에 대한 법률관계와 사법인에 대한 법률관계를 구분하고 있지 아니하고 있다. 우선, 공법인에게 행정권한을 부여하는 것은 "민간"이란 용어를 사용할 수 없고, 또 공법인에게 지치사무가 아닌 기관

5) 행정권한의위임및위탁에관한규정 제8조 (책임의 소재 및 명의표시)
① 수임 및 수탁사무의 처리에 관한 책임은 수임기관 및 수탁기관에 있으며, 위임기관 및 위탁기관의 장은 그에 대한 감독책임을 진다.
② 수임 및 수탁사무에 관한 권한을 행사함에 있어서는 사무관리규정 제13조의 규정에 의하여 수임기관 및 수탁기관의 명의로 시행하여야 한다.

6) 행정권한의위임및위탁에관한규정 제7조 (사전승인 등의 억제) 수임 및 수탁사무의 처리에 관하여 위임기관 또는 위탁기관은 수임기관 또는 수탁기관에 대하여 사전승인을 얻거나 협의를 할 것을 요구할 수 없다. 다만, 위임기관 또는 위탁기관이 행정자치부장관과 협의하여 정하는 사항에 대한 한시적인 사전승인이나 협의의 요구의 경우는 그러하지 아니하다.

7) 第6條 (權限의 委任 또는 委託)
① 行政機關은 法令이 정하는 바에 의하여 그 所管事務의 일부를 補助機關 또는 下級行政機關에 委任하거나 다른 行政機關·地方自治團體 또는 그 機關에 委託 또는 委任할 수 있다. 이 경우 委任 또는 委託을 받은 機關은 특히 필요한 때에는 法令이 정하는 바에 의하여 委任 또는 委託을 받은 事務의 일부를 補助機關 또는 下級行政機關에 再委任할 수 있다.
② 補助機關은 第1項의 規定에 의하여 委任받은 사항에 대하여는 그 범위 안에서 行政機關으로서 그 事務를 수행한다.
③ 行政機關은 法令이 정하는 바에 의하여 그 所管事務중 調査·檢査·檢定·管理業務 등 國民의 權利·義務와 직접 관계되지 아니하는 事務를 地方自治團體가 아닌 法人·團體 또는 그 機關이나 個人에게 委託할 수 있다.

8) 대판 1992. 9. 22, 91누11292.

9) 대판 1982. 3. 9, 80누334.

위임사무를 부여할 수 있는지도 검토를 요하며 만약 공법인에게 기관위임사무를 부여한다면 그것은 행정권한의위임및위탁에관한규정 제2조 1호의 규정에 의한 지방자치단체와 마찬가지로 분권기관이 아닌 분산기관으로서 국가의 하급행정청의 지위에 서게 되므로 계층적 관계인 1호의 "위임"에서 규정할 사항이지 대등관계인 "위탁"에서 규정할 사항이 아니며, 2호에서의 다른 행정기관에의 "위탁"은 대등관계임에 비하여 3호의 민간위탁은 후견적 감독 내지는 계층적 감독을 받는 부대 등 관계이므로 "위탁"이라는 용어 자체가 부적절하다.

다른 한편 법 제6조 제3호와 영 제11조 제1항에 의하면 "민간위탁"은 '조사·검사·검정·관리업무 등 국민의 권리·의무와 직접 관계되지 아니하는 사무'에 국한시키고 있어 "민간위탁"과 "특허"와의 관계가 어떻게 되는지 규명할 필요가 있고, 권리·의무와 직접 관계되지 않는다면 이것은 법적 질서를 변동시키는 법적 행위가 되지 않아 행정처분을 할 수 있는 것인지도 문제된다.

# Ⅱ 공공행정조직[10]

## 1. 공공행정조직의 개념

공공행정조직이란 첫째, 공공행정조직은 조직적 기준에서 볼 때, 공행정을 위임받아 담당하는 사조직과는 구분되어야 한다. 둘째, 공공행정조직을 기능적 기준에서 보아, 공공행정을 담당하는 공조직이라고 파악한다면, 한국과 같이 공법과 사법을 내용상 구분하고 있는 "행정제도(Régime administratif)" 국가에서는 공조직이라 하더라도 공공행정이 아닌 상업적 업무만을 담당하는 공조직은 공공행정의 범위에서 제외되게 된다. 따라서 엄격하게 필요충분조건으로서의 두 가지 기준을 적용하면 공공행정업무를 담당하는 공조직에 한정하여 파악하여야 하나 공행정업무와 상업적 업무는 구별이 쉽지 않은 경우도 있고, 한 기관이 두 가지 업무를 동시에 담당하는 경우도 있으므로 우선 첫 번째 단계로 조직적 기준을 적용하여 공행정을 담당하는 사조직은 제외하고 공조직만 고찰

10) 이광윤, 한국의 공공행정조직의 현황과 문제점, 동아시아행정법학회 제7회 국제학술대회(2006) 발표문 참조.

의 대상으로 삼는 것이 적절하다고 본다.

다른 한편으로는, 공공행정을 담당하는 조직을 법인격을 기준으로 분류할 때, 국가, 지방자치단체, 사무분권 공법인이 있다. 그러나 국가나 지방자치단체의 조직은 법률에 명확히 정해져 있으므로 국가나 지방자치단체가 담당하지 않는 공공행정을 담당하는 조직이란 의미로, 즉 협의로 파악한다면, 이러한 의미로는 법인격을 기준으로 볼 때는 사무분권 공법인 조직만을 가리킨다. 지방자치단체나 사무분권 공법인은 국가로부터 물리적으로 분리된 것은 아니기 때문에 정신적인 독립 법인격 주체이다. 즉 국가로부터 일반적 사무를 지역적으로 분권 받았으나 여전히 국가의 영역 내에 존재하는 법인격주체가 지방자치단체이며, 국가의 영역 내에서 국가의 특수한 사무에 관하여 국가로부터 권한을 분권 받은 법인이 사무분권 공법인이다. 사무분권 공법인은 그 창설 목적이 공익을 실현하기 위하여 국가(또는 국가가 창설한 법인인 지방자치단체)가 창설한 법인격 주체이나 국가가 특별한 사무에 관하여 자치적인 기관을 창설한다 하더라도 한국에서는 모든 행정조직이 법인격을 갖춘 것은 아니다. 이러한 기관들이 법인격을 갖추지 못한 경우에는 보다 중요한 법인격체인 국가(또는 지방자치단체)의 구성요소의 지위에 서게 되지만 실질적으로는 독립된 사무분권 공법인에 유사하게 운영되는 경우가 많다. 아무튼 모든 공공행정조직은 법인격에 있어서는 국가, 지방자치단체, 그리고 사무분권 공법인 중의 어느 하나의 법인격에 소속된다.

한편, 공공행정조직을 법인격을 기준으로 하여 분류할 때, 한국에서는 보통 "공공단체"라는 용어를 사용한다. 따라서 공공단체의 분류는 앞에서의 법인격을 기준으로 한 분류와 일치한다. 그러나 한국에서는 국가나 지방자치단체로부터 조직상 어느 정도 독립되어 있고, 사무에 있어서도 어느 정도 독립되어 있는 기관이라 할지라도 독립된 법인격이 부여되어 있지 않은 경우가 많으므로(예: 국립서울대학교) 흔히, 법인격은 없으나 조직상으로나 사무에 있어서나 국가나 지방자치단체로부터 어느 정도 독립되어 있는 기관과 독립된 법인격을 갖추고 있는 사무분권 공법인을 합쳐서 "공공기관"이라고 부른다. 그러므로 공공행정조직을 법인격을 전제로 하지 않고 협의로 부를 때 한국에서는 "공공기관"들의 조직을 가리킨다고 본다.

## 2. 사무분권 공법인, 영조물법인, 공공시설, 공공서비스, 특수법인의 개념

이들 단어들이 가리키는 법 개념상의 정리를 위하여 우선 행정법의 모국이라고 일컬어지는 프랑스법의 개념을 중심으로 정리해 보면 다음과 같다.

법인이라 함은 법인격을 갖추고 권리·의무의 주체가 되는 인적 자원과 물적 시설의 총합체를 가리키며 공법인은 공익을 목적으로 하는 불평등한 법관계로서의 공법에 근거하여 창설되는 법인이다. 따라서 국가와 지방자치단체를 제외한 사무분권 공법인(이하 줄여서 공법인이라고만 부르기로 한다)은 국가 또는 지방자치단체가 특별한 사무의 수행이라고 하는 공익을 목적으로 공법에 의하여 창설한 인적 자원과 물적 시설의 총합체로서의 법인이다.

공법인은 모리스 오류의 표현을 빌면 "의인화된 공공서비스(service public personnalisé)"라고 볼 수 있는데 다른 표현으로는 "특별 목적의 공법인(une personne publique à vocation spéciale)"이라고도 한다. 이를 프랑스 법에서는 영조물법인(Etablissement public)이라고 부른다. 이 영조물법인은 담당하는 주 업무의 법적 성격에 따라 공법이 주로 적용되는 행정적 영조물법인과 사법이 주로 적용되는 상업적 영조물법인으로 나뉜다. 營造物法人[11](établissement public)의 전통적 개념은 공공서비스를 수행하기 위한 국가 또는 地方自治團體를 제외한 公法上의 法人體를 말한다.[12] 국가가 제공하여야 할 사업인 공공서비스는 국가 자신이 직접 제공할 수도 있고, 지방자치단체가 직접 제공할 수도 있으나 그 사업 목적에 맞는 특별한(AD HOC) 조직으로서의 영조물법인을 창설하여 이 법인으로 하여금 공공서비스를 제공하게 할 수도 있다.

그러나 공공서비스는 활동을 가리키며 영조물법인은 조직을 가리키기 때문에 상당부분이 일치한다 할지라도 상이한 개념이다. 제1차 세계대전의 동원전쟁적 성격으로 인하여 국가는 모든 분야에 대량적으로 개입하게 되었는데 전쟁

---

**11)** 영조물에 관하여는, Flutre, Essai sur la notion d'établissement public, Th., Lyon, 1945. R. Drago, Les crises de l'étabissement public, pédone, paris 1950. C.E. la réforme des étabissement publics, La documintation française, paris 1971.

**12)** "영조물법인은 일반적으로 공역무의 임무를 수행하는 법인체"; A de Laubadère, op. cit., p. 217. "영조물법인은 공역무 경영목적의 공법상의 법인"; J. Rivero, op. cit., p. 570. "영조물법인은 특별한 공공서비스를 경영하기 위한 공법상의 법인"; G. Vedel, op. cit., p. 997. "공공서비스의 경영을 위한 지역적 공법인에 의해 창설되는 공법인", Charles Debbasch, Institutions et droit administratif, T.1., P.U.F., 1982, p. 500.

지원의 목적으로 국가가 쇠약해진 민간부분을 대신하여 기업(공기업에는 공법인인 영조물법인과 사법인인 상법상의 주식회사가 있다)들을 창설하게 되었다.[13] 종전(終戰)에 따라 이러한 간접경제간섭은 어느 정도 완화되기도 하였으나 국가가 직접적으로 생산을 담당한다고 하는 직접간섭 형태는 그대로 존속하게 되어 국가의 공공서비스는 행정적 감독의 형태로부터 직접적 창설, 유도, 조직의 단계로 확대되게 되었다. 즉 국가에 의해 보강되어야 하고 규율되어야 할 모든 활동은 행정적 차원에서 경영적 차원에로까지 확대되었는바, 행정적 차원에서의 공공서비스는 公法의 적용을 받아왔기에 공공서비스가 곧 행정법의 준거로 인식이 되었으나, 공공서비스의 경영적 차원에로의 확대는 행정법의 범위를 넘어 私法에로의 移越을 의미하게 되어 공공서비스가 더 이상 행정법의 준거로 채택될 수 없게 된 것이다.[14] 뿐만 아니라 일단 私法의 범위로까지 확대된 국가의 활동은 기능적 의미에 있어서의 공공서비스의 혁명, 즉 "공익상의 필요를 충족시키기 위한 행정활동"의 한계를 넘어 국가의 私法的 욕구 충족(재정적·기술적 이유)에까지 이르게 되어 조직적 의미에 있어서의 공공서비스인 "행정청에 의하여 경영되는 사업체"(G. Vedel), "동일한 목적을 위하여 公法人에 의하여 할당된 인원과 수단의 총체"(J. Rivero)는 기능적 의미에 있어서의 공공서비스 즉, "공익을 만족시키는 활동"(G. Vedel), "행정청이 담당하여야 할 공익활동"과 결별하게 되어 조직적 의미에 있어서의 공공서비스 개념은 사실상 의미가 없어지게 되었다. 따라서 공공서비스는 주로 기능적으로만 해석하는 것이 합리적으로 되어 A. de Laubadère 교수는 공공서비스를 "公法人에 의하여 또는 公法人의 감독하에 一般法의 궤도를 일탈하여 행하여지는 公益活動"[15]이라고 해석하게 되었다.

營造物法人과 公共施設(ouvrage public)과의 관념의 차이는 營造物法人은 權利, 能力을 향유하는 法人體인데 반해 公共施設이라 함은 공익을 만족시킬 목적에서 행해지는 공공토목공사(travaux publics)의 결과로써 남게 되는 공공의 욕구에 할당된 단순한 구조물[16]을 말한다.[17]

---

13) 이른바 상업적 공공서비스의 등장(Service public à caractère industriel et commercial).

14) 공공서비스 이론의 위기에 관하여는 김동회, 전게논문, II. 정통적 공역무제도의 수정.
J. L. de CoRail, La crise de la notion juridique de service public, L.G.D.J., 1954, Paris.

15) 꽁세이유데따의 1963년 6월 21일, Narcy 결정도 이를 뒷받침하고 있다. 즉 ① 공익의 사명을 띨 것, ② 이러한 사명의 충족을 확인할 행정청의 감시, 감독권에 따를 것, ③ 공권력의 특권을 누릴 것.

16) Joseph Fravreau-Renault, Marc et Marion Vettrains, Vocabulaire administratif et

독일에서는 협의의 공법인을 공법상단체(Körperschafften des öffentlichen Rechts), 공법상영조물(Anstalt des öffentlichen Rechts), 그리고 공법상재단(Stiftung des öffentlichen Rechts)으로 분류한다.[18] 영국에서는 대체로 public corporation과 independent public board라고 부르는 것에 상응하고 이탈리아의 Ente pubblico, 그리고 미국에서의 Agencies에 상응한다. 프랑스에서는 "영조물법인"이라고 부르는데 공법인의 성격을 명확히 하는 의미에서 "공법인"이라고 부르기보다는 "영조물법인"이라고 부르는 것이 보다 타당한 용어 사용으로 보인다. 한국에서는 독일법의 영향을 많이 받아 영조물법인, 공재단, 공공조합으로 분류하는 것이 일반적[19]인데, 공공조합이 변호사회, 의사회, 약사회 등, 민법상의 사단법인으로 구성할 수 있는 분야에까지 공공성을 이유로 하여 공법인으로 구성하고 있는 점이 특색이다. 독일과 같이 공법인을 조직 요소에 따라 다시 분류할 수도 있으나(특히 인적 요소만을 갖춘 조합 등과 지역적 요소를 갖춘 지방자치단체조합의 구별은 중요함), 조직 요소에 따라 세분하여도 기능상으로는 마찬가지이기 때문에 행정소송의 대상이 되느냐 아니면 민사소송의 대상이 되느냐의 구별이 매우 중요한 "행정제도"(Régime administratif)국가에서는 조직 요소에 따라 세분할 실익보다는 법적 성격에 따라 행정적 성격과 상업적 성격을 구분하는 것이 보다 중요하다. 따라서 용어사용은 대체로 프랑스의 용례에 따르기로 한다. 영조물법인에는 자치의 원칙이 적용되어 고유의 기관[20]을 가지며 자치적 예산과 법률상의 권리, 의무의 주체가 된다. 이러한 자치의 반대급부로서 국가 또는 지방자치단체의 후견적 감독을 받게 된다. 또한 영조물법인은 일정한 공법상의 특수법칙에 지배되어 강제집행이 면제된다.[21]

## 3. '특수법인'의 문제

한국과 일본에서는 특수법인이라는 용어를 자주 사용하고 있는데 한국에서는 "특수법인"이라는 용어를 민·상법이 아닌 특별한 개별행정조직법에 의하여

---

juridique, p. 107, Hatier, 1981, paris.

17) 영조물법인에 대한 자세한 설명은 Ⅳ. 영조물법인 참조.

18) Christian Autexier, "Introduction au droit public allemand", puf, 1997, pp. 199-202.

19) 김남진·김연태, 행정법 II, 법문사, 2004, 59-61면. 최영규, "행정주체의 개념과 종류재고", 목촌김도창박사팔순기념논문집, '한국공법이론의 새로운 전개', 2005 참조.

20) 일반적으로 심의기구와 집행기구를 가지고 있음.

21) T.C. 9 déc 1899, Canal de Gignac.

설립되는 법인을 가리키는 것으로 사용하고 있다.[22] 만약 특수법인이라는 용어를 이와 같이 사용한다면 사법상의 법인이 아닌 법인은 공법인이므로 "특수법인"이라는 용어는 불필요한 것으로 보인다. 김명식의 분류에 의하면 특수법인을 공법상 사단법인, 공법상 재단법인 및 공법상 기업법인으로 분류하고 있는데,[23] 공법상 사단법인과 공법상 재단법인은 프랑스법상의 행정적 영조물법인에 해당하고 공법상 기업법인은 상업적 영조물법인에 해당하므로 구태여 "특수법인"이라는 애매한 용어를 사용할 필요성이 없음이 더욱 명백해진다. 한편 영조물법인은 공법인이라는 점에서 사법인인 적십자사와 같은 공익사법인(Etablissement d'utilité publique)과 구별된다.

### 4. 문제점과 결론

한국에서의 공공기관의 분류는 법인격 여부를 불문하며 법적 기준이 아닌 회계기준을 적용하고 있다. 이러한 분류 방법은 한편으로는 대단히 실용적인 것으로 보일 수도 있으나 법적 기준을 무시함으로써 "행정제도"의 성격을 탈색시켜 적용법규가 무엇인지, 어떤 소송의 대상인지가 불명확해지는 문제점이 있다. 여기에 덧붙여 공공기관의 명칭은 재단, 공단, 조합, 회, 연구원, 개발원, 연구소, 정보원, 교육원, 연수원, 공사, 은행, 사무소, 청, 관, 병원 등의 다양한 명칭이 사용되고 있으나, 명칭만으로는 그 기관의 법인격 유무 여부나 행정적 기관인지 상업적 기관인지 판별하기 어려울 만큼 용어가 무분별하게 사용되고 있다. 이러한 혼란에 "특수법인" 등의 용어 사용은 혼란을 더욱 부채질한다.

또 다른 문제로 연구기관의 문제가 있다. 한국에서는 연구기관들의 일부를 「정부출연연구기관 등의 설립·운영및육성에관한법률」과 「과학기술분야정부출연연구기관등의설립·운영및육성에관한법률」에 의하여 따로 분류하고 있으나 과연 연구기관들의 일부만을 따로 분류하는 이론적 기준이 있는가? 하는 문제에 대하여 의문이 든다. 행정적 영조물법인과 상공업적 영조물법인이라고 하는 전통적 분류 이외에 과학, 문화 직업적 성격의 영조물법인과 과학 기술적 성격의 영조물법인을 제3의 유형으로 분류하여야 할 것인지의 문제인데, 이런 종류의 영조물법인들은 전통적인 영조물법인보다 자치권이 확대되며 경영에 있어서도 통제가 완

---

22) 김명식, 특수법인의 기본원리와 유형분석(上), 고시연구 2001. 10. 43면.

23) 김명식, 특수법인의 기본원리와 유형분석(下), 고시연구 2001. 11. 23면.

화된다는 점에 특징이 있다. 아무튼 한국에서의 일부 연구기관들에 대한 분류를 새로운 형태의 영조물 법인으로 분류한 것으로 보기는 어렵다. 프랑스의 경우, 새로운 형태의 영조물법인의 탄생 문제에 관하여 우선 지역적 분권 단체인 지방자치들이 특정된 사무를 위하여 그룹을 형성하게 되면 영조물법인을 구성하게 된다. 또한 지방자치단체 조합들이 이에 해당하게 된다. 이렇게 되면 새로운 지방자치단체의 창설을 피하면서 지방자치단체의 집단(groupements de collectivés locales)이 권위와 존재를 누릴 수 있게 된다. 이러한 형태의 공법인은 한국의 지방자치법에서도 지방자치단체조합의 형태로 도입되었다(지방자치법 제149조 이하). 이 밖에 기존의 행정적 영조물법인 가운데 연구기관에 보다 많은 자치를 부여하기 위하여 새로운 형태의 영조물법인을 창설하였는바 1982년 7월 15일 법률에 의하여 창설된 과학기술적 영조물법인(éstablissements publics à caractère scientifique et technologique)과 1984년 1월 26일 법률에 규정된 과학·문화 및 직업적 영조물법인(éstablissements publics à caractère scientifique, culturel et professionnel)인데, 이 과학·문화 및 직업적 영조물법인의 창설은 고등교육기관에게 일정한 자주조직권, 경영 집행부의 선출권, 교수, 연구원, 학생 및 행정직원의 참여를 규정하고 있다. 아무튼 대체로 보다 행정적 영조물법인은 공공서비스의 실행기관으로서의 성격이 강하고 상업적 영조물법인은 경제간섭기관으로서의 성격[24)]이 강하다고 할 수 있다.

그러나 대부분의 이러한 기관들이 행정적 영조물법인으로 분류되고 있기 때문에 행정적 영조물법인과 상공업적 영조물법인의 분류는 여전히 유효하다. 결국은 특별한 사무를 담당하는 공법인의 성격은 행정소송의 대상이 되느냐 아니면 민사소송의 대상이 되느냐 하는 문제로 귀착할 수밖에 없고 따라서 행정적 영조물법인과 상업적 영조물법인의 구별 이외의 별종(sui generis)의 공법인을 구성할 실익이 없는 것으로 보인다.

결론적으로 법인격이 없는 공공기관인 책임운영기관들의 출현은 한국의 행정조직의 분권화 정도가 상대적으로 낮은 데서 오는 과도기적 현상으로 볼 수 있고, 상당수의 직업조합들이 사법인이 아닌 공법인으로 구성되어 있는 것도 국가의 사회집단에 대한 장악력을 높이려고 하였던 조합주의(corporatisme)의 유산이 제대로 청산되지 않고 있는 것으로 볼 수 있고, 용어의 혼란이나 법적

24) 따라서 직접 경제간섭(les intervnetions économiques directes)인 공기업(les entreprises publiques)의 중요한 一形式을 구성하게 된다.

성격의 모호성은 아직 "행정제도"가 제대로 정착되지 못하고 과학으로서의 공법학이 아직 미숙함을 나타내고 있다고 볼 수 있다.

# Ⅲ 독립행정청[25)]

## 1. 서 론

독립행정청에 의한 행정은 종래 민주국가에서 행정권력의 배분과 행사에 적용되었던 분산(déconcentration)이나 분권(décentralisation)의 틀을 넘는 것이다. 독립행정청에 의한 행정은 기본권의 행사에 대해서나 혹은 특정분야・특정시장의 규율을 위한 공권력의 배분과 행사의 새로운 양태이다. 독립행정청에 의한 행정은 삼권분립에 기초한 전통적 국가에 대한 불신과 의심을 바탕으로 하고 있다. 즉, 전통적 국가에 대하여 공평성, 객관성 그리고 독립성과 효율성을 문제삼으면서, 이를 해결하기 위한 방안으로 중재와 협상을 통한 객관적이고도 효율적인 해결책을 모색한다. 독립행정청의 등장에 의하여 전통적인 행정법학은 행정조직법의 영역에 있어서 그리고 권력행사의 요선에 있어서 많은 수정을 겪게 되었다.

## 2. 독립행정청

독립행정청이란 1. 계층적으로나 후견적으로도 감독기관이 없으며, 2. 정부조직법이 아닌 다른 법률에 의하여 독립성이 부여되기는 하지만 법인격이 없으며, 3. 부・처에 소속되지 않는 행정청을 말한다.[26)] 이러한 점에서 독립행정청은 중앙의 국가기관이기는 하나 계층적 감독을 받는 직접행정기관인 중앙행정기관이나 후견적 감독을 받는 간접행정기관인 영조물법인과는 다르다. 중앙행정청(국무총리, 부・처 및 청, 합의제 행정기관)이나 영조물법인은 모두 대통령을 최고감독기

25) 이광윤, "독립행정청의 법적 성격 -금융감독위원회를 중심으로-", 행정법연구 제10권, 행정법이론실무연구회, 2003.

26) Benoit Mercuzot, Organisation administrative, ESKA, 2001, p. 79.

관으로 하고 있으나, 독립행정청은 대통령의 감독도 받지 않는다는 점에서 대통령과도 병렬관계에 있다. 미국의 독립규제위원회들은 행정부 내에 로비대표들을 진출시키고 대통령에 대한 의회의 대표(?)를 파견하는 기능을 하는 것으로 의회와 행정부 사이의 경쟁관계 속에서 탄생하였다.[27] 미국의 독립규제위원회는 준입법권과 준사법권을 스스로 보유하는 준정부(Quasi Government)로 대통령의 계층적 감독을 벗어나고 있으며, 대통령은 다만 예산을 통하여 압력을 행사할 뿐이다. 한국의 독립행정청도 중앙의 국가기구로써 행정청이기는 하나 헌법 제66조 제4항의 정부에는 속하지 않는다.[28] 이렇게 보면 대한민국의 행정부는 1. 대통령을 수반으로 하는 행정권을 행사하는 정부, 2. 감사원, 3. 중앙선거관리위원회, 4. 독립행정청으로 구성되는데, 대한민국 헌법은 독립행정청에 대하여는 침묵하고 있다. 여기서 헌법 제66조 제4항의 "행정권"과 "정부"의 의미에 대하여 살펴볼 필요가 있다.

### 3. 독립행정청의 인정여부

현재 헌법은 독립행정청에 대하여 침묵하고 있으므로 독립행정청의 존재의 정당성은 명시적인 헌법규정에 의하여 주어지는 것이 아니라 헌법의 침묵 속에 국민들의 독립행정청에 대한 독립성과 신뢰성에 의하여 주어지는 것이기 때문에 헌법재판소가 이에 대한 판단을 내림으로써 정당화시킬 수 있다.

오늘날 민주주의는 제1단계로서의 의회민주주의와 제2단계로서의 행정민주주의를 거쳐서 제3단계에 돌입해 있다. 민주주의는 법치국가를 전제로 하는 것으로 민주주의의 제1단계에서는 의회가 제정한 법률이 곧 국민의 주권의사의 표현으로 간주되었기 때문에 법률에 대하여 합헌성 여부를 심사한다고 하는 것은 불가능하였다. 그러나 국민의 주권의사와 대표들의 의사가 어디 동일한 것인가? 의회가 제정한 법률이란 것도 극단적으로는 의회의 다수당의 의사표현에 지나지 않는다.

의회는 헌법을 제정한 국민의 주권의사를 더 이상 독점적으로 대변할 수 없

27) Mchel Gentot, Les autorité administratives indépendantes, Monchrestien, 1994, p. 24.

28) 국가인권위원회나 방송위원회가 대표적인 예인데, 금융감독위원회의 경우 대통령과 국무총리의 감독을 받지 않음에도 불구하고 국무총리의 소속으로 하고 있어 입법적인 문제점을 노출하고 있다. 금융감독기구의설치등에관한법률은 "제3조 (금융감독위원회의 설치 및 지위) ① 금융감독업무를 수행하게 하기 위하여 국무총리 소속하에 금융감독위원회를 둔다. ② 금융감독위원회는 그 권한에 속하는 사무를 독립적으로 수행한다"고 규정하고 있다.

고, 국민의 복리를 위한 기대는 기술관료들로 구성된 행정부에 주어지게 되고, 행정부의 국민 대표성도 긍정되어 가면서 행정권의 비대 현상이 나타났다. 프랑스 같은 경우는 제5공화국 헌법에 의하여 복지국가 건설을 위한 행정국가를 헌법적으로 뒷받침하는 데까지 발전하였다. 물론 행정국가도 민주국가에서는 법치국가임에 틀림없다. 민주국가에서 행정부의 행위는 법원, 특히 행정법원에 의하여 늘 통제되어 왔기 때문에 행정국가도 법치국가의 한 모습이었다. 이것이 민주주의의 제2단계이다.

그러나 행정국가에 의한 복지국가건설의 이상은 경제위기를 맞아 퇴색되고 행정기술관료들은 경제위기에 대처할 능력을 상실하고 더 이상 효율적이지 못한 동맥경화 현상을 가져왔다. 이제 행정부는 국민들에게 성장과 사회적 보호를 장담할 수 없게 되었다. 오늘날 민주주의는 제3단계에 돌입해 있다. 국민의 주권의사는 의회의 법률에 의하여 독점되지도 않으며 행정부가 의회를 대신하여 국민의 복리를 안정적으로 보장해주는 것도 아니며, 국민의 주권의사는 시민단체를 통하여도 표현되고, 매스컴을 통하여도 표현되고 학자들의 저서나 논문들을 통해서도 표현되고 있으며, 무엇보다도 시민들 자신이 기고를 통하여, 인터넷을 통하여 직접 그들의 주권의사를 표현하고 있다. 헌법재판소는 이렇게 다양하게 표현되는 국민의 주권의사를 수렴하여 국민을 위하여 국민의 대표가 제정한 법률이 국민이 제정한 헌법에 합치되는지 또 국가기관의 공권력 행사가 헌법이 보장한 국민의 기본권을 침해하는지 여부를 심사한다.

이러한 다원화된 사회에서 국민의 주권의사의 집약인 헌법은 국민의 대표들에게 의회와 행정부를 설정해주고 있는 한편, 다른 한편으로는 국민들에게 직접 그들의 주권의사를 대변할 헌법재판소를 설정해주고 있다. 헌법재판소로 하여금 다른 국가기관들의 기본권 침해여부를 심사시키기 위해 국민들이 직접 제기하는 헌법소원제도는 헌법재판소의 국민대변적 기능을 그대로 보여주고 있으며, 이로써 헌법재판소는 국민주권의 간접기관인 국회나 행정부와는 달리, 국민주권의 직접적인 대변기관이 되었다. 의회의 법률에 대한 합헌성 심사를 한다는 것은 곧 국민대표들의 의사를 국민의 주권의사에 복속시키는 것으로 직접민주주의의 한 수단이다. 따라서 헌법재판소는 정치기관인 의회나 행정부와 헌법상의 병렬기관 관계에 있는 것이 아니고 그들과는 성격을 달리하는 정치기관과 시민사회기관의 융합기관이다. 헌법재판소는 다른 국가기관에 대하여 국민의 권리를 존중하게 만드는 직접적인 시민사회기관으로서의 새로운 헌정기관이기 때문에 국민의 대표기관인 의회의 의사에 반하는 결정을 할 수 있으며 주권자인 국민이 국민투표로써 채택한 헌법이 보장하는 기본권을 다른 국가기관이 침해하는 것을 방지함으로써 국민주권을 표현하는 기관이다.

이와 같이 헌법재판소는 국회나 행정부와는 다른, 그들을 통제하는 기관이므로 새로운 헌법질서는 의회와 국민의 동일화를 헌법재판소와 국민의 동일화로 대치하고 있다. 법률의 지배시대는 가고 언론과 통신매체와 모든 다른 수단을 통해 표현되는 국민의 주권의사를 법적으로는 헌법규범에 비추어 헌법재판소가 대변한다. 헌법재판소는 국가권력기관의 행위가 사회가치에 부합하는지 비판기능을 하므로 가치보존자의 역할을 하고, 국민의 기본권 보호를 위한 구체적인 문제들을 해결해 주고 있다.

헌법재판소의 위헌심사는 인권의 보편성에 대한 심사인 동시에 다수에 의한 절대주의에 대한 소수자의 보장방법이다. 오늘날 의회가 제정한 법률은 헌법의 한도 내에서만 국민의 주권의사를 표현할 뿐이다. 무엇보다도 오늘날의 시민은 국민의 대표들에 대하여 제도적 강제수단을 보유하지 않는 것이 아니고, 대표자들이 만든 법률의 합헌성을 심사시키는 헌법소원의 권리를 향유한다. 이러한 맥락에서 헌법재판소는 주권자가 독립행정청에 대하여 갖는 독립성과 신뢰성을 수렴하여 독립행정청의 정당성 여부에 대하여 선언을 할 수 있는 기관이다. 헌법 제66조 제4항의 "행정권"을 실질적 의미로 해석하여 독립행정청을 행정부수반으로서의 대통령 아래에 있는 것으로 해석하는 견해에는 위헌으로 해석을 하든 아니면 합헌으로 해석을 하든 찬동할 수 없다. 독립행정청의 창설은 헌법 96조의 적용을 받지 않을 뿐만 아니라 헌법 제66조 제4항의 적용도 받지 않으며 헌법재판소에 의하여 정당성이 선언될 수 있을 뿐이다. 그리고, 독립행정청은 법률에 의하여 창설된다고 하더라도 의회에 종속되는 것이 아니라 행정기구에 속하고, 법원(특히 행정법원)의 통제를 받는다.

행정청이 되기 위해서는 일방적 법률행위, 즉 법적 질서와 개인의 지위에 대한 수정 또는 영향을 주는 일방적인 결정권이 있어야 한다. 즉, 모리스 오류가 말하는 "집행적 결정"을 할 수 있는 권한을 보유하여야 하며 국가의 행정기구여야 한다. 이러한 권한에 대하여 법률의 명시적 규정이 있거나, 아니면 이들의 행위를 헌법재판소나 법원에서 공권력 행사로서의 행정처분으로 인정하게 되면 이들이 행정기구로 선언된다. 이러한 행정기구에 전문가들이나 이익단체의 대표자들이 구성원으로 참여한다고 하여도, 국가원수로서의 대통령이 임명하여 구성되고 국가의 예산으로 운영되는 국가기구이지 민간기구는 아니다. 민간기구로서 행정청이 되는 공무수탁사인과는 다르다. 따라서 독립행정청은 공법상의 행정기구로 법인격은 없으나, 정부조직법 제1조와 제2조 제2항에 의한 다른 법률에 의한 중앙행정기구에 속한다.[29] 따라서 독립행정청은 행정입법권, 행정처분권 및 행정제재권을 보유한다. 그러나 예산에 있어서는 국무총리나 정부부처에 의존한다.

## 4. 결 론

이상에서 독립행정청의 법적 성격에 대하여 고찰하여 보았다. 현재 국내의 문헌에서는 독립행정청에 대한 고찰이 심히 부족한 상태이다. 독립행정청의 등장은 전통적 국가의 공평성, 객관성 그리고 독립성과 효율성을 개선하기 위한 방안으로서 중재와 협상을 통한 객관적이고도 효율적인 해결책을 모색하는 과정에서 등장하였다. 독립행정청으로 규정하기 위해서는 1. 계층적으로나 후견적으로도 감독기관이 없으며, 2. 정부조직법이 아닌 다른 법률에 의하여 독립성이 부여되기는 하지만 법인격이 없으며, 3. 행정기관으로서의 부·처에 소속되지 않는 행정청 등의 특징을 가진 행정청일 것이 요구된다. 독립행정청에 대하여 우리 헌법에서는 규정하는 바가 없으나, 독립행정청 역시 행정부에 포함된다 할 것이다. 그러나 헌법 제66조 4항의 "행정권"이나 "정부"에는 포함되지 않는다. 독립행정청이 법률에 근거하여 창설된다손 치더라도, 어떠한 국가기관을 독립행정청으로서 인정할 수 있는가 여부에 대해서 우리 헌법이나 정부조직법은 침묵을 지키고 있으므로 이에 대해서는 국민주권의 대변기관으로서의 헌법재판소가 최종적인 결정권을 가진다고 할 수 있다.

---

29) 제1조 (목적) 이 법은 국가행정사무의 체계적이고 능률적인 수행을 위하여 국가행정기관의 설치·조직과 직무범위의 대강을 정함을 목적으로 한다.

제2조 (중앙행정기관의 설치와 조직) ① 중앙행정기관의 설치와 직무범위는 법률로 정한다.

② 중앙행정기관은 이 법과 다른 법률에 특별한 규정이 있는 경우를 제외하고는 부·처 및 청으로 한다.<개정 1999. 5. 24>

# IV 공법상의 영조물법인[30)]

행정의 시원적 주체는 국가이나, 국가는 국가로부터 분리된 법인격을 향유하는 공법인을 설립하여 국가의 간접행정기관으로 활용하고 있다. 국가의 간접행정기관인 公法人을 공공단체라고 하며, 공공단체는 국가 및 공무수탁사인과 함께 행정주체가 된다. 공공단체 가운데서 국가의 사무를 지역적으로 분권한 것이 지방자치단체이며, 국가의 사무를 사무적으로 분권한 것이 지방자치단체를 제외한 공공단체로 공공조합, 공법상의 영조물법인 그리고 공법상의 재단이다. 그런데, 공공조합과 공법상의 영조물법인 그리고 공법상의 재단은 그 기능에 있어 동일하며 이들을 구별하지 말고 營造物法人으로 통칭하여도 무방하다.

다음에서 영조물법인에 대하여 보다 심도 있게 다루기로 한다. 영조물을 '공적 목적에 제공된 인적·물적 수단의 총합체'로 정의한 오토 마이어의 정의는 행정의 주체와는 상관이 없는 개념이며 공물과도 구분이 되지 않는 비현실적인 개념으로 마땅히 지양되어야 한다. 왜냐하면, 영조물은 국가의 간접행정기관으로서 법인격을 갖추고 행정의 주체가 된다고 하는 데 의의가 있기 때문이다. 즉, 공법상의 권리·의무능력을 갖춘 법인만이 영조물로서의 가치가 있다.

영조물법인[31)]의 전통적 개념은 공공서비스를 수행하기 위한 국가 또는 지방자치단체를 제외한 공법상의 법인체를 말한다.[32)] 여기서 영조물법인과 공공시설과의 관념의 차이는 영조물법인은 권리와 능력을 향유하는 법인체인데 반해, 공공시설이라 함은 공익을 만족시킬 목적에서 행해지는 공공토목공사의 결

---

30) 이광윤, 전게논문.

31) établissements publics.

32) 영조물은 일반적으로 "공공서비스의 임무를 수행하는 법인체"; A de Laubadère, op. cit., p. 217. "공공서비스 경영목적의 공법상의 법인"; J. Rivero, op. cit., p. 570. "특별한 공공서비스를 경영하기 위한 공법상의 법인"; G. Vedel, op. cit., p. 997. "공공서비스의 경영을 위한 지역적 공법인에 의해 창설되는 공법인", Charles Debbasch, Institutions et Droit administratif, T.1., P.U.F., 1982, p. 500.

한편, Posper Weil 저, 김동희 역, 프랑스행정법, 박영사, 1980, 43면 이하에서는 établissement publics을 영조물 또는 영조물법인이라고 하지 않고 공기업으로 번역하고 있는바, 공기업은 프랑스어로는 entreprises publiques라고 하고, 영어로는 public enterprise라고 한다. 따라서 établissements publics(영어로는 public establishment)을 공기업으로 번역함은 오역이다.

과로서 남게 되는 공공의 욕구에 할당된 단순한 구조물[33]을 말한다. 이러한 전통적 의미의 영조물법인은 법인격을 갖춘 공공서비스기관으로서 재정적 자치를 부여하는 사무분권화[34]의 도구이다. 영조물법인은 상공회의소를 제외하고,[35] 국가 또는 지방자치단체에 결부되어 있으며 그에게 부여된 임무를 수행하기 위하여 전문성의 원칙에 의하여 지배되고 있다. 또한 영조물법인에는 자치의 원칙이 적용되어 고유의 기관[36]을 가지며 자치적 예산과 법률상의 권리, 의무의 주체가 된다. 이러한 자치의 반대급부로서 국가 또는 지방자치단체의 후견적 감독을 받게 된다. 또한 영조물법인은 일정한 공법상의 특수법칙에 지배되어 강제집행이 면제된다.[37]

영조물법인의 특색을 정리하면 다음과 같다. ① 창설은 법률 또는 법규명령에 의한다. ② 행정의 특권을 향유한다. ③ 공법상의 계약을 체결할 수 있다. ④ 법관의 개입 없이 채권을 확보할 수 있다. ⑤ 압류의 대상이 되지 않는다. ⑥ 공공회계에 속한다. ⑦ 재정상 독립된다. ⑧ 소송에서 당사자가 될 수 있다. ⑨ 국가나 지방자치단체의 후견적 감독을 받는다.[38]

## V 새로운 행정조직(공익집단)의 등장

행정현실이 다변화함에 따라 프랑스와 같은 행정제도 선진국에서는 특정 과업(연구, 기술개발 또는 이러한 사업들을 위한 공동기자재의 사용)을 수행하기 위해 프로젝트단위로 조직되었다가 해체되는, 복수의 법인격체공법인(또는 사법인)이 모여서 구성하는 공익집단(groupement d'intérest public)이 나타나고 있다. 이에 대해서는 기존 법인단위의 영조물법인에 대한 법리 및 지역적 분권기구로서의 지방자치단체에 대한 법리와는 다른 행정조직법적 문제가 나타나고 있다.

33) Joseph Fravreau-Renault, Marc et Marion Vettrains, Vocabulaire administratif et juridique, p. 107, Hatier, 1981, paris.

34) 지방자치(autonomie des collectivités locales)를 의미하는 지역분권(décentralisation territoriale)에 대하여 사무자치(l'autonomie de service)를 의미한다.

35) C.E. 21 fév. 1939. Retail.

36) 일반적으로 심의기구와 집행기구를 가지고 있음.

37) T.C. 9 déc 1899, Canal de Gignac.

38) 영조물법인에 대하여 보다 자세한 것은 제9편 제2장 참조.

최근 대한민국 국회에서 논의되고 있는 산업단지 내 중소기업 규제혁신 특례법안에 따르면 자율규제를 위하여 입주기업대표, 전문가, 지역주민 등으로 구성된 자율규제 집행기구인 운영위원회를 설치하여 집행을 담당하도록 되어 있는데, 이 운영위원회는 그 창설이 법률에 의하여 일방적으로 창설되지 않고 규제담당부처와 협약을 체결하여 창설된다는 점과 산업단지 내 중소기업 규제개선이라고 하는 한시적인 업무를 담당한다는 점에서 영속적으로 업무를 담당하는 영조물법인과는 다르다. 따라서 이 기구의 법적 성격은 프랑스 법에서 영조물법인과 구별하고 있는 "공익집단"(Groupement d'intérêt public)으로서 행정의 주체가 되는 공법인이다. 공익집단은 이와 같이 행정이 민간부문과 협력관계를 수립하려는 제도로서 탄생하였는데, 특히 연구분야에 있어서 공공연구소와 민간연구소의 협력은 매우 긴요하다. 이러한 공익집단은 이제 스포츠, 문화, 보건, 사회보장 등의 각 분야에 걸쳐 나타나고 있다. 공익집단은 상공업적 업무를 수행하기 위하여 사법상의 법인체들로 구성된 경제적 이익집단(Groupement d'intérêt économique)과는 구분되며, 주로 행정적 또는 준행정적 임무를 수행하기 위하여 구성된다. 공익집단의 창설은 협약에 의하여 구성된 후 감독 부처와 예산부처의 명시적 또는 묵시적 승인에 의하여 이루어진다. 공익집단은 자본금이 없을 수도 있으나 독자적인 기금을 확보할 수 있다.[39] 또 회계상의 자치권이 인정되는 결과, 원칙적으로 사적회계에 속한다. 공익집단의 법적 성격에 대하여는 프랑스의 관할쟁의 재판소가 200년 2월 14일 결정에서 특별한 지위의 공법인(personnes publiques à un régime spécifique)이라고 결론지었다. 따라서 공익집단은 프랑스은행과 마찬가지로 영조물법인이 아닌 별종의 공법인(personne publique sui generis)이다.

39) Stéphane Braconnier, op. cit., p. 397.

# 제 2 장 지방자치법



## Ⅰ 서　　론

### 1. 地方自治에 대한 憲法的 根據[1)]

우리나라 헌법은 地方自治에 대한 규정을 두어 제1조에서 「지방자치단체의 복리에 관한 사무를 처리하고 재산을 관리하며 법령의 범위 안에서 자치에 대한 규정을 制定할 수 있다」고 규정하고, 제118조에서는 「지방자치단체에 의회를 둔다」고 규정하고 있으며, 기타 지방자치단체의 종류, 조직, 운영 등에 관하여는 법률로 정하게 하고 있다. 이러한 헌법규정을 두고 대부분의 해석은 전권한성(Allzustndigkeit)과 自己責任性(Selbstverantwortlichkeit)을 내실로 하는 자치권(Recht der Selbstverwaltung)을 보장하고 있는 것으로서 서독 기본법 제28조 2항의 地方自治團體(Gemeinde)의 자치권 보장 규정과 뜻을 같이 하는 것으로 보고 있다.[2)]

1) 이광윤, "지방자치단체 상호간의 권한쟁의 심판", 헌법재판연구 제3권, 헌법재판소, 1991. 12.

全權限性이라 함은 지방자치단체가 어떠한 사무를 맡을 수 있고, 맡아야 할 것인가를 스스로 결정하고 관리할 수 있는 권한을 말하는 것으로, 독일의 기본법과 대부분의 州憲法은 지방자치단체의 사무를 열거하지 않고 사무영역을 槪括條項方式으로 규정하고 무엇이 지방자치단체의 사무인가를 구체적으로 정하는 것은 지방자치단체의 일로 되기 때문에, 지방자치단체의 이해에 관계가 있고 그 지방자치단체의 管轄區域內에서 그 지방자치단체의 給付能力으로써 배려될 수 있고 집행될 수 있는 사무는 모두 지방자치단체의 사무로 포함된다.[3] 自己責任性이란 지방자치단체가 자기의 사무를 국가의 지시나 국가의 後見的 監督(tutelle)[4]에서 벗어나 독자적으로 처리하는 권한을 가지는 것을 가리키는 것으로, 지방자치단체는 사무를 자기의 이름으로 자기의 책임으로 수행하며, 지방자치단체의 주민은 그들이 선출한 代議機關을 통해서 스스로를 관리하는 것을 말한다.[5]

그러나 과연 우리나라의 헌법규정이 독일에 있어서와 같은 自主的 組織權, 自主的 人事權, 自主的 사무처리권, 자주적 계획권 등을 내용으로 하는 포괄적 자치권과, 자치사무에 관한 계획권 등을 내용으로 하는 개괄적 자치권과, 자치사무에 관하여 국가의 지휘나 후견적 감독을 받지 아니하고 법에 따라 자주적으로 처리할 자기책임의 원리를 인정하고 있는 것으로까지 볼 수 있느냐고 하는 점에 대해서는 다소 의문이 있다. 그리고 무엇보다도 우리나라는 역사적으로 고도의 단일성을 유지해 왔으며 또 단일성을 유지하고 있는 단일국가(Etat unitaire)라는 점에서 연방국가(Etat féderal)에 있어서와 같은 범위의 自治權을 헌법이 인정하고 있다고 보는 데는 무리한 점이 많다고 보인다.

우선 우리나라의 지방단체에 관한 헌법규정은 다른 나라에 비해 다소 애매모호하다. 즉 「지방자치단체는 주민의 福利에 관한 사무를 처리하고」라고 하는 규정은 자치행정에 관한 타국들의 규정:

1) 프랑스 헌법 제72조의 「이들 지방자치단체는 선거된 지방의회에 의하여 그리

---

2) 김남진, 행정법, 법문사, 1991, 92-93면; 권영성, 헌법학원론, 법문사 1988, 213면; 허영, 국민헌법론, 박영사, 1990, 789면 등.

3) 장지호, 서독지방자치론, 대왕사, 32-33면 참조.

4) 後見的 監督이란:

1. 事前承認權(le pouvoir d'approbation préalable)
2. 停止, 取消, 變更權(les pouvoirs de suspension, d'annulation, de réformation)
3. 代行權(le pouvoir de substitution)을 말한다.

5) 장지호, 전게서, 34면 참조.

고 법률에 정하는 諸條件에 따라서 자유로이 행정한다」

2) 독일 헌법 제28조의 「시 · 읍 · 면에는 자기의 책임에 기하여 법률의 범위 내에서 지방자치단체의 모든 사무를 규율하는 권리가 보장되어야 한다」

3) 이탈리아 헌법 제3조의 「하나이며 불가분인 共和國은 지방자치를 인정하며 또한 촉진한다. 국가에 속하는 사무에 있어서는 가장 넓은 行政上의 分權을 행하여 그 입법의 원칙과 방법을 자치와 분권과의 요구에 적합하도록 한다」

4) 스페인 헌법 제137조의 「이러한 地方自治團體들은 모두 각각의 이익을 관리하기 위하여 자치(autonomia)를 보유한다」. 제140조 「헌법은 市 · 邑 · 面의 자치를 보장한다」

등에 비하여 자치의 성격이 불분명하다. 즉 우리 헌법조항의 "주민의 복리에 관한 사무의 처리"를 프랑스의 "자유로운 행정"이나 독일의 "모든 사항을 규율하는 권리", 이탈리아의 "가장 넓은 행정상의 분권을 행하는 것"이나 스페인의 "자치"와 같은 정도의 自治規定으로 볼 수 있느냐는 점에는 의문이 있다. 프랑스의 경우, 헌법 제72조의 "자유로이 행정한다"(s'administrent librement)는 규정에도 불구하고 後見的 監督(tutelle)을 폐지하게 되는 것은 1982년 지방자치제도의 개혁[6]에 의하여 비로소 가능하게 되었다.

우리나라의 경우 事前承認(지방자치법 제149조 1항), 취소, 停止權(地方自治法 제157조 1항) 등의 후견적 감독이 지방자치법에서 인정되고 있고, 도시계획법 제10조, 제10조의 2항[7]에서도 도시계획권이 건설부 장관에게 있음을 명시하고 있기 때문에 전권한성, 자기책임성을 내용으로 하는 지방자치가 실시되고 있다고 보기는 어렵다. 일본의 경우에 있어서도 일본헌법 제92조는 「지방공공단체의 조직 및 운영에 관한 사항은 지방자치의 본지에 기하여 법률로써 이를 정한다」고 매우 애매모호한 표현을 하고 있는바, 이는 미국 점령국당국의 강력한 지방분권의 요구에 대한 일본 정치인들의 저항을 외교적 수사로써 절충한 결과라는 것은 이미 알려진 사실이다.[8]

---

**6)** 1982년 개혁의 중요내용은 1. 事前的 後見監督의 閉止, 2. 보통 地方自治團體로서의 地域(Région)의 탄생, 3. 地方自治團體 協議會(Conseil)의 擴張이 執行權을 담당, 4. 地方會計員의 創設, 5. 地方自治團體의 經濟干涉權의 擴大 등. 자세한 것은 李光潤, "프랑스의 地方自治", 比較行政 1984년 12월호 참조.

**7)** 都市計劃法 제10조: 1. 건설부장관은 이 법의 규정에 의한 권한의 일부를 도지사에게 위임할 수 있다.

제10조의 2: 1. 서울특별시, 부산시 기타 大統領令으로 정하는 都市計劃區域을 관할하는 市長 또는 郡守는 20년을 單位로 하여 長期都市開發의 方向 및 都市計劃法案의 指針이 되는 都市基本計劃을 樹立하여 建設部長官의 承認을 얻어야 한다. 承認을 얻은 都市基本計劃을 變更하고자 할 때에도 또한 같다.<2002년 폐지>

따라서 일본 헌법이 영미식의 'Self-government'원칙, 즉 국가의 지방자치단체에 대한 감독은 사법적 감독에 한하며 自治事務와 委任事務의 구별없이 지방정부가 그 지역 내 대부분의 공공사무를 집행하는 '自治政府'의 원칙을 선언하고 있다는 것은 하나의 선전에 불과한 것이다. 일본에 있어 普通地方自治團體의 권한은 概括條項에 속하는 것이 아니라 지방자치법 제147조 내지 제157조에서 자세히 규정되어 있으며, 국가의 委任事務에 대해서는 일반적으로 행정적 감독을 인정하고 있으며,[9] 合法性에 대한 통제만이 아닌 合目的性에 대한 統制에까지 行政的 監督을 인정하고 있다.[10]

국가의 地方自治團體에 대한 監督方法의 進化는 合目的性에 대한 行政的 監督(contrôle administratif d'opportunité)에서 합법성에 대한 행정적 감독(countrôle administratif de légalité)으로, 합법성에 대한 행정적 감독에서 합법성에 대한 司法的 監督(contrôle juridictionnelle de légalité)으로 이행하여 왔다. 영국에서는 처음부터 self-government의 개념이 있었으나, 과거 유럽대륙에서는 민족국가(Etat-nation)의 출현으로 프랑스·프러시아 등의 국가만이 주권을 향유하며 지방권력이란 국가가 분배해주는 것에 불과하다는 생각에서 지방자치단체는 국가의 下級行政機關으로 간주되었다.

앞서의 진화과정은 中央集權(centralisation)의 전통으로부터 그리스의 Polis에 기원을 두는 利益共同體로서의 도시 또는 마을 즉 commune(Gemeinde)에 대한 자각에 따라 지방자치단체에 대한 自治權을 인정해 나가는 과정을 대변한 것으로, 일본과 같이 단일성(homogenité)이 강한 국가에서는 민족주의에 대한 집념이 민주주의나 경제, 기술 수준의 진전에도 불구하고 매우 강하기 때문에 아직도 중앙집권적 민족국가에서의 地方自治團體에 대한 국가의 監督方法이 잔

---

8) 日本地方自治法.

제150조: 普通地方自治共同體의 長은 國家機關으로서 처리하는 行政事務에 관하여는 都道府縣에 있어서는 主務長官, 市町村에 있어서는 都道府縣知事 및 主務長官의 指揮監督을 받는다.

제151조: 1. 都道府縣 知事는 그 管理에 속하는 行政廳 또는 市町村長의 權限에 속하는 國家 또는 당해 都道府縣의 事務에 관하여 그 處分이 法規에 違反되거나, 權限을 초과하는 것으로 인정되는 때에는 그 處分을 取消하거나 停止시킬 수 있다.
2. 市町村長은 前項에 따라 그 管理에 속하는 行政廳의 處分을 取消하거나 停止시킬 수 있다.

9) 辻情明, 日本の地方自治, 岩波新書, 1981, Ⅱ. 日本國憲法の制定と "地方自治の本旨" 55-82面 참조.

10) 同法 제146조: 1. 主務長官은 國家機關으로서의 都道府縣 지사의 權限에 속하는 國家事務의 管理 또는 執行이 法令의 規定이나 主務長官의 處分에 違反하거나 그 國家事務의 관리 또는 집행을 懈怠한다고 인정하는 때에는 … 그 이행할 事項을 命令할 수 있다.

재한다고 볼 수 있다. 독일의 라반트에 의하면 국가는 주권의 유일하고 始原的인 享有者로 민족(nation)과는 혼동되지 않아야 하는 것이었다.[11)]

사실 독일에 있어 독일민족을 통일시킨 것은 프러시아라는 국가였으며, 대권(Herrschaft)은 主權的 권리로서 국가 즉 프러시아에 소속된 것이었기 때문에 국가와 민족은 분리될 수밖에 없는 운명에 있었다. 이러한 국가와 민족의 분리는 중앙집권적 근대국가로서의 프러시아 전통에도 불구하고 地方自治團體로서의 共同體(Gemeinde)를 부각시킴으로써 지방자치화를 가속시킬 수 있는 내적 요인이 될 수 있었던 것이다.

그러나 일본의 경우, 中央集權的 근대국가는 일본민족 중의 어느 한 국가가 아닌 일본의 민족적 종교권력의 상징인 천황의 大權回復을 통하여 성립되었기 때문에 독일에 비해 중앙집권에의 凝集力은 한결 끈질긴 것이라 보지 아니할 수 없고, 프러시아의 Keiser는 결국 한시적인 국가기관으로서의 국가원수(Herrscher)에 불과하였던 반면 일본에 있어서는 천황이 지금까지 계속하여 일본민족(Nation japonaise)과 일본국가(Etat-japon)의 혼합된 상징으로 작용하고 있다. 이 때문에, 국가와 민족을 분리하기가 어려울 뿐만 아니라 공동체로서의 市町村에 始原的 자치권을 인정하는 데는 상당한 정신적 저항이 따를 수밖에 없다고 보겠다.

따라서 일본에서의 지방자치단체들은 제도적으로뿐만 아니라 정신적 측면에서도 중앙으로부터 독립적인 자치권을 인정받기가 영국은 물론 독일보다도 훨씬 어렵다고 하겠다.

## 2. 國家形態에 따른 自治權의 차이[12)]

통독이전의 서독인구는 약 6,000만 명으로 우리나라의 약 1.5배, 면적은 약 2.54배이며 11개의 州(Länder), 237개의 郡(Kreise) 및 88개의 郡獨立市(Kreisfreie Städte) 그리고 8,501개의 郡附屬 게마인데(Kreisangehorige Gemeinde)로 구성되어 있어 우리나라의 9개 도와 1개 특별시, 5개 광역시의 광역지방자치단체와 137개의 군, 67개의 시, 56개의 구로 구성된 기초지방자치단체와 비교할

**11)** Maurice Bourjul, Pouvoir municipal et décentralisation. La commune, l'Etat et le Droit, L.G.D.F., 1990.

**12)** 이광윤, "지방자치단체 상호간의 권한쟁의 심판", 헌법재판연구 제3권, 헌법재판소, 1991. 12.

때 그 규모면에서 우리나라의 廣域地方自治團體는 독일의 州에, 基礎地方自治團體는 郡(Keise) 및 郡獨立市에 해당한다. 우리나라보다 약 2.5배의 인구를 가지고 있는 일본은 普通地方自治團體로 47개의 道·都·府·縣을 가지고 있으며 그 밑에 3,256개의 市町村이 있다. 면적과 인구에 있어 독일과 유사한 유럽 각국의 예를 들어보면, 우리보다 조금 많은 인구(약 5,400만 명)을 가지고 있는 프랑스는 22개의 지역(région) 아래 96개의 군(département), 그 아래 36,433개의 市·邑·面(commune)을 가지고 있고, 인구 약 3,800만 명의 스페인은 16개의 자치공동체 아래 50개의 道(provincia)와 8,150개의 읍·면으로 구성되어 있다. 또한 인구 약 5,600만 명의 이탈리아는 20개의 地域(Reigone) 아래 95개의 郡(provincia)과 그 아래 8,066개의 邑·面으로 구성되어 있다.

한편 유럽에 있어서는 지역(région)이 유럽공동체법의 普通法上의 정치적·경제적·사회적 개발의 단위가 되어 있다. 따라서 유럽국가에 있어서의 지방자치단체의 階層構造는 지역(région), 道·郡(province), 邑·面(commune)의 三層制가 일반화되어 있으며 연방국가, 지역국가 및 단일국가에 따른 법적 지위의 차이에도 불구하고 유사한 사회적·경제적 기능을 담당하고 있다. 한편 유럽의 三層制를 기준으로 볼 때 규모면에서 일본은 지역(région)과 邑·面(commune)의 二層制, 우리나라는 지역(région)과 군(province, kreis)의 二層制를 채택하고 있다고 볼 수 있다. 연방국가에서는 각주가 주권국가로서의 헌법 및 국가기관들을 가지고 있어 사회적 경제적 기능이 단일국가에 있어서의 지역과 유사함에도 불구하고 독립적인 입법, 사법, 행정권을 가진다.

한편 地域的 국가(Etats régionaux)로 분류되는 이탈리아의 特別的 입지의 지역(val d'aoste, trentin-haut-adige, frioul-venneite julienne, Sardaigne Sicile)과 스페인의 自治共同體(특히 Pais Basco와 Cataluňa)는 부분적인 입법권을 享有한다. 즉 이탈리아 헌법 제123조는 「각 地域(regione)은 헌법 및 공화국의 법률과의 조화를 유지하면서 지역의 내부조직에 관한 방식을 정하는 法規約(statut)을 가진다」고 하여 입법권 즉 'Statut'를 인정하고 있으며, 스페인 헌법 제150조 제1항은 「국민의회는 국가의 權能에 관하여 자치공동체의 전부 또는 일부에 대하여 국가의 법률이 정하는 원칙, 기초 및 방법의 범위 내에서 당해 공동체를 위하여 입법규범을 제정하는 기능을 부여할 수 있다」고 하고, 제152조 제1항에서는 「제151조의 규정에 의한 절차에 의하여 승인된 法規約(status)에 있어서 자치적 조직은 입법의회를 둔다」고 하고 있다. 또한 제153조에서는 법률의 효력을 가지는 規範的 處分(dispositions)의 합법성에 관한 헌법재판소의 관할을 규정하고 있어 자치공동체에게 부분적 입법권을 인정하고 있다.

이에 비하여 프랑스와 같은 단일국가의 지방자치단체는 형식적 의미의 입법권(pouvoir législatif)을 향유하지 못하기 때문에 地方分權(décentrlisation territoriale)이란 행정권의 분권을 의미하는 것이지 입법권이나 사법권의 분권을 의미하는 것이 아니다. 때문에, 지방자치단체의 自治規範制定權(pouvior normatif)은 부분적이고 종속적 권력이며 행정권이 발하는 법규명령으로서 국가의 법률이나 법규명령의 공문에만 보충적으로 작용할 뿐이며 지방자치단체는 국가에 의하여 인정된 권한만 행사할 수 있을 뿐이다.13)

地域國家의 自治(autonomie)와 單一國家의 地方分權(décentralisation)의 개념을 비교하여 보면, 地方分權이란 헌법에 의한 중앙집권국가를 상정하여 법률에 의하여 표시되는 정치적 의사로써 중앙의 권력을 지방자치단체에게 이양하여 주는 것임에 반해, 지역국가에 있어서 '自治(autonomia)'가 선언된 지방자치단체는 법률로 표현되는 중앙권력의 의사에 의해서가 아니라 헌법 자체의 기능을 행사하는데 차이점이 있다. 따라서 지방분권(décentralisation)은 국회에 의하여만 가능하며 立法權(compétence législative)은 행사할 수 없고 중앙권력이 정한 범위 내에서의 行政立法權(compétence réglementaire)만을 행사할 수 있을 뿐이다. 그러나 '自治'라고 하는 것은 최소한 스스로의 지위를 결정할 권한 이상을 수반하는 행정입법권 이상의 권한을 보유함을 의미한다.14) 따라서 국회와 地域議會間의 권한을 분배하여야 하며 분배된 권한은 행정입법이 아니라 의회입법의 성격을 가진다.15) 여기서 연방국가에 있어서의 연방과 지방, 지역국가에 있어서의 중앙정부와 自治的 地域(région), 단일국가에 있어서의 국가와 廣域地方自治團體의 관계는 어느 정도 설명이 되었으리라 생각된다.

그러면 연방국가나 지역국가에 있어서의 支邦과 그 하부의 지방자치단체와 지역(région)과 그 하부지방자치단체간의 자치의 정도는 어떠한가? 우선 연방국가인 독일의 경우, 일반적으로는 자치사무에 대해서는 法律監督(Rechtsaufsicht)인 一般地方自治監督(Allegemeine Kommunalaufsicht)을 통하여 합법성에 대한

---

13) Jean-Bernard Auby/Jean Francois Auby, Droit des collectivités lacales, P.U.F., 1990, p. 48.

14) Francois d' Arcy/Marino Baema del Alcazar, Décentralisation en France et en Espagne, Economica, 1986, p. 27.

15) Ibid., p. 28.

감독만을 행하며, 예외적으로 게마인데(Gemeinde)법과 그 시행령 또는 個別法에 열거된 사항에 관한 합목적성에 대한 認可留保(Genehmigungs Vorbebalt)라고 하는 특별감독을 실시한다. 國家委任事務에 대하여는 합목적성 및 합법성에 대한 감독인 專門監督을 실시한다.[16] Gemeinde는 내부조직의 구체적 내용을 정하는 권한을 포함한 일반적 추상적 법규범의 制定權을 가지며 이러한 조례는 법률보다는 하위의 효력을 가지나 질적인 면에서는 法律(Gesetz)과 동일한 立法性을 인정받는다.[17]

지역국가인 스페인에 있어서 지역 단위 이하의 地方自治團體는 立法的 權限(compétence législative)을 인정받지 못하고 行政立法權 또는 命令權(compétence réglementaire)밖에는 향유하지 못하나, 합법성에 대한 통제가 가능한 범위 내에서 스스로의 결정을 집행할 수 있다.[18] 따라서 合目的性에 대한 통제는 배제된다. 지역국가에서 지역 단위 이하의 지방자치단체들의 자치는 최소한 내부조직과 그 사이에서의 권한 배분을 할 수 있는 자치적 行政立法權(compétence réglementaire)을 의미한다. 단일국가인 프랑스에서도 1982~1983년의 개혁으로 합법성에 대하여뿐만 아니라 합목적성에 대한 감독도 하던 後見的 監督(tutelle)을 폐지하여 합법성에 대한 사법적 감독만 인정하고 있다.

우리나라 지방자치법 제157조에서는 위임사무, 자치사무를 불문하고 지방자치단체장의 명령이나 처분이 위법할 뿐만 아니라 부당하여 공익을 해한다고 인정되는 경우에까지 주무장관 또는 시도지사는 是正命令權을 향유하고 자치사무에 관하여는 取消·停止權까지 인정하고 있으며, 제159조에서 지방의회의 결의에 대하여도 합법성의 통제뿐만 아니라 合目的性으로 인한 再議要求를 인정하고 있어 자치권의 범위가 매우 한정되어 있다. 따라서 우리나라에서의 자치권의 범위는 대체로 1982~1983년 개혁 이전의 중앙집권적 지방분권(décentralisation)을 실시하던 프랑스에서와 같이 국가로부터 법률에 의하여 부여받은 제한적 자치권에 불과하다고 볼 수 있다. 독일은 Gemeinde들이 담당하는 위임사무에 대한 전문적 감독과 자치사무에 대한 一般地方自治監督에도 불구하고 독일연방헌법 제28조의 규정 자체에 의하여 자치권이 강하게 보장되고 있고 이미 지역단위(우리나라의 광역지방자치단위)에서는 행정·입법·사법의 완전한 자치

**16)** 장지호, 전게서, 제13장 지방자치와 국가감독 참조.
**17)** 장지호, 상게서, 43면 참조.
**18)** F.d'Arcy/M.B.del Alcazar, op. cit., p. 28.

를 행하는 聯邦國家라는 점에서, 독일에서의 자치권은 우리나라에 있어서의 자치권의 범위와는 그 성격을 달리 한다고 보겠다. 즉 지역적 정부인 州政府의 행정권의 분권을 내용으로 하는 독일의 지방자치와, 단일국가의 唯一政府의 행정권의 분권을 내용으로 하는 우리나라의 지방자치는 역사적 생성된 자치의 개념, 중앙정부(독일은 Land)의 권력성 정도, 자치의 범위 등에서 다를 수밖에 없다.

19세기 독일에서의 지방자치(Selbstverwaltung)의 개념은 정치적으로는 독일사회의 변화에 의해, 법적으로는 근대 국가의 개념을 정립해감에 따라 형성된 것으로 Gemeinde의 이론은 단계적 사회의 이미지를 건설하고 협동적 국가를 형성하려는 노력의 결과이다.[19] 즉, 自治行政(Selbstverwaltung)의 정치적 개념은 비직업적이고 자원적인 사람들의 집단에 의한 행정을 말하는바, 지방사무의 운영은 중앙에서의 권력쟁취를 위한 첫 단계이다. 자치행정의 법적개념은 자치단체의 법인격유무와 자치단체에 의해 운영되는 사무가 국가적 사무인가 아닌가에 구분의 중점이 있었던 것으로[20] 독일에서의 개혁적 사회국가에 대한 열망을 표현하고 있다. 고도의 중앙집권을 유지한 파시스트 지배하의 이탈리아에서의 1947년 헌법에 의한 地域主義(régionalisme)는 새로운 국가의 이미지를 창출하기 위한 헌법상의 共和國 秩序(ordinamento republicano)를 구현하는 것이다.[21] 오랜 중앙집권의 역사를 가진 單一國家인 프랑스의 分權(décentralisation)概念은 中央集權(centalisation)에 대한 대비개념으로 정치적 초점은 지방의 대표를 지역주민의 선거를 통해 선출하는 데에 있었으며, 법적으로는 국가적 이익과 구분되는 지역적 이익의 사무를 담당하는 데에 의의가 있었다.[22]

우리나라에 있어서도 지방의회의 條例制定權은 어디까지나 행정권의 일부로써 法規命令일종으로 단일국가의 특성을 지니고 있다. 우리나라 헌법 제117조 제1항은 「地方自治團體…… 법령의 범위 안에서 자치에 관한 규정을 제정할 수 있다」고 하여 「법률의 범위 안에서 條例를 제정할 수 있다」고 규정하고 있는 일본헌법에 비해서도 자치규정의 制定權의 범위가 좁다. 따라서 現狀態에서의 우리나라 지방자치는 1982년 지방자치제도 개혁이전의 프랑스에서와 같이 선거를 통한 지방대표에 의한 지방행정의 실시, 즉 지방행정의 민주화에 의의

19) Sapyridom Flogaitas, La notion de décentralisation en France, en Allemagne et en Italie, L.G.D.J., 1979, p. 137.
20) Ibid.
21) Ibid., p. 231.
22) Ibid., p. 61.

가 있기 때문에 우리나라에서의 지방자치는 地方至治化의 단계에 있는 것이지 全權限的 自己責任的 지방자치의 단계에 있지는 아니하다고 하겠다.

全權限性, 自己責任性을 특징으로 하는 독일형의 지방자치의 특징은[23] 다음과 같다:

1) 基礎地方自治團體인 市·邑·面(Gemeinde)은 별도의 규정이 없는 한 주민의 일반적 이익을 위하여 필요한 모든 사항을 처리할 수 있도록 비교적 넓게 地方分權이 되어 있다.
2) 지방자치단체에 대한 권한부여방법은 包括的委託主義를 채택하고 있다.
3) 중앙정부의 감독·통제는 최소한에 그치고 있으며, 자치사무에 대해서는 위법성의 감독에 그친다.
4) 집행기관의 구성이 독특하여 의회가 선출한 行政委員會(또는 執行委員會, magistrate)가 의회의 통솔 하에 행정집행의 책임을 지며, 대부분의 경우 시·읍·면장은 의례적인 명예직이다.
5) 지방자치단체의 사무는 국가사무와 자치사무로 구별되며, 국가사무는 자치단체의 집행기관에 위임하여 처리한다.
6) 地方行政에 주민이 참여할 수 있는 폭이 넓고 地方分權의 범위도 비교적 넓어 住民自治와 團體自治의 요소가 가장 잘 결합되어 있다.

이에 비하여 우리나라는 1982년 이전의 프랑스형의 지방자치유형에 속하여 다음과 같은 특색을 가진다.[24]

1) 機關對立形을 택하되 執行機關優越主義에 입각하고 있다.
2) 중앙집권형이 강하여 지방자치단체는 자치단체의 성격보다는 국가의 하급기관으로서의 성격이 더 강하다.
3) 地方行政事務를 국가의 위임사무와 자치사무로 구별하여 전자는 지방자치단체의 집행기관에게 위임하여 국가의 하급기관의 지위에서 처리하게 한다.
4) 지방자치단체에 대한 국가의 監督이 엄격하여 직원의 任免, 의회의 해산, 기능정지, 의원의 면직, 의결사항의 취소, 정지, 예산의 增減·監督 등의 감독수단이 채택되고 있다.
5) 지방행정의 구조는 피라미드형의 다수계층구조로서 정연한 관계를 이루고 있으며 지방자치단체의 차이(규모의 대소, 농촌과 도시의 능력의 우열)에도 불구하고 동일한 법적 지위와 기관구조를 갖고 있다.

---

**23)** 조창현, 지방자치론, 박영사, 1991, p. 22.
**24)** Ibid., p. 21.

6) 지방자치단체의 장은 지방자치단체의 집행기관으로서의 지위와 중앙정부의 하부기관으로서의 지위라는 이중적 성격을 가지고 있다.
7) 地方自治團體의 장은 中央任命의 경우도 있으나 보통 적어도 基礎團體의 경우 議會間選 또는 住民直選에 의한다.

## 3. 영국의 지방행정체계[25)]

영국은 잉글랜드, 스코틀랜드, 웨일즈, 북아일랜드의 4개 지역으로 구성되어 있다. 이 중 잉글랜드가 전체 면적의 55%, 전체 인국의 80%를 차지한다. 스코틀랜드 地域(Region) 의회는 득세율 조정권(3%이내) 외에 스코틀랜드부의 업무를 이양 받아 보건, 교육, 경제개발, 치안, 환경, 주택, 투자유치, 무역, 교통 등 대부분의 지역정책에 관한 입법·행정권을 보유하며, 필요시 중앙정부 대표와 함께 EU 각료이사회 참석 및 주EU 사무실 설치가 가능하고, 중앙정부는 외교, 국방, 안보, 국경 통제, 거시경제, 금융정책, 사회 복지, 인권 정책 등을 계속 담당한다. 스코틀랜드 의회 부활에 따른 중앙정부의 권한 이양은 영국의 중앙 집권적인 헌정체제(잉글랜드 중심적 시각에서 보아)에 비추어 볼 때 획기적인 변화로 평가된다.

스코틀랜드 의회 구성에 대한 주민투표에 이어 1997년 9월 18일 실시된 웨일즈 의회(Welsh Assembly)구성에 대한 주민 투표 결과, 50.3%의 찬성으로 (투표율 50%) 동 의회구성 안이 통과됨으로써 예산 통제 권한을 가진 웨일즈 독자 의회의 구성이 가능하게 되었으나, 스코틀랜드 의회와 비교할 때, 징세권, 입법권, 대 EU관계 대표권이 없는 제한적 권한을 보유한다. 웨일즈 의회는 1999년 5월 개원하였다.

북아일랜드는 1921~72년간 북아일랜드 자치정부(executive goverment)가 유지되었으나, 동 자치정부는 실질적으로 신교계인 Ulster Unionist Party의 지배하에 있었고, 60년대 후반 이후 구교계가 중심이 되어 북아일랜드 분리 독립 운동을 전개하였다. 1972년 이후 영국 정부는 중앙기구를 설치하여 북아일랜드를 직접 통치해오는 한편, 74년 권력분점 집행부(Power-Sharing Executive)의 설립, 1982~86년간 북아일랜드의회(Northern Ireland Assembly) 설립, 1991~92년간 영국정부-신·구교계 4개 정파간 협상 등 지역자치 및 평화정착 협상

25) 이광윤, 국토계획법체계의 개선방안, 성균관법학 18권 3호.

을 시도하였으나, 별다른 성과를 거두지 못하였다. 영·아일랜드 정부는 1993년 12월 공동선언 발표를 계기로 북아일랜드 평화협상 추진을 위해 협력해 왔고, 1962년 2월 영·아일랜드 수상 간 합의에 따라 1996년 6월부터 구교계 강경파인 Sinn Fein이 배제된 상태에서 북아일랜드 제 정당회의와 포럼을 개최해왔으나, 실질협상의 의제조차 합의되지 못하였다. 1998년 4월 10일 벨파스트 근교 Stormont에서 개최된 제 정당회의에서 영국의 Blair 수상, 아일랜드 Ahern 수상과 신·구교 제 정당 대표들 간 북아일랜드 평화 합의문이 타결됨으로써 1969년 이래 계속되어온 아일랜드와의 합류를 주장하는 구교도 측과 영국 잔류를 요구하는 신교도 단체 간의 유혈분쟁 종결을 위한 역사적 계기가 마련되었다. 양자 간의 평화 합의내용은 다음과 같다.

1. 북아일랜드 의회(Assembly) 설립, 영국 중앙정부의 직접통치 종결 및 자치제도 도입
2. 북아일랜드에 대한 아일랜드 영토 주권을 명기한 아일랜드 헌법 조항 개정
3. 남·북 아일랜드 간 협력을 위해 남·북 각료위원회 설치
4. 북아일랜드 관련, 영국과 아일랜드 간 협력을 위해 정상(연 2회) 및 각료급 회의 정례개최
5. 신·구교계 무장단체의 무장 해제

그 후, 1998년 5월 22일 북아일랜드 주민투표에서 압도적 다수지지(71.1%)로 동 합의문을 채택하고, 동일 실시된 아일랜드 헌법 조항 개정을 위한 국민 투표에서도 개정안이 통과되었다. 드디어 1998년 6월 25일 북아일랜드 의회 구성을 위한 선거가 실시되었으며, George Mitchell 전 미 상원의원의 중재로 신·구교계간 행정부를 구성하였다.

영국의 4개 지역의 지방자치 구조는 잉글랜드, 스코틀랜드, 웨일즈, 북아일랜드의 각 지역별로 약간의 차이가 있으나, 비도시 지역은 2원적(two-tier) 구조로 되어 있다. 농촌지역은 County와 District로 되어 있으며, County의 Council은 개발계획, 교통, 교육, 소방 등을 담당하며, District의 Council은 환경, 보건, 주택, 쓰레기수거 등을 담당한다. 잉글랜드 대도시 지역은 1원적 구조로 Metropolitan County가 지방자치 단위이다.

(※ 6개 Metropolitan county: Tyne & Wear, West Midlands, Merseryside, Greater Manchester, West Yorkshire, South Yorkshire)

런던은 런던 시 전체를 관할하는 지방자치단체인 Greater London Council

이 있었으나 1985년 폐지되고, 32개 Borough와 Corporation of the City of London으로 분리, 각각 Council을 구성, 자치를 실시해 왔다. 1997년 출범한 노동당 정부는 London 지역 전체를 관할하는 Greater London Authority (GLA)를 설치할 것을 공약하였고, 이 제도가 1998년 5월 주민투표에서 통과되어 2000년 5월에 GLA 시장 선거가 실시되었다. 잉글랜드지역과 달리 스코틀랜드는 32개, 웨일즈는 22개의 단원적인 지방자치단체로 되어 있다.

# Ⅱ 지방자치단체의 조례

## 1. 조례 제정권에 대한 비교법적 고찰[26)]

### (1) 문제제기

법률과 조례와의 관계는 최근에 많은 관심의 대상이 되어 있다. 그러나 이 문제를 다루는 데 있어서 의아하게 생각하는 것은 우리가 주로 비교검토의 대상으로 삼고 있는 독일의 지방자치제도는 그 규모와 성질에 있어 우리나라의 지방자치제도와 너무나 많은 차이가 있다는 점이다. 즉 우리나라는 인구면이나 면적에 있어서 대체로 유럽국가들과 비슷하며, 지역(région), 군(province), 시·읍·면(commune)의 삼층구조로 일반화되어 있는 유럽국가들의 지방자치제도와 견주어 볼 때 지역과 군의 상위 이층단위를 지방자치단체로 정하고 있는 데 비하여 우리가 비교대상으로 삼고 있는 연방국가인 독일의 각 주(Land)는 군(province, Kreise)과 시·읍·면(Gemeinde)의 하위 이층단위를 중심으로 하고 있기 때문에 지방자치단체의 입법권의 문제를 다루는 데 있어서 필수적으로 등장하는 정치적 분권(décentralisation politique)의 견지에서 매우 부적당하기 때문이다. 따라서 독일뿐만 아니라 더 범위를 넓혀 인구 3,800만 명의 스페인, 5,500만 명의 프랑스, 1,000만 명의 그리스, 5,700만 명의 이탈리아, 1,500만 명의 네덜란드, 5,600만 명의 영국을 대상으로 국가형태에 따라 통합왕국, 연방국가, 지역국가, 단일국가로 나누어 자치입법권의 문제를 비교 검토하기로 한다.

---

26) 이광윤, "지방자치의 개념과 조례제정권", 「현대공법의 제문제」, 여산한창규박사 화갑기념 논문집, 삼영사, 1993. 11.

### (2) 통합왕국: 영국(United Kingdom)

**1) 지방자치의 개념 :** 영국에서는 지방자치를 가리키는 용어로 'self government' 또는 'local government'를 흔히 사용하고 있는데, 'self go-vernment' 또는 'local government'란 지방자치단체가 고유의 기관과 수단으로써 중앙정부로부터 독립하여 자치적으로 행정하는 것을 의미한다. 지방정부의 권력은 고유의 권력으로 실재하는 것이며 지방정부가 기본적인 권력을 행사한다. 따라서 중앙정부와 지방정부간의 라이벌 관계는 성립하지 않으며 중앙정부의 권력은 보충적으로만 개입하게 된다. 국가의 단일성의 확보라는 문제는 처음부터 제기되지 않았다. 영국에서는 14세기부터 의회가 정책결정권과 통제권을 행사하게 되었으며 18세기부터는 스코틀랜드와 잉글랜드의 통합, 아일랜드와의 통합의 과정을 거치면서도 입헌군주제하에서 중앙집권적이고 계층적인 군주제 행정을 기피하여 지방적 과두정치(local oligarchy)를 선호하였다. 영국은 지방귀족의 해체없이 조속한 자본주의의 발달을 이룩하여 토지와 자본이 소수 귀족에게 집중된 전형적인 국가로서 귀족적 신문명이 중세적 귀족문화와 단절됨이 없이 이룩되었다. 지방귀족과 신흥 부르주아가 연합한 의회는 소작법률(enclosures acts)에 의하여 1760년에서 1845년 사이에 3,300,000ha의 소작농을 토지귀족들에게 허용하고 있었다.[27]

이러한 지방귀족의 실체적인 정치적 · 경제적 권력이 'local government'를 뒷받침하고 있었기 때문에 지방의회는 처음부터 중요한 정치의 장이 되었다.

영국공법학에 있어서는 국가(Etat)라는 개념은 사실상 존재하지 않고 중앙정부(Central government)의 개념만이 사용될 뿐이다.[28] 또한 영국인에게는 집권화(centralisation) 또는 분권화(decentralisation)의 개념 자체가 낯설다.[29]

즉 영국에서의 행정이란 일반적으로 지방자치단체에게 귀속되는 것이고 중앙정부는 국익의 필요에 의하여만 행정을 담당하게 된다. 이러한 지방주의의 전통은 현재에도 잔재하여 북아일랜드지방, 스코틀랜드지방, 웨일즈지방 및 잉글랜드지방은 지방행정조직 자체가 다르다.

**2) 상황의 변화 :** 1970년대 초에 이르러 영국의 인구는 5,600만 명에 도달하게 되고 1901년에 전체인구의 22%에 불과하던 도시의 인구비중은 77%

---

27) Maurice Bourjol, Pouvoir municipal et décentralisation: De Barante, Henrion de Panse, Maurice Hauriou, La commune, L'Etat et Le Droit, L.G.D.J., 1990, p. 176.

28) Paul Bernard, L'Etat et la décentralisation, La documentation française, 1983, p. 66.

29) Tocqueville, Voyage en Angletèrre, T.V. ed. J.P. Mayer, Gallimaud, 1958, p. 53.

로 상향되었다. 또한 1930년에는 100만 명이 자동차를 소유하였으나 1970년에는 1,200만 명가량이 자동차를 소유하게 되어 주거지와 직장의 반경이 50㎞까지 확대되었으며 교외지역에 대한 전철시스템의 발달은 통근거리의 반경을 80㎞ 이상으로까지 확대시켰다. 이러한 인구와 생활권의 변화는 새로운 지방정부의 구조개편을 요하게 하였다.

한편 20세기에 접어들면서 지방정부에 대한 정당의 지배가 가속화되어 지방선거는 더 이상 지방정치의 문제가 아닌 자유당과 보수당의 싸움이 되었으며 특히 노동당의 성장은 지방 문제에 대한 의회의 토론을 증가시키게 되었다.[30] 이러한 상황변화들은 20세기에 와서 영국으로 하여금 정치와 정부활동에 있어 대대적인 중앙집권정책을 취하도록 하였다.

이에 따라 Redcliff-Maud경을 위원장으로 하는 왕립위원회가 구성되어 지방정부구조의 개편을 위한 백서를 1969년에 작성하였으나 소수의 광역지방자치단체의 창설을 건의한 이 백서의 내용을 받아들인 노동당정부가 1970년 선거에서 패배함으로써 무산되고 1972년 보수당정부에 의한 1972년 지방정부법률에 의하여 잉글랜드와 웨일즈에 이층구조를 지닌 지방자치단체를 구성하고 1975년에는 스코틀랜드의 지방조직을 개편하였다.

영국의 지방자치구조는 다른 나라의 연방(Land) 또는 지역(région)에 해당하는 광역지방 자치단체가 존재하지 않음으로 말미암아 다른 국가에서는 광역지방자치단체들이 담당하고 있는 권한들을 중앙정부가 행사하는, 지극히 중앙집권적인 모습을 지니게 되었으며 지방자치단체 중에서는 런던 시에 특히 많은 권한이 집중되고 있어 지방권력에 의존하던 과거의 'self government'의 전통과는 정반대의 수도권집중형태의 지방행정구조가 탄생하였다.

3) **조례제정권** : 지방자치단체의 사무와 권한을 분배하는 것은 중앙정부이다. 1972년 법률은 런던 시와 district(1,038개)에만 일반적인 사항에 관한 조례(bye laws)제정권을 인정하고 있는데 이러한 일반적인 조례제정권은 타 입법에 의하여 특별한 목적(예: 보건, 주택, 고속도로)에 관한 조례가 인정된 경우에는 행사될 수 없다. 따라서 조례제정권은 단순한 이차적 입법권(a residuary power merely)일 뿐이다.[31]

---

**30)** 자세한 것은 Les structures locales en Grande Bretagne et en France, La documentation française, 1982, p. 31 이하 참조.

**31)** H.W.R. Wade, Administrative law, fifth edition, 1982, p. 119.

1972년 법률에 의한 조례는 국무장관(Secretary of State)의 승인을 받아야 하며 다른 법률에 의한 조례(bye law)는 관할장관의 승인을 받아야 한다. 지방자치단체가 그들의 의무를 충실히 이행하기 위하여 의무적 권한(mandamus)이론과 월권(ultra vires)이론이 중요한 역할을 하고 있다. 즉, 의무적 권한 이론에 따라 고등법원(High court)은 지방자치단체에게 책임과 명령을 다하도록 명령할 수 있으며 월권이론에 따라 지방자치단체는 명시적으로 부여된 권한 밖의 결정을 할 수 없다. 권한 밖의 조례제정은 무효로 된다.

### (3) 연방국가: 독일

독일, 오스트리아, 스위스와 같은 연방국가들에서는 지방자치가 헌법에 의하여 보장되며 연방을 구성하고 있는 주(land, canton)는 물론 하급지방자치단체 특히 Gemeinde들의 권한도 연방헌법들로부터 발생하기 때문에 지방자치단체들은 자치조직권과 자치입법권을 가진다. 자치입법권은 법률의 범위 내에서 허용되나 법률과 마찬가지의 성격을 가진다.

**1) 지방자치의 개념 :** '자치행정'(Selbstverwaltung)이란 단어는 18세기에 중상주의자들이 천거한 국가경제의 지도체재에 반대하는 경제정책적 개념으로 중농주의자들이 처음으로 사용하였다가 19세기에 접어들어 부르주아들의 해방운동에 의하여 행정법에서 사용하게 되었다.[32)]

한편 집권화(Zentralisation)와 분권화(Dezentralisation)에 관한 이론은 제1차 세계대전 이후 발전을 보게 되었는데 프랑스어에 기원을 두고 있는 독일어의 'Zentralisation'과 'Dezentralisation'이란 용어로 지칭되던 내용은 독일에서는 자치행정(Selbstverwaltung)이란 단어로 부르게 되는 자치행정이론으로 발전하게 되었다.[33)]

그러나 독일에서는 프랑스에서보다는 보다 광범위한 시각에서 인간공동체의 조직원리로 파악하게 되었다.[34)] 그 후 Wolff와 Bachof는 중앙의 기관이 분권화된 기관에 대하여 합목적성에 대한 통제를 할 수 있느냐의 여부에 관심을 가졌다.[35)] 집권화와 분권화는 행정뿐만 아니라 입법・사법에 있어서도 적용되며

---

32) Spyridon Flogaitis, La notion de décentralisation en France, en Allemagne et en Italie, L.G.D.J. 1979, pp. 70-71.

33) Ibid., p. 96.

34) Peters, Zentralisation und Dezentralisation, Berlin, Springer 1928, p. 4 s., Flogaitis, op. cit.에서 재인용.

입법의 분권은 지방자치단체가 권한사항에 관한 규범을 제정할 수 있는 것이며 이것을 입법적 자치(Satzungsgewalt)라고 부른다.36)

오늘날 독일에 있어서의 자치권은 전권한성과 자기책임성으로 해석되고 있으며 이에 따라 자치입법권, 자주조직권, 자주인사권, 자주사무처리권, 자주계획권 등을 향유한다고 한다.37)

2) 조례(Satzungen)의 성격 : 자치입법권이란 객관적 법규를 창설하는 능력을 말하는 것으로 이러한 법규는 보통 'Statuten'으로 불리다가 1930년대 입법부터는 'Satzungen'으로 명명되었다.38) 자치행정은 반드시 조례(Satzungen)를 제정할 권력을 포함하는 것이 아니며 자치행정권과 일반적 규범을 제정할 권력은 분리된다.39) 독일법학에 있어서는 개별적 행위만 형식적 의미의 행정행위로 간주되고 일반적이고 추상적인 규범은 행정행위로 간주되고 있지 않기 때문에 조례는 실질적으로 입법행위의 범주에 들어가며 공법상의 창설 행위이다.40) 일반적이고 추상적인 규범을 행정행위로 간주하는 근거는 프러시아제국 헌법 제62조가 국왕이 입법권을 가진다고 규정했던 데서 연유하는 것으로 보인다.

이에 비해 1885년 프랑스헌법은 행정권을 '법률의 집행'이라고 규정하였기 때문에 일반·추상적 규범의 제정인 명령도 형식적 의미의 행정행위이다.41) 그러나 독일연방 기본법에서는 자치행정의 내용은 '규율'이라는 단어 때문에 입법권한을 포함하고 있다고 한다. 왜냐하면 규율은 행정만을 의미하지 않고 그 이상을 의미하기 때문이라 한다. 헌법제정자는 권력분립을 파괴하여 지방자치행정을 집행권력에만 한정하지 않고 있을 뿐만 아니라 또한 규범제정권도 지방자치행정 개념에 포함시키고 있다.

따라서 연방기본법 제28조 제2항에서 게마인데 및 게마인데 연합에 보장된 권한, 즉 지방자치공동체의 모든 사항을 규율하고, 그리고 그의 법률상의 임무영역에 속하는 사무를 규율하는 권한은 그 내용에 있어 이중적 성격을 갖는다.

---

35) H.J. Wolff, U. Bachof, Verwaltungsrecht Ⅱ, 4e ed., Munchen, Beck, 1976, pp. 98-99, S. Flogaitis, op. cit.에서 재인용.

36) S. Flogaitis, op. cit., p. 98.

37) 장지호, 전게서, 32-43면 참조.

38) E. Forsthoff, Traité de Droit administratif Allemand, Bruxelles, 1969, p. 691.

39) Ibid.

40) S. Flogaitis, op. cit., p. 129.

41) 이광윤, "명령과 행정행위에 관한 비교법적 고찰", 남하서원우교수 화갑기념논문집, 법문사, 1991.

즉 그것은 일면 집행을 위한 권한을 포함하면서 타면으로는 입법을 위한 권한을 포함하고 있다.[42)]

3) 연방주의와 지방주의의 한계 : 독일에 있어 독일민족을 통일시킨 것은 프러시아라는 국가이었으며 대권(Herrchaft)은 주관적 권리로서 국가 즉 프러시아에 소속된 것이었기 때문에 국가와 민족은 분리될 수밖에 없는 운명에 있었고, 이러한 국가와 민족의 분리는 중앙집권적 근대국가로서의 프러시아의 전통에도 불구하고 지방자치단체로서의 공동체(Gemeinde)를 부각시킴으로써 지방자치화를 가속시킬 수 있는 내적 요인이 될 수 있었다고 보인다. 이리하여 1949년에는 연합점령군 당국의 권유하에 연방국가들의 특성을 강화하였다. 그러나 Bayern주만 유일하게 국가로서의 지위에 대한 정서가 형성되었으며 대부분의 주(Land) 사이의 경계는 단순한 군사점령분계선의 결과에 불과하였다.

뿐만 아니라 동독지역과 중부지역 그리고 독일국경 밖에 있던 많은 독일인들이 서독의 각 지역에 이주하여 각 지방의 성격을 단일화하였으며 '각자의 향토'원리에 기원을 두는 연방주의는 단일한 경제정책이 요구되는 경제간섭의 증가와 양립할 수 없는 모순점에 봉착하였다. 1968년 Spire행정대학원에서 발표한 Frido Wagner의 Habilitation논문은 지방자치단체의 구조적 개편과 최적의 기능배분을 통한 행정기구의 효율성과 생산성에 대한 연구를 일반화하는 계기가 되었다.[43)] 이리하여 1980년대에는 1960년대에 비하여 Kreise의 숫자는 425개에서 237개로 Gemeinden은 24,386개에서 8,501개로 Kreisfreie Stadte는 135개에서 88개로 줄어들었으나 Gemeinde들이 각 주의 보조금에 점점 더 의존하게 됨으로써 기능배분에 의한 개혁에 대한 회의가 제기되고 있다.[44)]

### (4) 지역국가(Etat-région): 이탈리아 · 스페인

지역적 국가(Etat-régionaux)로 분류되는 이탈리아의 특별적 입지의 지역(val d'aoste, trentin-haut-adige, frioul-vennetie julienne, sardaigne-sicile)과 스페인의 자치공동체(특히 Pais Basco와 Cataluňa)는 형식적 의미의 부분적 입법권을 향유한다.

---

42) 장지호, 전게서, 35-36면.

43) Christian Autexier, La République fédérale d'Allemagne, La réforme des collectivités locales en Europe, Notes et Etudes Docuémentaires, La documentation française, 1984, p. 31.

44) Ibid., p. 53.

1) 자치의 개념 : 이탈리아헌법 제5조는 「하나이며 불가분인 공화국은 지방자치를 인정하며 또한 촉진한다. 국가에 속하는 사무에 있어서는 가장 넓은 행정상의 분권을 행하며 그 입법의 원칙과 방법을 자치와 분권의 요구에 적합하도록 한다」고 규정하고 제114조는 「공화국은 지역(regioni), 군(province) 및 시・읍・면(comuni)으로 나누어진다」고 하고 제128조에서는 「군(province)과 시・읍・면(comuni)은 공화국의 일반 법률로 규정된 원칙의 범위 내에서 자치적인 단체이며, 일반법률은 그의 기능을 규정한다」고 규정하고 있다.

그러나 이탈리아 공법학에서의 자치(autonomie)개념은 명백하지가 않다. Giannini는 「자치란 독립을 말하는 것이 아니고 종속되지 않는 것을 뜻하며 자기결정을 뜻하는 것이 아니고 타의적 결정이 아닌 것을 의미한다…」[45]고 애매한 설명을 하고 있다.

자치에 관한 전통적 학설은 오직 규범적 자치(l'autonomie normative)만이 존재한다고 한다. Sani Romano는 「주체의 관점에서 본 자치는 법적 기관을 창설할 권리이며 객체의 관점에서 본 자치는 다른 사람의 간섭을 받지 않고 형성할 수 있는 법적 질서(ordinamento giuridico; ordonnancement juridique; Rechtsordnung)의 자격을 말한다」[46]고 하고 있다. 따라서 자치란 고유의 규범을 제정할 권력이 된다.

스페인 헌법 제137조에서도 「국가는 지역상 시・읍・면, 군 그리고 자치공동체로 구성된다. 이러한 모든 자치단체들은 자체의 이익을 관리하기 위한 자치를 향유한다」고 규정하고 있고 제140조에서도 「헌법은 국민과 지역의 자치권을 인정하고 보장하고…」라고 규정되어 있다. 스페인에서의 자치(autonomio)란 지방자치단체가 그들의 권한사항에 대하여 고유한 규범권을 행사하는 것을 말하며 따라서 지방자치단체가 명령권을 보유하는 것을 말한다.[47] 그러나 자치공동체의 자치는 단순한 행정적 자치의 범위를 넘어 정치적 자치에까지 이르러 법률을 제정하고 진정한 지역정부를 구성하는 능력을 가지는 데까지 확장된다.[48] 그러나 군(provincia)과 시・읍・면(municipio)의 자치는 행정적 자치일 뿐

---

45) Giannini, Autonomia, 4e V, 1959, p. 356, S. Flogaïtis, op. cit., p. 183에서 재인용.

46) S. Romano, Autonomia in Frammenti di un dizionario giurdico, Milano, Giaffre, 1947.

47) Francois d'Arcy, Mariano Baena del Alcazar, Décentralisation en France et en Espagne, Economica, 1986, p. 18.

48) Ibid., p. 19.

이나 순수한 단일국가의 분권화(décentralisation)와 다른 점은 법률에 의하여 표현되는 중앙정부의 의사가 아닌 헌법자체가 규정한 정치적 모델에 따라 헌법자체가 법원이 되어 규정하고 있는 헌법상의 기능을 행사한다는 점에 있다.[49)]

즉 스페인에서의 자치는 형식적 관점에서는 자치공동체를 제외한 나머지 지방자치단체에게는 형식적 의미의 입법권이 배제되고 명령권만이 인정되나 다만 합법성에 대한 감독 이외에는 받지않고 스스로의 결정을 집행할 가능성을 말하며 실질적 관점에서는 권한사항에 있어 내부기관의 조직과 권한을 정할 수 있는 자치조직권을 의미한다.[50)]

이탈리아에서도 시 · 읍 · 면이나 군에 대한 입법권은 주어지지 않는다. 왜냐하면 시 · 읍 · 면이 담당하여서도 안 되며 담당할 수도 없는 기능이 맡겨지지 않도록 하기 위해서는 국가화(즉 집권화)가 불가피하기 때문이다.[51)] 따라서 「시 · 읍 · 면에 있어서의 자치는 존재한다. 그러나 법적인 테두리 밖에 있다」[52)]고 하여 정치적 의미가 아닌 실질적 의미에 있어서의 자치입법권은 배제되고 있다.

2) **자치규범권** : 이탈리아의 지역(regioni)은 형식적 의미의 입법권을 가진다. 이 입법권은 다음과 같이 세 종류로 분류된다. 첫째, 일반적 지위의 지역이 아닌 특별지위의 지역에게만 인정되는 헌법상의 배타적 입법으로 국가의 입법권과 병렬적으로 인정되며 법률과 동위에 있다. 그러나 사법조직의 개편과 같은 중요한 기본원칙에 관하여는 개입할 수 없다.

둘째, 모든 지역에 인정되는 '보충적' 입법으로 국가의 법률이 정한 원칙에 구속된다. 즉 국가의 이익 및 다른 지역의 이익과 대립하지 아니할 것을 조건으로 헌법 제117조에 명시된 자체조직권, 계획권, 공공사업, 경찰, 수송 등의 분야에 대해 개입한다. 셋째, 헌법 제117조의 하단에 규정된 적용입법으로 국가의 법률에 의하여 위임된 것이다. 이 위임입법은 법률 또는 법률에 상응하는 규범에 의하여 쉽게 수정된다.

한편 헌법 제123조는 「각 지역은 공화국의 헌법 및 법률과 조화를 취하면서 지역의 내부 조직에 관한 규정을 정하는 '조례'(statuto)를 둔다」고 규정하여 조례제정권을 지역에게 부여하고 있다. 이러한 조례제정은 헌법적 법률에 의하여 채택되는데, 시칠리아의 지위, 사르데냐의 지위, 아오스떼의 광범위한 행정

---

49) Ibid., p. 26.
50) Ibid., p. 28.
51) S. Flogaitis, op. cit., p. 187.
52) Giannini의 말, Ibid., p. 192에서 재인용.

권, 토리노의 볼사노(독일어 사용주민이 많음)군의 입법권 인정의 경우에 행해졌다. 보통 지역은 헌법 제115조에 의하여 「헌법에 규정되어 있는 원칙에 따라 고유의 권한과 기능을 가지는 자치적 단체로서 조직」되는데 '조례'(statuto)는 지역의 모든 자치입법에 대한 우월적 효력을 가진다. 지역을 제외한 군(province)과 시・읍・면(communi)은 형식적 입법권을 향유하지 못한다. 지역과 군, 시・읍・면의 의결기관의 의결(déliberation)은 행정행위(actes administratif)로서 합법성에 관한 감독을 받으며 1970년 이전에는 승인을 받아야만 했으며 위법하면 취소되었다.

그러나 현재는 감독기관에 의한 재의요구만이 가능하며 대위권(substitution)을 행사하거나 지방의회의 해산하는 방법이 논의되고 있다.[53] 스페인헌법 제149조 제3항은 「헌법이 국가에 대하여 명문규정으로 부여하지 아니하는 사항은 '조례'(Estatuto)제정권을 가지고 있는 자치공동체에 부여될 수 있다. 자치조례에 의하여 인수되지 아니한 사항에 관한 권한은 국가에 귀속되고 쟁의가 발생하는 경우, 자치공동체의 배타적 권한에 귀속되지 아니하는 모든 것에 있어서 국가의 규범은 자치공동체의 규범에 우선한다. 어떠한 경우에도 국가의 법은 자치공동체의 법을 보충할 수 있다」고 규정하고 제150조에서도 「국민의회는 국가의 권한에 있어서 모든 또는 일정한 자치공동체에게 국가의 법률이 정한 원칙, 근거 및 준칙의 범위 내에서 스스로를 위한 입법적 규범을 제정할 능력을 부여할 수 있다」고 규정하고 있다.

이에 따라 카탈루냐 자치공동체와 바스크 지방자치공동체는 자체의 조직과 규범권을 정하는 '조례'(Estatuto)를 제정하였다. 이러한 권한은 자치공동체의 자치적 입법권이며 자치공동체는 또한 지방의 사정과 필요에 적응하기 위하여 국가가 제정한 규범을 보충하는 보충적 입법권을 향유한다. 보충적 입법권은 국가가 정한 규율의 범위 내에서 행사되고, 자치공동체는 또한 제149조에서 국가의 권한으로 정하고 있는 사항에 대하여 법률의 집행을 위하여 규범을 제정할 수 있고 이러한 규범은 국가의 허가를 받아야 한다.

군(provincia), 시・읍・면(municipio)에는 1955년 지방제도법률에 의하여 지방행정입법규범(normas reglamentarias locales)의 제정권이 인정되었다.[54] 그러

53) E. Buglione, F. Merloni/V. Santantonio et L. Torchia, L'Italie, La reforme des collectivites locales en Europe, op. cit., p. 67.

54) 스페인에서의 법규명령은 국가명령(Reglamentos estatales), 자치명령(Reglamentos autonomicos), 지방명령(Reglamentos locales), 기관명(Reglamentos institucionales)으로 구분된다.

나 지방행정입법규범은 순수한 행정적 성격의 것으로 '형식적 입법권'이 아니며 국가의 법률 또는 자치공동체의 법률에 종속되며 행정소송의 대상이 된다.

3) 지역주의(Régionalisme) : 스페인에서 군, 시 · 읍 · 면의 지방자치단체와 자치공동체의 관계에 있어 헌법은 지방자치의 내용에 관해 정의하지 않고 1985년 4월 2일 법률이 규정하고 있다. 이에 따르면 지방자치단체의 권한이 자치공동체와 쟁의를 일으키면 자치공동체에게 권한을 양보하여야 한다. 뿐만 아니라 자치공동체의 '조례'(Estatuto)는 지방자치단체의 지위를 결정한다. 이렇게 보면 자치공동체는 일종의 국가로 볼 수 있으나 헌법 제137조에 의하면 국가는 자치공동체, 군, 시 · 읍 · 면으로 구성된다고 되어 있기 때문에 자치공동체가 국가의 한 기관으로 된다. 이렇게 볼 때 스페인의 지방제도는 정치적 · 행정적 다원주의를 구성하고 있으며 지방자치의 장은 지역(région)의 수준에 집중되어 있다. 스페인에서는 19세기를 통하여 바스크지방이나 카탈루냐지방의 아이덴티티가 상실되지 않았으며 Franco총통의 중앙집권적 단일국가체제에서도 살아남아 프랑코 사후에는 정치적 · 이론적 자치에 기초한 지역국가를 형성하였다고 보겠으며 지역이하에서는 행정적 자치만이 허용되고 있다고 보겠다.

이탈리아에서도 통일운동(risorgimento)시대 이래 지역적 특성의 타파와 중앙집권적 통일국가의 형성을 위하여 프러시아식의 중앙집권적 국가를 이룩하려고 하였으나 제2차 세계대전이후 민주화된 새로운 국가의 모습을 보여주기 위해 지역국가로의 개편이 불가피하였다. 그러나 자치권은 지역(regioni)에 집중되어 있고 군, 시 · 읍 · 면의 자치권한은 상대적으로 미약하다.

### (5) 단일국가 : 프랑스 · 그리스 · 네덜란드

1) 자치의 개념 : 프랑스헌법 제72조는 「이러한 자치단체는 선출된 위원회(des conseil selus)에 의하여 법률이 정한 조건에 따라 자유로이 행정한다(s'administrent librement)」고 규정하고 있으며 지방자치단체의 자유행정(libre administration)에 관한 사항이 의회의 법률로 규정할 사항임을 규정하고 있다. 따라서 지방자치단체들은 스스로의 지위를 결정할 권한이 없다. 프랑스에서의 분권화(décentralisation)란 정치적 분권화가 아닌 순수한 행정적 분권화(décentralisation administrative)만 의미하는 것으로 지방의 대표기관은 의결기관으

---

Luis, No. Cazorla Prieto, Enrique Arnaldo Alcubilla, Temas de Derecho constitucional Y Derecho administrativo, Marcial Pons, 1988, Madrid, p. 575 이하 참조.

로서의 행정위원회에 불과하여 자유로이 원초적(initial) 입법권을 행사할 수 없다. 지방의 대표기관은 의회와는 달리 주권자인 국민에 의한 주권의 위임을 받지 못한다. 따라서 지방선거는 임명절차에 불과하다. 국민의 주권은 불가분하며 국가적 차원에서의 대표만이 행사할 수 있는 것이다. 따라서 단일국가에 있어서의 분권화는 행정적 기능에 제한될 수밖에 없다.[55] 분권화는 지방자치단체가 국가의 법적 질서 안에서 권력을 행사하는 것을 뜻하며 자유행정이란 국가의 범위 안에서 스스로 행정할 권리를 말하기 때문에 입법권은 항상 국가에게만 속한다.

따라서 하급지방자치단체는 중앙정부가 부여하고 규정한 조건에 따른 명령권만 행사한다. 따라서 정부의 명령에 대하여서도 지방자치단체의 명령은 하위의 효력을 가진다. 지방자치단체의 자유행정은 국가작용의 보충적 작용일 뿐이다.

단일국가의 특성은 정부형태에 있어서는 행정적 권한에 국한된 권한만을 가지는 지방제도를 가지며 입법에 있어서는 원초적 입법권이 배제되고 단순한 집행적 조치로서의 명령권만을 보유하며 사법에 있어서는 분권(décentralisation)이 이루어지지 않고 단순한 지방에의 배치(déconcentration)에 그치는 점에 있다.[56] 연방국가에 있어서의 지방자치단체들의 권한은 연방헌법으로부터 나온다. 따라서 지방자치단체들은 자치조직권을 가진다. 단일국가에서는 지방자치단체들의 지위가 법률로부터 나오기 때문에 법률에 규정된 사항에 대한 수정을 할 수 없다. 따라서 법률에 규정되어 있지 아니한 기구의 창설은 불가능하다. 즉 자치조직권을 향유할 수 없다.[57] 또한 지방위원회의 권한사항에 대한 주민투표의 실시도 불가능하다.

**2) 자치규범의 한계 :** 네덜란드 헌법 제113조는 「시 · 읍 · 면의 명령과 내부행정은 위원회에 부과되며 위원회는 시 · 읍 · 면의 이익에 필요하다고 판단되는 자치명령(arrétés municipaux)을 제정할 수 있다」고 규정하고 있다. 그러나 시 · 읍 · 면의 자치명령에는 많은 제한이 따른다. 우선 시 · 읍 · 면의 자치명령은 군이나 국가의 권한사항에 개입할 수 없다. 법률이나 군의 자치명령의 규율사항에 개입한 시 · 읍 · 면의 자치명령은 무효이다.[58] 또한 헌법 제153조는 「국

---

55) George Burdeau, Traité de science politique, T.II, L'Etat, L.G.D.J., 1980, p. 427.

56) Marcel Prélot/Jean Boulouis, Institutions politiques et Droit constitutionnel, Dalloz, 1980, p. 246.

57) C.E. 28 oct. Laffitte.

58) Gemeentewet 제193조 및 제194조.

가의 법률, 명령 또는 군의 명령이 요구할 때, 지방정부는 그의 집행에 협력하여야 한다」고 규정하고 있어 중앙정부 또는 군의 명령이 요구하는 경우에는 이에 따른 시·읍·면의 명령을 제정하여야 한다. 또한 시·읍·면의 예산, 사법상의 행위, 채권발행 등의 경우에 군에 의한 사전적(a priori) 감독을 받아야 하며 지방세에 관하여는 중앙정부의 사전적 감독을 받아야 한다. 시·읍·면 위원회의 결정은 법률 또는 공익과 저촉될 경우에는 중앙정부에 의하여 정지 또는 취소된다.[59] 약 70%의 시·읍·면 위원회의 결정은 중앙정부 또는 군의 승인대상이다. 그리스에서도 시·읍·면 위원회의 행위는 직권취소 또는 쟁송취소의 대상이 되며 합법성에 대한 통제뿐만 아니라 합목적성에 대한 통제도 받는다.[60] 예산에 관하여는 대위권(substitution)도 인정된다.[61]

프랑스에서의 지방의 대표기관의 의결, 명령, 결정 등은 행정행위(일반적 또는 개별적 행위)의 성격을 지니며 지방자치단체들은 법률에 의하여 명시적으로 부여된 권한밖에는 행사할 수 없다. 1982년 3월 2일의 법률은 제1조에서 「시·읍·면, 군(departements)과 지역(régions)은 선출된 위원회(conseils)에 의하여 자유로이 행정한다」고 규정하여 '자유로운 행정'의 원칙을 선언하고 후견적 감독을 폐지하고 합법성에 대한 일반법상의 사법적 통제를 도입하였다.[62] 자유로운 행정이란 선출된 의결기관이 그들의 권한사항의 일을 심의, 의결하고 그들의 결정을 집행할 수 있는 권력을 보유하는 것을 의미한다. 그러나 지방자치단체들은 법률로부터 입법권을 수여받은 것이 아니라 자유로운 행정을 부여받은 데 지나지 않는다. 즉 고유한 지방적 사무란 선험적으로는 존재할 수 없고 국가만이 유일한 이성체(rationalité)이므로 지방자치단체의 권한은 법상의 권한(compétences de droit)이 아니라 법률에 의해 부여된 권한(compétences d'attribution)에 지나지 않는다.[63] 필요한 경우에는 법률에 의하여 언제든지 권한의 부여가 철회될 수 있으며, 따라서 지방자치단체는 법률의 범위 안에서 법률을 존중하여 행정하여야 한다. 즉 지방자치단체의 권한은 항상 국가정치권의 사전적 결정을 전제하여야 한다. 지방자치단체의 자유로운 행정이란 국가작용의 보충적 작용의 범위 내에 존재하는 것이다.[64] 따라서 법의 수권 없는 자치규범제정권은 인정되지 않는다.

---

59) Gemeentewet 제185조.
60) Epaminondas Spiliotopoulos, Droit administratif, héllenique, L.G.D.J.
61) Ibid., p. 233.
62) 이광윤, "프랑스의 지방자치", 비교행정 창간호, 1984. 12, 참조.
63) Georges Gontcharoff, Serge Milano, La décentralisation, Syros, 1983, p. 42.

권한배분에 과한 법률은 규범의 권한배분이 아닌 행정적 또는 기술적 권한에 대한 배분일 뿐이다.

3) **독자명령권에 대한 논의 :** 프랑스에서는 오랫동안 국가만이 정치적 실체이며 따라서 국가와 정치를 동일시하는 태도가 존속하여 왔다. 고로 지방자치행정은 행정행위(actes administratifs)일 뿐 결코 입법행위(actes législatifs)로는 간주되지 않았다.

그러나 지방사무가 비록 강한 행정적 성격을 띠고는 있지만 정치적 기능을 하고 있는 것은 사실이기 때문에 최소한 지역(région)단위에서의 정치화, 즉 정치적 지역화(régionalisation politique)의 문제가 거론되었다.

정치적 지역화란 국가질서의 불가분성과 국가의 단일성의 원칙의 한계 내에서의 지역적 자치의 인정을 의미하고[65] 이를 위해서는 지역에게 고유의 법적 수단을 부여하여야 하기 때문에 최소한 고유의 명령권을 인정하여야 한다. 이리하여 지역에 규범적 권력(pouvoir normatif)을 부여하기 위하여 헌법 제34조와 제37조를 개정하자는 논의가 일어나 「일정한 사항에 있어 수상의 명령에 종속되지 않는 고유의 명령권을 행사하도록…」[66] 하자고 사회당에서 제안하였다. 이 헌법개정안은 부결되었으나 규범적 법원(source normative)의 단일성이 입법의 단일성(unité de legislation)을 의미하지는 않기 때문에 Corse지역에 대한 다른 지역에서와는 다른 특별 지위의 입법이 의회에서 행해졌다. 즉 입법권은 하나이나, 모든 지방자치단체의 지위가 동일한 것이 아닌 "복합입법의 단일국가"(Etat unitaire pluri-législatif)가 탄생하였다. 해외영토인 Mayotte와 Saint-Pierre-et Miquelon에 대한 특별지위의 부여와 파리, 리용, 마르세유에 대한 특별지위의 부여도 이러한 관점에서 이해될 수 있다. 그러나 파리, 리용, 마르세유에 대한 특별지위의 부여는 해외영토들에 있어서와 같은 정치적 성격으로 인한 정치적 지역화(régionalisation politique)의 문제가 아닌 대도시의 기능확대에 따른 기술적 이유라는 점에 있어서 다르다.[67]

---

**64)** Ibid., p. 43.

**65)** Jeròme Chapuisat, Autonomie térritoriale et régionalisation politique, A.J.D.A. 1983, fév., p. 60.

**66)** 1979년 헌법개정을 위한 loi constitutionnelle의 제안 설명.

**67)** Louis Favoreu, Les bases constitutionnelles du droit des collectivités locales, La nouvelle décentralisation, S.D. de Franck Moderne, Sirey, 1983, p. 22.

### (6) 결 론

Tocqueville은 그의 저서 "미국에서의 민주주의"(Democratie en Amerique IV, chap. 2)에서 「지방제도가 자유에 대하여 가지는 관계는 초등학교가 학문에 대하여 가지는 관계와 같다」고 하여 지방자치와 민주주의와의 관계가 밀접함을 기술한 바 있다. 그러나 우리가 검토한 바에 의하면 민주주의와 지방분권은 반드시 일치하는 것은 아님을 알 수 있다. 귀족정치에 바탕을 둔 영국의 "local government"가 진정한 민주주의정신에 바탕하지 않았음이 그 단적인 예이다. 또한 프랑스와 같이 법률과 조례와의 관계에 관하여 문제의 제기 가능성조차 불가능한 단일입법권을 고수하고 있는 국가에서도 민주주의의 문제는 제기되지 않았다. 그리스에서도 「"자치행정"이란 공법인의 활동에 관계하고 있는 사람들 중에서 대표를 선출하여 행정하는 것을 말하는 것으로, 지방분권화란 반드시 자치행정을 수반하는 것은 아니라고」까지 하고 있다.[68)]

우리의 비교검토에 의하여 알 수 있는 것은, 첫째, 국가형태나 지방제도의 구성은 국민들의 지역적인 정치적 관심이 어느 수준에 집중되어 있는가에 따라 달라진다는 것이다. 스페인의 카탈루냐지방, 바스크지방, 이탈리아의 시칠리아 지방의 지역정치에 대한 관심도가 단일국가에서 지역국가로 국가형태를 변형케 한 원인이었고, 프랑스의 코르시카지역의 특별입법이 행해진 이유도 동일하다.

둘째, 우리나라와 비교적 비슷한 규모를 가지고 있는 위의 국가들에서 정치적 관심은 주로 국가적 단위이거나 지역의 단위에 집중되어 있다. 따라서 정치적 지방자치는 지역단위까지만 문제가 되며 군(département, provincia, Kreis) 또는 시·읍·면(commune, Gemeinde)단위에서는 주로 행정적 자치만이 허용되어 있다.

셋째, 지방자치단체의 규범제정권은 정치적 자치를 허용하느냐 또는 행정적 자치만을 허용하느냐 하는 문제에 연결되어 있는 문제로 군 또는 시·읍·면의 단위에서는 형식적 입법권이 거의 주어지지 않고 있다.

넷째, 독일의 경우 조례(Satzungen)의 제정권이 Gemeinde에게까지 인정되는 것은 Gemeinde에 대한 정서적 응집 못지않게 분권(Dezentralisation)의 개념과 행정행위에 대한 개념(명령을 집행적 행위로 보지 않음)의 독특성에 기인한다. 다른 나라들의 경우 '조례'(Satzungen, Statuten)라는 단어에 해당하는 Statut, Statuto, Estatuto들은 지역(région)단위에서의 국가법률에 대한 지역의 법률을

68) E. Spilotopoulos, op. cit., pp. 183-184.

의미한다.

다섯째, 1960년대 이후의 유럽에서의 지방제도의 개혁은 변화한 현대행정에 있어서의 효율성의 제고에 중요 초점이 있는 것으로 지방제도는 대체로 광역화하며 특히 수도권에 대한 특별배려도 두드러진다.

## 2. 조례에 대한 사법적 통제[69)]

### (1) 조례의 개념

헌법 제117조는 「지방자치단체는 주민의 복리에 관한 사무를 처리하고 재산을 관리하며, 법령의 범위 안에서 자치에 관한 규정을 제정할 수 있다」고 하여 지방자치단체의 자치규범 제정권을 인정하고 있는데 지방자치법은 지방자치단체가 정하는 자치규범의 형식으로 지방의회가 의결하여 지방자치단체장이 공포하는 '조례'(지방자치법 제15조, 제19조)와 지방자치단체의 장이 법령 또는 조례가 위임한 범위 안에서 그 권한에 속하는 사무에 관하여 제정하는 '규칙'의 두 가지 형식을 정하고 있다. 따라서 우리나라에 있어서 '조례'라고 함은 "지방의회가 의결하여 지방자치단체 장이 공포하는 자치규범"을 말한다.

'條例'라고 하는 단어는 독일어의 'Satzung'을 번역한 것으로 보이는데 1930년대 이전에는 'Statut'로 불리어졌다.[70)] 'Satzung'이란 국가로부터 독립된 공법상의 법인이 그의 업무를 규율하기 위하여 제정하는 규범을 말한다.[71)] 독일어의 'Satzung' 또는 'Statut'는 어의상으로 보면 영어의 'Statute', 이탈리아어의 'Statuto', 스페인어의 'Estatuto'에 해당하는데, 영국에서는 의회제정 법률을 의미하고, 이탈리아에서는 아오스테나 시칠리아와 같은 특별한 지역(Regioni)이 향유하는 형식적 의미의 지역적 법률을 의미하고[72)] 스페인에서도 바스크 지방이나 카탈루냐와 같은 자치공동체(Comunidades Autonmas)가 향유하는 형식적 의미의 지역적 법률을 의미한다. 스페인에서 郡(Provincia)이나 市·邑·面(municipio)이 향유하는 규범제정권은 형식적 의미의 입법이 아닌 명령적 규범(normas reglamentarias)이며 이탈리아에서도 사정은 비슷하다.[73)] 스페인에서

69) 이광윤, "조례에 대한 사법적 통제", 고시계 1997년 5월호, Ⅱ-1. 조례의 개념 이하.

70) 이광윤, "지방자치의 개념과 조례제정권", 「현대공법의 제문제」, 여산한창규박사 화갑기념논문집, 삼영사, 1993, 642면 참조.

71) 이기우, 지방자치행정법, 법문사, 1991, 224-225면 참조.

72) 이광윤, 전게논문, 645-646면 참조.

郡이나 市·邑·面의 위원회(우리나라의 지방의회에 해당)가 정하는 명령적 규범은 별도로 지칭하지 않고 '의결'(Acuerdo)이라는 말로 포괄하여 부르고 지방자치단체의 행위(Acto)의 하나로 보고 있다.[74] 프랑스에서도 지방위원회(의회)의 결정은 의결(Délibération)로 불리며 행정행위(Acte administratif)의 하나이다. 그러나 독일의 郡(Kreis)과 市·邑·面(Gemeinde)에 있어서의 자치행정의 내용으로서의 규범제정권은 일반적으로 집행을 위한 권한과 입법을 위한 권한의 이중적 성격을 가지는 것으로 해석된다.[75] 독일에서는 일반적이고 추상적인 규범은 행정행위로 간주되고 있지 않기 때문에 'Satzung'은 실질적으로 입법행위의 범주에 들어가며 공법상의 창설행위이다.

### (2) 조례의 성질

1) **自主立法說(법률유사설)** : 우리나라에는 지방분권의 전통이 없기 때문에 지방자치권의 고유권설에 입각한 조례의 자주입법설을 주장할 현실적 근거는 없다. 따라서 우리나라에서의 자주입법설은 조례제정권이 헌법 제117조의 「법령의 범위 안에서 자치에 관한 규정을 제정할 수 있다」는 규정으로부터 직접적으로 권한을 부여받은 것으로 해석하면서 '법령의 범위 안'이라고 하는 것은 법률의 유보나 법규창조력과는 관련이 없고 단순히 국가법률과 국가명령의 지방자치단체의 조례와 규칙에 대한 효력상의 우위를 의미할 뿐인 것으로 해석하여 자치사무에 대하여는 법령에 위반되지 않는 한 법령의 개별적인 위임이 없는 경우에도 조례를 제정할 수 있다고 주장한다.[76]

독일 연방헌법재판소는 조례를 지방자치단체가 그의 자주성을 근거로 하여 지방자치단체에 속하는 주민들에게 적용하기 위하여 제정하는 법규정으로 보고 있는데 독일 학자들의 설명에 따르면 "조례와 법률은 질적으로 다르지 않고, 조례도 하나의 법률이며, 이의 적용을 받는 게마인데(Gemeinde)의 구역 내에서는 연방법이나 주법과 마찬가지로 구속력을 가지고 있다"고 한다. "그러나 조례는 법률보다는 하위에 있다"고 한다. "왜냐하면 게마인데에 관계되는 모든 규정은 최종적으로 국법질서에 적합하지 않으면 안 되고 또한 법률에 모순이 되어서는 안 되기 때문이다"고 한다.[77] 따라서 자주입법설은 조례를 법률 유사

---

**73)** 이광윤, 상게논문, 646-647면 참조.

**74)** Inigo sanz Rubiales, "El contencioso interadministrativo", Marcial Pons, 1993, p. 118.

**75)** 장지호, 전게서, 35-36면 참조.

**76)** 박윤흔, "법령과 조례와의 관계", 고시계 1992년 11월호, 38-39면.

한 것으로 보고 있다.

2) 委任立法說(명령유사설) : 근대법 체계는 헌법을 정점으로 하여 법률, 다시 법률의 수권에 의하여 명령·조례가 제정되고 이러한 조례를 포함한 법령이 헌법 아래서 일관된 법체계를 구성하고 있기 때문에 조례도 그 기초는 법률에 있다고 할 것이며 법률의 수권에 근거한 위임입법의 일종이라고[78] 한다. 프랑스 헌법 제72조는 「지방자치단체는 선출된 위원회(의회)에 의하여 법률에 정한 조건에 따라 자유로이 행정한다」고 규정하고 있다. 따라서 지방자치단체들은 스스로의 지위를 결정할 권한이 없다. 프랑스에서 말하는 分權化(Décentralisation)란 형식적 의미의 입법권과 사법권을 포함한 정치적 분권화가 아닌 형식적 의미의 행정적 분권화(Décentralisation administrative)만을 의미하는 것으로 지방의 주민대표기관은 의결기관으로서의 행정위원회에 불과하기 때문에 원초적 입법권을 향유하지 못한다.

즉 지방의 주민대표기관은 의회와는 달리 국민주권의 대표기관이 아니기 때문에 지방선거는 주권행사가 아닌 임명절차의 성격을 띠고 있다. 국민의 주권은 불가분하며 국가적 차원의 대표만이 대표권을 행사할 수 있는 것으로 간주된다. 따라서 지역적 분권화란 지방자치단체가 국법질서 안에서 권력을 행사하는 것을 뜻하며 자유행정이란 국법질서 안에서의 자치 행정권을 의미하기 때문에 형식적 입법권은 항상 국가에게만 귀속한다. 그러므로 지방자치단체는 중앙정부가 부여하고 규정한 조건에 따라 명령권만 행사할 수 있을 따름이다. 따라서 정부의 명령에 대하여서도 지방자치단체의 명령은 下位의 효력을 가진다. 이러한 국법 체계하에서의 조례는 법률의 카테고리가 아닌 명령의 카테고리에 속하게 된다.

### (3) 조례의 성질에 따른 사법적 통제 방법

1) 법률유사설(자주입법설) : 자치사무에 대한 조례의 성질을 법률과 유사한 것으로 보게 되면 두밀분교 판례에서의 공공시설인 초등학교의 설치 및 폐지에 관한 사무와 같은 것은 다른 법령에 규정이 없는 경우에는 지방자치단체인 시·도가 제정하는 조례의 형식으로 정하게 되어 있는 자치사무이므로(지방자치법, 지방교육자치에관한 법률, 교육법의 관련규정 참조) 이러한 사무에 관한 조

77) 장지호, 전게서, 43-44면.
78) 박윤흔, 전게논문, 40면.

례에 대하여는 법령의 우위 원칙에 따른 기관소송[79]의 문제는 별론으로 하고, 국민의 입장에서는 직접 조례를 상대로 하여서는 헌법소원만이 가능하며 항고소송의 대상이 될 수 없다. 다만 간접적으로 구체적 규범통제로서의 위헌·위법 심사의 대상은 된다. 이 경우는 헌법 제107조 제1항에 의하여 헌법재판소가 심판하는 것이 타당할 것으로 본다.

2) 명령유사설(위임입법설) : 자치사무에 관한 조례도 법률의 수권에 근거한 위임입법의 일종으로 보게 되면 법규명령의 항고 소송의 대상여부가 문제된다.

가. 처분성이 인정되지 않는 경우 헌법 제107조 제2항에 의한 구체적 규범 통제의 대상이 될 뿐, 직접 항고소송의 대상이 되지 않는다. 따라서 조례의 위법·위헌을 이유로 하여 일련의 폐쇄조치에 대한 무효확인 또는 취소소송을 제기하여 대법원이 최종적으로 심사한다. 그러나 위법 또는 위헌의 판정은 해당사건에 대한 적용거부에 그친다. 그러나 위법 또는 위헌의 판정을 받은 조례에 근거한 차후의 행정처분은 무효인 행정행위로 보아야 한다. 또한 위헌·위법인 조례에 대한 무효선언은 행정행위의 취소판결에 갈음하는 선언이기 때문에 무효선언이 있는 때로부터 효력을 상실하는 것으로 보지 말고 처음부터 소급하여 효력이 없는 것으로 보는 것이 타당할 것으로 본다.

나. 처분성이 인정되는 경우 조례가 집행행위의 개입 없이도 그 자체로서 직접 국민의 구체적인 권리의무나 법적 이익에 영향을 미치는 등의 법률상 효과를 발생시키는 경우에는 항고소송의 대상이 되는 행정처분에 해당한다. 즉 행정청이 행하는 구체적 사실에 관한 법집행으로서의 공권력의 행사에 준하는 행정작용으로서의 처분이 된다. 두밀분교 사례의 경우에는 조례의 효력을 발생시키는 공포권이 있고 지방교육 자치단체를 대표하는 경기도 교육감을 피고로 하여 직접 조례에 대하여 무효확인 또는 취소소송을 제기한다.

### (4) 판례 및 학설에 대한 검토

1) 조례의 성격에 관하여 : 자주입법설과 위임입법설 중 자주입법설이 다수이고 대법원 1992. 6. 23. 선고 92추17 판결도 "주민의 권리를 제한하거나 의무의 부과에 관한 사항이거나 벌칙에 관한 사항이 아닌 한 법률의 위임이 없

---

79) 이광윤, "지방자치단체 상호간의 권한쟁의 심판", 헌법재판연구 제3권, 헌법재판소, 1991, 303-309면.

더라도 조례를 제정할 수 있다"고 하고 있다. 그러나 연방 국가나 지역국가가 아닌 단일국가인 우리나라에서, 그리고 중세 독일에서와 같은 장원 제도나 자유시와 같은 어떠한 분권적 전통도 없는 우리나라에서, 직접 헌법에 근거한 자주입법(법률과 유사한)권을 형식적 법률의 위임 없이 인정한다는 것은 행정적 분권이 아닌 정치적 분권을 의미하는 것이기 때문에 이 문제에 관한 헌법적 또는 국민적 합의가 좀 더 명백히 밝혀지기 전에는 선불리 받아들일 수 없다고 본다. 뿐만 아니라 헌법 제117조 제1항은 「법령의 범위 안에서」라고 하여 국가의 법률과 명령이 지방자치단체의 규정보다 우월적 효력을 지니고 있다는 것을 선언하고 있을 뿐이지 자치법규의 '법규창조력'에 대하여는 침묵하고 있다. 이런 경우 헌법에 대한 해석은 헌법 제1조 제2항의 「대한민국의 주권은 국민에게 있고, 모든 권력은 국민으로부터 나온다」고 하는 국체조항에 근거하여 국민이 명시적 규정에 의하여 인정하지 아니한 시원적 권력을 해석을 통하여 창설할 수는 없다고 보아야 할 것이다.

2) 위헌심사기관에 대하여 : 조례의 사법적 통제에 대한 대부분의 학설은 조례를 명령·규칙의 하나 즉 자치법규를 법규명령에 준하는 것으로 보아 헌법 제107조 제2항에 의한 대법원의 위법·위헌 심사의 대상으로 보고 있다. 그러나 자주입법설의 입장에서는 헌법 제107조 제1항에 의한 법률에 대한 헌법재판소의 위헌 심사의 대상으로 보아야 할 것이 아닌가라는 의문이 있다.

3) 명령의 처분성에 대하여 : 처분적 명령을 부인하는 학자도 있으나 대법원 1954. 8. 19. 선고 4286행상37카3275 판결(가능성만 인정)과 대법원 1996. 9. 20. 선고 95누8003 '두밀분교' 판결은 처분적 명령을 인정하고 있다. 명령에 대한 처분성 인정의 이유는 말할 것도 없이 '명령에 대한 항고소송의 필요성'인데 개별적 행위만을 행정처분으로 보고 있는 입장에서 명령을 처분으로 보기 위해서는 명령의 행정객체에 대한 '직접적이고 개별적인 관련성'이 필수적이다. 그러나 일반적 규범의 효과는 모두 개별적인 관련성이 있기 때문에 결국 직접적(또는 구체적) 관련성이 문제되는데 법률효과가 직접적이냐 아니면 간접적이냐 하는 문제는 주관적인 판단에 좌우될 수 있는 문제로 이에 대한 판단이 용이하지 않다. 뿐만 아니라 직접적이고 개별적인 관련성이 있다고 인정되는 명령도 일반적 법규범으로서 손색이 없는 경우가 많으므로('두밀분교'를 폐쇄하는 조례의 효과는 두밀분교의 취학 아동 및 학부형에 대하여 일반적이다. 유럽사법원도 Fruit and Vegetables Case에서 '명령으로 명명된 조치가 특정된 자연인 또는 법

인에게 직접적일 뿐만 아니라 개별적으로도 관계되는 규정을 담고 있으면 그 조치가 전체적으로 보아 명령으로 정당히 불려질 수 있다는 선입견과는 상관없이 어떤 경우에는 그 규정들이 명령의 성격을 상실하고 개인들에 의한 취소소송의 대상이 된다'고 함) 명령에 대한 처분성의 인정은 명령에 대한 항고소송의 도입 필요성에 따른 임기응변일 뿐이다. '개별지가고시'나 '도시계획'의 처분성을 둘러싼 논란들은 모두 '개별적이고 구체적 효과'에 대한 판별의 어려움을 대변하고 있다.

4) **명령에 대한 항고소송의 전면적 확대** : 대법원은 '두밀분교' 판결에서 조례의 일반규범으로서의 효과에 대한 분석 없이 소송경제를 위하여 일련의 조치들을 사실행위로 보고 조례를 처분으로 보고 있으나 앞에서 거론한 문제들을 근본적으로 해결하기 위해서는 행정소송법과 행정심판법 그리고 행정절차법의 '처분' 규정을 개정하여 일반적인 명령도 처분에 포함시키든지 아니면 따로 '행정입법 항고소송'을 도입할 필요가 있다. 독일도 조례로 결정하는 건설상세계획에 대한 추상적 규범통제가 필요함에 따라 행정소송법 제47조에 추상적 규범통제 소송제도를 도입하였으며 실은 '일반처분'개념 자체가 처분개념의 부분적 확대를 의미한다. 명령을 행정행위의 개념에 포함시키고 있는 프랑스의 경우는 더 말할 것도 없지만 일본 변호사연합회가 마련한 '행정사건소송법 개정시안'이 '행정입법 취소소송'제도를 도입하는 한편 취소소송의 대상으로 '행정처분(현실로 불이익을 초래할 우려가 있는 것을 포함) 기타 법령에 의거한 일방적 권한의 행사'라고 규정하고 있음은 무엇을 시사하고 있는가. 스페인도 1956년 행정소송법을 개정하여 제39조 제1항에서 '국가의 행정청과 지방자치단체 및 영조물법인 기관이 발하는 일반적 성격의 처분이 직접적으로 행정소송의 대상이 된다'고 규정한 바 있다. Fernando Garrido Falla교수에 의하면 "중요한 것은 '행정제도(Régime Administratif)'에 귀속되는 행위의 집합을 발견하는 것이며 확실히 행정행위는 일반적인 것도 포함한다"고 하면서 "행정행위에 대한 성질설은 편견에 불과하다"[80]고 한다.

---

80) Fernando Garrido Falla, Tratado de Derecho administrativo I, 1982, p. 446.

# Ⅲ 지방자치단체 상호간의 권한쟁의심판[81)]

## 1. 서 론

우리나라 헌법 제111조는 헌법재판소의 관장사항의 하나로 지방자치단체 상호간의 권한쟁의에 관한 심판을 규정하고 있고, 헌법재판소법 제62조 제1항 3호는 지방자치단체 상호간의 권한쟁의심판으로 「가. 특별시, 광역시 또는 도 상호간의 권한쟁의 심판, 나. 시・군 또는 자치구 상호간의 권한쟁의심판, 다. 특별시, 광역시 또는 도와 시・군 또는 자치구간의 권한쟁의심판」을 규정하고, 동조의 제2항은 지방교육자치에관한법률 제12조의 규정에 의한 교육・학예에 관한 지방자치단체의 사무에 관한 것인 때에는 교육감이 당사자가 된다고 규정하고 있다. 한편, 제61조에 의하면 심판의 청구는 지방자치단체의 상호간에 권한의 존부 또는 범위에 관하여 다툼이 있을 때, 피청구인의 처분 또는 부작위가 헌법 또는 법률에 의하여 부여받은 청구인의 권한을 침해하였거나 침해할 현저한 위험이 있는 때에 한하여 할 수 있으며, 또한 제66조는 ① 지방자치단체의 권한의 존부 또는 범위에 관하여 판단하는 심판과, ② 피청구기관의 처분 또는 부작위가 이미 청구인의 권한을 침해한 경우에 할 수 있는 취소 또는 무효확인 심판의 두 가지로 규정하고 있다. 결국 권한쟁의심판은 피청구인의 처분 또는 부작위가 청구인의 권한을 침해할 현저한 위험이 있는 경우의 권한의 존부 또는 범위에 관한 심판, 청구인의 권한을 이미 침해한 경우의 권한의 존부 또는 범위에 관한 심판과 피청구기관의 처분 또는 부작위에 대한 취소 또는 무효확인심판이 가능하다.

## 2. 權限爭議審判의 請求事由

심판의 청구사유는 다른 지방자치단체의 처분 또는 부작위가 심판을 청구하

**81)** 이광윤, "지방자치단체 상호간의 권한쟁의심판", 헌법재판연구 제3권, 헌법재판소, 1991. 12, 제3장 참고.

는 지방자치단체의 권한을 침해하였거나, 침해할 현저한 위험이 있는 경우이다.

### (1) 權限의 侵害

권한(compétence, Kompetenz)이라 함은 헌법·법률 또는 법규명령에 의하여 부여된 법률상 유효한 행위를 할 수 있는 범위를 말한다. 이러한 권한은 헌법, 법률, 명령이라고 하는 '객관적인 법'(droit objectif)으로부터 직접 발생하여 법(droit objectif)과 마찬가지로 일반성과 항구성을 가지기 때문에 객관적 법적 상태(situations juridiques objectives)를 의미한다.

이는 주관적 법적 상태(situations juridiques subjectives)인 권리(droit subjectif)와 구별된다. 따라서 '기본법에 위임한 권리와 의무를 침해하였거나 직접적으로 위태롭게 하는 경우'(독일연방헌법재판소법 제64조 1항)에 신청이 허용되는 독일의 권한쟁의심판과는 달리 객관적 쟁송에 해당한다.

무권한청구소송(réclamation d'incompétence)에 기원을 둔 프랑스의 월권소송(recours pour excès de pouvoir)이 공권력 행사의 적법성 여부에 중점을 두었던 데 비해 독일의 행정소송은 시민의 주관적 권리를 보호하기 위하여 생겨난 제도이기 때문에,[82] 독일의 위법무효소송(demande en nullité pour violation de la loi)은 우선 개인의 권리가 침해되었다는 것을 전제로 하여 이러한 권리의 침해는 법률(loi), 즉 법규(règle de dorit)의 잘못된 적용으로 인하여 발생되었다고 하는 제2차적 권한소송(juridiction à compétence)의 성격을 가진다.[83]

이러한 주관적 권리의 개념을 일차적 매개체로 하여 소송을 시작하는 독일 행정재판의 전통이 헌법소송에로 확대되어 권한쟁의심판에 있어서도 주관적 권리의 침해를 전제로 법규위반여부를 심사한다고 보겠다. 그러나 이미 프러시아에서도 1883년 8월 1일의 권한에 관한 Friedrichs법률 제15조와 제17조는 주관적 권리를 창설하지 아니하는 법규범의 보호를 위한 행정소송을 인정하였으며,[84] 1876년 10월 22일 법률에 의하여 권리의 침해에 대하여만 행정소송을 인정하던 오스트리아도 1925년 7월 30일의 헌법개정에 의해 주관적 권리의 침해가 아닌 행정의 적법성에 관한 행정소송을 인정한 바 있다.[85] 또한 국가에게

---

82) Fritz Fleiner, Les principes généraux du Droit administratif Allemand, paris, Librairie Delagrave, 1993, p. 161.

83) Otto Mayer, Le Droit administratif Allemand. T. I, paris, V.Giand & E. Briere, 1903, pp. 246-248 참조.

84) Fritz Fleiner, op. cit., p. 162.

권리의 주체로서의 인격을 인정하는 데 대하여, Berthélemy는 공권력의 행사를 '국가의 필요한 기능의 수행'으로 보게 되면 공익을 위한 정부의 역할의 증대가 사인의 권리를 제약할 필요가 없지만 공권력의 행사를 국가의 '권리행사'로 보게 되면 개인들은 획득할 수 없는 새로운 종류의 주관적 권리를 국가가 행사하게 된다는 것을 의미하게 되는 위험한 발상이라고 비판한 바 있으며,[86] Duguit를 비롯한 다른 학자들도 국가의 개인에 대한 권리의 인정은 개인의 자유를 위협하는 위험한 발상이란 점을 경고하였던바, 이는 국가사회주의의 등장이라는 현실로 나타난 바 있다. 그 후의 독일이론들도 행정법상의 주관적 공권은, 국가의 개인에 대한 공권은 제외하고 개인의 국가에 대한 공권만을 논의하는 것이 보통이다.[87]

만약 국가의 공권력의 행사가 '주관적 권리의 행사'가 아닌 '국가기능의 수행'이라면 헌법소송에 있어서의 주관적 권리개념이라고 하는 매개체는 무엇 때문에 필요한 것인가? 객관주의자인 Duguit는 권한(compétence)의 문제는 결코 주관적 권리의 문제로 볼 수 없음을 단언하면서[88] 권한은 권리의 획득 문제가 아니라 법에 의하여 창설된 획득능력이 존재(il existe seulement une capacité d'acquisition établie par le droit)함을 의미할 뿐[89]이라고 역설하고 있다.

일본이나 우리나라에서 주관적 권한의 존부 또는 권한행사에 관한 분쟁을 해결하는 소송인 기관소송을 주관적 쟁송이 아닌 객관적 쟁송으로 분류하고 있다는 것은 국가 또는 공공단체의 상호간에 있어서는 주관적 권리의 침해가 아닌 객관적 법질서의 적정한 집행의 문제가 소송의 목적임을 반증해 준다고 하겠다. 다시 말하면 우리나라와 일본의 경우 국가 또는 공공단체의 구체적 사실에 관한 법집행으로서의 국민에 대한 공권력의 행사 또는 그밖에 이에 준하는 행정작용에 대한 항고소송을 '법률상의 이익=권리'[90](사실상의 권리까지 확대하는

85) Ibid.

86) Otto Mayer, op. cit., Berthélemy의 서문.

87) 주관적 공권의 문제와 독일, 프랑스에서의 이론전개에 관하여는 고시계 1991년 8월호, 행정법특집 "공권론", 대담 — 김도창, 김철용: 공권에 관한 제문제/ 최송화: 공권과 반사적 공권이론의 발견/ 이경운: 공권과 소의 이익/ 이광윤: 프랑스법상 공권과 소의 이익/ 김성주: 독일법상 주관적 공권이론의 발전/ 김남진: 행정절차상의 문서열람권/ 서원우: 행정법인의 공권개념의 재검토 참조.

88) Léon Duguit, Traité de Droit constitutionel T.II, 1928, p. 521.

89) Léon Duguit, op. cit., T.I, 1927, p. 356.

90) 법률상의 이익과 권리의 이동에 관하여 고시계 1991년 8월호 특집 "공권론"에 게재된 논문 참조.

경향이 있음)의 침해를 전제로 하여, 제2단계로 법규에 대한 위반여부를 다투게 되는 주관적 쟁송으로 분류하고 있는데 반하여, 국가기관 또는 공공단체 상호간의 분쟁에 대하여는 권리 또는 이익의 침해를 전제로 하지 않고 바로 법규에 대한 위반여부를 다투게 되는 객관적 쟁송으로 본다고 하는 것은 국가나 공공단체는 주관적 권리의 향유자로 간주되지 아니한다는 것에 대한 반증이 된다고 하겠다. 따라서 우리나라 행정소송법상의 기관소송은 이익의 분쟁(conflits d'intérêts)이 아닌 권한의 분쟁(conflits de compétence)이다. 국가기관 상호간, 국가기관과 지방자치단체 및 지방자치단체 상호간에 권한의 존부 또는 범위에 관하여 다툼이 있을 때 청구하는 권한쟁의심판도 기관소송과는 달리 특별히 이익의 분쟁(conflits d'intérêts)을 필요로 하는 주관적 쟁송으로 보아 국가 또는 공공단체를 국가기능의 수행자가 아닌 주관적 권리의 향유자로 만들어야 할 당위성을 발견하기란 어렵다고 하겠다.

**(2) 地方自治團體의 處分**

여기서 처분이라 함은 독일어의 Massnahme를 번역한 것으로 보인다. 그러나 우리나라와 같은 단일국가에 있어서 지방자치단체 상호간의 행위가 독일이나 오스트리아와 같은 연방국가에 있어서와 같은 성격의 행위로 볼 수 있는가에 대하여는 의문이 있다.

**1) 理論的 檢討 :** 우선 연방국가인 독일의 경우 기관소송(organstreit, organstreitigkeiten)이란 헌법기관 상호간에 헌법상 인정된 '권리와 의무'에 대한 다툼이 있는 경우에 행하는 헌법재판으로, 우리나라의 지방자치단체는 헌법상의 기관이 아니다. 독일의 기관소송(organistreitigkeiten)의 당사자는 연방최고기관, 연방수상이나 원내교섭단체와, 하원의장과 같은 연방최고기관의 일부인 기타 관계자에 속하는 관계자들과 정당, 연방하원의장 등 연방최고기관에 속하지 않는 기타 관계자들로서,[91] 독립적인 법인격을 향유하고 있는 지방자치단체와는 관련이 없다. 따라서 지방자치단체 상호간의 권한쟁의는 독일의 기관소송과는 성격이 다르다. 우리나라의 지방자치단체 상호간의 권한쟁의의 문제는 지방분권화의 실시 과정에서 문제되는 것으로서 연방국가차원에서는 연방과 지방 또는 지방 상호간의 권한에 관한 쟁의인 연방국가쟁의제도[92]에 해당하는 것이

---

91) 신봉기, "권한쟁의심판제도소고(상)", 사법행정 제32권, 한국사법행정학회, 1991. 참조.

92) 독일연방기본법 제93조 제1항 제3호, 제84조 제4항 제2문/ 연방헌법재판소법 제13조 제7

다. 이는 오스트리아의 경우에는 헌법 제138조 제1항(2) '각주 상호간의 권한쟁의 및 주와 연방간의 권한쟁의'에 해당하고, 스페인과 이탈리아와 같은 지역국가의 경우에는 이탈리아에 있어서의 국가와 지역(regione) 및 지역상호간의 권한쟁의(conflitti di attribuzione: 이탈리아헌법 제134조)와 스페인헌법 제161조 제1항에 의한 국가와 자치공동체(Comuniadaes Autonomas)와 자치공동체 상호간의 권한쟁의에 해당한다.

한편 단일국가인 프랑스의 경우 국가와 지방자치단체와의 관계나 지방자치단체 상호간의 관계는 위헌법률심사에 의한 간접적 통제를 제외하면 헌법재판의 대상이 아니라 행정재판의 대상이 될 뿐이며, 포르투갈의 경우도 행정적 지역(région administrative)은 헌법재판의 대상에서 제외된다.

연방국가인 독일과 오스트리아의 경우 처분(Massnahme)이라 함은 입법행위와 집행행위를 가리킨다.[93] 왜냐하면 연방국가에 있어서의 연방 및 지방정부 상호간의 행위는 입법적 행위이든 집행적 행위이든 모두 헌법적 행위가 되기 때문이다. 뿐만 아니라 독일, 오스트리아에서 기관소송(organstreit)은 주관적 권리의 침해를 전제로 하고 있기 때문에 엄밀한 의미에서의 권한의 분쟁(conflits de compétence)과 이익의 분쟁(confilts d'intérêts)을 모두 포함하는 개념이며 연방과 지방상호간의 연방소송 역시 그러하다. 이익의 분쟁(confilts d'intérêts)에 있어서는 일반적이고, 객관적인 법규 즉 입법행위뿐만 아니라 개별·구체적인 이익의 침해 즉 주관적 법적 상태(situation juridique subjective)를 발생시키기 때문에 집행행위도 처분에 포함된다.

지역국가(Etat régional)의 경우에 있어서는 지역(région)이 부분적 입법권(pouvoir législatif)을 부여받고 있기 때문에, 이를 연방국가에 준하여 집행행위를 헌법상의 처분행위로 볼 것인가 아니면 지역이 부여받은 부분적 입법권에 해당하는 입법행위만을 헌법재판의 대상이 되는 처분(disposiciones 또는 actos)으로 볼 것인가 하는 문제가 발생한다. 이익의 분쟁과 권한의 분쟁을 명확하게 구분하고 있는 벨기에의 경우는 집행행위에 의한 것은 이익의 분쟁으로 보고 입법행위에 의한 것은 권한의 분쟁으로 명확히 구분하여 이익의 분쟁은 조정의 대상으로 삼을 뿐이며 관할쟁의재판소(la cour d'arbitrage)의 대상이 되는 처분

---

호, 제68조 이하의 분쟁과 기본법 제93조 제1항 제4호/ 연방헌법재판소법 제13조 제8호, 제71조, 제72조에 의한 연방과 주 사이 또는 주 상호간의 공법적 법률관계에 관한 분쟁 및 기본법 제99조/ 연방재판소법 제13조 제10호, 제73조 이하에 의한 주내의 헌법상의 분쟁.

**93)** 오스트리아헌법 제138조 제2항: Schlaich, Bundesverfassungsgericht, 1985, S. 52.

에는 입법행위인 법률 또는 명령만 해당한다.94) 한편 행정행위는 행정소송의 대상이 될 뿐이다.95)

스페인의 경우는 일반적으로 법률의 효력을 가지는 규범적 처분(disposiciones normativas) 즉 입법행위만이 헌법재판소의 관할대상이 되며 나머지 행위는 행정소송의 대상이 된다.96) 스페인헌법 제153조는 자치공동체(comunidades Autonomas)의 활동 중에서 헌법재판소의 통제대상은 법률의 효력을 가지는 규범적 처분임을 명시하면서 자치공동체의 활동에 대한 통제방법을 다음과 같이 분류하고 있다.

제153조, 자치공동체의 기관의 활동에 대한 통제는 다음과 같다.

① 헌법재판소는 법률의 효력을 가지는 규범적 처분에 대한 합헌성에 관계되는 것

② 정부는 국가평의회의 자문을 얻어 제150조 제2항97)에서 언급된 위임작용의 행사

③ 행정재판소는 자치행정과 법규명령(normas reglamentarias)

④ 회계원은 경제와 예산사항98)

이에 따라 법규명령과 행정행위는 행정소송(스페인에서는 명령도 취소소송의 대상이 됨)99)의 대상이 된다. 그러나 Almagro Noeste교수는 "행정행위도 헌법

94) Jacques Brassinne, Les nouvelles instituions politiques de la Belgiques, Dossier du CRISP 1989, Fascicule 6, 2, 1, La nature des conflits : les conflits d'intésêts et les conflits de compétence.

95) 권한쟁의심판소(Cour d'arbitrage)법 제1조 제1항: "La Cour d'Arbitrage statue, par voie d'arrêts, sur les recours introcuits par le conseil des Ministres ou par l'exécutif d'une Communauté ou d'une Région et qui tendent à l'annulation, en tout ou en partie, d'une loi ou d'un décrêt pour cause de violation des règles qui sont établies par la Constitution ou en vertu de celle-ci pour déterminer les compétences respectives de l'Etat, des Communautés et des Régions."

96) Luis M. Cazola Prieto, Enrique Analdo Alcubilla, Temas de derechos constitutional y derecho administrativo, Marcial pons, madrid, 1988, p. 122.

97) 국가가 위임한 국가사무:

Art. 150. 2. : El Estado podra transferir o delegar en las Comunidades Autonomas mediante ley organica, facultades correspondientes a materia de titularidad estatal sean susceptibles de transferencia o delegacion. La ley prevera en cada caso la correspondiente transferencia de medios financieros, asi como las formas de control que se resevrve el Estado.

98) Art 153. El control de la actividad de los organos de las Comunidades Autonomas se ejercera:

a) Por el Tribunal constitutional, el relativo a la constitucionalidad de sus disposiciones delegadas a que se refiere el apartado 2 del articulo 150.

c) Por la jurisdicción contencioso-administrativa, el de la administración autonoma y sus normas reglamentarias.

d) Por el Tribunal de Cuentas, el economico y pressupuestario.

과 헌법을 적용하는 규범에 의한 권한분배를 침해할 경우에는 일반적으로는 행정소송의 대상이 되지만 헌법재판소에서도 다룰 수 있는 것"이라고 한다.[100]

그러나 이탈리아에 있어서 헌법재판소에 의한 권한쟁의의 대상이 되는 처분에는 입법행위만 해당된다. 즉 이탈리아헌법 제127조는 「공화국정부는 지역의회에서 통과된 법률이 지역의 권한을 유월(eccedа la competenza della regione)하거나 국가의 이익(interessi) 또는 다른 지역의 이익에 저촉된다고 판단할 때에는 승인기간 내에 그것을 지역의회에 회송한다. 지역의회가 의원의 절대다수로 이를 재가결하였을 때에는 공화국 정부는 사실을 통고받은 15일 이내에 적법성(legittimita)의 문제를 헌법재판소에 제소하거나 또는 이익대립(contrasto di interessi)으로 인한 조정의 문제를 양원에 제기할 수 있다. 의문이 있는 경우에는 헌법재판소가 관할을 결정한다」고 규정하고 있는데 반하여 헌법 제125조에서는 지역의 행정행위의 적법성에 관한 통제(Il controllo di legittimita sugli atti amministrativi della regoine)는 일차적으로 행정적 통제의 대상이 됨을 규정하고 있다.[101]

단일국가인 프랑스에 있어서 지방자치단체의 권한침해행위는 입법행위든 집행행위이든 모두 행정소송의 대상이 될 뿐 헌법재판의 대상으로서의 행위(acte) 또는 처분(disposition)에 해당되지 아니한다. 연방국가와 지역국가의 지역(région) 이하의 지방자치단체에 있어서도 입법행위, 집행행위를 불문하고 지방자치단체의 행위는 모두 집행작용으로 간주하여 행정소송의 대상으로 삼고 있다.

왜냐하면 지방분권(décentralisation)이란 국가의 입법권(pouvoirlégislatif), 행정권(pouvoir exécutif), 사법권(pouvoir judiciaire) 중에서 행정권의 분권을 의미할 뿐, 입법권이나 사법권의 분권을 의미하지 않기 때문이다. 그러나 연방국가에 있어서의 지방은 행정권, 사법권의 삼권을 모두 향유하며 지역국가에 있어서의 지역은 부분적 입법권과 행정권을 향유한다. 그러나 단일국가에 있어서의 모든 지방자치단체와 연방국가 또는 지역국가의 지역 이하 단위의 지방자치단

99) 이광윤, "명령과 행정행위에 관한 비교법적 고찰", 남하서원우박사 회갑기념논문집, 법문사, 1991. 참조.

100) P. Bon/F.Moderne/Y. Rodriguez, La justice constitutionnelle en Espagne, Economica, 1984, p. 139.

101) 제125조: 지역(Regione)의 행정행위에 대한 적법성의 통제는 공화국의 법률에 의하여 규정된 방식과 한계 내에서 분권적인 방식으로 국가의 한 기관에 의하여 행하여진다. 법률은 특정의 경우에는 이유를 부한 요구에 의하여, 지역의회에 의한 문제된 결정의 재심의를 촉진하는 것만을 그 효과로 하는 조정적 감독(il controllo di merito)의 재심을 인정할 수 있다.

체는 행정권만을 분권받은 데 불과하다.

**2) 우리나라 實定法規定에 대한 檢討 :** 우리나라 헌법 제111조 제1항 제4호는 지방자치단체 상호간의 권한쟁의에 관한 심판을 헌법재판소의 관장사항으로 정하는 한편, 헌법재판소법 제62조 제1항 제3호는 지방자치단체 상호간의 권한쟁의심판의 종류를 (가) 특별시, 특별시 또는 도 상호간의 권한쟁의심판, (나) 시·군 또는 자치구간의 권한쟁의심판으로 구분한 다음 동조 제2항에서 교육학예에 관한 지방자치단체의 사무에 관하여는 교육위원회가 당사자됨을 규정하고 있다. 이에 대한 문제점을 검토해 보면 다음과 같다.

가. 地方自治團體에 대한 權限爭議審判 우리나라와 같은 단일국가에서 일반적으로는 행정재판의 대상으로 되는 지역(région)단위의 지방자치단체 상호간의 권한쟁의를 헌법재판의 대상으로 삼는 이유는 어디에 있을까? 더구나 시·군(Kreis, déparitement)단위의 지방자치단체 상호간의 권한쟁의와 지역단위와 시·군 단위 사이의 권한쟁의까지 헌법재판의 대상으로 삼는 이유는 어디에 있을까? 우리 헌법 제117조 제1항은 지방자치단체의 자치입법권의 범위를 법령의 범위 내로 한정시키고 있기 때문에 헌법재판소의 위헌심사의 대상이 되지 아니하고 대법원에 의한 위법, 위헌심사만 가능할 뿐인 종속명령보다 하위의 효력을 인정하고 있는 것이다. 따라서 헌법 제107조 제2항에 의거, 행정재판의 대상으로밖에 되지 않는 규칙에 불과한 자치입법에 있어서의 입법작용이 헌법재판으로서의 권한쟁의심판의 대상이 된다는 것은 이론적으로 모순이다. 더구나 우리나라의 지방자치단체의 종류는 헌법 제117조 제2항에 따라 법률로 정하게 되어 있으므로 헌법상의 기관도 아니다.

따라서 헌법재판으로서의 권한쟁의심판의 대상을 지방자치단체에까지 확대한 이유는 자치행정의 처리에 대한, 일반사법부에 대한 불신 이외에 다른 이유를 찾기는 어려울 것 같다. 즉 프랑스혁명 직후 혁명정신에 반하는 보수적인 구법률귀족이 지배하는 사법부는 공익(intérêt général)을 추구하는 공권력에 의한 혁명과업의 수행을 방해하여서는 안 된다는 이유로 1790년 8월 16~24일 법률에 의해 사법법원이 행정사건에 대한 관할권을 상실하게 된 것과 마찬가지로, 신라의 삼국통일 이후 형성된 강력한 중앙집권전통의 우리나라에서 유사이래 처음으로 실시하는 본격적인 지방자치에 대한 사법적 통제를 전적으로 일반사법부에 맡기는 데에 대한 거부감이 작용한 것으로밖에는 달리 해석할 길이 없다고 하겠다.

더구나 앞에서도 언급한 바와 같이 우리나라의 지방분권화(décentralisation)는 지방행정의 담당자와 대표를 지방주민이 선거를 통하여 선출한다는 지방행정의 민주화에 우선적 의미가 있기 때문에 정치재판기관으로서의 헌법재판소가 권한쟁의를 담당하는 것이 무리가 없으며, 전문적 행정재판소가 없기 때문에 헌법재판소가 특별재판소의 대표격으로 보통재판소에 의한 자치행정에 대한 사법적 통제의 독점권을 봉쇄하고 특별재판을 실시하는 데에 크나큰 의미가 있다고 하겠다.

나. 權限爭議審判의 對象으로서의 處分 이상에서와 같은 우리나라에서의 특수한 사정 때문에 지방자치단체 상호간의 권한쟁의가 헌법재판소에 의한 심판의 대상이 되었다면 다른 지방자치단체의 권한을 침해하는 처분이란 무엇을 말하는가? 헌법재판소법 제61조 제2항은 「피청구인의 처분 또는 부작위가 헌법 또는 법률에 의하여 부여받은 청구인의 권한을 침해하였거나 침해할 현저한 위험이 있는 때에 한하여 이를 할 수 있다」고 하고 있는바, '헌법 또는 법률에 의하여 부여받은 권한을 주관적 권리로 볼 수 있는가?' 하는 문제가 발생한다. 앞서 설명한 바와 같이 우리나라의 공법적 전통은 국가 또는 지방자치단체가 주관석 권리를 향유하는 것이 아니라 객관적 법질서에 의한 국가기능을 수행한다고 보고 있기 때문에, 여기서 침해되는 것은 능력(capacité)으로서의 권한(compétence)이지 이익(intérêt)으로서의 주관적 권리(droit sugjectifs)로 볼 수는 없다고 하겠다. 이에 따라 권한쟁의심판을 객관소송으로서의 권한의 분쟁(conflits de competénce)으로 보게 되면 집행행위는 권한쟁의심판의 대상이 되는 처분에서 제외된다고 보는 것이 타당할 것이다. 뿐만 아니라, 일반적으로 집행행위로서의 무권한행위(acte pour incompétence)는 행정소송(항고소송)의 대상이 된다는 점, 개별 구체적 처분에 대하여는 취소, 정지라고 하는 강력한 행정적 감독의 수단이 마련되어 있다는 점 등을 고려하여 볼 때에도 집행행위가 권한쟁의심판의 대상이 되는 처분에 포함된다고 보기는 어렵다.

입법권(pouvoir législatif)을 분권받지 못하고 행정권(pouvoir executif)만을 분권받은 데 지나지 아니한 우리나라의 지방자치단체들의 행위가 행정소송이 아닌 헌법재판으로서의 권한쟁의심판의 대상이 되기 위해서는 최소한 일반·추상적인 규범성을 갖추어 결여되어 있는 입법권(pouvoir législatif)의 분권을 보상할 것이 요구된다고 하겠다. 더구나 기관소송은 '권한의 범위 또는 그 권한행사'에 관한 분쟁으로 규정되어 있는데 비하여 권한쟁의심판은 '권한의 존부 또는 범위'에 관한 분쟁이므로 권한쟁의에 있어서의 처분은 구체적 이익의 문제가 아닌 능력(capacité)의 침해임을 알 수가 있으므로 규범적 처분으로 해석하는 것이 바람직하다고 하겠다.

### 3. 當事者適格의 問題

권한쟁의심판의 당사자는 특별시, 광역시, 도, 시, 군, 자치구와 시・도교육위원회인데, 시・도, 시・군, 자치구는 지방자치단체의 장에 의하여 대표된다(지방자치법 제92조). 여기서 문제가 되는 것은 시・도 교육위원회인바 구 헌법재판소법[102] 제62조 제2항은 권한쟁의가 지방교육자치에관한법률 제2조의 규정에 의한 교육・학예에 관한 지방자치단체의 사무에 관한 것일 때 교육위원회가 그 당사자가 된다고 하고 있다. 여기서 교육법 제15조 규정에 의한 교육・학예에 관한 지방자치단체의 사무라 함은 교육의 자주성, 전문성과 지방교육의 특수성을 살리는 지방자치단체의 교육・과학・기술・체육 기타 학예에 관한 중요사항을 말한다. 이러한 자치사무는 1991년 3월 8일 제정된 지방교육자치에관한법률에 의하면 심의・의결기관인 시・도교육위원회와 집행기관인 시・도 교육감에게 분장되어 있다.

지방자치단체의 종류로는 특별시, 광역시 및 도와 시・군 및 구가 있으며 지방자치단체의 기관으로는 집행기관인 지방자치단체의 장이 있고 의결・감독 및 조사기관으로 지방의회가 있는바, 일반적으로 교육위원회라 함은 지방자치단체의 집행기관을 이원화시켜 교육・학예에 관한 사무는 교육위원회로 하여금 집행하게 하고 있는 것이므로[103] 구 헌법재판소법 제62조 제2항에서 말하고 있는 교육위원회는 집행기관으로서의 시・도 교육위원회를 뜻하는 것으로서 우리나라의 현행법상 존재하는 명칭은 아니다. 현행법 규정을 살펴보면 특별시, 광역시, 도에서 교육・학예에 관한 사무를 담당하는 기관으로는 집행기관인 교육감(지방교육자치에관한법률 제20조)과 심의・의결기관인 교육위원회(동법 제3조)로 나누어져 있는바, 교육위원회는 지방자치단체의 이원화된 집행기관이며 교육・학예에 관한 사무의 담당기관으로서 지방교육자치에관한법률 제3조에 의한 교육위원회는 우선 행정위원회의 성격을 가진다. 즉 지방자치법 제35조 제1호

---

102) 1995. 8. 4. 개정 전의 헌법재판소법.

103) 정세욱, 지방행정학, 법문사, 1990, 558면.

내지 제4호에 해당하는 지방의회의 필요적 의결사항에 있어서 교육・학예에 대한 지방자치단체(시・도의 경우)의 집행기관의 사무는 지방교육자치에관한법률 제8조 제1항 제1호 내지 제4호에 따라 교육감과 행정위원회로서의 시・도위원회가 담당한다. 다른 한편 지방교육자치에관한법률 제8조 제1항 제5호 내지 제11호는 동조 제2항에 의하여 교육위원회가 지방의회의 역할을 담당하게 한다.

따라서 제8조 제1항 제5호 내지 제11호의 해당사항에 관하여는 지방의회의 이원화를 통한, 즉 교육・학예에 대한 지방의회기능을 수행한다. 그러므로 현행 법상의 교육위원회는 첫째, 교육・학예에 대한 집행기관의 행정위원회로서의 성격과 둘째, 교육・학예에 대한 시・도의회의 성격이라고 하는 이중적 성격을 중첩해서 가지고 있으며 구 헌법재판소법 제62조 제2항의 교육위원회 즉 시・도의 교육・학예를 담당하는 지방자치단체는 앞서의 첫째의 경우나 둘째의 경우를 막론하고 교육・학예에 관한 지방자치단체의 장인 교육감에 의해 대표될 수밖에 없다. 구 교육법[104] 제38조 제2항 「교육장은 교육・학예에 관하여 당해 지방자치단체를 대표하고…」는 이러한 취지로 해석할 수 있다.

따라서 입법론적으로는 구 헌법재판소법 제62조 제2항의 '교육위원회'를 '교육자치단체' 정도로 용어를 변경할 필요성이 있으며, 이러한 '교육자치단체'는 지방자치단체의 집행기관의 이원화라고도 볼 수 있으니 지역적 분권(la décentralisation territoriale) 후에 성립된 지방자치단체(collectivités locales)에 있어서 교육・학예에 관한 사무적 분권(la décentralisation par service)을 행한 결과로도 볼 수 있기 때문에, 이러한 '교육자치단체'는 보통지방자치단체가 아닌 영조물법인(établissement public)[105]으로서의 성격을 가진다고 하겠다. 요약하면 헌법재판소에 의한 권한쟁의심판의 당사자가 되는 시・도교육위원회는 시・도교육자치단체를 가리키는 말로 지방교육자치에 관한 법률 제3조에서 규정하고 있는 심의・결의기관인 교육위원회를 말하는 것이 아니다. 따라서 시・도의 교육・학예에 관한 사무에 있어서의 권한쟁의심판의 당사자는 집행기관인 교육감에 의하여 대표된다.

현재는 1995년 개정에 의해 헌법재판소법 제62조 제2항의 '교육위원회'가 '교육감'으로 개정되어 위와 같은 문제를 다소 완화하고 있다.

---

**104)** 1991. 3. 8. 개정 전의 교육법(법률 제4304호).

**105)** 영조물개념에 관하여는 이광윤, "공공서비스와 직접경제간섭기관으로서의 영조물과 공기업", 공법연구 제18집, 한국공법학회, 1990 참조.

## 4. 地方自治團體 相互間의 關係와 權限爭議

우리나라 지방자치법 제2조는 지방자치단체를 「특별시와 광역시 및 도」의 광역지방자치단체와 「시와 군 및 구」의 기초지방자치단체의 2종으로 나누고 있는데, 지방자치단체 상호간의 관계는 일반적으로 법적인 평등관계라고 말하여지나 국가의 지방자치단체에 대한 감독의 방법과 수단여하에 따라서 지방자치단체들의 지위나 권한쟁의의 방법이 달라지게 된다. 논의의 초점은 지방자치단체에 있어서의 국가대표의 존재여부로서

① 국가대표가 존재하지 않는 경우

② 국가대표가 지방에서 존재하고 활동하는 경우

③ 국가대표의 기능을 지방의 대표기관에서 위임하는 경우

에 따라 지방기관의 역할 및 지방자치단체 상호간의 권한쟁의의 해결방법이 달라진다.

### (1) 國家代表의 不存在

영미국가의 경우, 예를 들어 미국의 주지사나 영국의 county의 council의장은 어떠한 경우든 중앙정부를 대표하지 아니하며 중앙정부로부터 파견된 국가의 대표로서 지방에 존재하는 것이 아니다. 따라서 영국의 county와 district는 완전히 평등한 관계에 있다. 미국에 있어서의 municipalities, town, township은 county의 내부에 존재하지만 county로부터 독립된 대등한 관계에 있으므로 주(state)에 의한 지도·감독은 받지만 county의 지도감독은 받지 않는다. 지방자치단체의 권한을 유월하는 행위에 대하여는 중앙정부가 월권(ultra vires)소송을 제기하며 이 소송은 보통법상의 소송이다.

### (2) 國家代表의 地方에서의 直接的 存在

프랑스의 경우가 대표적으로, 국가의 대표인 Commissaire de la République(정부감사관)는 1982년 이전에 지역(région)과 군(département)의 행정을 책임졌던 지사(préfet)와는 달리 순수한 국가의 대표로서 사후적 감독권만을 행사한다.106)

106) 사후적 후견감독(tutelle)의 폐지 및 1982-1983의 지방자치의 개혁에 관하여는 이광윤,

국가대표의 역할은:

1) 권한에 관하여 지방자치단체의 행위와 그 행위의 형식과 절차에 대한 합헌성의 통제(외형적 통제)

2) 법규에 대한 위반이나 지방자치단체의 행위의 목적과 동기에 대한 내면적 합헌성에 대한 통제(조약은 헌법재판소에 의한 헌법재판에 의하고, 나머지는 행정재판에 의함)를 위하여는 사후적 사법적 통제의 당사자로서만 행사한다. 따라서 Commissaire de la République는 지방자치단체의 행위에 대한 일종의 검찰관(procureur)의 역할을 수행한다고 할 수 있다.

국가대표의 지방자치단체의 행위에 대한 합법성에 대한 통제를 위하여 국가대표에게 의무적으로 보고하여야 할 지방자치단체의 행위는 다음과 같다.

- 지방의회의 의결 및 지방의회의 위임에 의한 결정
- 경찰권의 행사로서의 지방자치단체장의 명령(일반적) 및 개별적 처분
- 일체의 다른 권한 분야에 있어서의 시 · 읍 · 면 · 군 또는 지역(région)에 의하여 발하여지는 법규적 성격(à caractère réglementaire)의 행위
- 시장과 공직에 관한 임명, 승진, 징계 및 해고 결정

Commissaire de la République는 위의 사항에 대하여 보고를 받은 지 2개월 이내에 합법성에 위반된다고 생각하는 행위를 행정법원에 제소하며, 행정법원은 위법성을 선언하거나 필요한 경우에는 행위의 전부 또는 일부를 취소할 수 있다. 한편 합법성에 관한 통제의 대상에서 제외되는 지방자치단체의 행위는 사법상의 행위와 국가의 이름으로 행하여진 행위 및 국가의 대표가 고유한 제재권을 보유하는 행위인바, 호적사무, 선거권한, 법률과 명령의 공포 및 집행, 도시계획에 관한 국가사무와 안전조치와 같은 국가사무에 관하여는 행정적 통제로서의 계층적 통제(contrôle híerarchique)의 대상이 될 뿐이다.[107)]

그러나 어떠한 경우이든 지방자치단체 상호간에 있어서는 계층이 형성되지 않으며 형성되어서도 안 된다. 오로지 국가만이 일반적 법규와 권한을 구속할 뿐이며 국가만이 조정자로서(군이나 지역에서는 국가대표를 매개로 하여) 지방자치단체들의 쟁의를 해결한다.[108)] 따라서 지방자치단체 상호간의 형식적인 직접적

---

"프랑스의 지방자치", 비교행정 창간호, 지방행정연구소, 1984. 12. 참조.

**107)** Sbine Martin, Contrôle à posteriori de la légalité des actes des collectivités locales, Berger Lievrault, 1990, pp. 63-65.

**108)** Paul Bernard, L'Etat et la décentralisation, La documentation, La documentation fransçaise, 1983, p. 134.

분쟁은 존재하지 아니한다. 모든 지방자치단체들의 분쟁은 국가의 대표가 검찰관의 형태로 행정소송(항고소송)을 제기하게 되며 따라서 국가의 지방자치단체에 대한 사법적 통제의 형태로 제기된다.

### (3) 國家代表機能의 地方機關에의 委任

독일에 있어서의 군(Kreis)은 지방자치구역인 동시에 주(Land)의 하급행정구역이다.[109] 따라서 군수(Landrat)는 군자치단체의 집행기관이면서 또한 일반 하급행정기관(allgemeine untere staatliche verwaltungsbuhorde)이라는 이중적 지위를 담당하고 있어 국가의 대표기능은 지방기관에게 위임되어 있다. 이러한 경우에 있어서의 군(Kreis)과 시・읍・면(Gemeinde)과의 관계는 국가기관으로서의 상하관계와 자치기관으로서의 대등관계라고 하는 이중적 관계가 사무와 역할에 따라 성립하게 된다(국가사무에 관하여는 상하관계, 자치사무에 관하여는 대등관계와 국가의 감독기관으로서의 기능에 대하여는 상하관계). 군의회(Kreistag)의 의결에 관하여 의장은 반대할 수 있으며 이에 관한 분쟁은 상급관청(Regierungspräsident)에 의한 후견적 감독(tutelle)에 의해 해결된다.[110]

즉 지방자치단체는 위임사무의 처리에 있어서는 국가로부터 무제한의 지시를 받으며 이에 대하여는 행정재판소에 항고할 수 없다. 자치사무에 관하여도 국가가 감독기관으로서 지시를 한 것에 대하여는 법원에 항고할 수 없다.[111]

스페인의 경우, 스페인 헌법 제148조에서 자치공동체는 다음의 권한을 부여받을 수 있다고 한 다음, 제2호에서 "영역 내의 시・읍・면의 경계 및 일반적으로 지방자치단체에 관하여 국가의 행정에 귀속하는 권능으로서 그 위임에 관하여 지방제도에 관한 입법을 필요로 하는 것"이라고 하여 독일에 있어서와 같은 국가대표의 위임체계를 채택하고 있다. 그러나 이탈리아의 경우, 지역(Regoine)에는 국가의 대표가 파견되어 있어 국가의 대표가 지역의 입법에 대한 사전적 위헌심사를 행한다. 그러나 지역 이하의 지방자치단체에 대한 감독은 이탈리아 헌법 제130조에 따라 지역이 감독권을 행사하는바, 각 지역에서는 정부대표와 회계원판사 1인, 3인의 국가공무원, 지역의회가 선출한 전문직공무원 등 2인으로 구성된 위원회가 구성되어[112] 지역과 나머지 지방자치단체들과

109) 장지호, 전게서, 28면.
110) C. Debbasch, Institutions et Droit administratif, T. I, paris, p. 401.
111) 장지호, 전게서, 342면.
112) Daniele Mazzega/Jean Masitelli, L'organisation régionale en Italie, La documen-

의 사이에서는 독일과 같은 이중구조가 성립되며, 국가대표의 존재는 지역단위에서는 프랑스에서와 같이 직접적 개입형태로, 지역이하의 단위에서는 간접개입형태를 취하고 있다고 보겠다.

### (4) 우리나라에서의 地方自治團體 相互間의 關係와 自治事務에 관한 權限爭議

우리나라에서 시 · 군에 대한 도의 지위 및 자치구에 대한 특별시 및 광역시의 지위는 헌법 제117조 제1항의 「주민의 복리에 관한 사무를 처리하고 재산을 관리하며 법령의 범위 안에서 자치에 관한 규정을 제정」하는 범위 내에서는 평등한 대등관계이다. 이러한 자치권의 범위 내에서는 비단 광역지방자치단체와 기초지방자치단체간의 관계만 대등관계인 것이 아니라 국가와 광역지방자치단체 및 국가와 기초지방차지단체 사이의 관계에 있어서도 대등관계이다.

그러나 국가위임사무에 관하여는 광역지방자치단체는 국가의 하급기관이 되며 기초지방자치단체는 또한 광역지방자치단체의 하급기관이 되어 계층적 감독(contrôle hiérarchique)을 받는다. 그리고 자치사무에 대한 국가의 후견적 감독권(tutelle)의 행사에 있어서도 국가의 대표가 지방에 파견되어 있지 않기 때문에 기초지방자치단체에 대한 국가의 대표권의 행사는 광역지방자치단체의 장에게 위임되어 있다.

이러한 후견적 감독관계(tutelle)와 계층적 감독(contrôle hiérarchique)의 경우에 국가와 광역지방자치단체 및 기초지방자치단체는 계층적 상하관계를 구성한다.

한편 지방자치법 제10조는 사무배분 기준에 있어 「시 · 도와 시 · 군 및 자치구가 그 사무를 처리함에 있어 서로 병합하는 경우에는 시 · 군 및 자치구에서 우선적으로 처리한다」(동조 제3항)고 하여 권한배분에 있어 시 · 군 및 자치구에게 권한의 우선권을 주고 있다.

이에 비해 동법 제17조는 「시 · 군 및 자치구의 조례나 규칙은 시 · 도의 조례나 규칙에 위반하여서는 아니 된다」고 규정하고 있는바, 동조는 몇 가지 점에서 의문이 제기된다. 우선 동법 제10조 제3항에 의하면 자치사무에 관하여는 기초지방자치단체에게 권한의 우선권을 주고 있기 때문에 시 · 도와 시 · 군 및 자치구사이에는 권한쟁의(conflit de compéntence)가 발생할 여지가 없다. 그럼에도 불구하고 동법 제17조에서는 역으로 시 · 군 및 자치구의 조례나 규칙이

---

tation française, 1980, p. 101.

시・도의 조례나 규칙에 위반하여서는 아니 된다고 규정하고 있어 자치사무에 관한 광역지방자치단체와 기초지방자치단체사이의 대등관계의 전제가 무너지게 되며, 이는 시・도의 권한행사를 시・군 및 자치구의 권한행사에 우선시키는 것으로 입법상 또는 헌법상의 조정이 필요하다. 지방자치단체 상호간에 자치사무를 둘러싼 조례나 규칙이 충돌하는 경우야말로 헌법재판소에 의한 지방자치단체 상호간의 권한쟁의심판의 핵심사항이 되므로, 이는 헌법재판소의 관할사항으로 동법 제17조는 헌법 제111조 제1항 제4호의 헌법재판소의 관할권을 침해한 위헌규정이다.

다음으로 동법 제10조 제3항도 동일한 위헌문제가 제기될 수 있고 이 조항이 합헌이라면 광역지방자치단체와 기초지방자치단체 사이의 권한쟁의는 발생하지 않는다.

따라서 광역지방자치단체 상호간에 있어서의 권한쟁의의 문제만 남게 된다.

## 5. 權限爭議의 性格과 解決方法

### (1) 機關訴訟의 性格

독일에서의 기관소송(Organstreitigkeiten)은 헌법쟁송으로서 기관상호간의 주관적인 권리(Rechte)와 의무(Pflichten)에 관한 법률상의 쟁송(Rechtstreitigkeiten)[113]을 말한다. 연방과 란트간의 소송, 란트와 란트간의 소송은 기관소송으로 부르지 아니한다. 이에 비하여 일본행정소송법상의 기관소송이란 객관적인 법질서의 유지를 목적으로 하는 객관소송으로서 행정소송의 하나를 가리키기 때문에,[114] 재판소의 당연한 재판권의 범위에 속하는 당사자간의 구체적인 권리・의무 내지는 법률관계의 존부에 관한 쟁송인 주관소송과는 달리 기타 법률에 의하여 특별히 정해진 경우에만 인정되는 것이다.[115] 이는 국가 또는 공공단체의 기관 상호간에 관한 권한의 존부 또는 권한의 행사에 관한 분쟁의 소송을 말하는바, 첫째, 행정주체인 국가 및 공공단체의 기관 상호간에 권한의 존부, 권한행사의 적정을 확보하는 수단으로서, 둘째 국가 및 공공단체의 기관의 위법한 권한행사에 대한 사법적 통제의 수단으로서의 의의를 지닌다.[116] 일본의 경우, 통상 국가 및 지방공공

113) 독일법률용어사전, p. 1176: Organstrietigkeiten sind verfassungsrechtliche Rechts-stereitigkeiten zwichen organen desselhen.

114) 東條武治, 客觀訴訟, 現代行政法大系Ⅴ, 行政爭訟 Ⅱ, 有斐閣, 109面.

115) Ibid., p. 110.

단체의 기관 상호간의 권한에 관한 쟁의가 있는 경우에는 사법적 방법에 의하지 않고 상급기관에 의한 재정(裁定) 또는 특별한 기관에 의한 조정 등의 행정적 방법에 의한 분쟁의 해결이 원칙이다.[117]

이에 따라 보통지방공공단체의 집행기관 상호간에 그 권한에 관하여 의문이 생긴 때에는 보통지방공공단체의 장이 조정하거나(일본지방자치법 제138조의 3) 자치분쟁조정위원의 조정에 회부한다(동법 제251조). 따라서 지방자치단체 상호간에 있어서의 권한쟁의는 ① 원칙적으로 행정적 조정의 대상으로 사법심사의 대상이 아니며, ② 필요한 경우에는 법률의 특별한 규정에 의하여만 사법심사가 가능한데, 이러한 사법심사는 객관적 소송으로서의 기관소송으로서 지방자치단체에 관한 것은 ① 일본지방자치법 제146조에 의한 직무집행명령소송,[118] ② 동법 제176조에 의한 지방의회의 하자있는 의결 또는 선거에 대한 장의 조치에 관한 소송[119]의 두 가지가 정해져 있다.

우리나라 행정소송법 제3조의 행정소송의 종류로서의 ① 항고소송, ② 당사자소송, ③ 민중소송, ④ 기관소송에 관한 분류는 일본행정사건소송법 제2조의 분류와 동일한 것으로 기관소송에 관한 정의도 일본행정사건소송법 제6조의 기관소송에 관한 정의와 동일하다.[120] 또한 우리나라 지방자치법 제157조에는 자치사무에 관한 명령이나 처분에 관한 감독기관의 취소 또는 정지에 대한 소송이 인정되어 있다. 이 점에서 우리나라의 기관소송을 법인격 주체가 아닌 기관 상호간에만 국한된다고 볼 이유는 없다.

다만 일본의 직무집행명령소송은 국가기관으로서의 지방자치단체와 국가 또는 지방자치단체 상호간의 소송이기 때문에, 법인격주체 상호간이 아닌 국가기관 사이에서의 소송만 해당한다고 볼 여지가 있다.

즉 일본의 경우는 국가사무의 관리 또는 집행에 따라 명령을 이행시키기 위한 이행소송을 제기하는 데 반하여 우리나라는 국가사무에 관하여는 행정적 감독방법만 인정하고 자치사무에 관하여는 사법적 통제방법이 아닌 행정적 통제의 방법을 채택하는 한편 이에 대한 방어소송만 인정하고 있다. 따라서 지방자

116) Ibid., p. 111.

117) 南傳方=原田尙彦=田村悅, 新版行政法 II, 有斐閣, 116-117面.

118) 日本地方自治法 第146條.

119) 同法 第176條.

120) 國家 또는 共同團體의 기관 상호간에 있어서의 權限의 存否 또는 그 행사에 관한 紛爭에 관한 訴訟.

치단체의 독립성을 보장하기 위하여 국가사무에 관하여는 상급기관에게 명령권만 인정할 뿐 직접 취소・정지권은 인정하지 아니하고 소송을 통한 취소・수정권을 보장하고 있는 일본에 비하여는 행정적 통제방법이 매우 강력하다. 이러한 중앙집권적 행정통제의 수준에 비추어 볼 때 국가사무에 있어서는 시・도와 시・군 및 자치구 사이에는 철저한 상하관계가 성립되어 사법적 통제가 배제되며 자치사무에 있어서도 부대등관계에 기초하여 시・군 및 자치구의 방어권만을 인정하고 있는 데 불과하다고 하겠다.

따라서 이는 아직까지는 우리나라의 경우, 국가와 지방자치단체 또는 광역지방자치단체와 기초지방자치단체간의 감독관계를 법률에 의한 행정의 원리가 직접적으로 적용되는 처분을 발할 수 있는 '외부관계'로 보는 것이 아니라 행정조직의 내부적 행위로 본다는 것을 의미한다. 객관적 소송이 객관적인 법(droit objectif)을 구성하는 행정작용을 규율하는 다양한 규범의 총체에 대한 행정처분의 적법성 여부를 다루는 소송을 의미하며, 주관적 소송이 법인격체에게 부여되어야 할 권리 여부를 다루는 소송을 의미하는 것이라면,[121] 이러한 내부적 행위에 있어서 주관적 권리의 구제의 필요성은 감소 내지는 소멸되어 행정의 적정성의 확보에 중점이 두어지게 됨은 당연하다고 하겠다.

따라서 지방자치법 제157조에 따른 소송을 독립된 법인격 주체간의 권리・의무를 둘러싼 주관적 소송으로서의 항고소송으로 볼 수는 없으며, 현재의 우리나라에서의 지방자치법상의 국가의 지방자치단체에 대한 감독방법은 국가와 지방자치단체와의 관계를 외부관계로 보기에는 너무나 강력한 행정적 통제방법에 의지하고 있다.

이렇게 볼 때 현시점에 있어서의 지방행정에 대한 주관적 권리・침해에 대한 항고소송은 국민만이 제기할 수 있다고 보아야 할 것이다. 따라서 지방자치법 제157조에 의한 위법, 부당한 명령, 처분의 시정에 대한 소송을 항고소송으로 볼 여지는 없다.

한편 지방자치법 제159조의 지방의회 의결의 재의에 대한 소송은 "지방의회의 의결이 법령에 위반되거나 공익을 현저히 해한다고 판단될 때"라고 그 소송목적이 객관적인 법질서의 유지와 공익을 도모한다고 하는 객관소송임을 명시하고 있기 때문에 지방자치법 제159조가 객관소송으로서의 기관소송이라는 점에는 의문의 여지가 없다. 즉 지방자치단체 상호간의 분쟁은 지방자치법 제140

121) René Chapus, Droit administratif général, T. I , Montchréstien, p. 537.

조에 의한 행정자치부장관이나 시・도 지사의 조정의 대상이 될 뿐 사법적 통제의 대상이 되지 아니하고, 법률의 규정에 의하여 허용된 경우에 한하여 객관소송으로서의 기관소송이 인정되고 있다고 하겠다.

### (2) 권한쟁의(conflit de compétence)심판과 기관소송

우리나라 헌법재판소법 제61조는 권한쟁의심판을 국가 또는 지방자치단체 상호간에 있어서 권한의 존부 또는 범위에 관한 쟁송으로 규정하고 있다. 우리나라의 권한쟁의심판은 헌법재판으로서, 법률의 규정에 의하여 한정적으로 인정되는 기관소송의 경우와는 달리, 피청구인의 처분 또는 부작위가 헌법 또는 법률에 의하여 부여받은 청구인의 권한을 침해하였거나 침해할 현저한 위험이 있는 경우에는 언제나 심판의 청구가 가능하며, 집행행위 또는 입법행위가 그 소송의 대상인 기관소송과는 달리 입법행위만이 심판청구의 대상이 된다. 따라서 지방자치단체 상호간에 있어서는 조례와 규칙만이 그 대상이 된다는 점이 감독기관의 취소 또는 정지처분과 지방의회의 의결을 대상으로 하는 기관소송과의 차이점이다. 그러나 권한쟁의심판은 구체적 처분이 다른 당사자의 이익을 침해하는 이익의 분쟁은 아니지만 객관적 규범들간의 충돌을 해결하여 객관적인 법질서의 유지를 목적으로 하기 때문에 객관적 쟁송이라는 점에서는 성격을 같이한다. 즉 헌법 또는 법률에 의하여 부여받은 청구인의 권한의 침해는 주관적 권리로서의 법률상의 이익의 침해가 아닌 객관적 규범질서로서의 권한을 유월하는 입법행위를 의미하는 것으로 볼 수 있다.

### (3) 지방자치단체 상호간에 있어서의 분쟁의 해결방법

지방자치단체 상호간에 있어서의 분쟁의 해결방법을 지방자치행정의 구조에 따라 분류하면 다음과 같다.

① 국가사무에 대한 감독행위 : 이로 인해 빚어지는 분쟁은 이익의 분쟁(conflits d'intérêt)이다. 지방자치법 제140조에 따른 시・도 지사의 당사자의 신청에 의한 조정만이 가능하다.

② 자치사무에 대한 감독행위 : 이로 인한 분쟁은 이익의 분쟁과 권한의 분쟁(conflits de compétence)의 두 가지가 있다.

- 지방자치법 제140조에 따른 시・도지사의 조정 : 이익의 분쟁
- 지방자치법 제157조 제2항에 따른 기관소송 : 이익의 분쟁

- 지방자치법 제159조에 따른 기관소송 : 조례의 경우는 권한의 분쟁, 기타의 경우는 이익의 분쟁
- 다른 지방자치단체의 권한을 침해하거나 할 우려가 있는 조례에 대하여는 헌법재판소에 권한쟁의심판의 청구를 통한 감독이 가능하다: 권한의 분쟁

③ **자치사무에 대한 집행행위**: 이익의 분쟁으로 자치사무에 대한 집행행위는 지방자치법 제140조에 의한 조정만이 가능하다.

④ **자치사무에 대한 입법행위**: 권한의 분쟁으로 헌법재판소에 의한 권한쟁의심판의 청구, 지방자치단체장의 규칙의 경우에는 지방자치법 제140조에 의한 조정이 가능하다.

한편 지방자치법 제157조에 의한 기관소송은 집행행위에 대한 것으로 헌법재판소에 의한 권한쟁의심판의 대상이 되지 아니하므로 행정소송법 제3조 제4호의 「다만 헌법재판소법 제2조의 규정에 의하여 헌법재판소의 관할사항으로 하는 소송은 제외한다」는 단서규정에도 불구하고 사법적 해결방법으로는 기관소송의 제기만이 가능하다. 지방자치법 제159조의 지방의회 의결에 대한 지방자치단체장의 국가기관으로서의 소송제기 또한 헌법재판소에 의한 권한쟁의 심판은 국가기관 상호간, 국가와 지방자치단체 및 지방자치단체 상호간에만 가능하므로 행정소송으로서의 기관소송이 가능하다.

다만 지방의회의 의결이 조례의 제정 및 개폐에 해당하는 경우에는 지방자치법 제159조에 의한 기관소송과 헌법재판소법 제62조에 의한 권한쟁의심판의 양자가 모두 가능하겠으며 지방자치법 제157조와 제159조에 의한 소송이 행정소송법 제9조와 제46조에 의한 행정법원을 제1심 관할법원으로 하지 않고 대법원을 관할법원으로 하고 있는 것은 입법상의 오류이나 행정소송으로서의 기관소송의 성격을 상실하는 것은 아니라고 할 것이다.

## 6. 권한쟁의심판의 분류

권한쟁의심판은 피청구인의 처분 또는 부작위가 헌법 또는 법률에 의하여 부여받은 청구인의 권한을 침해할 위험이 있는 때에 청구하는 사전적 심판과, 권한을 침해하였을 때 청구하는 사후적 심판으로 구분된다.

(1) 사전적 심판

다른 지방자치단체의 조례나 규칙의 제정, 그 입법안 또는 부작위가 헌법 또는 법률에 의하여 부여받은 권한을 침해할 위험이 있을 때 지방자치단체의 권한의 존부 또는 범위에 관하여 판단하는 해석심판(Recours d'interprétation)이다. 즉 다른 지방자치단체의 조례나 규칙 또는 그 입법안이 해당 지방자치단체의 권한의 범위를 침범할 것인지의 여부가 분명하지는 아니하나 범위의 경계에 근접하고 있는 경우에 또는 조례나 규칙의 효력발생 이전에 앞으로 효력이 발생하면 권한의 침해를 방지하기 위하여 권한을 침해할 것이 확실시되는 경우에 헌법재판소의 판단을 구하는 심판이다.

권한쟁의심판은 그 사유가 있음을 안 날로부터 60일 이내, 그 사유가 있은 날로부터 180일 이내에 청구하게 되어 있다. 기초지방자치단체의 규칙은 시·도지사가 공포예정 15일 전에 보고를 통하여 알게 되며, 광역지방자치단체 상호간 또는 기초지방자치단체 상호간의 조례나 규칙은 공포일을 위험을 안 날로 간주할 경우, 조례나 규칙은 특별한 규정이 없는 한 공포한 날로부터 20일을 경과하면 효력을 발생하므로 그 이전에 헌법재판소에 권한쟁의심판을 청구하고, 종국결정의 선고시까지 해당 처분의 효력을 정지하는 결정을 하게 되면 헌법재판소는 조례나 규칙에 대한 사전적 심판기관이 된다. 따라서 광역지방자치단체의 권한을 침해하는 기초지방자치단체의 조례에 대하여는 시·도지사가 지방자치법 제159조에 의한 재심요구를 할 수도 있고 또는 헌법재판소에 권한쟁의심판을 청구할 수도 있다. 그러나 규칙에 의한 권한침해 및 광역지방자치단체 상호간 또는 기초지방자치단체 상호간의 권한을 침해하는 조례에 대하여는 헌법재판소에 의한 권한쟁의 심판만이 사전적 통제수단이 된다. 권한침해의 위험을 제거하기 위한 이러한 사전적 권한쟁의심판이 실효를 거둘 수 있게 하기 위해서는 헌법재판소법 제65조를 개정하여 권한쟁의심판이 청구되면 해당 처분의 효력이 정지되도록 함이 바람직하다.

(2) 사후적 심판

피청구인의 처분 또는 부작위가 헌법 또는 법률에 의하여 부여받은 청구인의 권한을 이미 침해한 경우에 권한의 존부 또는 범위에 관하여 판단하거나 해당처분 또는 부작위를 취소 또는 무효 확인하는 것이다. 조례나 규칙이 공포된 후 20일을 경과하면 효력을 발생하게 된다. 효력이 발생된 조례나 규칙이 다른 지방자치단체의 권한을 침해하였거나 권한의 범위를 침범하였는지의 여부가 분명치 아니한 경우, 이에 대한 해석심판 및 취소심판(Recours d'annulation) 또는 무효(déclaration de nullité)심판을 구하는 것이다. 즉 지방자치단체의 조례나 규칙이 지방자치단체에게 권한을 부여하고 있는 헌법이나 법률에 합치되는가를 해석, 취소 또는 무효확인하는 것이다.

여기서 권한을 부여하고 있는 헌법과 법률간에 불일치가 있는 경우, 법률의 합헌성여부라는 선결문제가 발생하고, 권한쟁의심판의 전제로서 발생한 선결문제로서의 법률에 대한 위헌심사는 헌법재판소가 담당할 수밖에 없다. 사후적 심판으로서의 조례나 규칙에 대한 합헌성 및 합법성에 대한 통제에 관한 방법으로 취소 또는 무효확인을 할 수 있다는 것은 법률상의 쟁송에만 익숙해 온 경험으로 볼 때는 개별적 구체적 처분이 아닌 일반적 추상적 규범에 대한 취소를 인정하였다는 점에서 다소 생소하게 볼 수도 있겠으나, 객관적 법질서의 확립이라고 하는 객관적 쟁송의 성격상 일반 추상적 규범에 대한 취소의 인정은 오히려 당연한 것이라고 하겠다. 행정소송의 경우에 있어서도 취소소송을 주관적 소송으로 보지 아니하고 객관적 소송으로 보고[122] 있는 프랑스의 경우는 명령을 월권소송(le contentieux de l'excés de pouvoir)의 대상으로 삼아 취소할 수 있는 것으로 보고 있으며, 1894년 이래 일반적 성격의 행정처분(una disposición administrativa de caracter general)에 대한 항고처분을 인정하지 아니하던 스페인에서도 1956년 행정소송법 제39조 1항에 의해 명령에 대한 취소소송을 인정하였다.[123]

## Ⅳ 우리나라 지방자치법 이론의 문제점[124]

지방자치는 이해당사자들이 사무를 관리하고, 행정적 민주주의를 실현하며, 분권화에 의한 능률 향상을 기할 수 있다는 장점이 있는 반면, 국가적 통일성과 국민들간의 평등성을 위협하고, 정실주의로 흘러 부패를 조장하며, 지나친

122) 이광윤, "프랑스법상의 공권과 소의 이익", 고시계 1991년 8월호 참조.

123) 이광윤, "명령과 행정행위에 관한 비교법적 고안", 「현대행정과 공법이론」, 서원우교수 회갑기념논문집, 법문사, 1991, 352면 참조.

124) 이광윤, "우리나라 지방자치법이론의 문제점", 법제 통권 제529권, 법제처, 2002. 1.

분권에 의한 비능률을 초래할 수 있다는 단점도 있다. 우리에 앞서 지방자치를 실시하였던 유럽의 경우, 영국에서는 보수당 정부에 의한 1972년 지방법률에 의하여 잉글랜드와 웨일즈 내에 광역지방자치단체를 없애고, 과거의 "self government" 전통과는 상반된 수도권 집중과 중앙정부의 기능이 강화된 중앙집권화로 방향을 선회하였으며, 독일(통독 이전의 서독)에서도 1970년대에 지방자치단체의 숫자를 대폭 줄여 1960년대에 비하여 1980년대에는 크라이스(郡)는 425개에서 237개로, 게마인데(시·읍·면)는 24,386개에서 8,501로, 크라이스프라이슈타테(독립 시·읍·면)는 135개에서 88개로 줄이는 개혁을 단행하였다. 사회당 정부의 출현과 함께 1982년과 1983년 법률에 의하여 뒤늦게 지방분권을 강화한 프랑스의 경우, 지방자치단체에 대한 행정적 감독(후견적 감독)을 폐지한 결과 지방자치단체의 부패를 효율적으로 통제할 수 없는 등의 문제로 인하여 더 이상의 분권화를 실시하지 않고 있으며, 분권화의 효율성에 대한 논의가 분분한 가운데, 교육 등과 같이 모든 국민에게 평등하게 실시하여야 할 국가사무는 더욱 늘어가고 있기 때문에 부분적인 재집권화의 경향마저 보이고 있다. 우리나라에서는 이와 달리 맹목적인 분권화의 정치적 주장과 우리나라의 역사와 법질서에는 맞지 않는 무책임한 지방자치법 이론이 판치고 있어, 과연 분권화론자들의 논리적 근거가 타당한 것인지를 검토해 보고자 한다.

### 1. 지방자치단체의 계층구조에 대한 몰이해

유럽의 주민생활은 교회와 장터를 공유하는 마을공동체, 즉 Commune; Gemeinde; Municipio 등으로 불리는 생활 공동체로서의 기초단체를 중심으로 이루어져 왔기 때문에 지방자치의 핵심은 마을공동체의 자치에 있고 마을공동체의 상급에 위치하는 지방단위는 국가와 마을 공동체 사이의 중간단계에 해당한다. 이 중간단계에 해당하는 지방단위는 상급단위(대체로 우리나라의 道에 해당)의 경우는 국가형태에 따라 달라, 독일과 같은 연방국가의 경우에는 형식적 의미의 행정, 입법, 사법권을 모두 향유하는 주(Land)를 형성하고 있고, 스페인이나 이탈리아와 같은 지역국가의 경우에는 지역(스페인의 Comunidades Autonomas; 이탈리아의 Regione)이 형식적 의미의 행정권과 지역에만 통용되는 형식적 의미의 부분적 입법권을 가진다. 그러나 지역은 결코 형식적 의미의 사법권을 가질 수가 없다. 프랑스와 같은 단일 국가에서의 최상급의 지방자치단체인

지역(Région)은 형식적 의미의 행정권만을 가질 뿐이며, 형식적 의미의 입법권과 사법권은 가지지 않는다. 중간단계의 하급단위(대체로 우리나라의 郡에 해당)는 Département; Kreis; Provincia 등으로 불리는 것으로 오로지 형식적 의미의 행정권만 가질 뿐이다. 즉 유럽에서의 지역적 행정단위는 ① 국가, ② 지역, ③ 군, ④ 마을공동체의 4개 단위로 구성되어 있고 '지역'과 '군'이 국가와 마을공동체 사이에 존재하는 중간단계를 구성하고 있는데 지역은 국가 형태에 따라 단일 국가에서는 프랑스의 레지옹과 같은 단순한 행정자치단위이며 연방국가에서는 독일의 란트와 같이 행정 · 입법 · 사법권을 모두 향유하는 구가의 모습을 가지고 있고 이탈리아나 스페인과 같은 지역 국가에서는 사법권은 없이 부분적 입법권만을 향유하는 형태를 띠고 있다. '군'(département; Kreis; Provincia)단위는 어느 나라에서나 국가형태에 상관없이 단순한 행정적 자치단위를 구성한다.

일본에서는 ① 국가, ② 현, ③ 시 · 정 · 촌의 3단계로 구성되어 있는데 중간단계는 현 하나이며 시 · 정 · 촌은 유럽의 마을 공동체에 해당한다. 우리나라에는 자치행정단위로 거론할 만한 마을공동체의 전통도 박약하고 제도화되어 있지 않다. 그런데 우리나라에서는 '도'단위를 광역지방자치단체로, 또 '군'단위를 기초지방자치단체로 부르고 있으며, 우리나라의 '도'단위나 '군'단위는 모두 국가와 마을공동체의 중간단위에 불과한 것이라는 점을 간과하고 지방자치단체, 특히 군 단위를 소위 기초지방자치단체로 오인한 나머지, 그 자치권을 강화하자는 몰이해한 주장[125]을 하고 있다.

## 2. 우리나리에는 존재하지 않는 마을공동체 중심의 지방자치이론

지방자치의 헌법적 보장 내용으로 상당수의 학자들은 "전권한성의 원칙"과

**125)** 2001년 11월 14일 한국지방자치법학회는 대국회·대정부 건의문에서 정치권에서 논의되고 있는 기초지방자치단체장의 임명제를 겨냥하여 「1. 한국지방자치법학회 회원일동은 중앙정부와 일부 정당이 헌법이념의 구현과 거리가 먼 내용의 지방자치법개정을 검토하고 있다는 항간의 소문에 대하여 깊은 우려를 표하는 바이다. 이에 한국지방자치법학회 회원일동은 이와 같이 헌법이념의 실천에 부합하지 아니하는 방향으로 지방자치법을 개정하려는 움직임에 반대하고 이 법이 지방자치를 실질적으로 정착시킬 수 있는 방향으로 개정되기를 희망하면서, 현재 지방자치법의 개정과 관련하여 현안이 되고 있는 주요 과제에 대하여 다음과 같이 학회의 입장을 밝히고자 한다」고 하면서, 「2. 국회와 정부는 지방자치단체가 감독청(국가 또는 광역지자체)의 처분에 대하여 다툴 수 있는 폭넓은 쟁송수단(예: 항고소송 · 헌법소원)을 법제화하여 지방자치단체의 권리보호의 실질화를 도모하여야 한다」. 또한 「3. 기초자치단체장선거에서 정당공천제는 기초자치단체를 중앙정치마당의 연장으로 변질되게 하는바, 복리단체인 기초차치단체의 성질에 비추어 바람직하지 아니하므로, 국회와 정부에 기초자치단체장선거에서 정당공천제를 폐지할 것을 촉구한다」고 건의하였다.

"자기책임의 원칙"을 들고[126] 있다. 그러나 전권한성의 원칙과 자기책임의 원칙은 독일 기본법 제28조 제2항 1문의 "게마인데에게는 법률의 범위 내에서 지방공동체의 모든 사무를 그 스스로의 책임하에 규율할 권리가 보장되어야 한다"는 규정에 대한 해석으로서, 특별지방자치단체인 게마인데 연합은 법률에 의하여 그 책임으로 인정된 사무만을 법률이 정하는 기준에 따라 처리할 자치행정권인 한정적 자치권만을 보장받는다(기본법 제28조 제2항 2문).

군(Landkreis)은 기본법 제28조 제1항에 의하여 보장된 제도이다. 그러나 '군'은 시원적 권한을 갖는 것이 아니고 게마인데가 할 사무 중에서 게마인데가 제공할 수 있는 능력을 초과하는 사무에 대하여 게마인데를 보완해 주는 보충적 권한을 가진다. 따라서 게마인데에게 인정되는 전권한성이 군에는 인정되지 않고 한정적 자치권만이 부여된다.[127] 각 란트의 군법은 군권한의 보충성을 명백히 하고 있다. Hessen 란트의 郡法 제2조 제1항은 "군은 법률이 별도로 규정하지 않는 한 군소속 게마인데의 제공 능력을 초과하는 사무를 담당한다. 군은 군소속 게마인데의 행정수행을 촉진하고, 군의 영향력을 통해서 군소속 게마인데의 자치행정을 보완해 주고, 군소속 게마인데 간의 부담의 격차를 정당하게 조징하는 것이다"고 규정하고 있다. 따라서 군의 자치권은 보완적 권한에 국한되기 때문에[128] 군의 자치사무는 전권한적인 것이 아니고 한정적이다.

일본에서도 현은 광역적인 단체 혹은 국가와 시・정・촌간의 중간적인 단체이기 때문에 시・정・촌의 적정규모의 권고(일본 지방자치법 제8조의 2), 경계의 조정・재정(법 제9조 등), 통제조례(법 제14조 제3, 4항), 시・정・촌 사무의 합리화에 관한 조언, 권고 등(법 제245조)과 같은 시・정・촌에 대한 지도, 원조, 연락조정의 기능이 인정되어 있는 데 지나지 않는다.[129]

우리나라에는 게마인데와 같은 마을공동체가 존재하지 않고, 국가와 마을공동체 사이의 중간적 지방행정단위만이 존재한다. 따라서 독일의 게마인데 자치법 이론인 전권한성의 원칙은 적용될 수 없다. 우리 헌법 제117조 제1항도 「지방자치단체는 주민의 복리에 관한 사무를 처리하고 재산을 관리하며」라고만 하고 있어 지방자치단체의 사무에 관한 권한이 전권한적인 것인지 아니면 한정적

---

126) 김남진, 행정법 II, 법문사, 2000, 76면; 이기우, 전게서, 37-38면; 홍정선, 지방자치법학, 법영사, 2000, 35-42면 등.

127) 장지호, 전게서, 91면.

128) 장지호, 상게서, 92면.

129) 정재길, 일본의 지방자치법, 교학사, 1992, 23면.

인 것인지 언급하고 있지 않다. 더구나 지방자치법 제9조에서는 지방자치단체의 사무를 단순히 예시만 하고 있으며 제10조 제2항에서는 지방자단체의 종류별 사무를 대통령령으로 정하도록 하고 있다.

중세의 자유시의 전통에 기원을 두고 있는 독일의 게마인데 중심의 자치이론은 근대 절대주의의 등장으로 자주성을 크게 손상받았으나 19세기에 들어와 프랑스혁명 이론의 소용돌이에 의하여 크게 자극받은 것으로 프랑스의 "마을자치권력"(Pouvoir Municipal)이론에 매료되어 게마인데를 국가의 한 내부조직으로서가 아니라 국가와 그 본질에 있어 대등한 조직체로 파악하려고 하였다.[130) 마을자치권력이론은 국가권력이전에 존재하는 것으로 주관적 권리의 주체인 꼼뮌(commune)에 기초하는 이론[131)이다. 프랑스혁명기의 이러한 극단적인 자치이론은 프랑스에서는 통령정부와 제1제국시기에 국가의 단일성을 확보하기 위한 강력한 중앙집권정책에 의해 교정받았다.

국가현상에는 단일성이 필수불가결하다. 국가는 영토, 정부기구, 국민의식이라는 요소들로부터 탄생하여, 지방적 요소를 감소시키고, 말소시켜감으로써 단일성을 이룬다. 프랑스와 같은 단일국가는 행정, 입법, 사법에 관한 권한행사를 중앙에 집중시킴으로써 고도의 통일성을 유지하였다. 그러나 과도한 중앙집권 역시 중앙에 과도한 부담을 주는 비능률을 초래하여, 1871년과 1884년 법률에 의하여 완화되다가 1982년과 1983년에 이르러서야 비로소 지방자치를 강화하게 되었다.

그러나 국가와 지방자치단체간에는 자연적 경계가 존재하는 것은 아니며 권한의 배분 기준은 역사적으로 설정된 경계에 불과하다. 프랑스 헌법 제72조와 제34조는 「국가 주권이 지방제도의 권한을 정한다」고 규정하고 있다. 사실 무엇이 "공공의 필요"인가 하는 것은 국가만이 정할 수 있다. 그런데 국가로부터 전혀 이질적인 권한의 분야는 존재하지 아니하므로 애당초 꼼뮌이 마을자치권력을 향유한다는 것은 국가가 존재하지 않거나 국가가 불완전하게 성립한 경우에만 타협적으로 가능한 것이며 국가만이 권한 배분의 유일한 이성체이다.

자기책임성의 문제도 앞의 'Ⅰ. 서론 1. 지방자치에 대한 헌법적 근거'부분에서 살펴보았다(277면 이하 참조).

우리나라는 단일민족 국가로 민족과 국가를 분리한다고 하는 것은 상상할

---

130) 하인리히 숄러, 김해룡 역, 독일지방자치법연구, 한울아카데미, 1994, 20면.

131) Maurice Bourjol, La commune l'Etat et le Droit; L.G.D.J. 1990, p. 179.

수도 없다. 그런데 어떻게 국가와 민족의 분리를 전제로 한 마을공동체의 전권한성, 자기책임성이 국가와 마을공동체의 중간기구에 불과한 군에 인정이 되겠는가?

### 3. 지방자치단체의 행정입법권에 대한 몰이해

우리나라는 단일국가이므로 지방자치, 즉 지방분권이라 함은 국가의 권력인 행정・입법・사법권 중에서 형식적 의미의 행정권의 일부 분야에 대한 결정권을 국가가 독립된 지방공공단체에게 위임하여 행정하는 것을 가리킨다. 지방공공단체, 즉 지방자치단체는 일부 지역주민만에 관한 행정사무를 담당하는 것으로서 자치사무, 즉 지방사무란 지역적 이익공동체의 행정사무를 가리킨다. 따라서 지방의회는 주민에 의하여 구성되었다 하더라도 이것은 정치적 민주화(형식적 행정, 입법권을 포괄한 민주화)를 의미하는 것이 아닌 행정적 민주화를 의미하는 것이기 때문에 행정위원회에 해당한다. 따라서 우리나라의 도나 군의 의결기관을 의회로 명명한 것은 처음부터 잘못된 것이다. 대한민국에 정치적 민주화를 대변하는 의회는 국회 하나밖에 없다. 우리나라와 같은 단일국가인 프랑스의 경우 의회는 Parlement(상원과 하원으로 구성)이라고 부르나 지방자치단체의 의결기관은 위원회, 즉 Conseil로 부르고 있다. 때문에 지방의회가 제정하는 조례는 형식적 의미의 입법, 즉 법률이 아닌 행정입법에 해당한다. 또 행정입법권을 포함한 지방자치단체의 자치권은 형식적 의미의 행정권을 국가가 법률에 의하여 분권하는 것이기 때문에 조례의 제정에는 반드시 법률의 위임이 있어야만 한다. 그럼에도 불구하고 법률에 저촉만 되지 않으면 조례를 제정하도록 하고 있는 현행법은 독일 기본법 제28조 제2항의 「게마인데에게는 법률의 범위 내에서 지방공동체의 모든 사무를 그 스스로의 책임하에 규율할 권리가 보장되어야 한다」는 규정을 모방한 것으로 보이는데, 물론 독일에서도 독일연방헌법재판소는 기본법이 지방자치단체에 대하여 마을자치권력(Pouvoir Municipal), 즉, 국가 내에서의 독자적인 권력체로서의 지위를 인정하고 그에 대하여 전적으로 보장된 사무영역을 인정하는 것은 아니라는 점을 누누이 강조하고 있다.[132] 따라서 독일 기본법 제28조 제2항의 규정은 프러시아의 나폴레옹적인 민족국가(Etat-Nation)이론과 마을자치권력(Pouvoir Municipal)이론의 타협점인

132) 하인리히 숄러, 김해룡역, 전게서, 32면.

셈인데, 우리나라에는 "마을자치권력"의 전통이 없다. 이러한 마을자치권력에 바탕한 조례제정의 시원적 권력을 지방자치단체에 인정하는 것은 연방제를 향한 국가형태의 이완을 시작한 것 같으며, 더구나 조례를 행정입법이 아닌 법률에 준하는[133] 자주입법으로 주장하는 것은 郡단위에까지 형식적 입법권을 인정하는 정치적 분권을 하자는 것으로 신봉건제를 채택하여 국가를 해체하자는 주장이나 다름없다. 심지어 "주민의 권리제한 또는 의무부과에 관한 사항이나 벌칙을 정할 때에는 법률의 위임이 있어야 한다"고 하는 지방자치법 제15조 단서 조항에 대한 위헌설을 주장하기도 하는데 위헌설의 논거로 들고 있는 것[134] 중 "지방의회가 주민대표기관이라는 민주적 정당성을 지니고 있다는 점과 헌법이 지방자치단체에 대하여 포괄적인 자치권을 부여한 취지(전권한성의 원칙 및 자기책임의 원칙)에 반한다"는 주장은 우리 헌법의 해석으로는 불가능한 해석이다.

단일국가에서 지방자치단체의 규범제정권은 결코 시원적 규범제정권(pouvoir normatif initial)이 될 수 없다. 시원적 규범제정권은 국가만이 독점한다.[135] 헌법 제118조 제1항 2문은 「법령의 범위 안에서 자치에 관한 규정을 제정할 수 있다」고 하여 지방자치단체에게 무조건적인 규범제정권을 부여하고 있지 않으며, "법령의 범위"라고 하는 조건하에서, 법령의 중재하에 허용된 범위에서만 인정하고 있다. 언제라도 법률이나 국가의 법규명령 및 상급감독단체의 법규명령은 지방자치단체의 규범제정권을 제약할 수 있다. 지방자치단체의 규범제정권에 관한 헌법상의 제도적 보장은 법률로 지방자치단체의 규범제정권을 부인할 수는 없으며, 지방자치단체가 "자치에 관한 규정을 제정할 수 있다"는 것뿐이다.

지방자치단체의 규범제정권을 지역국가에 있어서의 지역과 비교하여 보면 스페인에서의 자치(autonomia)란 지방자치단체가 그들의 권한사항에 대하여 고유한 규범권을 행사하는 것을 말하며 따라서 지방자치단체가 명령권을 보유하는 것을 말한다.[136] 그러나 자치공동체의 자치는 단순한 행정적 자치의 범위를

---

133) 통탄스럽게도 1999년 한국지방행정연구원의 연구보고서 1999-02(제318권)에 의하면 공법학계 중 헌법전공자의 83%, 행정법전공자의 67%, 헌법재판소와 대법원 전문가들의 86%, 공무원의 69.3%, 지방의원의 66.3%가 조례를 행정입법이 아니라 준법률로 보고 있다고 한다. 신봉기, "자치입법권의 범위와 실효성확보방안", 한국지방자치법학회 제2회 학술발표대회 요지집 79면.

134) 신봉기, 전게논문, 90면 참조.

135) Marc Joyau, De l'utonomie des collectivités territoriales françaises, L.G.D.J., 1998.

136) Francois d'Arcy/Mariano Baena del Alcazar, Décentralisation en France et en Espagne, Economica, 1986, p. 18.

넘어 정치적 자치에까지 이르러 법률을 제정하고 진정한 지역정부를 구성하는 능력을 가지는 데까지 확장된다.[137] 즉 스페인에서의 자치는 형식적 관점에서는 자치공동체를 제외한 나머지 지방자치단체에게는 형식적 의미의 입법권이 배제되고 명령권만이 인정되나 감독에 있어서는 합법성에 대한 감독 이외에는 받지 않고 스스로의 결정을 집행할 수 있으며, 실질적 관점에서는 내부기관의 조직과 권한을 정할 수 있는 자치조직권을 의미한다.[138] 스페인헌법 제149조 제3항은 「헌법이 국가에 대하여 명문규정으로 부여하지 아니하는 사항은 '조례법'(Estatuto)[139]제정권을 가지고 있는 자치공동체에 부여될 수 있다. 자치조례법에 의하여 인수되지 아니한 사항에 관한 권한은 국가에 귀속되고 쟁의가 발생하는 경우, 자치공동체의 배타적 권한에 귀속되지 아니하는 모든 것에 있어서 국가의 규범은 자치공동체의 규범에 우선한다. 어떠한 경우에도 국가의 법은 자치공동체의 법을 보충할 수 있다」고 규정하고 있다. 이에 따라 카탈루냐 자치공동체와 바스크 자치공동체는 자체의 조직과 규범권을 정하는 '조례법'을 제정하였다. 이러한 권한은 자치공동체의 자치적 입법권이며 자치공동체는 또한 지방의 사정과 필요에 적응하기 위하여 국가가 제정한 규범을 보충하는 보충적 입법권을 향유한다. 보충적 입법권은 국가가 정한 규율의 범위 내에서 행사되고, 자치공동체는 제149조에서 국가의 권한으로 정하고 있는 사항에 대하여 법률의 집행을 위하여 규범을 제정할 수 있고 이러한 규범은 국가의 허가를 받아야 한다. 스페인에서의 '조례법'이란 헌법보충적 기능을 하는 것으로, 정치적 분권기관인 지역의회에서 제정하는 지역입법권의 산물이다.

그러나 스페인의 자치공동체는 독자적인 사법권을 보유하지 못한다. 연방국가에 있어서의 각 주는 입법권과 행정권 이외에 연방의 사법권과는 구별되는 스스로의 사법권을 보유한다. 그러나 지역국가의 지역은 사법권을 보유하지 못한다. 또, 스페인의 군(provincia)과 시·읍·면(municipio)의 지위는 단일국가에서와 같은 단순한 행정적 분권 기관이며, 시·읍·면에게 "마을자치권력"(Pouvoir Municipal)을 인정하지 않는다. 이들 지방자치단체에게는 1955년 지방제도

137) Ibid., p. 19.

138) Ibid., p. 28.

139) 어원으로 보면 Estatuto는 이탈리아의 Statuto와 함께 "조례"라고 불러야 하나, 지역국가에서의 조례는 지역(Région)의 법률을 가리키고 우리나라에서 조례라고 부르는 도, 군 단위의 의결은 행정처분으로서 의결(Acuerdo)이라고만 부르고 있기 때문에 우리나라에서의 조례와 구분하여 조례법이라고 하였음.

법률에 의하여 지방행정입법규범(normas reglamentarias locales)의 제정권이 인정되었다.[140] 그러나 지방행정입법규범은 순수한 행정적 성격의 것으로 '형식적 입법권'이 아니며 국가의 법률 또는 자치공동체의 법률에 종속되며 행정소송의 대상이 된다. 따라서 지역국가인 스페인에 있어서 지역 단위 이하의 地方自治團體는 立法的 權限(compétence législative)을 인정받지 못하고 行政立法權 또는 命令權(compétence réglementaire)밖에는 향유하지 못하나, 합법성에 대한 통제가 가능한 범위 내에서 스스로의 결정을 집행할 수 있다.[141]

이상에서 보건데 중앙의 국가가 아닌 지방자치단체가 법률에 준하는 시원적 입법권을 행사하기 위해서는 행정적 분권이 아닌 정치적 분권이 필요한데, 정치적 분권은 연방국가에 있어서의 州나 지역국가에 있어서의 지역(Région)이 향유하는 것으로서 그 이하단위의 지방자치단체가 시원적 입법권을 행사하려면 "마을자치권력"이 인정된 경우에 한한다. 따라서 단일 국가인 우리나라에서, 마을공동체도 없이 국가와 마을공동체의 중간 기관들에 불과한 道나 郡같은 지방자치단체들에게 법률에 준하는 조례제정권을 인정한다는 것은 어불성설이다. 지방자치단체는 자치법규를 제정할 권한이 있으나 이러한 자치법규는 행정입법이다. 법률의 위임 없이 자치법규를 제정하는 경우에도 그것은 일종의 독립명령일 뿐이다.

## 4. 국가대표기관의 지방에의 부존재

우리나라의 지방자치단체는 한편으로는 국가기관으로서의 지위를 가지면서 다른 한편으로는 자치단체로서의 지위를 가진다. 따라서 국가사무를 처리하고 지방자치단체를 감독할 일반적 국가대표기관이 지방에는 존재하지 않고 국가사무는 지방자치단체장에게 위임하여 처리하고 있다. 지방의 이익에 민감한 정당공천을 받은 지방자치단체장이 국가의 법령 수호를 위하여 지방자치단체를 감독하고, 자치단체의 이익이 아닌 국가의 이익을 위하여 국가사무를 집행한다는 것은 출발부터 문제가 있다. 우리나라와 같은 단일국가인 프랑스의 경우,[142] 지

140) 스페인에서의 법규명령은 국가명령(Reglamentos estatales), 자치명령(Reglamentos autonomicos), 지방명령(Reglamentos locales), 기관명령(Reglamentos institucionales)으로 구분된다. Luis, No. Cazorla Prieto/Enrique Arnaldo Alcubilla, Temas de Derecho constitucional Y Derecho administrativo, Marcial Pons, 1988, Madrid, p. 575 이하 참조.

141) F.d'Arcy, M.B.del Alcazar, op. cit., p. 28.

142) 프랑스지방행정체계

역(Région)에는 지역청 소재지의 郡(Département)의 知事(Préfet)가 겸직하는 知事(Préfet)가 국가사무를 담당하며 각 郡에서도 국가에서 임명하는 知事(Préfet)가 국가사무를 담당한다. 자치사무는 지역(Région)의 경우에는 지역위원회의 의장이 자치단체장으로서 자치사무의 집행을 담당하며, 郡(Département)에서는 郡위원회 의장이 자치단체로서의 郡을 대표하며 자치사무의 집행을 담당한다. 다만 마을공동체인 꼼뮌(Commune)에서는 주민이 선출하는 시장(Maire)이 국가기관으로서의 지위와 자치단체장으로서의 지위를 동시에 가지며 자치사무와 함께 국가사무도 위임받아 집행한다. 국가의 지방자치단체에 대한 감독도 지방에 있는 국가의 대표, 즉 지사가 담당하는데 조례는 행정처분으로 간주되며, 조례를 포함한 지방자치단체의 결정은 국가대표인 지사에게 통지되고 통지된 결정이 위법하다고 판단되면 지사는 지방자치단체의 결정에 대하여 행정법원에 월권소송(취소소송)을 제기한다. 최근에 우리나라에서 논의되고 있는 하급지방자치단체장의 임명 문제는 일리가 있으나 프랑스의 예를 참고하여 지방에 국가사무를 담당하는 국가의 대표를 국가에서 임명하는 한편, 현재의 지방자치단체는 자치사무만을 맡도록 하는 것도 좋은 방안이 될 수 있다고 본다.

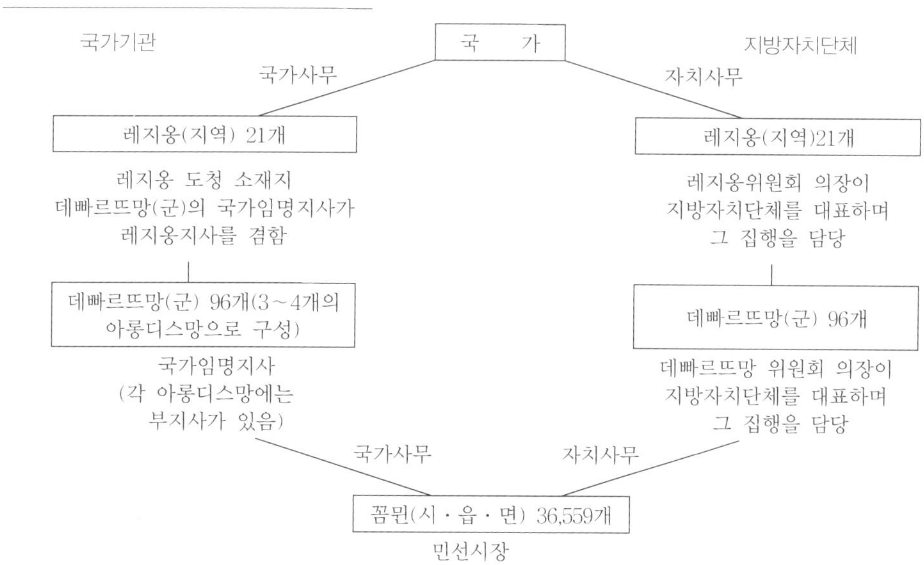


※ 자치단체 숫자는 프랑스 본토에 있는 것만을 계산하였음.

## 5. 국가형태의 차이를 망각한 권한쟁의심판제도

우리나라는 프랑스와 같은 단일국가이기 때문에 상급의 지방자치단체인 道의 경우에도 단순한 형식적 의미의 행정권만을 국가로부터 법률에 의하여 분권받은 데 지나지 않는다. 따라서 국가와 지방자치 단체간의 분쟁은 헌법적 분쟁이 아닌 법률적 분쟁으로 행정소송에 의하여 해결되어야 한다. 그럼에도 불구하고 국가와 지방자치단체 간의 권한쟁의는 물론 지방자치단체 상호간의 권한쟁의 마저도 헌법재판소의 관할로 정하고 있다. 이것은 마치 우리나라의 모든 지방자치단체를 형식적 의미의 행정 · 입법 · 사법권을 모두 향유한 예속 공화국 정도로 간주하고 있는 듯하다. 그러나 헌법분쟁이 되려면 헌법상의 국가기관, 즉 지방에 있어서는 행정 · 입법 · 사법권을 모두 가지고 있는 연방국가에서의 州나 행정권 및 지역입법권을 가지고 있는 지역국가에서의 지역(Région)간의 분쟁이나, 연방과 州 또는 국가와 지역 사이의 분쟁이어야 하는 것이기 때문에 시급히 시정되어야 할 문제이다. 우리 헌법 제117조 제2항은 「지방자치단체의 종류는 법률로 정한다」고 규정하여 지방자치단체의 창설 자체가 법률적 사항으로 되고 있다. 그런데 어떻게 법률에 의하여 창설된 지방자치단체 상호간 또는 국가와 지방자치단체 사이의 분쟁이 법률적 쟁송이 아닌 헌법적 쟁송이 될 수 있겠는가?

## 6. 세계화 시대의 국제경쟁력 강화에 역행하고 있다

오늘날 세계화 시대의 특징 중의 하나는 국경이 엷어지는 대신 대도시를 중심으로 한 최상급 지방자치단체에 해당하는 '지역'(Région; Regione; Comunidades Autonomas; Land)단위의 경쟁이 치열해지는 시대라는 것이다. 세계화 시대에 있어서의 지방분권은 분열적 미세화가 아니라 경쟁력 있는 광역화에 중점이 주어져야 한다. 즉, 오늘날 세계화란 과학기술의 발전으로 세계가 시 · 공간적으로 압축되고 상호의존의 확대 · 심화로 사회생활의 모든 부문에 걸쳐서 세계적 상호작용이 증대하면서, 세계와 인류가 하나라는 인식과 세계적 수준에서의 관리가 증대하고 사회적 행위자들의 존재적 성격이 점차 세계 속에서 결정되는 사회적 과정을 일컫는다.[143] 경제적으로는 높은 수준의 자율성을 가졌던 국민 경제들 사이에 무역, 투자, 금융, 기술, 정보 등의 흐름이 대규모로 활발히 이루어지고 이에 대한 국경통제가 대폭 줄어들거나 사실상 불가능해지면서 세계경제가 하나의 경제로 통합되는 과정에 있으며, 수송과 정보통신기술의 발전은 지리적 거리의 의미를 줄임으로써 경제, 사회·문화적 동질성을 가속화시키고 있다. 또한 지구환경이나 에너지, 전쟁, 전염병의 문제는 인류를 하나의 공동체로 묶어놓고 있다.

이러한 세계화 현상은 국민국가(ETAT-NATION)의 성격을 완화시켜, 세계무대에서의 국가의 비중을 감소시키면서, 개인, 기업, 지역, 비정부단체, 국제기구들의 역할을 증대시키고 있다. 그러나 지역을 제외한 나머지 단위들의 역할 증대는 환경보호, 인권신장, 문명생활의 확대 등의 순기능을 하는 반면, 경제적으로는 국가간의 교역장벽을 해소시켜 경쟁을 격화시키는 본질을 가지고 있기 때문에 세계화 현상에 대응하여 세계화의 순기능을 흡수하고 역기능을 극복해내기 위해서는 지역이 필연적으로 약화되는 국가의 기능을 보완하여 세계화에 부응한 생산적인 역할을 담당하여야 한다. 즉 새로운 광역지방자치단체로서의 '지역'단위가 이러한 순기능을 담당하기 위한 최적의 자치단위로 부상하고 있으며 이러한 '지역'단위는 대도시를 중심으로 하여 형성되고 있다. 오늘날 국제적으로 부상하고 있는 대표적인 예로는 스트라스부르를 중심으로 한 알자스 지역, 밀라노를 중심으로 한 롬바르디아 지역, 에든버러를 중심으로 한 스코틀랜드 지역 그리고 바르셀로나를 중심으로 한 카탈루냐 지역들이 부상하고 있다. 스페인의 카탈루냐 지역주의의 高揚은 세계화 시대에 있어서의 경쟁력 있는 지역단위의 번성이라고 하는 현실적 온실 내에서 그 역기능이 가려져 있는 것일 뿐, 카탈루냐 민족주의 자체가 카탈루냐의 번영을 가져다주는 것이 아니다. 사실, 번영하는 남부 프랑스를 이웃하지 않은 카탈루냐의 번영을 상상하기란 매우 어려운 일이다. 따라서 세계화 시대에 있어서의 지방화는 국가권력과의 투쟁이 아니라 보다 효율적인 경쟁 시스템을 구축하기 위한 중앙과 지역의 권한재분배에 초점이 주어져야 할 것이며 그 단위는 지역의 단위에 초점이 주어져야 한다. 교통과 통신 및 소비가 발달한 오늘날 郡 단위 이하의 단위별로 해결할 중요한 지방사무는 많지 않다. 따라서 바르셀로나를 중심으로 한 카탈루냐 지역의 국제적 부상을 맹목적인 분권화 내지는 연방국가주의의 순기능으로 해석하여서는 곤란하며, 세계화 시대에 있어서의 경쟁력 있는 단위의 부상으로

---

**143)** 정진영, "세계화: 개념적·이론적 분석", 「세계화 시대의 국가발전전략」, 세종연구소, 1995, 29면.

이해하여야 할 것이다.

결론적으로 스페인의 "자치국가화" 현상에 대하여는 국가분열화를 초래할 연방화에 대한 환상으로 대할 것이 아니라 세계화에 대비한 지역발전의 단위로 이해할 필요가 있다. 우리나라의 경우, 최근 지방경제활동의 위축으로 인해 지방의 생존권을 확보하기 위하여 지방분권을 강화하여야 한다는 목소리가 높다. 그러나 경쟁력 있는 지방 단위는 마땅히 광역화된 단위의 분권이 필요한 것이지, 郡이나, 區단위의 분권 강화는 오히려 비능률을 초래하여 경쟁력을 약화시킬 것이란 점을 분명히 인식하여야 할 것이다. 우리도 마땅히 국민간의 평등을 실현하기 위한 국가사무의 비중을 높이는 한편 郡단위의 자치권을 약화시키고 道단위를 개편하여 보다 광역화시켜 부산·대구를 중심으로 한 광역단위의 경상지역이나 전주·여수를 중심으로 한 광역단위의 호남지역 등으로 보다 광역화된 지역 단위의 지방자치단체를 발족시킬 필요가 있다. 우리와 인구 및 국토면적이 비슷한 영국이 잉글랜드, 웨일즈, 스코틀랜드 및 북아일랜드의 4개 지역으로 구성되어 있음은 좋은 참고가 될 것이다.

# 제 6 편

# 공무원법

# 제 1 장 공무원의 집단행위 금지의 합헌성 여부[1)]



## Ⅰ 지방공무원법 제58조 제1항의 노동운동의 범위

헌법재판소는 지방공무원법 제58조 제1항[2)]의 '노동운동'의 개념이 헌법 제33조 제2항의 「공무원인 근로자는 법률이 정하는 자에 한하여 단결권·단체교섭권 및 단체행동권을 가진다」는 조항에 근거한 것으로 이러한 근로3권은 헌법 제21조에 규정된 집회·결사의 자유와는 구분하여 보장되는 것으로 보고 있으면서 "지방공무원법 제58조 제1항에서 규정하고 있는 '노동운동'의 개념은 그 근거가 되는 헌법 제33조 제2항의 취지에 비추어 근로자의 근로조건의 향상을 위한 단결권·단체교섭권·단체행동권 등 근로3권을 기초로 하여 이에 직접 관련된 행위를 의미하는 것으로 좁게 해석"하고 있다. 그런데 근로3권의 내용은

1) 이광윤, 공무원의 집단행위 금지의 합헌성 여부, 토지공법 연구 제29집, 2005. 12., 333면 이하.
2) 제58조 (집단행위의 금지) ① 공무원은 노동운동 기타 공무 이외의 일을 위한 집단행위를 하여서는 아니된다. 다만, 사실상 노무에 종사하는 공무원은 그러하지 아니하다.

노동조합에 관한 권리와 파업권으로 분리하는 것이 일반적으로, 노동3권을 인정하는 경우에도 파업권은 인정하지 않는 경우가 많다. 따라서 본고에서는 노동운동의 개념을 노동3권의 행사라고 하지 않고 노동조합권과 파업권의 양자로 분리하여 분석하기로 한다.

## Ⅱ 공무원의 노동운동의 허용에 대한 비교법적 고찰

### 1. 프 랑 스

#### (1) 노동조합권

공무원에게도 1901년 법률 이래 결사의 자유는 허용되어 왔으나 노동조합권은 1946년 헌법전문에 의하여 비로소 인정되었다. 즉, 1946년 헌법전문 6문은 「모든 인간은 조합활동에 의하여 그들의 권리와 이익을 방어하고 그들이 선택하는 조합에 가입할 수 있다」고 규정하였는데 1946년 10월 19일 법률 제6조는 「조합권은 공무원에게 인정된다」고 규정하였다. 그러나 국가의 대표인 지사나 부지사 그리고 군인들에게는 허용되지 않는다. 또한 정치적 동기의 노동조합권도 인정되지 않는다.

#### (2) 파 업 권

공무원의 파업권을 인정하는 데 있어 등장하는 이론적 문제점은 첫째, 공무원에 대한 파업권의 인정이 공무원의 복종의 의무와 모순되는 것이 아닌가 하는 점이고, 둘째, 공공서비스의 계속성의 원칙과 모순되는 것이 아닌가 하는 것이다. 1946년 이전에는 공무원의 파업은 불법적인 것으로 간주되었다. 따라서 사전 금지조치 없이도 항상 징계할 수 있는 것으로 보았다.

그러나 1946년 이후에는 다양한 법률들에 의하여 일정한 범주의 공무원들 즉, 경찰, 교도관, 사법관, 내무성의 통신담당자, 군인, 공항의 관제탑 요원(그 후, 미니멈 서비스 원칙으로 전환) 등의 파업만 금지되고 나머지 공무원들의 파업은 인정이 되고 있다. 한편, 1963년 7월 31일 법률은 공공서비스의 파업에 대하여 사전신고(5일 전)를 의무화하고 갑자기 하는 파업을 금지시키고 있다.[3)]

다른 한편, 1950년 7월 7일의 꽁세이데따의 Dehaene 판결은 공무원의 파업권은 공공서비스의 운영상의 필요에 의하여 법률로써 제한될 수 있음을 선언하고 있다. 그러나 꽁세이데따의 1959년 6월 10일의 Syndicat national des personnels de préfecture 판결은 일반적이고 절대적인 파업금지는 부정하고 있다.

### (3) 최소한의 서비스

공공서비스의 계속성의 원칙에 의거 일정한 범위의 공공서비스에 대하여는 파업시에도 최소한의 서비스(service minimum) 원칙이 지켜져야 한다. 현행법상 1980년 7월 22일 법률에 의한 방사능 물질을 다루는 기관, 1984년 12월 31일 법률에 의한 공항 관제탑과 1986년 9월 30일 법률에 의한 라디오 · 텔레비전 방송에 대하여 미니멈 서비스 원칙이 도입되어 있고, 나머지 분야에 대한 것은 관행적인 것이거나 협의에 의한 것이다(지하철, 기차, 고속도로, 전기 등).

## 2. 독 일

독일의 공무원은 노무직을 제외하고는 결사권밖에는 인정되지 않는다(노무직은 노동조합권과 파업권이 인정된다). 따라서 노동조합권과 파업권 모두가 인정되지 않는다.[4]

## 3. 이탈리아

이탈리아의 경우, 공무원에게도 노동조합권과 파업권이 인정되고 있으나 군인과 경찰에 대하여는 파업권이 인정되지 않는다. 그러나 1990년 법률에 의하여 매우 광범위한 범위의 공공서비스에 대하여 미니멈 서비스의 원칙이 도입되어 있다.[5]

1990년 법률에 의한 필수적 분야는 다음과 같다.

---

3) La réglementation de la grève en France; M. Rbeill; CNT.

4) La fonction publique en Allemagne fédérale; Etude réalisées pour le portail E-Fonctionnaires; 2003.

5) La réglementation du droit de grève en Italie dans les services publis essentiels et le transport; Maryse Moll; CNT.

건강, 위생, 쓰레기, 안전, 세관, 에너지, 사법, 환경, 대중교통, 사회보장, 생계대출, 교육, 체신, 공중매체 뉴스.

## 4. 캐나다 퀘벡 주

퀘벡에서도 1960년대부터 경찰과 소방관을 제외[6]한 공무원에 대하여 파업권을 인정하고 있으나 판례는 다음과 같은 필수적 서비스에 대하여 미니멈 서비스의 원칙을 도입하고 있다.

건강, 안전, 수송, 쓰레기, 도축된 고기, 혈액, 이식대상 장기, 앰뷸런스.

## 5. 포르투갈

포르투갈도 군인을 제외한 공무원의 파업권을 인정하고 있으나 1992년 법률이 미니멈 서비스 원칙을 도입하였다. 그러나 이 법률은 의회에서의 절차상의 하자를 이유로 하여 1996년에 위헌 판결을 받아서 현재는 입법 공백 상태이다. 그러나 위헌 판결을 받기 전 미니멈 서비스 원칙이 적용되던 필수적 서비스 분야는 다음과 같다.

체신, 의료, 위생, 장례, 에너지, 수도, 소방, 대중교통, 동물하역, 부패하기 쉬운 식료품, 국민경제에 필수적인 시설.

## 6. 스 페 인

스페인에서는 포르투갈과 같이 공무원의 파업권이 인정되고 있으나 미니멈 서비스 원칙에 대한 법률은 아직 없고 행정입법으로 생명, 건강, 위생, 교통, 통신, 교육 분야에 대하여 미니멈 서비스 원칙을 도입하고 있다.

## 7. 영 국

영국에서는 공무원의 파업권에 대한 특별 규정은 없으나, 군대, 경찰, 해양수송, 체신 분야에 대하여는 파업이 금지된다.

---

6) Le droit de grève dqns les services publics au Québec; Maryse Moll; CNT.

### 8. 미 국

미국의 연방공무원에게는 노동조합권은 인정이 되나, 1978년의 Federal Civil Service Reform Law에 의하면 일체의 파업권이 부인된다. 주들의 경우에도 13개 주만이 인정하고 있으나 이것도 엄격한 제한이 따른다.[7)]

이상에서 검토한 바를 종합하면 첫째, 대부분의 국가에서는 공무원에게도 노동조합권과 파업권이 인정되고 있으나 미국에서는 대체로 파업권이 부인되고 있고, 독일의 경우에는 결사권만 인정되고 파업권은 물론 노동조합권도 부인되고 있다. 둘째, 대부분의 국가에서는 공무원에게도 파업권을 인정하고 있으나 필수적 서비스 분야에 대하여는 파업권이 금지되거나 파업권이 인정되는 경우에도 공공서비스의 계속성을 보장하기 위하여 최소한의 서비스 원칙에 의한 제한이 따르고 있다.

## Ⅲ 헌법 제33조 제2항에 대한 위반 여부

헌법 제33조 제1항은 「근로자는 근로조건의 향상을 위하여 자주적인 단결권·단체교섭권 및 단체행동권을 가진다」고 규정하고 있는바, 이는 정치적 동기의 노동조합권과 파업권은 부인되며 근로조건의 향상을 위한 노동조합권과 파업권이 보장됨을 가리킨다. 헌법 제33조 제2항은 공무원인 근로자에게는 "법률이 정하는 자"에 한하여 헌법 제33조 제1항의 권리가 보장됨을 규정하고 있어 일반적인 노동조합권과 파업권의 향유 범위를 제한하고 있다. 한편 헌법 제11조는 사회적 신분에 의한 차별을 금지하고 있는데, 이는 공무원에게 노동조합권과 파업권의 향유를 제한하기 위하여는 공무원이라는 신분 때문이 아니라 직무상 노동조합권과 파업권을 제한하여야 하는 공익상의 이유가 있는 공무원에 한해서 제한하여야 함을 의미하기 때문에 헌법 제33조 제2항의 입법 형성의 자유는 엄격하게 해석하여야 한다. 따라서 노동조합권은 일반적으로 인정되어야 하며 파업권은 복종의 의무 및 공공서비스의 계속성의 원칙에 의하여 제한

7) 민경식, "미국에서의 파업권", 미국헌법연구 제8호, 1997.

될 수 있고 복종의 의무와 공공서비스의 계속이 필요하다고 보는 범위는 법률에 의한 입법형성 재량에 속한다. 이에 따라 2006년 1월 28일부터 시행될 공무원의 노동조합설립및운영등에관한법률 제3조 제1항은 지방공무원법 제58조 제1항 본문의 규정에 대한 적용배제를 규정하고 있으며 제4조에서는 정치적 동기의 노동운동 금지를 규정하고 있고, 제11조에서는 파업권을 금지하고 있으며 노동조합권만이 인정되는 공무원의 범위를 제6조에서 다음과 같이 규정하고 있다.

제6조 (가입범위) ① 노동조합에 가입할 수 있는 공무원의 범위는 다음 각 호와 같다.

1. 6급 이하의 일반직공무원 및 이에 상당하는 연구 또는 특수기술직렬의 일반직공무원
2. 특정직공무원 중 6급 이하의 일반직공무원에 상당하는 외무행정 · 외교정보관리직공무원
3. 기능직공무원
4. 6급 이하의 일반직공무원에 상당하는 별정직공무원 및 계약직공무원
5. 고용직공무원

② 제1항의 규정에 불구하고 다음 각 호의 1에 해당하는 공무원은 노동조합에 가입할 수 없다.

1. 다른 공무원에 대하여 지휘 · 감독권을 행사하거나 다른 공무원의 업무를 총괄하는 업무에 종사하는 공무원
2. 인사 · 보수에 관한 업무를 수행하는 공무원 등 노동조합과의 관계에서 행정기관의 입장에 서서 업무를 수행하는 공무원
3. 교정 · 수사 그 밖에 이와 유사한 업무에 종사하는 공무원
4. 업무의 주된 내용이 노동관계의 조정 · 감독 등 노동조합의 조합원으로서의 지위를 가지고 수행하기에 적절하지 아니하다고 인정되는 업무에 종사하는 공무원

③ 공무원이 면직 · 파면 또는 해임되어 노동조합및노동관계조정법 제82조 제1항의 규정에 따라 노동위원회에 부당노동행위의 구제신청을 한 때에는 중앙노동위원회의 재심판정이 있을 때까지 노동조합원의 지위를 상실하는 것으로 보아서는 아니 된다.

④ 제2항의 규정에 의한 공무원의 범위는 대통령령으로 정한다.

교원의노동조합설립및운영등에관한법률 또한

제3조 (정치활동의 금지) 교원의 노동조합(이하 "노동조합"이라 한다)은 일체의 정치활동을 하여서는 아니 된다.

제4조 (노동조합의 설립) ① 교원은 특별시 · 광역시 · 도(이하 "시 · 도"라 한다) 단위 또는 전국단위에 한하여 노동조합을 설립할 수 있다.

제8조 (쟁의행위의 금지) 노동조합과 그 조합원은 파업 · 태업 기타 업무의 정상적인 운영을 저해하는 일체의 쟁의행위를 하여서는 아니 된다.

고 규정하여 정치적 활동을 금지하고, 노동조합권만을 인정하고 있다.

그런데 지방공무원법 제58조 제1항은 공무원의 노동조합권 자체를 일반적이고 절대적으로 금지하고 있으므로 이는 헌법 제11조 제1항의 사회적 신분에 의한 차별 금지 및 헌법 제33조 제2항의 취지에 위반된다. 즉, 공무원의 직무상, 공익상의 이유로 노동조합권을 제한한다 하더라도 일률적 · 전면적으로 제한하여서는 아니 되며 제한의 사유가 존재하는 경우에도 최소한의 제한에 그쳐야 하며 본질적인 내용을 침해하여서는 아니 된다.

## Ⅳ 교원과의 차별 여부

헌법재판소는 교원과의 차별 여부에 대하여 "입법자는 합리적인 기준에 따라 능력이 허용하는 범위 내에서 법적 가치의 상향적인 구현을 위한 제도의 단계적 개선을 추진할 수 있는 길을 선택할 수 있는 것이므로, 공무원의 근로3권을 제한하는 것이 헌법에 위반되는 것이 아닌 이상 현시점에서 교원의노동조합설립및운영등에관한법률 소정의 교원은 단결권과 단체교섭권을 향유할 수 있으나 공무원에게는 이를 보장하지 못하고 있다고 하여 이를 두고 자의적인 차별을 가하는 것이라 할 수는 없다"고 하고 있으나 비교법적으로 살펴본 바에 의하면 많은 국가에 있어서 교육은 오히려 노동권이 일반 행정 부문보다 더욱 제한되어야 하는 필수적 서비스 분야로 간주되고 있다. 그런데 우리의 경우는 거꾸로 일반 행정 분야에 앞서 교육 부문부터 노동조합권을 먼저 인정하고 있다. 이것이 어떻게 자의적 차별이 아닌 것인지 동의하기 어렵다.

# V 지방공무원법 제58조 제2항[8]에 대하여

대한민국 헌법은 제2조 제1항의 국적취득의 요건, 제12조 제1항의 죄형법정주의, 제96조의 행정조직법정주의, 제38조의 조세법률주의 등에서 국회전속적 입법사항을 정하고 있으나, 다수 학설은 이것을 본질적 내용을 법률로 정하는 것으로 해석하고 구체적으로 범위를 정하여 위임하는 것은 가능하다고 하고 있고, 헌재 93헌바62, 대판 2000도1007, 헌재 95헌바35, 97헌바81 등의 판례도 요건과 범위를 보다 엄격하게 요구하고는 있지만 위임입법을 허용하고 있다(포괄적 위임만 금지함).

[헌재 1995. 10. 26, 93헌바62: 구주택건설촉진법제52조제1항제2호등위헌소원]

죄형법정주의(罪刑法定主義)와 위임입법(委任立法)의 한계의 요청상 처벌법규(處罰法規)를 위임하기 위하여는 첫째, 특히 긴급한 필요가 있거나 미리 법률로써 자세히 정할 수 없는 부득이한 사정이 있는 경우에 한정되어야 하며, 둘째, 이러한 경우일지라도 법률에서 범죄(犯罪)의 구성요건(構成要件)은 처벌대상행위가 어떠한 것일 것이라고 이를 예측할 수 있을 정도로 구체적으로 정하여야 하며, 셋째, 형벌(刑罰)의 종류(種類) 및 그 상한(上限)과 폭(幅)을 명백히 규정하여야 한다.

[대판 2000. 10. 27, 2000도1007: 식품위생법위반]

사회현상의 복잡다기화와 국회의 전문적·기술적 능력의 한계 및 시간적 적응능력의 한계로 인하여 형사처벌에 관련된 모든 법규를 예외 없이 형식적 의미의 법률에 의하여 규정한다는 것은 사실상 불가능할 뿐만 아니라 실제에 적합하지도 아니하기 때문에, 특히 긴급한 필요가 있거나 미리 법률로써 자세히 정할 수 없는 부득이한 사정이 있는 경우에 한하여 수권법률(위임법률)이 구성요건의 점에서는 처벌대상인 행위가 어떠한 것인지 이를 예측할 수 있을 정도로 구체적으로 정하고, 형벌의 점에서는 형벌의 종류 및 그 상한과 폭을 명확히 규정하는 것을 전제로 위임입법이 허용된다.

---

**8)** 제58조 (집단행위의 금지) ② 제1항 단서에 규정된 사실상 노무에 종사하는 공무원의 범위는 조례로 정한다.

[헌재 95헌바35, 97헌바81(병합): 개발이익환수에관한법률 제10조 제3항 단서 위헌소원]

개발이익환수에관한법률 소정의 개발부담금은 그 납부의무자로 하여금 국가 등에 대하여 금전 급부의무를 부담하게 하는 것이어서 납부의무자의 재산권을 제약하는 면이 있고, 부과개시시점의 지가는 개발부담금의 산정기준인 개발이익의 존부와 범위를 결정하는 중요한 요소가 되는 것이므로, 그 산정기준에 관한 위임입법시 요구되는 구체성, 명확성의 정도는 조세법규의 경우에 준하여, 그 요건과 범위가 엄격하게 제한적으로 규정되어야 한다.

따라서 사실상 국회의 전속적 관할 사항으로서의 법률사항인 중요사항이 없다. 즉, 법률이 기본원칙을 정한 후 명령에 위임하는, 독일에서 말하고 있는 '덜 중요한 사항'과 아예 집행명령이나 법규성이 인정되는 행정규칙 등으로 정할 수 있는 '중요하지 않은 사항'이 있을 뿐이지, 국회에서 세부사항까지도 모두 정해야 하는 의회전속적 법률사항은 사실상 존재하지 않는다. 심지어는 국적법에도 시행령과 시행규칙이 존재한다. 그런데 헌법재판소는 98헌바70결정에서 "오늘날 법률유보원칙은 단순히 행정작용이 법률에 근거를 두기만 하면 충분한 것이 아니라, 국가공동체와 그 구성원에게 기본적이고도 중요한 의미를 갖는 영역, 특히 국민의 기본권 실현과 관련된 영역에 있어서는 국민의 대표자인 입법자가 그 본질적 사항에 대해서 스스로 결정하여야 한다는 요구까지 내포하고 있다(의회유보원칙). 그런데 텔레비전방송수신료는 대다수 국민의 재산권 보장의 측면이나 한국방송공사에게 보장된 방송자유의 측면에서 국민의 기본권실현에 관련된 영역에 속하고, 수신료금액의 결정은 납부의무자의 범위 등과 함께 수신료에 관한 본질적인 중요한 사항이므로 국회가 스스로 행하여야 하는 사항에 속하는 것임에도 불구하고 한국방송공사법 제36조 제1항에서 국회의 결정이나 관여를 배제한 채 한국방송공사로 하여금 수신료금액을 결정해서 문화관광부장관의 승인을 얻도록 한 것은 법률유보원칙에 위반된다"고 하여 중요사항유보설을 택한 것으로 해석될 수 있다. 그런데 이 결정마저도 "국회가 수신료금액을 법률로써 직접 규정하는 것에 어려움이 있다면 적어도 그 상한선만이라도 정하고서 공사에 위임할 수도 있고,"라고 하여 위임입법을 긍정하고 있다. 즉 이 판결은 중요사항 유보설을 언급하고 있으나 실제는 포괄적 위임금지만을 선언하고 있고 구체적 위임은 허용하고 있다. 따라서 대한민국에서는 아직 의회전속적인 중요사항유보설이 정착되지 않았다. 보다 정확히 표현하면 대한민국에서는 의회가 세부사항까지도 전속적으로 정해야 할 "매우 중요한 사항"과 기본원칙을 정한 후 명령에 위임하거나 명령의 분야로 남겨 놓을 "덜 중요한 사항"을 구별하지 않고, 모두 위임명령에 위임하고 있다. 그러나 이때의 위임은 일반적·포괄적인 위임은 금지되며, 구체적으로 범위를 정한 위임(헌법 제75조)만이 가능하다.

지방공무원법 제58조 제2항은 노동운동을 하더라도 형사처벌에서 제외되는 공무원의 범위에 관하여 당해 지방자치단체에 조례제정권을 부여하고 있다. 한편 지방자치법 제15조는 "지방자치단체는 법령의 범위 안에서 그 사무에 관하여 조례를 제정할 수 있다. 다만, 주민의 권리제한 또는 의무부과에 관한 사항이나 벌칙을 정할 때에는 법률의 위임이 있어야 한다"고 되어 있는데, 다수의 학설과 판례에 의하면 조례는 '주민의 대표기관인 지방의회의 의결로 제정되는 지방자치단체의 자주법인 만큼, 법령의 범위 안이라고 하는 사항적 한계만 적용될 뿐 일반적인 위임입법의 한계가 적용되지 않는다'[9]고 하면서 심지어는 단서조항의 주민의 권리·의무에 관한 사항에 대하여서까지도 구체적으로 범위를 정하지 않고 포괄적으로 위임할 수 있는 것[10]으로 해석하는 것이 일반적이다. 다만 벌칙규정에 대하여는 구체적·개별적 위임이 필요하다는 입장[11]도 있고, 벌칙조항까지도 추상적 근거만으로 족하다는 입장[12]도 있다.

[대판 2003. 5. 27, 2002두7135: 무상사용허가일부거부처분취소]

지방자치단체는 자치사무에 관하여 이른바 자치조례를 제정할 수 있고, 이러한 자치조례에 대해서는 지방자치법 제15조가 정하는 '법령의 범위 안'이라는 사항적 한계가 적용될 뿐, 일반적인 위임입법의 한계가 적용될 여지가 없으며, 여기서 말하는 '법령의 범위 안'이라는 의미는 '법령에 위반되지 아니하는 범위 안'으로 풀이된다.

---

9) 대판 2002두7135; 대판 90누6613 등: "법률이 주민의 권리의무에 관한 사항에 관하여 구체적으로 아무런 범위도 정하지 아니한 채 조례로 정하도록 포괄적으로 위임하였다고 하더라도, 행정관청의 명령과는 달라, 조례도 주민의 대표기관인 지방의회의 의결로 제정되는 지방자치단체의 자주법인 만큼, 지방자치단체가 법령에 위반되지 않는 범위 내에서 주민의 권리의무에 관한 사항을 조례로 제정할 수 있는 것이다."

10) 김철용, 행정법 II, 박영사, 2005, 92면.

11) 김철용, 상게서, 93면.

12) 홍정선, 행정법원론(하), 박영사, 2005, 126면.

[대판 1991. 8. 27, 90누6613: 유지점용료부과처분취소]

법률이 주민의 권리의무에 관한 사항에 관하여 구체적으로 아무런 범위도 정하지 아니한 채 조례로 정하도록 포괄적으로 위임하였다고 하더라도, 행정관청의 명령과는 달라, 조례도 주민의 대표기관인 지방의회의 의결로 제정되는 지방자치단체의 자주법인 만큼, 지방자치단체가 법령에 위반되지 않는 범위 내에서 주민의 권리의무에 관한 사항을 조례로 제정할 수 있는 것이다.

그러나 지방자치법 제15조의 '법령의 범위'라는 것은 조례에 대한 '국가의 법률과 명령의 지방자치단체의 조례에 대한 우위 원칙'을 선언하는 것이고, 제15조 단서 조항은 '중요사항에 대한 법률의 유보 원칙'을 선언하고 있는 것으로 지방자치법은 법률의 유보 원칙이 지켜져야 할 중요한 사항으로 주민의 권리제한 또는 의무부과에 관한 사항과 벌칙을 들고 있다. 대한민국과 같은 오랜 역사의 단일국가에서의 지방자치권은 고유권이 아닌 전래권에 입각한 것으로, 국가의 행정권을 분권받아 자치하는 것이기 때문에 조례제정권 역시 국가행정권의 일부인 행정입법권의 분권으로서의 자치입법이기 때문에 행정권이 아닌 의회가 정하는 법률에 대하여 분권적 자치를 주장할 수는 없다. 기본권의 보호를 위한 법률의 유보 원칙은 조례에 대하여도 지켜져야 하며 조례에 대한 법률의 우위와 중요사항에 대한 법률의 유보의 범위 내에서 합의제 대표기관에 의한 자주적인 행정입법을 하는 것이다. 중요사항에 대한 법률의 유보 원칙에 따라 중요사항에 대한 포괄적 위임은 불가능하며 구체적 위임만이 가능하다는 것은 헌법 제2조 제1항의 국적취득의 요건, 제12조 제1항의 죄형법정주의, 제96조의 행정조직법정주의, 제38조의 조세법률주의 등의 국회전속적 입법규정이나 국민의 기본권 제한에 대한 법률의 배타적 권한이 헌법 곳곳에 나열되어 있는 것을 보더라도 명백하다. 독일에서도 기본권을 침해하는 조례에 대하여는 개별법률의 수권이 있어야 한다.[13)]

조례의 자주성을 들어 국민의 기본권을 제한하는 행정입법(행정입법의 분권인 조례)이 구체적 위임 없이 포괄적 위임만으로도 가능하다는 주장을 하는 것은 민주주의의 요체인 국민의 기본권 보장을 보다 위태롭게 한다는 사실을 직시할 필요가 있다. 말할 것도 없이 국민의 자유는 지방자치단체의 자유보다 귀중하기 때문이다. 따라서 이 조항은 헌법 제12조 제1항의 죄형법정주의에 위반되며 위임입법의 한계를 일탈하였다.

---

13) 최정일, 행정법(하), 박영사, 2000, 215면.

# 제 2 장 공직자윤리규범의 쟁점[1)]



공직자윤리는 공직이 갖는 공익의 대변자로서의 기능으로 인하여 일반 시민에게 요구되는 윤리보다 더욱 엄격한 기준이 요구되는 동시에 일반시민에게는 요구되지 않는 공평성과 정치적 중립성, 영리사업 및 겸직금지 그리고 충성이 요구된다. 그러나 불행히도 공무원의 윤리가 타락하여 때로는 부패에까지 이른 경우가 많았는데 사회가 다양화되고 양적 · 질적으로 성장하기 전에는 부패라 함은 공무원의 부패만을 가리키는 말이기도 하였다. 부패라는 것이 공무원의 부패로부터 시발되었다는 것은 부패는 권력의 오 · 남용에서 발생한다는 것을 의미한다. 따라서 공직자 윤리의 확립의 관건은 공익실현을 위하여 공직자가 가지는 우월적 지위의 특권을 어떻게 공익만을 위하여 행사할 수 있도록 통제할 수 있는가에 달려 있다.

1) 이광윤, 2005. 5. 4, 가톨릭언론인연합 포럼 발표문.

# I 교 육

공직자윤리의 확립에 교육만큼 중요한 것은 없다. 경제적으로 취약하기 짝이 없었던 조선조가 임진왜란이나 병자호란 같은 대전란을 겪고도 500년이나 지속될 수 있었던 이유 중의 하나가 유교적 교양에 바탕한 선비정신의 덕분이 아니라고 할 수는 없다. 특히 공무원의 부패는 공무원의 재량권 행사에 친숙하므로 특권의식을 배제시키고 준법정신을 함양하며 더불어 사는 사회를 실현하도록 실천하는 교육과 훈련을 조기에 실시하여 민주시민 정신이 체질화된 시민을 양성하여야 그들이 공직자가 되어서 공직자윤리를 실천할 수 있다. 정부는 최근 체계적인 법교육을 위해 초등학교에서부터 생활과 밀접한 내용의 법 교육을 강화해 나가기로 했는데 법교육의 목표로

- 기능(Skills): 비판적 사고능력과 문제해결 기능 배양
- 지식(Knowledge): 사회와 법체계에 대한 이해
- 민주적 태도(Democratic Attitudes): 헌법과 권리장전에 규정된 민주적 이념들을 지키겠다는 약속
- 윤리적, 도덕적 가치(Ethical/Moral Values): 도덕적, 사회적 정의가 무엇인지에 대한 준거를 제시[2)]

를 인용하고 있다. 그러나 초·중등학생을 위한 법교육이 민주시민정신의 함양과 이를 이해하기 위한 기초지식의 교육이 아닌 법적 분쟁을 줄일 목적에서의 단순한 법지식의 기초 교육이 될 우려[3)]가 있으므로 선진국의 시민교육 사례에 대한 진지한 검토가 필요하고 무엇보다도 사회적 약자를 배려할 수 있는 사회적 유대에 바탕한 공익과 공공봉사의 중요성에 대한 의식교육을 강화하도록 하여야 할 것이다. 즉, 공동체 교육이 따르지 않는 법지식 교육이 되어서는 아니 된다. 왜냐하면 공직자 윤리 정립의 출발점은 특권의식을 말살시키며 우월적 지위의 남용을 통제하며 진정한 사회의 봉사자로서의 자세를 갖도록 하는 데

---

2) 선진국 진입을 위한 법교육 추진 -"법교육연구위원회" 출범에 즈음하여- 2005. 3. 법무부장관.

3) 2005년 3월 17일자 국정브리핑 뉴스에 의하면 법지식의 함양으로 사법분쟁을 줄이자는 취지를 담고 있다고 한다.

있기 때문이다.

한국에서도 오늘날 행정은 최대의 서비스로 간주되고 있다. 정부는 1998년 6월부터 각 부처별로 행정서비스 헌장을 제정하였다. 시민헌장(Citizen's Charter)의 제정은 1990년 이탈리아, 1991년 영국, 1992년 프랑스 등, 세계적인 흐름에 따른 것으로, 18세기까지는 시민이란 한낱 행정의 객체(administré)에 머물러 왔으나 19세기에 이르러 행정은 공공서비스로 간주되기 시작하고,[4] 이에 따라 시민은 공공서비스의 이용자[5](usager; user 또는 end-user)가 되었다. 그러나 현대세계에 이르러 시민은 공공서비스의 단순한 이용자에 머물지 않고, 공공서비스의 간편성, 투명성, 접근의 용이성, 질적 수준 등의 새로운 요구를 하게 되었다. 따라서 공공서비스 중 대중교통이나 정보통신, 전기와 같은 상공업적 서비스의 경우에는 고객(client; customer)으로서의 요구를 하기에 이르렀고, 행정적 서비스의 경우에도 정보공개, 행정 참여 등의 적극적 요구자로서 행정적 주권행사를 하기에 이르렀고, 이러한 요구는 인터넷의 발달에 따라 보다 용이하게 되었다(전자정부의 등장 참조). 공공서비스 헌장의 제정은 이러한 시민의 필요와 기대에 부응하기 위하여 공공서비스의 공급 원칙을 선언하는 것인데 그 내용은 프랑스의 경우, 전통적인 공공서비스의 3원칙인 평등성, 계속성, 적응성에 첨가하여 정보의 제공과 투명성, 시민의 권리보호, 서비스의 편의성 및 질적 수준의 제고를 선언하고 실천하는 것이다. 영국의 경우, 서비스 수준의 명시, 정보의 공개, 협의, 접근의 용이와 기회의 증진, 공정성, 오류의 시정, 자원의 효율적 사용, 혁신, 다른 서비스제공자와의 협력의 9가지 원칙을 선언하고 있다. 즉 행정의 문턱을 낮추고 양질의 서비스를 제공하는 것이 공공서비스 헌장 정신의 핵심이다.

그러나 한국에서 공공서비스 개념은 행정의 중심개념으로 법제화되어 있지 못하다. 공공서비스가 법적 통제 개념이 아닌 선언적 정치 개념에 불과하다면 궁극적인 재판을 통한 지속적 통제가 불가능하게 된다. 따라서 법적 구속력이 없는 헌장의 선포에 그칠 것이 아니라 공공서비스 개념을 행정의 중심개념으로 법제화하는 동시에 공무원을 상대로 한 법교육을 다시 실시하여야 한다. 우리나라 공무원은 공공서비스 개념을 법개념으로 이해하고 있지 못하고 있는데 공

---

4) 공공서비스가 행정법의 준거로 선언된 1873년 프랑스 관할쟁의 재판소의 블랑코 판결 참조.

5) 우리 행정법 교과서에 나오는 '영조물 이용관계'라는 표현은 공공서비스 작용을 조직적으로 오인한 것으로 시급히 시정하여야 한다- 동일한 공공서비스 이용관계인 공립학교 재학관계와 사립학교 재학관계를 각각 특별권력관계와 사법상의 재학관계로 파악하는 넌센스를 참고할 필요 있음.

공서비스 개념을 법개념으로 이해하고 이에 대한 법적 통제가 이루어진다면 특권의식을 획기적으로 약화시키고 진정한 사회의 봉사자로서의 자세 확립에 도움이 될 것으로 본다.

# Ⅱ 공직자윤리규범

## 1. 공직자윤리법전의 제정 필요성

공직자 윤리에 관한 규범은 행정서비스헌장, 공무원윤리헌장, 공무원법, 공직자 윤리법, 부패방지법, 형법, 선거법 등에 흩어져 있다. 이렇게 다양한 법률들과 대통령훈령에 공직자 윤리 규범이 분산되어 있으면 공직자에게 요구되는 윤리가 무엇인지 일목요연하게 알기 어렵고, 어느 규범이 우월한지도 알기가 쉽지 않다 법령이 다소 오래되어 찾기 쉽지 않거나 그 존재를 알지조차 못하는 무수한 법령 속에서 찾을 필요 없이 법규정을 신속하게 찾을 수 있다. 게다가, 새로운 규정이 채택될 때에 법령을 쌓아 두는 대신에 법전 안에 직접 삽입하는 것으로 충분하다. 법전화의 이러한 방법은 프랑스에서 해온 방법인데 각 개별법은 개별법의 목적대로 존재한다 하더라도 공직자 윤리에 관련된 부분만 모아 통일된 법전을 마련하는 것이 공직자에게 일관되고 분명한 메시지를 전달할 수 있다. 또 다른 방법은 새로운 공무원 윤리법전을 제정하는 방법인데 최근 2003년 6월 19일 캐나다에서 공무원 윤리 법전을 제정하였다.

## 2. 공직자윤리규범의 주요 쟁점

### (1) 불법정치자금의 환수

부패를 제한하고 근절시키기 위해서 수많은 처벌규정들이 채택되었다. 그 중에서도 불법정치자금의 수수는 고위층 부패의 시작으로 그 파급효과가 지대하다. 당연히 형사범죄가 존재하며 징역과 같은 중형의 처벌이 가해졌다. 그 처벌은 징역과 같이 중한 처벌을 포함하고 있으나 불행히도 형사처벌은 거의 모든 나라에 존재하는데도 불구하고 부패가 근절되지 않고 있다. 진정한 문제는 형사처벌 규정의 존재가 아니라 그 효율성이다. 형사처벌은 필요하기는 하지만 공무원 등의 부패에 대응함에 있어 가장 효과적인 수단은 아니며 형사처벌의 효과도 받아들이는 개인에 따라 다르기 때문에 일반예방적 효과가 얼마나 있는지도 미지수다. 따라서 불법정치자금을 환수하여 부패방지의 실효성을 높일 필요가 있다. 환수의 대상을 불법정치자금수령자및 그 정당에까지 확대하는 것을 골자로 하고 있는 불법정치자금등환수특별법안의 조속한 통과가 절실하다.

### (2) 백지신탁

주식의 백지신탁 대상은 공무원의 성실의무 및 영리업무금지의무를 감안할 때 정무직 및 1급 이상 공직자로 한정할 것이 아니라 4급 이상 공직자에까지 확대하는 것이 바람직하다. 특히 국세, 관세 및 경제관련 부처는 7급까지 확대하여 업무상 취득한 정보를 이용하여 부당이득을 취하거나, 그 목적으로 불공정한 정책결정행위가 발생하지 않도록 해야 한다. 마찬가지 이유로 경영권 확보를 위한 예외조항은 인정하지 않는다. 또 본인 및 배우자는 물론 소득공제의 대상이 되는 부양가족도 포함시켜야 한다. 그러나 부양가족이 아닌 친인척을 포함시키는 것은 친인척의 재산권행사를 침해하는 것이 된다. 만약 그 대상을 친인척에까지 확대한다면 그것은 의무조항이 아닌 권고조항이 되어야 할 것이고 반드시 방어권이 보장되어야 한다. 따라서 이 경우에는 고지거부제도를 유지하여야 할 것이다. 본인 및 부양가족의 경우에는 모든 주식을 신탁하여야 공무원의 성실의무 및 영리금지의무의 취지에 부합한다. 그러나 배우자의 경우라도 부양가족이 아닌 충분한 소득이 있는 경우라면 직무관련 주식만 신탁하도록 하여야 한다. 사익과 공익의 충돌에 있어 공익이 우선한다고 하더라도 재산권의 보장 원칙은 헌법상의 제1차적 기본권에 속하므로 그 본질적인 침해를 할 수는 없기 때문이다. 신탁 하한액은 제도의 실효성을 확보하기 위해 근로자의 보통 연봉 수준인 3,000만원이 타당하다고 본다.

부동산의 경우는 주식에 비하여 사이클이 느리므로 백지신탁의 방법보다는 1세대 1주택을 제외한 신규 취득금지 및 불법취득 부동산에 대한 이익환수제를 도입하는 것으로 충분하다고 본다. 그 대상범위는 주식의 경우와 같이 4급 이상 공무원 및 7급 이상의 경제관련 공무원 그리고 도시계획에 관여하는 7급 이상의 지방공무원을 포함시켜야 한다. 도시계획권이 지방자치단체에게 이양되는 관계로 도시계획에 관한 많은 정보를 지방공무원들이 알 수 있고 도시계획에 사적 이익의 취지를 삽입하여 고시함으로써 법적으로 정당화시키는 유혹을 받을 수 있기 때문인데, 각종 개발계획에 참여하는 정부산하기관을 비롯한 공공단체의 임·직원에게도 마찬가지로 적용하여야 한다. 이 경우 본인 및 부양가족의 경우는 문제가 없으나 자력 있는 배우자의 경우에 모든 부동산의 취득을 금지할 것이냐 하는 문제가 남아 있다. 배우자의 경우 공직자와 일상생활을 같이 하는 관계로 자력이 있는 경우라도 직무와 관련하여 정보를 취득할 수 있는 부동산의 취득은 금지시켜야 한다.

### (3) 인사청문 및 인사제도

최근 고위공직자의 중도하차 및 경력시비가 일자 청와대 인사시스템의 문제가 있지 않느냐 하는 지적이 일고 있다. 그러나 이 문제는 인사시스템의 문제라기보다는 인사기준설정의 문제이다. 청와대 정도라면 인사에 관한 많은 정보를 취득하고 있고, 쉽게 파악할 수도 있다. 주민등록법 위반의 문제도 주민등록법 제21조에 벌칙 조항이 있으므로 원론적으로는 법집행을 엄격히 하면 되는 문제이나 문제는 벌칙 자체보다는 어떻게 실효성을 확보하느냐 하는 것이 중요하다. 따라서 최근 발의 법률안 중 최근 10년간의 재산형성과정을 의무적으로 소명하도록 하고 있는 공직자윤리법 일부개정법률안과 같은 것이 실효성을 담보할 수 있는 방안이 될 것이다. 국민들의 일반 법감정이 그것으로도 부족하다는 면이 절대 다수라면 그 기간을 2배로 늘려 20년으로 하는 것도 무방하다.

인사청문회의 대상을 확대하자는 것도 최근에 제기되고 있는 유력한 주장에 속한다. 그런데 이 문제 역시 인사청문회의 대상을 확대하는 것도 필요하겠지만 그동안의 인사청문회는 너무나 정치적인 결정에 좌우되어 왔다. 인사청문회 역시 실효성을 확보하는 것이 중요하다. 따라서 인사청문회의 대상이 되는 인사의 자질 평가를 항목별로 구체화하여 점수를 매기고 항목별 과락제 및 합격 평균점을 정하여 좀 더 과학적으로 인사청문회를 진행할 필요가 있다.

### (4) 공공부문과 계약부문

공공부문 특히 공기업에 있어서는 임원선임과정의 투명성, 예산의 낭비 그리고 계약에 있어서의 투명성이 문제된다. 예산 낭비에 있어서는 지방자치단체의 예산 낭비도 중요한 부분인데 이 부분에 대한 감사원과 부패방지위원회의 노력이 특히 필요하다. 지방자치단체와 공기업을 비롯한 공공단체의 예산 낭비와 공기업의 부실 경영에 대하여는 2차 세계대전 직후부터(1946년 4월 8일 법률) 공기업 경영자에 대한 민사적 책임을 묻고 있는 프랑스의 경우를 참조하여 공기업 경영자의 손해배상책임을 묻는 입법의 필요성이 있다. 즉 공기업의 임원도 주식회사의 경영이사와 동일한 정도의 민사책임을 묻도록 하여야 할 것이며 특별행정책임으로서의 변상조치 이외에 벌금형을 부과하는 방안도 검토할 필요가 있는데, 현재 우리나라에는 국가의 수입에 대한 세무소송만 존재하고 지출에 관한 예산소송 제도가 없으므로 이 문제에 대한 앞으로의 검토가 요청된다.

한편 입찰계약시에 부정당업자로 지정된 자에게 대하여는 입찰참가자격 제한조치를 하고 있는데 대부분의 경우에 공기업에서는 입찰참가자격 제한조치를 1개월간 제한하는 데 그치고 있어 선언적 효과에 불과한 경우가 많다. 입찰참가자격 제한조치는 국가기관의 경우는 국가를당사자로하는계약에관한법률 제27조에 의하고, 지방자치단체의 경우는 지방재정법 제62조에 의하며, 정부투자기관 관리기본법상의 정부투자기관은 정부투자기관관리기본법 제20조 제2항에 의하여 제한하고 있는데 정부투자기관관리기본법은 정부가 납입자본금의 5할 이상을 출자한 기업만을 대상으로 하므로 정부가 소수출자 하였으나 인사 등 경영상의 지배권을 행사하는 공기업이 제외될 뿐 아니라 이 법 제2조 제2항 자체에서 적용 예외규정을 두고 있고, 그나마 그 밖의 정부산하기관의 경우에는 그 기관들이 행정업무에 종사할지라도 각기관의 정관에 맡기고 있어 입찰참가자격 제한조치가 행정처분이 아닌 사법상의 행위로 되는 모순을 안고 있다. 이를 계기로 하여 국제규범[6]에 비하여 너무나 낙후하고 원칙 없는 영조물법인, 공기업을 비롯한 우리나라의 공공부문법제의 체계를 정비함으로써 법과 원칙에 의한 공공부문의 투명성을 제고하도록 하여야 할 절실한 필요성이 있다.

민자유치계약, 조달계약, 정부공사 계약을 비롯한 계약 부분의 투명성 제고는 오래된 과제이다. 1993년에 부패방지, 경제활동과 공공절차의 투명성에 관한 법률을 제정하였던 프랑스의 경우도 계약의 경쟁촉진과, 공표 등의 절차적 투명성을 위해 노력하였으나 전통적인 파트너가 별로 바뀌지 않는 등 결과는 만족스럽지 못한 것으로 평가된다.[7] 따라서 계약부문의 투명성을 확보하는 실효적인 방법은 국가청렴위원회가 내부자 고발을 비롯한 모든 합법적인 수단을 동

---

6) OECD와 유럽연합의 규범. 일반적으로 소유 또는 경영상에서 국가가 지배권을 행사하는 회사이면 공기업으로 봄.

7) 이 법률 10주년을 맞이하여 Laurent Richer교수가 쓴 글 Trois voeux pour le dixième anniversaire de la “loi Sapin” 참조.

원하여 정보의 수집에 최대한 노력하는 수밖에 없다. 따라서 우선 내부 고발자에 대한 신분보호가 이루어져야 하며 경쟁상대방의 정보제공이나 의혹제기에 대하여 국가청렴위원회의 적극적인 조사활동이 촉구되는 부문이다.

# Ⅲ 통제기관

## 1. 통제기관의 다양성

### (1) 행정적 통제기관

1) 감사원 : 감사원은 공직자에 대한 회계감사 및 직무감사를 통한 행정운영의 개선향상을 기함으로써 공직자윤리를 통제하는 전통적인 행정기관으로 헌법상의 독립기관이기 때문에 정부조직법상의 정부에 속하지 않는다. 감사원의 직무에 대하여는 감독기관이 없으므로(감사원법 제2조 제1항) 행정기관이긴 하지만 행정부를 구성하지는 않는다. 즉 헌법 제66조 제4항에서 "행정권은 대통령을 수반으로 하는 정부에 속한다"고 할 때의 정부가 아니다. 따라서 감사원을 헌법 제4장 정부의 제3절 행정부의 제4관에서 규정하고 있는 것은 헌법체계상의 오류이다. 선거관리위원회와 마찬가지로 독립된 장에서 규정하는 것이 체계상 타당하다. 감사원법 제2조 제1항에서 "감사원은 대통령에 소속하되"라는 표현은 임명과 예산지원을 대통령이 한다는 것으로 직무상의 감독과는 관련이 없다. 감사원은 사법기관이 아닌 행정기관으로 행정조사권만 보유하므로 감사의 결과 범죄혐의가 있다고 인정할 때에는 이를 수사기관에 고발하여야 한다(감사원법 제35조). 따라서 사법수사권은 없다.

2) 공직자윤리위원회 : 공직자윤리위원회는 재산등록사항, 금융거래의 내용에 관한 자료의 제출에 대한 승인 등의 업무를 행하는 헌법기관, 지방자치단체 교육청들에 설치한 기능상의 행정위원회이다(행정부에 설치된 것은 조직상으로도 행정위원회이다). 행정위원회로서의 공직자윤리위원회는 심사를 위해 필요한 행정조사권은 보유하나(공직자윤리법 제8조 제3항 등) 사법수사권은 보유하고 있지 아니하므로 심사결과 허위등록 또는 직무상 지득한 비밀을 이용하여 재물 또는 재산상 이익을 취득한 상당한 혐의가 있다고 의심되는 등록의무자에 대하

여는 법무부장관(군인 또는 군속의 경우에는 국방부장관)에게 사법수사를 의뢰한다(법 제8조 제7항).

3) 국가청렴위원회 : 국가청렴위원회는 업무의 수행에 있어 상급감독청이 없는 독립행정청이나 헌법상의 기관은 아니다. 독립행정청이란 1. 감독기관이 없으며, 2. 정부조직법이 아닌 별도의 법률에 의하여 독립성이 부여되지만 법인격이 없으며, 3. 부처에 소속되지 않으나, 4. 행정청으로서의 행정입법권, 행정처분권 및 행정제재권을 보유한다. 부패방지법 제10조에서 "대통령의 소속하에 국가청렴위원회를 둔다"고 하고 있으나 이것은 대통령이 임명하고 예산지원을 한다는 것으로 대통령의 감독을 받는 하급기관은 아니다. 따라서 헌법 제66조 제4항에서 규정하고 있는 정부에 포함되지 않는다. 즉 행정기관이기는 하지만 헌법 제66조 제4항에 의한 행정권을 행사하는 것이 아니라 대통령을 수반으로 하는 정부와 병렬적 관계에서 행정적 업무를 담당하는 기관이다. 일부에서는 헌법상의 근거가 없다는 이유로 국가인권위원회, 방송위원회, 금융감독위원회 또 국가청렴위원회 등의 독립행정청에 대하여 위헌이라는 주장을 하기도 하였으나, 헌법규정은 이에 대하여 관습에 맞긴 채 침묵하고 있을 뿐 범세계적으로 확산되고 있는(특히 증권감독원을 비롯한 경제분야에 세계화의 물결을 타고 대대적으로 확산되고 있다) 독립행정청의 존재에 대하여 위헌성을 제기하는 것은 넌센스에 속한다. 독립규제위원회의 역사가 오래된 미국의 경우에도 미국연방대법원이 위헌심판을 시도한 적이 없다. 필요하다면 헌법규정에 편입하든지 헌법재판소의 결정을 통하여 합헌성을 긍정할 수 있다. 부패방지위원회는 기능상의 행정기관으로 조직상으로는 관습헌법상태의 독립기관으로서 기능상의 사법조사권은 보유하지 않고 공공기관의 부패방지시책 추진상황에 대한 실태조사(부패방지법 제11조 2호), 의견청취(법 제21조) 등의 행정조사권만 보유한다. 행정조사는 행정입법이나 행정처분을 하기 위한 사전 행위로서의 자료・정보를 수집하는 사실행위 및 사실행위와 법적 행위의 합성행위를 말한다. 따라서 사법적 수사가 필요한 경우에는 검찰에 고발한다(법 제29조 제4항).

우리나라 감사원은 법원이 아닌 행정기관이므로 국가청렴위원회와의 기능이 중복된다. 장기적으로는 감사원을 독립된 회계법원으로 개편하고 행정적인 기능은 국가청렴위원회와 통합하는 것이 바람직하다.

#### (2) 사법적 통제기관

사법적 통제기관으로는 조직상으로는 법원, 기능상으로는 검찰과 경찰이 있다. 사법적 수사권의 보유는 조직상 또는 기능상 행정작용이 아닌 사법작용을 담당하는 기관만이 보유할 수 있다. 검찰은 기능상 사법기관이며 경찰은 행정업무와 사법업무 모두를 담당한다. 따라서 경찰은 행정업무에 관하여는 행정조사권을 보유하며, 사법업무에 관하여는 사법수사권을 보유한다.

### 2. 공직자부패수사처의 설치 문제

정부는 부패방지라는 소극적인 목표보다 국가의 청렴도제고라는 적극적인 목표를 지향하기 위하여 부패방지위원회의 명칭을 국가청렴위원회로 변경하였으며, 국가청렴위원회 소속으로 고위공직자 및 그 가족의 범죄행위 등에 관한 수사를 관장하는 공직자부패수사처를 설치하는 부패방지법중개정법률안과 공직자부패수사처의설치에관한법률안을 국회에 제출하였다.

여기에서 제도적으로 문제가 되는 것은 공직자부패수사처라고 하는 사법조사기관을 국가청렴위원회라고 하는 독립행정청 소속하에 둘 수 있느냐 하는 점인데, 우선 공직자부패수사처의설치에관한법률안을 보면 제12조에서 "직무를 수행함에 있어 외부로부터 어떠한 지시나 간섭을 받지 아니한다" 또 "직무를 독자적으로 수행한다"고 규정하고 있어, 수사처가 국가청렴위원회의 하급기관인지 아니면 수사처 자체가 사법적 업무를 독자적으로 수행하는 독립사법기관인지가 분명하지 않다. 이러한 수사처의 법적 지위의 모호성은 제5조 제3항에서 "처장은 국가청렴위원회의 의결을 거쳐 국가청렴위원회 위원장의 제청으로 대통령이 임명한다"고 하여 더욱 가중되고 있다. 참고로 금융감독원은 독립행정청인 금융감독위원회의 후견적 감독을 받는 영조물법인으로서 "무자본특수법인"(금융감독기구의설치등에관한법률 제24조)으로 규정되어 있다. 이에 비하여 수사처는 법인격이 부여되어 있지 아니하므로 국가청렴위원회의 분권법인은 아니나 하급기관인지 또는 독립사법기관인지가 분명하지 않다. 만약 독립사법기관으로 설치하지 않는다면 독립행정청이 사법기관을 하급기관으로 둘 수 있는지 의문이다. 독립사법기관으로 설치한다면 아마도 세계헌법사에 처음으로 시도하는 일로서 국가청렴위원회와는 조직상으로(임명 등에 있어서도) 완전히 단절하여야 하리라 본다. 참고로 프랑스의 부패의 예방경제활동 및 공공절차의 투명성에 관한 1993년 1월 29일의 93-122 법률은 중앙부패예방처라는 특별조직을 법무부장관 산하에 설치하였는데, 중앙부패예방처는 적극적이거나 소극적인 부패행위, 공직을 수행하는 자 또는 개인들에 의하여 범해지는 영향력의 행사, 공금횡령, 이익의 불법취득, 공적 거래에서의 신청자의 자유와 평등의 침해행위의 예방과 탐지에 필요한 정보를 수집하는 임무를 맡는다. 따라서 중앙부패예방처는 사법적 수사권은 없다. 사법기관이 요구하면 수집된 정보를 제공하며, 정보수집 중 범죄의 혐의를 알게 되면 사법기관에 고발한다. 그런데 프랑스 헌법재판소는 1993년 1월 20일의 92-316 결정에서 조사권을 부여한 이 법률안 제1조 제5항에 대하여 이 조사가 행정조사에 한정된다는 명백한 정의규정이 없어서 법원의 보호를 받을 수 없는 기본권침해를 야기할 우려가 있다는 이유로 위헌결정을 하였다. 따라서 그 활동범위는 정보의 수집과 제공에 한정되고 있다.

결론적으로 조직법상의 문제로 공직자부패수사처를 국가청렴위원회 밑에 설치하는 것에 대하여는 부정적이다. 고위공직자의 부패를 전담하는 기구를 설치할 필요성이 있다면 검찰 내부에 설치하든지 아니면 검찰과 병렬적으로 사법기관의 하나로 설치 — 즉 일종의 정치적 고등검찰로서 — 하는 것이 타당하며 그 정치적 중립성과 독립성은 검찰과 동일한 수준에서 보장되어야 한다. 헌법상 독립사법기관으로 설치하는 것은 명문의 규정에 의한다면 헌법개정사항이 되고, 헌법규정의 침묵 속에 진행하는 것에 대하여는 아직 유래가 없는 것이기 때문에 의견을 정하기가 어렵다.

# 제 7 편

# 경찰행정법

# 제 1 장 행정경찰개념의 재검토[1)]



## Ⅰ 문제의 제기

대륙법계 국가에 있어서 경찰의 개념은 실질적 의미에 있어서 우선 사법경찰(Police judiciaire)과 행정경찰(Police administrative)로 분류된다. 사법경찰은 형사재판에 회부할 범행인을 색출하는 데 그 목적이 있기 때문에 검찰이나 법원과 같은 사법기관의 관할사항으로 행정소송의 대상이 되지 아니하고 따라서 행정법학의 대상에서 제외된다. 이에 반하여 행정경찰은 공공질서를 위하여 필요한 개별적 조치와 일반규칙을 제정할 목적으로 행하는 행정청의 일체의 활동으로서 행정작용의 일부로, 행정법규의 적용을 받는다. 따라서 행정법학에서 경찰이라 함은 행정경찰의 활동에 국한하게 된다. 우리나라에서는 일반적으로 이러한 행정경찰을 다시 보안경찰과 협의의 행정경찰로 나누고 있는바, 보안경찰은 교통경찰, 해양경찰, 풍속경찰, 소방경찰 등과 같이 사회공공의 안녕질서를 유지하기 위하여 타 종류의 행정작용에 부수되지 아니하고 그 자체로서 독립하

1) 이광윤, 사법행정, 한국행정사법학회, 1990. 11.

여 행하여지는 경찰작용을 말한다[2]고 하며 협의에 있어서의 행정경찰은 위생경찰, 철도경찰, 문화경찰, 어업경찰, 건축경찰, 산림경찰, 경제경찰 등의 특수한 행정목적을 위한 행정작용과 결부되어 그 다른 행정분야에서 파생될 수 있는 사회공공의 안녕과 질서를 유지하기 위하여 그 행정의 일부분으로서 행하는 경찰작용이라고[3] 한다.

즉, 보안경찰과 협의에 있어서의 행정경찰은 사회공공의 안녕과 질서를 유지한다는 목적과 공권력의 명령, 강제를 수반하는 경찰작용이라고 하는 성격에 있어서는 동일하며 그 작용이 독립적이냐 아니면 타작용에 부수적이냐 하는 데에 차이가 있다. 이러한 경찰작용의 분류에 대하여 김도창 교수는 "원래 전통적인 실질적 경찰개념이 보안경찰외의 타 행정부문에까지 그 범위를 확대하게 된 명분은, 실정행정조직상의 권한분배가 어떻게 되어 있는지를 도외시하고, 오로지 작용의 성질에 착안하여 어떤 공통된 법적 성질을 가지고 공통의 법원리의 지배를 받을 작용(즉, "공공의 안전과 질서를 유지하기 위하여 일반통치권에 의거하여, 국민에게 명령·강제하여 그 자연의 자유를 제한하는 작용")을 경찰이라는 관념으로 묶는 데 있다고 하면서… 현대적인 민주국가적·사회국가적 경찰개념으로서는 보안경찰에 국한하는 협의의 질서행정개념이 타당할 것으로 생각된다"[4]고 하여 협의의 행정경찰개념을 경찰개념에서 제외하고 있다. 석종현 교수는 "제2차 대전 후의 서독의 점령당국에서는 비경찰화(Entpolizeilichung)정책을 추진하여 협의의 행정경찰사무는 일반경찰기관의 소관사항에서 제외시켜 각 주무행정청의 소관사항으로 귀속하게 되었고, 우리나라의 경우에도 마찬가지이다. …그런데 복리행정 또는 형성행정·계획행정에 협의의 행정경찰사무가 부수되는 경우에도, 그것을 본체인 행정작용과 구별해 내기가 매우 어렵고 또한 그러한 구별의 의미도 없는 것이 보통이기 때문에 보안경찰(협의의 질서행정)에 대응한 협의의 행정경찰의 관념을 따로 인정할 실익은 매우 희박하다. 그러므로 본서에서는 위에서 살펴본 바와 같이 질서행정이라는 용어를 쓰면서, 그것을 보안경찰에 해당하는 좁은 의미로 파악하고 있다[5]"고 하여 역시 협의에 있어서의 행

2) 이상규, 신행정법론(下), 법문사, 1988, p. 251; 김남진, 행정법 II, 법문사, 1989, p. 192; 이명구, 신고행정법원론, 대명출판사, 1986, p. 641; 박윤흔, 최신행정법강의(下), 국민서관, 1990, p. 291; 석종현,일반행정법(下), 삼영사, 1988, p. 241.

3) 윤세창, 행정법(下), 박영사, 1981, p. 139; 박윤흔, op. cit., p. 291; 석종현, op. cit., p. 241; 이명구, op. cit., p. 641; 이상규, op. cit., p. 251; 김남진, op. cit., p. 192.

4) 김도창, op. cit., pp. 313-314.

5) 석종현. op. cit., pp. 241-242.

정경찰개념을 질서행정에서 제외시키고 있다.

이상규 교수도 "보안경찰과 협의의 행정경찰의 구별은 논리적으로 이루어진 것이 아니라, 현실적인 경찰조직상의 구분을 기초로 하여 생긴 것이라고 할 수 있다. …협의의 행정경찰은 그 대부분이 적극목적을 위한 권력적 작용인 규제작용(regulatory administration) 내지 그 본체가 되는 급부작용에 융화시켜 볼 수 있는 것들이라는 점에서, 보안경찰에 대한 개념으로서 협의의 행정경찰을 따로이 인정할 실익은 매우 희박하다"[6]라고 하여 부정적으로 보고 있으며, 또한 이명구 교수도 "협의의 경찰이 이른바 탈 경찰화하여 각 주무행정청의 소관으로 된 오늘날은 보안경찰에 대응한 개념으로서 협의의 행정경찰이라는 관념을 따로 인정할 실익은 매우 희박하다 할 것이다"[7] 하여 부정적으로 보고 있다.

이에 대하여 박윤흔 교수는 "본서에서는 '성질'의 공통성에 착안하여 경찰개념을 포함시켜 이해하기로 한다. 다만, 협의의 경찰행정이 이른바 탈 경찰화하여 각 주무행정청의 소관으로 된 오늘날은 그것은 그 대부분이 적극목적을 위한 권력적 작용인 규제작용 내지는 그 본체가 되는 복리행정작용에 융화시켜 볼 수 있는 것들이며, 본체인 행정작용과 이에 부수된 협의의 행정경찰작용을 가르는 것이 어렵고 또한 그와 같이 가르는 것이 별로 의미가 없다는 점에서 보안경찰에 대응한 개념으로서 협의의 행정경찰이라는 관념을 따로 인정할 실익은 매우 희박하다 할 것이다. 협의의 행정경찰의 경우에는 자연적자유의 내재적 제약이라는 특색은 명료하지 않다"[8]고 하여 일단 협의에 있어서의 행정경찰을 경찰개념에 포함시키는 한편 협의의 행정경찰은 자연적 자유의 내재적 제약이라는 특색이 명료하지 아니하다는 이유로 그 존재가치를 부정적으로 보고 있다.

한편 김남진 교수는 "다만 이러한 의미의 행정경찰도 결국은 사회공공의 안녕·질서의 유지를 목적으로 하는 것이며, 따라서 이 구별은 이론상 엄밀한 것은 아니다. 다만 보안경찰은 일반경찰기관이 관장하고, 행정경찰은 해당 행정의 권한을 가지는 행정기관이 겸해서 이것을 관장하는 경우가 많으므로 그 한도에서 이것의 구별이 의미를 가진다고 할 수 있다"[9]라고 하여 협의의 행정경찰을 보안경찰과 동일한 성격의 작용으로 보면서 기관설의 입장에서 제한적 존재가

6) 이상규, op. cit., pp. 251-252.
7) 이명구, op. cit., pp. 251-252.
8) 박윤흔, op. cit., p. 219.
9) 김남진, op. cit., pp. 192-193.

치를 인정하고 있다.

윤세창 교수는 협의의 행정경찰개념의 존재가치에 대하여는 명확한 입장을 표명하고 있지는 아니하나[10] "경찰의 목적과 수단에 관하여 실질적 의의의 경찰개념을 설명하기 위함[11]"을 명백히 하고 있음으로 협의의 행정경찰을 경찰개념에 포함시키고 있는 동시에 역시 기관설의 입장에 서서 보안경찰과 구별하고 있다. 이하에서는 행정경찰의 개념이 유래한 프랑스와 독일에 있어서의 행정경찰의 개념을 살펴본 후 첫째, 협의의 행정경찰의 개념을 경찰개념에 포함시킬 것인가. 둘째, 협의의 행정경찰개념의 존재가치는 희박한 것인가. 셋째, 협의의 행정경찰과 보안경찰의 구별의 기준은 무엇인가 하는 점을 차례로 검토해 보기로 한다.

## Ⅱ 행정경찰의 개념

### 1. 프랑스에 있어서의 행정경찰의 개념

프랑스학자들의 행정경찰(Police administrative)에 대한 정의를 살펴보면, "경찰이란 공공질서를 위하여 개인의 자유를 제한하는 일정한 행정청이 행사하는 간섭형태이다,"[12] "사회생활에 요구되는 규율을 개인의 자유로운 활동에 부과할 목적으로 행정청이 행하는 간섭의 총체이다,"[13] "사회생활의 여러 부문에서 질서의 교란을 예방하거나 종식시키는 공공질서의 유지를 위한 공공서비스활동이다"[14] 등으로 정의되어 공공질서(ordre public)의 유지작용을 경찰작용으로 보고 있다. 그러나 이와 같은 경찰의 개념은 공공질서라고 하는 것이 공익(intérêt public)의 필요상의 충족(à satisfaire un besoin)이라는 공공서비스(service public)의 한 부분을 구성하게 됨으로 경찰은 공공서비스의 한 부분인가 아니면 경찰작용은 공공서비스작용과는 대립되는 다른 작용인가 하는 점이 문제된다. 그러

10) 윤세창, op. cit., p. 139 참조.
11) Ibid, p. 139 참조.
12) A. de Laubadère, Traité de droit administratif T. I . 10e éd. 1988, p. 643.
13) Jean Rivero, Droit adminstratif, 12e éd. 1987, p. 518.
14) R. Chapus, Droit administratif général, T1, 1985, p. 465.

면 공공서비스작용이란 무엇인가. 공공서비스는 공법인에 의하여 또는 공법인의 감독하에 일반법의 궤도를 일탈하여 행하여지는 공익활동[15]으로 그 목적은 사회적 필요상의 충족(à satisfaction d'un besoin social)이다. G. Vedel교수는 1973년 그의 행정법 저서 제5판에서 공공서비스작용은 "이용자의 관계에 있는 개인들에 대한 급부의 공여로 구성된다[16]"고 하여, 우리말의 급부행정으로 보아 "경찰행정은 일반적 절차가 명령적(prescription)인 데 반하여 공공서비스행정은 일반적 절차가 급부적(prestation)인 것이다[17]"하여 경찰작용과 공공서비스작용을 대립시켜 보았으나 최근에는 "경찰(police)도 질서의 필요성을 만족시키는(à satisfaire le besoin d'ordre) 공공서비스(le service public)이다[18]"라고 하여 변화의 태도를 표명하고 있는바, 다른 대부분의 학자들은 처음부터 공공서비스를 급부의 제공에만 한정하지 않고 널리 "공익상의 필요성을 만족시킬 목적의 활동"(activité qui tend à satisfaire un besoin d'intérêt genéral)으로 정의하여 우리말의 이른바 "복리행정"에 가까운 것으로 보았다. 즉 경찰행정은 공공질서를 보호하고, 충족시킬 목적으로 명령적 임무를 띤 "특별공공서비스"(un service public particulireer)[19]인 것으로 개인의 자유에 대한 제약인 경찰이 급부의 공여는 아니지만 공공질서의 유지라고 하는 공익상의 필요성의 충족인 공공서비스의 일부분이므로 경찰행정도 복리행정으로서의 공공서비스작용의 일부분이 된다.

꽁세이데따는 1959년 4월 12일의 Mimouni 판결 등에서 경찰작용의 공공서비스작용성(복리작용성)을 긍정한 바 있다. 따라서 공공서비스작용(service public)이란 광의에 있어서는 경찰작용을 포함하고, 협의에 있어서는 경찰작용을 제외한 복리작용을 가리키는데 프랑스의 행정법 교과서들은 일반적으로 행정작용(actions administrative)편을 크게 행정경찰(la police administrative)과 공공서비스(les service public)편으로 대별하고 있다.

---

15) A. de Laubadère, op. cit., p. 662. 公役務의 개념에 대하여는 拙稿, 「佛法上에 있어서 公役務遂行機關들의 개념과 유사개념」, 고시연구, 1990. 5월호 참조.

16) Son mode dáction est constitué par des prestations fournies aux individus qui en sont les usages. G. Vedel, Droit administratif, Paris, P.U.F, 10e éd, 1988, p. 1063.

17) Ibid.

18) G. Vedel, Droit administratif, paris, P.U.F, 10e éd, 1988, p. 1063.

19) La police est donc un service public particulier chargé d'édicter des prescription en vue de la protection de lórdre public et dén assurer le respect. Charles debbasch, Institutions et droit administratif. T.2 P.U.F, 1978, p. 58.

## 2. 프랑스에서의 일반행정경찰과 특별행정경찰의 구별

프랑스에서는 대체로 행정경찰을 일반행정경찰(la police général)과 특별행정경찰(les polices spécials)로 구분한다. 일반행정경찰은 공공질서를 확보할 목적으로 모든 활동과 모든 권리의 주체에게 적용되는 경찰작용으로 1789년 12월 22일과 1790년 1월 8일의 법률 제3장 제2조에서 규정된 후 1884년 4월 4일 법률 제97조에서 재확인되고, 현행 꼼뮌[20] 법률 제131조와 제132조에 규정되어 있는바, 공공질서의 제1요소는 소음방지, 공공장소 및 거리의 질서 등과 같이 질서와 평온(du bon ordre et de la tranquilité)이며, 제2요소는 사고, 화재, 천재지변 등으로부터 시민들의 보호와 같은 안전과 안정(de la súrete et de la sécurité)이고, 제3요소는 공중위생의 보호, 급수조절, 전염병퇴치, 공해방지와 같은 위생(de la salubrité)이며, 제4요소는 Lutetia영화사사건[21](1959년 12월 18일 꽁세이데따)에서 보는 바와 같은 도덕(la moralité)이다. 공공질서란 결국 Laubadère교수의 정리에 의하면 안전(sécurité), 평온(tranquilité), 위생(salubrité), 도덕(moralité)이 된다.[22] 이러한 공공질서의 유지를 위한 일반적 경찰작용에 대하여 특별행정경찰은 특정한 활동만 규율하며 기정된 무질서의 제거를 위한 조치만 취할 수 있을 뿐으로 특별행정경찰권은 이를 창설한 법률에 명시적으로 규정되어 있다.[23] 또한 특별행정경찰은 첫째, 경찰조직이외의 기관이 담당하는 경우가 많고 둘째, 경찰권행사의 절차가 다른 경우가 많으며 셋째, 미관상(esthétique)의 이유와 같은 경찰의 일반목적인 안전, 평온, 위생 및 도덕이 아닌 이유에서 행하여지는 것이 많다는 점에서 일반행정경찰과 구분하고 있다.[24] 미화경찰, 사냥경찰, 어획경찰, 추첨경찰, 환경보호경찰, 광고경찰, 간판경

---

20) Commune; 최소의 지방자치단위, 읍·면에 해당.

21) "살 속의 불"(Le feu dans la peau)이라는 영화의 상영이 미풍양속에 반하고 도덕적으로 위험하다는 이유로 상영허가를 거부한 데 대하여 Lutétia영화회사가 행정소송을 제기하여 패소하였다. 이에 대한 불복소송에서 꽁세이데따는 원고의 청구를 기각하였는바, 이로써 도덕(moralite)도 공공질서의 일부분을 구성하게 되었다.

22) A. de Laubadère, op. cit., p. 648.

23) 「…elles ne règlementent qu'une activité déterminée et ne prescriv- ent que les mesures propres àéviter un désordre donné…leurs droits sont défines explicitement par la loi qui les creé…」, M. Leroy, Les concours des polices générals et des polices spéciales. These, Lille 1938, p. 8 et suiv.

24) G. Vedel, op. cit., p. 1062 및 René Chapus, op. cit., pp. 478-480 참조.

찰, 문화재보호경찰 등이 이에 속한다.

## 3. 독일에서의 경찰개념의 변천과의 대비

14세기에 프랑스에서 "국가의 목적과 활동"을 지칭하던 "la police"란 단어는 독일에 수입되어 군주의 주권을 가리키는 "jus politac"란 용어로 통용되었는바[25] "Jus politac"란 법무, 군사, 외교 및 재정을 제외한 모든 내부부서의 활동을 통칭하게 되었다. 18세기 경찰의 목적이 위해의 방지에 국한되게 되고 1789년 프랑스 인권선언 제4조와 제5조의 자유와 법치의 원칙 규정[26]에 자극되어 1794년 프로이센 일반란트법전 제10장 제2부 제17조는 경찰의 목적을 공공의 평온, 안전, 질서를 유지하고 공중 또는 그 구성원인 개인에게 절박한 위해를 제거하기 위하여 필요한 수단을 취하는 것임을 명기하였으나 1850년의 프로이센 경찰행정법은 여전히 무제한적 경찰권을 인정하였고 남부의 제 주들도 오랫동안 경찰당국의 특권을 열거해왔기 때문에 경찰권이 실제로는 제한되지 아니하였다. 프러시아에는 1882년 6월 14일 유명한 "크로이체"판결로 경찰권을 위해의 방지에 국한시키면서 미관상의 문제를 공공질서에서 제외시켰는바, "크로이체"판결의 내용은 1931년 6월 1일 프로이센 경찰행정법에서 확인되었다. 1945년에서 1949년 사이의 점령기간 동안 영국과 미국의 군사점령당국은 영·미식으로 경찰권을 분산시키면서 경찰권의 범위를 생명과 재산의 보호라는 일반행정경찰작용(프랑스에서 전술하는 바와 같은)에 국한시켰다.[27] 영·미점령당국에 의한 개혁으로 인하여 특별행정경찰작용을 담당하는 기관은 일반행정경찰작용을 담당하는 기관과 분리되게 되었으나 공중이나 개인을 위협하거나 안전과 공공질서를 위태롭게 하는 위해의 예방을 위해 명령적·강제적 수단을 동원하는 행정개입작용이 경찰행정작용이라는 성질적 개념은 계속되었다.[28] 따라서 이러한 실질적 의미에 있어서의 경찰개념에 대하여 경찰조직법상의 당국이 행

---

**25)** Fritz Fleiner, Droit administratif allemand, Ch. Eisenmann譯, 1933, p. 235.

**26)** 4조: 자유는 타인에게 해가 되지 않는 모든 것을 할 수 있는 것이다. 따라서 각 개인의 자연적 권리의 행사는 같은 권리를 향유하는 사회의 타구성원의 권리를 존중해 주는 범위 내에서 행사되어야 하며 이러한 범위는 법률에 의해 정해진다.

5조: 법률은 사회에 害가 되는 행동만 금지할 권리가 있다. 법률에 의해 금지되지 않는 모든 것은 방해되어서는 아니 되며, 법률이 명령하지 않는 것에 의해 구속을 받아서는 안 된다.

**27)** Michel Froment, Alfred Rieg, Introduction au droit allemand, JⅡ, éd. Cujas, 1984, p. 122.

**28)** Ibid., p. 123.

하는 활동을 가리켜 형식적 의미의 경찰로 보게 되었는바, 형식적 의미의 경찰은 행정경찰작용이외에 사법경찰작용과 다른 행정기관들의 요청에 의한 경찰권의 발동과 같은 행정경찰작용에 이질적인 요소들도 포함하게 되었다.[29] 한편 독일에서의 경찰개념은 실질적 의미에서 보더라도 "공공질서를 위한 개인의 자유의 제한"이라는 프랑스의 경찰개념에 비해 "위해의 방지"라고 하는 조건이 하나 더 첨가된, 보다 좁은 개념이다. 따라서 질서행정(Ordnende Verwaltcung) 또는 침해행정(Eingriff Verwaltung)이라는 용어로써 프랑스 법상의 일반경찰행정과 특별경찰행정은 물론 급부행정에 있어서의 개인에 대한 자유권의 제한(공용부담, 조세부과 등등…)까지를 포함하여 다루고 있다. 즉 질서행정 또는 침해행정은 위해(Gefahrenabwehr)의 제거뿐만 아니라 배려까지를 포함한다.[30] 그러나 프랑스에 있어서의 경찰행정은 배려(Versorge; 공용부담 등의…)에 해당하는 것은 공공서비스행정(service public)으로만 볼 뿐 경찰의 개념에서 제외하고 있다. 즉 배려작용에 관한 것은 그에 부수한 자유에 대한 제한을 포함하여 급부행정(prestation)으로서, 우리의 복리행정에 속한다.

## Ⅲ 문제에 대한 검토

첫째, 협의의 행정경찰개념을 경찰개념에 포함시킬 것인가. 이 문제는 경찰개념의 정리를 통해 비교적 간단히 밝혀졌다고 본다. 왜냐하면 협의의 행정경찰을 경찰개념에서 제외하게 될 경우, 독일의 예에서 볼 수 있는 바와 같은 새로운 광역개념 즉, 질서행정 또는 침해행정의 개념이 필요하게 되는바, 이러한 개념은 배려행정이라고 하는 이질적 개념을 포함하게 되어 복리행정과의 구별이 애매모호하게 될 우려가 있고 또 이것은 결국 논리에 의해서가 아니라 정치적 강제에 의해 행정법(국내공법으로서의)상의 경찰개념과는 무관한 형사소송법상의 경찰개념을 무리하게 실정법적으로 포함시키게 된 데 대한 반사적 결과라 할 수 있기 때문이다.

둘째, 협의의 행정경찰개념의 존재가치는 희박한 것인가. 협의의 행정경찰을

29) Ibid.
30) Ibid.

행정경찰개념에 포함시켜 보면 우선 오늘날 현대행정에 있어서의 협의의 행정경찰의 양적 증가를 부인할 수 없다. 도시계획법이나 건축법, 환경보호법, 자연보호법 등에 있어 행정경찰의 기능은 점점 증가추세에 있을 뿐만 아니라 현행의 영화법, 방송법, 출판법 등에서 규정하고 있는 사전 및 사후통제의 많은 부분이 행정경찰에 속한다. 이 밖에도 광고물 등 관리법, 외국간행물 수입·배포에 관한 법률 등도 협의의 행정경찰의 근거규정들인바 협의의 행정경찰이 자연적 자유의 내재적 제약이라는 특색이 약하다 함은 피상적인 관찰에 불과하다고 하겠다. 오히려 최근에는 환경부공무원들에 대한 사법경찰권의 부여 동향과 같은 복리행정의 사법경찰화 경향마저 일어나고 있음은 주목할 만한 사실이다. 우리나라에서는 독립성여부를 기준으로 보안경찰과 행정경찰로 분류하고 있으나 협의의 행정경찰은 미성년자나 외국인과 같은 특정그룹의 사람들이나, 쇼, 게임, 위험건물, 사이비종교 등의 특정행위 등에 적용되는, 소위 경찰행정법의 일반법인 보안경찰법, 즉 일반행정경찰법에 대한 특별법을 구성하고 있다[31]고 봄이 좀 더 합리적인 고찰인 것 같다. 왜냐하면 일반경찰행정에 있어서의 질서는 우리나라와 같이 행정경찰작용에 관한 개괄조항이 존재하지 아니하는[32] 나라에서는 묵시적으로 승인된 내용상의 규범인 데 반하여 특별경찰행정에 있어서의 질서는 개별적 조항에 의하여 명시적으로 승인된 형식적 규범이기 때문이다.[33] 더구나 특별행정경찰의 경우가 국가책임의 확보에 있어 오히려 일반행정경찰의 경우보다도 더욱 어렵다 한다면[34] 급부행정과 분리하여 국민의 침해된 권리를 구제해 줄 필요성이 더욱 증대된다 하겠다.

셋째, 협의의 행정경찰과 보안경찰의 구별기준은 무엇인가. 전술한 바와 같이 행정경찰은 협의의 행정경찰과 보안경찰로 구분하기보다 법적 성격에 따라

---

**31)** Christian Buniet, Contribution àl'étude du régime contentieux des polices administratives spéciales, R.D.P., 1981, p. 1020 참조.

**32)** 김남진 교수는 경찰권 직무집행법 제2조를 개괄조항으로 보고 있으나, 그 내용을 유추하여, 이를 묵시적으로 승인된 내용상의 일반행정경찰 규범으로 간주하는 것이 타당할 것 같다. 박윤흔 교수도 "…경찰권발동에 대한 개별적 작용법의 근거규정을 요한다고 하더라도 경찰작용의 성격상 그러한 근거규정은 경찰권에 대하여 포괄적인 재량을 인정하는 경우가 많다고 할 것이며, 따라서 결과에 있어서는 개괄조항을 인정하는 것과 차이가 없다고 말할 수 있을지 모른다. 그러나 개별적인 작용법률에 의하여 인정되는 재량이 법률마다 그리고 사항마다 다르다고 할 것이므로, 일률적인 포괄적 재량을 전제로 하는 개괄사항의 존재를 인정하는 것과는 다르다고 할 것이다"고 하여 개괄조항의 인정을 부정적으로 보고 있다; 박윤흔 op. cit., p. 303, p. 304 참조.

**33)** 자세히는 Etienne Picard, La notion de police administrative, T. II. L.G.D.J., 1984, pp. 558-581 참조.

**34)** Christian Buniet, op. cit., p. 1020 참조.

일반행정경찰과 특별행정경찰로 구분하는 것이 보다 합리적인 것 같다. 일반행정경찰과 특별행정경찰의 구별기준은 Etienne Picard의 견해[35]를 소개하는 것으로 설명에 대신하고자 한다.

① 우선 시장, 지사, 국가원수는 일반행정경찰권도 행사할 수 있고, 또 특별행정경찰권도 행사할 수 있으므로 기관의 관점에서만 구분하는 것은 불가하다.

② 수단과 방법에 있어서도 차이점을 발견하기가 쉽지 않다.

③ 특별행정경찰의 경우 도로교통법 등의 규정은 자세하지만 비행장 및 비행기내에서의 광고에 관한 규정은 극히 개괄적이므로 규정이 자세한가, 아닌가하는 것으로 구분할 수 없다.

④ 대상에 따른 구별도 절대적이 아니다. 일반행정경찰의 대상은 특별행정경찰의 대상도 될 수 있는 예가 많다고 하면서 공항광고, 게재물, 영화, 건축, 경기, 자동차학원, 사냥총, 사냥, 교통, 부랑인, 주택, 음료수판매 등의 경찰행정이 모두 일반행정경찰의 대상도 될 수 있고, 특별행정경찰의 대상도 될 수 있다는 등의 설명을 하면서 조치의 내용, 동기, 목적, 형식, 경찰권행사자 등을 종합적으로 고려해야 한다고 한다.

## Ⅳ 맺는 말

이상에서 고찰한 바를 종합하여 결론을 유도해 보면 첫째, 일반행정경찰(보안경찰)과 특별행정경찰(협의의 행정경찰)의 구별에 대한 실익은 상대적인 것이나 국가책임의 확보에 소홀하지 않아야 한다. 즉 특별행정경찰이 국가책임의 확보에 보다 미흡한 경우에는 이에 대한 연구와 대비를 하여야 한다. 둘째, 특별행정경찰(협의의 행정경찰)은 급부행정과 분리하여야 한다. 즉 실질적 의미에 있어서의 광의의 행정경찰 개념을 채택하는 것이 타당하다고 하겠다.

---

35) Etienne Picard, op. cit., pp. 581-590 참조.

# 제 8 편

# 공 물 법

# 제 1 장 공용물의 성립과 시효취득[1)]



대법원 2000. 4. 25. 선고 2000다348 판결

[판결요지]

1. 도로와 같은 인공적 공공용 재산은 법령에 의하여 지정되거나 행정처분으로 공공용으로 사용하기로 결정한 경우 또는 행정재산으로 실제 사용하는 경우의 어느 하나에 해당하여야 행정재산이 되는 것이며, 도로는 도로로서의 형태를 갖추어야 하고, 도로법에 따른 노선의 지정 또는 인정의 공고 및 도로구역의 결정·고시가 있는 때부터 또는 도시계획법 소정의 절차를 거쳐 도로를 설치하였을 때부터 공공용물로서 공용개시행위가 있는 것이며, 토지에 대하여 도로로서의 도시계획시설결정 및 지적승인만 있었을 뿐 그 도시계획사업이 실시되었거나 그 토지가 자연공로로 이용된 적이 없는 경우에는 도시계획결정 및 지적승인의 고시만으로는 아직 공용개시행위가 있었다고 할 수 없어 그 토지가 행정재산이 되었다고 할 수 없다.

2. 주택의 대지로 점유하는 부분이 도로를 침범하여 그 주택 담장이 이웃의 담장 또는 건물에 비추어 돌출되어 있는 경우, 주택 소유자들의 위 침범 부분에 대한 점유는 적어도 담장이 상대적으로 돌출되었을 때부터 타주점유로 보아야 한다.

---

**1)** 이광윤, '도로가 행정재산이 되기 위한 요건 및 잡종재산에 대한 시효취득', 행정판례연구 Ⅳ, 222면.

3. 통상 부동산을 매수하려는 사람은 매매계약을 체결하기 전에 그 등기부등본이나 지적공부 등에 의하여 소유관계 및 면적 등을 확인한 다음 매매계약을 체결하므로 매매 대상 토지의 면적이 공부상 면적을 상당히 초과하는 경우에는 계약당사자들이 이러한 사실을 알고 있었다고 보는 것이 상당하며, 그러한 경우에는 매도인이 그 초과부분에 대한 소유권을 취득하여 이전하여 주기로 약정하는 등의 특별한 사정이 없는 한 그 초과 부분은 단순한 점용권의 매매로 보아야 하고, 그 점유는 권원의 성질상 타주점유에 해당한다.

4. 매수한 2필지의 공부상 면적은 합계 162㎡인 데 반하여 매도인으로부터 인도받아 점유하는 면적은 제3자 소유의 토지부분을 포함하여 합계 202㎡인 경우, 인도받은 토지 면적이 공부상 면적을 상당히 초과하는 경우, 위 초과 부분에 대한 매수인의 점유는 타주점유에 해당한다.

# I 사건에서의 쟁점

사건에서 쟁점이 되고 있는 시효취득여부는 국유재산법 제5조 제2항에서 잡종재산을 제외한 국유재산에 대한 시효취득을 금지하고 있고, 대상판결에서의 도로는 일반의 이용에 제공되는 물건이므로,

1. 사건에서의 토지가 이미 일반의 이용에 제공된 공공용물, 또는 1년 내에 사용하기로 결정한 예정공물로서의 행정재산에 해당하는지 아니면 잡종재산에 해당하는지의 여부가 문제된다.
2. 잡종재산인 경우에는 자주점유가 문제된다.
3. 입법론적으로는 국유재산에 대한 시효취득의 인정여부도 문제된다.
4. 민사법원에 의한 행정사건에 대한 부수적 심사제도에 대한 검토가 요청된다.

# II 국유재산의 분류

국유재산법 제4조에 의하면 국유재산은 그 용도에 따라 행정재산, 보존재산과 잡종재산으로 구분되고(제1항), 행정재산은 공용재산, 공공용재산 및 기업용

재산으로 나누어진다(제2항). 공용재산이란 "국가가 직접 그 사무용 · 사업용 또는 공무원의 주거용으로 사용하거나 사용하기로 결정한 재산"을 말하며 공공용재산이란 "국가가 직접 공공용으로 사용하거나 사용하기로 결정한 재산"을 말하고, 기업용재산이란 "정부기업이 직접 그 사무용 · 사업용 또는 당해기업에 종사하는 직원의 주거용으로 사용하거나 사용하기로 결정한 재산"을 말하고(제2항), 보존재산이란 "법령의 규정에 의하거나 기타 필요에 의하여 국가가 보존하는 재산"을 말하며(제3항), 잡종재산이란 "행정재산 및 보존재산 이외의 모든 국유재산"을 말한다(제4항). 여기서 정부기업이란 국유재산법시행령 제1조 제1항에 따라 기업예산회계법 제2조에 규정된 특별회계의 적용을 받는 정부사업인 철도사업 · 통신사업 · 양곡관리사업 · 조달사업을 말하므로 이는 성격상 공용재산에 해당된다. 특별회계의 적용을 받지 않는 공법인 형태로 정부가 운영하는 회사(공사) 또는 주식회사 형태로 정부가 출자에 참여한 회사의 재산은 잡종재산에 속한다.

국가의 재산을 공법의 지배를 받는 공물(le domaine public)과 사물(le domaine privé)로 나누고, 공물을 그 사용 목적에 따라 일반의 이용에 제공된 공공용물과, 행정 자신의 이용에 제공된 공용물, 그리고 보존공물로 나누어 볼 때, 행정재산과 보존재산은 국유재산법 제3장에서 대부 · 매각 · 교환 · 양여 또는 신탁하거나 출자의 목적으로 하지 못하며 사권을 설정하지 못하는 등의 공법적 규율을 받고 있는데, 국유재산법시행령 제2조 제1항은 '국유재산법 제4조 제2항 각호에서 "사용하기로 결정한 재산"을 국가가 앞으로 1년 내에 사용하기로 결정한 재산으로 규정하고 있고, 국유재산법시행령 제2조 제2항은 국유재산법 제4조 제3항의 "기타 필요에 의하여 국가가 보존하는 재산"을 "1. 관리청이 앞으로 5년 내에 사용하기로 결정한 재산 2. 국가에서 사용할 필요가 있다고 인정되어 총괄청이 보존하기로 결정한 재산"으로 규정하고 있으므로 국유재산법 제4조의 행정재산과 보존재산은 공물과 예정공물을 가리키며, 잡종재산은 공물과 예정공물을 제외한 행정사물을 가리킨다.

# Ⅲ 공물의 기준

공물의 본질은 사법의 적용을 받는 물건이라도 일정 관점과 일정 범위에서 공법상의 목적(공공복지)에 의해 제약을 받는다는 것, 즉 공법의 적용을 받는다는 점이다. 그리고 공법의 적용을 받는 범위 내에서, 그 물건에 결합되어 있는 소유자・점유자 등의 민법에 따른 권리(예, 처분권)는 배제되고 공법상의 특별법이 적용된다. 공물의 지위와 공물과 관련한 공법상의 관계는 그것이 사법에 따른 소유권을 제한하는 효과를 가져오는 한, 기본적으로 법률로서 또는 법률에 근거한 처분에 의해서만 설치・변경・폐지가 가능하다. 요컨대 공물의 실질적인 전제는 공공복지기능과 공법의 적용이라는 점에 있다.[2)]

## 1. 공소유권

프랑스에서는 공물에 관하여 공소유권제가 확립되어 있어 사소유권은 공물의 성립과 양립될 수 없으며, 공물은 불가양도(inaliénable)하고,[3)] 불가압류(in-

2) Wolff/Bachif, Bd. Ⅰ, S. 484, 홍정선, 행정법이론, 박영사, 1990, 288면에서 재인용.

3) 공물의 불가양도성은 원칙적으로 소유권의 해체, 즉, 사인에 대한 물권의 구성을 금지한다. 그러나 이러한 금지는 점용자의 지위불안을 강화시키는 결과를 가져오고, 금융기관에게 보장을 주지 못하므로 투자를 어렵게 한다. 따라서 처분권을 제외한 사권의 설정 금지를 완화할 필요가 있다. 근년에 사권설정 금지의 옛 규정을 완화시키기 위하여 입법자들이 두 번에 걸쳐 개입하였다.

1. 1988년 1월 5일 법률;

지방자치단체에만 관계되는 1988년 1월 5일 법률은 장기임대계약(전원법전에 규정된 계약)의 체결을 허용하고 있다. 어떻게 하면 담보를 요하는 대출을 받지 않고 투자를 유치할 수 있으며, 상법상의 임대차법에 의하여 보호를 받지 못하는 장소에 대기업을 유치할 수 있을까? 하는 것이 이 법률의 목적이다. 임차인은 진정한 부동산물권을 향유할 수 있고 계약기간 동안 이룩한 구조물의 소유자가 될 수 있다. 그 결과 재산과 구조물에 대하여 저당권이 설정될 수 있으며, 이것이 대출과 담보를 진작시킨다. 계약기간은 18년에서 99년 사이이다. 이러한 계약에 의하여 점유자의 지위가 취약하며, 사권의 설정을 금지하고 있는 일반적인 공물법 이론이 수정되었다. 임차인은 소유자인 지방자치단체의 동의하에 제3자에게 권리를 양도할 수 있으며, 임대차계약은 공공서비스의 임무를 수행하기 위하여만 체결될 수 있다. 또 고유의 서비스 목적을 벗어나서 장기임대 계약을 체결할 수는 없는데, 예를 들면 공립병원이 양로원을 건설하기 위해 사인과 병원부지에 대한 장기임대차계약을 체결할 수는 없다. 계약의 해지는 자유롭지 못하며 지방자치단체의 동의를 받아야 한다. 계약의 승계인은 원계약자의 권리와 의무를 포괄적으로 승계한다. 채권의 행사는 오직 장기임대차 계약의 채권자만 행사할 수 있으며 다른 채권자들은 배척된다. 이 계약은 지방자치단체, 지방자치단체조합 및 지방영조물법인만 체결할 수 있으므로 국가와 국가영조물법인(예를 들어 국영철도공사)은 제외된다. 임차인은 사인만이 될 수 있고 따라서 다른 지방자치단체는 안 된다. 그

saisissable)하며, 불가시효취득(imprescriptible)하다. 독일에서는 다양한 의견이 있었으나 이원제가 우세하여 사소유권도 허용되며 공법은 공물지배권에 적용된다. 논리적으로는 공소유권제가 보다 논리적인 것으로 평가되나,[4] 한국에서는 하천에 관하여는 공소유권제가 도입되어 있고 도로에 관하여는 이원제가 도입되어 있으므로, 일단 소유권의 문제는 공물의 성립요소에서 제외하고 지배권의 문제에 국한하여 고찰하고자 한다.

## 2. 공물의 성립

국가의 재산이 공물로서 성립되기 위하여 재산의 획득만으로 되는 것이 아니고 공중의 이용에 제공(affectation)되어야 한다. 여기서 제공한다고 하는 것은 목적논리적(téléologique)인 것이기 때문에, 협의로 흔히 말하는 법률행위로서의 공용지정(classement)행위만을 가리키는 것은 아니다. 국가의 재산이 공중의 이용에 현실적으로 제공되면 공용개시가 이루어져 공공용물로서 성립되는 것이기 때문에 "공용개시"라는 용어는 의사표시로서의 법률행위인 "공용지정"행위와 구분하여 사용하는 것이 보다 정확한 용어사용으로 보이며 공중의 이용 또는

---

러나 공사혼합회사는 임차인이 될 수 있다. 부동산은 공물에 소속되어야 하나 도로 및 통행에 이용되는 하천, 운하 등의 공물은 제외된다.

2. 1994년 7월 25일 법률;

1994년 7월 25일 법률은 국가와 그 영조물법인의 인공공물에 관한 것으로, 특히 부동산의 성격을 갖는 구조물, 건축물, 시설물의 점용자의 사용에 관한 것이다. 이 법률은 전통적인 공물점용자의 취약한 지위를 완화시키고 공물에 설치되는 공공시설, 특히 항구 및 공항의 건설에 민간자본을 유치할 필요성에서 제정되었다. 공물의 점용자는 점용기간 동안 그에게 부여되는 물권의 소지자 ― "소유자의 특권과 의무" ― 이다. 따라서 점용자는 권리와 시설물을 양도(새로운 소지자의 동의 후에)할 수 있고, 대출을 보증하기 위해 저당권을 설정할 수(구조물의 자금조달을 위하여) 있는데, 이러한 자금조달은 리스 계약의 형식을 취할 수 있다. 리스계약에 의하여 점용기간은 70년을 넘지 못하며, 점용은 취약하고 철회될 수 있다. 이 법률은 국가와 국가의 영조물 법인의 공물에 대하여만 적용되는데 자연공물은 제외된다. 또 법률은 일방적 허가뿐만 아니라 공물의 점용허가를 위한 모든 종류의 협정에도 적용된다. 이 법률에 의하여 부동산의 성격을 가지는 건물, 시설물, 공작물 등에 대한 물권이 인정된다. 이 권리는 소유자의 특권과 의무를 인정하는 소유권이나 효과와 기간에 있어서는 제한을 받기 때문에 행정적 성격의 한시적인 부동산 물권으로 양도가 가능하다. 70년을 넘지 않는 점유기간 동안 저당권의 설정이 가능하며, 임대할 수도 있다.

처음에는 항구와 공항 지역의 사용을 용이하게 하기 위한 것으로 이해된 이 조치들은 자연공물을 제외한 국유공물 전체에 대하여 확대되었다. 장기임대차계약시스템은 빈약한 성공밖에는 거두지 못하였으나, 1994년 시스템은 지방공물에 대하여도 확장할 것으로 예정되고 있다.

**4)** 융프라우와 같은 국립공원의 소유자는 국가가 되는 것이 자연스러우며, 특히 도로의 경우에는 대부분이 사소유지였던 경우가 많으므로 자투리땅은 공용지정이 폐지되더라도 국가의 잡종재산으로 남는 것이 보다 자연스럽다고 한다. Pierre Moor, "Droit administratif" V. III, Ed. Staempfli & Cie SA Berne, 1992, p. 254.

행정 자신의 수요에의 "제공"이란 용어는 최협의로는 공용지정행위(classement; 최협의의 affectation)의 의미로도 사용되고 있으나, 협의로는 공용지정행위(classement)가 있은 후의 "공중의 이용"이나 "행정자신의 수요"라고 하는 특정된 목적에의 제공행위를 가리키고, 광의로는 공용지정행위를 포함한 일련의 과정으로 이해하여야 한다고 본다.[5)]

### (1) 공용지정(classement; 최협의의 affectation)

공용지정은 국가의 재산을 공익에 제공한다는 법률행위로서 법률, 명령, 행정행위, 조례, 고시, 행정계약 등의 다양한 형식에 의하여 이루어질 수 있다. 심지어 공용물에 대한 공용지정은 사법상의 계약에 의하여도 이루어질 수 있다.[6)] 그러나 명시적인 지정행위 없이 이미 공물로서 존재한다면 굳이 공용지정을 할 필요가 없다. 이런 경우에는 묵시적인 공용지정이 있었다고 해석할 수도 있고, 사실상의 공용지정이 있었다고 할 수도 있으나, 공용지정의 필요성이 없다고 하나, 묵시적인 지정이 있었다고 하나 사실상의 공용지정이 있었다고 하나 결과의 차이는 없다. 공용지정은 도시계획사업의 실시계획인가와 같은 사업인정고시에 의하여 대체되는 경우도 빈번하다. 그러나 공용지정행위가 있었다고 하여 국가의 재산이 공물로서 성립하였다고 볼 수는 없다. 공용지정행위 자체만으로 공물로서의 법적 효과가 발생하는 것은 아니고 공중의 이용, 또는 행정자신의 수요에 실제로 사용되어야 공물로서의 법적 효과가 발생한다.[7)] 따라서 공용지정행위만 있고 실제 사용되지 않으면 성격상으로는 예정공물일 뿐이다. 공용지정행위가 있은 후 1년 이내[8)]에 공공용물이나 공용물로 사용되지 않는 국유재산에 대한 공용지정행위는 위법하다. 따라서 공용지정행위는 확인행위의 성질을 가진다.

### (2) 공용제공(협의의 affectation)

공용지정행위는 행정이 국유재산에 대하여 목적을 부여하는 행위임에 비하여 공용제공행위는 그 목적을 실현하는 것이다. 이러한 목적을 실현하기 위하여 형체적 요소도 갖추어야 한다. 따라서 공용제공행위는 반드시 공용지정행위

---

5) Manuel Gros, "Affectation et domanialité publique", R.D.P. 1992, p. 741.
6) Jean-Marie Auby, Pierre Bon, "Droit administratif des biens", Dalloz, 1995, p. 45.
7) Philippe Godfrin, "Droit administratif des biens", Masson, 1993, p. 55.
8) 국유재산법시행령 제2조 제1항.

후에(없는 경우도 있음) 이루어진다.[9)][10)] 공용지정행위가 형식적인 행위라면 공용제공행위는 기능적인 행위이며 사실적인 행위이다. 공용제공행위는 국유재산에 대한 공중의 직접적 이용 또는 행정의 수요에의 충족이라고 하는 목적의 실현이기 때문에 생략될 수 없고 공물의 성립에 있어 필수 불가결한 요소이다.

### (3) 적응(특별정비; aménagement spécial 또는 자연적 상태에 의한 적응)

국가의 재산이 공용물이 되기 위하여 그 재산이 행정수요에 제공되어야 할 뿐만 아니라 행정의 특별한 수요에 적응하도록 특별정비의 대상이 되어야 한다.[11)] 특별정비를 위하여 일반적으로 시설의 설치가 필요하나 시설은 석관의 정비와 같은 아주 단순한 정비로도 문화재로서의 공물이 성립된다. 또 특별정비는 반드시 새로운 공사가 필요한 것은 아니고 지리적으로 인근에 위치하고 있다고 하는 자연적 상태도 특별정비와 마찬가지의 효과를 가져 온다.[12)]

공공용물의 경우에는 공중의 이용에 대한 특별한 적응이라고 하는 것이 일반적으로 재산의 자연적 상태의 결과로 이루어지기 때문에 특별정비(aménagement spécial)를 요하지 않는 것으로 해석하여 왔으나 공공산책로에 설치된 벤치와 같이 특별정비를 요하는 것도 있다. 꽁세이데따는 1977년 11월 2일의 Ville d'Alès. 판결에서 시의 소유인 자투리땅이 보행자와 차량의 소통에 필요한 제공(affectation)과 그 제공을 위한 정비(aménagement)가 되어 있지 않기 때문에 공물이 아니라고 판결한 바 있다. 따라서 특별정비가 필요하건, 아니면 자연적 상태로 족하건 모든 공물은 공물의 사용목적에 적합한 실질적인 적응이 이루어져야 공물로서 성립한다.

---

**9)** 같은 취지: 홍정선, 행정법원론(하), 1999, 박영사, 322면 이하; 유지태, 행정법신론, 2000, 신영사, 801면 이하 참조.

**10)** Manuel Gros. op. cit.

**11)** 산업항이 공물이 되기 위한 조건의 하나로서 C.E., 19 octobre 1956, Société Le Bton, R., 375; G.A.J.A., n°93, p. 546.

**12)** 토지가 강변에 가까이 위치하고 있다든가(Société Le Béton) 기차역에 인접한 호텔의 지하주차장의 경우(Société Lyonnaise de transport).

# Ⅳ 사건에 대한 검토

## 1. 행정재산의 여부

2000다348 판결을 보면 문제가 된 토지는 서울특별시가 도시계획법에 의하여 1974년 5월 11일 고시 제60호로 이 사건 토지를 상계지구 소로개설 예정지로 결정고시 및 지적승인을 하였으나 사건 당시까지 소로개설 도시계획사업이 구체적으로 실시되지 않았고 자연공로로 이용된 적이 없다. 우선 이 사건 토지에 대한 공용지정이 있었는지를 살펴보면 공용지정은 국가의 재산을 공익에 제공한다는 법률행위로서 도시계획결정고시행위는 건설부 장관의 사업인가를 받아 이루어지는 것으로 이 사건 토지가 봉사해야 할 공적인 목적을 정한 것이며, 이 사건토지에 대하여 공법적 성격을 부여한 공용지정행위이다. 그러나 공용지정행위에 따른 공중의 직접적인 이용이라고 하는 협의의 공용제공이 없었기 때문에 공물로서 성립된 것은 아니다.[13] 한편 국유재산법 제4조 제2항에 의한 행정재산 중 도로에 해당하는 공공용재산의 범위는 "국가가 직접 공공용으로 사용하는" 공공용물뿐만 아니라 "사용하기로 결정한" 예정공물도 행정재산으로서 시효취득이 금지된다. 그러나 동법 제4조 제2항에서의 "사용하기로 결정한 재산"은 동법시행령 제2조 제1항에 의하여 1년 이내에 사용하기로 결정한 재산을 말하므로 이 사건에서는 예정공물로서의 행정재산도 아니다. 따라서 이 사건 토지가 행정재산이 아니라고 본 대법원의 결론은 정당하다.

그러나, 판결은 인공적 공공용재산의 행정재산으로서의 성립 기준으로 1. 법령에 의하여 지정되거나 행정처분으로 공공용으로 사용하기로 결정한 경우, 또는 2. 행정재산으로 실제 사용하는 경우의 어느 한 가지 조건을 만족시키면 공공용재산으로 보고 있다. 공공용재산이 되기 위한 조건은 1. 공공용물이거나, 2.

---

13) 국내교과서의 상당수(박윤흔, 최신행정법강의(하), 2001, 박영사, 457면 이하; 김동희, 행정법 Ⅱ, 2001, 박영사, 226면 이하; 김남진, 행정법 Ⅱ, 2000, 법문사, 356면 이하 등)는 인공공물의 성립의 요건을 1. 형체적 요소를 선행요건으로 하고 2. 공용지정을 후행요건으로 설명하는 모순을 보이고 있다. 도로와 같은 인공공물은 도시계획에 의한 공용지정행위가 있은 후, 공사에 착공하여 형체적 요소를 갖추게 된다.

공공용물에의 예정공물 두 가지 중의 하나이다. 그런데 판결은 "법령에 의하여 지정되거나 행정처분으로 공공용으로 사용하기로 결정한 경우"라고 하여 예정공물의 경우를 올바로 적시하고 있으나, 공공용물의 경우를 적시하여 '공공용으로 실제 사용하는 재산'이라고 하지 않고 "행정재산으로 실제 사용하는 경우"라고 하여 행정재산에 대한 개념상의 혼란을 초래하고 있다. 또한 "행정재산으로 실제 사용하는 경우"라는 표현이 공공용으로 실제 사용하는 경우를 의미하는 것이라면, 즉, 협의의 공용제공행위를 공물성립의 기준으로 삼고 있는 것으로 보인다. 그러나 도시계획구역 내의 도로는 인공적으로 만들어지는 인공공물이므로 도로가 공물로서 성립하기 위하여 공중의 이용에 직접 사용되는 것만으로는 부족하고 도로로서의 특별정비가 요청된다. 이 사건의 경우는 도로로서의 특별정비가 없었으므로 공물로서 성립되지 않아 국유재산법상의 행정재산이 아니다. 그런데 "행정재산으로 실제 사용하는 경우"라고 표현하여 공물로서 성립한 것 같이 표현하는 것은 적절치 않다.

또한 판결은 "도로는 도로로서의 형태를 갖추어야 하고, 도로법에 따른 노선의 지정 또는 인정의 공고 및 도로구역의 결정 · 고시가 있는 때부터 또는 도시계획법 소정의 절차를 거쳐 노로를 설치하였을 때부터 공공용물로서 공용개시행위가 있는 것"이라고 하여 도로에 대한 공용개시 기준을 설시하고 있다. 그런데 도로법에 따른 노선의 지정 또는 인정의 공고는 공익에의 제공행위로서 공용지정행위로 볼 수 있으나, 도로구역의 결정 · 고시는 공물의 경계획정행위로서 공물의 범위에 관한 문제이지, 국유재산의 공익에의 제공이라는 목적논리적인(téléologique) 과정의 하나로서의 공용지정행위가 아니다. 또한 "도시계획법 소정의 절차를 거쳐 도로를 설치"하는 것은 도로로서의 형체적 요소를 갖추는 것일 뿐, 이것은 공용지정 이후에 발생하는 사실행위로서, 실제 이용되지 않는 한 공물로 제공된 것이 아니다. 또한 판결에서 "공용개시행위"라는 용어를 공용지정행위와 동의어로 사용하고 있는지 아니면 공물로서의 성립을 가리키는 의미에서의 "공용개시"의 의미로 사용하고 있는지도 분명하지 않다.

### 2. 타주점유의 여부

무단점유에 대하여 판례태도는 타주점유로 본 경우도 있었고 자주점유로 추정한 경우도 있어 왔으나 '대법원 1997. 8. 21, 95다28625 판결 이후 타인 소유의 토지를 무단점유한 것이 입증된 경우에는 자주점유의 추정이 깨진다고 하여 취득시효의 성립을 부인하고 있다'[14]고 한다. 사건에서는 담장이 상대적으로 돌출된 것을 무단점유의 증거로 보고 있는 것으로 이해된다.

또한 매매대상토지의 면적이 공부상 면적을 상당히 초과하는 경우에는 이를 악의의 점유로 보아 타주점유로 보고 있다.

### 3. 국유재산의 보호 문제와 시효취득

공물과 사물의 엄격한 구분에는 문제점이 있다. 공물을 구성하는 재산은 사법규정들을 포함하고 있으며, 사물을 구성하는 재산도 흔히 일반법의 궤도를 일탈하는 규정들을 포함하고 있다. 레옹 뒤기는 공공재산의 공공성의 강약 정도에 따라 "재산의 단계"라는 개념으로 공물과 사물의 이원적 구분을 대치할 것을 제안하였다. J. M. Auby교수도 공물과 행정사물의 구별은 공익(intérêt général)의 만족에 기초하고 있는데 공익을 만족시키는 재산은 공물로, 공공단체가 소유자로서 재정적 또는 재산적 이익을 충족시키는 재산은 행정사물로 구별하고 있으나 행정사물 중에도 공익을 만족시키는 재산이 있고 또 행정사물이 한낱 재산적 또는 금전적 양상을 표출한다고 하여도 그것은 결국 공동체의 공익을 만족시키는 것이기 때문에 구별의 기초가 잘못되었다고 평가한다. 결국 행정사물도 공법인의 재정을 살찌워 공익에 이바지한다. 따라서 그는 행정사물의 기능, 법적 체제 및 소송 형태를 고려할 때 행정사물의 관리는 상공업적 공공서비스 즉 "사적 관리의 공공서비스"(service public à gestion privée)에 유사하며, 공물과 행정사물의 구별은 상대적인 것일 뿐[15]이라고 한다. 행정사물은 공물과 마찬가지로 무상으로 양도될 수 없으며 압류도 금지된다. 따라서 시효취득될 수 없다. 무상양도의 금지는 공법인의 증여금지원칙에 따른 것으로 모든 시민은 공공재산의 사용에 있어 평등해야 하기 때문이다. 행정사물이 시효취득의 대상이 될 수 없는 무상공여금지의 원칙은 공법상의 법의 일반원칙으로서, 1971년 3월 19일의 꽁세이데따의 Mergui판결에 의해 확립되어 있으며 스페인 공물법 제74조에서도 국가의 재정적 부동산은 재무부장관의 제안에 의하

14) 대판 1998. 3. 27. 97다53823; 1998. 5. 29, 97다30349 등에 의하여 동일취지가 확인되고 있다고 한다. 이기용, "취득시효의 요소로서의 자주점유의 법리", 비교사법 제5권 1호, 1998. 6.

15) J. M. Auby. "Contribution à l'ètude du domaine privé de l'administration", Etudes et Documents, Conseil d'Etat, 1958, p. 57.

여만 정부가 公共의 필요성(utilidad publica) 또는 사회적 이익(interes social)을 위하여 무상으로 공여될 수 있기 때문에 시효취득이 봉쇄되고 있다.

헌법재판소는 1991년 5월 13일 89헌가97 결정에서 국유재산법 제5조 제2항의 「국유재산은 민법 제245조의 규정에 불구하고 시효취득의 대상이 되지 아니한다」는 규정에 대하여 위헌결정을 한 바 있다. 헌법재판소는 위의 결정에서 「물건 중 공용 또는 공공용에 제공되는 등 공적 목적에 이용되는 물건에 있어서는 그 나라의 헌법에서 위임된 그 공적 목적의 수행에 필요한 한도 내에서 사법적용이 배제되고 공법의 규율을 받을 뿐이다」고 하여 잡종재산은 민사법의 배타적 적용분야로 보고 있는 것 같으나, 국유재산에 대한 공법관계의 적용이냐 사법관계의 적용이냐 하는 문제는 편의상 공물에 대하여는 원칙적으로 공법을, 사물에 대하여는 원칙적으로 사법을 적용하는 것일 뿐, 공물이건 사물이건 국유재산은 모두가 행정청의 공익활동에 이바지하는 것으로 행정사물의 관리에 있어서도 공익성이 고려되어야 하기 때문에 공물에 대한 공법적용이 공법적 규율이 필요한 한도 내에서의 예외적 적용이 아니라 오히려 잡종재산에 대한 사법적용이 편의상의 적용에 지나지 않는, 행정사법관계로 보아야 할 것이다. 즉, 국유재산에 있어서의 일반 법규범은 공법원리가 적용되는 것이 타당하다. 따라서 잡종재산에 대하여 편의상 원칙적으로 민사법이 적용된다 하여도 이에 대한 보충적 규율로서의 공법법규에 의한 제한이 있는 것은 당연하며, 국민의 일반적 공익의 실현을 그 존재목적으로 하고 있는 국가가 그 수단이 되는 재산의 보유에 있어 개인에 대한 특권을 누림은 당연한 것일 뿐 아니라, 나아가 국가는 국유재산의 보호에 노력해야 할 의무도 지고 있다. 행정은 공익을 위하여만 결정하고 행위하므로 행정에 대하여 민사법은 사익에 대하여 공익을 희생시키는 순간, 즉 공익에 대하여 사익을 우선시키는 순간부터 적용될 수 없다.[16)]

## 4. 행정사건에 대한 민사법원의 심사

공물의 성립여부에 대한 판단은 행정사건에 속한다. 이 사건은 소유권이전등기에 관한 민사소송이므로 공물의 성립여부에 대한 판단이 민사소송의 선결문제로 되었다. 이 사건에서 원심인 서울지방법원 본원 합의부는 공물의 성립

16) Jean Lamarque, "Recherche sur l'application du Droit priv aux services publics administratifs", thèse pour le doctorat en Droit, 1960, L.G.D.J. p. 495.

여부에 대한 판단을 서울지방행정법원에 선이송하지 않고, 스스로 선결하였는데, 이와 같이 부수적 문제[17][18]로서의 행정사건을 민사법원이 선결하는 것이 타당한 것인가에 관한 입법론적인 검토가 필요하다.

---

**17)** 선결문제란 어떤 소송사건에 있어서 본안판결을 하기에 앞서서 먼저 결정될 필요가 있는 것으로서 본안판결 사항과는 법적 성질을 달리하는 문제를 의미한다. 행정법에 있어서 선결문제가 문제되는 것은 형사소송이나 민사소송에 있어서 먼저 결정될 필요가 있는 위의 문제가 행정법원의 관할 또는 행정사건에 해당하는 문제일 때 형사법원이나 민사법원이 이 문제에 관하여 먼저 판결을 할 것(préalable)인지 아니면 행정법원에 이 문제를 먼저 이송할 것(préjudicielle)인지의 문제가 발생한다. 따라서 엄격히 말하면 이때 발생하는 문제는 스스로 "먼저 판결" 즉 선결할 것인지 아니면 선이송할 것인지의 문제가 먼저 해결되어야 한다. 그러므로 이 문제는 선결(préalable)과 선이송(préjudicielle)의 양자를 포함하는 문제로 본안에 대한 부수적 문제(questions accessoires)이다. 따라서 부수적 문제는 선결문제와 선이송 문제로 구분하여야 하며, 이를 모두 포함하여 선결문제로 불러온 국내의 그동안의 태도에는 문제가 있다. 또 공정력을 이유로 선결문제에 대한 판단권을 부정하였다고 설명하는 경우도 있는데(예를 들어 사위로 운전면허증을 발급받은 경우에 행정행위의 공정력을 이유로 하여 무면허운전으로 보지 아니한 경우; 대법원 1982. 6. 8, 80도2646), 이런 경우는 재판의 방기이지, 선이송하지도 않았고, 선결한 것도 아니다. 뿐만 아니라 행정행위는 판결이 아니기 때문에 행정행위의 효력이 법원을 구속할 수 없고 단순히 법원의 관할이 문제될 뿐이다.

**18)** 이광윤, "권력분립과 민·형사법원에 의한 행정행위에 대한 심사", "행정행위의 공정력과 선결문제", 행정법이론 — 비교적 고찰 —, 성균관대학교 출판부, 2000 참조.

# 제 2 장 행정사물 이론에 비추어 본 국유재산법제의 문제점[1)]



## Ⅰ 서　　론

공물의 개념은 오래 전부터 우리나라에 소개되어 왔으나 실정법상의 내용과는 다소 유리되어 내용상 행정제도(le régime administratif)국가의 행정법체계를 채택하고 있는 우리나라에서 공법과 사법을 구별하는 분명한 지렛대 역할을 못하고 있어 특히 공물의 관리·사용에 관한 행정소송과 민사소송의 관할을 정하는 데는 상당한 모순점이 따르고 있다. 공물개념은 원래 추상적인 이론을 위하여 성립된 것이 아니라 국가의 재산이 어떠한 법제의 적용을 받아야 할 것인가 하는 현실적인 문제를 해결하기 위하여 입법과 판례를 통하여 형성되어온 것으로 공물의 융통성에 대한 제한의 기원인 불가양도성(l'inaliénabilite)과 불가처분성(l'imprescriptibilité)의 원칙도 방만한 궁정지출을 막기 위하여 1566년 Mou-

1) 이광윤, "행정사물(le domaine privé de l'administration)이론에 비추어 본 국유재산법제의 문제점", 아시아·태평양 공법학회지 Ⅱ, 1993.

lins칙령에서 확립된 것으로 Moulins칙령에서는 국가의 재산을 대재산과 소재산으로 나누어 대재산만을 불융통성의 대상으로 삼고 있었다.

현재 우리나라에서는 국유재산법상의 잡종재산에 대하여 개인의 사물과 동일시하려는 경향이 있는데 잡종재산을 어떻게 취급할 것인가 하는 문제는 역시 공물의 개념과 성질을 명확히 하지 않고서는 정할 수 없는 문제로 잡종재산의 법이론적 근거가 되는 행정사물(le domaine privé)의 개념과 특질에 관하여 먼저 살펴볼 필요가 있다. 더구나 현재 우리나라에서는 잡종재산의 범위 자체가 분명하지 아니하며 공물과 행정사물의 구별기준에 상응시키기에는 많은 간격이 있다. 이에 행정사물의 이론을 살펴보고 그 해결점을 모색해 보기로 한다.

## Ⅱ 공물과 사물의 구별

### 1. 역사적 기원

오늘날 행정제도(le regimé administratif)를 채택하고 있는 국가의 불동산은 일반적으로 공법의 지배를 받고 있는 공물(le domaine public)과 사법의 지배를 받고 있는 사물(le domaine privé)로 나누어진다. 국가의 부동산을 이와같이 공물과 사물로 구분하는 것은 로마인의 전통으로 프랑스 혁명 전의 구제도(Ancien régime)하에서는 이러한 구별이 무시되고 국가의 모든 재산은 국왕의 소유로 1566년 Moulins칙령에 의하여 확립된 불가양도성(l'inaliénabilité)과 불가처분성(l'imprescriptibilité)의 원칙이 국왕이 사적으로 획득한 재산에까지 동일하게 적용되었다.

그러나 Loyseau, Domat, Lefèvre de la Planche 등의 학자들은 로마인의 전통에 따라 도로, 연안과 같이 공공의 사용에 제공된 "res publiae"(公物)와 그 밖의 재산인 "res fisci"(財政物)로 나누기를 주장하며 "res publiae"(公物)은 군주의 소유권을 벗어나는 왕관(la couronne)의 재산으로 할 것을 주장하였다. 프랑스혁명 직후의 1790년 11월 22일과 12월 1일의 명령에 의해 새로운 소유자는 국가(nation)로 되었으나 공물과 사물을 구별하지 않고 있다가 1806년 Pardessus가 [공용부담개론](Traité des servitudes)에서 명확한 구별을 하였고,

1833년에는 디종 법과대학의 교수였던 Victor Proudhon이 [공물개론](Traite du domaine public)에서 공물은 모든 사람의 사용에 제공되어 누구의 소유로도 할 수 없는 것이며 사물은 수익을 얻을 수 있는 재산이라고 하였다. Proudhon의 기본입장은 공물의 범위를 되도록 제한하여 공물의 불가양도성의 법칙이 제한되는 범위를 축소하려 하였다. 그 후 Ducrocq는 공물은 성격상 사유가 될 수 없고 공중의 이용에 제공된 재산이라고 하며 '제공'(affectation)에 의미를 부여하였다.

이리하여 성립된 공물과 사물의 구별이론은 1851년 6월 16일의 알제리의 재산에 관한 법률에서 채택되었다.

## 2. 구별의 준거

### (1) 성격상의 준거

Ducrocq의 말과 같이 공물은 개인의 소유가 될 수 없는 모두의 사용에 할당될 부분으로 Berthélemy도 이를 지지하였다. 이들은 모두의 사용에 제공된 물건은 성격상 개인의 재산과는 다르기 때문에 불가양도성이 고수되어야 한다고 한다. 따라서 도로나 하천과 같은 것은 매각될 수 없게 된다. 그러나 성격상의 준거에 대한 지지자들은 성격상의 공물에 덧붙여 법률에 의해 정해지는 공물을 추가시킴으로써 공물의 범위를 확대시키고 있다. 공물에 관한 성격상의 준거는 너무 제한적인 동시에 소유권의 문제보다는 적용법 원리가 중요하기 때문에(예: 오늘날 프랑스에서도 공공도로에 유사한 사설도로가 있음) 오늘날은 채택되지 않고 있다.

### (2) 공공의 사용에의 제공(Affectation à l'usage public)

공공서비스(un service public)의 매개 없이 개인들이 직접 재산을 이용할 때 이것은 공공의 사용에의 제공이 된다. 이러한 재산이 집단적 이용(예: 공공도로)인가, 아니면 개인적 이용인가(예: 묘지에의 안치)인가 하는 것은 문제가 되지 않는다. 그러나 공중의 이용에 제공된 것 모두가 공물은 아니다. 지방철도[2]나 산책공원[3]이 특별한 관리를 받지 않는 한 공물에 속하지 않는 경우가 있다. 이

---

2) 1959년 1월 7일 명령.

3) 파리의 뱅센느공원이나 불로뉴공원은 公物이지만 파리교외의 퐁텐느블로공원은 私物이다.

기준에 의한 공물은 다음과 같다.

① 토지공물: 공공도로 및 그 부속물, 시장, 묘지, 공공도서관, 공동세탁장
② 하천공물: 기본적으로는 운항하거나 배를 띄울 수 있는 하천, 운하를 포함하여 그 밖에 수로, 저수지 등
③ 연안공물: 연안, 포구, 항구, 영해의 해저와 지하 갯벌, 조수에 이용되는 지역 등
④ 령공
⑤ 동산공물: 도서관의 책, 자료, 박물관의 물품 등

### (3) 공공서비스에의 제공(Affectation à un service public)

Hauriou, Duguit, Bonard 등은 공공서비스(service public)에 제공된 것이 공물이라고 한다. 그러나 이 견해는 공물의 범위를 지나치게 확장하는 폐단이 있다.

공무원의 잉크병을 보호하기 위해 공물법제라는 특별한 법제가 필요한 것인지 의문시되기도 한다. 따라서 Jèze[4]는 재산이 주된 역할을 하는 것만 공물로 보았는데 예를 들어 학교나 법원 등은 건물이 주역할을 하는 것이 아니라 교사나 판사가 주역할을 하므로 공물에서 제외된다고 하였다. Waline교수는 도로나 요새, 박물관의 전시품과 같이 대치할 수 없는 재산만을 공물로 보았는데, 학교 같은 것은 파괴되더라도 쉽게 다른 건물에서 업무를 진행시킬 수 있으므로 공물이 아니라고 하였다.[5]

따라서 "공공서비스에의 제공" 개념은 수정을 보아 "특별관리의 필요성"(l'exigence d'une adaptation spéciale)이 공물에 대한 제한조건이 되었다.[6] 이러한 공물은 인공공물과 자연공물로 나누어진다.

---

4) Jèze, Revue de Droit public, 1910-1911.
5) M. Waline, Traité élémentaire de Droit administratif, 5e éd., p. 477.
6) 1960년 4월 22일 Berthier 판결, Revue de Droit public, 1960, p. 1213, concl. Henry 참조.

# Ⅲ 행정사물의 법적 성격

### (1) 행정사물의 범위

행정사물의 범위는 공물이 아닌 나머지 국유재산으로, 이를 유형별로 분석해보면 다음과 같다.

① 행정재산 중 공물의 조건을 구성하지 않는 부동산, 따라서 공기업의 부동산을 포함한다.

② 공공용 재산이나 공용재산이 아닌 부동산

③ 유체동산(무기, 전함 등) 및 무체동산(수렵권, 어업권, 특허권, 주식, 부채 등)

그러나 화폐는 공물도 사물도 아닌 특별범주에 속한다.

### (2) 적용법규

행정사물은 행정청의 소득 또는 업무를 위한 재산적, 재정적 기능을 담당하는 재산이기 때문에 공익목적의 공물과는 달리 공공서비스(un service public)를 구성하지 않고 행정청의 사적 활동을 구성한다. 따라서 행정사물에 대하여는 원칙적으로 공법이 적용되는 것이 아니라 사법이 적용된다. 행정사물을 관리하는 행정청은 일반소유자의 지위에 서게 된다. 행정청은 행정사물을 직접이용하거나 또는 그 이용을 제3자에게 허용함으로써 그 이익을 취할 수 있다.

한편 사소유자에게 부담되는 공용부담을 부담하며 행정사물의 종속물은 수용의 대상이 될 수 있다. 행정사물의 관리에 관한 소송은 원칙적으로 민사법원의 관할이다.

### (3) 특별법규의 적용

행정사물도 국가의 재산으로서 사소유법제의 전면적 지배를 받는 것은 아니다. 따라서 보통법의 궤도를 일탈하는 특권을 누리거나 예외적인 구속이 행해지는 경우가 있다.

1) 행정의 특권 : 행정사물에 관하여도 행정청은 채권과 부채에 있어 특권을 향유한다.

프랑스에서의 부채의 시효는 4년이며 채권확보에 있어 강제집행수단을 동원할 수 있다. 또한 행정사물에 대하여는 조세상의 예외가 상당수 존재하며 행정사물에 대하여 공공토목공사를 실시할 수 있다. 또한 행정사물에 대하여 행정청은 행정입법권을 행사할 수 있다.

2) **예외적 구속** : 행정청은 행정사물에 대하여 행정에 의한 소유권의 제한을 가할 수 없으며 생산방치를 하여서도 안 된다. 직접 이용하거나 아니면 임대 또는 매각하여야 한다. 행정사물의 재정적 이익은 공공회계에 속한다.

### (4) 행정사물 부속물의 양도

공물이 불가양도성(l'inaliénabilité)과 불가처분성(l'impresciptibilité)의 지배를 받는다면 행정사물의 부속물은 보통법에 따라 양도 가능하고, 처분 가능하다. 그러나 이 원칙에는 일정한 예외가 적용된다.

1) **행정사물에 대한 불가양도성과 불가처분성** : 전기, 가스 또는 광산연료를 취급하는 국영회사의 자본금은 양도될 수 없으며[7] 산림은 원칙적으로 법률에 의하지 아니하고는 양도될 수 없다. 또한 공공서비스에 제공된 행정사물의 불동산은 양도될 수 없다고 주장하는 학자들도 있다. 또 역사적 기념비도 처분될 수 없다.[8]

2) **일정형태의 양도의 금지(특히 시효취득금지)** : 행정사물의 동산은 교환될 수 없는 외에 행정사물은 공물과 마찬가지로 무상으로 양도될 수 없으며 압류도 금지된다. 따라서 시효취득될 수 없다. 무상양도의 금지는 공법인의 증여금지원칙에 따른 것으로 모든 시민은 공공재산의 사용에 있어 평등해야 하기 때문이다. 행정사물이 시효취득의 대상이 될 수 없는 무상공여금지의 원칙은 공법상의 법의 일반원칙으로서 1971년 3월 19일의 꽁세이데따의 Mergui판결에 의해 확립되어 있으며 스페인 공물법 제74조도 국가의 재정적 부동산은 재무부장관의 제안에 의하여만 정부가 공공의 필요성(utilidad pública) 또는 사회적 이익(interés social)을 위하여 무상으로 공여될 수 있기 때문에 시효취득이 봉쇄되고 있다.

---

7) 1946년 4월 8일 법률 제16조.
8) 1913년 12월 31일 법률 제12조.

## IV 공물과 사물의 구별에 관한 비판

### (1) 구별완화이론

J. M. Auby교수[9]는 공물과 행정사물의 구별은 공익(l'intérêt général)의 만족에 기초하고 있는데 공익을 만족시키는 재산은 공물로, 공공단체가 소유자로서 재정적 또는 재산적 이익을 충족시키는 재산은 행정사물로 구별하고 있으나 행정사물 중에도 공익을 만족시키는 재산이 있고 또 행정사물이 한낱 재산적 또는 금전적 양상을 표출한다고 하여도 그것은 결국 공동체의 공익을 만족시키는 것이기 때문에 구별의 기초가 잘못되었다고 평가한다.

결국 행정사물도 공법인의 재정을 살찌워 공익에 이바지하게 되는 것이다.

따라서 그는 행정사물의 기능, 법적 체제 및 소송 형태를 고려할 때 행정사물의 관리는 상공업적 공공서비스 즉 '사적 관리의 공공서비스'(un service public à gestion privée)에 유사한 것이라고 한다.[10] 따라서 공물과 행정사물의 구별은 상대적인 것일 뿐이라고 한다.[11]

### (2) 구별부정론

Léon Duguit는 두 종류의 국가재산이 있는 것이 아니라 오직 하나가 있을 뿐이라고 한다.[12] 그에 의하면 모든 국가의 재산은 공공서비스에 제공된 것이며 국가 및 기타 공공단체 전체가 공공서비스라고 한다. 따라서 모든 국가의 재산은 공익을 만족시킬 한 가지 목적을 가지고 있고, 다만 정도의 차이가 있을 뿐이라고 하여 [재산의 단계설](échelle de la domanialité)을 주장하였다. 이 이론은 일정한 행정사물에 대한 공법법규의 적용(예: 불가양도성)을 정당화시켜 준다.

이 이론은 또한 행정사물에 대한 사법적용에 있어서의 특수성도 설명해주고

9) J. M. Auby, Contribution à l'étude du domaine privé de l'administration, Etudes et documents du Conseil d'Etat, 1958, p. 35.
10) Ibid., p. 56.
11) Ibid., p. 57.
12) Léon Duguit, Traité de droit constitutionnel, 3e éd., T.III, p. 353.

있다.

## Ⅴ 국유재산법제의 문제점

국유재산법 제4조는 국유재산을 그 용도에 따라 행정재산, 보존재산과 잡종재산으로 구분하고 행정재산을 다시 공용재산, 공공용재산 및 기업용재산으로 구분하고 있다. 이러한 국유재산법의 구분에 관하여 국내 학자들은 행정재산과 보존재산을 공물로 보고 잡종재산을 행정사물로 보는 견해가 일반적이다.[13]

그러나 국유재산법상의 행정재산 중 기업용재산의 전부와 공용재산의 상당부분은 직접 공적 목적에 제공되어 공법적 규률을 받는 재산이 아니기 때문에 공물이 아닌 행정사물에 불과하다. 따라서 현행 법제하에서 원칙적으로 사법의 지배를 받게 되는 잡종재산의 범위는 부당하게 축소될 수밖에 없어 성질상 공물이 아님에도 불구하고 어떤 것은 국유재산법 제24조 내지 제28조의 적용을 받게 되는 데 비하여 어떤 것은 국유재산법 제31조 내지 제50조의 적용을 받게 되는 모순점을 지니고 있다. 이러한 모순점을 완화시키기 위하여 우선 기업용재산에 관한 조항을 삭제하여 잡종재산에 포함시키는 것이 보다 합리적일 수 있을 것이며 공용재산의 경우에도 예외조항을 설정하는 것이 바람직하다고 보겠다.

## Ⅵ 국유재산법 제5조 제2항에 대한 헌법재판소의 위헌결정에 대한 검토

한편 헌법재판소는 1991년 5월 13일 89헌가97 결정에서 국유재산법 제5조 제2항의 「국유재산은 민법 제245조의 규정에 불구하고 시효취득의 대상이 되지 아니한다」는 규정에 대하여 위헌결정을 한 바 있다. 헌법재판소는 위의 결정에

13) 김남진, 행정법 Ⅱ, 법문사, 1991, 566-567면; 홍정선, 행정법원론(하), 박영사, 1993, 419-420면; 석종현, 일반행정법(하), 삼영사, 1993, 411-412면; 김도창, 일반행정법(하), 청운사, 1993, 403면; 박윤흔, 최신행정법강의(하), 국민서관, 1990, 439면.

서 「물건 중 공용 또는 공공용에 제공되는 등 공적 목적에 이용되는 물건에 있어서는 그 나라의 헌법에서 위임된 그 공적 목적 수행에 필요한 한도 내에서 사법적용이 배제되고 공법의 규율을 받을 뿐이다」고 하고 있으나 공용 또는 공공용에 제공되는 물건이라도 공물로서의 규율을 받지 아니하는 것은 행정사물일 뿐으로, 행정재산이라고 하여 일괄적으로 공법 또는 사법의 적용을 받는 것은 아니라는 점에 주의를 하여야 할 것이며 잡종재산은 민사법의 배타적 적용분야로 보고 있는 것 같으나, 국유재산에 대한 공법관계의 적용이냐 사법관계의 적용이냐 하는 문제는 편의상 공물에 대하여는 원칙적으로 공법을, 사물에 대하여는 원칙적으로 사법을 적용하는 것일 뿐, 공물이건 사물이건 국유재산은 모두가 행정청의 공익활동에 이바지하는 것으로 행정사물의 관리에 있어서도 공익성이 고려되어야 하기 때문에 국유재산에 대한 공법적 규율이 필요한 한도 내에서의 예외적 적용이 아니라 오히려 사법적용이 편의상의 적용에 지나지 않는다고 볼 것이다.

즉 국유재산에 있어서의 일반법규범은 공법원리가 적용되는 것이 타당하다. 따라서 잡종재산에 대하여 편의상 원칙적으로 민사법이 적용된다 하여도 이에 대한 보충적 규율로서의 공법법규에 의한 제한이 있는 것은 당연하며, 국민의 일반적 공익의 실현을 그 존재목적으로 하고 있는 국가가 그 수단이 되는 재산의 보유에 있어 개인에 대한 특권을 누림은 당연한 것일 뿐 아니라, 나아가 국가는 국유재산의 보호에 노력해야 할 의무도 지고 있는 것이다. 또한 국가의 특권을 '평등'원칙에 위배된다고 해석하는 것은 공법과 사법의 구별을 전제로 하는 행정제도 자체에 대한 근본적인 부정으로 우리나라의 현행 법질서를 전면적인 혼란상태로 몰고 갈 수 있다고 하겠다. 내용상 '행정제도'(le régime administratif)를 채택하고 있는 우리나라에 있어서의 법 앞의 평등은 국민상호간의 평등을 의미하는 것이지 국가와 국민간의 평등을 의미하는 것이 아니다.

따라서 사법적 규율이 있으면 국가와 국민간의 평등관계가 정립되고 '시효취득'의 제한과 같은 공법적 규율이 있으면 그 결과로서 국가와 국민간에 불평등한 관계가 성립되는 것이지 원칙적인 사법법규의 적용분야에 대한 공법적 규율의 보충적 적용 자체가 '법 앞의 평등'원칙에 위반하는 것이 아니다. 결론적으로 잡종재산에 대한 공법적 보호의 필요성은 오늘날 점점 더 중요시되는 산림자원의 보호라든가 대규모 공공공사를 위한 용지부족 및 보상액의 엄청난 증가 등의 공익상의 필요로 인하여 오히려 더욱더 절실하다고 하겠다.

# 제 9 편

# 경제행정법

# 제 1 장 경제행정법의 발전과 법치행정1)



## Ⅰ 서 론

19세기에 이르러 탄생한 행정법학은 19세기의 자유주의적 개인주의의 시대적 배경을 지니고 있기 때문에 경제에 있어서도 경제적 자유주의와 정치와 경제의 분리원칙이 기본이 되었다. 그러나 세계 제1차대전의 동원전쟁의 성격과 대전 후의 경제공황을 계기로 한 국가의 경제간섭은 경제적 자유주의를 배경으로 하였던 행정법학에 커다란 충격을 주게 되어 행정법의 모국이었던 프랑스에서는 자유주의적 공공서비스이론을 파기하는 계기를 가져왔고(T.C. 22 jan. Société commerciale de l'ouest africain) 영미국가에서도 국가의 경제간섭을 계기로 삼아 행정법의 탄생이 논의되었으며(Allen, Robson, Friedman, Jennings 등의 논의) 세계 각국에 걸쳐 경제법의 개념이 모색되는 계기를 가져왔다. 세계 각국에서 모색된 경제법의 개념은 우선 경제법이란 고전법학과는 다른 새로운

1) 이광윤, "경제행정법의 발전과 법치행정", 「한국공법의 이론」, 김도창박사 고희기념논문집, 1993.

것이라는 인식으로부터 시작되었는바, 이는 주로 경제에 대하여 자유주의적 불간섭주의를 배경으로 하던 그 당시까지의 행정법과 국가의 경제간섭 현상이 이질적인 것으로 받아들여졌던 데에 기인하는 것 같다. 그러나 경제적 자유주의란 유럽대륙에서는 사실상 이념적으로만 존재하였을 뿐 Colbert에 의한 중상주의정책(mercantilisme)이래 계속적으로 경제에 대한 간섭주의가 채택되어 왔으며 경제적 자유주의에 입각한 프랑스대혁명도 나폴레옹의 영국에 대한 무역금지와 같은 강력한 경제간섭으로 막을 내리게 되었고 그 후 독일에 있어서의 보호무역주의, 프랑스의 식민지진출을 위한 국가적 노력을 비롯한 국가의 경제에 있어서의 역할과 개입은 계속되어 왔으나 다만 세계 제1차대전 이전까지는 국내시장에 대한 간섭을 비교적 자제하고 있었던 데에 불과함을 알 수 있다.

따라서 국가의 경제에 있어서의 역할은 새로운 현상이 아니며 동양적 전통에 있어서도 백성을 배불리 먹이고 물품의 생산과 유통을 증진시키는 것은 국가의 제1의 사명이었다. 특히 오늘날은 국가간의 무력경쟁의 시대로부터 경제전쟁의 시대로 돌입하였기 때문에 국가행정에 있어서도 경제행정이 가장 넓은 비중을 차지하며 경제부서의 역할이 증대되는 것은 범세계적 현상이기 때문에 행정의 법에 의한 구속을 기본원칙으로 하는 법치국가에 있어서 경제행정을 구속시키는 경제행정법(경제에 관한 행정법)의 역할이 중요해진 것은 말할 나위도 없다고 하겠다. 그러나 앞서 말한 바와 같은 역사적 이유로 인하여 경제행정법이라는 용어는 오늘날 그 빈번한 사용에도 불구하고 개념정립이나 특성에 관해 아직도 불확실한 상태에서 떠돌고 있다.

본장에서는 행정법의 발전이라는 시각에서 경제행정법의 개념, 특성 그리고 법치행정의 통제원리인 사법심사의 문제에 관하여 살펴보고 앞으로의 발전에 관하여 전망해 보고자 한다.

## II 경제공법의 개념

### 1. 경제공법과 경제에 관한 법

경제법이라고 하는 용어는 두 가지 의미로 사용된다. 첫째, 경제에 관한 법

(Droit de l'économie)이라는 의미로 사용되는바, 흔히 독일어의 Wirtschaftrecht 또는 이탈리아어의 diritto dell'economia라고 할 때는 경제에 관한 공법과 사법의 모든 부분을 가리키는 경제에 관한 법을 말한다. 경제에 관한 법은 전통적으로 민법·상법 또는 노동법에 의해 규율되어 왔으나 경제에 관한 국가의 역할이 증대됨에 따라 공법이 국가의 주도권을 허용하는 법적 도구의 기능을 하게 되어 경제에 관하여는 사법뿐만 아니라 공법도 적용하게 되었다. 즉 각국의 헌법은 헌법 자체에 경제조항을 마련하게 되었으며 국가의 거시경제적 비전을 제시하기 위하여 경제개발계획 및 예산안을 마련하게 되었다. 국가가 이러한 경제정책을 수행하기 위해서는 목표의 제시뿐만 아니라 다른 경제인들로 하여금 그러한 목표를 향하여 나아가도록 개입하며 경우에 따라서는 국가 자신이 경제인으로서 경제행위를 하게 되는바 국가는 경제에 있어 목표의 제시자로서, 다른 경제주체로 하여금 목표를 달성케 하는 간접개입자로서 또한 국가자신이 직접 생산과 배분에 참여하는 직접개입자로서 기능하게 되었다.

이와 같이 경제에 관한 공법적 개입은 국가의 경제간섭 현상으로 인하여 생겨났던바 국가의 경제간섭이라는 시각에서 볼 때 국가는 공법적 질서뿐이 아닌 사법적 수단도 동원하게 되므로 경제에 관한 모든 법으로서의 경제법의 범위를 좁혀 기능설[2]의 입장에서 국가의 경제정책을 수행하기 위한 경제간섭의 법만을 경제법(Wirtschaftsrecht, droit de l'economie, diritto dell'economia)이라고 부르는 경향이 우세해졌다.

이러한 경제법은 국민경제 전체를 정당하게 질서지우기 위한 법규범과 법제도의 총체로서 여기에는 고전적 개념에 있어서의 공법도 있고 사법도 있게 된다.

## 2. 특수법으로서의 경제법

국민경제 전체를 정당하게 질서지우기 위한 법규범과 법제도의 총체라고 하는 기능적 내지는 목적의 관점에서 본 경제법은 필연적으로 로마법까지 거슬러 올라가는 공법과 사법의 전통적 구분에 의문을 제기하며 우선 경제법은 공법도 사법도 아닌 사회법이라는 주장이 나왔다. 즉 경제법을 공법도 사법도 아닌 사회법이라고 보는 견해는 정치법(droit politique)과 시민법(droit civil)의 상호보완

2) 經濟法의 고전적 개념들에 관하여는 黃迪仁·權五乘 共著, 經濟法, 法文社, 1989, 24-31면 참조.

체계로서 일반적 화합(conciliation universelle)에 의한 사회모순의 해결을 위한 경제법(droit économique)의 창설을 주장한 P.J. Proudhon의 이론에 기원을 두는 것으로[3] 공익을 대변하는 공법과 사익을 대변하는 사법의 종합으로서의 경제법을 의미하는 것이었다. 다음 단계로는 '경제'라는 과학적 특수성이라고 하는 새로운 시각에서 공법과 사법의 구별을 초월하는 법체계로서의 경제법을 건설하려고 하는 노력이 경주되었던바 이러한 노력은 우선 소련에서 1930년대에 Pachoukanis를 중심으로 하여 전개되어 공산주의의 반대자들에 대한 이론적 무기로 작용하였으나 곧바로 비판에 직면하여[4] 경제법은 민법이나 행정법과 같은 고전적 법체계에 분속되는 것이지 독립된 새로운 법체계가 아니라고 하는 것이 정설로 되고, 1961년에는 민법전 기본원칙에 대한 투표에 의하여 공식적으로 인정되었다.[5]

자본주의국가에서도 이러한 노력이 독일의 Eichler, Nipperdey, Rittner, 프랑스의 Champaud, Hamel, Jeantet 등에 의하여 경주되었는바 경제법의 특수성과 독창성을 강조하는 입장에서의 경제법은 좀 더 정확히 표현하여 공법과 사법의 병렬로서의 '경제에 관한 법'이 아닌 경제라고 하는 독특한 내용을 중심으로 한 새로운 법체계로서의 경제법(Oekonomischesrecht, droit économique, diritto economico)이 된다.

이러한 입장을 비교적 최근까지도 주장한 흥미 있는 두 견해를 살펴보면 M. Farjat는 독특한 경제법의 존재는 단일한 모델을 향하여 나아가는 현재의 사회변화의 결과라고 하면서 경제분야에 있어서 공법과 사법의 구분은 점점 어려워지고 상황의 진전은 독특하고 새로운 "생산수단의 집중 내지는 집단화와 공권력 또는 사권력에 의한 경제의 조직에 관한 법"인 경제법을 탄생시키게 된다고 하면서 경제법은 사적 경제질서(ordre privé économique)를 실현시키는 사인의 창의에 대한 공적 경제질서(ordre public économique)에 의하여 특히 나타나는 국가권력 또는 공권력과 사인의 협력에 근거하는 조화경제시스템(système de l'économie concertée)으로 비록 경제법의 기술적 독립성은 상대적일지라도 시장경제의 법적 구조와는 질적으로 다른 것이라고 주장한다.[6]

---

3) 대표적으로 B. Eliachevitch, Le Droit contractuel dans le système du Droit soviétique, Revue trimestrielle de Droit civil, 1938, pp. 419-421; Alexis Jacquemin, Cuy Schrans, Le droit économique, P.U.F., 1970, p. 83.

4) Ibid.

5) P.J. Proudhon, De la capacité politique des classes ouvrières(1865), Ibid.

D. Truchet는 기업이나 소비자는 단일한 경제주체로서 행동하며 공법의 적용이냐? 사법의 적용이냐? 하는 데에는 무관심하기 때문에 경제단위의 법(droit des unités économiques)인 경제법(droit économique), 즉 "경제단위로서의 자연인 또는 법인들간의 관계를 규율하는 법규의 총체"라는 경제법 개념을 발전시키는 것이 법의 현실상황에 적합한 것이라고 한다.[7)]

### 3. 경제법의 독자성에 대한 비판

그러나 경제법이 시장경제의 법적 구조와 질적으로 다른 것이라고 하는 견해는 시각의 차이로서 법적 접근방법이 아니며 '경제단위'(unité économique)라는 개념 또한 법적 개념이 아니기 때문에 독자법으로서의 경제법을 설명하기에는 부족하기 때문에 독자적인 경제법의 이론을 구성하는 것은 부정확하고 임시적인 '실존적' 묘사에 불과하다는 비판이 있으며[8)] 용어개념, 법원에 있어서의 특수성도 없고 경제적 성격의 대상에게 적용되는 개개 경우의 법규도 존재하지 않을 뿐만 아니라 경제 특유의 절차를 채택하는 법원도 존재하지 아니한다.[9)] 따라서 현재 상태에 있어서 경세법이란 독자법으로서의 경제법(Oekonomischesrecht, droit économique, diritto economico)이 아닌 경제에 관한 법(Wirtschaftsrecht, droit de l'economie, diritto dell'economia)을 말하며 비록 공법과 사법의 구분에 관한 약간의 수정은 가해졌으나 경제에 관하여는 여전히 전통적인 공법과 사법의 구분이 가능하며 Tran van Minh교수의 *Introduction au droit public économique* (1982), A. de Laubadère, Pierre Delvolvé교수의 *Droit public économique* (1986) 등의 교과서에서는 경제법의 독자성을 인정하고 있지 아니하며, R. Perot 교수의 *Introduction au droit public économique*(1984-1985), D. Linotte, A. Mestre의 *Services publics et Droit public économique*(1982) 등에서는 경제법의 독자성에 관하여 유보적인 태도를 취하는 한편 경제공법과 경제사법을 구분할 필요성에 대하여는 강하게 긍정하고 있다.[10)] 이와 같은 경향을 대변하여

---

6) G. Farjet, Droit économique, P.U.F., 1982, Introduction 참조.

7) D. Truchet, Réflexions sur le Droit économique public en Droit français, R.D.P., 1980, pp. 1009-1019.

8) A. de Laubadère, P. Delvolvé, Droit public économique 5e éd., Dalloz, 1986, pp. 9-10.

9) P. Weil, Aspect du Droit international économique, colloque d'orléans, Pedone, paris, 1972.

10) R. Pierrot, Introduction au Droit public économique, Les cours de Droit, 1984-1985,

A. de Laubadère, P. Delvolvé 교수는 프랑스어 용어상 Droit public économique(직역하면 경제공법)이라는 용어를 사용하는 경우 이것은 Droit public de l'économie(직역하면 경제에 관한 공법)의 의미로 사용한다[11]는 점을 분명히 하고 있다. R. Pierrot교수는 경제공법을 "공익의 이름으로 바라는 바 최적의 경제실현을 위한 경제정책을 운영하는 공권력이 보유하는 법적 도구의 총체를 연구하는 공법의 부분"[12]으로 정의하고 있다.

### 4. 경제공법과 경제행정법

경제법을 독자법으로 간주하든 아니면 경제에 관한 법으로 간주하든 국가의 경제정책을 수행하기 위한 경제간섭의 법으로 보는 한, 사법의 법률관계는 기본적으로는 사법상의 법인을 중심으로 하는 것이기 때문에 거시경제의 관점에서의 국가의 경제에 대한 간접적 개입과 직접적 개입에 있어서는 공법적 관계가 상대적인 우위를 점하게 된다. 이러한 경제공법을 경제국제법, 경제헌법, 경제행정법, 경제재정법으로 나누게 될 때 그 중에서도 경제행정법은 경제정책을 수행하는 것은 국가와 지방자치단체 또는 영조물법인이라고 하는 행정청이라고 하는 사실, 경제정책의 법적 수단은 행정행위, 행정계약(행정법계약)의 수단이 주로 동원되며 이에 관한 소송은 행정소송이 된다는 점 등에서 가장 중요한 부분을 점하게 된다.

이상과 같이 살펴볼 때 아직 경제법의 독자성을 인정하지 아니하는 입장에서 경제공법은 경제에 관한 공법의 의미로, 경제행정법은 경제에 관한 공법 중에서 행정법의 부분으로 이해하여 경제행정법이란 "최적의 경제실현을 위하여 경제정책을 운영하는 데 있어서의 행정법 관계의 총체"로 정의할 수 있겠다. 이와 같이 정의할 때 경제행정법은 행정법관계로서(국제법관계, 헌법관계, 재정법관계는 제외) 경제정책적 목적으로(경찰상의 목적, 환경규제적 목적 등은 제외) 간접적 개입을 하게 되는 경제계획법, 경제조성법, 경제규제법의 분야와 직접적 개입을 하게 되는 공기업법을 포함한다.

---

p. 16/ D. Linotto, A. Mestre, Services publics et Droit économique.

**11)** A. de Laubadere/P. Delvolve, op. cit., pp. 12-13.

**12)** R. Pierrot, op. cit., p. 19.

# Ⅲ 경제행정법의 특수성

## 1. 활동형식에 있어서의 특수성

경제행정법은 젊은 학문분야인 동시에 가장 유동성이 강한 경제정책에 관한 법이므로 민감한 경제정책을 성공적으로 이끌기 위해서는 대단한 유연성이 요구된다. 이러한 유연성의 필요에 따라 종전의 전통적 행정법에서 주로 사용하던 고권적 일방적 행정행위라고 하는 개입수단만으로는 이러한 유연성의 필요에 충분히 답하지 못하게 되어 쌍방적 행정행위로 볼 수 있는 행정계약(행정법계약)이 대거 사용되는 한편 전통적으로 계약과 일방적 행정행위의 구별은 엄격하였으나 경제행정에 있어서는 행정의 절차나 구성에 있어서 명령적 조치가 개입하는 경우가 많아지게 되고 물가통제의 해제에 있어서와 같이 일방적인 결정에 있어서도 상대편과 협상을 하게 되는 경우가 빈번히 발생하여 일방적 행정행위와 행정계약을 구별하기가 모호하게 되었다.

또한 상법상의 회사설립절차에 의하여 설립된 공사혼합기업이 행정계약을 체결하는 경우와 같이 공법상의 계약과 사법상의 계약을 구별하기가 용이하지 아니한 경우도 발생하게 되었다. 경제행정에 있어서 자주 사용되는 형식은 일방적 행정행위나 행정계약뿐이 아니라 정보제공, 조정, 알선, 약속 등의 행정지도가 사용되기도 하는바, 이러한 행정지도는 이미 일본과 같은 특수한 법문화 또는 극동의 법문화 차원을 넘어 범세계적으로 사용되고 있다.

준칙(Directive)[13]이 자주 사용되는 것도 경제행정의 특징 중의 하나이다. 명령보다는 약하나 권고보다는 강한, 직접 국민을 상대로 발하여지는 것이 아니라 중간 단계인 행정청을 향해 발하여지는, 이탈리아에서 유래한 준칙이라는 법형식은 본질적으로는 재량권의 행사를 규율하는 작용을 하고 있다. 또 명령(reglement) 대신에 훈령(circulaire)이 많이 사용되는 것도 또 다른 특징이다.

이와 같이 명령을 갈음한 준칙이나 훈령의 대폭적 사용은 과거 단순한 내부조치에 불과하여 법규성을 인정할 수 없다고 하던 행정규칙에 대한 법규성을

13) 독일에서는 재량준칙(Ermessensrichtlinie)이라고 함.

재고하게 되기에 이르렀고, 프랑스의 경우 준칙이나 훈령의 경우 법규성이 있는(réglementaire) 유형과 법규성이 없는 해석적(intérprétative) 유형으로 카테고리별로 분류하고 있다.[14]

## 2. 경제에 관한 행정행위의 특수성

행정행위는 전통적으로 공법인의 행위였으나, 경제에 관한 공공서비스(service public)를 수여받은 사법인 또는 성격이 애매한 기관에 의하여 발하여지는 경우가 있게 됨에 따라 행정행위의 기관적 준거(critère organique)[15]의 범위를 확장하게 되었는바, 1942년 7월 31일 Monpeurt사건에서 꽁세이데따는 "직업조합의 조직위원회는 입법자들이 영조물법인으로 창설하지는 아니하였으나 공공서비스를 수행하는 데 참여하며 명령에 의하건 개별적 조치에 의하건 권한의 범위 내에서 취하는 결정은 행정행위를 구성한다"고 판결한 바 있으며 이에 따라 1943년 4월 2일 꽁세이데따의 Bouguen판결에 의하여 의사회, 1961년 1월 13일 꽁세이데따의 Magner판결에 의한 문화의 파괴에 대한 방어협회, 1970년 11월 27일의 꽁세이데따의 Marseille-Fret판결에 의한 선주협회 상임위원회들이 행정청으로 인정받았다. 또한 경제간섭행정은 즉각적 효과를 가지는 행정행위의 구속력과 확정력을 완화시킨다. 즉 민주사회에 있어서의 유연행정의 필요성으로 인하여 기업이나 조합들과 같은 경제파트너에게 구속력을 완화시켜 행정작용에 적응하도록 임시적 또는 예측적 행위를 하게 되는 바 경제개발계획과 같은 것은 지표적이고 예측적인 행위이다.

준계약(quasi-contrats)[16] 역시 행정행위의 확정적이고 의무적인 규범적 효과를 완화시키는 대표적인 예이다. 준계약은 정부가 경제개발계획의 준칙(directive)의 수행을 조성하기 위해 이에 합당하다고 판단되는 협의 대상인 민간업자들의 투자계획에 의하여 예상되는 국가의 재정적 · 물질적 조세면에서의 협력백서의 제시를 가리키는 것으로 정확히 표현하면 계약이란 용어는 부정확한 것으로 이것은 쌍방적 법률행위가 아닌 일방적 법률행위이다. 경제행정의

---

14) 내부행위들의 법규성에 관하여는 A. de Laubadère, Traité de Droit administratif T.I, 10e éd., 1988, pp. 561-569, Section Ⅱ, Les mesures d'ordre intérieur편 참조.

15) 행정행위의 준거에 관하여는 이광윤, "명령과 행정행위에 관한 비교법적 고찰", 남하서원우교수 회갑기념논문집, 법문사, 1991 참조.

16) 준계약(quasi-contrat)에 대한 국가책임에 관하여 René Chapus, Droit administratif général, T.I, 5e éd., Montchréstien, 1990, pp. 828-830 참조.

유연성은 또한 법규의 상대적 부정확을 유발하여 결과적으로 행정청의 법규에 대한 자유의 폭, 즉 재량의 범위를 부정확하게 한다.

이러한 재량의 범위에 대한 부정확은 행정청의 판단의 여지를 넓히게 되어 재량행위의 증대를 유발시킨다. 뿐만 아니라 경제적 합리성을 이유로 한 공익(intérêt public)이라고 하는 불확정 개념이 대폭적으로 사용됨에 따라 경제적 합목적성에 대한 판단의 어려움으로 인하여 합목적성에 대한 사법적 심사가 가능한 재량권의 일탈 · 남용의 경우 이를 판단하기가 어려워진다.

예를 들어 시장은 경찰권을 질서의 유지라고 하는 경찰상의 목적으로만 사용하여야 되는데도 불구하고 해당 시의 재정상의 목적으로 경찰권을 행사한 경우와 같이 재량권을 남용한 경우에도 행정행위가 부분적으로 정당화된 예가 있다. 즉 1973년 1월 26일 Société Leroi et Lardereau사건에서 꽁세이데따는 Rungis국영시장에서 Villette 시의 도살장의 재정적자를 줄이기 위한 시장규제에 대한 소송에서 Villette 시의 재정적자를 줄이기 위한 것을 공익을 위한 것이라고 하여 재량권의 남용의 법리를 배제한 바 있으며, 1971년 7월 20일의 Ville de Sochaux사건에서도 꽁세이데따는 국가의 재정적 이익을 공익이라고 긍정하였는바 이 사건에서 Peugeot자동차공장을 우회하는 도로를 내는 대신 공장을 관통하는 도로를 건설하기 위하여 토지수용을 행한 것에 대하여 이는 공익이 아니라 재정적 이익이라는 비판에도 불구하고 공익성을 긍정한 바 있다.

## Ⅳ 경제행정과 법치주의

경제행정에 있어서 판사는 일반적으로 최소한의 통제만 함으로 행정청은 광범위한 재량권을 행사하게 되고 이에 따라 법치주의가 위협받게 된다. 이러한 경제행정의 법치주의를 확립하기 위한 방안으로 ① 비교형량의 원칙의 도입, ② 비정형적 행정활동 형식에 대한 통제강화, ③ 법률과 조약에 의한 경제적 피해에 대한 국가책임의 확립 등의 방법이 모색되었다.

### 1. 비교형량의 원칙(le principe du bilan coût-avantage)

1971년 5월 28일 꽁세이데따의 “Ville Nouvelle-Est”사건[17]에서 확립된 것으로 Lille 신도시에 대학캠퍼스를 건설하는 데 있어 캠퍼스가 교외에 위치하게 되면 사회생활과 유리되어 게토(ghettos)를 형성하게 되어 학생들에게 나쁘다고 판단되어 시내에 캠퍼스를 건설하기 위하여는 250채의 가옥을 수용하여야만 하였다. 주민의 반대에 부딪친 행정청은 수용가옥의 수를 줄였으나 백여 채의 수용은 불가피하였다. 이에 주민들은 집단소송을 제기하여 주택, 정비성장관(Ministre de l'Equipement et du Logement)의 ”공공적 필요성”(l'utilité publique)을 선언한 성령(arrêté ministériel)의 취소를 Lille행정법원에 구한 바 승소하였다. 항소심에서 꽁세이데따는 원심을 파기하면서 비교형량(bilan coût-avantage)의 원칙을 도입하였다. 즉 “토지수용은 재정적 부담과 사회질서상의 불편, 사유재산의 침해가 행정작용의 결과 얻을 수 있는 이익에 비해 지나치지 않을 경우에만 ‘공공적 필요성’(l'utilité publique)이 합법적으로 선언될 수 있다”고 하면서 이 사건에서 “재량권의 남용은 성립되지 않는다”고 판결하였다.

### 2. 비정형적 활동형식에 관한 통제강화

경제행정에서 정보제공, 약속, 권장, 알선 등의 비정형적 활동형식, 이른바 행정지도는 특히 국제경쟁력의 강화를 위해 대단한 역할을 하였음에도 불구하고 사법적 통제를 하기가 어렵다는 난점이 있다. 경제에 관한 행정지도는 법적인 표적을 피하면서 법률과 명령의 흠결을 메꾸어 주는 역할을 하면서 국가의 경제간섭에 대한 외국으로부터의 법적 시비를 회피할 수 있는 강력한 수단이 되었는바 일본 통상성의 미국에 대한 자동차 수출의 쿼터조정은 유명한 케이스이다. 이러한 경우에 있어 시장참여에서 제외되는 업자가 ‘평등의 원칙’에 대한 위반으로 흔히 사실행위에 불과하여 법적 효과를 수반하지 않는다고 하는 행정지도를 이유로 하여 소송을 제기하기란 어려운 문제이다. 그러나 이는 법치주

---

17) 판례의 정확한 이름은 C.E. 28 mai 1971; Ministère de l'Equipoment et du Logement contere Fédération de défense des personnes concer nées par le projet actuellement dénommé “Ville Nouvelle-Est”, Rec. 409, concl. Braibant.

의의 중대한 예외가 되며 형령의 원칙에도 어긋난다. 업자가 행정청의 반대급부를 예상하고 행정지도에 따른 결과 반대급부가 없게 되면 배신감을 느끼게 될 것이며 행정지도 그 자체가 오류인 경우(예를 들어 통일 볍씨의 권장 등)에는 국가에 대한 배상을 청구하고자 하는 것은 법적 정의감에 있어서도 합당하다고 하겠다. 이러한 경우 업자가 반대급부(예를 들어 보조금, 금융특혜 등)를 예상했던 때에는 반대급부에 대한 약속이 현실적이었는가 하는 점을 검증할 필요가 있다. 만약 반대급부에 대한 어떠한 보장도 없었다면, 즉 막연한 기대감에서였다면 아무런 법적 문제가 되지 아니하나, 그것이 현실적 약속이었다면 그 약속이 합법적이었나 합법적인 것이 아니었나 하는 점이 문제가 된다.

즉 현실적인 약속은 문서화하여야 하며 (예를 들어 입법예고된 행정절차법 제67조) 즉 계약의 형식을 취해야 하며 계약의 형식을 취하게 되면 행정계약의 합법성의 문제[18]로 되며 현실적인 약속을 문서화하지 않는 것은 행정계약의 형식을 취해야만 하는 행정활동 즉, 상대방과의 의사의 합치가 있어야만 하는 행정활동의 내용을 부당하게 일방적 사실행위의 형식을 취하는 것으로 법의 일반원칙 즉, 보충성의 원칙에 어긋난다. 또 권장자체가 잘못되었을 때는 그 권장이 강제성을 수반하였나를 심사하여 강제성이 수반된 경우에는 권력적 사실행위로서 쟁송법상의 처분에 포함시켜 불법행위로 인한 국가책임을 물어야 할 것이다.

### 3. 법률 및 조약에 대한 국가책임의 확대

법률이나 조약에 의하여 경제적 손실을 입는 경우가 많으나 이러한 경우의 피해당사자는 행정청의 행위로 인한 손해가 아니므로 무과실책임을 물을 수밖에 없으나 입법부의 행위 또는 통치행위에 대하여 행정부가 대위책임을 질 수 있는가? 하는 문제는 여전히 의문으로 남아 있다. 그러나 평등의 견지에서 국가가 배상을 하여야 한다는 틀림없는 법적 정의감에 입각하고 있으므로 현실적인 수단을 가지고 있는 행정부가 국가를 대표하여 책임을 지게 되는 경우가 생겨났다.

꽁세이데따는 La Fleurette라고 하는 회사제품이 건강에 유해하지 않음에도 불구하고 1934년 6월 29일 법률의 잘못된 규정에 의하여 생산이 중단된 1938

18) 독일의 경우는 확약(Zusicherung)의 법리문제가 됨.

년 1월 14일의 'La Fleurette' 우유제품주식회사 사건에서 법률조항, 입법과정 또는 사건의 상황전체 어디에서도 입법자들이 이해관계인이 정상적으로 입지 아니할 부담을 입어도 좋다고 이해한 점을 발견할 수 없기 때문에 이러한 부담은 공익의 견지에서 공동체가 부담하여야 한다"고 판결하였다. 그러나 법률에 대한 국가책임의 경우 일반적으로 물가앙등과 같은 경제적 공익에 반하지 않아야 한다.

조약에 의한 경제적 손실에 대한 국가책임을 긍정한 판례로는 제2차 세계대전기간 중 독일군이 사용한 건물의 소유주들이 1953년 2월 27일 독일과 연합국토간에 맺어진 런던협정에 의해 보상을 받을 수 없게 되자 제기한 소송에 대하여 국가의 배상책임을 인정한 1966년 3월 30일의 꽁세이데따의 방사전기에너지회사(compagnie générale d'énergie radio-électrique)사건이 있다.

## V 결 론

경제법의 독립성은 오늘날 일반적으로 부정되고 있다. 경제행정법의 경우를 보더라도 일반행정법이 적용될 수 없는 특수한 법원리와 이에 따른 독립법원(예: 노동법원, 상사법원)의 존재를 발견할 수 없다. 그러나 오늘날 경제행정이라고 하는 것은 국민적 합의와 참여를 유도하는 민주화의 척도로서 개입수단에 있어 대단한 유연성을 필요로 하는 동시에 무역전쟁시대에 있어 국가의 경쟁력 강화를 위한 효과적 다이너미즘이 요구되는 국가의 역할이 최우선적으로 요청되는 분야이다.

프랑스대혁명 이래 통용되어온 일반의사(volonté générale)에 기초한 국민대표의 이론은 더 이상 시민(citoyen)에게만 적용되는 것이 아니라 농민, 봉급생활자, 기업인, 소비자 등의 집단을 국가가 직접 상대함에 따라 시민은 직업적 또는 사회적 이익을 개별적으로는 방어할 수 없고 집단에 의한 이익의 방어에 의존하게 되었다. 집단에 의한 이익의 방어는 노동조합의 인정과 노동3권의 보장으로 비롯된 것이다. 오늘날은 더욱 다양한 계층의 집단적 이익을 대변할 경제적·사회적 권리의 대표시스템이 필요하게 되었다.

첫째, 직능대표시스템으로 프랑스헌법 제5장은 경제, 사회위원회를 구성하고 있는바 "경제사회이사회는 상이한 직업권사이의 협력을 도모하고 정부의 경제사회정책에의 참여를 보장"하는 국민의 경제사회적 직능대표의 메커니즘을 마련하여 경제정책의 민주화 및 국민주권의 직능대표적 실현장치를 마련하고 있다.

둘째, 경제행정의 민주화는 한편 행정기관 및 공기업 내부의 민주화, 특히 공기업의 민주화를 통하여 전문적 경영시스템의 확립과 근로자의 공공부문에 있어서의 경영참여를 유도하는 경제정책 주체 스스로의 민주화도 요구되고 있다. 또한 경제행정의 지방분권화 역시 지방분권화(décentralisation)의 중요과제이기도 하다.

셋째, 다른 한편 조직화된 각종 직업조합이나 공기업 내부만이 아닌 일반 소비자의 형태로 조직화되지 아니한 대중적 국민(masse du peuple)의 경제적 권리의 대표시스템(système représentatif)이 마련되어야 한다. 이를 위해서는 대중의 이익을 대표할 수 있는 단체의 조직화를 통한 직능대표로의 영입, 취소소송에서의 집단에 대한 원고적격의 인정을 비롯한 집단소송제도(예: ville de nouvelle Est 사건)가 요구된다.

넷째, 오늘날 경제계획은 흔히 유도계획(Plan de concertation)이라고 불린다. 전 국민의 경제적 합의를 도출하기 위해 경제계획의 수립과정에 직능대표가 참여하는 것은 물론 국민의 대표참여를 법적 수단으로 표현하기 위하여 경제계획을 법률안으로 제출하여 의회를 통과한 법률로 공포하기도 하며 경제계획을 수행하기 위해서도 일방적 행정행위보다는 계약의 수단이 선호되고 있다.

그러나 다른 한편 오늘날의 경제행정은 경제의 민주화 요구에서 오는 행정절차적 참여와 개입수단의 계약화라고 하는 비권유적 요소와는 정반대적 성격의 경제적 지도주의(dirigisme de l'economie)가 강력히 요구되는 무역전쟁, 좀 더 정확히 말하면 경쟁력의 경쟁시대에 처해 있다. 자국산업의 육성과 해외진출을 위한 금융지원, 보험제도, 지급보증, 조세정책, 시장참여에 대한 규제, 조정, 산업합리화, 국토개발, 외환통제, 자원규제, 물자규제, 가격규제 등등의 국가개입 및 타국의 무역장벽을 제거하기 위한 각종 보복입법, 반덤핑(anti-dumping) 조사 및 특별관세의 부과, 해외시장 조사 등의 경우에 신속하고 강력한 국가의 개입이 요구되고 있는바, 비권력적 수단 이외에 고전적 행정의 특권(prérogative de l'administration)이 부활되는 권력적 개입수단도 많이 활용되고 있어, 이러한 국가의 권력적 개입은 경제법의 독자적 발전을 저해하며 고전적 행정법의 경제분야에 있어서의 변용적 확대를 가져온다(예: 사기업이나 공사혼합기업에 대한 행정특권의 부여).

경제법현상을 법원리면에서 보면 효율성이라고 하는 것이 공공서비스(service public)의 개념을 대신하여 행정법의 새로운 도그마로 되었다. 즉 경영적 합리성이라고 하는 것이 행정을 구속하는 새로운 법원리로 대두되었다. 따라서 '무엇이 공공사업인가?'에 대한 판별기준이 매우 모호하게 되었는데 수익성을 이유로 한 공공부문의 민영화는 그 대표적인 예이다. 공기업의 비효율성의 문제를 잠시 언급하면 쓰레기수거비용의 경우 사기업에 의한 것은 공기업에 의한 경우보다 국가에 따라 15~50% 절감되는 예가 있으며, 소방의 경우 47% 비용절감(애리조나 주)의 예가 있다. 항공사의 경우 1975년과 1980년 사이의 프랑스 국영 Air Inter항공사는 동일기간의 미국민간항공사보다 55%의 비용이 초과지출되었으며 미국의 보험회사의 경영비용도 공기업인 경우 사기업보다 60~70% 더 부담되었고, 기상예보의 경우(미국)도 공기업이 사기업보다 50% 더 부담되었다. 이리하여 1980년대 이후 각국에서는 민영화의 붐이 일어났다.

이와 같이 수익성의 이유로 민영화가 필요하게 되나, 한편 민영화되어 있는 기관(행정기관에서 영조물법인 또는 공사형태의 공기업[19]으로, 영조물법인 형태의 법인에서 주식회사 형태의 공기업으로 민영화)이 더욱더 수익성을 높이기 위해서는 공권의 특권 특히 일방적 행정행위에 있어서의 특권이 필요한 경우가 많다(예: 한국전력공사나 Air France의 경우). 즉, 공기업의 임무를 가장 효과적으로 수행하기 위해서는 민영화의 형태와 동시에 일방적 결정을 할 수 있는 특권을 동시에 필요로 하며 경제행정에 있어 준계약(quasi-contrat)의 성격은 행정특권의 필요성을 상징해 주는 대표적인 것 가운데 하나이다. 이렇게 보면 경제법의 시각에서 볼 때 독자적 경제행정법은 아직 탄생하지는 아니하였으나 태어나고 있는 법이라고 말할 수 있다고 하겠다. 전통적 행정법의 시각에서 볼 때에도 오늘날의 행정법은 행정의 경제분야에 있어서의 활동증가로 인한 새로운 법원리와 법적 수단의 도입으로 더욱 발전하고 비대해져 가고 있다. 이에 대한 결말은 시간이 해결해 줄 성질의 것이나 오늘날 국가의 경제간섭이 행정법 발전의 파수역할을 하고 있음에는 틀림이 없다.

---

**19)** 영조물법인과 공기업 개념에 관하여는 이광윤, "공공서비스와 직접경제간섭기관으로서의 영조물과 공기업", 공법연구 제18집, 한국공법학회, 1990 참조.

# 제 2 장 공공서비스와 直接經濟干涉機關으로서의 영조물법인과 公企業[1)]



## Ⅰ 서 론

프랑스 行政法理論 중에서 중요 골격을 形成해 왔던 공공서비스(Service public)理論은 이미 우리나라에도 소개되어 각 교과서들이 이에 관하여 언급하고 있을 뿐만 아니라 프랑스 행정법에 관한 번역서나 논문을 통해서도 대개의 내용은 알려져 있다. 한편 근대적 의미에 있어서의 公法 즉 行政自治體制를 갖춘 行政法은 프랑스 대혁명 이후 프랑스에서 생겨나 1870년 무렵까지의 포태기를 거쳐 1915년 무렵까지 공공서비스理論을 중심으로 하여 성장하게 되는 동시에 1870년~1915년 무렵까지의 프랑스 行政法의 성장기는 독일 行政法의 포태기에 해당하고 독일 行政法은 이 당시 프랑스 行政法 이론의 지대한 영향을 받았음은 주지의 사실이다.

1) 이광윤, "공공서비스와 직접경제간섭기관으로서의 영조물과 공기업", 공법연구 제18집, 한국공법학회, 1990.

그러나 제1차 세계대전을 계기로 프랑스 行政法理論은 급변하게 되고 이러한 변화의 중심이 이른바 "국가의 경제간섭"(Les interventions économiques de l'Etat dans l'économie) 또는 경제에 있어서의 국가역할(Le rôle de l'Etat dans l'économie)의 확대로 말미암아 비롯된 것이고 이러한 국가역할의 경제분야에 있어서의 변화는 Dicey的 자만심에 빠져 있던 영국의 行政法(보다 정확하게는 行政에 관한 法)에도 큰 충격을 주게 되어 行政法世界의 재편을 초래하였다. 독일에서도 제1차 세계대전 후 수립된 바이마르 공화국 헌법 제155조와 제165조는 경제를 헌법에 수용하게 되었으나 불행히도 바이마르공화국의 정치적 불안정과 뒤이은 나치정권의 등장은 행정법이론의 파행적 성장을 가져오게 되었다.

그러나 제2차 세계대전 후의 한국전쟁의 特需붐(Boom)[2]은 마셜플랜을 성공시키는 결정적인 계기로 작용되어 유럽은 행정법이론에 있어서도 이른바 "福祉國家"(L'Etat-providence)理論時代로 접어들게 되었다. 이러한 제반 과정을 통하여 국가의 경제간섭은 점차 확대되어 왔으며 1973년의 석유위기를 계기로 일본경제의 유럽경제에 대한 경쟁력 우위와 새로운 경쟁국가로서의 극동국가들의 등장은 위기감을 불러 일으켜 이른바 福祉國家理論의 위기(La crise de l'Etat-providence)를 맞게 되고 논의의 초점을 경쟁력 강화를 위한 규제(réglementation)와 산업구조개편(redéploiement industriel), 그리고 유럽경제의 블록화를 통한 협력과 공동대응에 맞추게 되었다. 따라서 정부의 경제에 대한 역할은 더욱더 중요시되었으며, 그 중에서도 정부가 산업에 어느 정도까지 참여하여야 하는가? 역으로 民營化할 것인가? 하는 문제는 유럽국가들의 공동관심사가 되었다. 이러한 관점에서 보면 공기업을 중심으로 한 국가의 경제간섭이론은 제1차 세계대전을 시발로 21세기를 불과 몇 년 후로 남겨 두고 있는 오늘날에 이르기까지 계속해서 국가이론의 중심테마일 뿐 아니라 행정법의 변천에 있어 중추적 역할을 담당해오고 있으나, 이 문제에 관한 우리의 행정법이론은 개념 정립에 있어서부터 혼미를 거듭하고 있는 것이 사실이다. 따라서 이러한 변화과정을 처음부터 현재에 이르기까지 선두에 서서 이론화시켜온 프랑스의 경우(또 독일이론은 다수 소개되어 있으므로), 이와 같은 문제에 관한 개념정립이 어떻게 되어 있는지 소개함으로써 우리의 개념정립에 참고되었으면 하는 것이 이 글의 의도하는 바이다. 공공서비스이론 자체에 관하여는 서울대 법학 제18권 1호에 실린 김동희 교수의 공공서비스論을 참조하기 바라며 본고에서는 공공서비스의 담당기관 중 가장 혼동이 되기

2) 프랑스의 경우 1950년도 수출이 46% 증가하였고 1951년도 역시 12.5% 증가하였다.

쉬운 중심개념인 營造物法人(établissement public)과 公企業(entreprise publique)에 관해서만 고찰하기로 한다. 참고로 공공서비스의 수행기관은 대개, ① 行政廳의 直接經營(Les services en Régie), ② 공공서비스 特許契約(La concession de service public), ③ 영조물법인과 公企業(L'établissement public et l'entreprise publique), ④ 혼합기업(Les entreprises d'économie mixte), ⑤ 職業組合(Les ordres professionnels)으로 분류할 수 있으며 이 중에서 公企業은 일반적으로 영조물법인 중의 상공업적 영조물법인(les établissements publics industriels et commerciaux)과 100% 公共資本의 國營企業(l'entreprise rationales) 그리고 50% 이상의 公共資本의 혼합기업(Les entreprises d'économie mixte)을 가리킨다.

## II 공공서비스와 經濟干涉

공공서비스[3]는 일반적으로 공익을 만족시킬 목적으로 공공단체에 의하여 수행되는 활동으로 정의[4]되며 조직적(organique) 의미에서는 이런 활동을 수행하는 기관(인적, 물적 수단의 총합)을 말한다.

---

**3)** 공공서비스에 관하여는 다수의 참고문헌이 있으나 독자의 편의를 고려한 필수적인 것만 들어보면,

① D. Linote/A. Mestre, Services publics et Droit public économique, T.I p. 47 et S., litec, 1982, paris.

② Evlyne Risier-Kouchner, Le service public dans la théorie de l'Etat de Léon Duguit, L.G.D.J. 1972, paris.

③ Jacques Chevallier, Le service public, que sais-je?, P.U.F., 1987, paris.

④ R.D.P., 1987년 1.2월호, 공공서비스특집, Serge Regourd, Le service public et la doctrine: pour un plaidoyer dans le procés en cours.; Jean-Baptiste Geffroy, Service public et prérogatives de puissance publique, Réflexions sur le déboires d'un couple célebre.; Philippe Jourdan, La formation du concept de service public.

⑤ 김동희, "공공서비스론", 서울대 법학 제18권 제1호.

이 외에 A.de Laubadére, George Vedel, Jean Rivero 교수들의 행정법 교과서들의 공공서비스편 및 Benoit Jeanneau 교수의 Droit des service publics et des entreprises nationales, Dalloz, 1984, paris 등이 있음.

**4)** "公法人에 의하여 또는 公法人의 감독하에 一般法의 궤도를 이탈하여 행하여지는 公益活動", A.De Laudadère, Traité de droit administratif, T.1, 10e éd., p. 662 L.G.D.J. 1988. paris; 기능적(fonctionnelle): "공익을 만족시키는 활동"; 조직적(organique): "행정청에 의하여 경영되는 사업체" George Vedel/Pierre Delvolvé, Droit administratif, 10e éd., p. 1096, P.U.F., 1988, paris; 기능적(fonctionnelle): "행정청이 담당하여야 할 공익활동"; 조직적(organique): "동일한 목적을 위하여 공법인에 의하여 할당된 인원과 수단의 총체" Jean Rivero, Droit administratif, 12e éd., p. 573, Dalloz, 1987, paris.

공공서비스라고 하는 개념은 舊制度(Ancien régime)하에서도 있어 왔지만 특히 19세기에 와서 干涉國家(Etat interventioniste)의 이미지에 부합하기 위한 정부부서의 팽창[5]으로 인해 중요하게 부각되었다. 즉 18세기에 이르러는 "公共의 서비스"(service de public)라고 하여 私人을 위한 公權力의 介入을 지칭하였는바 때때로 "공공서비스"(service public)란 표현도 사용하고 있는데[6] 이때의 私人을 위한 公權力의 介入은 국가의 주요 사무에 해당하였고, 이 시대에 있어서의 국가의 주요 사무란 국방사무, 외교사무, 경찰, 사법, 도로의 건설과 관리, 서신 및 화물의 우편사무 등의 공공질서와 법률관계의 안전을 위한 최소한의 공적 통제와 조직을 의미하고 있었다.

그러나 19세기에 들어서게 되면 야경국가로부터 국가가 국민들에게 직접적으로 給付를 제공해 주어야 하는 적극국가로, 司法國家(l'Etat de justices)에서 行政國家(l'eata administratif)로 변모하게 되어, 국가는 공공의 필요가 세분됨에 따라 이에 적합한 행정기관들을 창설함으로써 공공의 필요를 만족시켜야 했다. 이러한 새로운 행정기관들의 창설임무가 바로 공공서비스인 것이다.

공공서비스理論의 거두인 L. Duguit는 "공공서비스란 집권자에 의하여 달성이 보장되어야 하고 규율되어야 할 모든 활동을 가리킨다"고 하며, 이것은 사회의 相互緣起(interdépendance)에 따라 반드시 이러한 필요성들이 달성되어야 하고, 또 정권의 힘을 통해서만 완전히 달성될 수 있는 것이라고 하면서 "공공서비스는 필요한 국가의 간섭으로서 출현한다"고 하였다. 즉 Duguit에게 있어서 공공서비스라고 하는 것은 可視的이고 事實的인 것이 아니라 국가에 의해 보장되고 규율되어야 할 업무가 공공서비스이다. 그러므로 공공서비스는 행정제도(Régime administratif)[7]의 要請이 아닌 단순한 국가 공공서비스의 필요성에 적응하여야만 하였다. 이러한 공공서비스이론이 행정법의 특별기준으로 채택된 유명한 판결이 Blanco 사건(T.C 8fév., 1873, Blanco, p.61, 11erSuppl. Concl.)이

---

5) 1791년 1월 25일 - 5월 25일 법률은 법무, 해상, 전쟁, 세무, 외무, 내무의 6개 政府省밖에 규정하고 있지 않으나 모든 잡무를 통괄하던 내무성이 다양한 전문성으로 분화하여, 1820년에는 건설성, 1839년에는 상공성, 1862년에는 문화성, 1887년에는 체신성, 1906년에는 노동성이 각각 내무성으로부터 분화하였다.

6) 부역을 폐지하라는 1776년 2월의 칙령은 "공공서비스의 필요성"(la nécessité du service public)이란 표현을 사용하고 있다.

7) M. Hauriou는 전문화된 행정재판의 존재와 사법과 구분되는 특수법칙에 행정이 기속되는 것을 가리켜 행정체제라 불렀다. 이 행정체제의 내용은 ① 행정에 대한 사법적 통제, ② 행정법원의 행정부 내의 존재, ③ 행정판사에 의한 민법전의 전면적 배제와 자치적인 새로운 법칙들의 창조로서 핵심은 새로운 공법법원으로서의 행정법과 독립된 행정법원의 존재이다.

다. 이러한 고전적 공공서비스이론은 제1차 세계대전까지 지속되는데 19세기는 또한 경제적 無干涉主義의 시대이기도 하였다. 프랑스혁명 이래로 Le chapelier 법률과 Allarde 칙령에 의하여 경제적 자유원칙이 확립되어 국가는 레갈리아적 기능만 유지하였으며 국가의 경제적 활동은 철도우편과 같은 질서와 안전의 유지 목적에 한정되었다. 그러나 이 시대를 좀 더 分說하여 보면 나폴레옹終戰 이후 평화가 정착된 1815년부터 1850년까지의 경제적 자유주의에 입각한 완만한 제1차 산업혁명의 결과, 다양해진 국민의 욕구와 기술적 이유에서 좀 더 적극적인 행정이 요구되어 積極行政國家의 법이론인 공공서비스이론이 제2帝政 시기에 성숙되어 1873년에는 Blanco판결로 나타나게 되었고, 제1차 세계대전 이전까지의 기간에는 1870년 말의 경제위기를 타개하기 위해 보호주의가 채택되고 식민지 팽창을 위한 군비의 확충, 공공토목공사의 성장, 통신수단에 대한 국가의 지원, 수도, 전기사업의 등장 등으로 국가의 경제에 대한 간섭[8]이 점차 증대하는 동시에 이러한 신규사업들이 공공서비스사업으로 간주되어 공공서비스이론이 각광을 받던 시기이나 아직까지는 국가의 경제간섭이 간접간섭 즉 행정적 지원의 형태에 머무르고 있던 시기였다. 그러므로 국가의 공공서비스적 간섭은 국가의 행정적 간섭을 의미하며 경제분야에 대한 국가의 행정적 간섭은 간접경제간섭[9]에 한한다고 할 수 있다. 제1차 세계대전의 동원전쟁적 성격으로 인하여 국가는 모든 분야에 대량적으로 개입하게 되었는데 전쟁지원의 목적으로 국가가 쇠약해진 민간부분을 대신하여 기업들을 창설하게 되었다.[10] 종전에 따라 이러한 간접경제간섭은 어느 정도 완화되기도 하였으나 국가가 직접적으로 생산을 담당한다고 하는 직접간섭 형태는 그대로 존속하게 되어 국가의 공

---

8) 국가의 경제간섭사에 관하여는,
① André de Laubadère/Pierre Delvolvé, Droit public économique, 5e éd, pp. 28-63, Livre I; Généralités sur le Droit publics économique, Chapitre II; La formation historique du Droit public économique, Dalloz, 1986, Paris.
② P. Legendre, Histoire de l'administration de 1750 à nos jours.
③ Tran Van Min, Droit public économique, cours du Droit.
④ Robert Delorme/Christine André, L'Etat de l'économie, p. 213~, 3e partie; l'Etat et l'industrie, Chapitre 9; La séquance Crise-guérre-Crise guérre Chapitre 10; De l'après-guèrre à la crise, Seuil, 1983, Paris.
⑤ Charles Celier, Droit public et viw économique, pp. 127-133, Seconde partie, Les interventions de l'Etat dans la vie économique, Chapitre VII, la fonction économique de l'Etat, §1. Evolution de la Fonction économique de l'Etat, P.U.F., 1948.

9) 초기에는 특히 경제에 대한 경찰행정, 즉 Police économique.

10) 이른바 상공업적 공공서비스의 등장(Service public à caractère industriel et commercial).

공서비스는 행정적 감독의 형태로부터 직접적 창설, 유도, 조직의 단계로 확대되게 되었다. 즉 국가에 의해 보강되어야 하고 규율되어야 할 모든 활동은 행정적 차원에서 경영적 차원에로까지 확대되었는바, 행정적 차원에서의 공공서비스는 公法의 적용을 받아왔기에 공공서비스가 곧 행정법의 준거로 인식이 되었으나, 공공서비스의 경영적 차원에로의 확대는 행정체제의 범위를 넘어 私法的 體制로의 移越을 의미하게 되어 공공서비스가 더 이상 행정법의 준거로 채택될 수 없게 된 것이다.[11] 뿐만 아니라 일단 私法的 體制의 범위로까지 확대된 국가의 활동은 기능적 의미에 있어서의 공공서비스의 혁명, 즉 "공익상의 필요를 충족시키기 위한 행정활동"의 한계를 넘어 국가의 私法욕구 충족(재정적 · 기술적 이유)에까지 이르게 되어 조직적 의미에 있어서의 공공서비스인 "행정청에 의하여 경영되는 사업체"(G. Vedel), "동일한 목적을 위하여 公法人에 의하여 할당된 인원과 수단의 총체"(J. Rivero)는 기능적 의미에 있어서의 공공서비스 즉, "공익을 만족시키는 활동"(G. Vedel), "행정청이 담당하여야 할 공익활동"과 결별하게 되어 조직적 의미에 있어서의 공공서비스 개념은 사실상 의미가 없어지게 되었다. 따라서 공공서비스에 대한 개념은 더 이상 행정법의 기준이 못됨은 물론 주로 기능적으로만 해석하는 것이 합리적으로 되어 A. de Laubadère 교수는 공공서비스를 "公法人에 의하여 또는 公法人의 감독하에 一般法의 궤도를 일탈하여 행하여지는 公益活動"[12]이라고 해석하게 되었다. 또한 사인에 의한 공공서비스의 수행현상도 두드러지게 되었다. 이와 같이 국가의 경제간섭의 확대는 행정적 차원에서 公法的 規律을 받는 공공서비스로서의 경제간섭으로부터 경영적 차원에서 私法的 規律을 받는 공공서비스로서의 경제간섭을 거쳐 公益과의 관련을 넘어서 이미 공공서비스가 아닌 단순한 영리적 차원에서의 경제간섭에까지 이르게 되었다. 이를 경제간섭을 기준으로 하여 대략의 도표를 그려보면 다음과 같다.

---

**11)** 공공서비스이론의 위기에 관하여는 김동희, 전게논문, Ⅱ. 전통적 공공서비스제도의 수정. J. L. de Corail, La crise de la notion juridique de service public, L.G.D.J., 1954, paris.

**12)** Conseil d'Etat의 1963년 6월 21일, Narcy 결정도 이를 뒷받침하고 있다. 즉, ① 공익의 사명을 띨 것, ② 이러한 사명의 충족을 확인할 행정청의 감시 · 감독권에 따를 것, ③ 공권력의 특권을 누릴 것.

* **경제간섭형태**

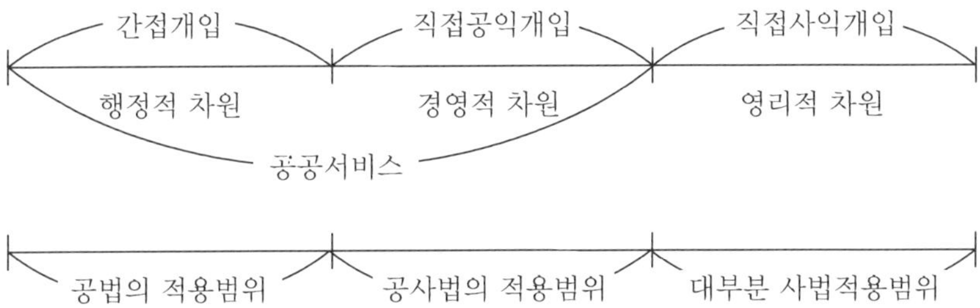


# Ⅲ 공공서비스의 實行機關으로서의 영조물법인과 經濟干涉機關으로서의 영조물법인

營造物法人[13](établissements publics)의 전통적 개념은 공공서비스를 수행하기 위한 국가 또는 地方自治團體를 제외한 公法上의 法人體를 말한다.[14] 여기서 公共施設(ouvrage public)과의 관념의 차이는 영조물법인은 權利, 能力을 향유하는 法人體인데 반해 公共施設이라 함은 공익을 만족시킬 목적에서 행해지는 공공토목공사(travaux publics)의 결과로서 남게 되는 공공의 욕구에 할당된 단순한 구조물[15]을 말한다. 이러한 전통적 의미의 영조물법인은 法人格을 갖춘 공공서비스(이때의 공공서비스 개념은 조직적 의미)이기 때문에 공공서비스기관에 法人格과 재정적 自治를 부여하는 事務分散化[16](décentralisation par service)의 도구

---

13) 영조물법인에 관하여는, Flutre, Essai sur la notion d'établissement public, Th., Lyon, 1945. R. Drago, Les crises de l'étabissement public, pédone, paris, 1950. C.E. la réforme des étabissement publics, La documintation française, paris, 1971.

14) "영조물은 일반적으로 공공서비스의 임무를 수행하는 법인체"; A de Laubadère, op. cit., p. 217. "영조물은 공공서비스 경영목적의 공법상의 법인"; J. Rivero, op. cit., p. 570. "영조물은 특별한 공공서비스를 경영하기 위한 공법상의 법인"; G. Vedel, op. cit., p. 997. "공공서비스의 경영을 위한 지역적 공법인에 의해 창설되는 공법인", Charles Debbasch, Institutions et Droit administratif, T.1., P.U.F., 1982, p. 500. 한편, Posper Weil 저, 김동희 역, 프랑스 행정법, 박영사, 1980, 43면 이하에서는 établissement publics을 공기업으로 번역하고 있는바, 공기업은 앞으로 설명한 entreprises publiques의 번역으로 établissements publics을 공기업으로 번역함은 오역임.

15) Joseph Fravreau-Renault, Marc et Marion Vettrains, Vocabulaire administratif et juridique, p. 107, Hatier, 1981, paris.

16) 지방자치(autonomie des collectivités locales)를 의미하는 지역분산(décentralisation territoriale)에 대하여 사무자치(l'autonomie de service)를 의미한다.

이다.

프랑스혁명 이후 19세기 중반까지는 영조물법인의 개념이 혼동되었으며, 19세기 후반에 이르러 비로소 정착이 되었으나 이미 19세기 말의 판례는 공공서비스를 수행하지 아니하는 영조물법인의 존재를 인정하였다(T.C., déc., 1899, Canal de Gignac). 뿐만 아니라 국가기능의 확대, 특히 경제분야에 있어서의 확대는 영조물법인의 개념을 복잡화하게 되어 이른바 "영조물법인의 위기"(les crises de l'établissement public)[17]를 야기하게 되었다. 따라서 현재에는 공공서비스를 수행하지 않는 영조물법인이 존재한다. 여기서 영조물법인의 개념을 좀 더 명확히 할 필요가 있다. 우선 영조물법인(établissement public; 보다 정확히는 公營造物로 번역해야 할 것 같음)과 公用造物(établissement d'utilité publique)과의 구별이다. 영조물법인은 공법인으로서 행정의 일부분인데 반하여 공용조물[18]은 1959년까지 국립파리 법과대학의 감독을 받던 이집트의 사립 카이로 프랑스법학교(Ecole française de droit du caire)[19]와 같이 행정청의 일정한 호혜를 받으나 단순한 私的 集團에 불과하다.

다음으로는 영조물법인과 공공서비스의 개념을 구별할 필요[20]가 있다. 영조물법인과 공공서비스는 그 개념바탕이 다르고, 영조물법인은 조직체(un organisme)인 데 반하여 공공서비스는 활동(activité)을 가리킨다. 과거에 있어 공공서비스를 조직의 의미로 사용하였던 것은 하나의 "언어 남용"(la bus de language)[21]에 불과하다고까지 한다. 즉, 조직체의 의미에서의 공공서비스는 당연히 영조물법인 개념으로 대치되어야 하며 영조물법인 개념이 정립되는 19세기 후반에는 이미 공익과는 상관없는 공법인이 판례를 통해 인정되었으며(T.C., 9 déc., 1899, Canal de Gignac), 20세기 초기에는 상공업적 영조물법인의 등장으로 공익과 공법상의 법인은 별개문제로 분리[22]되었기 때문에 공공서비스는 "공익을 만족시킬 목적으로 공공단체에 의하여 수행되는 활동"으로 영조물법인은 '국가 및 지방자치단체를 제외한 공법상의 법인체'로 해석하는 것이 바람직하다.

---

17) R. Drago, op. cit.

18) C.E. 22 Mai 1903, Caisse des Ecoles du 6e arrondissement, S., 1905. 3.33, note Hauriou, concl, Romieu Pichot, 21 juin 1912, S., 1913. 3. 43, Concl. Léon Blum.

19) C.E. 24 décembre 1937, de la Bigne de Villeneuve, D., H., 1938, 1850.

20) A. de Laubadère, op. cit., p. 218.

21) E. Fatome, J.Moreau et J.L. Nimu, Etablisse.

22) C.E. 4 juin 1926, Cie des Houillères Lyonnaises, leb. p. 563; C.E. 16 juin 1933, Ville de Liévin, leb. p. 653.

영조물법인은 상공회의소(Chambre de Commerce)를 제외하고(C.E. 21 fév. 1939. Retail), 국가 또는 지방자치단체에 결부되어 있으며 그에게 부여된 임무를 수행하기 위하여 전문성의 원칙에 지배되고 있다. 또한 영조물법인에는 자치의 원칙이 적용되어 고유의 기관[23]을 가지며 자치적 예산과 법률상의 권리, 의무의 주체가 된다. 이러한 자치의 반대급부로서 국가 또는 지방자치단체의 후견적 감독(un contrôle dit "de tetelle")을 받게 된다. 또한 영조물법인은 일정한 공법상의 특수법칙에 지배되어 강제집행이 면제[24]된다. 1958년 헌법 제34조[25]에 의거, 영조물법인의 창설은 立法權과 命令權間에 분할된다.[26] 즉 새로운 유형의 영조물법인의 창설은 立法府의 權限사항, 즉 法律의 규율대상이고, 이미 존재하고 있는 유형의 영조물법인의 창설은 行政府의 權限사항 즉, 命令의 규율대상이 된다.

영조물법인은 크게 보아 두 가지 종류로 대별되며 여기에 새로운 형태의 영조물법인들이 첨가되고 있다. 가장 중요한 구분은 행정적 영조물법인(les établissements publics administratifs)과 상공업적 영조물법인(les établissements publics industriels et commerciaux)의 구분인데 꽁세이데따의 연구[27]에 의하면 1985년 기준으로 8,100개 이상의 국립영조물법인을 분류하고 있는데 7,940개의 영조물법인 중에는 국립사회금고(Fond national de soli darité), 사회보호국(Bureaux d'assistance sociale), 국립행정학교(École national d'administration), 상공회의소(Chamber de commerce), 국립공원, 국립박물관, 국립지리연구소(Institut géograpfique national) 등이 포함되며 81개의 상공업적 영조물법인에는 파리공항(Aéroport de Paris), 국

---

**23)** 일반적으로 심의기구와 집행기구를 가지고 있음.

**24)** T.C. 9 déc. 1899, Canal de Gignac.

**25)** 제34조(입법권, 입법사항) 제3항: 법률은 다음 사항에 관한 규준을 정한다. -양원의원 및 지방의회의 선거제도, -영조물법인 유형의 창설, -국가공무원 및 무관에게 인정되는 기본적 보장, -기업의 국유화 및 공용부문에서 민간부문에로의 기업의 소유권 이전.

La loi fixe fixe également les régles concernant: -le régime électoral des assemblées parlementaires et des des assemblées locales; -la création de catégories d'établissements publics; -les garanties fondamentales accordées aux fonctionnaires civils et militaires de l'Etat; -les nationalisations d'entreprises et les transferts de propriété d' entreprises du secteur public au secteur ptivé.

**26)** 의회의 입법권과 행정부의 행정입법권(명령권)을 말함. 헌법 제37조 제1항: 법률로 규정되어야 할 범위에 속하지 아니한 사항은 명령으로 제정할 성격의 것이다.

Les matières autres qe celles qui sont du domaine de loi ont un caractère réglementaire(프랑스에서는 명령이 하위에 있지 않고 동위에 있음).

**27)** Conseil d'Etat, les établissements publics nationaux, "catégories et spécificités," note et Effitueds documentaires, n° 4874, La documentation française, paris, 1985.

립우주연구센타(Centre national d'études partiales), 프랑스 T.V. 방송국(Télévision de France), 프랑스전기회사(E.D.F), 프랑스가스회사(G.D.F), 지하철공사(R.A.T.P) 등을 포함시키고 있다. 행정적 영조물법인은 앞서 말한 영조물법인의 법적 지위(전문성, 공법의 적용 및 행정법원의 관할, 예산, 회계법의 적용, 행정적 후견감독)를 누린다. 그러나 물론 모든 행정청과 마찬가지로 행정계약이 아닌 私法上의 계약이나 私法上의 인원고용을 할 수 있어 私法的 운영절차를 채택할 수 있게 하고 있다.

한편 국가간섭의 경제부문에로까지의 확대는 상공업적 영조물법인을 출현시켜 공공서비스의 수행형태에 큰 변화를 가져오게 되어 공공서비스 이론의 위기[28]를 맞게 되었다. 1921년 1월 22일 관할재판소(Tribunal des conflits)의 "Bac d'Eloka" 事件[29]判決 이후로는 행정법의 지배를 받는 행정적 영조물법인과 대부분의 활동이 私法의 지배를 받는 상공업적 영조물법인의 구분이 확립되게 되었다. 특히 제1차 세계대전과 제2차 세계대전 間에는 상공업적 공공서비스를 일반사기업에 최대한 유사하게 운영하려 했고 따라서 행정적·재정적 자치가 대폭 강화된 형태의 상공업적 영조물법인이 대량 창설되었다.[30]

제2차 세계대전 직후는 이런 상공업적 영조물법인의 형식이 국유화된 회사들의 법적 지위를 결정하기 위하여 대대적으로 사용되었다.[31] 그 후에는 이러한 영조물법인의 형식이 국유화가 아닌 公法人의 창설[32]에도 널리 적용되어 상공업적 영조물법인은 私法上의 주식회사와 더불어 공기업[33](entreprises publiques)의 二大 法的 구조형식이 되었다.

自治權이 확대된 상공업적 영조물법인의 법적 성격은 다음과 같다.

첫째, 상공업적 영조물법인은 그 조직에 있어서의 집단경영체제를 유지하고

---

28) 김동희, 전게논문, II. 傳統的 공공서비스制度의 修正 참조.

29) 당시 프랑스 식민지였던 코트디부아르(Cote d'Ivoir)의 해안이 호수로 갈라져 있어 식민당국은 수송을 돕기 위하여 나룻배를 배치하였던바, 1920年 9月 어느날 밤 Eloka라는 나룻배가 침몰하여 한 사람이 죽고 서부아프리카상사(Société Commerciale de l'Ouest Africain) 소속의 차량들이 손실을 입은 사건으로 서부아프리카상사는 이 사건을 Grand-Bassan 민사재판소에 소를 제기하였던바, 총독대리관은 Blanco사건판결을 미루어 이 사건이 공공서비스에 관계되므로 민사관할이 아니라고 판단하게 되어 관할재판소에 관할 소송이 제기되었던바, 관할재판소는 Eloka 나룻배는 공공시설이라 볼 수 없고, 나룻터의 서비스는 일반사업체와 마찬가지 조건에서 이루어지고 있었으므로 일반사법재판소의 관할사항이라고 판결하였다.

30) 알사스 칼륨광산(Mines domariales des potases d'Alsace, etc.), 질소국립사업소(Office rational industrial d'Azote).

31) 전기, 가스, 석탄, 탄광회사들의 국유화.

32) 국립산림사업소, 광산 화학회사, 석유사업조사회사 등.

33) 공기업에 관해서는 후술함.

있다. 따라서 경영위원회(Conseils d'administration)가 설치되어 있으며 이 경영위원회는 국가의 대표뿐만 아니라 고용인 대표, 사용자대표, 또 기술 고문들이 포함되는 것이 보통인데 이러한 집단경영원칙은 1983년 7월 26일 공공부문의 민주화 법률(loi n83-675, relative à la démocratisation du secteur public)에서 재확인되었다. 다음으로는 예산, 재정, 회계상의 자치권의 확대인바 상공업적 영조물법인은 특히 행정적 영조물법인과는 달리 준조세(taxes parafiscales)의 혜택을 받는다. 그러나 상공업적 영조물법인의 법적 성격의 특징은 무엇보다도 법적 혼합체제(公法과 私法)라는 점에 있다. 상공업적 영조물법인은 공법과 사법이 다같이 적용되나 사법이 적용되는 부분이 대부분이다. 즉 상공업적 영조물법인은 일종의 공공상인으로 간주되어 사법을 적용시키게 된다. 따라서 회계인으로서의 이사와 경리를 제외[34]한 상공업적 영조물법인의 직원은 원칙적으로 사법상의 직원이 된다. 行政行爲에 관하여는 公的 管理(gestion publique)行爲로 분류될 때에만 行政行爲로 분석된다.[35] 계약도 일반적으로는 사법상의 계약을 체결하게 된다(行政契約도 있음). 그러나 이러한 상공업적 영조물법인의 증대는 행정적 활동과 상공업적 활동을 동시에 영위하는 소위 "양면의 얼굴을 가진(à double visage)" 영조물법인도 탄생시키는 등[36] 매우 복잡한 현상을 야기하였다.

이렇게 되면 상공업적 영조물법인이 사실상 본질적으로 행정적인 활동을 할 수 있게 되는데 이것은 상공업적 영조물법인이 이른바 "뒤집혀진 얼굴의(Vigage inversé) 영조물법인"[37](즉 행정적 영조물법인의 모습)으로 되는 것을 의미 한다.

또한 행정적 영조물법인과 상공업적 영조물법인 이외에도 새로운 형태의 영조물법인이 생겨났다. 즉 地方自治團體組合과 같은 地方自治團體들이 결합하여 새로운 지역적 행정조직을 창설하게 되었는데 이렇게 되면 새로운 지방자치단체의 창설을 피하면서 지방자치단체의 집단(groupements de collectivés locales)이 권위와 존재를 누릴 수 있게 된다. 이 밖에 기존의 행정적 영조물법인 중

---

**34)** C.E. 8 mars 1957, Jalenques de Labeau 판결.

**35)** C.E. 10 novembre 1961, Miss 판결.

**36)** 예를 들어 국립항해사업소(office national de la navigation), T.C. 10 fév. 1949, Guis 판결 및 어시장 감독 및 조직 기금(Fonds d'intervention et d'organisation des marchés des produits de la pêche maritime et de la conchyliculture; F.I.O.M), T.C 12 nov. 1984, Societé Interfrost C.F.I.O.M. 판결.

**37)** 농산물 시장조직기금(Fonds d'organisation des marchés agricoles), T.C. 24 juillet 1968, Distilleries bretonnes 회사판결 및 프랑스 무역센타(Centre français du Commerce extérieur) C.E. 4 juillet 1986, Berger 판결.

연구기관에 보다 많은 자치를 부여하기 위하여 새로운 형태의 영조물법인을 창설하였는바 1982년 7월 15일 법률에 의하여 창설된 과학기술적 영조물법인(éstablissements publics à caractère scientifique et technologique)과 1984년 1월 26일 법률에 규정된 과학·문화 및 직업적 영조물법인(éstablissements publics à caractère scientifique, Culturel et proffessionnel)인데, 이 과학·문화 및 직업적 영조물법인의 창설은 고등교육기관에게 일정한 자주조직권, 경영 집행부의 선출권, 교수, 연구원, 학생 및 행정직원의 참여를 규정하고 있다. 아무튼 대체로 행정적 영조물법인은 공공서비스의 실행기관으로서의 성격이 강하고 상공업적 영조물법인은 경제간섭기관으로서의 성격[38]이 강하다고 할 수 있다.

## Ⅳ 公企業과 공공서비스

프랑스에서 "公企業"이라고 하면 일반적으로 "전체적 혹은 부분적으로 私的인 소유나 경영의 지배를 피하여 국가나 지방자치단체의 다소 밀접한 감독을 받는 法人體의 회사"[39]를 말한다. 이때의 法人體는 公法人, 私法人을 불문한다.

J. Rivero 교수도 Delion의 논문[40]을 인용하여 "私資本의 소유에서 벗어난 국가의 권위하에 있는 상공업적 기업"[41]이라고 하고 있고 A. de Laubadère교수는 판례[42]를 인용하여 "재화나 용역의 생산활동에 종사하며 公行政當局의 지배적 권력에 종속되는 법인체이며 이러한 지배적 권력은 公行政當局이나 기관이 자본의 전부 또는 과반수를 점유하거나 또는 심의기구 내의 의결권의 과반수 이상을 확보함으로써 생기는 결과"[43]라고 하고 있으며, G. Dupuis 교수와

---

38) 따라서 직접 경제간섭(les intervnetions économiques directes)인 공기업(les entreprises publiques)의 중요한 一形式을 구성하게 된다.

39) Lexique, Droit administratif, P.U.F., paris, 1979.

40) Delion, L'Etat et les entreprises publiques, thèse, paris, 1957.

41) J. Rivero. op. cit., p. 587.

-des entreprises industrielles et commerciales qui échappent à l' appropriation par le capital privé, relèvent en dernière analyse, de l'autorité de l'Etat-.

42) un organisme doté de la personnalité morale, gérant une activité de production de biens ou de servies et soumis au pouvoir prépondérant d'un autorité publique; Cette prépondérance résultant de la détention de la totalité au de la majorité des capitaux par des organismes ou des autorités publiques ou de la majorité des voix au sein des organes délibérants(C.E. 24 Nov. 1978, Synd. nat, du personnel de l'énergie atomique, C.F.D.T et a).

M. J. Guédon 교수는 "公共部門(국가 또는 지방자치단체에 귀속되는 상공업종사 부문)에 속하는 법인체[44)]"라고 하고 René Chapus교수는 "공기업이란 상공업적 영조물법인이거나 과반수 이상의 공공자본으로 형성된 주식회사 이외에 다른 것이 아니다"라고 하고 있다.[45)] 1985년 기준으로 공기업은 프랑스 고용인력의 16%, 부가가치의 28%, 수출의 약 1/4 그리고 전체투자의 약 40%를 차지하였다. 그러나 이러한 정의들이 명확한 것은 아니다. 왜냐하면 우선 공기업을 규정하고 있는 佛法上의 규정이 없기 때문인데, 공기업에 관한 가장 상세한 내용을 포함하고 있는 공공부문의 민주화에 관한 1983년 7월 26일 법률[46)]도 적용대상의 유형으로서, ① 상공업적 영조물법인(les établissements publics industriels et commerciaux), ② 국영회사(société nationale), ③ 자본의 50% 이상을 국가가 소유하는 혼합회사(Société d'économie mixte)를 나열하고 있을 뿐 정의를 내리지는 않고 있다. 더구나 公共部門이라고 했을 때는 公企業뿐만 아니라,

1) 행정청의 직접경영(des régles industriel et commerciales), 2) 행정적 영조물법인 중에서 상공업적 활동을 수반하는 영조물법인, 3) 상공업적 영조물법인 중에서 행정적 활동을 수반하기 때문에 공기업으로는 분류되지 않는 것을 포함하는 공기업보다는 넓은 개념[47)]이기 때문에 더욱 주의를 요한다고 하겠다.

法源으로서의 유일한 明文規定은 회원국과 공기업의 재정관계의 투명성(비밀이 없는)에 관한 1980년 6월 25일의 유럽공동체위원회의 디렉티브(Directive)[48)]인데, 이 디렉티브에 의하면 公企業(entreprises publiques)이란 "소유나 자본의

---

43) A. de laubadère, op. cit., p. 718.

44) "un drganisme doté de la personnalité marale, appatenant au secteur public", Georges Dupuis et Marie-José Guédon, Insititutions administratives, Droit administratif, p. 236 Armand Colin-collection U. 1986, paris.

45) "les entreprises publiques ne sont autres que, soit des établissements publics à caractère industriel et commercial, soit des sociétés anonymes à capital public au majoritairement publc", René Chapus, Droit administratif général, Tl, p. 242, Editions montchrestien 1985, Paris.

46) Antoine Jeammoud, La démocratisation du secteur public, A.J.D.A, 1983, p. 563 이하 참조.

47) A. de Laubadère/Pierre Delvolvé, Droit public économique, op. cit., p. 715.

48) 일정한 행위의 지침을 마련하거나 일정한 태도를 취할 것을 추천하기 위한 명령과 규칙의 중간형태에 해당하는 행정활동형식으로 행정객체에게 직접적으로 발하여지는 것이 아니고 하급행정청에 대하여 발하여진다. 원래 이탈리아의 행정활동형식이었으나 E.C를 통해 유럽에 보급되었는바, 명령보다는 약하고 권고보다는 강하다. 프랑스에서는 법률과 법규명령의 해석이나 적용에 관하여 자기의 權威下에 있는 공무원에 대한 장관, 국장, 기관장의 지시인 씨르뀔레르(Circulaire)에 준하여 비법규적인 행정규칙에 불과한 단순한 해석적 Direcvive와, 법규성이 인정되는 법규적 Directive로 나누어 취급한다.

참여나 운영규정상 직접 또는 간접으로 공권력이 지배적인 영향을 미칠 수 있는 모든 企業"(toute entreprise sur laquelle les pouvoirs peuvent exercer diredtement ou indirecte ment une influence dominante, du fait de la propriété, de la participation financiére, ou des régissent)을 말한다. 즉 공권력이 기업에 대하여 직접 또는 간접으로, ① 기업자본금의 1/2 이상, 또는 ② 이사회에서의 과반수 이상의 결정권, 또는 ③ 경영진의 1/2 이상의 인원을 지명할 수 있을 때, 이런 기업을 공기업(entreprise publique)라고 한다. 그러나 이 定義는 공기업의 기업적 성격에 대하여는 설명하고 있지 아니한데 이에 관하여 O.E.C.D의 정의는 "공기업이라 함은 일반상사와 같이 原價를 넘길 수 있는 가격에 팔 목적으로 재화와 용역을 생산하는 기업으로서 국가가 소유하거나 지배하는 기업"[49](Les entreprises publiques sont des entreprises qui, comme les entreprises commerciales produisent des biens et services envede leur vente à un prix qui doit couvrir approximativement leur prix de revient, mais qui sont la proprieté de l'Etat ou placé sous son contrôle)이라고 하고 있다.

A. de Laubadère 교수는 公企業의 기준으로서,

① 法的 기준으로서 法人體일 것, ② 行政的 기준으로서 국가의 특별한 감독을 받을 것, ③ 경제적 기준으로서 상공업적 기준을 가져야 한다(영리를 추구하여야 한다)고 하면서[50] 따라서 공기업은 엄격한 법적 개념이라기보다는 공경제적 개념으로 앞의 세 가지 기준을 합쳐 "공기업이란 상공업적 활동을 하는 독립된 법인체로서 국가의 특별한 제도적 감독을 받는 기관들을 의미하며 따라서 여러 가지 상이한 법적 지위를 가지고 있다"고 한다.[51]

공기업의 法的 地位는 크게 나누어 公法人과 私法人으로 나누어 볼 수 있는바 공법인인 영조물법인 형태의 공기업은 앞에서 이미 고찰하였으므로 생략하기로 하고 私法人 형태의 공기업은 공공자본의 참여 비율에 따라 100% 公共資本인 國營企業(sociétés nationale)과 公共資本과 民間資本의 결합인 혼합회사(sociétés d'économie mixte)로 나누어진다. 국영기업은 세 차례에 걸친 國有化(Nationalisation)과정을 통하여 형성되어 왔으며 1986년부터는 非國有化[52]

---

**49)** François Chevallier, Les entreprises publiques en France Notes et études documentaires, La documentation fr. 1979, p. 14.

**50)** A. de Laubadère, op. cit., p. 220.

**51)** Ibid., p. 221.

**52)** 國有化에 관하여는 A. Delion et M. DURUPTY, Nationalisations, 1982, Economica, 1982, paris L. Favoreu(sous la derctionde), Nationalisations et Constitutions, Economica, (dénationalisation) 또는 民營化(privatisation)가 추진되었다. 一次 國有化물결은 1936년에 결정되어 프랑스은행, 방위산업체와 철도에 대한 국유화가 이루어졌다. 국유화의 2차물결은, 2차대전 직후 이루어졌는데 우선 가스, 전기, 석탄의 세 부분에 관하여 국유화가 이루어졌고, 이어서 금융분야에 대한 국유화가 이루어져 저축은행과 34개의 보험회사가 국유화되었고, 그 후 수송분야에 대한 국유화가 이루어져 해운, 항공, 파리지하철이 국유화되었다. 마지막으로는 나치 점령책에 호응한 데 대한 응징으로서 Renault 자동차회사, Gnome et Rhône 비행기 제작회사, Agence Havas가 국유화되었다. 2차국유화 물결은 좌파 집권 후인 1982년에 일어났는데, 5개 산업체(la compagnie genérale d'électricité, Saint-Gobain, Pechiney-Ugine-Kuhlmann, Rhône-Poulene과 Thomson-Brancl t)와 2차대전 후 국유화되지 않았던 대부분의 은행과 2개의 금융회사(Paribas와 Suez)에 대한 국유화가 행해졌다. 그러나 1986년 3월의 의회선거에서 보수연합이 승리함에 따라 1986년 7월 2일 법률에 의하여 금융, 보험 및 에너지 산업에 대한 국가의 주식을 민간에 매각함으로써 민영화[53]가 이루어졌는데 민영화된 주요 기업을 들면 다음과 같다.

Elf. Saint-Gobain, Crédit Commerçial de France, Paribas, Compagnie d'électricité, Agence havas, Société Générale, Compagnie financière de Suez 등 1987년 말까지 65개 Groupes에 걸쳐 민영화되었다.[54]

한편 공기업에 대한 일반적 이론은 아직 정립되었다고는 할 수 없는바, 예를 들어 국영기업이 상공업적 영조물법인과는 달리 주식회사의 형태를 취한다 하더라도 국가가 단일주주인 관계로 이 경우, 국영기업에 대한 私法이 아닌 公法의 적용분야는 의회가 결정하게 된다. 따라서 사실상 상공업적 영조물법인과의 차이점을 발견하기는 쉽지 않고 私法人이기 때문에 私法적용분야가 公法人인 상공업적 영조물법인보다 넓다고 보는 것은 다분히 환상적이라 하겠다. 또한 혼합회사[55](Sociétés d'économie mixte)의 경우에도 Société française de radio diffusion의 경우처럼 공공자본의 비율이 99%에까지 이르는 예가 있어 이도 일률적으로 私法的 성격이 위의 두 가지 형태의 공기업(상공업적 영조물법

---

1983과 A.J.D.A. 1982년 제2호 국유화 특집호 참조.

**53)** 민영화에 관하여는, Jacques Chavallier, Les enjeux ed la déréglementation R.D.P., 1987, p. 281, A.J.D.A. 1987년 5월호 민영화(privatisation) 특집호 참조.

**54)** 민영화 절차는 1986년 8월 6일 법률에 자세히 규정됨.

**55)** Philippe Marchat, l'Economie Mixte, Que Sais-je?, P.U.F., 1980. 참조.

인과 국영기업)보다 더 강하다고 말하기는 곤란한 점이 많다. 그러나 공기업의 조직과 운영에 관한 비교적 최근의 2개 법률을 참고할 가치가 있다.

1) 공공부문의 민주화에 관한 1983년 7월 26일 법률[56) ]: 이 법률은 상공업적 영조물법인, 국영기업, 그리고 공공자본의 비율이 90% 이상인 혼합기업은 집행위원회와 감사위원회가 3당사자로 구성되어야 한다고 규정되어 있는데 기타의 공기업(예를 들어 공공자본 90% 미만 50% 이상의 혼합기업)에서는 보통 국가대표와 고용인대표로만 구성된다.

2) 지방혼합기업의 지위에 관한 1983년 7월 7일의 법률[57)]: 이 법률에서는 공공자본의 비율이 50%에서 80% 사이의 것을 지방혼합기업(Sociétés d'économie mixte locales)으로 보고 있다. 이때 지방자치단체는 심의기구의 50% 이상의 결정권을 가져야 한다.

그러면 공기업과 공공서비스의 관계를 어떻게 볼 것인가? 우선 공공서비스의 관계를 어떻게 볼 것인가? 우선 공공서비스의 개념은 조직적 의미(au sens organique)와 기능적 의미(au sens fonctionnel)의 두 가지 의미로 쓰이다가 행정법의 발전을 따라 주로 기능적 의미에서 파악하게 되었음을 이미 고찰한 바 있다. 그런데 기능적 의미에서 공공서비스란 결국 공공서비스적인 활동(activité de service public)을 의미하며 이 공공서비스적인 활동이란 공권력이 담당하고 있는 특별한 체제(행정체제)에 귀속되는 공익활동(Une activi-té d'intérêt général)인바, 문제는 어떠한 것이 公益活動인가 하는 공익에 관한 판단기준이 주목된다. 그러나 공익에 대한 관념은 결국 막연한 기준에 의해 판별될 수밖에 없다. 현재 일반적 관념에 비추어 수많은 公共企業 중에서 철도, 가스, 전기 등의 분야는 공공서비스적인 공기업으로 보고 있고, 은행, 보험, 석유, 광산회사, 자동차 등의 분야에 있어서의 공기업은 공공서비스가 아닌 것으로 보고 있다.[58)] 따라서 공공서비스와 공기업은 그 관념의 주안점이 다를 뿐만 아니라 그 범위도 달리하고 있다. 하지만 공공서비스가 아닌 것으로 분류되고 있는 공기업도 공익의 이름으로 국가의 통제를 받는 것이 사실이다. 따라서 공익의 관념을 매개로 한 공공서비스와 비공공서비스의 구별도 상대적인 것이 되는데, 여기서 다

56) 자세한 것은 Antoine Jeammaud, La démocratisation du secteur pubic, A.J.D.A., 1983, n°11, p. 563 참조.

57) 자세한 것은 Claude Devès, Société d'économie Mixte; Nouveau départ pour l'économie Mixte locales, A.J.D.A., 1983, N°11, p. 596 참조.

58) G. Vedel, op. cit., p. 1030.

시 한 번 공공서비스이론의 쇠퇴 내지는 무력을 실감할 뿐이다. 결국 공기업 중에서 어떤 업체들을 공공서비스업체로 볼 것인가 하는 것은 공권력의 의지에 달려 있는 문제로 행정적 실존주의(existentialisme administrtif)의 상태를 노출시키고 있다. 따라서 이러한 실존주의의 입장에 따라 공공서비스, 영조물법인 및 공기업의 관계를 도표[59]를 통해 분류하여 보기로 한다.

| 구 분 | 공공서비스 service public | 영조물법인 etablissement public | 상공업적 성격 (영리추구) Caractere in dustriel et commercial | 공기업 entreprise publique |
|---|---|---|---|---|
| 프랑스전기회사 (electircite de France) | ○ | ○ | ○ | ○ |
| 대학(universite) | ○ | ○ | × | × |
| 국립연구소(C.N.R.S) | ○ | ○ | × | × |
| 국립철도회사(S.N.C.F) | ○ | × | ○ | ○ |
| 국립인쇄사 (imprimerie nationale) | ○ | × | ○ | × |
| 프랑스석탄회사 (charbonages de Fcrance) | × | ○ | ○ | ○ |
| 광산, 화학회사(Entreprises mi-niere et chimique) | × | ○ | ○ | ○ |
| 고체연료가격보상금고 (Caisse de Compensation des prix des combustible solides) | × | ○ | ○ | × |
| 임대인 조합협회 (association syndicale de pro-prietaires) | × | ○ | × | × |
| 국영은행 및 보험회사 (Banques et assurances na-tionalisees) | × | × | ○ | ○ |

# V 결 론

이 글의 취지가 참고 자료로서의 소개에 있는 만큼 이 문제에 관한 프랑스 학계의 이론이나 우리 학계의 이론에 관한 본인의 견해를 피력하는 것은 자제

59) Ibid., p. 1031 참조.

하기로 한다. 다만 여기서 두 가지 점에 관해서만 주의를 환기시키고 싶다.

첫째, 오늘날 유럽은 유럽통합을 목전에 두고 있기 때문에 유럽통합법(European Community law)이 각 회원국의 행정법에 미치는 영향이 막대하며 이를 매개로 하여 유럽 각국의 행정법은 더욱 근접화되고 있다. 本稿에서도 유럽통합법의 공기업개념이 프랑스의 공기업개념에 직접적 영향을 미치고 있음을 보았다. 앞으로 유럽통합법의 행정법 규정에 보다 많은 주목을 하였으면 하는 것이 본인의 바람이다.

둘째, 공공서비스의 수행방식으로서의 공공서비스特許契約(concession de service public)에 대한 주의를 환기시키고 싶다. 현재 우리 학계에서는 "사인에게 공기업을 경영할 수 있게 하여 주는 行政作用을 가리켜 公企業의 特許라고 하며 이러한 공기업의 특허를 우리나라나 독일에서는 行政行爲로 보고 있으나 프랑스에서는 行政契約으로 보고 있다"고 설명하는 것이 보통이다. 그러나 특기하고 싶은 것은 이때의 특허가 일방적인 행정행위인가 혹은 쌍방적인 행정계약인가 하는 점은 오늘날 민주행정방식으로서의 행정계약이 점차 널리 쓰이고 있고 따라서 행정행위와 행정계약의 상호변환성의 증대현상을 가져오고 있으므로 그리 중대한 문제가 아니라고 할 수 있다. 초점은 공기업은 조직의 의미이고 공공서비스는 기능적 의미이기 때문에 "국가가 달성하여야 할 임무", 즉 공공서비스를 부여한다는 것과 그러한 임무 부여의 一結果로서 "私企業體에 대한 공익사업의 허가 또는 계약"과는 그 주안점이 다르다는 점에 있다. 무엇보다도 공공서비스란 법적인 개념이고, 공기업이란 여러 가지 상이한 법적 지위를 가지고 있는 기관들의 집합인, 보다 경제적인 개념이다. 그렇기 때문에 프랑스에서는 이미 상공업적인 영조물법인기관(établissement public à caractère industriel et commerçial)으로서 프랑스전기회사(E.D.F)와 국영기업(Société nationale)으로서 공기업인 국영철도회사(S.N.C.F)들과도 공공서비스特許契約을 체결하고 있어 보다 확실한 공익사업을 보장하고 있다. 또 기업이 아닌 소규모의 빵가게[60]라 할지라도 공공서비스特許契約을 맺을 수 있다. 공공서비스의 법적 의미에 보다 주목하였으면 하는 취지이다.

60) 프랑스에서는 빵이 식생활의 필수이며, 조그만 산간마을에도 빵가게 1개소는 필수적이다.

# 제 3 장 公益事業의 民營化의 法的 問題[1)]



## Ⅰ 서 론

정부는 1993년 민영화 계획에 의하여 1996년 10월까지 58개 공기업을 대상으로 하여 민영화를 추진하였으나, 42개사가 미완료 상태에 있었다. 이러한 구조조정의 미흡상태의 일면이 다음해의 금융위기의 한 원인을 설명해주고 있는 것도 같다. 그러나 구조조정이 급하다고 하여 무원칙한 민영화를 추진한다면, 그것 역시 게으른 구조조정 못지 않은 폐단을 가져올 것이기 때문에 설득력 있는 민영화를 추진하기 위해서는 법적 문제에 대한 검토가 필히 전제되어야 할 것이다. 민영화는 본질적으로는 정치적 과제에 속한다. 즉, 재산권과 관련된 기본적인 정치이념이 구현되는 과제라고 볼 수 있다. 따라서 특히 공익사업의 경우에는 심각하지 않은 정도의 효율성의 문제는 그다지 중요한 것이 아니라고 볼 수 있다. 그러나 민영화의 정치적 추진력을 보강하기 위해서는 법률적인 근거가 마련되어야 한다. 그러나 한국에서는 민영화계획 자체가 법적 구속력을

1) 이광윤, "공익사업의 민영화의 법적 문제", 한불정법학회 발표문, 1997. 5. 31.

지니고 있지 않고 있으며(프랑스에서는 법률로 정해짐) 법적 개념이 명확하지 않다. 따라서 민영화의 정치적 추진력을 보강하기 위한 이념정립을 위하여 민영화의 개념과 한계, 특히 민영화의 반대개념인 국영화의 이념적인 기초인 공익과의 관련성이 어떠한 것인지, 공익사업의 민영화에 따른 공공성의 유지를 위한 방법으로는 어떠한 것들이 있는지 하는 문제들을 검토해 보고자 한다.

## Ⅱ 民營化의 定義

프랑스에서 民營化(privatisation)라고 함은 일반적으로 기업에 대한 지배권이 공법인으로부터 사법인으로 이양됨을 가리킨다(C.E. ass. déc. 1982). 그러나, 넓은 의미에서의 民營化라 함은 營造物 법인기업의 사법상의 주식회사 형태의 公企業으로의 전환과 같은 공공부문내부에서의 변화나 민간자본의 일부유치와 같은 부분적인 民營化를 포함하므로 民營化란 엄격히 말하면 정책적인 용어이기 때문에 협의의 民營化를 뜻하는 기업에 대한 지배권의 公共部門(secteur public)으로부터 民間部門(secteur privé)에로의 이양은 법률용어로는 '탈국영화'(dénation-alisation)로 불러야 한다는 주장도 있다.[2] 공법인의 기업에 대한 지배권이라 함은 ① 자본상의 지배권, ② 경영상의 지배권, ③ 공권력의 행사로서의 감독을 말하는데 공법인이 기업에 대한 지배권을 갖는 이러한 기업을 公企業(entreprise publique)이라 한다.[3] 따라서 법적인 의미에서 民營化라고 함은 공기업을 민간부문의 지배기업으로 전환함을 가리킨다. 이에 대하여 Jean-Philippe Colson은 경영상의 조치는 흔히 所有權의 이전을 준비하거나 수반하는 조치이기 때문에 民營化라 함은 소유권의 문제가 그 중심과제라 한다.[4] 공사혼합기업(société d'économie mixte)의 경우 소수자본에 의한 경영상의 지배권을 확보하기 위하여

2) Alain-Serge Mescheriakoff, Droit public économique, PUF., 1994, p. 228.

3) 공기업(entreprises publiques)의 정의는 일반적으로 1980년 6월 25일 유럽공동체위원회의 준칙(Directive)에 따라 "소유나 자본의 참여 또는 운영규정상 직접 또는 간접으로 공권력이 지배적인 영향을 행사할 수 있는 모든 기업"(toute entreprise sur laquelle les pouvoirs publics peuvent exercer directement ou indirectement une influence dominante, du fait de la propriété, de la participation financière, ou des règles qui la régissent)으로 정의된다. 이광윤 "불법상에 있어서 공공서비스 수행기관들의 개념과 유사개념", 고시연구 1990년 5월호 참조.

4) Jean-Philippe Colson, Droit public économique L.G.D.J. 1995, pp. 125-126.

도 상대적 자본지배가 필요하다는 점에서 民營化의 핵심은 첫째, 공공자본을 민간자본으로 전환하고, 둘째, 民間部門으로 하여금 기업에 대한 지배권을 행사하게 하는 데 있다고 볼 수 있다.

한국에서의 民營化에 대한 정의를 살펴보면 "民營化란 국가 또는 공공단체 등이 특정기업에 대하여 갖는 法的 所有權이 주식매각 등을 통해 民間部分으로 이전되는 과정… 그러나 공기업 民營化의 본질적 목적이 기업 경영을 민간 부문이 담당함으로써 경쟁을 통한 경제적 효율성의 증진이라는 사실을 감안할 때… 기업지배의 주체이전이라는 측면에서 이해할 필요가 있다"(강신일),[5] "民營化란 경영의 주체가 정부로부터 민간으로 이전되는 것을 의미… 民營化의 첫 번째 단계는 정부로부터 민간으로의 所有權移轉이다… 결국 民營化는 所有權의 이전과 함께 경영권의 이전을 동시에 요구한다"(김재홍 · 이승철),[6] "공기업의 民營化는 2가지 측면을 가지고 있다. 첫째, 소유의 개념으로 파악할 때 기업을 민간에 매각하여 所有權이 민간으로 이전되는 것이고(협의의 民營化), 둘째는 公企業이 가지고 있던 법적인 독점권과 법적 · 관행적 제약(예: 정부규제)을 완화 또는 폐지하여 민간 부문의 경쟁이나 신규참여를 허용하는 등 민간에게 보다 큰 활동범위를 부여하여 해당기업의 能率을 제고시키는 것"(곽수일),[7] "民營化는 公企業의 소유가 정부에서 민간으로 바뀌는 것인데 정부가 정부소유지분의 일부를 민간에게 매각하여 혼합기업이 되는 것도 부분적인 民營化이다"(윤성식),[8] "公企業의 民營化란 주식을 포함하는 자산이나 서비스 기능을 정부에서 민간부문으로 이전시키는 것을 의미한다… 政府가 경영권을 장악하면서 株式의 일부만을 민간에 매각하는 경우도 民營化에 포함… 所有權을 계속 정부가 보유하면서 서비스기능만 민간에 넘기는 경우도 民營化에 포함"(유훈)[9] 등으로 정의하고 있다. 이러한 정의 개념들을 종합하여 보면 넓은 의미로는 기업의 지배권에 대한 民間部門의 역할증대로 해석될 수 있는 정책적 의미에 있어서의 民營化 개념을 뜻하며 좁은 의미로는 所有權의 公共部門으로부터의 民間部門에로의 이전을 출발점으로 한 공공부문의 기업에 대한 지배권의 민간부문에로의 이전을 뜻하고 있어 정책적 의미에 있어서의 民營化의 개념이 프랑스보다 더욱 넓고

5) 강신일, "공기업 민영화 방법의 선택", 한국경제연구원, 1994, 13면.
6) 김재홍 · 이승철, "민영화와 규제완화", 한국경제연구원, 4-5면.
7) 곽수일, "공기업 및 정부출자기업 민영화 추진방향에 관한 연구", 한국경제연구원, 1988, 29면.
8) 윤성식, 공기업론, 박영사, 1995, 483면.
9) 유훈, 공기업론, 법문사, 1996, 511면.

다양하게 사용된다는 점에도 불구하고 또 필자에 따라서는 다소 법적 기준에 대한 분석이 미흡하거나(예: 윤성식) 성급한 단정적인 정의를 하고 있음(예: 유훈)에도 불구하고 좁은 의미에 있어서는 프랑스에서 법적인 의미로 사용되는 '기업에 대한 지배권의 공공부문으로부터의 民間部門에로의 移讓'이라는 정의가 한국에서도 대체로 통용되고 있음을 보여준다. 그러나 '公企業'의 개념이 한국에서는 '국가 또는 지방자치단체에 의해 소유·경영되는 기업 또는 사업'[10]이라고 하여 독립된 법인격을 갖춘 기업뿐만 아니라 우편사업, 철도사업 등 정부 또는 地方自治團體가 직접 운영하는 사업을 포함한다는 점에서도 民營化의 개념이 프랑스보다 넓다. 다만 행정학 문헌들이나 행정법학 문헌들에 나타나는 公企業 개념들은 "국가 또는 지방자치단체가 수행하는 사업 중 기업적 성격을 지닌 것",[11] "公企業은 두 가지 요소를 가지고 있다. 정부의 통제를 받는다는 것과 재화와 용역을 생산하여 기업처럼 대가를 받고 판매한다는 사실이다"[12]고 하여 다소 정확성이 부족하거나 심지어는 대부분의 行政法 문헌들은 "사회공공의 이익을 위하여 경영하는 기업"이라는 공익성을 公企業의 필수개념으로 삼고 있어 방위산업체와 전매기업을 공기업에서 제외하는 등 매우 비현실적이다.[13] 여기서는 公企業의 개념을 정부 또는 지방자치단체가 직접 운영하는 사업을 포함한 "공법인이 지배권을 행사하는 기업 또는 사업"으로, 民營化를 "기업 또는 사업에 대한 지배권의 공공부문으로부터의 민간부문에로의 이양"으로 정의하고자 한다.

## III 公益事業의 槪念

公企業이란 공공부문이 지배권을 행사하는 기업 또는 사업을 말하므로 공익과는 별개 개념이다. 프랑스에서 이미 民營化시킨 Compagnie Financière de Paribas, Société Générale과 같은 은행들이나 1986년의 民營化 대상기업이었

10) 곽수일, 전게서, 9면.
11) 유훈, 전게서, 20면.
12) 윤성식, 전게서, 5면.
13) 이광윤, "공공서비스개념의 변천과 공기업 및 특허기업", 성균관법학 제4집, 성균관대학교 법학연구소, 1992, 8면 참조.

던 Renault자동차 회사, 컴퓨터 제조회사인 Bull, 전자교환기 제조회사인 Compagnie Générale de Constructions Téléphoniques, 해운회사인 Compagnie Générale Maritime 등은 公益과 관련성을 인정하기 어렵다. 한국의 民營化 대상인 담배인삼공사, 한국비료공업, 남해화학, 담배자판기 주식회사 등도 공익업체와는 거리가 멀다. 그러나 民營化 대상기업 중 S.N.C.F., Air France, TF1, Electricité de France, 또 한국의 가스공사, 고속도로시설공단, 노동복지공사 등은 공익업체이기 때문에 公益保護의 목적상 民營化에 있어서 특별한 문제를 야기한다. 그런데 公益事業의 기준을 정하는 것은 公益이라고 하는 개념 자체가 불확정적인 것이기 때문에 매우 미묘한 문제이다.

프랑스에 있어서는 우선, 공공서비스(service public)와의 관련성이 문제된다. 공공서비스란 조직적 의미에서는 行政機構(un appareil administratif)를, 기능적 의미에서는 公益의 성격을 띠는 임무로서의 활동을 가리킨다. 그러나 公益은 모든 公行政에서 발견되는 것으로 행정기관의 건물 안에서 제과점을 경영한다거나 行政機關의 연통소제와 같이 공공서비스에 해당하지 않는 것도 공익적 활동에 해당한다. 또, 公益의 만족이란 국가만의 독점물은 아니다. 사기업도 공익을 만족시키는 경우가 있기 때문에 공공서비스란 공권력이 스스로 담당하지 아니하고는 공익에 대한 충족이 불충분하다고 판단하여 스스로 담당하기로 결정한 공익활동을 가리킨다.[14] 한편 확대된 국가의 활동 영역은 공공서비스의 임무인 "公益上의 필요를 충족시키기 위한 행정활동"의 한계를 넘어 재정적 또는 기술적 이유로 인한 국가의 사적 욕구충족에까지 이르게 되어 行政機構(appareil administratif)에 속하는 공공서비스機關으로서의 公企業이라 하더라도 공익과는 상관없는 기업들이 생겨나, 조직적 의미에 있어서의 공공서비스機關이라 하더라도 기능적 의미에서의 공공서비스(행정청이 담당하여야 할 공익활동)를 수행하지는 않는 전매기업, 첨단기업 등이 생겨났다. 그러나 Renault 자동차회사와 같은 단순한 수익성 기업은 상공업적 공공서비스기관으로도 간주되지 않는다. Duguit는 통치자들이 담당하여야 할 국가생존에 필수불가결한 서비스, 즉 철도, 전기, 전화 등을 상공업적 공공서비스로 보았다.[15]

김재홍에 의하면 "公益産業의 본질적인 특성은 공익성과 자연독점"[16]이라고

---

**14)** Hebronner concl. C.E. 18 juillet 1913, Syndicat national des chemins de fer; C.E. 15 fév. 1935 Soc. fr. de constructions mécaniques etc.

**15)** 레옹뒤기/이광윤 옮김, 일반공법학 강의, 민음사, 1995, 127-128면.

**16)** 김재홍, "공익산업의 경제논리", 「공익산업의 경쟁정책」, 한국경제연구원, 1995, 22면.

하는데 보다 구체적으로는 "公益性이란 필수품과 대체될 수 있는 개념으로서 평균적인 대중에게 효용을 제공하면서 대체재의 결여로 비탄력적인 수요를 가지는 상품이나 서비스의 특성"[17]으로 설명하고 있으며, 자연독점에 대하여는 "公益性이 강한 산업에서 경쟁이 활발히 일어난다면 대중의 이익 즉 공익은 충분히 보호될 것이므로, 산업의 공익성은 중요한 이슈가 되지 않는다. 공익성에 대한 특별한 고려가 필요한 경우는 산업의 특성이 경쟁을 제한하고 그에 따라 독점성을 가진 기업에 의하여 공익이 저해될 우려가 있는 경우가 될 것이다. 시장이 본질적으로 경쟁을 제한하는, 즉 독점적 시장구조를 야기하는 특성이 바로 자연독점적 특성이다"[18]고 설명하면서 전력, 통신, 가스, 및 철도의 네 가지 산업을 그 예로 들고 있다.[19] 유훈도 "전기 · 수도 · 가스 · 전신전화 · 철도 등과 같이 그 서비스가 국민생활에 필수 불가결의 것일 뿐만 아니라 獨占的인 성격이 짙은 사업에 종사하는 기업을 공익기업이라 한다."[20] 1946년 프랑스헌법 전문은 "國家的 공공서비스 또는 自然的 獨占(monopole de fait)의 성격을 갖는 모든 재산과 기업은 공동체의 소유로 되어야 한다"고 규정하고 있다. 그러나 국가적 공공서비스기업과 자연적 독점기업이 무엇인지에 관하여 프랑스 헌법재판소는 명백한 답을 내리지 않고 공공서비스에 대한 정의를 立法者들의 권한에 맡겼으며 일시적 독점은 자연적 독점에서 제외됨을 확인하였을 뿐이다. 다만 "사기업에 대한 국가적 차원의 독점을 부여하는 법률"이 금지된다는 것은 확인하였다.[21] 김재홍도 "엄밀히 말하자면, 자연독점성은 더 이상 공익산업의 본질적 특성이 아니다. 왜냐하면 기술발전과 수요증대로 인하여 대부분의 공익산업은 자연독점의 특성을 상실했기 때문이다"[22]고 하고 있으면서 "철도는 도로에 의한 대체성의 증대로 공익성의 특성이 약하고 오히려 구조적으로 경쟁적인 산업이지만 전국적인 네트워크를 유지하고 있고, 公益産業에 대한 전통적인 정부개입이 그대로 적용되고 있어 이 연구의 논의가 그대로 적용될 수 있을 것이다. 한편 수도는 공익성과 지역적 자연독점성을 지니고 있지만, 우리나라의 경우 지방자치단체별로 분리 운영되어 전국적인 네트워크의 특성이 없기 때문에 분석

---

17) 김재홍, 상게서, 23면.
18) 김재홍, 상게서, 23면.
19) 김재홍, 상게서, 25면.
20) 유훈, 전게서, 21-22면.
21) C.C. 207 DC, 25-26 Juin 1986.
22) 김재홍, 전게서, 23면, 주)15.

의 대상에서 제외한다"[23] 하여 전국적인 네트워크를 중시하고 있다. 유럽 공동체조약 제90조 2단은 경제적 公益事業을 담당한 기업(les entreprises chargées de services d'intérêt économique général)을 경쟁에 관한 규정에서 제외시키고 있는데, 이에 대하여 유럽사법원은 "特許를 받은 모든 지역에서 모든 소비자, 지역공급자 또는 최종사용자에게 언제나 요구하는 만큼, 단일한 가격으로 모든 고객에게 적용될 수 있는 객관적 범주에 따라 달라질 수 없는 조건으로 전력을 중단없이 공급하여야 한다"[24]고 하여 이른바 보편적 서비스[25]개념을 公益概念으로 채택하고 있다. 公益事業은 일반적으로 크게 나누어 행정적 서비스와 상공업적 서비스로 나누어 볼 수 있는데 여기서는 公益事業의 개념을 보편적 서비스의 개념에 바탕하여 상공업적 서비스에 국한하여, 기능적 의미에서 "되도록 저렴한 가격으로 모든 사람에게 양질로 공급하여야 할 필수품의 제공활동"으로 정의하고자 한다. 따라서 '공익사업의 民營化'라 함은 조직적 의미에서는 '公益公企業(entreprises publiques d'intérêt public)의 民營化'를 뜻한다. 오늘날 봉사자로서의 국가의 역할은 공익을 위한 보편적 서비스의 제공의무가 국가에 부과되어 있는 것으로 해석할 수 있으며 보편적 서비스의 제공의무는 독점공기업의 시장구조하에서는 문제되지 않지만 民營化의 경우에는 公益을 위한 보편적 서비스의 제공의무를 사업자에게 부여하여야 한다. 따라서 시중은행이나 비료공장과 같은 비공익적 공기업의 民營化와는 달리 공익사업의 民營化에 있어서는 '公益性'의 유지를 위한 특별한 법적 문제가 고려되어야 한다. 이러한 특별한 법적인 문제가 고려되어야 할 公益事業의 범위는 보편적 서비스의 개념을 중심으로 할 때, 이른바 전통적·자연적 독점사업으로 분류되는 철도, 전기, 가스, 통신, 수도 등 운송, 에너지, 통신, 수도 사업들이 이에 해당한다.

---

**23)** 김재홍, 상게서, 25면, 주)17.

**24)** Corbeau 판결(CJCE 19 mai 1993) 및 Almelo 판결(CJCE 27 avril 1994) 참조.

**25)** La résolution du Conseil de l'Union Européenne du 2 juillet 1994; "Universal Service obligation shoud permit access to a defined minimum service of specified quality to all users everywhere; and in the light of specific national conditions; at an affordable price".

# Ⅳ 民營化 公益事業의 法的 特色

## 1. 공공서비스(Service public)로서의 基本原則

프랑스에서 공공서비스는 공익을 실현한다는 의미에서 흔히 공익활동의 의미로 사용된다.[26] 우리 헌법 제119조 2항은 「국가는 균형 있는 국민경제의 성장 및 안정과 시장의 지배와 경제력의 남용을 방지하며… 를 위하여 經濟에 관한 규제와 조정을 할 수 있다」고 하고 있는데, 균형 있는 국민경제의 성장 및 안정을 위한 경제에 관한 규제와 조정에는 보편적 서비스의 제공을 위한 공익공기업의 창설과 이들의 民營化 모두가 그 수단의 하나인 것으로 해석할 수 있으며 民營化 이후의 공익상의 이유로 인한 規制도 여기에 포함되는 것으로 해석할 수 있다. 따라서 한국에서도 공공서비스를 '국가가 제공하여야 할 공익사업'으로 이해하는 범위 안에서는 공공서비스의 원리를 거부할 이유가 없다고 본다. 따라서 이러한 사업이 民營化 하게 되면 특허사업이 된다. 즉 사기업에 의한 공익사업도 공공서비스에 해당하는 한, 공공서비스의 기본원칙을 준수하여야 한다.

## 2. 所有에 대한 規制

公益事業을 民營化한다고 하더라도 현실적으로 공익성을 확보할 수 있도록 장기적이고 안정된 주식지분의 핵(noyaux dur)을 형성하여 公益을 대변할 수 있는 투자자들에게 주식지분의 핵을 보유토록 한다면 民營化의 이점과 동시에 공익성을 유지할 수 있다. 프랑스 헌법재판소는 이러한 주식지분의 핵을 구성하는 것이 憲法에 반하지 않는다고 결정[27]한 바 있다. 그러나 1986-1988 民營化 당시 사회당에서는 집권 보수당이 일부 투자자들에게 특혜를 주었다고 반발

26) Didier Linotte, Achille Mestre, Raphael Romi, 'Service publics et Droit public économique', Litec, 1992, p. 50. Alain-Serge Mescheriakoff, 'Droit des services publics' P.U.F., 1991, p. 62.

27) C.C. n°86-217, 18 sep. 1986.

하였기 때문에 주식지분의 핵을 구성하는 데에는 民營化委員會의 동의를 받도록 하였다. 주식지분의 핵의 구성원이 되면 처음 3개월 동안은 지분양도가 전면 금지되며 그 다음 15~21개월 동안은 20% 이상을 양도할 수 없고 구성원 중 누군가가 지분을 양도하려 할 경우 양도하고자 하는 지분의 80%까지 다른 구성원들이 선매권을 행사할 수 있다. 주식지분의 핵을 구성하는 구성원들은 대개 이미 民營化되었거나 民營化 과정에 있거나 또는 民營化 대상에 올라 있는 기업 즉 과거의 공기업이었던 기업들로 구성되는데 民營化 이후에도 경영진은 여전히 Politéchniques, ENA 같은 소위 'Grands Ecoles' 출신의 비슷한 경력의 소유자들로 구성되므로 여전히 비슷한 철학과 정치이념에 따라 운영된다.28)

한국 가스공사법 제4조 제2항은 「자본금은 국가, 지방자치단체 및 한국 전력공사가 이를 출자하되, 필요한 경우 定款이 정하는 바에 의하여 資本金의 2분의 1을 초과하지 아니하는 범위 안에서 일반으로부터 株主를 모집할 수 있다」고 규정하고 있다.

### 3. 價格에 대한 統制

시장경제질서에 있어서 價格은 需要와 供給에 의하여 결정되는 自由競爭의 原理에 따른다. 그러나 프랑스의 1945년 6월 30일의 Ordonnance는 전후 경제를 수습하기 위하여 價格에 대한 통제를 실시하였는데 1986년 12월 1일의 Ordonnance 제1조는 1945년 6월 30일의 Ordonnace를 폐지하고 경쟁의 원리에 의하여 가격이 결정됨을 공식적으로 선언하였다. 그러나 프랑스 정부는 1987년 7월 16일의 명령(décret)에 의하여 우선 일드 프랑스 외곽 지역의 도시교통 운임을 규제하고 이어서 일르드 프랑스 지역의 도시교통 운임도 규제하였다.

한국의 전기통신사업법 제29조 제1항에 의하면 「기간통신사업자는 그가 제공하고자 하는 전기통신역무에 관하여 그 역무별로 요금 및 利用條件(이용약관)을 정하여 체신부 장관의 인가를 받도록」 하고 있으며, 이를 변경하고자 하는 경우에도 같다. 電氣事業法 제17조 1항에서도 「일반전기사업자는 전기요금 공급조건에 관한 공급규정을 정하여 상공부장관의 인가를 받아야 한다」. 또 도시가스사업법에 의한 도시가스사업자와 수도법에 의한 일반수도업자에 대하여도

---

28) Henri Lepage, "Privatization in France", Privatization & Deragulation, Korea Economic Research Institute, 1994, p. 72.

유사한 규정을 두고 있다.

### 4. 經濟力 集中의 防止

프랑스 民營化 정책의 중요한 정치적 목표 중의 하나는 중하소득 계층에게 기업의 소유권을 확대하겠다는 것이다. 1986년 법률이든 1993년 법률이든 일반공모를 통해 개별적으로 주식을 인수하는 개인투자자들과 종업원들에게 혜택을 준다는 점에서는 차이가 없다. 개인 투자자들은 주식배정에 있어 優先權을 가지며 民營化 이후 18개월 동안 주식을 계속 보유할 경우 10주당 1주씩 무상배정된다. 주식대금의 분납도 가능하다.[29)]

한국정부는 1994년 7월 5일 우선 자본금이 적고 업종성격상 중소기업에 적당한 고속도로 시설공단과 PC통신을 비롯한 10개 公企業에 대하여 30대 재벌그룹의 입찰참여를 배제하겠다고 발표하였다.[30)] 自然的 獨占企業에 대한 經濟力集中은 보편적 서비스를 해칠 수 있는 매우 중요한 문제이기 때문에 法律로 명문화시킬 필요가 있다. 1996년 11월 15일 재정경제원이 발행한 경제동향 제35권 제11호에 의하면 대규모 공기업에 대하여는 경쟁체제를 적극 도입하되 독점체제가 불가피한 경우는 경영목표를 설정·운영하고 지분매각은 1인당 지분한도 설정하에 단계적 분산매각방식으로 추진하기로 하고 있다.

### 5. 國益의 保護

프랑스 정부는 국익보호를 위해 ① 특별주(golden share)의 창설, ② 5%를 넘는 보건, 안전, 국방 관련 民營化 기업주식 취득에 대한 사전승인, ③ 유럽연합회원국을 제외한 외국자본의 지분제한(20%)의 세 가지 방법을 채택하였다. 그러나 拒否權의 行使가 가능한 특별주의 창설이 憲法上의 平等의 原則과 양립될 수 있는지 의문이다. 보편적 서비스의 유지를 위한 주식취득에 대한 사전승인과 지분제한은 國際法關係의 제약의 범위 내에서 적극적으로 검토해 볼 수 있다고 하겠다.

---

**29)** Henri Lepage, op. cit., p. 61.
**30)** 동아일보, 1994. 7. 6.

# 제10편

# 토지행정법

# 제 1 장 한국의 토지계획법 규범의 구조와 문제점[1)]



## Ⅰ 서　론

최근 토지관련법령은 정비가 활발히 이루어져, 토지법제사에 큰 변화를 가져오고 있다. 2000년 토지개발에 관한 법률을 통합한 도시개발법의 제정을 시작으로 2002년 토지수용법과 공공용지의취득및손실보상에관한특례법을 통합하는 공익사업을위한토지등의취득및보상에관한법률의 제정, 국토건설종합계획법을 새로운 체계와 내용으로 재구성한 국토기본법의 제정, 국토이용관리법과 도시계획법을 통합하는 국토의계획및이용에관한법률의 제정, 도시재개발법과 도시저소득주민의주거환경개선을위한임시조치법 그리고 주택건설촉진법상 재건축에 관한 내용을 통합한 도시및주거환경정비법이 제정되었다. 그럼에도 불구하고 우리의 토지계획법체계가 어떻게 되어 있는지 얼른 알아보기가 쉽지 않고 복잡

1) 이광윤, "한국의 토지계획법 규범의 구조와 문제점", 토지공법연구 제24권, 한국토지공법학회, 2004.

하게 보인다. 여기서는 우선 토지계획법의 가장 기본이 되는 헌법, 국토기본법, 그리고 국토의계획및이용에관한법률을 중심으로 하여 토지계획법 규범의 구조를 살펴보고 문제점을 검토하기로 한다.

## Ⅱ 헌 법

헌법 제120조 제2항은 "國土와 資源은 國家의 보호를 받으며, 國家는 그 균형 있는 開發과 이용을 위하여 필요한 計劃을 수립한다"고 규정하고 있으며 제122조는 "國家는 國民 모두의 生産 및 生活의 基盤이 되는 國土의 효율적이고 균형 있는 이용·開發과 보전을 위하여 法律이 정하는 바에 의하여 그에 관한 필요한 제한과 義務를 課할 수 있다"고 규정하고 있다. 헌법에 나타난 국토개발의 기본정신은 '균형개발', '지속가능한 개발', 그리고 '효율적인 개발'이라고 볼 수 있다. 그러나 정작 '균형개발'의 개념이 무엇인가 하는 것은 개념이 다소 모호하다. 전 국토를 획일적으로 지방자치단체별로 단일모델에 의하여 개발할 것인지 아니면 각 지역의 특성에 맞게 개발할 것인지, 각 지역의 경제력의 차이를 산술적으로 평균하는 개발을 할 것인지 지역에 따라 다소 차이가 나더라도 어떤 지역은 효율적 이용을 위하여 개발의 혜택이 더 많이 돌아가고 어떤 지역은 개발의 혜택이 좀 덜 돌아가는 것도 허용할 것인지. 헌법의 규정만으로는 해석상의 차이가 많이 날 수밖에 없다. 또 균형개발의 공간적 범위에 관하여 헌법 제123조 제2항은 "국가는 지역간의 균형 있는 발전을 위하여 지역경제를 육성할 의무를 진다"고 하여 전국적 규모의 균형을 규정하고 있는데, 헌법상의 균형개발의 의미에 대하여 규정한 직접적인 판례는 아직 보이지 않는다. 그러나 헌법재판소 2002. 3. 28. 2001헌바24·51(병합) 전원재판부 결정은 "구 지방세법(1998. 12. 31. 법률 제5615호로 개정되기 전의 것) 제138조 제1항 제3호는 법인의 신설, 전입 등으로 인한 등록세 중과세의 대상이 되는 부동산등기의 지역적 범위에 관하여 '대통령령으로 정하는 대도시'라고 규정하고 있는데, 인구와 경제력의 편중을 억제함으로써 지역간의 균형발전 내지는 지역경제를 활성화하려는 입법취지에 비추어 보면 이 법률조항의 위임에 따라 대통령령에서 정하여질 "대도시"에는 우선, 단위도시 그 자체로 지역이 넓고 인구가 많으며 정

서의 도시의 기능과 중요성을 인정하였다는 점에서 의의가 있으며, 이 도시가 바로 한국에는 행정적 단위로는 존재하지 않았고 관습 속에서 마을(리) 단위로 존재하여 왔던 "마을공동체(commune; Gemeinde)"의 도시단위로의 확대전환을 의미한다.

## 2. 도시계획

도시계획은 1. 광역도시계획, 2. 도시계획, 3. 지구단위계획으로 대상범위를 달리하며 도시계획은 다시 도시기본계획과 도시관리기본계획으로 구분되는데 "도시기본계획"이라 함은 특별시 · 광역시 · 시 또는 군의 관할구역에 대하여 기본적인 공간구조와 장기발전방향을 제시하는 종합계획으로서 도시관리계획수립의 지침이 되는 계획을 말하며 "도시관리계획"이라 함은 특별시 · 광역시 · 시 또는 군의 개발 · 정비 및 보전을 위하여 수립하는 토지이용 · 교통 · 환경 · 경관 · 안전 · 산업 · 정보통신 · 보건 · 후생 · 안보 · 문화 등에 관한 계획을 말한다. 도시계획은 특별시 · 광역시 · 광역시의 군을 제외한 시 또는 군의 관할구역을 대상으로 수립하는데 이는 특별시 · 광역시 · 시라고 하는 도시와 도시계획기법을 도입한 비도시지역인 군을 대상으로 하는 것으로, 기본적으로 규모에 상관없이 도시단위라고 하는 하나의 생활단위를 대상으로 하여 도시계획을 수립한다. 광역도시계획은 「2 이상의 특별시 · 광역시 · 시 또는 군의 공간구조 및 기능을 상호 연계시키고 환경을 보전하며 광역시설을 체계적으로 정비하기 위하여 필요한 경우에는 인접한 2 이상의 특별시 · 광역시 · 시 또는 군의 관할구역의 전부 또는 일부를 대통령령이 정하는 바에 따라 광역계획권으로 지정한다」. "지구단위계획"은 도시계획 수립대상 지역 안의 일부를 대상으로 하는 도시관리계획이다. 도시계획은 특별시 · 광역시 · 시 또는 군의 관할구역에서 수립되는 다른 법률에 의한 토지의 이용 · 개발 및 보전에 관한 계획의 기본이 된다(제4조).

# V 국토기본법과 국토의계획및이용에관한법률 사이의 법률들

## 1. 수도권정비계획법

이 법은 수도권의 정비에 관한 종합적인 계획의 수립과 시행에 관하여 필요한 사항을 정함으로써 수도권에 과도하게 집중된 인구 및 산업의 적정배치를 유도하여 수도권의 질서 있는 정비와 균형 있는 발전을 기함을 목적으로 한다(제1조).

수도권정비계획은 수도권 안에서의 국토의계획및이용에관한법률에 의한 도시계획 기타 다른 법령에 의한 토지이용계획 또는 개발계획 등에 우선하며, 그 계획의 기본이 된다. 다만, 군사에 관한 사항에 대하여는 그러하지 아니하다(제3조 제1항).

중앙행정기관의 장이나 서울특별시장 · 광역시장 · 도지사 또는 시장 · 군수 · 자치구의 구청장 등 관계행정기관의 장은 수도권정비계획에 부합되지 아니하는 토지이용계획 또는 개발계획 등을 수립 · 시행하여서는 아니 된다(제3조 제2항).

## 2. 교통체계효율화법

이 법은 교통정책에 있어서 종합적인 조정을 강화하여 도로 · 철도 · 공항 · 항만 등 교통시설간의 효율적인 교통체계구축을 촉진하고 그 이용의 효율을 높임으로써 국민생활의 편의를 증진하고 국가경제의 발전에 이바지함을 목적으로 한다(제1조).

국가기간교통망계획은 국토기본법에 의한 국토종합계획과 조화를 이루어야 한다(제4조 제1항).

국가기간교통망계획은 대도시권광역교통관리에관한특별법에 의한 대도시권광역교통계획이나 기타 다른 법령에 의한 교통관련 계획에 우선하며 그 계획의 기본이 된다(제4조 제2항).

## 3. 제주국제자유도시특별법

이 법은 제주도를 국제자유도시로 개발함으로써 국가발전에 기여함과 동시에 제주도민이 주체가 되어 향토문화와 자연 및 자원을 보전하고 지역산업을 육성하며 쾌적한 생활환경을 조성하여 제주도민의 복지향상에 이바지함을 목적으로 한다(제1조).

제주도지사(이하 "도지사"라 한다)는 다음 각 호의 사항을 포함하는 종합계획을 수립한다.

1. 제주도를 국제자유도시로 개발하기 위한 기본 시책에 관한 사항
2. 세계 평화의 섬 지정 등 국제교류・협력의 증진에 관한 사항
3. 토지・물 그 밖의 천연자원의 이용・개발 및 보전에 관한 사항
4. 해양의 이용・개발 및 보전에 관한 사항
5. 자연환경의 보전 및 오염방지에 관한 사항
6. 지역사회의 개발 및 생활환경 개선에 관한 사항
7. 농업・임업・축산업・수산업의 진흥에 관한 사항
8. 관광산업, 첨단지식산업, 물류산업, 금융산업 등 지역산업의 진흥에 관한 사항
9. 향토문화의 보존과 문화예술의 진흥에 관한 사항
10. 관광자원(문화관광자원을 포함한다)의 이용・개발 및 보전에 관한 사항
11. 보건・의료 및 사회복지에 관한 사항
12. 외국인의 생활편의 증진에 관한 사항
13. 교육의 진흥 및 인재육성에 관한 사항
14. 도로・항만・공항・정보통신 등 사회간접자본시설에 관한 사항
15. 수자원・전력 그 밖의 에너지 개발에 관한 사항
16. 지역정보화의 기반구축 및 진흥에 관한 사항
17. 개발사업 등에 필요한 투자재원의 조달에 관한 사항
18. 그 밖에 도지사가 필요하다고 인정하는 사항

종합계획은 다른 법령에 의한 개발계획에 우선한다. 다만, 군사에 관한 사항은 그러하지 아니하다(제4조 제3항).

# Ⅵ 토지계획들의 구조와 관계

국토기본법에 의한 국토계획은 기본적으로 국토종합계획, 도종합계획, 시군종합계획이 계층적 구조를 이루고 있으며, 여기에 시군종합계획의 공간적 범위를 보충 또는 보완할 지역계획과 국토종합계획을 보충하는 중앙행정기관의 소관업무에 관한 부문별계획을 첨가하고 있다. 국토종합계획은 전국적 계획이며 시군종합계획은 생활공동체로서의 도시와 도시계획법기법을 도입한 비도시 군에 관한 도시계획이므로 지방자치법상의 계층구조에 상응하는 개념이 아니다. 따라서 도종합계획이라고 하는 행정구역 중심의 계획과는 매우 이질적인데, 시군종합계획이 국토의계획및이용에관한법률에 의하여 수립되는 도시계획이므로 도종합계획은 불필요한 국토계획이라고 할 수 있다. 더구나 지역계획인 수도권발전계획은 도의 공간적 범위와 관할을 초과하고 있고, 광역권개발계획 역시 도의 관할 범위를 초과하고 있고, 공간적 범위 역시 범위를 달리하므로 도종합계획을 삭제하고 시군종합계획을 도시계획으로 명칭을 변경하여 국토종합계획과 도시계획의 이원체계를 확립한 다음, 도시계획의 세부적인 사항은 국토의계획및이용에관한법률에 맡기는 것이 보다 체계적인 토지계획이 될 것으로 보인다. 아무튼 국토계획의 구조는 국토종합계획과 도시계획이 계층적 구조를 이루고 있고 도시계획을 지역계획이 보충하고 있고, 부문별계획이 국토종합계획을 보충하고 있는 것으로 이해된다. 국토의계획및이용에관한법률에 의한 도시계획은 광역도시계획에 의하여 보충되고 있으며, 하부계획으로 지구단위계획을 두고 있다. 그런데 광역도시계획은 2 이상의 특별시 · 광역시, 시 또는 군의 전부 또는 일부에 대하여 광역권으로 지정하여 수립하는데, 이것은 공간적 범위로 보아 국토기본법에 의한 지역계획 중, 수도권발전계획과 광역권개발계획에 해당하므로 도시계획 개념에 의하여 양법률의 규정을 통일시킬 필요가 있다. 만약 수도권발전계획을 도시계획개념이 아닌 국가와 도시의 중간단계의 국토개념으로 설정한 것이라면 국토종합계획의 보충적인 하위 개념으로서의 대단위 지역계획의 개념을 설정할 필요가 있다.

수도권정비계획법에 의한 수도권정비계획과 제주국제자유도시특별법에 의한 종합계획은 광역도시계획에 속한다. 이러한 법률들에 의한 용어상의 불일치도 국토의계획및이용에관한법률 규정에 맞추어 일치시킬 필요가 있다. 그리고 구태여 이러한 법률들에 의한 계획의 효력이 국토의계획및이용에관한법률에 의한 도시계획에 우선한다고 할 것이 아니라 그 내용을 국토의계획및이용에관한법률에 포섭하든지 국토의계획및이용에관한법률에 맞추어 입법을 하든지 하여 토지계획법의 체계를 논리적으로 정비하여야 할 것이다.

교통체계효율화법은 부문별계획에 속한다.

## Ⅶ 문 제 점

### 1. 경제사회발전계획과의 연계성 부족

1963년에 국토건설종합계획국법이 제정되었으나 국토의 균형 있는 개발과 이용을 위한 계획을 수립한다는 국토종합계획이 헌법에 규정된 것은 1972년 12월 27일의 제7차 개정헌법에 개정헌법에서이며, 지역개발의 균형을 위하여 국토의 종합개발을 촉진한다는 목표가 제3차 경제개발 5개년 계획(1972-1976)의 주요 목표 중의 하나로 설정되었다. 이에 따라 1972년에 제1차 국토종합개발계획(1972~1981)이 수립되어 공포, 시행됨으로써 전국적인 안목에서 국토종합개발이 추진되었다. 경제개발 5개년 계획은 1982년부터는 내용이 확대되어 그 명칭이 경제・사회발전계획으로 바뀌어 실시되었다. 1982~1986년의 제5차, 1987~1991년의 제6차, 그리고 1992~1996년의 제7차 경제사회발전 5개년계획으로 이어졌다. 제5차 이후는 경제사회발전 5개년계획으로 명칭이 바뀌었고, 제7차는 김영삼 정부의 신경제5개년계획(1993-1997)이 겹쳐 추진됨에 따라 1996년에 5개년계획은 사실상 종료되었다. 그 후 외환위기 이후에는 더 이상 경제사회발전계획이 수립되지 않고 있는데, 국토종합계획은 전체 경제・사회발전계획의 일환으로 통일된 국가의 발전목표 아래 수립되어야 할 것이다. 특히 충돌하는 발전 명제들 간의 보충성의 원리의 도입을 통한 우선순위의 설정이 필요하다.

## 2. 기본원칙상의 문제

### (1) 균형발전

균형발전의 개념이 구체적으로 무엇을 의미하는지 명확하지 않다. 제4차 국토종합계획은 전국을 10대 광역권으로 나누고 있는데, 그렇다면 10대 광역권을 모두 국제경쟁의 거점으로 육성한다는 것인지, 단순한 지역개발의 센터로 삼겠다는 것인지 목표가 불분명하다. 이러한 문제점은 우선 헌법상의 균형개발의 의미가 불분명하며 국토기본법 제3조의 제1항과 제2항도 충돌하고 있는 데서 기인하고 있다. 더구나 제4차 국토종합계획의 내용을 보면

- 지역발전을 선도하는 지역균형개발의 거점형성
- 규모의 경제를 지닌 지역경제집적 기반 구축을 통해 수도권에 대응하는 지역발전 선도지역으로 육성
- 도로, 철도 등 광역적 교통체계형성과 용수공급 등 광역서비스 공급
- 지역의 세계화 전진기지로 육성
- 국제적 생산 및 물류기능을 강화하고, 국제공항 · 항만 및 고속정보통신망 확보 등 국제직교류기반 확충

이라고 하고 있는데, 10개나 되는 광역권이 각각 수도권에 대응한다는 것인지 모두 합쳐 대응한다는 것이지, 광역권으로 하여금 수도권에 대응한다고 하면서 "수도권의 국제기능 강화와 세계도시로의 발전기반 구축"은 어떻게 할 수 있는 것인지 목표가 불명확하다.

### (2) 경 쟁 력

국가경쟁력을 강화하려면 한국과 같이 좁은 국토에서 지방자치단체의 단위는 광역지방자치단체인 도만 하여도 너무 좁다. 그런데, 국토기본법 제4조에는 막연히 주체를 "국가와 지방자치단체"라고만 되어 있고, 국토종합계획에 따른 도시계획의 주체는 "특별시", "광역시", "시" 및 "군" 단위이므로 국제경쟁을 할 수 있는 단위의 제도적 뒷받침이 필요하다. 우리보다 국토가 몇 배나 넓은 프랑스도 8개 도시공동체로 재구성하였고, 광동지역에서는 인구 5천만 규모의 대도시군이 형성 중에 있다.

### (3) 환 경

국토기본법 제5조에 나와 있는 환경에 대한 기본원칙은 환경에 대한 부정적 영향의 최소화라고 하는 소극적 환경보호에 그치고 있고(제1항) 또 난개발 방지와 토지의 원활한 공급이라고 하는 환경과는 다소 이질적인 고려를 포함하고 있다. 한국에서의 환경입법은 1990년대에 들어와서 본격적으로 입법된 것으로 인간이 숨 쉬고 살아가는 데 보다 쾌적한 환경을 만들 수 있도록 미적 환경의 보호와 조성이라든가 도시환경의 조성에 대한 기본원칙을 선언할 필요가 있다.

## 3. 토지계획법체계상의 문제

첫째, 국토기본법과 국토계획및이용에관한법률에 규정된 용어가 달라 혼동을 야기하고 있는데 국토기본법상의 시군종합계획은 도시계획으로 명칭을 변경함이 옳다.

둘째, 국토기본법상의 광역권개발계획과 국토계획및이용에관한법률상의 공간대상 범위가 달라 혼동을 주므로 국토계획및이용에관한법률상의 광역도시계획으로 통일시킬 필요가 있다.

셋째, 국토기본법상의 국토종합계획, 도종합계획, 시군종합계획의 계층구조를 유지할 필요성이 있는가 하는 점이다. 국도기본법에서는 전국을 대상으로 하여 기본원칙과 국토종합계획 및 부문별계획에 대하여만 규정하고 나머지 사항은 국토계획및이용에관한법률에 맡기는 것이 토지계획법의 체계적 정비를 위해 필요하다고 본다.

넷째, 환경에 대한 기본원칙은 국토기본법 제2조, 제7조, 제8조, 제12조 제3항과 국토계획및이용에관한법률 제2조, 제4조 제1항, 제5조 제1항, 제6조에 규정되어 있으나 친환경적 공간계획 수립을 위한 실질적인 수단이 결여되어 있고, 환경정책기본법과 자연환경보전법에 따로 규정되어 있으므로 토지계획법과 환경법을 융합시켜 환경도시계획법으로 구성할 필요가 있다.

# Ⅷ 결 론

오늘날 인간의 환경은 점점 덜 자연적이 되고 점점 더 도시화되어 가고 있다. 도시공간의 조직과 환경운동의 원인이 되는 땅 투기, 소음, 폭력, 교통, 대기오염 등의 분쟁은 농촌보다는 도시에서 훨씬 더 심각하다. 도시에서 순수한 자연적인 환경을 인공적으로 만들어내는 것은 어렵겠지만 최소한 도시오염을 제한하고 생존할 수 있는 자연적 요소를 보호하는 데 우선순위를 둘 수는 있다. 시민의 권리로서의 도시에 대한 권리 주장은 기술이나 정치권력에 의하여 좌우되지 않는 의사 결정 과정의 변화, 모든 형태의 차별의 철폐, 공해 없는 적절한 공간의 확보를 의미한다. 도시에 대한 권리로서의 도시환경운동은 우선 녹지공간, 보행자전용구역 등의 가시적인 것으로 나타나며, 종국적으로는 도시계획법의 새로운 환경적 명제에의 복종이라고 하는 보다 근본적인 개혁으로 나타나게 된다. 오늘날 도시계획법은 토지할당에 관한 법이 아니다. 도시계획법 자체가 토지의 이용, 환경, 주거, 교통, 사회보장, 안전, 도시미관 등을 동시에 고려하는 도시환경의 총체적 정책 요소가 되어야 한다. 그러므로 도시계획법은 도시환경 계획법이어야 하고, 전국적인 차원에서는 국토환경계획법이어야 한다. 오늘날 환경법의 중요내용은 도시계획법전에 규정되어 있다. 따라서 환경법과 도시계획법 사이에 경계선이 존재하지 않는다. 즉 도시계획법은 점점 더 생활의 질을 고려하게 되고 환경법은 보다 더 도시문제에 관심을 갖게 되어 두 법은 도시환경법 내지는 환경계획법으로 융합하고 있다. 환경법과 도시계획법은 독립하여 존재할 수 없다. 환경에 관계된 다양한 문제를 효과적으로 해결한 단일한 환경법전을 마련하기란 환경문제의 다양성, 기술성, 변화무쌍함으로 인하여 거의 불가능하다. 환경문제에 관계된 법령들을 나열할 수는 있겠지만 그것은 공통법칙을 중심으로 한 체계적인 내용을 담고 있는 환경법전이라고 볼 수 없다. 환경법규는 다양한 법규들 속에 부분적으로 규정되어 있다. 따라서 환경법은 사회법이나 세법과 같이 독립된 법으로 성립하기 힘들고 환경법의 주요부분이 환경계획법으로 흡수 통합, 성립되어야 한다.

토지계획은 크게 국토종합계획과 도시계획 그리고 필요하다면 광역계획으로 나누어 볼 수 있다. 광역계획의 경우는 국토종합계획에 포함시킬 수도 있고 지역(Région)개념을 도입하여 준국가적인 기능을 하는 지역 단위의 계획을 수립할 수도 있으나, 이렇게 하려면 토지계획법들뿐만 아니라 이 단위를 행정적으로 뒷받침하기 위한 지방자치법의 전면적 개정이 필요하다. 따라서 정치적으로 위험한 새로운 광역지방자치단체들의 출현에 의한 지방자치법의 전면적 개정을 기다리기보다는 우선 광역계획을 국토종합계획 속에 포함시켜, 토지계획을 크게 국토종합계획과 도시계획의 이원체제로 정비하는 것이 필요하다. 이렇게 할 경우 전국적인 일관성의 유지와 복잡한 계획들의 정비를 위하여 국토기본법과 국토계획및이용에관한법률을 통합시켜 토지계획법전 또는 도시계획법전으로 발전시켜야 한다.[9)]

다음으로, 도시계획의 계획고권의 문제[10)]와 관련하여 도시계획은 특별시 · 광역시, 광역시의 군을 제외한 시 또는 군을 대상으로 하므로 지방자치단체 중, 특별시의 구와 광역시의 구 또는 군은 도시계획법상의 "마을공동체"(commune, Gemeinde)로 인정받지 못하고 있다. 이는 한국의 지방자치단체에게 계획고권이 있느냐 또는 없느냐의 문제보다 우선 현행 국토계획및이용에관한법률에 의한 도시계획단위를 "마을공동체"로 받아들일 것인지 그리고 이 경우에 소외되는 도나 구 또는 광역시의 군과는 갈등이 없을 것인지, 또 나아가 현행지방자치단체의 구성이 적절한 것인지의 문세부터 먼지 정리되어야 할 것으로 본다.

---

9) 프랑스에서는 토지계획에 관한 새로운 입법이 나올 때마다 도시계획법전의 체계 속에서 새로운 부분을 개정, 산입시키는 도시계획법전을 가지고 있고, 도시계획법전에는 일반원칙과 전국적인 일관성의 유지를 위한 토지일관성계획(schémas de cohérence territoriale)이 명시되어 있다. 또 독일에도 연방건설법전이 마련되어 있다고 한다. 오준근, "도시계획관련법제의 체계적 정비방안," 한국법제연구원 연구보고, 2000-09 참조.

10) 신봉기, "계획고권 논쟁의 종식과 우리의 과제", 법률신문 제3075호 참조.

# 제 2 장 국토계획법체계의 비교법적 고찰[1)]



## Ⅰ 서　　론

우리나라의 국토계획법은 국토기본법과 국토계획및이용에관한법률을 기본으로 하고 있는데, 양 법률에 규정된 용어가 달라 혼동을 야기하고 있다. 또 국토기본법상의 광역권개발계획과 국토계획및이용에관한법률상의 공간대상 범위가 달라 혼동을 주고 있다. 이러한 문제들의 발생원인은 우선 국토계획과 도시계획의 개념상의 문제가 국가형태나 지방행정체계의 전통에 비추어 정리되지 아니한 상태에 있는 것이 문제인데 우리나라의 도시계획을 이야기 할 때, 우리나라에는 존재하지 않는 마을 공동체인 독일의 게마인데가 가지고 있는 독일의 "계획고권"이 줄곧 등장하는 것이나 독일이나 미국은 연방국가이므로 국토계획의 개념을 어떻게 설정할 수 있는지 내지는 설정하여야 하는지에 대한 검토가 선행되어야 할 것인데도 그렇지 못한 상태에서 국토계획을 이야기해온 것이 혼란의 시작이 된 것이 아닌가 하는 생각이 든다. 따라서 본고에서는 연방국가는

1) 이광윤, 국토계획법체계의 개선방안, 성균관법학 18권 3호, 195면 이하 참조.

제외하고, 우리나라의 국가형태에 가장 가까운 단일국가인 프랑스에서 시작하여 단일국가라고도 하고, 지역국가라고도 하는 영국을 거쳐, 명백한 지역국가인 스페인의 경우를 고찰함으로써 우리나라 국토계획법 체계의 확립에 참고하고자 한다.

# Ⅱ 국토계획과 도시계획체계

## 1. 프 랑 스

### (1) 국토계획

프랑스에 있어서의 국토계획이란 자연자원과 활동에 따른 지역적인 적절한 인력의 배치를 의미[2)]한다. 이에 비하여 도시계획이란 도시의 정비와 발전에 관한 규정과 제도의 총체를 의미[3)]하므로 국토계획은 국토공간에 대한 거시적 정비인 데 비하여 도시계획은 미시적 정비에 해당한다. 따라서 국토계획이란 프랑스와 같은 단일국가에서 대두되는 개념이며 독일과 같은 연방국가나 스페인과 같은 지역국가에서는 거론되지 않거나 미약한 개념이다. 프랑스는 드골 대통령 재임시절인 1963년 지역 간 불균형문제 해소 및 수도권억제를 목표로 국토정비 및 지역개발단(DATAR)을 설립하였다. 1950~60년대 고도 경제성장 시대 프랑스의 국토 및 산업공간은 전후 지역 간 불균형, 즉 서부의 농업지역과 수도권 파리지역을 중심으로 산업화된 동부지역 간의 비대칭이 크게 부각되었다. 당시 프랑스는 이러한 동·서지역간 격차를 해소할 만한 기구로서 건설부가 있었으나, 국토균형개발시책을 추진하는 데 조정역할의 한계를 드러내어 국토계획의 일관성 있는 수립과 추진을 위해 조정력을 가지는 기구 설립의 필요성이 대두되었다. 이를 반영하여 기존의 행정 구도를 크게 바꾸지 않고, 또한 커다란 새로운 행정기구를 만들지 않으면서 조정력을 갖는 효율적인 기구를 설립하기로 결정하여 DATAR가 성립되었다.

1982년 지방분권화법에 따라 광역자치단체인 레지옹은 스스로의 지역발전계

---

2) 1950년 2월의 Claudius Petit 도시계획 및 재건성 장관의 성명.

3) Henri Jacquot, François Priet, "Droit de l'urbqnisme", Dalloz, 2001, p. 8.

획을 자유로이 수립하게 되면서 레지옹 계획의 추진과 관련이 있는 국가의 지원은 물론, 레지옹이 추구하는 목표와 국가가 추구하는 목표를 적정하게 조화시키는, 즉 국가의 의향도 충분히 반영한 형태로 레지옹의 계획을 추진하는 새로운 방안으로서 미테랑 정부의 제9차 경제계획(1984~1988)에서 「국가~레지옹간 계획계약(contrat de plan)」제도가 창설되었다. 국토계획은 국토의 균형발전 이외에 경제적 효율성과 지역의 특성화에도 주안점을 두었었는데 국토의 균형발전과 경제적 효율성은 처음부터 모순되는 정책으로서 양립하기 힘든 문제였다가 균형발전 전략이 비용이 많이 들고 국제적 경쟁력 강화에 도움이 되지 않기 때문에 1990년대에 들어와서는 중단된 상태에 있다.

프랑스에서 국토계획은 1957년부터 수립되었으나 1993년부터 전국적인 국토계획은 포기되고 부문별이나 전략지역에 대한 국가의 역할을 확인하는 것으로 후퇴되었다. 그러나, 1995년 2월 4일의 국토의 정비와 발전을 위한 유도 법률 이후, 마을공동체(commune)간의 협력을 강화하는 1999년 7월 12일 법률(Chevenement), 국토의 균형개발과 지속적 개발을 규정하는 1999년 6월 25일 법률(Voynet), 도시의 협력과 재개발을 규정하는 2000년 12월 13일 법률(SRU; Gayssot)에 의하여 전국적인 국토계획이 재건되었다. 그러나 이 법률들에 의해 추진되는 전략은 경제적 효율성과 경쟁력 강화에 초점이 있다. 국가와 지역(Région) 간의 계약을 통한 계획계약의 주도권은 지역(Région)이 행사한다.

### (2) 도시계획

**1) 전국계획** 프랑스의 도시계획에 관한 기본원칙은 도시계획법전 법률 제110조 내지 법률 제121-1조에 나와 있는데, 이 원칙들은 도시계획법전 법률 제111-1조의 위임에 따라 도시계획법전 명령 제111-1조 내지 명령 제111-27조에 꽁세이데따의 명령으로 정해진다. 그러나 이 원칙들의 구속력은 목표를 명확히 하는 해석상의 문제에 불과하고 결과상의 의무는 없다.[4] 따라서 법원은 예산상의 통제 이상은 할 수 없다.[5] 한편, 이러한 일반적인 기본원칙 이외에 산림, 경관, 공항인근지역, 신도시, 해안지역에 관한 특별법들이 있다.

**2) 지역계획** 프랑스의 지역계획은 기본적으로 지역조정계획(SCOT; shémas de cohérence territoriale)과 지방도시계획(PLU; plans locaux d'urbanisme)

---

4) 헌법재판소의 200년 12월 7일 결정.

5) 프랑스는 회계법원이 있음.

으로 구성되어 있다.

가. 지역조정계획 1983년 1월 7일 법률은 한편으로는 도시계획을 분권화하는 동시에 다른 한편으로는 적용범위를 넓혀 농촌지역까지도 대상에 포함시켰다. 도시계획권을 시 · 읍 · 면에게 부여하였으나 시 · 읍 · 면(commune) 상호간의 협력의 어려움과 절차의 복잡성 때문에 1999년에는 475개의 기본계획(shémas directeur) 중 219개만이 승인을 받았는데 그나마 3분의 1은 폐지되었다. 그리하여 2000년 12월 13일 법률은 도시계획제도를 근본적으로 개혁하였다. 과거의 기본계획과는 달리 지역조정계획은 토지에 대한 계획일 뿐만 아니라 주거, 주택, 교통, 상업, 환경에 대한 종합적인 계획이며, 도시지역, 도시주변지역, 농촌지역, 자연지역, 인구밀집지역 전체에 대한 계획이다. 지역조정계획(SCOT)은 시 · 읍 · 면 또는 그 조합이 계획의 범위를 정하여 정부의 지사(Préfet)[6]에게 제안한다. 그러나 지사의 권한은 시 · 읍 · 면들의 합의에 대하여 기속행위이다. 계획의 수립은 시 · 읍 · 면 조합(EPIC; établissement public de coopération intercommunale)이 한다.

나. 지방도시계획 1983년 1월 7일 법률은 16,000개나 되는 시 · 읍 · 면에 대하여 도시지역에 대하여는 토지점유계획(plan d'occupation du sol)을 수립하고 농촌지역에 대하여는 토지점유계획 또는 단순화된 시 · 읍 · 면 지도(cartes communales) 중에서 선택하도록 하고 있던 것을 2000년 12월 13일 법률은 내용을 보다 풍부히 하고, 절차를 유연하게 하여 지방도시계획으로 단일화하였다. 시 · 읍 · 면 전체 또는 수개의 시 · 읍 · 면을 대상으로 한다. 지방도시계획은 시 · 읍 · 면이 작성하고 시 · 읍 · 면 위원회(conseil municipal)가 승인한다.

## 2. 영 국

영국의 도시계획법은 1990년의 Town and Country Planning Act와 1990년의 Planning Act(Listed Building and Conservations Areas)에 기초하고 있다. 도시계획권한은 지방자치단체에게 부여되어 있으나 실제로는 환경담당 국무상의 엄격한 통제하[7]에 있다. 그러나 영국은 잉글랜드, 웨일즈, 스코틀랜드, 북아일랜드로 구성된 지역국가인 동시에 인구의 80%를 점하는 잉글랜드만 놓고 볼

6) 지방(도와 군에) 파견된 국가의 일반적 사무를 처리하는 국가고위 공무원.

7) 수정권한이 있음.

때는 단일화된 중앙집권 국가임을 고려해 볼 필요가 있다. 영국에서의 도시계획은 대도시 지역(metropolitan regions)과 시・읍・면(municipalities)지역 및 그 인근지역들의 물리적, 사회적, 경제적 발전을 위한 토지계획을 의미[8]한다. 잉글랜드의 지방계층 구조는 런던과 대도시는 단일계층 구조이며 그 밖의 지역은 기초단체인 District와 광역단체인 County로 구성되어 있다. County는 기본계획(structure plan)을 수립하고 District는 지역계획(local plan)을 수립한다. 대도시에서는 단일화된 발전계획(development plan)을 수립한다. 이 밖에 광산이나 쓰레기에 관한 특별 계획들[9]이 있다.

## 3. 스 페 인

스페인은 지역국가로서, 우선 국토계획에 대한 국가와 자치공동체사이의 권한 배분이 문제된다. 스페인 헌법재판소의 해석에 의하면 스페인에서의 도시계획 권한은 더 이상 국가의 것이 아니고 자치공동체 또는 지역(Region; 스페인에서는 자치공동체, 이탈리아의 regione, 프랑스의 Région)의 것이다.[10] 현재 국가의 법률은 토지의 가치와 상태 및 이용에 관한 적용 범위의 단일성을 확보하는 기능을 한다. 또한 국가의 법률은 소유권에 관한 기본적인 권리와 의무를 규정한다. 그러나 소유권에 관하여도 상세한 규정은 자치공동체가 정한다. 도시계획 권한을 국가에서 자치공동체로 이관한 것은 1978년 헌법[11]인데, 자치공동체의 지역 법률인 조례(Estatuto)로써 배타적인 권한을 행사한다. 한편 도시계획은 기본적으로 시・읍・면(municipio)의 권한이나 자치공동체와 시・읍・면의 권한 배분에 관한 명확한 규정은 없다. 그 이유는 자치공동체의 입법권한을 존중하는 것으로 해석된다.[12] 현재 도시계획에 관한 기본적인 국가 법률은 1998년 4월 13일의 토지의 체계와 가치에 관한 법률이며 각 자치공동체별로 도시계획 법률들이 제정되어 있다. 스페인에서 국가는 원칙적으로 도시계획에 관한 권한 입법권이 없다. 도시계획에 관한 입법권은 자치공동체의 배타적 권한 사항이다. 스페인 헌법재판소는 1997년 3월 17일 결정에서 1992년의 도시계획에 관한 국

8) Yahoo 백과사전 Wikipedia 참조.

9) minerals local plans. waste local plans.

10) Gridauh, "Droit de l'aménagement, de l'urbanisme, de l'habitat 2006", p. 722.

11) 1978년 헌법 제148조 제1항의 자치공동체의 권한 제3호; 국토계획, 도시계획, 주택.

12) Gridauh, op. cit., p. 237.

가 법률의 대부분을 위헌으로 결정한 바 있다. 그러나 국가는 헌법상의 평등조항 등을 이유로 하여 자치공동체의 도시계획 법률들에 대하여 개입하고 있다. 1998년 4월 13일의 토지의 체계와 가치에 관한 법률은 1997년 3월 17일의 위헌 결정에 따라 입법된 것으로 도시의 토지에 대한 사소유권을 강화하고 있다.[13] 스페인 도시계획법의 구조를 요약하면;

1. 국가는 토지의 소유권에 관한 기본원칙과 국방, 도로, 항구, 공항, 철도, 와 같은 부문별 계획에 참여한다.
2. 자치공동체는 국토정비와 도시계획에 관한 완전한 입법권을 행사한다. 또 고속도로, 항구, 공항, 철도, 자연보호구역과 같은 부문별 계획을 직접 수행한다.
3. 시・읍・면이 도시계획 승인(자치공동체의 권한)을 제외한 세부적인 도시계획권을 가진다.

따라서 스페인의 국토계획법의 체계는 1. 국가입법, 2. 자치공동체 입법, 3. 시・읍・면 입법의 3단계로 구성되어 있고, 우리의 郡에 해당하는 Provincia는 권한이 없다.

도시계획은 일반계획과 발전계획으로 구분되는데, 일반계획은 일반적인 계획 또는 구역계획(신도시건설 계획 등)을 뜻하며 발전계획은 부분계획 또는 특별계획(기반시설계획, 유적지 보호계획 등)을 뜻한다.

---

13) Angel Menendez Rexach., Le juge et l'urbanisme dans les pays de l'europe de l'ouest, Espagne.

新 行 政 法 論

신 행 정 법 론

# 제 11 편

# 환경행정법

# 제 1 장 국토계획과 환경[1)]



## Ⅰ 국토계획법과 환경법의 융합

### 1. 국토계획법과 도시계획법

도시를 기하학적으로 건설하는 현상은 동서양을 막론하고 고대시대부터 있어왔으나 근대적 의미의 도시계획은 서양에서 19세기의 산업혁명과 인구폭발을 배경으로 하는 것으로 "도시계획"(urbanisme)이란 단어는 카탈루냐의 엔지니어였던 Ildefonso Cerda가 1867년에 처음 사용하였다고 한다. 토지점유에 대한 규제가 없었던 19세기에 인구의 도시집중은 무정부적인 도시의 난개발을 초래하였다. 이러한 도시의 무질서한 개발을 방지하기 위하여 토지이용에 대한 규제를 실시하였는데 토지이용에 대한 규제는 기본적으로 보존정책의 수단이었다. 그 후 제2차 세계대전 후에는 정부가 빈민지역이나 주택문제를 해결하기 위하여 보다 적극적으로 개입하여 도시공간을 조직하게 되었다. 따라서 도시계

1) 이광윤, '국토계획과 환경', 환경법연구 제23권 2호, 157면.

획이란 토지 위에 대중을 조직하는 기술이며 이 기술이 단순한 도시의 범위를 넘어 국토 전체에 대한 공간조직으로 확대될 때 도시계획은 국토계획으로 확대된다. 따라서 국토계획법은 도시계획법을 포괄하는 개념이며 공간의 조직에 관한 계획법을 총칭할 때는 도시계획법이라고 지칭하기보다는 국토계획법이라고 지칭하는 것이 보다 정확한 용어사용이라고 할 수 있다. 한국 정부는 기존의 국토이용관리법과 도시계획법을 통합하여 국토이용및도시계획에관한법률안을 마련하였다. 상기의 용어분석에 의할 때 단순히 국토계획법이라고 칭하여도 무방할 것 같다.

## 2. 국토계획법과 환경법

공업화에 따른 환경의 파괴는 인간의 경각심을 일깨워 1970년대에 들어와서는 환경에 대한 법규를 연구하는 환경법학을 탄생시켰다. 그러나 환경법을 이루는 동질적인 법규의 총체를 구성하는 것은 아직까지는 비현실적인 것으로 보이며 환경에 대한 법규는 복합적이며 기술적이고 유동적이다. 우선, 환경에 대한 법규는 매우 다양한 분야의 법규들 속에 내포되어 있다. 환경의 보호는 자연에 대한 모든 분야에 관계되며 인간의 모든 행위에 적용되기 때문이다. 그런데 오늘날과 같이 도시화되어 있는 사회에 있어서 환경정책이 도시문제에 침투하는 것은 필연적이다. 오늘날 인간의 환경은 점점 덜 자연적이 되고 점점 더 도시화되어 가고 있다. 도시공간의 조직과 환경운동의 원인이 되는 땅 투기, 소음, 폭력, 교통, 대기오염 등의 분쟁은 농촌보다는 도시에서 훨씬 더 심각하다. 도시에서 순수한 자연적인 환경을 인공적으로 만들어 내는 것은 어렵겠지만 최소한 도시오염을 제한하고 생존할 수 있는 자연적 요소를 보호하는 데 우선순위를 둘 수는 있다. 시민의 권리로서의 도시에 대한 권리 주장은 기술이나 정치권력에 의하여 좌우되지 않는 의사 결정 과정의 변화, 모든 형태의 차별의 철폐, 공해 없는 적절한 공간의 확보를 의미한다. 도시에 대한 권리로서의 도시환경운동은 우선 녹지공간, 보행자전용구역 등의 가시적인 것으로 나타나며, 종국적으로는 도시계획법의 새로운 환경적 명제에의 복종이라고 하는 보다 근본적인 개혁으로 나타나게 된다. 오늘날 도시계획법은 토지할당에 관한 법이 아니다. 도시계획법 자체가 토지의 이용, 환경, 주거, 교통, 사회보장, 안전, 도시미관 등을 동시에 고려하는 도시환경의 총체적 정책 요소가 되어야 한다. 그러므로 도시계획법은 도시환경 계획법이어야 하고, 전국적인 차원에서는 국토환경계획법이어야 한다. 오늘날 환경법의 중요내용은 도시계획법전에 규정되어 있다. 따라서 환경법과 도시계획법 사이에 경계선이 존재하지 않는다. 즉 도시계획법은 점점 더 생활의 질을 고려하게 되고 환경법은 보다 더 도시문제에 관심을 갖게 되어 두 법은 도시환경법 내지는 환경계획법으로 융합하고 있다. 환경법과 도시계획법은 독립하여 존재할 수 없다. 환경에 관계된 다양한 문제를 효과적으로 해결한 단일한 환경법전을 마련하기란 환경문제의 다양성, 기술성, 변화무쌍함으로 인하여 거의 불가능하다. 환경문제에 관계된 법령들을 나열할 수는 있겠지만 그것은 공통법칙을 중심으로 한 체계적인 내용을 담고 있는 환경법전이라고 볼 수 없다. 환경법규는 다양한 법규들 속에 부분적으로 규정되어 있다. 따라서 환경법은 사회법이나 세법과 같이 독립된 법으로 성립하기 힘들고 환경법의 주요 부분이 환경계획법으로 흡수 통합, 성립되어야 한다. 환경권이 헌법상 명시되어 있지 않은 프랑스와 달리 한국헌법은 헌법 제35조 제1항에서 국민의 환경권과 국가와 국민의 환경을 위한 의무를 규정하고 있는데 동조 제3항에서는 "국가는 주택개발정책 등을 통하여 모든 국민이 쾌적한 주거생활을 할 수 있도록 노력하여야 한다"고 규정함으로써 환경법과 도시계획법을 통합하여 환경계획법으로 구성할 헌법적 기초를 마련하고 있다. 프랑스의 경우는 도시계획법전 L110조가 국가 및 지방자치단체의 자연환경, 경관 및 안전과 위생에 대한 보호의무를 규정하고 있다.

## Ⅱ 국토환경계획법의 내용

환경법의 일반적인 내용은 자연환경보전, 자연공원보호, 습지보전, 대기환경보전, 수질환경보전, 폐기물관리, 소음·진동규제, 유해화학물질 관리, 토양환경보전, 해양환경 보전을 포함하는 것으로 다양한 개별 법규에 의하여 규율되나 국토환경계획법에 포함되어야 할 내용은 다음과 같다.

## 1. 프 랑 스

### (1) 문화재 보호

1) 사 적: 사적의 법적 정의는 명확하지 않으나 보호의 주변을 확정하여야 한다. 일반적으로는 부동산이나 매우 드물게는 동산도 포함될 수 있다. 일찍이 프랑스 혁명기인 1790년에 문화재 파괴를 막기 위하여 그레고리 주교에 의하여 기념위원회가 창설된 바 있다. 빅토르 위고는 “건물의 사용은 소유자에게 속한다 하더라도 아름다움은 모두에게 속하며 그것을 파괴하는 것은 그의 권리를 넘어서는 것”이라고 하였다. 최초의 입법은 1887년 3월 30일 법률로써 소유자의 동의하에 등급을 정하였다. 1913년 12월 31일 법률은 소유자의 동의를 넘어 구속을 강화하였는데, 사적 보호법은 소유자에 대한 구속과 재산에 대한 공용지역 원칙에 의하여 지배되고 있다.

가. 보전조치 국가가 소유하고 있는 사적(6%)이외에 지방자치단체(62%) 또는 사인(25%)이 소유하고 있는 사적을 보전하기 위하여 1. 공용지정, 2. 보조목록에 등재하고, 3. 공용가지정을 한다.

나. 소유자에 대한 구속 가장 강한 구속은 공용지정인데 공용지정을 받게 되면 문화성 장관의 사전 승인 없이는 어떠한 복원이나 보수 또는 철거도 할 수 없다. 공용가지정도 동일한 효과를 발생시키나 공용지정되지 않는 한 1년간 만 유효하다. 목록에의 등재는 소유자가 공사를 할 때는 공사 개시 전 4개월 전에 행정청에 통지하여야 한다.

2) 조망의 보호: ‘조망’ 개념은 1943년 2월 25일 법률에 의하여 입법화되었는데 500m 범위와 공동가시를 그 핵심 요소로 한다. 조망의 범위 안에 위치한 건물은 건축허가와 동시에 조망에 대한 사전적 허가 없이는 철거 또는 변형이 불가능하다. 조망에 대한 사전적 허가를 받지 못하는 경우에는 건축허가 자체가 불가하다(도시계획법전 L. 421-6 조).

3) 중저급 도시자산 보호: 2차 대전 후에 들어 중저급 문화자산에 대한 보호의 필요성이 생겨났는데 특히 고도의 중심이 방치되는 경우에 도시재개발을 너무 성급히 추진하게 되면 중저급 문화재를 파괴하는 경우가 빈번하게 일어나기 때문에 복원과 리모델링을 추진하게 되었다. 1962년 8월 4일의 Malraux 법률(도시계획법전 L313-1조 내지 313-15조)은 “보존구역”을 설정하고

있다. 이러한 보존정책을 수행하기 위하여 행정청은 1985년 7월 18일 법률(도시계획법전 L210-1조)에 의하여 도시선매권을 행사한다. 옛날 구역에 대한 리모델링에 대한 계획은 주민심사(enquête publique)의 대상이 된다(도시계획법전 l 313-14-1조).

### (2) 농촌환경

농민은 국가의 자산을 보조하고 자연의 균형을 유지하며 식물과 가축의 종을 보존하여야 하기(1980년 7월4일 농업기본법률) 때문에 환경의 적이 아니라 보호자가 되어야 한다.

**1) 농촌공간계획 :** 농촌공간에 적합한 규율들은 도시계획법을 유추하여 보강되었다.

가. 농촌공간에 특유한 규율 농촌공간을 계획하지 않았을 때의 환경과 경제성장에 미칠 위험을 뒤늦게 인식한 정부는 농촌정비계획(plans d'aménagement rural)을 마련하게 되었다. 이 정비계획은 1983년 1월 7일의 지방분권 법률에 의하여 폐지되어 시읍면간 발전・정비 헌장(chartes intercommunales de développement et d'aménagement)으로 대치되었다. 시읍면의 경제계획은 민감한 자연공간을 설정하고 국가와 지방자치단체간의 광역시 계약(contrat de pays[2]))을 도입하였으며 1976년 7월 10일 법률에 따라 도시와 농촌 주민 사이의 조화로운 균형을 도모하고 있다.

나. 도시계획법규 도시계획의 일반법규인 도시기본계획(schémas directeurs)[3]과 토지점유계획(plans d'occupation des sols)[4]은 농업공간과 그 보존을 고려하여야 한다. 따라서 도시기본계획에 의하여 확정되는 기본 방침은 도시의 확장과 농업활동의 영위 기타경제활동과 자연 또는 도시의 부지와 경관의 보존사이의 균형을 고려하여야 한다(도시계획법전 L122-1조).

**2) 농업활동에 대한 규제 :** 농업활동은 경제성장과 현대화에 많은 기여를 하고 있으나 대규모 시설공사, 농지정리사업, 공해시설로 인하여 환경이 위협받기 때문에 이 세 가지 부문에 대한 규제가 이루어지고 있다. 특히 환경 영향평가는 그 주요한 수단이 된다.

---

2) pays(광역시)는 작은 도시 하나와 보통 3개의 주변 깡똥으로 구성된다.
3) 국토에 대한 시・읍・면간의 계획.
4) 특정 시・읍・면이나 시・읍・면 전체에 대한 도시계획.

### (3) 도시환경

도시환경은 토지에 대한 계획, 도시계획사업, 건축허가라는 도시계획법의 수단을 통하여 보호된다.

1) 환경과 토지계획 : 1976년 12월 31일 법률은 지역구분과 공용지역(servitudes)을 통하여 환경을 보호하고 있다.

가. 원칙의 선언 도시계획법전 L122-1조는 도시기본계획은 「도시의 확장과 농업활동의 영위, 기타 경제활동과 대기의 질과 주변환경, 자연과 도시의 부지와 경관의 보전 간에 보전되어야 할 균형을 고려하여야 한다」고 규정하고 있다. 따라서 도시기본계획은 이러한 원칙에 부합하여야 한다. 이 원칙에 반하는 도시기본계획은 취소의 사유가 된다.

나. 지역구분과 공용지역(servitudes) 토지점유밀도, 식목, 용적, 고도제한들은 환경을 보호하지만 간접적이다. 보다 직접적인 것은 토지점유계획에 명시된 자연보호구역에 대한 공용지역(servitudes)[5]과 산림보호구역이다. 이 구역에서는 건축이 금지된다. 토지소유자들의 불만을 야기하는 자연보호구역의 지정이 자연을 보호하는 가장 효과적인 법적 수단이 된다. 다른 한편 도시계획법규가 고려하고 있는 환경보호는 환경영향평가에 의하여 더 한층 강화된다.

2) 환경과 건축허가 : 연안역이나 산림과 같이 특별규정이 적용되는 지역 이외에도 일반적으로 건축허가는 환경의 이름으로 제한된다. 이러한 조치들은 토지점유계획이 없는 시·읍·면에 적용되는 국가의 도시계획규정(도시계획법전R111-14조 111-21조)에 의하여 이루어진다.

## 2. 한 국

한국의 토지이용에 관한 기본 법률은 국토건설종합계획법, 국토이용관리법 그리고 도시계획법의 3개 법률인데 국토건설종합계획법 제1조는 「이 법은 국토의 자연조건을 종합적으로 이용·개발 및 보전하며, 산업입지와 생활환경의 적정화를 기하기 위하여…」라고 그 목적을 밝히고 있으며, 국토이용관리법은 국토이용의 기본이념으로 제1조의 2에서 「그 이용에 있어서는 공공복리를 우선시키고 자연환경을 보전함과」라고 하고 있으며 도시계획법 제2조 제2항도 「국가 및 지방자치단체와 주민은 도시가 환경적으로 건전하고 지속가능하게 발전되도

5) 공용제한.

록 함께 노력하여야 한다」고 하여 모두 환경에 대하여 언급하고 있다.

정부는 기존의 3개 법률을 국토기본법제정법률과 국토이용및도시계획에관한법률의 2개 법률로 통합하는 법률안을 마련하였는데 국토기본제정법률안 제2조(국토의 기본이념)는 「국토는 모든 국민의 삶의 터전이며 후세에 물려줄 민족의 자산임에 비추어 국토에 관한 계획 및 정책을 수립하고 시행함에 있어서 개발과 환경의 조화를 바탕으로, 국토를 균형 있게 발전시키고 경쟁력을 제고하며 국민의 삶의 질을 개선함으로써 국토의 지속가능한 발전을 도모함을 그 기본이념으로 한다」고 선언하고 있으며 제7조(국민생활여건의 질적 개선) 제1항은 「국가 및 지방자치단체는 주택, 상하수도, 교통시설, 녹지·공원 등 자연환경공간, 문화·관광시설, 복지시설, 교육시설 등을 체계적으로 확충하고 이를 개선함으로써 쾌적하고 편리한 생활여건을 조성하여야 한다」고 하고 있고, 제8조(환경친화적 국토관리)는 「① 국가 및 지방자치단체는 국토에 관한 계획이나 사업을 수립 또는 집행함에 있어서 자연생태자원, 경관 등의 자연환경과 교통여건 등 생활환경에 미치는 영향을 사전에 고려하여야 하며, 국민식량의 안정적 공급에 필요한 농지의 유지 및 보전에 노력하여야 한다」고 규정하고 있다.

「② 국가 및 지방자치단체는 산, 하천, 호소, 연안으로 이어지는 자연생태계를 통합적으로 관리하고 이의 보전 및 복원을 위한 종합적인 시책을 추진함으로써 자연과 인간이 조화되는 쾌적한 국토환경을 조성하여야 한다」고 하고 있고 또 제12조 제3항은 「국가 또는 지방자치단체는 제1항에 의한 허가 또는 불허가의 처분을 하는 경우 당해 개발행위가 야기할 환경에 대한 부정적인 영향 등을 종합적으로 고려하여야 하며 기존의 도로, 상하수도 등 기반시설이 수용할 수 있는 범위 내에서 이를 허가함으로써 개발로 인하여 국민들의 생활여건이 저하되지 않도록 하여야 한다…」고 규정하고 있다.

보다 구체적인 내용은 국토이용및도시계획에관한법률안에 나와 있는데 제2조(국토이용 및 관리의 기본이념)는 「국토는 국민의 삶의 터전이고 공공복리의 공통기반이며 유한한 자원임에 비추어 개인의 재산권과 공공의 복리가 조화되는 가운데 자연환경을 아름답고 건전하게 보전·개선하는 한편 국민생활 및 경제활동에 필요한 각종 시설이 적절히 들어서고 국토자원과 잠재력이 효율적으로 활용될 수 있도록 이용 및 관리하여야 한다」고 원칙을 선언하고 있고, 구체적인 내용으로 제4조(국가 등의 의무) 제1항은 국가 및 지방자치단체는 「국토이용 및 관리의 기본이념을 구현할 수 있도록 계획을 수립하고 그에 따라 토지이용 및 관리가 이루어지도록 하여 국토가 환경적으로 건전하고 지속가능하게 발전되도록 노력하여야 한다」. 제5조(국민의 의무) 제1항은 「모든 국민은 국토이용 및 관리의 기본이념을 존중하여 국가 또는 지방자치단체가 시행하는 국토이용 및 관리시책에 적극 협력함으로써 국토가 환경적으로 건전하고 지속가능하게 발전되도록 노력하여야 한다」, 제6조(국토의 이용 및 관리의 기본원칙) 제1항 제5호는 「국토는 자연·환경과 역사·문화 등이 어우러지도록 하여야 한다」, 제2항은 「도시계획을 수립할 때에는 제1항의 기본원칙에 따라 다음 각 호의 사항을 고려하여야 한다.

1. 국민생활과 경제활동에 필요한 토지 및 각종 시설물의 원활한 공급
2. 자연환경의 보전과 훼손된 자연환경의 개선 및 복원
3. 교통, 수자원, 에너지 등 각종 국민생활 기초서비스의 제공
4. 주거 등 생활환경 개선을 통한 국민의 삶의 질의 향상
5. 지역의 정체성과 문화유산의 보전
6. 지역간 협력 및 지역간 균형발전을 통한 공동번영의 추구
7. 지역경제의 창달 및 지역간·지역 내 투자수요의 최소화」

를 규정하고 있다.

## Ⅲ 지방분권과 계획에 대한 통제

오랫동안 중앙집권 국가였던 한국과 프랑스에서 프랑스는 1982년과 1983년 법률에 의하여 지방분권이 실시되었고, 한국도 1988년 법률에 의하여 지방분권이 실시되었다. 일반적으로 지방자치단체의 사무를 담당하는 사람들은 개발에 집착하기 때문에 환경에 악영향을 미치게 된다. 근래에 문제된 난개발의 문제도 국토계획법의 운영상의 문제의 하나이다. 환경에 악영향을 미치는 지방분권으로 인한 개발에 대한 사전적 통제 장치로 환경영향평가제도나 주민심사 분쟁조정 등의 방법이 있으나 궁극적인 통제는 법원에 의하여 이루어진다. 또한 지방자치단체의 운영자들은 정치화되어 있기 때문에 지방자치단체의 개발동기에 대한 정치적 압력 단체로는 무엇보다 환경단체의 역할을 도외시 할 수 없다. 따라서 국토환경계획에 대한 사법적 통제의 문제와 환경단체의 역할에 초점을

맞추어 살펴보기로 한다.

## 1. 국토환경계획에 대한 사법적 통제

국토환경계획에 대한 사법적 통제로 합법성에 대한 통제와 책임에 대한 통제 및 형사처벌의 문제가 있을 수 있으나 계획과 계획에 따른 개발허가의 합법성에 대한 통제에 국한하여 고찰하기로 한다.

### (1) 계획재량에 대한 통제

프랑스의 경우, 지방자치단체의 도시계획인 토지점유계획과 건축허가에 대하여 꽁세이데따가 평가의 명백한 오류를 원인으로 하여 이를 취소하는 사례가 늘고 있다(Fédération nationale des associations du Sud-Ouest 1979, S.C.I.L'Esquiroux et 27-09-85 Commune de Cassis 1991). 또한 "공공의 필요"에 의한 대규모 사업의 내용에 대한 심사가 강화되고 있는데 대규모 사업을 통하여 공권력이 수용권을 발동함으로써 프랑스 인권선언에 명시된 소유권의 보장을 침해하는 것을 저지한다든지 환경보호단체에 대한 소익의 확대를 통한 통제를 강화하는 경향이 있다. 비교형량의 원칙(le principe du bilan coût-avantage)은 1971년 5월 28일 꽁세이데따의 "Ville Nouvelle-Est"사건[6]에서 확립된 것으로 Lille 신도시에 대학캠퍼스를 건설하는 데 있어 캠퍼스가 교외에 위치하게 되면 사회생활과 유리되어 게토(ghettos)를 형성하게 되어 학생들에게 악영향을 미친다고 판단되어 시내에 캠퍼스를 건설하기 위하여 250채의 가옥을 수용하여야만 하였다. 주민의 반대에 부딪친 행정청은 수용가옥의 수를 줄였으나 백여 채의 수용은 불가피하였다. 이에 주민들은 집단소송을 제기하여 주택, 정비성장관(Ministre de l'Equipement et du Logement)의 "공공의 필요"(l'utilité publique)를 선언한 성령(arrêté ministériel)의 취소를 Lille행정법원에 구한 바 승소하였다. 항소심에서 꽁세이데따는 원심을 파기하면서 비교형량(bilan coût-avantage)의 원칙을 도입하였다. 즉 "토지수용은 재정적 부담과 사회질서상의 불편, 사유재산의 침해가 행정작용의 결과 얻을 수 있는 이익에 비해 지나치지 않을 경우에만 '공공의

---

6) 판례의 정확한 이름은 C. E. 28 mai 1971; Ministère de l'Equipoment dt du Logement contere Fédération de défense des personnes concer nées par le projet actuellement dénommé "Ville Nouvelle-Est", Rec. 409, concl. Braibant.

필요'(l'utilité publique)가 합법적으로 선언될 수 있다"고 하면서 이 사건에서 "재량권의 남용은 성립되지 않는다"고 판결하였다.

한국에서도 대법원 1997. 6. 24 선고, 96누1313 판결은 "개발제한구역지정처분은 건설부장관이 법령의 범위 내에서 도시의 무질서한 확산 방지 등을 목적으로 도시정책상의 전문적·기술적 판단에 기초하여 행하는 일종의 행정계획으로서 그 입안·결정에 관하여 광범위한 형성의 자유를 가지는 계획재량처분이므로, 그 지정에 관련된 공익과 사익을 전혀 비교교량하지 아니하였거나 비교교량을 하였더라도 그 정당성과 객관성이 결여되어 비례의 원칙에 위반되었다고 볼 만한 사정이 없는 이상, 그 개발제한구역지정처분은 재량권을 일탈·남용한 위법한 것이라고 할 수 없다"고 하여 도시 계획에 대한 계획재량을 인정하는 한편 재량권의 일탈남용을 위법성의 판단 기준으로 보면서 그 요소로, 비교형량의 원칙과 비례의 원칙을 들고 있으면서 비례의 원칙의 요소로 '정당성과 객관성의 결여'를 들고 있다. 이에 비하여 대법원 1998. 4. 24 선고, 97누1501 판결은 "행정주체가 구체적인 도시계획을 입안·결정함에 있어서 비교적 광범위한 계획재량을 갖고 있지만, 여기에는 도시계획에 관련된 자들의 이익을 공익과 사익에서는 물론, 공익 상호간과 사익 상호간에도 정당하게 비교·교량하여야 한다는 제한이 있는 것이므로, 행정주체가 도시계획을 입안·결정함에 있어서 이익형량을 전혀 하지 아니하거나 이익형량의 고려대상에 마땅히 포함시켜야 할 사항을 누락한 경우 또는 이익형량을 하였으나 정당성·객관성이 결여된 경우에는 그 행정계획결정은 재량권을 일탈·남용한 위법한 처분이라 할 수 있고, 또한 비례의 원칙(과잉금지의 원칙)상 그 행정목적을 달성하기 위한 수단은 목적달성에 유효·적절하고 또한 가능한 한 최소침해를 가져오는 것이어야 하며 아울러 그 수단의 도입으로 인한 침해가 의도하는 공익을 능가하여서는 아니 된다"고 하여 계획의 위법성 판단기준으로 재량권의 일탈남용과 비례의 원칙 두 가지를 들면서 '정당성과 객관성의 결여'를 비례의 원칙에 대한 위반으로 보지 않고 재량권의 일탈 남용의 요소로 보면서 비례의 원칙 위반을 별도의 위법요소로 보고 있다. 그러나 2000. 3. 23 선고 98두2768 판결에서는 다시 "행정계획이라 함은 행정에 관한 전문적·기술적 판단을 기초로 하여 도시의 건설·정비·개량 등과 같은 특정한 행정목표를 달성하기 위하여 서로 관련되는 행정수단을 종합·조정함으로써 장래의 일정한 시점에 있어서 일정한 질서를 실현하기 위한 활동기준으로 설정된 것으로서, 도시계획법 등 관계 법령에는 추상적인 행정목표와 절차만이 규정되어 있을 뿐 행정계획의 내용에 대하여는 별다른 규정을 두고 있지 아니하므로 행정주체는 구체적인 행정계획을 입안·결정함에 있어서 비교적 광범위한 형성의 자유를 가지는 한편, 행정주체가 가지는 이와 같은 형성의 자유는 무제한적인 것이 아니라 그 행정계획에 관련되는 자들의 이익을 공익과 사익 사이에서는 물론이고 공익 상호간과 사익 상호간에도 정당하게 비교·교량하여야 한다는 제한이 있는 것이고, 따라서 행정주체가 행정계획을 입안·결정함에 있어서 이익형량을 전혀 행하지 아니하거나 이익형량의 고려 대상에 마땅히 포함시켜야 할 사항을 누락한 경우 또는 이익형량을 하였으나 정당성·객관성이 결여된 경우에는 그 행정계획결정은 재량권을 일탈·남용한 것으로서 위법하게 된다"고 하여 위법성의 요소로 재량권의 일탈남용만을 들면서 '정당성과 객관성의 결여', 즉 형량오류를 비례의 원칙 위반으로 보지 않고 비교형량위반으로 보아 재량권의 일탈 남용에 해당한다고 보고 있다. 이 판결은 재량권 남용을 도시 계획의 위법성의 이유로 보면서 재량권의 남용 기준으로 비교형량의 원칙을 들고 있는 프랑스의 "Ville Nouvelle-Est" 판결과 동일하다.

#### (2) 국토(도시)계획의 처분성

프랑스의 경우에는 명령을 행정행위로 보고 있으므로 처분성이 문제되지 않는다.

우리나라 대법원 1982. 3. 9 선고 80누105 판결은 "도시계획결정이 고시되면 도시계획구역 안의 토지나 건물 소유자의 토지형질변경, 건축물의 신축, 개축 또는 증축 등 권리행사가 일정한 제한을 받게 되는바 이런 점에서 볼 때 고시된 도시계획결정은 특정 개인의 권리 내지 법률상의 이익을 개별적이고 구체적으로 규제하는 효과를 가져오게 하는 행정청의 처분이라 할 것이고, 이는 행정소송의 대상이 되는 것이라 할 것이다"고 하여 도시계획결정의 고시를 처분으로 보고 있으며, 처분성의 요소로, 1. 개별성, 2. 구체성을 들고 있다. 또 대법원 1994. 9. 10 선고 94두33 대학입시기본계획철회처분효력정지 판결에서는 "그러한 사정만으로써 위 지침에 의하여 곧바로 개별적이고 구체적인 권리의 침해를 받은 것으로는 도저히 인정할 수 없으므로, 그것만으로는 현실적으로 특정인의 구체적인 권리의무에 직접적으로 변동을 초래케 하는 것은 아니라 할 것이어서 내신성적산정지침을 항고소송의 대상이 되는 행정처분으로 볼 수 없다”고 하여 행정처분의 개념요소를 1. 개별성, 2. 구체성, 3. 직접성의 세 가지로 보고 있는데, 행정소송법 제2조는 「“처분 등”이라 함은 행정청이 행하는 구체적 사실에 관한 법집행으로서의 공권력의 행사 또는 그 거부와 그밖에 이에 준하는 행정작용(이하 “처분”이라 한다) 및 행정심판에 대한 재결을 말한다」고 하여 “구체적 사실에 관한 법집행”이란 표현으로부터는 처분성의 요소 중 “구체성” 하나만이 도출될 뿐이다. 따라서 우리 판례가 취하고 있는 처분의 개념요소로서의 1. 개별성, 2. 구체성, 3. 직접성의 3요소는 실정법 규정이 아닌 학설의 영향을 받은 것으로 보이는데, 오토 마이어는 행정행위를 “개별적 사안에서 신민으로서의 개인에 대해 무엇이 법인가를 규정하는 행정청의 권한에 의거한 공권력적 요구”라고 하여 “개별성”을 행정행위의 요소로 들었다. 독일 연방행정절차법 제35조 제1항은 행정행위를 「공법의 영역에서 개별적인 사건의 규율을 위해 행정청이 발하는 외부적으로 직접적인 법효과를 갖는 모든 조치·결정 또는 고권적인 처분」이라고 하여 1. 개별성과 2. 직접성을 행정행위의 개념요소로 규정하고 있다. 구체성이라고 하는 것은 법효과의 직접성을 가리키는 것으로, 우리 판례도 결국 독일 연방행정절차법 제35조에서 행정행위의 요소로 들고 있는 1. 개별성과 2. 직접성을 처분의 요소로 보고 있다. 도시계획결정의 고시와 같은 명령에 대한 처분성의 인정은 말할 것도 없이 ‘명령에 대한 항고소송의 필요성’ 인데 개별적 행위만을 행정처분으로 보고 있는 입장에서 명령을 처분으로 보기 위하여 명령의 행정객체에 대한 ‘직접적이고 개별적인 관련성’이 필수적이다. 그러나 일반적 규범의 효과는 모두 개별적인 관련성이 있기 때문에 결국 직접적(또는 구체적) 관련성이 문제되는데 법률효과가 직접적이냐 아니면 간접적이냐 하는 문제는 주관적인 판단에 좌우될 수 있는 문제로 이에 대한 판단이 용이하지 않다. 뿐만 아니라 직접적이고 개별적인 관련성이 있다고 인정되는 명령도 일반적 법규범으로서 손색이 없는 경우가 많으므로(‘두밀분교’를 폐쇄하는 조례의 효과는 두밀분교의 취학 아동 및 학부형에 대하여 일반적이고 유럽사법원도 Fruit and Vegetables Case에서 ‘명령으로 명명된 조치가 특정된 자연인 또는 법인에게 직접적일 뿐만 아니라 개별적으로도 관계되는 규정을 담고 있으면 그 조치가 전체적으로 보아 명령으로 정당히 불려질 수 있다는 선입견과는 상관없이 어떤 경우에는 그 규정들이 명령의 성격을 상실하고 개인들에 의한 취소소송의 대상이 된다’고 함) 명령에 대한 처분성의 인정은 명령에 대한 항고소송의 도입 필요성에 따른 임기응변일 뿐이다. ‘개별지가고시’나 ‘도시계획’의 처분성을 둘러싼 논란들은 모두 '개별적이고 구체적 효과'에 대한 판별의 어려움을 대변하고 있다. 그러나 이러한 문제들을 근본적으로 해결하기 위하여 행정소송법과 행정심판법 그리고 행정절차법의 '처분' 규정을 개정하여 일반적인 명령도 처분에 포함시키든지 아니면 따로 '행정입법 항고소송'을 도입할 필요가 있다. 독일도 조례로 결정하는 건설상세계획에 대한 추상적 규범통제가 필요함에 따라 행정소송법 제47조에 추상적 규범통제 소송제도를 도입하였으며 실은 '일반처분' 개념 자체가 처분 개념의 부분적 확대를 의미한다. 명령을 행정행위의 개념에 포함시키고 있는 프랑스의 경우는 더 말할 것도 없지만 일본 변호사연합회가 마련한 '행정사건소송법 개정시안'이 '행정입법 취소소송'제도를 도입하는 한편 취소소송의 대상으로 '행정처분(현실로 불이익을 초래할 우려가 있는 것 포함) 기타 법령에 의거한 일방적 권한의 행사'라고 규정하고 있음을 참고할 필요가 있다. 스페인도 1956년 행정소송법을 개정하여 제39조 제1항에서 '국가의 행정청과 지방자치단체 및 영조물 기관이 발하는 일반적 성격의 처분이 직접적으로 행정소송의 대상이 된다'고 규정한 바 있다. Fernando Garrido Falla교수에 의하면 "중요한 것은 '행정제도(Régime Administratif)'에 귀속되는 행위의 집합을 발견하는 것이며 확실히 행정행위는 일반적인 것도 포함한다"고 하면서 "행정행위에 대한 성질설은 편견에 불과하다"[7]고 한다.

### (3) 원고적격의 문제

환경보호를 위한 도시계획소송에 있어서의 또 다른 문제점은 원고적격의 문제인데 환경의 보호를 위하여 환경단체에게 원고적격을 인정하면 환경보호가 용이해진다. 그러나 환경단체에게 원고적격을 인정하는 데에는 장애 요인이 있는바, 우선 우리나라에는 "주관적 소송원칙"이라고 하는 독일 행정법이론의 영향이 지대한바, 주관적 소송원칙을 고집하게 되면, 권리침해를 요건으로 하여야 하므로, 환경단체에게 원고적격을 인정하기가 어렵다. 그러나 행정소송법 제12조는 원고적격으로 "법률상의 이익"이라고만 할 뿐, "권리"라고 하지 않았다. 따라서 "법률상의 이익"에 대한 해석여하에 따라서 원고적격을 널리 인정할 수도 있는데, 법률상의 이익을 보호가치 있는 이익으로 해석한다면, 보호가치 있는 이익은 권리와 시실상의 이익의 구분을 배척하므로 주관적 소송원칙에서 벗어나 객관적 소송의 모습을 띠므로 단체에 의한 집단적 이익의 방어에 유리해

7) Fernando Garrido Falla, Tratado de Derecho administrativo I, 1982, p. 446.

진다. "법률상의 이익"을 법률이 보호하는 이익으로 해석하더라도 이때의 법률을 객관적 법규범 전체로 본다면 법이 보호하지 않는 재판상의 이익은 없으므로, 보호가치 있는 이익과 마찬가지가 되므로 환경단체에 대한 원고적격의 확대를 위하여 법률상의 이익을 확대 해석하거나, 보호가치 있는 이익으로 개정할 필요가 있다.

그러나 항고소송을 객관적 소송으로 보더라도 프랑스의 경우, 직접적(direct)이고 개별적 관련성이 있어야(personnel) 인정되므로 집단적 이익에 대한 방어권이 무한정 인정되지는 않는다. 단체의 소의 이익에 관하여 꽁세이데따는 1906년 12월 28일의 Syndicat des patrons coiffeurs de Limoges판결 이후 소익을 매우 유연하게 해석하여 매우 자유주의적인 태도를 취해왔다. 단체는 우선 단체회원의 정신적 또는 물질적 손해에 대하여 명령과 개별적 결정 모두에 대하여 소송을 제기할 수 있다. 단체는 개별적인 성격이 없는 결정에 대하여도 집단적인 단체의 이익을 위하여 소송을 제기할 수 있다. E.N.A. 동문회는 E.N.A.출신들이 임명되는 공무원단에 정원 외의 인원이 들어간 조치에 대하여 소익이 인정되었고,[8] 환자단체도 사회보장금의 지급을 수정하는 명령에 대하여 소익을 인정받았다.[9] 또 은행간부조합은 제1직업대표기관으로 인정하기를 거부한 데 대하여 소익을 인정받았다.[10] 그러나 법인의 '전문성의 원칙'(principe de spécialité des personnes morales)과 '스스로 검찰관이 될 수 없다'(nul ne plaide par procureur)는 원칙에 따라 회원들의 소송을 단체가 대신 할 수는 없다. 즉 단체는 회원전체의 집단적 이익을 방어하기 위하여 소송을 제기할 수 있지만 그들 회원 중 일부의 개별적 이익을 위하여 소송을 제기하지는 못한다. 개별적인 행정처분에 대하여도 단체전체의 집단적 이익에 관계되는 한, 소의 이익을 인정받는다. 단체는 단체의 임무에 관계된 행위에 관해서만 소익이 인정된다. 따라서 운송업자 단체는 국영철도회사(S.N.C.F.)의 운임에 관한 명령에 대한 소송에서는 소익을 인정받지 못했다.[11] 또한 단체는 회원이 아닌 사람에 대한 결정에 대하여는 소익을 인정받지 못한다. 따라서 상인 연합은 회원이 아닌 약국을 폐쇄하는 명령에 대하여 소익을 인정받지 못하였다.[12] 한편 행정법원에서의

---

8) 1962. 7. 4. Association des élèves et anciens élèves de l'E.N.A.
9) 1961. 3. 10. Féderation nationale des malades, infirmes et paralysés.
10) 1955. 10. 28. Syndicat national des cadres de la banque.
11) C.E. 1949. 7. 30 Féd. Nat. Transporteurs routiers.
12) C.E. 1940. 2. 16 Union nationale.

소송증가와 단체에 의한 남소의 증가로 꽁세이데따는 최근에 들어 단체소송에 대한 소익의 인정에 다소 인색해지고 있는데 불행히도 환경단체에 의한 건축허가취소소송 부문에서 두드러진다.[13] 특히 꽁세이데따는 1990년 10월 31일 판결[14]에서 환경, 자연, 생명, 삶의 질 보호 프랑슈꽁떼 지역 연맹에 대한 원고적격을 부인한 바 있다.

## 2. 환경단체의 역할

오늘날 시민들은 농토가 오염되고 공기는 숨쉴 수 없을 정도로 혼탁해 가고 물은 점점 더 마시기 어려워져 가고 건축에 의해 경치가 훼손됨을 목격하고 있다. 경제적 이익과 생태계의 요구 사이에는 괴리가 있으나 경제적 부담이 된다 할지라도 생태계를 우선적으로 생각하지 않을 수 없는 시점임을 인식하게 되었다. 프랑스의 1976년 7월 10일 법률은 「각자가 살고 있는 자연재산의 보호를 감시하는 것은 각자의 의무이다」라고 선언하고 있다. 환경행정에 있어 공권력의 개입은 필요하나 그 역할이 언제나 효과적인 것은 아니다. 공권력의 개입은 비용이 많이 들고 때로는 부패하기도 하기 때문에 정비되고 시정되어야 한다. 따라서 시민을 격려하여 시민들로 하여금 환경보호에 있어 중요하고 효과적인 역할을 할 수 있도록 고무시켜야 한다. 이러한 역할을 전문적이고 조직적으로 해내기 위해서는 일정기준 이상의 요건을 갖춘 환경단체를 공인하여 이들 단체를 정책에 참여시키는 것이 효과적일 뿐만 아니라 환경이라고 하는 공동이익을 방어하기 위해서는 집단적 방어가 자연스러운 것이기도 하다.

### (1) 환경단체의 유형

현재 프랑스에는 15,000개에서 20,000개로 추정되는 환경단체가 있는데 결사의 자유의 원칙을 선언하고 있는 1901년 7월 1일 법률에 따르면 세 가지 유형으로 나누어 볼 수 있다.

1) 사실상의 단체 : 신고되지 않은 단체로 법률 제1조에 정의된 합법적

---

13) C.E. 1988. 1. 29. Assoc. Seguestevo. 1991 5. 27. Fédér. rég. protec. Assoc. protect. nature etc.

14) C.E. 31 octobre 1990, Union régionale pour la défense de l'environnement, de la nature, de la vie et de la qualité de la vie en Franche-Comté c. ville de Raddon-et-Chapendu.

인 단체이나 필요한 절차를 결여하고 있는 단체로 법인격을 가지지 않는다. 법인격이 없기 때문에 법인으로서의 권리와 의무도 없다. 소송에서의 당사자능력도 없고 회비를 징수할 수도 없으며 기금을 출연할 수도 없다. 따라서 활동범위가 제한된다.

2) **신고된 단체 :** 절차를 밟아 신고한 단체로 법인격을 향유한다. 법인격을 획득하기를 원하는 모든 단체는 단체의 소재지 군청(préfecture) 또는 구청(sous-pré fecture de l'arrondissement)에 사전 신고하여야 한다. 단체의 신고는 관보에 게재되며 권리와 의무의 주체로서 법인격을 향유한다. 단체는 명칭, 국적, 재산을 보유하며 소송에서의 당사자가 되며 제3자와 계약을 체결할 수 있다.

3) **공공적 필요성이 승인된 단체 :** 1991년 자료에 따르면 공공적 필요성이 승인된 환경단체는 1,434개가 있다. 공공적 필요성을 승인받기 위해서는 확정된 사회적 목적이 있어야 되는데 ① 자연과 환경의 보호단체이거나(자연보호에 관한 1976년 7월 10일 법률 제40조), ② 지방이용자단체이거나(도시계획법전 121.8조), ③ 생활과 환경개선보호단체(도시계획법전 제160.1조)이어야 한다.

가. 승인의 조건

① 1901년 7월 1일 법률에 의한 신고: 사실상의 단체는 승인에서 제외된다.

② 3년 이상된 단체 : 일시적인 단체는 제외된다. 지속적인 활동을 하는 단체이어야 한다. 기간의 계산은 신고된 날로부터 한다.

③ 대표성 : 1977년 7월 7일의 政令에 따르면 대표성은 다음의 세 가지 요소를 고려하여 행정청의 재량으로 결정한다.

㉮ 지위에 부합하는 단체의 운영

㉯ 자연, 환경 또는 생활과 무관한 활동 여부

㉰ 충분한 보증의 여부

나. 승인단체에 대한 감독 승인단체는 행정청에 의하여 대표성에 대한 감독을 받는다. 이를 위하여 승인단체는 매년 행정청에게 활동보고서와 재정보고서를 제출하여야 한다. 보고서를 제출하지 않거나 승인조건 중의 하나라도 충족하지 못하면 승인은 철회된다.

다. 승인의 법적 효과 승인단체는 행정작용에 참여할 권리를 부여받고, 처벌소송에 있어서의 당사자자격을 부여받는다(1976년 7월 10일 법률 제40조, 도시계획법전 L.121. 8조 L.160.1조).

우리나라에서는 등록단체와 임의단체로 나누어 볼 수 있는데 등록단체는 ㉠

회원의 권익보호를 주목적으로 하는 환경관리인연합회, 공단환경오염방지협의회 등이며, ㉡ 국고보조 등 정부의 지원을 받아 홍보・교육 등 한정된 사업을 수행하는 환경보존협회, 환경보전 범국민운동추진협의회 등을 들 수 있고 ㉢ 여성단체, 종교단체 언론단체 등 원래는 환경문제 이외의 목적으로 조직되었지만 환경문제가 중요한 사회문제로 등장함에 따라 환경운동을 전개하는 단체로 나누어 볼 수 있다.[15)]

민간환경단체들의 활동상황을 살펴보면 환경보존 대국민 홍보, 계도활동 및 캠페인전개, 환경관련 학술, 조사연구활동 실시, 환경정책에 대한 세미나 개최 등 다양한 활동을 하고 있으며 대표적인 사례를 살펴보면 다음과 같다.

첫째, 환경정책기본법 등 관련법과 정부환경시책에 따라 설립된 단체인 환경보존협회, 유해화학물질관리협회 등에서는 주로 환경보전을 위한 조사연구, 기술개발 및 교육・홍보업무 등을 담당하고 있다.

둘째, 환경전문가, 지식인 등으로 구성되어 전문성을 갖춘 환경운동연합, 배달녹색연합, 환경과 공해연구회 등과 같은 단체에서는 주로 환경정책에 대한 세미나 개최 및 학술조사, 연구활동, 국내외 환경정보 교환활동 등을 하고 있다.

셋째, 환경보전운동이 시민운동으로 발전・확산됨에 따라 종교단체, 여성단체 및 각종 시민단체들에서는 일상생활에서 실천할 수 있는 '음식물 쓰레기 줄이기', '대중교통 이용하기', '물 아껴쓰기운동' 등을 수제로 각종 환경보전 캠페인을 전개하고 있다. 특히 1996년 2월 1일 우리나라 6대 종교대표자들이 모여 '종교지도자 녹색환경선언'을 선포하고 환경보전운동을 적극 전개하였으며, JCI 부산세계대회에서도 '환경선언문'을 채택하였다.

넷째, 시민 또는 지역주민들의 모임형태로 운영되는 단체로서 광록회, 팔당상수원환경감시단 등은 지역환경문제에 관한 토론회 개최, 상수원보호활동 등 지역환경보전운동을 펼치고 있다.

환경정책기본법 제38조에서는 환경보전에 관한 조사연구, 기술개발 및 교육・홍보 등을 하기 위하여 공법인의 성격을 갖는(직접적인 표현은 없으나 행정청에 의하여 창설되고 공익을 실현하기 위한 것이므로)[16)] 환경보존협회를 두며 국가가 소요 경비의 일부를 예산의 범위 안에서 지원할 수 있도록 하고 있다. 또 환경

---

**15)** 김병완, 한국의 환경정책과 녹색운동, 나남출판, 220면 참조.

**16)** 第38조 제2항은 「협회는 법인으로 한다」라고 하고 있으며, 제6항은 「협회에 관하여 이 법에 규정되지 아니한 사항은 민법 중 사단법인에 관한 규정을 준용한다」고 하고 있다.

정책기본법시행령 제6조의 영향권별 관리를 위한 환경관리위원회의 구성에 상공단체 등 관계 경제·사회단체의 대표자를 포함시킬 수 있도록 하고 있으며 자연환경보존법 제35조에서도 자연환경과 자연자원의 보존에 관한 조사·연구·교육·홍보 및 보존사업 등을 하기 위하여 한국자연보존협회(법인의 성격에 관하여는 환경보존협회와 거의 동일한 규정)를 두고 있다. 또 자연공원법 제54조의 2에서도 국립공원의 보전과 이용에 관한 홍보·계도 및 자원조사 등을 행하게 하기 위하여 국립공원협회(상기 두 협회와 거의 동일한 규정)를 두고 있다. 이 3개 협회는 자연공환경보전법시행규칙 제11조의 2에 의하여 자연환경보존법시행령 제23조에 의한 '생물다양성구성요소 등에 대한 조사'를 대행할 수 있다.

#### (2) 환경단체의 역할

1) 시민들에 대한 홍보와 교육 : 국가 및 지방자치단체는 환경단체를 환경정보를 전달하는 매개체로 활용할 수 있다. 홍보물의 제작과 배포, 세미나의 개최 등은 국가나 지방자치단체가 직접 담당하는 것보다는 환경단체가 담당하는 것이 보다 설득력이 있고 경비면에서도 경제적이다. 환경단체는 보통 문제의 내막을 행정기관보다 더 잘 알고 있을 것으로 예상된다. 뿐만 아니라 행정기관은 업무가 경감됨으로써 작은 정부를 지향하는 데 보다 효율적으로 적응할 수 있다. 환경단체도 행정청의 정책을 초기 단계부터 검토할 수 있기 때문에 사전에 정책을 효과적으로 검토할 수 있다.

2) 자문기구 : 행정청은 환경단체를 무보수의 자문기관으로 활용할 수 있다. 중앙이나 지방의 환경관련 행정위원회에 환경단체의 대표가 참여함으로써 행정과정에 참여할 수 있다. 특히 프랑스 도시계획법전 제L121-8조는 승인된 환경단체의 토지점유계획 작성과정에의 참여를 규정하고 있다.[17] 그러나 자문의 문제점은 정책입안의 초기단계부터 참여하는 것이 아니기 때문에 이미 수

---

**17)** 인간의 환경은 점점 덜 자연화되고 점점 더 도시화되고 있다. 전원지역의 도시지역에의 편입현상은 풍경과 인간의 삶을 바꿔 놓고 있다. 도시화의 가속은 특히 오염을 증대시켜 도시환경의 문제가 환경정책의 우선과제로 되었다. 따라서 도시에서의 환경법은 생태학적인 도시계획법과 도시화된 환경법을 혼합하여 사용하는 도시환경정책의 도구가 되어야 한다(Michel Prieur, Urbanisme & Environnement, AJDA, 20 mai 1993).

한편 오늘날의 도시계획법은 더 이상 토지의 할당에 관한 법이 아니다. 그동안의 변화과정을 통하여 도시계획법은 독립된 개별입법의 원칙을 포기하고 토지의 관리, 환경, 주거, 교통, 사회복지, 안전 등을 한데 묶어 도시환경의 총체적인 정책도구가 되었다. 도시미학의 문제는 이러한 발전의 상징적인 예이다. 도시계획법은 프랑스의 경우, 특히 핵심적인 도시계획서인 토지점유계획을 통하여 도시생활의 전체를 계획하고 있다.

립된 정책에 대한 형식적인 참여에 그칠 우려가 있다. 또 한국에서는 시민단체대표들이 참여하고 있는 각종 의결・심의 또는 자문위원회의 활동은 형식적이고 저조한 편이다. 공무원들은 흔히 시민단체대표들이 참여해도 전문지식이 부족하여 별로 도움이 되지 못한다고 주장하는 경향이 있으나 환경분야에 있어서는 시민단체가 상당히 전문화되어 있으므로 행정편의적인 사고를 수정하여야 할 것이다. 그 가운데 정부와 시민단체간의 환경정책협의 기구로서 환경운동연합을 비롯한 16개 시민단체들로 구성된 민간환경단체정책협의회에서 1996년 3차례의 협의회를 개최하여 환경정책에 대한 의견수렴의 기회를 가진 것은 고무적이라 하겠다.

3) 자연환경 보존지역의 관리 : 환경단체는 자연환경보존지역의 지정에 이니셔티브를 취할 수 있고 보존지역의 관리를 위임받을 수 있다. 특히 자연공원의 관리에는 효과적일 수 있다. 1901년 법률에 의한 단체인 알자스 경관 보존본부(Conservatoir des sites alsaciens)가 1976년 7월 10일의 자연보호에 관한 법률 제25조에 따라 담당하고 있는 업무는 다음과 같다.

- 자연보존지역의 관리, 표시, 감시
- 자연 환경에 대한 계속적인 감시를 위한 동식물에 대한 정기적인 감시
  • 자연환경의 보다 나은 관리에 필요한 과학직 연구의 촉진
  • 특히 안내방문을 통한 대중의 안내 및 홍보

4) 환경문제 전문기관 : 환경단체는 환경문제에 정통하면서도 행정기관의 이익을 염두에 두지 않기 때문에 보다 자유로운 전문성을 발휘할 수 있다. 특히 환경단체는 환경영향 평가에 참여할 수 있고 환경 영향평가결과의 정확성에 대하여 자문할 수 있다.

5) 환경분쟁의 당사자 : 환경분쟁은 흔히 객관적 성격을 띠기 때문에 환경단체에게 당사자적격을 인정함으로써 객관적 이익(공익)을 적극적으로 방어하는 데 적합하다.

가. 예방적 소송의 중요성 환경분쟁에 있어서는 환경책임에 대한 손해배상으로는 이미 훼손된 환경을 복구하기가 어려우므로 예방적 소송제도를 활용하는 것이 바람직하다. 프랑스에서는 월권소송제도가 많이 활용되는데 월권소송제도가 환경단체에게 주는 이점은 비용이 들지 않고 변호사가 필요 없다는 것이다. 대부분의 월권소송은 환경에 영향을 주는 건축허가, 철거허가, 위험시설 설치허가, 공공적 필요성의 승인, 토지점유계획 등이다.

나. 소의 이익[18]

### (3) 집행정지의 문제

환경소송에 있어서는 집행부정지원칙으로 인하여 환경상의 결과가 돌이킬 수 없는 결과로 되기 쉬우므로 집행정지의 신청이 빈발하게 된다. 따라서 집행정지의 요건을 환경소송에 있어서는 좀 더 유연하게 해석하여야 할 것이다. 또 집행정지 결정이 신속하게 이루어져야 할 것이다.

### (4) 단체소송의 문제점

환경문제에 대한 단체소송의 대상이 되는 처분의 위법성은 환경단체의 자문기구로서의 역할로 인하여 절차나 형식상의 흠을 이유로 하기가 쉽다. 이 경우 행정청은 법규에 따라 형식이나 절차상의 흠결을 보완하여 또 다시 동일한 처분을 할 우려가 있다. 반면에 환경영향평가나 의견조사의 명백한 불충분성을 이유로 한 처분에 대한 취소결정은 절차를 처음부터 다시 시작하도록 만들어 사업 자체를 대폭 지연시킬 수 있다는 문제점이 있다. 한편 환경단체에 의한 항고소송의 제기는 남소에 흐를 우려도 있다. 따라서 소의 이익을 "직접적이고 이기적"인 이익에 국한시키는 것도 남소를 조절할 한 방법이 될 수 있다. 또 명백히 남용적인 소송에 의하여 야기된 손해에 대하여는 배상 책임을 물리는 것도 남소를 억제할 한 방법이 될 수 있을 것이다.

### (5) 주민투표제도

환경문제는 주민의 집단적인 불만이 분출될 수 있는 것이므로 주민들의 민주적인 토론을 통하여 지방환경의 장래를 스스로 결정하도록 한다면 갈등이 해소될 것이기 때문에 주민투표제의 활용은 환경문제의 유력한 해결방안 중의 하나이다. 그러나 주민투표의 결과는 개발을 선호하는 방향으로 결정될 가능성이 있으므로 결정이 아닌 자문의 형태로 활용하는 것도 유연한 방안이 될 수 있다.

---

18) 소의 이익에 관하여는 앞의 Ⅲ. 지방분권과 계획에 대한 통제 1. 국토환경계획에 대한 사법적 통제 (3) 원고적격의 문제에서 설명한 내용(485면 이하) 참조.

# 제12편

# 교육행정법

# 제 1 장　프랑스헌법상 교육제도의 기본원리[1)]



## Ⅰ 공공서비스로서의 교육: 헌법원칙

### 1. 교육에 관한 헌법 원칙 관련 규범

자유민주주의 국가에서의 모든 국가 작용은 헌법원칙에 적합한 합헌성이 있어야 하는바 헌법원칙은 헌법에 명문규정으로 명시된 것 이외에 프랑스 제5공화국 헌법은 "공화국 법률에 의하여 인정된 기본원칙"이라고 하는 확정하기가 상당히 어려운 원칙을 헌법원칙으로 인정하고 있다. 이는 헌법상의 일반원칙을 말하는데 제5공화국에서는 결국 입법권이 법률과 명령으로 이원화되어 있으므로 실정법률과 명령에 나타난 일반원칙들을 헌법원칙으로 인정하고 있다.[2)] 즉

1) 이광윤, '프랑스헌법상 교육제도의 기본원리', 헌법재판연구 제14권, '교육제도의 헌법적 문제에 관한 연구', 5면.

2) B. Genevois, "une catégorie de principes de valeur constitutionnelle: les principes fondamentaux reconnus par les lois de la République", R.F.D.A. 1998, pp. 477 et suivantes.

헌법의 일반원칙은 추상적인 근본규범에 바탕을 둔 것이 아니라 법률이나 명령들에 의해 나타난 것으로 실정 헌법규정이 미처 성문화하지 못한 헌법적 원칙을 말하는데 어떠한 것이 구체적으로 헌법적 가치를 지니는 것인지 확정하는 것은 여전히 어려운 문제로 남는다. 1958년 헌법전문은 1789년 인권선언과 1946년 헌법전문에서 보충된 인권과 주권원칙을 수용하여 헌법원칙으로 인정하여 기본권조항으로 삼고 있다. 교육에 관한 헌법상의 가장 중요한 규정은 1946년 헌법 전문의 「모든 등급에 있어서 무상이고 세속적인 공교육의 구성은 국가의 의무이다」라는 규정인데 이 규정은 교육은 공공서비스(service public)임을 선언하고 있다. 즉 공교육은 국가의 의무이므로 이는 곧 국가가 하여야 할 사업인 공공서비스임을 선언하고 있다.

이 밖에도 교육에 관련된 헌법상의 규정은 여러 조항에서 발견되고 있는데 우선 프랑스 인권선언은 제1조에서 「인간은 자유롭고 평등하게 태어났고 살아간다」고 규정하고, 제6조는 「법률상 평등한 모든 시민은 능력에 따라 성품이나 재능 이외의 차별을 받지 않고 모든 명예와 지위와 공직에 나아갈 수 있다」고 규정하고, 제10조는 「누구도 의견과 종교의 문제로 불안하여서는 안 된다」고 규정하고, 제11조는 「사상과 의견의 자유로운 교환은 권리이다」고 규정하고 있다. 그리고 1946년 헌법전문은 「국가는 개인과 가족에게 그들의 발전에 필요한 조건을 보장한다」 또 「국가는 어린이와 성인들에게 교육, 직업교육, 문화를 누릴 평등한 권리를 보장한다」고 규정하고 있다. 한편 1982-1983년 지방분권 실시 이후 이를 반영하여 2003년 3월 17일 개정된 프랑스 헌법 제1조[3]는 「프랑스는 불가분적, 세속적, 민주적 및 사회적인 공화국이다. 프랑스는 출신, 인종, 또는 종교의 차별 없이 모든 시민에 대하여 법률 앞에서의 평등을 보장한다. 프랑스는 모든 신념을 존중한다. 그 조직은 분권화된다(son organisation est décentralisée)」고 하고 있는데 여기서 "그 조직은 분권화된다"는 말은 분권, 즉 décentralisation을 뜻하는 것으로 삼권 모두가 분권화되는 연방국가(Etat fédéral)나 행정권과 입법권이 분권화되는 지역국가(Etat régional)와는 달리 프랑스는 단일국가로서 불가분(indivisible)하기 때문에 단순한 행정권만의 분권을 의미한다. 단일국가의 지방자치단체는 시원적 입법권을 향유할 수 없다. 이에

---

3) Art. 1. — La France est une République indivisible, laïque, démocratique et sociale. Elle assure l'égalité devant la loi de tous les citoyens sans distinction d'origine, de race ou de religion. Elle respecte toutes les croyances.Son organisation est décentralisée.

따른 교육에 관한 지방분권에 따라 국가는 1. 공교육을 체계화할 의무를 지며 공교육을 운영하고 각급 학교별로 교육계획을 일관성 있게 유지시킬 의무를 진다. 2. 교육의 방향과 교육내용을 규정하고 수료를 인정하는 학위를 수여한다. 3. 학교에 종사하는 직원의 보수를 책임지며 교원의 모집과 양성 및 관리의 책임을 진다. 지방자치단체는 1982~1983년 지방분권화 이후 새로운 권한으로 1. 교육계획에 있어서 학교의 위치설정과 투자결정권, 2. 교육기관의 설립과 관리에 관한 권한을 부여받았다.

## 2. 교육의 공공서비스로서의 성격

교육의 공공서비스성에 관하여는 교육법전 법률편 제111-1조에서도 「교육은 국가의 제1우선사업이다. 교육공공서비스는 아동과 학생들에 맞추어 구상되고 조직된다」고 하여 교육이 공공서비스임을 명시적으로 선언하고 있다. 공공서비스[4]는 일반적으로 공익을 만족시킬 목적으로 공공단체에 의하여 수행되는 활동으로 정의[5]되며 조직적(organique) 의미에서는 이런 활동을 수행하는 기관(인적, 물적 수단의 총합)을 말한다.

공공서비스라고 하는 개념은 舊制度(Ancien régime)하에서도 있어 왔지만

---

**4)** 공공서비스에 관하여는 다수의 참고문헌이 있으나 독자의 편의를 고려한 필수적인 것만 들어보면,

① D. Linote, A Mestre, "Services publics et droit public économique", T. I p. 47et S., litec, 1982, paris.

② Evlyne Risier-Kouchner, "Le service public dans la théorie de l'Etat de Léon Duguit", L.G.D.J. 1972, paris.

③ Jacques Chevallier, "Le service public", que sais-je? P.U.F., 1987, paris.

④ R.D.P., 1987년 1·2월호, 공역무특집 Serge Regourd, "Le service public et la doctrine": pour un plaidoyer dans le procés en cours. Jean-Baptiste Geffroy, Service public et prérogatives de puissance publique, Réflexions sur le déboires d'un couple célèbre.; Philippe Jourdan, La formation du concept de service public.

⑤ 김동희, 공역무론, 서울대 법학 제18권, 1호.

이 외에 A. de Laubadére, George Vedel, Jean Rivero 교수들의 행정법 교과서들의 公役務편 및 Benoit Jeanneau 교수의 "Droit des service publics et des entreprises nationales", Dalloz, 1984, paris 등이 있음.

**5)** "公法人에 의하여 또는 公法人의 감독하에 一般法의 궤도를 이탈하여 행하여지는 公益活動", A. De Laudadère, "Traité de droit administratif", T.1, 10eéd., p. 662 L.G.D.J. 1988, paris; 기능적(fonctionnelle): "공익을 만족시키는 활동"; 조직적(organique): "행정청에 의하여 경영되는 사업체" George Vedel, Pierre Delvolvé, "Droit administratif", 10e éd., p. 1096, P.U.F., 1988, paris. 기능적(fonctionnelle): "행정청이 담당하여야 할 공익활동"; 조직적(organique): "동일한 목적을 위하여 공법인에 의하여 할당된 인원과 수단의 총체" Jean Rivero, "Droit administratif", 12e éd., p. 573, Dalloz, 1987, paris.

특히 19세기에 와서 干涉國家(Etat interventioniste)의 이미지에 부합하기 위한 정부부서의 팽창[6]으로 인해 중요하게 부각되었다. 즉 18세기에 이르러는 "公共의 서비스"(service de public)라고 하여 私人을 위한 公權力의 介入을 지칭하였는바 때때로 "공공서비스"(service public)란 표현도 사용하고 있는데[7] 이때의 私人을 위한 公權力의 介入은 국가의 주요 사무에 해당하였고, 이 시대에 있어서의 국가의 주요 사무란 국방사무, 외교사무, 경찰, 사법, 도로의 건설과 관리, 서신 및 화물의 우편사무 등의 공공질서와 법률관계의 안전을 위한 최소한의 공적 통제와 조직을 의미하고 있었다.

그러나 19세기에 들어서게 되면 야경국가로부터 국가가 국민들에게 직접적으로 給付를 제공해 주여야 하는 적극국가로, 司法國家(l'Etat de justices)에서 行政國家(l'Etat administratif)로 변모하게 되어, 국가는 공공의 필요가 세분됨에 따라 이에 적합한 행정기관들을 창설함으로써 공공의 필요를 만족시켜야 했다. 이러한 새로운 행정기관들의 창설임무가 바로 공공서비스다. 공공서비스理論의 거두인 L. Duguit는 "공공서비스란 집권자에 의하여 달성이 보장되어야 하고 규율되어야 할 모든 활동을 가리킨다"고 하며, 이것은 "사회의 상호의존(interdépendance)에 따라 반드시 이러한 필요성들이 달성되어야 하고, 또 정권의 힘을 통해서만 완전히 달성될 수 있는 것"이라고 하면서 "공공서비스는 필요한 국가의 간섭으로서 출현한다"고 하였다. 즉 Duguit에게 있어서 공공서비스라고 하는 것은 可視的이고 事實的인 것이 아니라 국가에 의해 보장되고 규율되어야 할 업무가 공공서비스이다.[8]

### 3. 공공서비스의 일반원칙에서 도출되는 교육의 원칙

위에서 살펴본 공공서비스의 원칙이 교육에 적용될 때, 1. 학교교육의 의무성, 2. 무료교육, 3. 학위수여의 국가독점, 4. 중립성, 5. 평등성이 도출된다.

---

6) 1791년 1월 25일~5월 25일 법률은 법무, 해상, 전쟁, 세무, 외무, 내무의 6개 政府省밖에 규정하고 있지 않으나 모든 잡무를 통괄하던 내무성이 다양한 전문성으로 분화하여, 1820년에는 건설성, 1839년에는 상공성, 1862년에는 문화성, 1887년에는 체신성, 1906년에는 노동성이 각각 내무성으로부터 분화하였다.

7) 부역을 폐지하라는 1776년 2월의 칙령은 "공공서비스의 필요성"(la nécessité du service public)이란 표현을 사용하고 있다.

8) 공공서비스의 세 가지 기본원칙에 관하여는 제2장 평생교육과 공교육원칙 참조.

### (1) 교육의 의무성

교육은 공공서비스, 즉 국가가 제공하여야 할 사업으로서 최소한의 교육에 대하여는 국가가 그 이용을 강제하고 있다. 이는 공공서비스의 이용에 대한 평등의 원칙을 적용한 결과이다. 1882년 3월 28일 법률은 의무교육의 연한을 13세까지로 정하고 있었고, 1936년 8월 9일 법률에서는 14세까지 1959년 1월 6일 정령(ordonnance)부터는 16세까지로 늘어났다. 1989년 7월 10일의 89-486 교육방침에 관한 법률 제2조는 「모든 어린이는 3세부터 가족이 원하면 거주지에서 가장 가까운 유치원이나 유아원에 다닐 수 있다. 2세 어린이의 등원도 도시지역이나 농촌지역 또는 산간지역을 막론하고 사회적으로 곤궁한 환경에 위치한 유아원에서는 우선적으로 확대 적용된다」고 규정하고 있다. 법률은 세 가지 사항을 명확히 하고 있는데 그것은 1. 연령과 기간, 2. 국적의 불문, 3. 장애자의 수용 조건이다.

**1) 연령과 기간 :** 1882년부터 의무교육의 시작은 6세로 변하고 있지 않다. 따라서 학령 전 교육은 국가의 장려정책에도 불구하고 의무교육에는 포함되지 않는다. 꽁세이데따는 1983년 3월 25일 결정[9]에서 「1975년 7월 11일 법률을 적용한 1976년 12월 28일 명령은 6세 이전의 아동은 학교에 입학할 수는 있으나 권리는 없다」고 결정하였다. 그 해의 12월 31일까지 6세에 달하는 아동은 초등학교 1학년에 입학한다. 5세에 달한 아동은 부모의 요청이나 동의하에 장학관이 입학을 허가한다.

학교장은 학생의 출석부를 매달 장학관에게 보고하며 정당한 사유 없이 학교에 출석하지 않으면 학부모는 형사처벌을 받지만 형사처벌보다 더욱 효과적인 제재수단은 가족보조수당(allocation familiale)의 지급을 중지하는 것이다.

**2) 국 적 :** 1882년 법률에 대한 해석은 오랫동안 프랑스에 거주하는 외국인에게는 교육의 의무성이 적용되지 않는다는 것이었는데 그 이유는 그 법률이 경찰이나 안전에 관계되지 않고 가부장권에 관계되어 그 법률이 존중하고 있는 국가와 권리능력에 관계가 없다는 것이었다.[10] 그러다가 1936년에 와서 Jean Zay의 선동하에 "남학생과 여학생, 프랑스인과 외국인 모두에게 의무적인" 입법이 일반화되었다. 1975년 7월 11일의 Haby법률은 제1조에서 「6세부터 16세 사이의 모든 아동은 의무교육을 받을 권리가 있다」고 규정하고 있다. 이

---

9) C.E. 25, mars 1983, ministre de l'éducation nationale c. Eoux Mousset.

10) Clqude Durand-Prinborgne, "Le Droit de l'Education" Hachette, 1998, p. 283.

법률을 적용한 1976년 12월 28일 명령도 「개학시에 해당 연도에 6세에 달하는 아동은 1학년에 입학한다」고 규정하고 있다. 이밖에 초, 중등학교에서의 외국인 학생의 등록에 관한 1984년 7월 16일의 훈령을 비롯한 수많은 훈령들은 국적 차별 금지를 명시하고 있다. 그러나 외국인은 부모가 불법체류인 경우에는 문제가 복잡해지는데, 학생이 의무교육 연령에 해당할 때는 아무런 제한이 없다. 그리고 비 프랑스어권 외국인 학생들을 위하여 초등학교에 교습반(classes d'initiation)을 마련하고 있으며, 중등학교에서는 안내반(classes d'accueil)을 마련하고 있다.

3) 장애인 : 1975년 6월 30일의 장애인을 위한 방침 법률은 장애인의 학교 교육, 직업, 사회에의 참여를 국가의 의무로 규정하고 있다. 1989년 7월 10일의 교육에 관한 방침 법률은 장애인 아동을 일반학교에 입학시킬 필요성을 인정하고 있다. 이 규정은 학교교육의 새로운 정책의 계발을 촉진하고 있는데, 이것은 한편으로는 장애인에 대한 국가의 의무를 규정하고 있지만 다른 한편으로는 장애인을 학교교육에 수용한다고 하는 것 자체가 교육공동체를 성숙되게 변혁시키는 것이다. 물론 그 중에는 장애의 정도가 너무 심하여 일반학교에서는 수용할 수 없는 경우가 있어 특수장애 학교가 필요하지만 그것은 각각의 필요성에 따라 특별교육 군 위원회가 결정한다.

### (2) 교육의 무상성

교육의 무상성은 교육의 의무성에서 파생된다. 초등교육에 대한 무상교육은 Condorcet[11]에 의하여 제안되어 1791년 9월 3일 헌법에 규정되었다. 그러나 무상교육이 실제로 실시된 것은 1881년 6월 16일 법률에 의하여서인데 이 법률은 1890년 1월 29일 명령(décrêt)에 의한 극빈자에 대한 교과서 무상배분과 가난한 학생들을 보조하기 위한 학교금고의 설치에 의하여 보충되었다. 그러나 중등교육에 대한 무상교육은 1927년 12월 27일 법률에 의하여 비로소 이루어졌는

11) 1743년 9월 17일 북프랑스 피카르디의 리브몽에서 출생하였다. 파리 나바르대학교에서 수학을 전공하였다. 16세 때부터 적분 · 해석 등의 수학적 업적을 쌓았으며, 26세에 과학아카데미 회원이 되었다. J.R. 달랑베르, 볼테르, A.R.T. 튀르고 등과 교유하면서, 《백과전서》 편찬에 협력하여 경제학 항목을 담당하였다. 1782년에는 아카데미 프랑세즈에 들어가 볼테르전집 간행사업에 참여하였다. 1789년 철학부장이 되어 18세기 사상가들의 후계자로 지목되었으며, 입법의회 · 국민 공회의 의원으로도 선출되어 웅대한 문교 조직 계획과 헌법안 등을 제출하였다. 그러나 그의 제안은 지지를 얻지 못하고, 지롱드당의 후원자였기 때문에, 자코뱅당에게 체포되어 옥중에서 음독 자살하였다.

데, 그것도 1933년에 와서야 실효를 보았다. 무상교육은 현재 유아원과 유치원에까지 확대되어 있으나 대학에는 적용되지 않고 소액이기는 하나 등록금을 내어야 한다. 교육의 무상성은 프랑스 학생뿐만 아니라 외국학생에게도 적용되는데 그것은 모든 공공서비스의 이용자에게 적용됨을 뜻한다. 행정법원은 교육의 무상성의 원칙에 대한 철저한 수호자 역할을 수행하고 있는데, 교육의 무상성의 원칙은 초등학교건, 중등학교건 가족의 수업료에 대한 모든 직접적 참여가 금지됨을 뜻하나, 인터넷, 급식, 통학료, 소풍 등 부수적 활동에 대하여는 적용되지 않는다. 학교에서 집단적 사용에 필요한 비품은 해당 시·읍·면(commune)의 부담이다. 초등학교에서는 교과서가 모든 학생에게 무상으로 지급된다. 개인적인 학용품은 가족의 부담이나 학교기금이나 시·읍·면에서 부담할 수 있다. 중등학교 중 Collège에서의 교과서의 무상공여는 1975년 7월 11일의 Haby법률에 의하여 확보되었다. 중등학교에서의 학용품은 가족의 부담이다. Lycée에서의 교과서와 학용품은 모두 가족의 부담이다.

### (3) 학위수여의 독점

국가는 학위수여에 대한 독점권을 가지고 있다. 학위수여의 독점은 중립성과 세속성의 원칙과 함께 교육서비스의 고유한 원칙에 속한다. 얼핏 보면 이 원칙은 공공서비스의 의무로 보이지 않지만 자세히 살펴보면 교육에 있어서의 사적 활동을 금지하는 형태를 띠고 있다. 학위수여의 독점은 보통법의 한계를 일탈하는 공공서비스의 특권에 속하는데 이것은 공공서비스가 공익을 대변한다고 하는 점에서 당연한 것으로[12] 여길 수도 있지만 독점이 공익활동의 당연한 결과로서 법적으로 구속하고 있는 것은 아니다. 사립기관들도 학위를 수여할 수 있으며 국가가 수여한 학위와 사립기관이 수여한 학위가 경쟁관계에 있을 때만 국가의 독점권이 인정된다. 학위수여에 대한 독점권은 현재 공공서비스의 품질보증 임무에 의해 정당화되고 있다. 학위수여에 대한 국가독점의 기원은 1878년에 Ernest Renan이 "공공서비스와 사립기관이 병존하는 시스템은 의견을 달리하는 두 개의 프랑스가 비단 교육에 있어서만 존재할 뿐만 아니라 영광도 달리하는 것이다"[13]고 하였는데 이것은 국가가 피하여야 하는 것이다. 학위

12) 물론 최근에는 조직적 의미의 공공서비스와 기능적 의미의 공공서비스의 결별에 따라 "공권력이 스스로 담당하지 아니하고는 공익에 대한 충족이 불충분하다고 판단하여 스스로 담당하기로 결정한 공익활동만이 조직적 의미의 공공서비스"이다. 이광윤, "행정법이론 - 비교적 고찰 -, 성균관대학교 출판부 2000, 526면.

수여에 대한 독점은 1880년 3월 18일 법률에 의해 최초로 도입되었다. 꽁세이데따는 1969년 6월 25일 국립 법경대학(Faculté de Droit, de sciences sociales et d'économie) 교원 자치조합 결정에서 학위수여에 대한 국가 독점권은 1968년 11월 12일의 고등교육 방침법률에 의하여도 폐지되지 아니하였다고 인정하였다. 이 판례에서의 문제점은 재능과 지식에 대한 지속적 통제(학사관리)와 자유로운 대학의 출석을 조화시키기가 어렵다는 점이다. 만약 상급학년에의 진학에 사립학교의 성적을 반영하지 않는다면 대학은 지속적 통제(학사관리)를 할 수 없는 상황에 처한다. 그래서 교육담당 국무상은 사립고등교육기관에서 1학년이나 2학년을 성공적으로 마친 학점에 대한 학점인정제를 도입하였다. 논고담당관은 결론에서 대학학위의 국가독점권은 1968년 11월 12일 법률에 의하여 명시적으로나 묵시적으로라도 폐지되지 아니하였기 때문에 교육담당국무상의 명령은 취소되어야 한다고 하였으며, 꽁세이데따는 이를 받아들였다.

우선은 1969년 9월 15일 명령(décrêt)에 의해 해결되었는데, 이 명령은 고등교육기관의 학생을 심사하는 심사위원회가 학생이 다녔던 학교의 성적을 참조하도록 정하고 있었다. 그 후 1971년 7월 12일 법률은 대학과 사립학교가 학생의 재능과 지식을 측정하기 위한 방법에 관하여 협정을 체결하도록 하였다. 1984년 1월 26일의 고등교육법률도 학위를 취득하기 위해 대학과 사립학교 간에 협정을 체결하도록 하였는데 그 학년도 1월까지 한 건도 협정이 체결되지 아니하였기 때문에 대학담당교육감이 국가학위 취득을 위한 사립대학 학생들의 지식과 재능의 측정 조건을 정하는 명령을 발하였다.

국가와 사립학교의 관계에 있어서는 교육의 자유는 인정되지만 교육은 공공서비스이기 때문에 국가는 언제든지 개입할 수 있다. 따라서 사립학교가 공교육을 실시하는 것은 교육공공서비스를 특허 받아 실시하는 것이다. 1959년 12월 31일의 국가와 사립학교에 관한 Debré법률은 국가는 「교육의 자유를 존중하고 정규적으로 개설된 사립학교의 활동을 보장한다」고 규정하고 있다. 이 법률은 세 가지 사항을 골격으로 하고 있다.

① 계약에 의한 사립학교의 국가교육에의 참여 : 사립학교에 부여된 의무를 준수하는 조건으로 운영비의 전부 또는 일부를 국가 또는 공공단체가 부담한다.

② 공립학교와 유사한 또는 경쟁관계에 잇는 사립학교의 금지

③ 사립학교와 공립학교의 통합화 : 사립학교 교원도 공공서비스종사자이므로 공

13) Claude Durand-Prinborgne, "Le Droit de l'éducation" hachtte 1998, p. 268 재인용.

공서비스 계약으로부터 거리만 먼 계약은 9년 이내에 폐지되고 협력계약 (contrat d'association)으로 대치.

국가의 사립학교에 대한 통제는 공익을 위하여 행하여진다. 국가의 통제는 우선 사립학교의 개설에 대하여 이루어지고 그 다음으로는 운영에 관하여 이루어진다. 1850년, 1875년 등의 오래된 법률들에 기원하는 사립학교에 대한 통제에 관한 입법들은 초등교육, 중등교육, 기술교육, 농업교육, 고등교육 또는 원거리교육 여부에 따라 달라지나 공통점도 많다. 사립학교를 개설하기 위하여 사전신고가 필요하다. 이 사전신고에 대하여 행정청은 가족과 국가가 요구하고 있는 권한, 능력, 설립자의 도덕성, 위생, 안전, 공공질서에 대한 위해 신고 없는 사립학교의 개설은 형사처벌을 받는다. 운영에 대한 통제에 있어서는 폐쇄, 금지, 등의 처분이 행해진다(교육법전 L241-5, L241-6). 사립학교에서의 교육은 협력계약에 따라 공립학교의 교육프로그램에 따라 진행된다. 수업시간이나 시험도 마찬가지이다. 협력계약에 따르면 사립학교도 공립학교와 마찬가지 조건에서 교원도 직접 국가로부터 급여를 받으며 운영비도 국가, 시읍면, 군, 도가 분담하여 지급한다. 사립학교에 근무하는 교원은 세 가지 부류가 있다.

① 승인교사 : 사법상의 단순계약에 의한 교사로 사립학교가 모집하며 단체협약과 노동법의 적용을 받는다. 그러나 그들의 경력 산정과 직무상의 의무 및 사회직 혜택은 공립학교의 교원과 동일하다. 급여는 국가가 직접 지급하나 노동법에 의한 해고가 가능하다.

② 정교사 : 정교사는 협력계약에 의해 공무원의 신분을 취득한다. Debré법률 4조에 규정된 정교사 신분의 교사는 13만 교사 중 천 여명에 불과하다.

③ 계약교사 : 계약에 의한 공법상의 공무수행원 신분의 교사는 국가가 급여를 보장하며 임명이나 승진, 징계에 있어 공립학교 교사와 동일하다. 직무의 수행은 협력계약에 의한다. 계약의 해지는 징계나 처신의 사유로 국가에 의하여만 가능하다.

이와 같이 프랑스의 사립학교와 사립학교의 교원은 단순한 공공서비스의 특허 수행자의 지위를 넘어 공공서비스 자체에 통합되어 가고 있는 중이다.

#### (4) 교육의 중립성

교육의 중립성은 공공서비스의 중립성의 원칙의 한 측면이다. 광의에서 볼 때 공공서비스의 중립성의 원칙이란 공공서비스는 공익만을 염두에 두어야 한다는 것을 의미한다. 협의에서 보면 중립성의 원칙은 모든 행정기관이 지켜야 할 공평성의 의무를 기본으로 한다. 교육에 있어서 중립성의 원칙은 세속주의의 연장선상에 있다. 따라서 국가는 종교교육에 관여하여서는 안 되며 어떠한 종교에 대하여도 차별을 하지 않아야 한다. 그러나 중립성의 원칙은 세속주의의 원칙을 넘어서 정치적이고 철학적인 면에서 교육이 객관적으로 이루어져야 한다는 것을 의미한다. 1984년 1월 26일의 고등교육법률 제3조는 「고등교육공공서비스는 세속적이고 모든 정치, 경제, 종교, 사상으로부터 독립적이다. 교육은 지식의 객관성을 추구한다」고 규정하고 있다. 한편 1989년 7월 10일의 교육방침에 관한 방침법률은 제10조에서 「중고등학교 학생들은 다원주의와 중립성의 원칙을 존중하여 정보의 자유와 표현의 자유를 향유한다」고 규정하고 있다. 오랫동안 교원은 중립성의 원칙의 기본적인 목표로 인식되어 왔다. 교원이 직무행사 중에 향유하는 자주성과 독립성의 원칙에도 불구하고 교원이 중립성의 원칙에 상반되는 행동을 하는 것은 허용되지 않는다.[14] 객관성의 유지를 위한 교육의 중립성은 중등교육까지는 엄격하게 요구되나 고등교육에 있어서는 표현의 자유로 인해 대폭 완화된다. 꽁세이데따는 1985년 중립성의 원칙에 대하여 교원의 정치적 또는 종교적 선전만 문제되는 것이 아니라 학생들의 경우도 학교 내에서 정치적 또는 종교적 선전을 하는 것이 금지된다는 결정을 하였다.[15]

### (5) 교육의 평등성

평등성의 원칙도 공공서비스의 일반원칙인 평등성의 원칙에서 도출되는 것으로 꽁세이데따는 교육에 평등성의 원칙을 적용하여 동일한 대학학위를 수여받고자 하는 모든 학생은 동일한 대우를 받아야 하며 그러한 원칙에서 볼 때, 다른 단과대학에 비하여 동일한 학위의 수여에 대하여 파리 의과대학에서는 1년을 더 공부하도록 정하고 있던 경과규정은 위법하다고 판결하였다(C.E. 28 sept. 1962, Jourde et Malleville). 또한 학부모의 소득과 가족 수에 근거한 할당율에 따라 음악학교의 등록금을 달리 책정하는 시의회의 조례가 위법하다고 판결하였다(C.E. 26 avril 1985, ville de Tarbes).

그러나 사립인 고등교육기관은 공교육기관과 달리 시험제도를 정할 수 있으며,[16] 시 · 읍 · 면 의회는 다른 시 · 읍 · 면에 거주하는 학생들의 급식비를 해당

---

14) T.C. 2 juin 1908 Morizet. C.E. 28 avril 1938 Dlle Weiss.

15) C.E. 8 novembre 1985 Min. Ed. nat. c. Rudent.

시 · 읍 · 면에 거주하는 학생의 급식비와 달리 정할 수 있다.[17)]

# Ⅱ 문화적 공공서비스로서의 교육의 일반원칙

교육은 공공서비스 중에서도 문화적 사업이기 때문에 학문과 양심의 자유를 비롯한 특별한 자유권을 누린다. 이 특별한 자유원칙은 세 가지 형태로 나타나는데 1. 학생의 자유, 2. 교원의 자유, 3. 대학의 자유가 그것이다.

## 1. 학생의 자유

### (1) 학생들의 참여

학생의 자유는 우선 참여(participation)의 자유의 형태로 나타난다. 1989년 7월 10일의 교육에 관한 방침법률 제10조는 「중등학교에 학교장이 의장이 되는 학생대표위원회를 구성하며 이 위원회는 학교생활과 수업에 관련된 문제에 대하여 의견을 제시하며 제안을 한다」고 규정하고 있다. 고등교육에 있어서는 1984년 1월 26일 법률 제20조가 고등교육기관은 모든 교직원과 학생과 외부인사가 협력하여 민주적으로 운영될 것을 규정하고 있다. 학생들은 또한 정보(information)와 표현의 자유[18)]를 누린다. 1989년 7월 10일 법률 제10조는 「중등학교의 학생들은 다원주의와 중립성의 원칙을 존중하는 범위 내에서 정보의 자유와 표현의 자유를 누린다」고 규정하고 있고, 1984년 법률 제50조는 「고등교육 공공서비스의 이용자는 정치적, 경제적, 사회적 문제에 관하여 정보와 표현의 자유를 누린다. 이 자유는 교육과 연구활동에 지장이 되지 않는 한도 내에서 개인적 또는 집단적으로 행사된다. 장소는 제공되며 장소사용의 조건은 대학학사 및 생활위원회의 자문을 거쳐 학교의 장이 정하고 통제한다」고 규정하고 있다.

---

**16)** C.E. 14 mai 1975 synd. autonome du personnel enseignant des sciences juridiques, politiques, économiques et de gestion des universités.

**17)** C.E. 5 oct. 1984 Commissaire de la République de l'Ariège.

**18)** 정보의 자유를 대한민국에서는 보통 알 권리라고 표현한다.

### (2) 세속주의(laicité)의 원칙

학생들의 자유의 원칙은 결국 전통적인 "세속주의의의 원칙"의 형태로 나타난다. 공교육의 세속주의의 원칙은 1882년 3월 28일 법률에 의하여 초등교육에 대하여 확인되었다. 중등교육과 고등교육에 관하여는 세속성의 원칙이 시초에는 입법사항이 아니었다. 그것은 1905년 법률에 의하여 확인된 국가의 세속성의 원칙의 결과로 간주되었으나 그 후에 헌법(1946년 헌법 전문[19])의 규율대상이 되었다. 세속주의의 원칙은 국가가 교육을 교육자체와 교육자에게 결과를 야기하는 종교적 고백, 보다 일반적으로는 신앙의 전파를 하는 도구로 사용되도록 하여서는 안 된다는 것이다.[20] 초등학교에서는 어떤 경우에도 학교에서 종교교육이 이루어져서는 안 된다. 그러나 휴일 날 종교집회가 열리는 것은 허용된다. 중등학교에서는 부속사제(司祭)의 지위가 문제된다. 기숙사가 있는 공립학교에서는 학부형의 요구에 따라 부속사제를 둔다. 기숙사가 없는 학교에서는 학부형의 요구에 따라 장학관이 부속사제를 둔다. 종교인은 공립인 초등학교 교원이 될 수 없다. 1886년 10월 30일의 법률이 「교육은 세속인에게 배타적으로 맡겨진다」고 규정하고 있다. 중등학교의 경우에는 명문의 규정이 종교인이 교사가 되는 것을 금지하고 있지는 아니하나, 꽁세이데따가 1912년 5월 10일의 Bouteyre판결에서 교사모집시험은 자격시험이 아닌 채용시험이므로 종교인은 교사모집시험에 응시할 수 없다고 판결하였다. 그러나 고등교육기관에서는 종교인에 대한 제한이 없다. 세속주의의 원칙은 오랫동안 교원과 교육프로그램에 관하여만 논의되어 왔다. 그러나 최근에는 세속주의 원칙과 중립성의 원칙 및 학생들의 양심의 자유 사이의 절충이 이루어졌다. 말할 것도 없이 중립성의 원칙은 교원들로 하여금, 교육 도중에 종교적 신념을 피력하는 것을 금한다. 학생들의 경우에는 세속주의의 원칙이 어떻게 적용될지가 문제된다. 1989년 개학시에 몇몇 여학생들이 종교적 신념을 표현하는 두건을 쓴 채 등교함으로써 이 문제가 중등학교에서 이슈가 되었고 교육부 장관이 꽁세이데따의 유권해석을 의뢰하게 되었다. 꽁세이데따에 의하면 "국가의 세속주의의 한 요소인 교육의 세속주의 원칙과 공공서비스의 중립성의 원칙은 교육이 한편으로는 프로그램과 교원들의 중립의 원칙을 존중하며, 다른 한편으로는 학생들의 양심의 자유를

19) "모든 등급에 있어서의 무상이며 세속적인 공교육의 조직은 국가의 의무이다."

20) André de Laubadère; Jean claude Venezia, Traité de Droit Ad,inistratif, T3, 1997 L.G.D.J p. 359.

존중하여 이루어질 것을 요구한다. 학생들의 이러한 자유는 프로그램의 내용과 출석의무에 있어서 교육활동에 지장을 줌이 없이 다원주의와 다른 사람들의 자유를 존중하는 범위 내에서 학교에서 종교적 신념을 표현할 권리가 있음을 의미한다. 그 활동은 입법자들이 교육공공서비스에 부여한, 학생들이 직업훈련과, 인간과 시민에 대한 교양의 습득 이외에 인격을 함양하고 개인과 출신과 상이함을 존중하며, 남자와 여자의 평등을 고양할 것을 보장하는 데 기여하여야 할 임무의 수행에 장애가 되지 않는 범위 내에서 이루어져야 한다." 즉, 꽁세이데따는 학생들의 종교적 표현물을 지닐 자유의 원칙을 인정한 후 한계를 나열한 후에 학교와 중등교육기관에서 교칙이 개입할 수 있는 조건을 명시하였다. 꽁세이데따는 교칙이 이 원칙들의 적용 방식을 정하여야 한다고 하면서 징계권을 가지고 있는 기관이 어떤 경우에 이 원칙들과 교칙에 위반되는지를 판단하여야 한다고 하였다.[21]

이 학교의 교칙 제13조는 의상 등에 있어서 종교적 · 정치적 · 철학적 표시물을 일반적으로 또 절대적으로 금지하고 있었으므로 위법하다고 하였다. 즉 종교적 부착물 그 자체로는 세속주의의 원칙에 반하지 않고, 양심의 자유에 속하는 것으로 보았다. 그러나 이 결정에서 제시한 자유의 한계인 "프로그램의 내용과 출석의무에 있어서 교육활동에 지장을 줌이 없이 다원주의와 다른 사람들의 자유를 존중하는 범위 내에서"라고 하는 조건은 그 후 다른 사람에게 강요하거나 도발적인 것이어서는 안 되는 것으로 해석되면서 사건에 따라 이슬람 머플러의 착용 자체가 압력 행위 또는 개종권유행위로 해석되기도 하였다.[22] 그 후에도 체육 시간에 머플러를 벗기를 거부한 학생의 추방이 적법하다[23]고 하였으며 이후에도 비슷한 판결(CE, 20 oct. 1999, Ministre de l'Education nationale c/ Epoux Ait Ahmad 등)이 이어졌다. 이슬람 머플러 착용의 문제는 2003년도에 와서도 이슈화되어[24] 프랑스 정부는 아예 이슬람 스카프의 착용금

---

21) Avis du 27 novembre 1989, G. Avis, n33, comm. O. Schramek.

22) CE, 27 nov. 1996, Ministre de l'Education nationale c/ Khalid et Mme Stefiani.

23) CE. 10mars 1995, M. et Mme Aoukili.

24) "프랑스 정부가 지난 수개월간 뜨거운 논쟁을 불러일으켜온 이슬람 여성의 머리 스카프 착용을 법으로 금지할 것으로 예상된다. 이 문제를 연구하기 위해 정부 주도로 구성된 전문가 위원회의 베르나르 스타시 위원장은 11일 기자회견에서 "공공장소에서 확연한 종교적 표시를 착용하지 못하도록 하는 법을 정부에 제안할 계획"이라고 밝혔다. 자크 시라크 대통령은 오는 17일 위원회 제안에 관한 정부의 공식입장을 발표할 예정이다. 머리 스카프 논란은 독일 등 유럽각국에서도 빈번하게 발생하는 문제여서, 프랑스정부가 이를 법으로 금지할 경우 다른 나라에도 상당한 영향을 미칠 것으로 보인다. 프랑스에서는 지난 10월 파리 근교의 한 공립고등학교에 다니는 십대 회

지 입법을 추진 중에 있다.

## 2. 교원의 자유

교원의 자유는 1. 국가와의 관계, 2. 학생과의 관계, 3. 대학교수의 다른 교원들로부터의 차이라는 3측면에서 다루어진다.

### (1) 국가와의 관계

국가와의 관계에 있어서 교원은 그들의 독립성을 확보할 보장을 받고 있다. 그들의 의사의 자유는 특별히 보장된다. 그러나 동시에 중립성의 원칙에 의하여 완화되고 있다. 그들은 의사기구와 자문기구에 참여한다. 그들은 법규와 징계상의 보장을 받는데 대학교수는 이 보장이 특히 강화된다. 대학교수는 감독을 받지 않으며 파면되지 아니한다. 이러한 전통적인 1968년 11월 12일 법률규정을 재확인한 1984년 1월 26일 법률에 의하여 인정되고 있는데, 1968년 11월 12일 법률 제57조는「연구자인 교원, 교원, 연구원은 관용의 원칙과 객관성의 원칙의 한도 내에서 교육과 연구활동에 있어서 전적인 독립과 표현의 자유를 누린다」고 규정하고 있다.

---

교도 자매가 머리 스카프를 쓰고 등교했다가 교칙을 어겼다는 이유로 퇴학당하면서 격렬한 찬반 논란이 이어져왔다. 지금까지 프랑스 내에서는 머리 스카프로 인해 퇴학당한 이슬람 여학생이 50여명에 이르며, 관련 진정서도 150여건이나 된다. 위원회가 제안한 법안에 따르면, 앞으로 프랑스에서는 공공장소에서 이슬람 머리 스카프는 물론이고 유대교 남자신도들이 머리 정수리에 올려놓는 모자의 착용도 금지된다. 또 대형 십자가의 사용도 금지될 것으로 보인다. 그러나 작은 십자가 목걸이 등 개인용도의 종교 상징물 착용은 허용되며, 욤 키푸르・라마단 등 종교 축제행사도 가질 수 있게 했다. 스타시 위원장은 기자회견에서 "세속주의는 교회와 국가의 분리이자, 차이에 대한 존중"이라면서 "모든 종교인들이 공평하게 함께 공존해야 한다"고 강조했다. 프랑스는 지난 1905년 교회와 국가의 분리를 헌법에 명시, 세속주의 전통을 철저히 지켜온 국가이다. 그러나 최근 이슬람 근본주의가 상승하면서, 500만 명에 달하는 프랑스 내 이슬람 교도들 사이에서 머리 스카프를 착용하는 인구가 크게 늘어났다. 프랑스인들은 이슬람 머리 스카프를 프랑스 가치와 전통에 대한 도전, 종교적 극단주의, 여성인권 탄압 등 부정적인 의미로 받아들이고 있다. 그러나 이슬람 교도들은 종교적 자유와 문화적 다원주의의 상징으로 주장하면서, 입만 열면 자유와 다원주의를 강조하는 프랑스의 이중적 잣대를 비난하고 있다. 여성인권 탄압이란 프랑스인들의 주장에 대해서도 오히려 여성을 성적 대상물로 취급하지 않는 존중의 의미라며 반박한다. 머리 스카프 착용 문제는 아랍 및 북아프리카권 이주민에 대한 프랑스의 뿌리 깊은 차별의식 논란까지 뒤엉켜 매우 복잡미묘한 양상을 띠고 있다. 게다가 유대교권에서조차 이슬람 스카프 착용 금지가 회교도에 대한 차별이자 감정자극을 유발할 우려가 있다며 반대입장이다. 인종차별금지 단체들 간에서도 환영과 반대의 의견이 팽팽하게 엇갈려 관련법 제정과정이 난항을 겪을 것으로 예상된다"(문화일보 기사 2003. 12. 12).

#### (2) 학생과의 관계

교원의 학생과의 관계에 있어서는 학생들의 학교운영에의 참여가 교원의 인사나 직무수행에 대한 감시권을 인정하느냐 하는 점이 문제된다. 1974년 4월 5일의 Leroy 판결에서 꽁세이데따는 교원과 학생이 동수로 구성된 위원회의 의견에 따른 1년 계약 교원의 계약 연장 평가서의 적법성에 대하여 헌법 제34조가 정하고 있는 대학교원의 학생들에 대한 독립 원칙에 비추어 학생들에 의한 교원에 대한 지식과 적성에 대한 평가는 위법하며 이 원칙은 법률사항이라고 결정하였다. Leroy판결은 1996년 3월 13일의 Gohin판결에 의하여 다소 완화되는데 꽁세이데따는 대학총장의 제안에 의하여 대학위원회가 강의 평가에 학생들을 참여시킨 교육부령에 대하여 그것 자체는 대학교원의 특권이나 인사에 영향을 주지 않으며 따라서 대학교원의 독립성에 대한 훼손이 아니라고 하였다. 즉 학생들의 강의평가가 대학교수의 인사고과에 반영되지 않고 참고자료로만 활용되는 한 그것은 적법하다는 것이다.[25] 대학위원회는 강의평가의 방법이나 절차를 규정하고 평가 결과는 우선 교수들의 강의 개선을 위한 참고자료로 활용된다.

#### (3) 대학교원의 다른 교원들과의 차이

대학교수의 다른 교원들에 대한 독립 원칙은 1984년 1월 20일의 헌법재판소 결정에 의하여 확립되었다. 대학에는 운영위원회, 학사 및 대학생활 위원회, 그리고 연구위원회의 3개의 위원회가 있다. 대학교수의 초빙은 대학의 교원들(정교수 이외의 교원들을 포함)로 구성되는 위원회에서 자율적으로 결정한다. 대학교수는 독립성과 표현의 자유를 특별히 누리는데, 이러한 독립성의 특권에 상응하는 특별한 책임도 진다. 특히 국회의원의 직을 겸직할 수 없다.

### 3. 대학의 자유

#### (1) 대학의 자치와 특권

대학의 자치(franchise universitaire)라는 말은 광의로는 대학교원과 기구의 독립을 보장하는 보통법상의 예외를 의미하고, 협의로는 공권력의 개입에 대한

25) 한국에서는 학생들에 의한 강의평가가 교원 업적평가의 요소를 차지하고 있는 사례가 많아 학문의 자유, 교육의 자주성 및 대학의 자율성과의 관계에 있어 위헌소지가 있다.

대학의 불가침권을 의미한다.[26] 대학의 자치는 1811년 11월 15일 칙령 제157조에 기초하고 있는데, 이 규정은 1968년 11월 12일 법률과 1984년 1월 26일 법률에 의하여 재확인되었다. 1811년 11월 15일 칙령 제157조는 「현행범, 화재 또는 대학 부속의 인문 중등학교, 실업중등학교와 그 밖의 공립학교 내부의 경우를 제외하고는 검찰총장이나 검사 또는 제국검사의 문서로 된 특별허가 없이는 어떤 경찰이나 사법관리도 대학의 구성원이나 학생에 대하여 범죄사실을 검증하거나 영장을 집행하거나 체포하기 위하여 (대학에) 들어갈 수 없다」고 규정하였다. 이 규정은 사법경찰권의 개입에 대하여만 규정하고 있지만, 관습적으로 질서 유지를 위한 필수 불가결한 경우를 제외하고는 대학내부의 질서유지는 대학당국이 책임지는 것으로 이해하여 왔다. 이러한 전통에 힘입어 1968년 11월 12일 기본법은 제37조에서 「대학총장은 대학 부지와 구내에서 질서를 책임진다」고 규정하였으며, 1984년 1월 26일 법률은 제27조에서 「대학 총장은 질서유지를 책임지며, 꽁세이데따의 명령으로 정한 조건에 따라 공권력을 개입시킬 수 있다」고 규정하였다. 이러한 결과로 대학 구내에 무질서가 발생하거나 발생할 우려가 있을 때에는 대학 총장은 출입을 통제하거나 강의를 중단시킬 수 있다. 대학당국은 행정경찰권에 관하여는 관할권을 가지며 경찰병력의 투입은 대학의 요청이 있어야만 가능하다. 대학당국의 경찰력 투입에 대한 허가는 문서로 이루어지며 긴급한 경우에는 사후허가도 가능하다. 그러나 대학은 사법경찰권에 대하여는 권한이 없고 경찰이 범죄수사를 위하여 진입할 수 있으나, 다만 1811년 칙령에 정해진 검찰의 사전허가라고 하는 조건을 충족시켜야 한다.

### (2) 대학의 자치의 내용

대학의 창설은 정부의 권한에 속하며,[27] 대학은 1. 규정상, 2. 행정상, 3. 재정상, 4. 교육상의 자치를 누린다.

1) **규정상의 자치 :** 1968년 11월 12일 법률은 제11조에서 「과학, 문화적 성격의 영조물 법인은 그 규정과 내부조직을 정한다」고 규정하고 있다. 대학(université)과 단과대학(U.E.R.; unités d'enseignement et de recherche)은 위원회 위원의 3분의 2의 찬성으로 그들의 규정을 결정한다. 그러나 단과대학의 지위는 대학 위원회의 승인을 받아야 한다. 대학의 규정에 대하여는 아무런 통제

26) André de Laubadère; J.C. Venezia op. cit., p. 365.
27) 1984년 1월 26일 법률.

가 없다. 그러나 1970년 신규대학 창설시에 임시회의에서 마련한 규정은 교육부장관의 승인을 받았다. 이러한 유사절차가 1984년 1월 26일 법률 제22조에 규정되었다. 즉, 대학은 운영위원회 위원의 3분의 2의 찬성으로 규정과 내부조직을 정하고, 그 규정은 교육부에 보고된다. 단과대학은 교육부 장관령으로 창설되며 단과대학이 규정을 정하나 대학운영위원회의 승인을 받아야 한다.

2) 행정상의 자치 : 대학은 계층적(hierarchique) 감독을 받지 아니하고 후견적 감독(tutelle)만을 받으며 감독 방법은 일반적으로 사법적 감독(재판)을 받는다. 행정적 감독(취소, 정지 등)은 매우 심각한 경우에 한해서 받는다. 대학 총장과 운영위원회의 결정은 사전승인 없이 발효함이 원칙이다. 그러나 몇몇 결정들은 감독 부처 장관과 재정경제부 장관의 승인을 요하는데, 승인을 요하는 사항은 채권발행, 참여의 동결, 분교의 설치이다. 법규적 규정의 결정은 대학 감사에게 보고한 후에 발효된다. 감사는 총장이나 운영위원회의 규정이 위법하다고 판단되면 행정법원에 제소할 수 있다. 법원은 긴급절차에 의하여 판결한다. 문제된 규정이 대학의 운영에 심각한 장애를 야기한다고 판단되면 감사는 3개월 간 이 규정의 집행을 정지시킬 수 있다.

3) 재정상의 자치 : 대학은 영조물 법인으로서 재정상의 자치를 누린다. 그러나 예산과 회계에 있어서는 상당한 자치를 누리지만 신용내부에 있어서는 제한이 있다. 과학, 문화, 직업적인 성격의 영조물 법인의 예산과 재정에 관한 1994년 1월 14일의 94-39 명령은 대학 총장을 예산의 명령권자로 규정하고 있다. 경리는 1984년 1월 26일 법률 제59조에 정해진 조건에 따라 임명된다. 예산은 총장의 감독하에 운영위원회가 짠다. 총장이 마련한 예산안은 감사인 교육감에게 운영위원회에 제출되기 최소한 15일 전에 보고된다. 예산안이 이 기간 내에 보고되지 않을 경우에는 감사인 교육감은 운영위원회에서 예산을 승인대상으로 할 수 있다. 운영위원회는 예산에 대하여 표결한다. 운영위원회에서 감사인 교육감과 교육부의 대표는 예산이 균형적으로 짜여있지 않다고 판단될 때는 예산을 승인대상으로 할 수 있다. 예산이 승인을 받지 못할 때에는 때는 운영위원회는 거부를 통지 받은 지 한 달 이내에 재의결하여야 하며, 이때 예산은 승인 대상이 된다. 운영위원회가 한 달 이내에 재의결 하지 못하면 감사인 교육감은 관할 세무서장의 자문을 받아 예산을 확정한다.

4) 교육상의 자치 : 1984년 1월 26일 법률 제20조는 "대학은 자치적이다. 국가의 법규와 계약의 범위 내에서 교육, 연구, 자료에 관한 정책을 결정한

다"고 규정하고 있다. 대학의 활동은 어느 한 구역에만 한정되지 않기 때문에 모든 학생은 자유롭게 전국의 대학을 선택할 수 있다. 그러나 지망 학생이 수용가능 인원을 넘을 경우에는 교육감은 주거지와 가족상태, 희망학교를 고려하여 제한할 수 있다. 특히 의과대학의 경우에는 대학 1학년 이상의 학년에 대하여 학생 수를 교육부령으로 정한다. 이와 같이 학생수가 엄격히 제한되는 학부는 의과, 치의과 및 약대이다. 대학입학 자격시험인 바깔로레아(Baccalauréat)는 중등교육 종료시 일정한 능력을 획득하였음을 증명하며, 동시에 고등교육기관에 진학할 권리를 부여하는 증서이다. 고등교육기관에는 바깔로레아를 취득하면 바깔로레아 증서만으로 입학이 가능한 "개방적" 성격의 대학과 또다시 고교내부에 설치되어 있는 학교별 입학시험에 합격해야 입학이 가능한 "폐쇄적" 성격의 그랑제꼴(Grandes Ecoles)이 있다. 프랑스에선 대학 진학을 위한 시험을 한번 잘못 쳤다고 진학이 좌절되는 일은 없다. 재시험의 기회가 주어지기 때문이다. 대학진학을 위한 시험도 계열별로 12종류나 되기 때문에 자신이 원하는 분야에서 대학 진학에 유리한 과목에 집중할 수 있다. 일반대학 입학시험은 원칙적으로 없다. 그랑제꼴을 제외한 모든 대학은 바칼로레아만 있으면 지원할 수 있다. 그랑제꼴은 전 세계에서 프랑스에만 존재하는 유일한 교육제도로서 전문직의 고급 엘리트양성을 목적으로 실시되는 공・사립의 교육제도이다. 이들 교육기관은 국립대학교와 교육의 내용, 목적・방법 등 모든 것이 확연하게 구분된다. 대학이 보수적이고 이론, 학구적이라면 그랑제꼴은 진보적이고 실무적이다. 그러나 오늘날의 프랑스 대학들은 조금씩 그 정책을 바꾸어 현대사회의 흐름에 부흥하고 있으며 그 대표적인 예가 경영대학원이다. 몇몇의 아주 중요한 고급행정간부를 양성하는 그랑제꼴에는 외국인의 입학이 허용되지 않고 청강만이 가능하나 대부분은 프랑스 학생들과 동등한 자격으로 입학시험에 응시할 수 있다. 일반대학은 문호가 개방되어 있고 서류심사로 입학이 결정되는데 비하여 그랑제꼴은 엄격한 경쟁형식의 시험에 따라 이루어진다. 입학시험의 준비는 중등학교(Lycée)의 대학준비과정에서 실시되며, 대체로 2-3년간 계속된다. 1984년 1월 26일 법률은 대학에서의 적성과 지식의 평가에 대하여 평소학습평가 또는 기말시험 또는 두 가지를 병행하여 평가하도록 정하고 있고, 평가방법은 학년도 첫 달 말에 각 대학이 정하도록 하고 있다.

# 제 2 장 평생교육과 공교육 원칙[1)]



## Ⅰ 평생교육의 개념

20세기 이진까시는 인간이 약 20년간 교육을 받고나서 자주적인 생활을 한다고 믿어 왔기 때문에 유치원에서 대학까지, 즉 학교교육에 의해 나머지 생애의 반세기 정도를 자주적인 생활을 할 수 있다고 생각하여, 교육을 학교교육중심으로 영위하여 왔으나 20세기 중반부터는 갑자기 학교에서 가르쳐주는 지식과 생명이 말할 수 없이 짧아지고 그 속도를 더해감으로 인해 성인교육의 필요성이 생겨나 평생교육이라는 개념이 논의되기 시작하였다.[2)] 평생교육은 인간이 전 생애에 걸쳐서 사회적 참여를 할 수 있고 스스로 자기계화를 할 수 있도록 하는 것을 목표로 하고 있으며, 직업훈련, 개방대학, 문화활동, 사회활동, 정보매체 등의 학교교육을 보충할 수 있는 모든 수단과 시민단체, 결사, 기업, 조합 등의 모든 사회조직에 의하여 실시된다. 따라서 평생교육이란 학교교육뿐만

1) 이광윤, '평생교육과 공교육 원칙', 토지공법연구 제16집 제2호, 91면.

2) 이규호, "새 천년을 위한 교육의 성격", 이규호/임길진/강상진 외, 「평생교육 어떻게 할 것인가?」, (민음사, 2000), 17면.

아니라 가정교육, 일반 사회인 또는 국민대중을 대상으로 하는 사회교육 등을 망라하여 연령에 한정을 두지 않고 전 생애에 걸친 교육으로 조직화되는 교육을 말한다. 그러므로 평생교육은 학교교육과 학교외 교육을 포괄하며, 학령교육과 학령전후 교육을 포괄하는 인간에 대한 교육을 가리키는 생물적이고 사회적인 개념이다.

## Ⅱ 평생교육의 기본법

### 1. 헌 법

헌법 제31조는 다음과 같이 규정하고 있다.

① 모든 국민은 능력에 따라 균등하게 교육을 받을 권리를 가진다.

② 모든 국민은 그 보호하는 자녀에게 적어도 초등교육과 법률이 정하는 교육을 받게 할 의무를 진다.

③ 의무교육은 무상으로 한다.

④ 교육의 자주성·전문성·정치적 중립성 및 대학의 자율성은 법률이 정하는 바에 의하여 보장된다.

⑤ 국가는 평생교육을 진흥하여야 한다.

⑥ 학교교육 및 평생교육을 포함한 교육제도와 그 운영, 교육재정 및 교원의 지위에 관한 기본적인 사항은 법률로 정한다.

여기서 능력에 따라 교육을 받는다는 것은 교육기회의 제공이 수학능력 이외의 사유로 차별되어서는 안 된다는 것을 의미하며, 균등하게 교육을 받는다는 것은 교육에 있어서의 차별대우의 금지라는 소극적인 것뿐만 아니라 국가가 모든 국민이 균등한 교육을 받을 수 있도록 교육 시설을 확장하고, 경제적 이유에 의하여 진학이 방해되지 않도록 장학정책 등을 시행하며, 장애인 교육시설 등을 통한 사회적 약자에 대한 교육의 기회를 확장하여야 한다는 것을 뜻한다.[3] 따라서 국민은 교육을 받을 권리를 가지는 동시에 국가는 교육을 실시하여야 할 의무를 지게 되는 것으로 교육은 곧 국가가 하여야 할 사업 즉, 공공

3) 권영성, 헌법학원론, 법문사, 1998, 574면.

서비스에 해당한다. 공공서비스4)는 일반적으로 공익을 만족시킬 목적으로 공공단체에 의하여 수행되는 활동으로 정의5)되며 조직적(organique)의미에서는 이런 활동을 수행하는 기관(인적, 물적 수단의 총합)을 말한다.

국가가 하여야 할 사업인 공공서비스6)에는 다음과 같은 세 가지 기본원칙이 존재한다.

### (1) 平等의 原則

平等의 原則은 우선 공공서비스의 사용자에게 적용되는데, 기계적인 평등이 아닌 비례의 원칙을 감안하여 동일한 법적 상태에 있는 자에게만 적용된다. 따라서 公益上의 필요로 인한 가격의 차별도 용인된다. 공공서비스 종사자에 대하여도 공공서비스의 운영이나 고용에 있어 평등원칙이 지켜져야 한다. 한편 平等의 原則의 결과로서 공공서비스의 중립원칙이 지켜져야 한다. 따라서 종교적 신념이나 정치적 견해에 따른 차별이 행해져서는 안 된다.

### (2) 繼續性의 原則

공공서비스理論家들은 국가를 공공서비스의 조직체로 보았을 정도로 계속성

---

4) 공공서비스에 관하여는 다수의 참고문헌이 있으나 독사의 편의를 고려한 필수적인 것만 들어보면,

① D.Linote, A Mestre, "Services publics et droit public économique", T.I p. 47et S., litec, 1982, paris.

② Evlyne Risier-Kouchner, "Le service public dans la théorie de l'Etat de Léon Duguit", L.G.D.J. 1972, paris.

③ Jacques Chevallier, "Le service public", que sais-je? P.U.F., 1987, paris.

④ R.D.P., 1987년 1·2월호, 공역무특집 Serge Regourd, "Le service public et la doctrine": pour un plaidoyer dans le procés en cours. Jean-Baptiste Geffroy, Service public et prérogatives de puissance publique, Réflexions sur le déboires d'un couple célèbre.; Philippe Jourdan, La formation du concept de service public.

⑤ 김동희, 공역무론, 서울대 법학 제18권 1호.

이 외에 A.de Laubadére, George Vedel, Jean Rivero 교수들의 행정법 교과서들의 公役務편 및 Benoit Jeanneau 교수의 "Droit des service publics et des entreprises nationales", Dalloz, 1984, paris 등이 있음.

5) "公法人에 의하여 또는 公法人의 감독하에 一般法의 궤도를 이탈하여 행하여지는 公益活動", A.De Laudadère, "Traité de droit administratif", T.1, 10eéd., p. 662 L.G.D.J. 1988, paris; 기능적(fonctionnelle): "공익을 만족시키는 활동"; 조직적(organique): "행정청에 의하여 경영되는 사업체" George Vedel, Pierre Delvolvé, "Droit administratif", 10e éd., p. 1096, P.U.F., 1988, paris. 기능적(fonctionnelle): "행정청이 담당하여야 할 공익활동"; 조직적(organique): "동일한 목적을 위하여 공법인에 의하여 할당된 인원과 수단의 총체" Jean Rivero, "Droit administratif", 12e éd., p. 573, Dalloz, 1987, paris.

6) 공공서비스 개념의 역사적 설명에 관하여는 제1장 프랑스 헌법상 교육제도의 기본원리 참조.

은 공공서비스의 근본적 가치를 지니고 있다. 오늘날 공공서비스의 繼續性은 헌법적 가치를 지니고 있으며[7] 이에 따라 채산성을 이유로 공급을 중단한다든가 전면적인 파업을 할 수 없다. 프랑스의 경우 Service-minimum제도[8]를 도입하고 있다. 또한 법정 허용한도를 넘어 심각하게 공공서비스의 계속성을 저해하는 파업에 대하여는 징발(Réquisition)[9]이 가능하다.

### (3) 適應의 原則

적응의 원칙은 대중의 필요성과 공익상의 요구에 따라 공공서비스의 지위와 체제가 바꾸어짐을 뜻하는데, 경제적 · 기술적 발전이나 법체계상의 변화에 따른 공급의 질적 양적 개선을 상정할 수 있다. 도로의 가스등이 전기등으로 교체된 것이 그 단적인 예다. 특허기업의 경우 특허의 내용이 변경되거나 폐지될 수 있다.

따라서 헌법 제31조 제1항에서 말하는 균등하게 교육받을 권리는 곧 공공서비스로서의 교육에 대한 평등권을 뜻한다. 또 헌법 제31조 1항에서의 교육은 국가에서 시행하는 교육을 뜻하는 동시에 국가에서 시행하는 교육은 사회적 유대(solidarité sociale)에 의하여 제공되어야 할 공공서비스이다. 또한 교육은 공공서비스이기 때문에 공공서비스의 기본원칙의 지배를 받으며 교육의 계속성의 원칙은 헌법재판소 1991. 7. 22. 89헌가106 결정에서 "일반기업의 경우에는 근로자의 쟁의행위에 대하여 사용자측에게도 직장폐쇄 등 대응수단이 인정되고 있고, 근로자가 기업의 지급능력범위를 넘는 과다한 요구를 관철시키는 것은 기업의 경영을 악화시켜서 기업 자체의 존립을 위태롭게 하고, 결국 근로자 자신의 실직이라고 하는 중대한 결과에 이를 수 있기 때문에 근로자의 요구도 이러한 면에서 스스로 제약을 받게 된다. 그러나 교원의 사용자는 다음 세대를 이끌고 갈 젊은이에 대한 교육을 임의로 중단할 수 없고, 교육의 계속성유지의 필요에 따른 제약으로 말미암아 학교시설의 폐쇄라고 하는 대응수단을 사용할 수 없다"고 하여 긍정되고 있다. 또한 국가가 실시하는 교육에는 학교교육뿐만 아니라 평생교육도 포함되는데, 이것 역시 공공서비스의 기본원칙 중의 하나인 "적응의 원칙에 따라 평생교육이 공교육에 포함되게 된 것이다.

---

7) CC, 25 juillet 1979, "Continuité du service public de la radiotélévision", Rec. 33.

8) CE Ass., 4 Février 1966, Syn. nat. des fonctionnaires du groupement des contrôles radio éléctriques.

9) CE Sect. 26 octobre 1962, Le Moult.

헌법 제31조 제2항에서는 최소한 초등교육과 법률이 정하는 교육의 의무교육을 규정하고 있다. 따라서 제31조 2항의 의무교육은 최소한의 공공서비스, 즉 보편적 서비스(universal service)[10]임을 뜻한다. 헌법 제34조 제1항의 "인간다운생활을 할 권리에는 보편적 서비스를 받을 권리가 포함된다고 해석하여야 할 것이며 따라서 의무교육을 받을 권리는 헌법 제31조 제2항에 의하여뿐만 아니라 헌법 제34조 제1항에 의하여도 보장된다.

헌법 제31조 제3항의 의무교육에 대한 무상제도는 의무교육은 강제교육이므로, 경제적 부담을 주지 않는 한편, 또한 의무교육은 어디에서나 모두에게 염가로 양질의 서비스를 제공하여야 할 보편적 서비스 중에서도 특별히 무상으로 제공하여야 할 핵심적인 보편적 서비스임을 강조하고 있다.

헌법 제31조 제5항은 국가의 평생교육 진흥의무를 규정하고 있다. 이에 따라 정부는 종전의 사회교육법을 전문개정하여 1999년 8월 31일 평생교육법을 공포하였다.

## 2. 교육기본법

1997년 12월 13일에 제정된 교육기본법은 '헌법의 정신과 공교육의 이념을 바탕으로 하여 국민교육의 기본적 사항과 국가가 실시하는 모든 교육에 관한 법령의 기본에 대하여'[11] 규정하고 있는데 법 제안이유에 의하면 "교육기본법은 자유민주주의 교육체제를 지향하는 헌법 정신을 구현하여 학교교육과 사회교육을 포괄하는 교육에 관한 기본적인 사항을 규정하여 모든 교육관계법의 기본법으로 제정"한다고 한다.

교육기본법은, 교육, 즉 평생교육을 학교교육과 사회교육으로 나누고 있는데, 교육기본법 제9조(학교교육)는 「① 유아교육·초등교육·중등교육 및 고등교육을 실시하기 위하여 학교를 둔다. ② 학교는 공공성을 가지며, 학생의 교육외에 학술과 문화적 전통을 유지·발전시키고 주민의 평생교육을 위하여 노력하여야 한다」고 규정하고 있다.

교육기본법 제10조(사회교육)는 「① 국민의 평생교육을 위한 모든 형태의 사

10) 1994년 7월 2일의 유럽연합위원회의 결의로 채택된 보편적 서비스란 어디서나 모두에게 염가로 제공되어야 할 양질의 최소한의 서비스를 가리킨다.

11) 교육개혁위원회의 법 제정안 설명.

회교육은 장려되어야 한다. ② 사회교육의 이수는 법령이 정하는 바에 의하여 그에 상응하는 학교교육의 이수로 인정될 수 있다」고 규정하고 있으며, 제11조(학교등의 설립)는 "① 국가 및 지방자치단체는 학교 및 사회교육시설을 설립·경영한다. ② 법인 또는 사인은 법률이 정하는 바에 의하여 학교 및 사회교육시설을 설립·경영할 수 있다」고 규정하고 있다.

교육기본법 제9조는 학교의 공공성을 선언하는 한편, 학교의 임무는 1. 유아, 초등, 중등, 고등의 학생에 대한 교육, 2. 학술과 문화적 전통의 유지·발전, 3. 주민의 평생교육임을 명시하고 있다. 여기서 학교라 함은 학교건물과 같은 물적 시설을 의미하는 것이 아니라 교육이라고 하는 서비스를 담당하는 기관을 가리키는 것으로, 교육서비스의 제공자와 수요자인 인적 요소가 중요요소이며, 물적 요소는 부수적 요소에 불과하다. 교원과 학생이 없는 학교는 학교가 아니지만 화재로 인해 교사가 소실되고 없어 운동장에 앉아서 교육을 받아도 학교임에 틀림없다. 즉, 학교라 함은 교육의 장을 가리키는 것으로, 학교교육은 공공서비스임을 교육기본법 제9조가 선언하고 있다. 바꾸어 말하면 교육기본법 제9조 제2항 1문은 「공공서비스로서의 교육을 담당하는 기관은 학교이다」고 선언하고 있다. 따라서 학교가 담당하는 학술과 문화적 전통의 유지·발전이나 주민에 대한 평생교육도 공공서비스이다. 따라서 교육기본법 제9조 제2항은 학교교육의 '공교육 원칙'을 선언하고 있는 것으로, 공공서비스는 "국가가 하여야 할 사업의 총체"이나 사립학교도 국가 또는 지방자치단체로부터 공교육(공공서비스)을 실시하기 위하여 학교를 설치·경영하기 위한, 권리설정, 즉 특허를 받았으므로, 이른바 공무수탁사인(Belihene unternhemer)으로서, 공공서비스를 담당하는 공교육 기관이다. 즉, 사립학교는 자신의 이름으로 학점을 부여하고, 학생을 징계하며, 학위를 수여하는 등의 행정작용을 하며, 항상적으로 학교교육이라고 하는 공공서비스에 종사하는 공공서비스를 담당하는 사인이다. 따라서 사립학교는 기관특허 기관으로 사립학교에 대한 이용관계는 공공서비스 이용관계이다. 따라서 공공서비스의 기본 3원칙이 지켜져야 하며, 국공립학교의 이용관계나 사립학교의 이용관계나 모두가 동일한 공공서비스 이용관계이다. 결코 국공립학교 이용관계는 특별권력관계(오늘날 법치국가에서 기본권이 보장받지 못하는 특별권력관계는 존재하지 않는다)이고, 사립학교 이용관계는 사법상의 계약관계에 불과한 것이 아닌 것으로 국·공립학교 학생의 재학관계와 사립학교 학생의 재학 관계가 상이한 법관계라는 주장은 시대착오적인 특별권력관계론과 교육기본법 제9조 제2항이 명시하고 있는 사립학교의 "공공성" 즉 공공서비스 담당기관성을 무시한 몰이해한 주장이라 아니 할 수 없다. 사립학교 입학허가는 학위수여와 마찬가지로 공무수탁 사인에 의한 행정행위이다. 우리나라에서는 행정상의 법률관계를 공법관계와 사법관계로 구분하고 있고 교육행정은 대부분 공법적 활동형식을 취하고 있기 때문에 공사법관계의 구별을 부인하며 사법관계로 볼 수는 없다고 하겠다. 또한 교육행정은 복리행정의 중요부분으로 사회개발행정으로서 급부행정에 속하고, 규제행정분야가 아니다. 따라서 국공립학교의 운영은 국가 및 지방자치단체가 교육기본법 또는 다른 법 또는 다른 법률이 정하는 바에 의하여 학교를 설치·경영하는 관리행정으로, 원칙적으로 공법법규가 적용되는 공적 관리관계 또는 권력관계일 뿐이다.

과거의 특별권력관계에 의하면 국공립학교 재학관계를 영조물 이용관계로서의 특별권력관계로 파악하였으나 영조물이란 "공적 목적에 제공된 인적·물적 시설의 총합체"로 단순한 조직적 개념에 불과한 것이기 때문에 영조물을 이용할 때 발생하는 이용관계의 법적 성질은 마땅히 작용적(fonctionnel) 시점에서 파악하지 않으면 안 된다. 즉 영조물 이용관계는 해당 영조물의 성격, 권력성의 정도, 행정의 목적, 이용자들에 따라 달라지는 것이지 일률적인 동일한 법적 카테고리로서의 영조물 이용관계란 존재하지 않는다. 같은 국공립학교라 하더라도 의무교육에 속하는 국공립국민학교 재학관계와 국공립대학의 재학관계는 다르고 사관학교나 경찰대학과 세무대학 그리고 여타의 국공립대학들의 재학관계에 있어서 권력성의 정도는 교육의 목적, 이용자들의 성격 등에 따라 달라질 수밖에 없다. 따라서 영조물이용관계라고 하여 바로 국민의 일반적 복종의무가 발생한다고 하는 것은 오늘날의 법치의식에 비추어 더 이상 받아들일 수 없으며 특별명령이 관습법적으로 인정된다고 하는 것도 자유로운 사유에 의하여 진리를 탐색하는 이론이 아닌, 선입견에 의해 법적 근거가 없는 복종 의무를 정당한 것으로 미리 결론지어 놓고, 이 결론에 따른 이론 구성을 한 것으로 볼 수밖에 없기 때문에 동의할 수 없다. 구 교육법 제7조에서는 「모든 학교는 국가의 공기로서 법령의 정하는 기준에 의하여 설립되어야 하며 동등한 학교의 수료자 또는 졸업자는 국립·공립 또는 사립의 구별 없이 동등한 자격을 가진다」고 규정하고 있었다. 이 조항은 흔히 공교육 원칙을 천명한 근거조항으로 인용되었으며 국공립학교와 사립학교 간의 평등원칙을 선언한 것으로 해석되고 있다. 또한 사립학교법 제52조는 「사립학교의 교원의 자격에 관하여는 국공립학교 교원의 자격에 관한 규정에 의한다」고 하여 국공립학교의 교원과 사립학교의 교원의 동등자격을 규정하고 있다. 헌법재판소의 판례는 1991년 7월 22일 사립학교법 제55조, 제58조 제1항 제4호에 관한 헌법심판에서 "사립학교가 공교육의 일익을 담당한다"고 교육의 공교육성을 긍정하고 있으며, "현행 교육법제에 따르면 교육의 내적 조건인 교육목적, 교육과정, 교과서 등에 있어서 국공립학교와 사립학교 사이에 차이가 없고, 교육의 외적 조건인 인적·물적 조건 정비에 있어서도 차별을 두고 있지 않다"고 판시하고 있다. 또한 헌법재판소는 1990년 10월 8일 교육공무원법 제11조 제12항에 대한 헌법소원에 대한 판결에서 "현대사회의 문화적·경제적·기술적인 발전과 함께 사회의 복잡화에 따른 지적 수요의 현저한 증가는 교육에 대한 요구에 질적·양적 증가를 가져오게 하였다. 한 나라의 존립과 번영은 그 주인인 국민 각자의 자각과 노력이 뒷받침되어야 비로소 가능한 것이므로 교육은 국민 모두의 지대한 관심사가 되었고, 이러한 국민의 교육에 대한 공통의 관심은 교육을 공공시설에서 조직적 계획적으로 행하는 이른바 공교육제도, 즉 학교교육제도의 성립과 발전에 이르게 하는 계기가 되었다. 오늘날의 교육은 주로 조직화·제도화된 공교육기관인 학교에서 이루어지는 학교교육이 그 중심을 이루고 있고, 학교교육의 수행자는 다름 아닌 교원이다"고 판시하여 오늘날 교육은 국민 모두의 지대한 관심사로 공공시설에서 조직적, 계획적으로 행하는 것이며 학교는 조직화·제도화된 공교육기관임을 인정하고 있다.

교육기본법 제10조 제1항은 평생교육을 위한 국가의 사회교육, 즉 비학교교육에 대한 장려의무를 규정하고 있다. 그러나 사회교육은 장려의 대상이지 기본적으로 국가가 하여야 할 사업으로서의 공공서비스는 아니다. 따라서 사회교육은 국가가 직접 담당할 경우에만 공공서비스, 즉 공교육이 된다. 교육기본법 제10조 제2항에서는 사회교육의 이수를 법령의 정하는 바에 의하여 학교교육의 이수로 인정될 수 있도록 하고 있는데, 이 경우, 사회교육을 국가가 직접 담당하지 않는 한 사회교육기관은 공교육 기관(기관특허는 아님)이 될 수 없으나, 학교교육으로 인정되는 한도 내에서의 사회교육은 부분적인 특허(행위특허)에 따른 공공서비스에 속한다.

교육기본법 제11조 제1항은 「① 국가 및 지방자치단체는 학교 및 사회교육시설을 설립·경영한다」고 규정하고 있다. 학교는 국·공립학교이건, 사립학교이건 모두 공교육의 장이다. 그러나 사회교육은 기본적으로는 사적 서비스에 속하나 국가가 설립·경영하게 되면 공공서비스로 된다. 따라서 국가 및 지방자치단체가 설립·경영하는 사회교육시설은 사교육기관이 아닌 공교육 기관이며 이때, 시설이라고 하는 것은 물리적 요소를 중심으로 하는 것이 아니라, 교육의 장, 즉 사회교육기관으로 해석하여야 한다.

교육기본법 제11조 2항은 「법인 또는 사인은 법률이 정하는 바에 의하여 학교 및 사회교육시설을 설립·경영할 수 있다」고 규정하고 있다. 여기서 "법인 또는 사인"이란 규정은 "사법인 또는 사인"이라고 규정하여야 할 것을 단순히 "법인"이라고만 한 것은 제11조 제1항의 규정과 대비해 볼 때 입법적 실수로 보인다. 또한 제11조 제1항에서도 "국가 및 지방자치단체"라고 할 것이 아니라 "국가 및 공공단체"라고 규정하여 영조물법인에게도 행정의 주체로서의 지위를 명문화하여야 한다. 그리하여 제11조 제1항은 공법인에 관한 규정, 그리고 제11조 제2항은 사법인과 사인에 관한 규정으로 대비시켜야 한다.

교육기본법 제11조 제2항에서 사법인이 법률에 정하는 바에 의하여 설립·경영하는 학교는 공교육기관이나 사회교육시설은 공교육기관이 아닌 사교육 기관이다. 따라서 사립학교는 특허기관이나 사립사회교육시설은 허가기관이다. 특허와 허가의 본질적인 차이는 공공서비스에 해당하는지의 여부에 있다. 공공서비스를 사인에게 설정하여 줄 때는 특허가 되나 공공서비스가 아닌 것을 사인에게 허용할 때는 허가가 된다. 과거의 잘못된 이론처럼, 허가는 명령적 행위로 반사적 이익밖에 발생시키지 않고 특허는 형성적 행위로 권리가 발생한다는 경찰국가적 발상은 하루 속히 청산되어야 하며, 허가나 특허나 경찰 작용상의 허가를 제외하고는 모두 형성적 행위에 해당하나 특허는 공공서비스를 설정해줄 때, 특허가 된다고 정리하여야 한다.

## Ⅲ 평생교육관계법

### 1. 평생교육관계법의 구조

현행 평생교육 관계법령은 교육부 관계법령이 24개, 기타부처 관계법이 42개이다. 교육부 관계법은 교육기본법을 모법으로 1. 초·중등교육법, 2. 고등교육법, 3. 평생교육법을 근간으로 하여 다양한 형태의 평생교육관계법이 존재하고 있다. 초·중등교육 관련 평생교육 법령으로는 방송통신고등학교 설치기준령, 산업체특별학급설치기준령, 재외국민의교육에관한규정, 각종학교에 관한규정 등이 있으며, 고등교육 관련 평생교육 법령으로는 한국방송통신대학설치기준령 등이 있다. 평생교육 관련 법령으로는 학원의설립·운영에관한법률, 독학에의한 학위취득에관한법률, 학점인정등에관한법률, 유아교육진흥법, 산업교육진흥법, 특수교육진흥법, 자격기본법, 그리고 직업교육훈련촉진법 등이 있다.

한편, 타 부처의 평생교육 관계법령은 42개이며, 노동부가 직업훈련기본법, 기능대학법, 한국산업인력관리공단법 등 10개 법령으로 가장 많으며, 그 다음이 보건복지부로 사회복지사업법, 아동복지법, 노인복지법 등 8개 법령이 있다. 문화관광부는 도서관 및 독서진흥법, 박물관 및 미술관진흥법, 그리고 청소년기본법 등 7개 법령이 있다. 이 밖에 농림부 5개, 행정자치부 2개, 건설교통부 2개, 해양수산부 2개, 재정경제부 1개, 환경부 1개, 그리고 산업자원부 1개가 있다.

## 2. 평생교육법과 공교육

평생교육법 제2조 제1호에서는 「"평생교육"이라 함은 학교교육을 제외한 모든 형태의 조직적인 교육활동을 말한다」고 하여 "평생교육"이란 단어를 사회교육의 의미로 사용하고 있다.

그런데 동법 제28조 (학점 등의 인정)는

① 이 법에 의하여 학력이 인정되는 평생교육과정외에 이 법 또는 다른 법령의 규정에 의한 평생교육과정을 이수한 자는 학점인정등에관한법률이 정하는 바에 따라 학점 또는 학력을 인정받을 수 있다.

② 다음 각 호의 1에 해당하는 자는 학점인정등에관한법률이 정하는 바에 따라 그에 상응하는 학점 또는 학력을 인정받을 수 있다.

1) 각급학교 또는 평생교육시설에서 각종 교양과정 또는 자격취득에 필요한 과정을 이수한 자
2) 산업체 등에서 일정한 교육을 받은 후 사내인정자격을 취득한 자
3) 국가·지방자치단체·각급학교·산업체 또는 민간단체 등이 실시하는 능력측정검사를 통하여 자격을 인정받은 자
4) 문화재보호법에 의하여 인정된 중요무형문화재보유자와 그 문하생으로서

일정한 전수교육을 받은 자

③ 각급학교 및 평생교육시설의 장은 학습자가 제22조의 규정에 의하여 국내외의 각급학교 및 평생교육시설로부터 취득한 학점·학력 및 학위를 상호 인정할 수 있다.

고 하여 학교교육 이외의 평생교육, 즉 사회교육에 대한 행위특허에 의한 공교육의 확대 여부를 평생교육법시행령 및 학점인정등에관한법률에 위임하고 있다. 즉, 이때의 사회교육 기관은 학교나 국가기관이 실시하는 것을 제외하고는 공공서비스 담당기관이 아닌 사교육기관이 실시하는 것으로 사교육기관은 특허기관이 아닌 허가기관이다. 이러한 허가기관이 실시하는 사교육을 공교육의 부분으로 인정하는 여부를 평생교육법시행령과 학점인정등에관한법률에 위임하고 있다.

## 3. 학점인정등에관한법률 및 학원의설립·운영및과외교습에관한법률과 공교육

학점인정등에관한법률은

제3조(학습과정의 평가인정) ① 교육인적자원부장관은 대통령령이 정하는 사회교육시설 및 직업교육훈련기관(이하 "교육훈련기관"이라 한다)이 설치·운영하는 학습과정에 대하여 대통령령이 정하는 바에 따라 평가인정을 할 수 있다

제7조(학점인정) ① 교육인적자원부장관은 제3조 제1항의 규정에 의하여 평가인정을 받은 학습과정을 이수한 자에게 그에 상당한 학점을 인정한다.

제8조(학력인정) ① 제7조의 규정에 의하여 일정한 학점을 인정받은 자는 교육법 제81조 제1호의 초등학교·중학교·고등학교·대학 및 제3호의 규정에 의한 전문대학을 졸업한 자와 동등이상의 학력이 있는 것으로 인정한다.

제9조(학위수여) ① 교육인적자원부장관은 고등학교를 졸업한 자 또는 이와 동등이상의 학력이 있다고 인정된 자로서 제7조의 규정에 의하여 일정한 학점을 인정받고 대통령령이 정하는 요건을 충족한 자에 대하여 학위를 수여한다.

라고 규정하여 평가인정을 통한 사회교육시설 및 직업교육훈련기관에 대하여 공교육 행위특허를 통한 학점부여를 인정하고 있고 학점의 부여는 국가에 의한 학력인정과 학위수여의 근거가 된다. 그런데 학점인정등에관한 법률 제3조(평가인정대상 교육훈련기관)는 "사회교육시설 및 직업교육훈련기관"으로

① 초·중등교육법 제54조 제4항 및 제56조의 규정에 의하여 전공과를 둔 고등

기술학교·특수학교 또는 고등교육법 제59조의 규정에 의한 대학 및 전문대학에 준하는 각종 학교 중 학력인정이 되지 아니하는 학교 1의 2. 고등교육법 제26조의 규정에 의한 공개강좌 또는 동법 제49조의 규정에 의한 전공심화과정을 둔 전문대학

② 사회교육법 제21조의 규정에 의한 사회교육시설, 동법 제24조 내지 제26조의 규정에 의한 학교·학교시설·부설시설 및 동법 제27조의 규정에 의하여 사회교육을 실시하는 신문·방송·잡지 등 대중매체

③ 학원의설립·운영에관한법률 제6조의 규정에 의하여 설립된 학원

④ 근로자직업훈련촉진법 제2조 제2호의 규정에 의한 직업능력개발훈련시설

⑤ 산업기술기반조성에관한법률 제14조의 4 및 제18조의 규정에 의한 한국산업기술평가원 및 전문생산기술연구소의 부설 기술교육훈련기관·시설

⑥ 기타 교육인적자원부장관이 평가인정 대상기관으로 적합하다고 인정하는 사회교육시설 및 직업교육훈련기관

을 규정하여 완화된 허가제인 등록 및 수리에 의하여 설립되는 사설학원[12]과 기타 사회교육시설 및 직업훈련기관에게도 공교육 행위특허를 할 수 있도록 하고 있다. 학원의설립·운영및과외교습에관한법률 제1조는 「이 법은 학원의 설립 및 운영에 관한 사항을 규정하여 학원의 건전한 발전을 도모함으로써 평생교육의 진흥에 이바지함과 아울러 과외교습에 관한 사항을 규정함을 목적으로 한다」고 하여 학원을 평생교육기관으로 명시하고 있다.

## Ⅳ 문 제 점

첫째, 평생교육의 개념이 불분명하다.

교육을 헌법 제31조에서는 학교교육과 평생교육으로 구분하고 있고, 교육기본법에서는 학교교육과 사회교육으로 구분하고 있으며, 평생교육법에서는 학교교육과 평생교육으로 구분하고 있어 평생교육이 사회교육과 동일어인지 아니면 학교교육과 사회교육을 포괄하는 개념인지가 문제된다. 평생교육의 등장 배경이나 학교가 담당하는 평생교육의 존재 등을 감안해 볼 때, 평생교육은 학교

12) 학원의설립운영에관한법률 제6조.

교육과 사회교육을 포괄하는 개념으로 사용되어야 한다. 따라서 평생교육법의 규정을 개정하여야 하리라고 본다.

둘째, 사교육기관에 대한 행위특허에 의한 공교육에의 편입의 문제점이다.

사립학교의 경우에는 항상적으로 공공서비스에 종사하며 자신의 이름으로 행정하므로 기관특허를 받은 행정의 주체로서의 특허사인이므로 공교육기관이다. 이에 반하여 사설학원의 경우에는 사교육기관으로서 국가의 허가(등록과 수리에 의한 완화된 허가제)를 받은 데 지나지 않는다. 국가의 허가기관으로 행위특허에 의한 행정작용을 하는 예로는 자동차 교습소에서의 운전면허시험이나 자동차 정비소에서의 자동차 검사, 회계사의 일정한 회계행위 등이 있으나, 이런 것들은 단순한 기술적인 업무에 국한되는 것으로 교육과 같이 종합적이고 고차원적인 공공서비스에 대하여 행위특허에 의한 공공서비스를 담당시키는 데에는 문제가 있다. 신자유주의적 시장경제론자들(예컨대 공병호, 윤봉준)은 교육은 공공재가 아니라고 주장하나, Jean-Baptiste Say에 의하면 "사적 창의는 단기적 이익에 관련된 사회생활의 조직에 유리한 것"이라[13]고 한다. 따라서 장기적 이익에 관련되는 교육은 국가의 임무일 수밖에 없을 뿐만 아니라 정신적 창작은 무엇보다도 시장적 가치로 측량할 수 없는 인류가 추구하여야 할 가치로, 교육은 경제적 의미의 재산이 아니다. 또 국가를 마르크스적으로 계급압제의 결과로 보지 않고, 국가를 통해 개인과 계층의 이익이 보편적 이익으로 변하는 보편적 질서의 실현기반이자 인륜적 이념의 현실로 본 헤겔의 국가관에 의하면, 교육, 특히 학문과 진리를 탐구하는 고등교육이야말로 국가가 담당하여야 할 공공서비스에 속한다. 교육을 사소유권으로 보고 있는 신자유주의의 견해는 정신적 가치를 부정하고 물질적 이익 관계로 파악한다는 점에서 마르크스적 국가관의 거울 뒷면에 해당될 뿐이다. 심지어는 법과대학에서의 법학교육의 정상화를 위하여 사법시험에의 응시자격을 장차 법과대학 졸업자로 한정하기 위하여 우선 경과적으로 기본법학과목 36학점이상 이수자에 한하여 응시자격을 부여한다는 것이 오히려 평생교육이 빌미로 되어 사법시험법 제5조 제1항 제2호에서는 학점인정등에관한법률의 규정에 의하여 일정학점 이상의 법학과목을 이수한 것으로 학점인정을 받은 자에게까지 응시자격을 주고 있는바, 학점인정등에 관한법률 및 동시행령에 따라 사설학원 역시 평가인정을 통하여 학점의 부여라

---

13) Philippe Steiner, "L'insaisissable Etat minimal, les libéralismes économiques", Les Cahiers Français, La Documentation Française, 1986, p. 11.

고 하는 고도의 공공서비스인 공교육의 부분인 행정행위를 할 수 있게 되는, 따라서 오히려 법과대학의 위상은 더욱 위축되는 반교육적인 결과를 초래하고 말았다. 평생교육의 슬로건하에 고등교육의 공교육 원칙을 무너뜨리는 이같은 폭거는 교육이 추구하는 정신적 가치를 부정하는 극단적 물질주의의 발로임을 경고하는 바이다.

# 찾아보기

## ㄱ

## ㄴ~ㄷ



## ㅁ



## ㅂ



## ㅅ

ㅌ



ㅎ

[저자 약력]


성균관대학교 법과대학 졸업
동대학 법학석사
파리 제XII 대학 법학박사
성균관대학교 법과대학 조교수, 부교수, 교수
성균관대학교 비교법연구소장, 법과대학장 역임
한국공법학회 학술장려상 수상
파리 제XII 대학 초빙교수
Washington Univ. 법과대학 객원연구원
파리 제I 대학 초빙교수(교수1등급 3호봉)
파리 제I 대학 초빙교수(교수1등급 3호봉)
사법시험 · 행정고시 · 입법고시 · 외무고시 · 변리사시험 등 시험위원
현재, 성균관대학교 법과대학 교수
한국토지공법학회 부회장
한국환경법학회 차기회장


**신행정법론**


2007년 2월 15일 초판인쇄
2007년 2월 20일 초판 1쇄발행

저 자 이 광 윤
발행인 배 효 선
발행처 도서출판 法 文 社

413-832 경기도 파주시 교하읍 문발리 526-3
등 록 1957년 12월 12일/제2-76호(윤)
전 화 (031) 955-6500~6 FAX (031) 955-6525
E-mail (영업) bms@bobmunsa.co.kr
(편집) edit66@bobmunsa.co.kr
홈페이지 http://www.bobmunsa.co.kr
조 판 (주) 성 지 이 디 피

27,000원 ISBN 978-89-18-01368-8